中华人民共和国新闻出版总署

“十一五”国家重点图书出版规划

中国人民大学出版社

多出传世精品　建设和谐文化

——《“十一五”国家重点图书出版规划》序

经过图书出版界和学术界的共同努力，《“十一五”国家重点图书出版规划》已颁布实施。进入规划中的 1 379 个项目可谓优中选优，颇具分量，基本代表和体现了当前中国图书出版的最高水准，也鲜明地勾勒出了中国出版业当前和今后一段时间的走向和轮廓，不愧为我国未来五年图书产品的精品库。制定和实施这一出版规划，于社会，于读者，于出版者自身，都是一件大事、喜事、好事！

现在，把《“十一五”国家重点图书出版规划》以书的形式出版，很有必要，很有意义。一可体现主流出版，有利于出版管理部门进行宏观调控，促进出版事业的繁荣；二可形成展示效应，有利于出版单位之间相互交流、相互学习、相互促进；三是记录时代足音，给出版史留下珍贵的资料，也有利于开展学术科研活动；四是方便广大读者，让读者从重点图书选题中了解图书出版的情况和未来趋向，找到自己期待和需要的图书。

我们有幸处在一个伟大的时代，近三十年的改革开放，我国综合国力明显增强，人民生活水平不断改善，国际地位显著提高。特别是党中央提出了树立科学发展观和构建社会主义和谐社会的重大战略思想，为“十一五”时期各项事业的发展奠定了良好的基础，指明了前进的方向。前不久，中共中央办公厅、国务院办公厅印发了《国家“十一五”时期文化发展规划纲要》，对新时期文化建设进行了全面部署，充分表明了国家对文化建设的高度重视。今天，我们站在一个新的历史起点上，制定国家图书出版的“十一五”规划，应该说这是出版界落实《国家“十一五”时期文化发展规划纲要》的具体行动，也是中国出版业在“十一五”时期走向新的辉煌的重要标志。

一个好的规划，必然会孕育产生一批有影响力的时代杰作。回顾我国的出版史，几乎每部具有影响力的大型图书都始于一个好的规划，并以科学严谨的实施计划作为支撑。20世纪80年代中期制定的《国家辞书出版十年规划(1986—1996年)》，就推出了《现代汉语词典》、《辞海》、《辞源》、《汉语大字典》、《汉语大词典》等一批在我国出版史上具有里程碑意义的优秀图书。《中国大百科全书》、《中国美术全集》等经典图书也成为了《"八五"国家重点图书出版规划》的产物和标志。

制定出一个好的规划，仅仅是未来五年出版业繁荣发展的开端，要将规划变成现实，切实推出一批具有影响力的精品力作，尚需要我们付出艰辛的努力，这一进程中还有许多艰苦细致的工作要做。《"十一五"国家重点图书出版规划》确定的作品，都是实实在在且具有广泛影响的具体项目。要扎实完成这些项目，给当代中国出版业交上一份出色的答卷，需要我们全行业群策群力、锲而不舍、奋力拼搏。特别是各级出版管理部门和各出版单位要高度重视，以强烈的历史责任感和使命感，全力保证规划中所确定项目的圆满完成。各级出版管理部门要切实做好组织、督导和服务协调工作；各承办重点项目的出版单位要选派优秀的业务骨干，配合作者对作品精雕细琢，精益求精，真正拿出一批无愧于时代、无愧于人民的精品力作，奉献读者，服务社会。同时，越是重点作品，越要努力做到社会效益和经济效益的统一，从而为出版体制改革增添成果，创造经验。

《"十一五"国家重点图书出版规划》为我们描绘了未来五年图书出版的宏伟蓝图。我们期待着一批批优秀的作品从新时期中国出版工作者手中诞生，我们相信这些优秀作品一定会流淌在中华文明的灿烂长河中！

五年弹指一挥间，让我们共同努力！

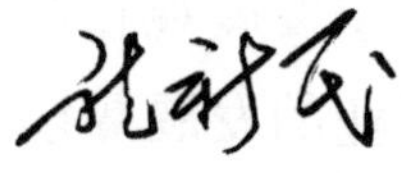

二〇〇六年十一月

出版说明

一、为了深入贯彻和落实党的十六大和十六届五中全会的精神，根据《中共中央关于制定国民经济和社会发展第十一个五年规划的建议》以及我国经济、文化和社会发展的需要，新闻出版总署决定组织全国图书出版单位和出版行政管理部门，制定“十一五”期间国家重点图书出版规划。为了做好规划编制工作，我们通过各种方式和途径征求了有关部门的意见和建议。中宣部出版局就规划的指导思想、基本原则、基本框架提出了重要的指导意见，中央文献研究室、中央党史研究室、中国社会科学院等部门的专家提出了许多有益的建议。在认真吸取各方面意见的基础上，2005 年 6 月 20 日，新闻出版总署发出了《关于制定“十一五”期间（2006—2010 年）国家重点图书出版规划的通知》。“通知”中明确提出，制定“十一五”国家重点图书出版规划的指导思想是：“坚持以马克思列宁主义、毛泽东思想、邓小平理论和‘三个代表’重要思想为指导，坚持以人为本、全面协调可持续的科学发展观。贯彻百花齐放、百家争鸣的方针，唱响主旋律，提倡多样化，贴近实际、贴近生活、贴近群众，弘扬以爱国主义为核心的民族精神和以改革创新为核心的时代精神，弘扬集体主义、社会主义思想，倡导科学与文明，反对愚昧与迷信。为建设和谐社会服务，促进经济建设、政治建设和文化建设的协调发展，促进社会主义物质文明、政治文明、精神文明的协调发展，促进全民族思想道德素质和科学文化素质的不断提高，为铸造中华文化新的辉煌，为激励人民奋勇前进提供强大的思想保证、精神动力和智力支持。”“通知”还提出了制定“十一五”国家重点图书出版规划的基本原则，这些原则是：“正确处理社会效益和经济效益的关系，坚持把社会效益放在首位，实现社会效益和经济效益的统一”；“正确处理普及与提高的关系”；“正确处理内容与形式、质量与数量的关系”；“正确处理继承和发展、借鉴与创新的关系”；“正确处理好现实性与前瞻性的关系”。“增强创新意识、精品意识，实施精品工程，多出原创性作品，打造独具特色的高品位、高文化含量的图书品牌，培育和维护好已创立的优良品牌。”

二、根据上述指导思想和基本原则，2005 年 11 月 8 日—11 日，我们组织各学科专家学者 70 余人对 451 家出版社报来的 3 259 种项目进行了充分的论证，评出入选项目 1 379 种，占申报总数的 42%。包括社会科学类 758 种、文学艺术类 147 种、科学技术类 407 种、少儿类 67 种。各省、直辖市、自治区均有项目入选，涵盖 396 家出版社。

三、规划包括三大部分：社会科学与人文科学、自然科学与工程技术、子规划。社会科学与人文科学包括：社会科学总论、哲学、政治、法律、军事、历史、经济、文化、教育、地理、语言、中国文学、外国文学、艺术、少数民族类、大型综合性图书。自然科学与工程技术包括：自然科学总论、数学、物理学、化学、地球科学、生物、医药科技、农业、工业技术、矿业工程、石油·化工、冶金、机械、电子·信息、计算机技术、轻工、土建、水利·电力、铁路·交通、航天技术、新材料技术、环境科学。子规划是为了适应我国政治经济和社会发展的需要，特别是为适应党和国家工作大局的需要而设立的。子规划由六大版块组成，包括马列主义著作出版规划、重大工程出版规划、“三农”读物出版规划、中国出版“走出去”重点图书出版规划、未成年人读物出版规划、古籍出版规划。

四、此次“十一五”规划较之“十五”规划，显著的特点是国家重点科研成果占有相当数量，突出了自主创新，“九五”、“十五”期间国家级自然科学和社会科学科研成果达三百余种，许多项目具有填补空白意义，通过图书出版，充分展示了我国近十年来的科研成果。

五、“十一五”期间国家重大事件的纪念日较多，围绕这些重大纪念活动，出版界推出了一批重大选题。如 2006 年是中国共产党建党 85 周年；2006 年是红军长征胜利会师 70 周年；2007 年是中国人民解放军建军 80 周年；2008 年是改革开放 30 周年；2008 年北京举办奥运会；2009 年是中华人民共和国成立 60 周年；2009 年是五四运动 90 周年。为了做好宣传工作，各出版单位推出了一系列重点图书。这些图书成为“十一五”规划的一大特点。

六、“十一五”规划的子规划充分体现了图书出版在宣传马列主义、毛泽东思想、邓小平理论、“三个代表”重要思想，传承优秀传统文化，传播知识，出书育人方面的重要作用。在六个子规划中，较之“十五”规划，新增加了马列主义著作出版规划、中国出版“走出去”重点图书出版规划。马列主义著作出版规划是基于配合中央实施马克思主义理论研究和建设工程，认真组织出版一批马列主义、毛泽东思想、邓小平理论和“三个代表”重要思想的学术理论著作的要求提出的。中国出版“走出去”重点图书出版规划是为了适应对外开放和国际文化交流日益扩大的需要，通过文化传播让世界进一步了解中国，提高中华文化的影响力。因此，中国出版“走出去”出版项目重点集中在汉语文化教学和中华民族文化的传播方面。

七、原列入国家“十五”重点图书出版规划，“十五”期间未完成的项目，我们本着实事求是的精神，对于已开始实施但尚未完成的项目，如仍具有较高的学术价值，原则上经专家综合考虑后顺延。否则，不再列入“十一五”规划项目。

八、“十一五”规划 1 379 种，较“十五”规划 1 606 种（规划之初的数字，经逐年调整后，最后定为 1 683 种），减少了 227 种。“十一五”期间，我们将每年做一次调整。

目　录

一、社会科学与人文科学 …… 1
1. 社会科学总论（39 项） …… 3
2. 哲学（22 项） …… 22
3. 政治（39 项） …… 34
4. 法律（36 项） …… 50
5. 军事（16 项） …… 65
6. 历史（77 项） …… 73
7. 经济（64 项） …… 105
8. 文化（94 项） …… 133
9. 教育（50 项） …… 171
10. 地理（16 项） …… 193
11. 语言（29 项） …… 201
12. 中国文学（46 项） …… 215
13. 外国文学（13 项） …… 235
14. 艺术（88 项） …… 241
15. 少数民族类（47 项） …… 279
16. 大型综合性图书（6 项） …… 300

二、自然科学与工程技术 …… 305
1. 自然科学总论（31 项） …… 307
2. 数学（5 项） …… 321
3. 物理学（12 项） …… 324
4. 化学（7 项） …… 329
5. 地球科学（29 项） …… 333

6. 生物（18 项） …… 346
7. 医药科技（96 项） …… 355
8. 农业（29 项） …… 398
9. 工业技术（8 项） …… 412
10. 矿业工程（5 项） …… 416
11. 石油·化工（9 项） …… 419
12. 冶金（9 项） …… 423
13. 机械（17 项） …… 428
14. 电子·信息（18 项） …… 436
15. 计算机技术（9 项） …… 445
16. 轻工（9 项） …… 450
17. 土建（24 项） …… 455
18. 水利·电力（28 项） …… 467
19. 铁路·交通（11 项） …… 480
20. 航天技术（11 项） …… 486
21. 新材料技术（13 项） …… 492
22. 环境科学（9 项） …… 499

三、子规划 …… 505
1. 马列主义著作出版规划（18 项） …… 507
2. 重大工程出版规划（70 项） …… 516
3. “三农”读物出版规划（33 项） …… 540
4. 中国出版“走出去”重点图书出版规划（52 项） …… 555
5. 未成年人读物出版规划（67 项） …… 577
6. 古籍出版规划（50 项） …… 608

附　录 …… 633
中华人民共和国国民经济和社会发展第十一个五年规划纲要 …… 635
国家“十一五”时期文化发展规划纲要 …… 688
关于制定“十一五”期间（2006—2010 年）国家重点图书出版规划的通知 …… 716

关于实施“十一五”期间（2006年—2010年）国家重点图书出版规划的通知 …… 721
“十一五”国家重点图书出版规划数据统计表 …… 724

索　引

——“十一五”国家重点图书出版规划细目 …… 733

一

社会科学与人文科学

1. 社会科学总论（39项）

【序　号：1】
项目名称：**中国可持续发展总纲**
作　　者：路甬祥　总主编
出版单位：科学出版社
规　　模：3 700万字
出版时间：2009年12月
内容简介：《中国可持续发展总纲》是我国第一部面向国家各级决策机构、行政机构、学术机构、社会公众和面向国际可持续发展领域的权威性参考著作；是我国学术界在全世界首次全面、详尽、深刻发布中国可持续发展的系列研究成果；是一项具有鲜明的国际价值、历史价值和学术价值和文献价值的文化基础建设工程；也是继中国政府在全世界首次完成《21世纪议程》官方文件之后，学术界在全世界首次全面、详尽、深刻发布中国可持续发展的系列研究成果。其目标定位为：国内外全面认识中国可持续发展的窗口；决策层充分了解中国可持续发展的源泉；学术界深刻分析中国可持续发展的依据。

【序　号：2】
项目名称：**辉煌的60年**
作　　者：国家统计局
出版单位：中国统计出版社
规　　模：100万字
出版时间：2008年9月
内容简介：本书为“十五”国家重点图书出版规划项目。由国家统计局组织有关部门编写。本书利用国家统计局丰富的资料优势，反映新中国成立60年来中国社会各方面的发展所取得的伟大成就。

【序　号：3 】
项目名称：**改革开放30年**
作　　者：国家统计局
出版单位：中国统计出版社
规　　模：80万字
出版时间：2008年9月
内容简介：本书反映改革开放30年来，中国社会、经济、科技、文化、资源、环保等方面取得的伟大成就。利用国家统计局的资料优势，组织有关部门集体撰写。为“十五”国家重点图书出版规划项目。

【序　号：4 】
项目名称：**社会政策与和谐社会**
作　　者：邓伟志
出版单位：同济大学出版社
规　　模：45万字
出版时间：2007年1月
内容简介：本书是近年来作者研究有关科学发展观、和谐社会建设等问题的重大学术成果，内容涉及传统与民族精神，科技与文化合璧的战略透视，“三农”问题思考，社会阶层与“无差别境界”，弱势群体与“两极分化”，社会事业投资与社会福利，社会风险预警机制，社会政策的制定与完善，我国重大社会政策的历史回顾，国外社会政策与社会发展史考辨等方面，阐述社会政策保障与构建和谐社会的全方位因素。作者这些深入浅出的阐述，颇能给人以有益的启迪。

【序　号：5 】
项目名称：**建构学习型社会研究**
作　　者：顾明远、钟启泉　等
出版单位：北京师范大学出版社
规　　模：660万字
出版时间：2009年6月

内容简介：本论丛包括：1.《走向学习型社会》；2.《建构学习型社会的理论与政策》；3.《中国公民的学习状况调查》；4.《建构学习型政府的理论与实践》；5.《建构学习型城市的理论与实践》；6.《建构学习型学校的理论与实践》；7.《建构学习型社区的理论与实践》；8.《国际视野中的终身教育：从理念到行动》；9.《学习型社会中的高等教育》；10.《学习型社会中的职业教育》；11.《面向学习型社会的基础教育》。

【序　号：6 】
项目名称：**国际化引领现代化：21世纪中国发展新战略**
作　　者：杨建文
出版单位：泰山出版社
规　　模：150万字
出版时间：2007年10月
内容简介：本书系以我国21世纪国际化背景下的现代化进程为研究对象，重点分析我国发展的内在要求和外部条件究竟发生了哪些变化；当前以及今后20年究竟存在着哪些必须牢牢抓住的战略机遇；如何才能把握时代发展的脉搏；如何才能提升我们的国际竞争力；如何才能实现我国的持续、高速、健康、协调的发展；如何才能更好地完成我国现代化的历史使命，实现民族振兴大业。这是一项现实性、系统性、前瞻性都很强的研究成果，兼顾理论研究、实证研究和对策研究。

【序　号：7 】
项目名称：**科学发展观与广东现代化建设丛书**
作　　者：广东省邓小平理论与“三个代表”重要思想研究中心
出版单位：广东人民出版社
规　　模：300万字
出版时间：2006年12月
内容简介：本丛书包括10种图书，分别是：《广东全面建设小康社会发展战略研究》；《追赶时代发展潮流——广东走新型工业化道路战略研究》；

《让农民分享城市化的成果——广东城市化发展战略研究》；《广东国际竞争力的理论和实证分析》；《新世纪的“前店后厂”——粤港澳经济关系走向研究》；《广东“三个文明”协调发展战略研究》；《广东民营经济发展研究》；《文化建设新论——广东建设文化大省的理论与战略研究》；《时代精神的精华——“三个代表”重要思想科学体系研究》；《走向市场——广东文化产业发展战略研究》。

【序　号：8 】
项目名称：**科学发展观在浙江的实践丛书**
作　　者：陈敏尔　主编
出版单位：浙江人民出版社
规　　模：500 万字
出版时间：2006 年 12 月
内容简介：本丛书以邓小平理论和“三个代表”重要思想为指导，全面、深入地研究了浙江各级党委、政府坚持和贯彻科学发展观的伟大实践和取得的历史性成就。共有《科学发展观与“八八战略”》；《和谐社会与“平安浙江”》；《提高执政能力与加快浙江现代化进程》；《活力浙江——增强发展新动力》；《开放浙江——拓展发展新空间》；《实力浙江——打造产业新优势》；《绿色浙江——坚持可持续发展》；《潜力浙江——培育新的增长点》等 12 种选题。

【序　号：9 】
项目名称：**中国社会·经济·观念史研究丛书**
作　　者：葛兆光、张国刚　等主编
出版单位：广东人民出版社
规　　模：250 万字
出版时间：2010 年 12 月
内容简介：本丛书是一套反映两岸三地和海外学者关于中国社会史、经济史、观念史最新原创成果的史学研究书系。本套书确定为清华大学人文学院重点科研和出版项目，并作为清华大学校庆献礼书。

【序　号：10 】

项目名称：**五百年来中国环境变迁与社会应对丛书**

作　　者：邹逸麟　等

出版单位：上海人民出版社

规　　模：250 万字

出版时间：2008 年 6 月

内容简介：本丛书系复旦大学历史地理研究中心科研成果。环境变迁与社会应对的研究是关系到国家和民族持久发展以及战略决策的重大课题。丛书包括下列选题：1.《中国气候变迁与社会影响》；2.《传统社会末期华北的生态环境与社会》；3.《黄河下游地区环境变迁与社会》；4.《太湖流域自然环境与乡村社会变迁》；5.《西湖地区的环境与社会》；6.《河北平原的环境变迁与村落形态》；7.《云贵高原的自然环境与社会变迁》；8.《淮河流域灾害环境与社会研究》；9.《清代以来绿洲农业开发对塔里木河流域生态环境变迁的影响》；10.《地区开发和环境变迁》。

【序　号：11 】

项目名称：**中国古代乡村社会救济与社会保障问题研究**

作　　者：张　文、徐难于　等

出版单位：西南师范大学出版社

规　　模：35 万字

出版时间：2007 年 12 月

内容简介：本书的目的主要在于通过对中国历史上乡村社会救济与社会保障问题的系统梳理，评价其对维护乡村社会安全的积极作用。其主要内容如下：1. 中国古代乡村社会救济与社会保障的建立与发展；2. 中国古代乡村社会救济与社会保障的特征；3. 乡村社会救济与社会保障对农业生产以及农民生活的支持程度评估；4. 乡村社会救济与社会保障与中国古代农民起义问题；5. 民间救济在中国古代乡村社会救济与社会保障体系中的作用。

【序　号：12 】

项目名称：**城市贫困群体社会保障政策与措施研究**

作　　者：何　平、华迎放

出版单位：中国劳动社会保障出版社

规　　模：25 万字

出版时间：2006 年 5 月

内容简介：本书研究内容主要包括：一是对当前国内外包括贫困概念、城市贫困的测定、城市贫困现状特点及原因分析、国外贫困问题研究的主要思想和相关理论、发达国家反贫困的政策及我国反贫困的主要措施在内的城市贫困群体社会保障的相关理论及国际上最新的反贫困实践经验进行了较为系统、全面的研究；二是对日本贫困群体的生活保障制度如日本确定贫困的标准和方式，日本最低生活保护制度的基本内容，生活保护基准的具体计算方法、实施程序、费用负担及被保护人的资产调查与认定方式、存在的主要问题等进行了详实的论述，以为我国完善低保制度所借鉴；三是对我国城市贫困群体的最低生活保障、就业保障、医疗救助从历史发展、现状与问题、思路等方面进行了分析研究，并在此基础上提出了系统的、可操作的政策建议。

【序　号：13 】

项目名称：**社会保障研究新视角**

作　　者：郭爱妹、金一虹

出版单位：中山大学出版社

规　　模：25 万字

出版时间：2007 年 9 月

内容简介：“社会保障研究新视角”丛书立足于中国社会保障制度转型和改革的实践，从理论和实践两个方面研究市场经济条件下中国社会保障制度改革取得历史性突破后面临的新问题和新趋势。丛书由五本专著组成：1.《多学科视野下的中国社会保障研究》在对多学科的前沿性成果进行梳理和作出概述的基础上，力求在多元视野下对转型期中国社会保障制度建设进行多学科的分析与研究。2.《老年保障研究》全面介绍了全球老年社会保障的发展历程和改革动向；系统地分析了人口老龄化条件下的老年社会保障的发展趋势；从国际经验及启示出发，分析了建设有中国特色的老年社会保障制度。3.《妇女保障研究》主要研究以女性为主要对象的社会保障制度和社会保障制度中涉及男女两性利益差别的制度规定。4.《就业保障制度》从就业预告、就业预备、就业保险等视角构建我国就业保障体系，进而面向实践层面寻找可操作性的政策方案。5.《农民保障研究》以社会转型和社会变迁为背景，结合实证，考察中国从传统社会向现代工业化和现代化制度转变过程中，农民生活特征和生计状况的动态特征，以及社会保障制度的衔接问题。

【序　号：14 】
项目名称：**中国公共管理大辞典**
作　　者：夏书章　主编
出版单位：武汉出版社
规　　模：200 万字
出版时间：2006 年 1 月
内容简介：为建立适应社会主义市场经济需要的办事高效、运转协调、行为规范的公共管理体系，完善国家公共事务和行政管理干部队伍，国务院学位委员会于 1999 年 5 月决定在国内设置公共管理硕士专业学位，并于 2000 年 8 月确定了首批 24 所大学开展公共管理硕士（MPA）专业学位试点工作。本书由夏书章教授主编，集合国内该学科一流专家编撰而成，是我国第一部全面、科学地容纳和界定公共管理学科的相关概念和知识的权威工具书。本书的出版对于这一学科的发展具有重要意义。

【序　号：15 】
项目名称：**公共行政与公共管理经典译丛**
作　　者：张成福、竺乾威　译
出版单位：中国人民大学出版社
规　　模：1 500 万字
出版时间：2010 年 6 月

内容简介：本项目为“十五”国家重点图书出版规划项目。译丛共分五个系列：1. 经典教材系列；2. 公共管理实务系列；3. 政府治理与改革系列；4. 学术前沿系列；5. 案例系列。本译丛具有三个特点：1. 系统性，涵盖了公共行政与公共管理理论和实践的主要领域。2. 权威性，所选著作均由国外公共行政与公共管理的大师或极具影响力的作者所著；所选教材均为世界各国的著名大学所普遍采用、多次再版的权威教材。3. 前沿性，反映了公共行政与公共管理领域最新的理论成果，以及当代公共管理改革和实践发展的最新趋势。

【序　号：16 】
项目名称：**节约型社会研究**
作　　者：朱有志
出版单位：湖南人民出版社
规　　模：50 万字
出版时间：2006 年 12 月
内容简介：本书从公共管理理论和公共政策的角度，主要分析并论述了如下内容：中华民族勤俭的优秀传统；马克思主义经典作家的节约观；中央提出建设节约型社会的重大意义；节约是人类社会健康快速发展的重要条件；建设节约型社会是社会主义现代化建设的必然要求；努力实现经济发展中的资源节约；积极倡导人们生活中的节约行为；节约型社会的制度建设和安排；大力建设节约文化和节约文明等。

【序　号：17 】
项目名称：**城市规划新境域丛书**
作　　者：邹德慈、崔功豪　等
出版单位：东南大学出版社
规　　模：550 万字
出版时间：2008 年 12 月
内容简介：本丛书从战略上，针对关系我国区域、城市整体与长远发展的核心问题，提出战略性对策。从宏观上，把城市放在国家发展战略与政策的大背景下，放在区域环境中，从政治、经济、资源各方面的宏观角度进行分析、研究。从前瞻性上，尽可能深入研究城市、区域未来各方面的发展前景、可能影响发展前景的各种因素、条件的变化趋势，以把握城市发展前景中的正确性。从综合性上，主要对经济、社会、文化、环境资源等方面，以及产业、人口、土地、交通等具体因素进行综合分析，研究相互的关联性。

【序　号：18】
项目名称：**北京城市发展史**
作　　者：吴建雍、王　岗　等
出版单位：北京燕山出版社
规　　模：150 万字
出版时间：2006 年 12 月
内容简介：《北京城市发展史》是一部由数位在北京史研究领域成就卓著的著名学者所撰写的从城市学理论的最新角度阐述北京城市发展的专著。分《燕城——金中都》、《元大都》、《明北京》、《清北京》、《近代北京》五卷，每卷着力从城市空间结构、建筑设施、城市自然环境、城市功能、城市社会和市政管理等方面进行探讨，角度新锐，史料翔实，开拓性地使用了城区房契及档案史料，严谨系统地考察和阐明了北京城市的发展过程，深刻地阐明了中国悠久的城市文明对人类文化的贡献。

【序　号：19】
项目名称：**社区建设**
作　　者：民政部基层政权和社区建设司
出版单位：中国社会出版社
规　　模：900 万字
出版时间：2008 年 12 月
内容简介："社区建设"系列丛书积极研究社区发展理论，探索社区建设的方法和途径，宣传建设和谐社区工作，旨在营造一种全社会人人关心、重视和参与建设和谐社区的良好氛围，从而为建设和谐社区打下坚实的群众基础和社会基础。

【序　号：20 】
项目名称：**社会工作案例研究丛书**
作　　者：马伊里、吴　铎　等
出版单位：华东理工大学出版社
规　　模：220 万字
出版时间：2009 年 12 月
内容简介：本套丛书共有 11 种，包括社区、家庭、社区矫正、戒毒、老年、青少年、学校、医务、残疾人、精神健康等 10 个方面的社会工作实务案例精选，以及在这 10 种案例精选的基础上所编成的《社会工作者实训案例精选》。丛书理论结合实际，编写工作从个案、小组、社区等不同方法出发，兼顾不同领域中的不同人群、性别、职业、年龄等特点，多侧面、多角度选择案例，描述从接案、收集资料、预估、计划、执行到结案的全部过程；同时结合不同的理论观点，进行必要的理论评价和分析。实务部分则包括概念界定、理论描述、类型区分、模式阐述、方法介绍。案例的写作要求以本土化的案例为主，按步骤详细描述并附过程文本，案例的分析评估包括回顾知识点、工作成败分析等。丛书各章节由导论、相关领域组织、管理、教育、社会参与、发展、服务、保障、救助、总结与回顾等组成。

【序　号：21 】
项目名称：**社区青少年事务研究**
作　　者：罗国振　等
出版单位：华东理工大学出版社
规　　模：120 万字
出版时间：2006 年 12 月
内容简介：本丛书的编写坚持理论联系实际的原则，坚持研究的科学性、前瞻性、实用性，积极构建先进的社区青少年社会工作理论体系，努力探索有效的社区青少年社会工作的方法体系。本丛书包括六种图书：《社区青少年社会工作概述》、《社区青少年法律研究》、《社区青少年心理研究》、《社区青少年教育与就业研究》、《社区青少年社会工作方法与技巧》和《社区青少年社会工作的国际比较研究》。

【序　号：22 】
项目名称：**国际老龄事业管窥丛书**
作　　者：本书编委会
出版单位：华龄出版社
规　　模：80 万字
出版时间：2010 年 10 月
内容简介：本丛书包括《西方发达国家老龄事业发展现状》、《东南亚国家老龄机构及对策》、《世界各国老龄工作政策选编》三种图书。系“十五”规划中“国际老龄事业管窥丛书”的延续项目。其中，《西方发达国家老龄事业发展现状》是我国首次在出版物中系统介绍西方发达国家老龄事业发展的基本做法、面对人口老龄化采取的对策，以及相关政策性规定。《东南亚国家老龄机构及对策》从比较研究和借鉴的角度，系统介绍与我国情况相似的东南亚国家的老龄机构及对策。《世界各国老龄工作政策选编》从召开的历次“老龄问题世界大会”的有关文件中选编出系统介绍发达国家、发展中国家现行可借鉴的政策性规定。

【序　号：23 】
项目名称：**华北农村调查资料**
作　　者：魏宏运、[日] 三谷孝
出版单位：社会科学文献出版社
规　　模：600 万字
出版时间：2007 年 12 月
内容简介：“南满铁道株式会社”是日本在日俄战争后成立的一个“国策会社”，是日本侵略中国东北的急先锋。虽然“满铁”调查并非是从中国的发展着眼，而是服务于日本军国主义侵略政策的，然而在今天，“满铁”华北农村调查资料对于我们了解华北农村的变迁，对于了解当时日本军国主义对中国的侵略，均有重大的参考价值。战后，在20世纪50年代，日本将“满铁”华北农村调查资料整理出版。20世纪70年代末，中日两国学者经商定，从历史研究的角度，选取华北农村的若干典型村落进行系列的调查，搜集整理出一大批极有参考价值的历史资料。调查结束后，日方已将有关调查资料整理出版，而中方因种种原因未能出版，迟延至今，在南开大学有关部门的大力支持下，魏宏运先生带领学生再入华北农村，取得了最新的调查资料。现拟将日本出版的《二三十年代满铁华北农村调查》翻译成中文，整理成册，与20世纪70年代末中日双方共同进行的调查资料以及魏宏运先生的最新调查资料结集成六卷本约600万字，出版发行，形成完整的中日华北农村调查资料集。

【序　号：24】
项目名称：**灾害及预防**
作　　者：国家减灾委员会　等
出版单位：中国社会出版社
规　　模：300万字
出版时间：2007年12月
内容简介：本丛书系针对火灾、水灾、地震、风灾、滑坡与泥石流五种自然灾害分编而成。丛书向读者详细介绍如何预防灾害，如何有效脱离险境，如何实施互救及如何进行卫生防疫等，为人们提供科学的指导方法。

【序　号：25】
项目名称：**应急管理科普宣教读物**
作　　者：国家减灾委员会　等
出版单位：中国社会出版社
规　　模：30万字
出版时间：2007年12月
内容简介：避灾自救，珍爱生命，是公众的愿望，也是政府的责任。本书为减灾避灾自救读物及宣传品，面向全社会进行宣传教育，解读应急预案，普及预防、避险、自救、互救等知识，以提高公众应对突发公共事件的综合素质。

【序　号：26 】
项目名称：**全民安全知识普及丛书**
作　　者：罗　云、徐德蜀
出版单位：煤炭工业出版社
规　　模：400 万字
出版时间：2007 年 10 月
内容简介：本套丛书共规划 17 册。包括：1.《全民安全知识读本》；2.《建筑工人安全知识读本》；3.《装修安全知识读本》；4.《食品安全知识读本》；5.《危险化学品安全知识读本》；6.《消防安全知识读本》；7.《交通安全知识读本》；8.《校园安全知识读本》；9.《应对突发事故安全知识读本》；10.《家居安全知识读本》；11.《应对自然灾害安全知识读本》；12.《新员工安全知识读本》；13.《健康安全知识读本》；14.《工伤保险知识》；15.《常用自救互救方法》；等等。共约 400 万字，插图约 600 幅（约 4 800 页）。

【序　号：27 】
项目名称：**应急管理丛书**
作　　者：国务院应急预案工作小组
出版单位：新华出版社
规　　模：180 万字
出版时间：2007 年 12 月
内容简介：本丛书由《应急预案简本汇编》、《国内重大突发事件案例选编》、《国外重大突发事件案例选编》、《应急救灾十八招》、《应急救灾培训教材》、《美国、英国、日本等世界各国应急救灾培训参考》等构成，主要内容为：宣传国家编制应急预案取得的成果，总结、介绍国内外应急处置自然灾害、事故灾难、公共卫生和社会安全事件的经验，普及应急救灾科普知识，增强防灾应变能力。

【序 号：28】

项目名称：**中国民族人口系列专著**

作 者：田雪原 主编

出版单位：中国人口出版社

规 模：1 200 万字

出版时间：2007 年 8 月

内容简介：本书为国家社科“九五”重点项目科研成果，系一套涵盖我国 56 个民族的人口系列专著，共六集。每一个民族人口卷一般在 20 万字左右，六集总计 1 200 多万字。主要特点为：1. 全面系统地阐发各民族人口的历史变动和未来发展趋势，为计划生育基本国策提供理论支持。2. 实事求是地分析各民族人口的素质状况，提出实施科教兴国战略、大力提高民族人口素质的建议。3. 深入剖析民族人口结构和结构滞后的原因，提出加快人口结构调整的思路。4. 通过人口、资源、环境变动情况和关系的考察，阐发实施可持续发展战略和改革的决策选择。

【序 号：29】

项目名称：**德政善举——中国农村部分计划生育家庭奖励扶助制度理论与实践**

作 者：潘贵玉 主编

出版单位：中国人口出版社

规 模：250 万字

出版时间：2008 年 5 月

内容简介：中国农村部分计划生育家庭奖励扶助计划是由国家人口计生委计财司、财政部教科文司在 2003 年 5 月正式启动的一项课题研究，并于 2003 年 9 月基本完成课题项目文本及部分课题研究报告。本丛书是在此课题的研究基础上完成的，它将课题研究成果、管理信息系统使用、实施体系研究、执政思路、试点工作经验评价、知识普及、政策指导和工作指导等分别汇集成册，使基层工作人员能够更完整、更细致地了解这一制度。本丛书将全面展示党和政府的这项惠民政策，充分体现党的“以人为本”的科学的发展观，是党在计划生育领域执政为民的一座丰碑。

【序　号：30 】
项目名称：**东亚华人社会：经济与社会资源研究**
作　　者：庄国土
出版单位：厦门大学出版社
规　　模：150 万字
出版时间：2010 年 12 月
内容简介：本书将东北亚与东南亚华人社会作为一个整体分若干专题（篇）进行阐述，运用史学、经济学、社会学、政治学等多学科的理论，探讨、分析东北亚与东南亚华人社会的变迁和华人政治认同及文化认同的进程，通过对不同“个体”和“群体”的探讨，勾勒出当代东北亚与东南亚华人社会“整体”发展变化的历史轨迹。在全面系统地阐述东北亚与东南亚华人社会演进历史的基础上，深入探讨华人在所在国经济与社会发展中的角色、地位与作用，进而研究东北亚与东南亚华人社会经济、社会资源对我国社会主义现代化建设的作用。

【序　号：31 】
项目名称：**西学研究文库**
作　　者：北京大学
出版单位：商务印书馆
规　　模：1 500 万字
出版时间：2010 年 12 月
内容简介：本文库由北京大学历史系和哲学系主持，由北京大学希腊研究中心编纂。文库汇集我馆西方古典学的原创性学术著作和部分翻译著作，包括历史、哲学、宗教、文学、艺术等学科。2005—2010 年，每年出版 10 种，同时每年出版“西学研究”系列文丛 1 辑。

【序　号：32 】
项目名称：**中国社会科学院学者文选**
作　　者：中国社会科学院科研局
出版单位：中国社会科学出版社

规　　模：2 400 万字
出版时间：2010 年 12 月
内容简介：本套文选入选者为中国社会科学院具有正高级专业技术职称的资深专家、学者，涉及哲学社会科学的各个领域，文选的出版可集中展示他们的学术成就。本套文选为“十五”国家重点图书出版规划项目，已出 50 卷，“十一五”期间继续出版。

【序　号：33】
项目名称：**黄侃文集**
作　　者：黄　侃
出版单位：中华书局
规　　模：1 200 万字
出版时间：2007 年 8 月
内容简介：《黄侃文集》汇辑黄侃先生的全部传世的国学著作，包括：1. 黄侃手批说文解字；2. 黄侃手批尔雅义疏；3. 黄侃手批广韵；4. 黄侃手批白文十三经；5. 黄侃论学杂著；6. 黄侃国学讲义录；7. 黄侃说文笺识；8. 广韵校录；9. 尔雅音训；10. 黄侃日记；11. 文心雕龙札记；12. 文选评点；13. 黄季刚诗文集；14. 黄季刚年谱；15. 黄侃论学札记；16. 日知录校类表、尔雅正名评；17. 黄侃重订唐韵；18. 黄侃手批古韵谱稿；19. 黄侃声韵学稿；20. 黄侃形声、会意、象形、指示字稿。《黄侃文集》作为武汉大学社科重点项目，其中的绝大多数著作从未公开排版印行过，此次出版会给学界提供一套最完整也最优质的学术资料，具有极高的学术价值和社会效益，同时，也具有突出的国际影响。

【序　号：34】
项目名称：**费孝通全集**
作　　者：费孝通
出版单位：辽宁教育出版社
规　　模：600 万字
出版时间：2008 年 10 月

内容简介：全集收录了作者从 1924—2004 年学术生涯中的各类文章近 600 万言，是反映费孝通先生学术创作的一部大型文献汇编。从这些文章中可以看到，作为一名现代中国知识分子，作者对所在社会的细致入微的观察研究和严肃思考。

【序　号：35 】

项目名称：**社会学名著译丛**

作　　者：苏国勋　主编

出版单位：商务印书馆

规　　模：500 万字

出版时间：2010 年 12 月

内容简介：本套丛书旨在系统引进在社会学领域内具有重大影响的、在理论及方法方面具有重大意义的经典作品。其出版不仅可以促进我国社会学研究的发展，而且对相关的社会科学研究都会具有积极的启示和促进作用。本丛书开放式编译。第 1 辑 6 种，2007 年出齐。第 2 辑 7 种，2010 年出齐。

【序　号：36 】

项目名称：**新知文库**

作　　者：［美］比尔·海耶斯、劳里·加勒特　等

出版单位：生活·读书·新知三联书店

规　　模：700 万字

出版时间：2010 年 12 月

内容简介：本文库为三联书店继承原有品牌丛书“新知文库”而新推出的一套面貌新颖、观念前沿的知识类丛书，内容包括人文知识、自然科学知识、文化史、科学方法论等。注重选收与人们生存、生活密切相关，人们有兴趣阅读了解的知识。主要为近年来的新著，既有引进版权的著作，也有原创著作。全套丛书为 30 种，已确定 10 种：1.《品味制服》；2.《破解古埃及文字：一场激烈的智力竞争》；3.《改变西方世界的 26 个字母》；4.《世界古代七大奇迹》；5.《香料：诱惑的历史》；6.《无人读过的书：追溯尼古拉·哥白尼革命》；

7.《五夸脱血液：一部血液的自然史，也是一次人生旅途》；8.《人类基因历史地图》；9.《逼近的瘟疫》；10.《大背叛：科学中的欺诈》。

【序　号：37 】
项目名称：**国外人类学名著译丛**
作　　者：［英］玛丽·道格拉斯、［美］米开尔·赫斯费尔德　等
出版单位：民族出版社
规　　模：300 万字
出版时间：2010 年 12 月
内容简介：本译丛拟精选国外当代比较有影响的人类学著作翻译出版。首批四种（已开始翻译）在“十一五”期间出齐。包括：1.《纯净与危险：污染与禁忌的概念分析》。2.《社会产生冷漠：探索西方官僚机构的象征性根源》。3.《环境论与文化理论：探索人类学在环境话语中的角色》。4.《戏剧、场景及隐喻：人类社会的象征性行为》。

【序　号：38 】
项目名称：**杜尔克姆全集**
作　　者：［法］埃米尔·杜尔克姆
出版单位：中国人民大学出版社
规　　模：300 万字
出版时间：2008 年 6 月
内容简介：本丛书旨在全面译介体现杜尔克姆学术贡献与经典性研究的一系列著作，为人们准确理解和把握杜尔克姆的思想提供重要的、第一手的文献。其中包括：确立了社会学研究方向与研究方法的《社会学研究方法论》；体现杜尔克姆基本社会学理论与研究主线的《社会分工论》；对社会现象进行社会学式研究的典范性著作《自杀论》等。此外，还包括杜尔克姆在宗教社会学、教育社会学、知识社会学等诸多领域的开拓性研究著作。具体书目如下：《社会分工论》、《社会学研究方法论》、《自杀论》、《宗教生活的基本形式》、《实用主义与社会学》、《社会学与哲学》、《法兰西教学思想的演进》、

《课程社会学》、《教育与社会学》、《社会学年鉴》、《社会科学活动论》。

【序　号：39 】
项目名称：**列维-斯特劳斯全集**
作　　者：[法] 列维-斯特劳斯
出版单位：中国人民大学出版社
规　　模：400 万字
出版时间：2007 年 6 月
内容简介：列维·斯特劳斯，法国著名的结构主义人类学家，被誉为 20 世纪最伟大的人类学家之一和法国最后的思想家之一。所治学术范围囊括人类学、语言学、哲学、历史学等诸多领域，尤其是其结构主义理论和研究方法，对这些领域的研究进行了革命性的开拓和探索，产生了巨大的影响。本丛书旨在全方位译介列维-斯特劳斯的著作，展现其学术体系的全貌。既包括其结构主义人类学的奠基之作《神话学》(四卷)、《结构主义人类学》、《野性思维》等，也包括其以哲学视角论述艺术的《看听读》，历史结构主义的《面具之路》、《猞猁的故事》，讲种族问题的《种族与历史，种族与文化》，还包括其散文集和在巴黎大学和法兰西学院任教三十年期间的教材。具体书目如下：《神话学》(四卷)、《结构主义人类学》、《野性思维》、《看听读》、《斯特劳斯传》、《嫉妒的制陶女》、《猞猁的故事》、《遥远的目光》、《誓言》、《面具之路》、《种族和历史》。

2. 哲学（22 项）

【序　号：1 】

项目名称：**中国哲学大辞典**

作　　者：张岱年　主编

出版单位：上海辞书出版社

规　　模：350 万字

出版时间：2006 年 10 月

内容简介：本书系统全面地收录了中国哲学的术语学说、人物、著作、报刊、运动事件、组织机构等。正文按时间和专题分类编排。按时间分类的类别包括中国哲学萌芽、先秦哲学、秦汉哲学、魏晋南北朝哲学、隋唐哲学、宋元哲学、明代哲学、明清之际哲学、清代哲学、近现代哲学、当代中国哲学史研究等。按专题分类的类别包括一级类别如中国科技哲学史、中国美学史、中国伦理学史、中国逻辑史、中国无神论史、中国少数民族哲学、中国经学史、海外中国哲学等；二级类别如中国政治哲学史、中国军事哲学史、中国历史哲学史、中国宗教哲学史、中国医学哲学史、中国法律哲学史等；三级类别如中国古代原始思维、周易哲学史、稷下学、阳明学、海外新儒学等。在收词和释文内容上，本书还对各学派和各哲学家的哲学用语作了重点的、深入的发掘，大大拓展了传统中国哲学工具书的收词范围和内容。书后还附有实用性很强的“中国哲学大事记”等附录及多种检索索引。此书是“十五”国家重点图书出版规划项目，因篇幅较大，目前正在组稿阶段，故顺延。

【序　号：2 】

项目名称：**东方哲学史**

作　　者：徐远和、李甦生　主编

出版单位：人民出版社
规　　模：200 万字
出版时间：2006 年 6 月
内容简介：本书内容涵盖东方各个国家和民族不同历史时期的各种哲学体系，囊括众多哲学思潮、学派、人物的哲学学说，凡是在哲学史上有所建树的东方国家或民族，如印度、巴基斯坦、泰国、埃及、巴比伦、波斯（伊朗）、希伯来、犹太、中国、朝鲜、日本和越南等，其哲学都得到了系统的介绍和阐发，而重点将放在阐述印度哲学、阿拉伯伊斯兰哲学和中国哲学三大体系上，是一部全部反映东方哲学界最新研究成果与最高学术水准的完整的东方哲学通史。

【序　号：3 】
项目名称：**中国少数民族哲学思想史**
作　　者：伍雄武　主编
出版单位：云南人民出版社
规　　模：200 万字
出版时间：2008 年 10 月
内容简介：本书的主要特点是：1. 内容更为广泛。“哲学思想史”不同于“哲学史”，哲学史是哲学学说史，而哲学思想史包括更为广泛的内容，哲学思想是贯穿于全部文化生活和社会实践的民族精神。2. 视角更为新颖。前书只是分别论述各民族哲学史，现在则从中华民族多元一体关系出发，增加了论述各民族思想关系的内容。3. 主体更为众多。前书仅写了 24 个少数民族，本书增加了 20 个以上的民族。4. 新材料、新成果更为充分。近 13 年来，研究中国少数民族哲学思想史的新材料、新成果大量涌现，本书将充分概括、总结这些新材料和新成果。

【序　号：4 】
项目名称：**中国各民族原始宗教资料集成（续编）**
作　　者：吕大吉、何耀华　等
出版单位：中国社会科学出版社
规　　模：300 万字

出版时间：2007 年 12 月

内容简介：本续编收录中国西南、西北地区十余个民族的原始宗教资料，本书以民族为单元，并根据某些民族族源的相似性或地域上的共同性合集分为两集出版。与 1995—1998 年出版的《中国各民族原始宗教资料集成》（六集）合成完整的体系，共八集（册）。《中国各民族原始宗教资料集成》总目：第一集：考古卷；第二集：彝族卷，白族卷，基诺族卷；第三集：土家族卷，瑶族卷，壮族卷，黎族卷；第四集：傣族卷，哈尼族卷，景颇族卷，孟—高棉语族群体卷，普米族卷，珞巴族卷，阿昌族卷；第五集：鄂伦春卷，鄂温克卷，赫哲族卷，达斡尔族卷，锡伯族卷，满族卷，蒙古族卷，藏族卷；第六集：纳西族卷，羌族卷，独龙族卷，傈僳族卷，怒族卷。续编第七集：苗族卷，水族卷，侗族卷，布依族卷，仡佬族卷，拉祜族卷，高山族卷；第八集：维吾尔族卷，哈萨克族卷，柯尔克孜族卷，乌孜别克族卷，塔塔尔族卷。

【序　号：5 】

项目名称：**佛教经典哲学研究**

作　　者：杜继文

出版单位：江苏人民出版社

规　　模：100 万字

出版时间：2007 年 12 月

内容简介：本书共分两大部分：一是原始佛教和部派佛教哲学；二是大乘佛教哲学。第一部分主要分析了佛教早中期形成的基础教义和基本概念，尤其对小乘有部的思想作了全面深入的阐述。第二部分主要分析了大乘"空""有"二宗的哲学思想，以及这些思想在中国的发展。

【序　号：6 】

项目名称：**西方哲学通史**

作　　者：俞吾金

出版单位：辽宁教育出版社

规　　模：300 万字
出版时间：2008 年 10 月
内容简介："西方哲学史"是西方哲学研究的基础学科，是我国与西方文化交流的主要领域之一。本书主要以 19 世纪中叶马克思主义哲学诞生以前的西方哲学为研究对象，对历史上著名的哲学命题、重要的范畴、枢纽性的概念进行了细致的分析、详尽的梳理与合乎逻辑的诠释。代表了中国当前哲学史总体研究水平。

【序　　号：7 】
项目名称：**中国经学通史**
作　　者：庞　朴、郑杰文
出版单位：泰山出版社
规　　模：360 万字
出版时间：2008 年 10 月
内容简介：本书全面反映西周至清末三千年间的经学历史、各朝各代的经书流传，以及政治、经济、文化等的复杂关系等等。

【序　　号：8 】
项目名称：**中国藏传佛教大系**
作　　者：张羽新　主编
出版单位：上海人民出版社、西藏人民出版社
规　　模：3 000 万字
出版时间：2010 年 10 月
内容简介：关于藏传佛教的图书虽出版过一些，但迄今尚无一部足以全面反映其精华的图书问世。现统战部已同意立项，并委托中国文物学会组织实施，由张羽新先生担任主编，上海人民出版社承担出版任务，并作为上海的重大文化援藏项目立项。为了突出援藏意义，拟请西藏人民出版社参与此项工作。大系拟分为 100～120 卷，前 10 卷为总论和概述，包括藏传佛教的形成、思想体系、经典体系、历史艺术、政教合一、与内地的关系、达赖喇嘛、班禅额尔德尼等；其后按地区、教派、重要寺院等逐一分述。这是一部填补空白的图书，

具有重大的政治意义和学术积累价值。

【序　号：9】
项目名称：**基督教大辞典**
作　　者：丁光训、金鲁贤　等主编
出版单位：上海辞书出版社
规　　模：300万字
出版时间：2006年10月
内容简介：本辞典由丁光训主教和金鲁贤主教于1997年共同发起编写，邀集学术界学者与中国基督教（新教）、天主教界学者共同参与，是我国第一部有关基督宗教的大型工具书。全书收词12 000余条，总字数达300多万。全书正文按分类编排，包括：1. 基督宗教总论；2. 世界各地基督宗教概况；3. 圣经（包括经文、人物、专名、旧约伪经、新约外传、圣经翻译、圣经研究、圣经地理等）；4. 教义、神学及宗教哲学；5. 人物（中外历史人物）；6. 著作；7. 事项（中外基督宗教历史事项）；8. 教派（教派总论、各历史时期教派）；9. 教制、教职与教会法；10. 教会、修会及相关组织机构；11. 修院、修会及教会学校；12. 礼仪、节日；13. 象征符号；14. 教堂、圣地艺术；15. 附录（包括基督宗教大事年表、历代罗马天主教教宗名录、天主教与新教圣经各卷卷名及其简称对照表等）等十五大类。配合文字将有黑白插图300幅。

【序　号：10】
项目名称：**金陵大藏经**
作　　者：叶小文、楼宇烈　等
出版单位：上海辞书出版社
规　　模：5 000万字
出版时间：2009年12月
内容简介：本书系由原中国佛教协会会长赵朴初发起，国家宗教局长叶小文主持，中国佛教协会金陵刻经处、中国佛教文化研究所、中国社科院世界宗教研究所、北京大学哲学系有关专家及国内知名佛教学者参与编纂、校勘的新版大藏经。它以金陵刻经处杨仁山居士的《大藏辑要目录》为基础，加上欧阳竟无《全藏目录初稿》、吕澂《新编大藏经目录》中特有的重要经典，以及藏传佛教和南传佛教部分汉译经典，并适当增补近几十年来海内外佛学研究确定的重要经典。全书共收佛教经律论约 5 000 卷，约 5 000 万字。本大藏经采用新的分类和新式标点，凡各派重要经典均为收列，除特别重要的经典收入不同版本外，一般只选一种，同时吸收最新的大藏经校勘和编纂成果，为佛教界、学术界所提供的最权威、最实用的大藏经版本。

【序　号：11 】
项目名称：**中国学术思潮史**
作　　者：周　山、夏金平　等
出版单位：上海社会科学院出版社
规　　模：300 万字
出版时间：2006 年 2 月
内容简介：本书是一部以子学、经学、玄学、佛学、道学、心学、朴学、新学八个主流学术思想兴衰的历史因缘为考察对象，从学术思潮发生发展的历史进程中探寻其内在动力和前后相继的逻辑必然，系统地考察分析各学术思潮中的得失，总结和把握学术思潮发展的规律。内容着重于以下几个方面：1. 从先秦子学思潮到近现代多元学术思潮，八个主流学术思潮前后相继，具有内在的逻辑必然性。2. 相争与相融是中国学术思潮史的主动脉。3. 不囿旧见，准确解读原典，重新树立中国学术史的脉络走向，力图在中国传统文化的语境中厘清八大主流学术思潮所取得的学术成果。4. 对各个学术思潮中的得失进行分析，认为所得使各思潮充满活力，每个思潮的延续时间长达一千多年甚至三千多年；所失又使思潮衰退，而被下一个思潮所取代。各个思潮的得失为今天的学术研究提供了借鉴。

【序　号：12 】
项目名称：**中国学术思想编年**
作　　者：张岂之　主编

出版单位：陕西师范大学出版社
规　　模：313 万字
出版时间：2006 年 1 月
内容简介：《中国学术思想编年》是按时间先后顺序编写的编年体学术思想史，始于殷周之际，至于 1911 年辛亥革命，尽可能包括中国古代学术思想各个时期的历史、哲学、政治、法律、文字等方面，涉及儒、佛、道、名、法等思想史内容，涵盖儒学史、道教史、佛教史、易学史、政治史、文学史、目录学史、逻辑史等学术领域，并对唐代后基督教、伊斯兰教及其他外来宗教传入情况亦有较充分的反映。全书共分六卷，每一卷内容都包括三个部分：1. 概述部分：简要论述本卷所论历史时期的学术发展脉络、主线、成就、影响等。这部分既是对该卷内容的理论概括，也是该卷选目的指导思想。2. 主体部分：以条目形式反映该历史时期所发生的学术思想事件，包括重要思想家的生卒、著作简介、评价，重要学术事件发生时间、过程、影响，重要典籍的作者、版本、内容简介、形成过程、学术价值，等等。3. 附录部分：列出作者写作时主要参考书目。

【序　号：13 】
项目名称：**中国社会思想史**
作　　者：陆学艺　主编
出版单位：广西人民出版社
规　　模：200 万字
出版时间：2009 年 9 月
内容简介：本书系以辩证唯物主义和历史唯物主义为指导，以中国时代与社会思想发展为逻辑线索，对从先秦至 20 世纪初中国历代思想家的社会思想进行全面、系统的介绍与评价，对中国社会思想史与发展的总体线索进行深入研究和阐述，在中国社会学研究方面具有填补空白的意义。本书系"十五"国家重点图书出版规划选题"中国社会思想史资料选辑"的姊妹篇。

【序 号：14 】

项目名称：**中外心理学比较思想史**

作 者：车文博 主编

出版单位：上海教育出版社

规 模：150 万字

出版时间：2007 年 12 月

内容简介：本书系中外心理学发展跨文化比较研究的思想史专著，旨在阐明中外心理学发展之间的关系，揭示人类心理学发展的规律，把握人类心理学的未来，为建构具有中国特色的科学心理学服务。第一卷《古代中外心理学比较思想史》，侧重中外心理学思想的比较；第二卷《现代中外心理学比较思想史》，侧重科学心理学诞生后的传播；第三卷《当代中外心理学比较史》，侧重当代外国（西方）心理学主要研究取向的引进和发展。

【序 号：15 】

项目名称：**中华民族道德生活史**

作 者：唐凯麟、张怀承 等

出版单位：东方出版中心

规 模：250 万字

出版时间：2008 年 6 月

内容简介：本项目以中华民族道德传统的形成、发展、演变和弘扬为基本线索，从不同的历史时期深入考察中华民族的道德生活史，力求揭示中华民族道德生活发展的逻辑性、规律性，把握其深刻的历史内涵和积极的当代价值。本项目为六卷本丛书。第 1 卷：先秦卷；第 2 卷：秦汉至南北朝卷；第 3 卷：隋唐卷；第 4 卷：宋元卷；第 5 卷：明清卷；第 6 卷：近现代卷。中华民族道德生活史的研究，是伦理学研究的一个全新的领域，是前人从未做过的工作。它开拓了伦理学研究，特别是中国伦理道德文化研究的一块重要的处女地，既有利于伦理学研究朝纵深发展，又有助于更加深刻地理解中华民族传统道德文化的本质、精华与糟粕，对于当代社会主义精神文明建设有着重要的理论和实践意义。本项目被列为国家社科基金重大项目。

【序　号：16】
项目名称：**早期道学话语的形成与演变**
作　　者：陈　来
出版单位：安徽教育出版社
规　　模：30 万字
出版时间：2006 年 6 月
内容简介：本书主要研究宋代道学话语的形成演变过程。通过对前期道学的仁说、中和说以及后期道学的论语说三个方面的理论分析、历史诠释和资料汇集，使宋代道学的研究进一步深化、细化、具体化。本书引进了话语研究的方法，力图使目前宋代理学的研究从沉闷的单一哲学史研究范式下摆脱出来，走向新的，更为活跃的状态。

【序　号：17】
项目名称：**意象中的自我**
作　　者：朱建军、叶　斌　等
出版单位：安徽人民出版社
规　　模：50 万字
出版时间：2006 年 12 月
内容简介：意象对话技术，是一种心理咨询与治疗的技术，主要由我国心理学家朱建军先生创立。对话技术是从精神分析和心理动力学理论的基础上发展出来，创造性地吸取了梦的心理分析技术、催眠技术、人本心理学、东方文化中的心理学思想等。它通过诱导来访者做想象，了解来访者的潜意识心理冲突，对其潜意识的意象进行修改，从而达到治疗效果。本书在对意象对话技术进行科学、简要阐述的基础上，借助实例，对意象中的自我进行详细分析。具体说来，它主要涉及两方面内容：一是意象对话技术概述，二是如何运用这一技术来对自我进行诊断、分析。

【序　号：18】
项目名称：**中国思想家评传丛书**
作　　者：匡亚明　主编
出版单位：南京大学出版社
规　　模：7 000万字
出版时间：2007年12月
内容简介：本丛书是迄今为止规模最大的中国传统思想文化研究工程，旨在通过对我国“从孔夫子到孙中山”这段历史时期中的各个领域的代表性人物的系统研究，探寻传统文化的深厚底蕴，揭示其发展变迁的内在规律，并通过批判继承、古为今用的学术研究，为社会主义两个文明建设服务。本丛书收有270位传主，时间跨度2 500余年，所收传主中不仅有哲学家，而且包括在政治、经济、历史、教育、军事、文学艺术、科学技术和宗教等各领域、各学科作出过重要贡献的代表人物。本丛书为“八五”、“九五”、“十五”国家重点图书出版规划项目，丛书计划出版200部，已出版150多部。

【序　号：19】
项目名称：**李元阳集**
作　　者：施惟达、施立卓　等主编
出版单位：云南大学出版社
规　　模：100万字
出版时间：2006年6月
内容简介：李元阳，明代思想家，白族，太和（今大理）人。重要著作有：《心性图说》、《中溪漫稿》、《艳雪台诗》等，还编纂了《云南通志》、《大理府志》等。李元阳在大理蛰居四十余年，与李贽、杨升庵等在学术上引为同道，并在思想上影响了张居正等朝臣，其思想对明清云南文化发展更具有重要影响。

【序　号：20】
项目名称：**柏拉图全集**
作　　者：顾寿观　译

出版单位：岳麓书社
规　　模：150 万字
出版时间：2007 年 11 月
内容简介：柏拉图是古希腊时期最重要的哲学家，也是西方哲学史上影响最大的哲学家之一。柏拉图的全部著作总名为《理想国》，是由对话构成的。众所周知，它不仅仅是哲学著作，也是不朽的文学作品，还可以说是希腊文化的百科全书。本全集是第一次直接从希腊文翻译而来，共有十卷。

【序　号：21】
项目名称：**康德著作全集**
作　　者：李秋零、张荣　等译
出版单位：中国人民大学出版社
规　　模：360 万字
出版时间：2008 年 12 月
内容简介：康德是西方历史上最伟大的思想家、哲学家之一，对西方现当代哲学和思维的发展有着不可替代的影响，其著作的翻译和全集的出版往往标志着一个国家的哲学研究水平。中国人翻译康德著作虽已有百余年历史，但版本芜杂，且大多转译自英文，译者众多而术语不统一，给研究带来极大不便。现中文版《康德著作全集》依照德国权威版本柏林科学院版，共分九卷，包括了康德生前所发表的全部著作。中文版将完全从原文（德文、拉丁文）直接译出，其出版必将极大推进我国的康德研究和西方哲学研究。本全集原属“十五”国家重点图书出版规划项目，现已完成五卷，出版三卷，受到学界好评。

【序　号：22】
项目名称：**克尔凯郭尔文集**
作　　者：汝　信　主编
出版单位：中国社会科学出版社
规　　模：240 万字

出版时间：2008 年 12 月

内容简介：在西方哲学史上，克尔凯郭尔可以说是一个特殊的人物。他生前默默无闻，其著作也很少有人问津，但过了半个世纪，人们又“重新发现了”他，特别是在第一次世界大战以后，随着存在主义哲学的兴起和发展，他对整个现代思想界的影响越来越大。本书为克尔凯郭尔主要著作的结集。

3. 政治（39 项）

【序　号：1 】
项目名称：**十六大以来重要文献选编（上、中、下）**
作　　者：陈　群、张　宁　等
出版单位：中央文献出版社
规　　模：120 万字
出版时间：2010 年 11 月
内容简介：按照中央批准的编辑十一届三中全会以来重要文献选编系列的计划，本书编辑十六大以来中共中央、全国人大、国务院作出的决议、决定以及中央领导同志的报告、讲话和文稿。

【序　号：2 】
项目名称：**中共中央文件选集（1949 年 10 月—1965 年 5 月）**
作　　者：中央档案馆
出版单位：中国档案出版社
规　　模：1 600 万字
出版时间：2012 年 12 月
内容简介：《中共中央文件选集》是一部系统公布中共中央历史文献的政治性很强的大型文件汇集。本书包括 1949 年 10 月—1965 年 5 月期间以中共中央为主形成的重要文件及中央批转所属部门的重要文件，系统汇集了新中国成立后至“文化大革命”前中共中央所发出的各种指示、通令、公告、决定、条例、电报等。本书内容包括：在党的建设、政权建设、经济建设方面，在军事、统战、外交、文教、群众工作方面，在各种重大活动中，中共中央所采取的一系列措施、所作出的一系列重大决策等。本书反映了党和国家的真实历史面貌，反映了党领导社会主义革命和建设的理论探索、方针政策和重大实践。全书按年代顺序分册，每册按文件形成的时间排列。

【序　号：3 】
项目名称：**中国特色社会主义若干重大问题研究**
作　　者：靳辉明、冷　榕　等
出版单位：安徽人民出版社
规　　模：40 万字
出版时间：2006 年 6 月
内容简介：本书在对马克思主义关于未来社会设想和过渡时期理论进行简要分析，并概括总结列宁和斯大林关于建设社会主义的历史经验的基础上，从探讨“什么是中国特色社会主义，怎样建设中国特色社会主义”这一课题为出发点，系统回顾和分析以毛泽东、邓小平和江泽民为主要代表的中国共产党人对中国特色社会主义理论和实践的双重探索的成果。以之为基础，对中国特色社会主义基本理论进行理论总结，并在与中国新民主主义、西方民主社会主义和共产主义等相关概念进行辨析的基础上深化对中国特色社会主义的理论认知；从社会主义现实实践出发，概括中国特色社会主义基本制度对中国特色社会主义实践形式的本质规定；系统阐发中国特色社会主义的历史定位和发展趋势以及历史使命和历史任务；在对中国特色社会主义事业面临的挑战进行科学分析的基础上，对 21 世纪中国特色社会主义面临的实践和理论课题进行战略思考。

【序　号：4 】
项目名称：**建国以来刘少奇文稿**
作　　者：黄　峥　等
出版单位：中央文献出版社
规　　模：280 万字
出版时间：2007 年 12 月
内容简介：本书收录刘少奇建国后文稿，包括文章、书信、电报、起草的文件等。大部分没有公开发表过。

【序　号：5】

项目名称：**建国以来周恩来文稿**

作　　者：廖心文　主编

出版单位：中央文献出版社

规　　模：600万字

出版时间：2010年12月

内容简介：《建国以来周恩来文稿》是一部供研究用的多卷本文献集。这部书稿是对已出版的《周恩来选集》以及周恩来军事、经济、文化等专题文集的重要补充。

【序　号：6】

项目名称：**论邓小平实践真理观**

作　　者：王强华　等

出版单位：重庆出版社

规　　模：30万字

出版时间：2009年9月

内容简介：本书介绍了1978年邓小平领导和支持的“实践是检验真理的唯一标准”大讨论的史实，阐述了邓小平的“实践真理观”，具体结合建国特别是改革开放以来我国各个领域的辉煌业绩和变化，介绍了社会主义现代化建设的总设计师邓小平的丰功伟绩和理论创新。

【序　号：7】

项目名称：**邓小平传**

作　　者：滕文生、杨胜群　等

出版单位：中央文献出版社

规　　模：130万字

出版时间：2009年8月

内容简介：本书全面、系统地反映了邓小平的一生，特别是邓小平对中国革命、改革和建设的伟大贡献和邓小平理论的丰富内容。本书属国家社科规划项目。

【序　号：8】
项目名称：**李先念传（1949—1992）**
作　　者：王维澄、蒋冠庄　等
出版单位：中央文献出版社
规　　模：60 万字
出版时间：2009 年 9 月
内容简介：本书准确生动地记述在新中国成立后至改革开放的历史新时期这一革命、建设和改革的历程中，李先念同志的生平、思想、功绩。

【序　号：9】
项目名称：**杨尚昆年谱**
作　　者：中央党史研究室第一研究部
出版单位：中共党史出版社
规　　模：100 万字
出版时间：2007 年 12 月
内容简介：本书将以第一手材料，叙述杨尚昆民主革命时期的奋斗历程。本书是中央党史研究室第一研究部的重点项目，是为 2008 年纪念杨尚昆百年诞辰由中央确定的重点项目。

【序　号：10】
项目名称：**中国特色社会主义的理论与实践——回顾与展望**
作　　者：赵智奎
出版单位：青岛出版社
规　　模：60 万字
出版时间：2006 年 12 月
内容简介：这是一部对中国改革开放 28 年来的理论成果和实践成果进行总结的学术专著。本书在全面阐述中国特色社会主义基本理论的基础上，重点探讨中国特色社会主义理论的实践形式。中国特色社会主义基本理论包括：社会主义本质理论、社会主义初级阶段理论、社会主义市场经济理论、社会主义改革开放理论等。通过 28 年中国特色社会主义建设的实践，这些理论不断丰富和发展。本书将全面阐述这些理论发生、发展的脉络。中国特色社会主义的实践形式是本书重点阐述的内容。由于实践形式从属于政治、经济、文化多方面领域，内容十分庞杂，本书重点从经济的实践形式上去总结论述。

【序　号：11 】
项目名称：**纪念十一届三中全会召开 30 周年**
作　　者：新华社摄影部　编
出版单位：新华出版社
规　　模：1 万字，50 幅图
出版时间：2008 年 11 月
内容简介：本书主要以图片的形式记录十一届三中全会以来，我国政治、经济、文化等领域的巨大变化，歌颂我党路线方针政策的正确，展现各族人民安居乐业的幸福生活。

【序　号：12 】
项目名称：**构建社会主义和谐社会丛书**
作　　者：李连仲　主编
出版单位：广东经济出版社
规　　模：300 万字
出版时间：2007 年 6 月
内容简介：本丛书是中国第一套全面研究构建社会主义和谐社会理论的丛书。目前丛书规划为 10 本，分别为：1.《和谐是人类的追求——构建社会主义和谐社会的哲学思考》；2.《和谐的分配制度——社会主义和谐社会的经济基础》；3.《和谐的政府管理——服务型政府与行政能力》；4.《和谐的环境——自然资源的开发利用与保护》；5.《和谐社会的法治与民主——构建和谐社会的法制基础》；6.《和谐的社会管理——变革的科学社会主义》；7.《和谐的生产经营——守法、诚信、互利、双赢与共同发展》；8.《和谐的社区发展——和谐社会主义和城乡系统工程》；9.《和谐的城乡关系——城乡、区域经济统筹发展的研究》；10.《和谐社会主义的市场经济——政治经济学的创新与发展》。

【序　号：13】
项目名称：**构建社会主义和谐社会理论与实践研究丛书**
作　　者：高新民、王金柱　等
出版单位：湖南人民出版社
规　　模：120 万字
出版时间：2007 年 6 月
内容简介：本丛书分为六种：1.《党对社会主义和谐社会的领导——兼谈政党与社会》；2.《活力、效率与公平兼顾的社会》；3.《建立健全社会利益协调机制》；4.《社会治理与社会危机处理》；5.《新时期群众工作与和谐社会》；6.《引领多样化社会意识，建设诚信社会》。

【序　号：14】
项目名称：**加强党的执政能力建设研究**
作　　者：张静如
出版单位：北京出版社
规　　模：180 万字
出版时间：2006 年 12 月
内容简介：本书为国家社会科学和自然科学规划项目。研究内容分为执政的历史经验研究、执政的理论研究、执政党面临的问题及其对策研究、世界各国执政党经验借鉴研究、执政合法性与执政能力研究、中国传统文化与当今执政建设研究等六个方面。

【序　号：15】
项目名称：**中国共产党执政体系研究丛书**
作　　者：林尚立、郑长忠　等
出版单位：天津人民出版社
规　　模：300 万字
出版时间：2007 年 5 月
内容简介：本丛书主要从中国社会政治发展的内在逻辑和战略选择的角度出发，研究和探索在新的时代条件和执政形态发生变化的情况下，中国共产党应该如何构建出一套与现代国家制度和社会发展相适应的完整的执政体系，以及新型执政体系的理想模式和实现途径，从而全面提高党的执政能力与领导水平，推进社会主义政治文明建设。本丛书将分为四大部分、十九个专题进行研究。本丛书系国家哲学社会科学基金 2004 年重大项目成果。

【序　号：16 】
项目名称：**中国共产党民主革命时期党的建设规律研究**
作　　者：中央党史研究室第一研究部
出版单位：中共党史出版社
规　　模：50 万字
出版时间：2007 年 7 月
内容简介：本书旨在通过研究民主革命时期党的建设规律，对今天建设中国特色社会主义，加强党的先进性建设，提高党的执政能力，实现全面建设小康社会的目标起到积极的借鉴和推动作用。本书的出版将弥补过去在这一领域研究的不足。

【序　号：17 】
项目名称：**中国共产党关于“三农”问题研究**
作　　者：宋士昌　等
出版单位：黄河出版社
规　　模：70 万字
出版时间：2006 年 1 月
内容简介：本书以毛泽东思想、邓小平理论、“三个代表”重要思想和科学发展观为指导，从理论与实践的结合上系统阐述农业、农村、农民这一中国革命与建设的根本问题，从历史与现实两方面深刻总结中国共产党关于“三农”问题的基本理论与实践经验，揭示解决“三农”问题的规律，分析存在的矛盾，展望发展前景，提出战略与对策、措施。

【序　号：18 】
项目名称：**党和国家保密工作简史**
作　　者：费云东、陈虎阁

出版单位：金城出版社
规　　模：50 万字
出版时间：2007 年 8 月
内容简介：本书搜集大量珍贵历史文献资料，采用编年体形式，以保密工作指导思想、重大事件、机构沿革、重要文献、重要人物等为线索，系统反映建党以来我党各个时期的保密工作的历史面貌，概述了中央对保密工作的有关指示以及在各种历史条件下的保密工作方针、政策和方法，囊括了保密教育、检查、制度纪律以及训练干部等保密工作的各个方面。对党史研究工作者和从事保密、机要、文秘工作的同志都具有重要的史料价值。

【序　号：19 】
项目名称：**中国特色社会主义政治制度系列丛书**
作　　者：全国人大常委会办公厅研究室　等
出版单位：中国民主法制出版社
规　　模：50 万字
出版时间：2007 年 10 月
内容简介：这是迄今为止我国第一套面向全国中小学生，具有政治性、思想性、理论性和可读性的国情教育系列丛书。中国的政治制度的生成和发展有其深刻的社会历史背景和内涵，全面、深入、准确地阐释中国特色社会主义政治制度的基本内容和特点，是丛书的编写宗旨。丛书拟出版七种：《中国的政党制度》、《中国的人民代表大会制度》、《中国的多党合作和政治协商制度》、《中国的民族区域自治制度》、《中国的基层民主制度》、《中国的行政管理制度》、《中国的司法制度》。丛书具有很强的时代意义和现实价值，注重对学生中国政治制度意识的培养，突出理论的应用性、实用性和趣味性，结构完整，内容丰富，行文流畅，版式设计生动活泼，图（彩色图片和黑白图片）文并茂。

【序　号：20 】
项目名称：**中华人民共和国政治制度史**
作　　者：浦兴祖、沈士光　等

出版单位：天津人民出版社

规　　模：200 万字

出版时间：2007 年 10 月

内容简介：本书系国家社会科学基金“九五”重点课题。原定完成约 40 万字单卷本专著。后经专家会议建议，扩大为四卷本。本书将以 200 万字的篇幅，较为充分地梳理与评析 1949 年以来我国政治制度发展史。主要含人大制度、中共领导的多党合作制度、政协制度、选举制度、元首制度、国家行政制度、干部人事制度、民族区域自治制度、特别行政区制度、基层群众自治制度等。

【序　号：21】

项目名称：**中国人大制度建设 30 年**

作　　者：全国人大常委会办公厅

出版单位：中国民主法制出版社

规　　模：50 万字

出版时间：2008 年 10 月

内容简介：十一届三中全会以来，我们党非常重视发展社会主义民主、健全社会主义法制，强调在党的领导和人民民主专政的基础上，健全人民代表大会制度。30 年来，我国的人民代表大会制度建设和人大工作不断发展完善。各级人大及其常委会在党的领导下，认真履行宪法和法律赋予的职责，积极探索，勇于实践，各方面工作取得了突破性进展。本书正是以此为基线，对人民代表大会制度的发展历程进行了全方位的阐述。本书的出版，对进一步完善人民代表大会制度，实现社会主义民主政治的制度化、法律化、规范化具有深远意义。

【序　号：22】

项目名称：**中国人民代表大会制度系列丛书**

作　　者：全国人大常委会办公厅研究室

出版单位：中国民主法制出版社

规　　模：200 万字

出版时间：2007 年 10 月

内容简介：人民代表大会制度是我国的根本政治制度。在我国实行人民代表大会制度是历史的选择，人民的选择。几十年来，人民代表大会制度在党的领导下不断发展和完善，已成为我们党对国家事务实施领导的一大特色和优势。建设社会主义民主政治，最重要的是坚持和完善人民代表大会制度。为全面展示我国人民代表大会制度的发展历程和理论研究成果，本丛书拟出版四种，即《党和国家领导人论人民代表大会制度》、《人民代表大会制度概论》、《人民代表大会制度简史》、《人民代表大会制度研究精粹》。

【序　号：23】
项目名称：**中国共青团历史（1922—2002）**
作　　者：团中央青运史研究室
出版单位：中国青年出版社
规　　模：60 万字
出版时间：2006 年 12 月
内容简介：本书全面记述 1922—2002 年中国共青团 80 年建立和发展的历史，用翔实的史实阐述共青团性质、任务和基本工作原则及其形成过程。本书将遵循中共党史的历史分期，结合党在不同历史时期的任务，叙述中国共青团作为党的助手和后备军的作用和贡献，同时总结共青团在不同历史时期的经验和教训。本书分上、中、下三编，上编记述民主革命时期中国共青团的历史，阐述青年团建立的必要性和必然性，强调建团的重要原因。中编记述新中国成立至“文化大革命”结束和两年徘徊时期中国共青团的历史，重点阐述共青团工作的重要原则。下编记述改革开放以来中国共青团的历史，阐述从党的十一届三中全会到 2002 年共青团发展的历史。

【序　号：24】
项目名称：**协商民主经典译丛**
作　　者：俞可平　主编
出版单位：中央编译出版社
规　　模：100 万字

出版时间：2007 年 2 月

内容简介：本译丛包括：1.《协商民主：理性与政治》（［美］詹姆斯·博曼、威廉姆·雷吉主编，陈家刚等译）；2.《公共协商：多元主义、复杂性与民主》（［美］詹姆斯·博曼著，黄相怀译）；3.《作为公共协商的民主：新的视角》（［英］毛里西奥·帕瑟林·登特里维斯主编，王英津等译）；4.《协商民主及其超越：自由与批判的视角》（［英］约翰·S·德雷泽克著，丁开杰等译）。

【序　号：25】

项目名称：**参政党理论与实践**

作　　者：吴先宁　主编

出版单位：团结出版社

规　　模：30 万字

出版时间：2006 年 10 月

内容简介：本书从中国特色政党制度和参政党自身建设这一理论课题出发，对参政党自身建设的目标和原则、参政党的思想建设、组织建设等诸方面进行探索。

【序　号：26】

项目名称：**中国基层政府绩效评估体系研究**

作　　者：吴　江、欧书阳　等

出版单位：西南师范大学出版社

规　　模：30 万字

出版时间：2007 年 8 月

内容简介：本书主要内容包括：1. 构建政府绩效评估体系理论框架；2. 摸清中国基层政府绩效的总体现状及存在的主要问题；3. 深刻分析我国市场经济体制建立和加入 WTO 后，影响中国基层政府绩效的一系列因素；4. 对我国目前政府绩效评估方式、方法及评价体系进行深入研究；5. 提出构建具有中国特色基层政府绩效评估目标体系、方法体系和责任体系；6. 对中国基层政府绩效评估体系实际运行保障进行研究，并提出对策建议。

【序　号：27】
项目名称：**信用政府的逻辑——转型期地方政府信用缺失的政治经济学分析**
作　　者：何显明
出版单位：学林出版社
规　　模：30万字
出版时间：2006年3月
内容简介：本书对转型期地方政府信用机制的建设，从体制、根源、创立性上进行全面的探讨和研究，并提出可行性、建设性的观点。

【序　号：28】
项目名称：**和谐社会与社会事业**
作　　者：徐　新
出版单位：上海大学出版社
规　　模：28万字
出版时间：2010年9月
内容简介：本套丛书系统介绍了和谐社会的基本理念、基本观点和基本知识。论述什么是社会主义和谐社会，如何构建和谐社会，推动经济、政治、文化以及社会的协调发展是本套丛书的主旨。

【序　号：29】
项目名称：**中国农村调查——选举后的村务管理**
作　　者：徐　勇
出版单位：华中师范大学出版社
规　　模：40万字
出版时间：2006年6月
内容简介：本书通过广泛深入的实地调查，掌握大量第一手资料，对选举后的村务管理中的矛盾和问题进行分析，并提出相应的法律和政策建议。主要包括选举后的土地管理、财务管理、流动人口管理、户籍管理、公共物品供给、公益事业的办理、社区民间组织管理、农村经济合作组织的培育等。同时包括完善村务公开、民主决策机制的探索。本书为由国家民政部主管的中国—欧盟村务管理项目的成果。

【序　号：30 】
项目名称：**中国政治思想通史**
作　　者：白　钢
出版单位：湖南人民出版社
规　　模：450 万字
出版时间：2009 年 12 月
内容简介：本书侧重运用历代统治者们的政治实践活动史实，结合历代思想家们的政治思想，共分先秦、秦汉、魏晋南北朝、唐、宋、元、明、清、清末民初九卷，详尽研究阐述了中国政治思想的发展演变史。

【序　号：31 】
项目名称：**中国政治思想史**
作　　者：刘泽华　主编
出版单位：中国人民大学出版社
规　　模：600 万字
出版时间：2008 年 8 月
内容简介：《中国政治思想史》以对中国传统政治观念与政治特质进行透视与阐发为研究视角，以自夏商至民初政治思想以及政治人物的理念与行为为线索，分 10 卷，研究历史上不同阶级、不同阶层、不同学派和不同人物关于国家和社会制度、社会改造，以及通过国家机关和强力处理人与自然的关系和人与人的关系的理想、理论、方针和政策；研究这些理想、理论、方针和政策提出的社会背景及其对实际政治的影响；研究它们之间的相互关系及其发展、演变的过程和规律。

【序　号：32 】
项目名称：**中国古代地方政治研究文库**
作　　者：齐　涛、赵世瑜　等
出版单位：山东大学出版社
规　　模：1 000 万字
出版时间：2009 年 12 月
内容简介：本文库为全面研究中国古代地方政治的系列著作集成，系统考察不同历史时期的地方政治结构与政治运转，探讨地方社会与地方政治的变迁，对于历史学、政治学研究以及当代政治与社会变革具有重要的学术与现实意义。文库拟以10册为单位分批推出。首批由以下10种著作组成：1.《周秦地方政治研究》；2.《秦汉地方政治研究》；3.《魏晋南北朝乡村社会组织研究》；4.《唐代中央与地方关系研究》；5.《唐代县政研究》；6.《唐代乡村社会组织研究》；7.《唐宋之际地方政体研究》；8.《宋代乡村社会组织研究》；9.《元代地方军政制度研究》；10.《明清时期地方政治与社会研究》。

【序　号：33】
项目名称：**政党政治学**
作　　者：王韶兴　等
出版单位：山东人民出版社
规　　模：40万字
出版时间：2008年5月
内容简介：本书力图从政党政治学的角度探讨政党的由来、本质，政党的职能、类型、权力，党政关系、党际关系，政党文化、政党监督、政党法治和政党未来等内容，着重探究社会主义国家政党政治建设的规律、内涵等问题，试图为社会主义国家工人阶级执政党建设提供一系列有参考意义的建议。本研究属填补学科空白著作。

【序　号：34】
项目名称：**上海合作组织研究**
作　　者：邢广程、孙壮志　等
出版单位：长春出版社
规　　模：33万字
出版时间：2006年1月
内容简介：《上海合作组织研究》是中国社会科学院重大A类课题，由俄罗斯东欧中亚研究所所长邢广程主持。本书分为上海合作组织战略地位篇、多边合作篇、国际环境篇和思考篇，主要研究上海合作组织的发展进程（从上海五国到上海合作组织）、上海合作组织的机制化进程、安全合作、经济合作、上海精神、大国对上海合作组织的战略考虑和态度、中国与上海合作组织关系等。外交部、商务部和中联部等部门十分重视这部著作，多次与课题组交流座谈。

【序　号：35】
项目名称：**非政府组织国际交往研究**
作　　者：张志军、郭亚洲　等
出版单位：当代世界出版社
规　　模：25 万字
出版时间：2008 年 12 月
内容简介：为更好发挥国内民间组织在对外工作中的作用，中央委派中联部对国内民间组织参与境外非政府组织的国际活动进行协调管理。为进一步做好中央交办的这项重要工作，中联部决定组织力量对非政府组织的国际交往进行系统研究。本书分为三个部分：第一部分拟对国际非政府组织（INGO）进行理论和现实的分析。第二部分拟对国内民间组织参与国际非政府组织活动的历程、特点、成就及存在的问题给予全面评估。第三部分将在对各国对非政府组织国际活动不同管理办法进行比较分析的基础上，对在新形势下如何协调管理国内民间组织的国际交往提出政策建议。

【序　号：36】
项目名称：**孙文全集**
作　　者：孙　文
出版单位：广东人民出版社
规　　模：1 000 万字
出版时间：2006 年 12 月
内容简介：本书是国内外有关孙中山著作方面的最权威、最完整的一部巨作，内容包括孙中山生前的全部著作、论述、书信、电信、公文等等。本书精编精印，无论在内容、质量或分量方面，均有自己特色，不但有学术价值和收藏价值，而且对加强海峡两岸的文化交流，促进祖国统一大业有积极作用。本书是“十五”国家重点图书出版规划项目。

【序　号：37 】
项目名称：**孙中山新传**
作　　者：张　磊
出版单位：广东人民出版社
规　　模：60 万字
出版时间：2007 年 12 月
内容简介：本书为纪念孙中山先生诞辰 140 周年而作，侧重介绍孙中山的治国方略和经济建设思想及实践。

【序　号：38 】
项目名称：**宋庆龄年谱长编**
作　　者：盛永华　主编
出版单位：广东人民出版社
规　　模：150 万字
出版时间：2007 年 12 月
内容简介：本书按编年体例，详细全面记述宋庆龄的家世、出生、读书求学、恋爱婚姻、品格情操、成长道路、革命活动，以及她在中国近现代历史重大事件中的地位和作用，与国共两党重要政治人物的关系，在国际事务中的活动，与各国政治、经济、文化各方面代表人物的交往、作出的贡献等，是宋庆龄研究的重要成果，填补了宋庆龄研究的一项空白，也是一部集权威性、学术性于一体的有重要参考价值的工具书。

【序　号：39 】
项目名称：**乔姆斯基文集**
作　　者：乔姆斯基
出版单位：上海译文出版社
规　　模：100 万字
出版时间：2006 年 12 月
内容简介：本文集共包括五部作品：《霸权与生存》、《海盗与君主》、《宣传与公众意识》、《恐怖主义的文化》、《反思肯尼迪王朝》。

4. 法律（36 项）

【序　号：1 】
项目名称：**中国法制建设 30 年**
作　　者：全国人大常委会办公厅、国务院法制办、中国社科院　等
出版单位：中国民主法制出版社
规　　模：50 万字
出版时间：2008 年 10 月
内容简介：1978 年底召开的党的十一届三中全会，是我们党和国家历史上具有划时代意义的会议。这次会议开辟了我国改革开放和社会主义现代化建设的新时期，也使我国社会主义民主法制建设进入了一个新的发展阶段。30 年来，我国的法制建设走向了健康发展之路，立法、执法、司法等方面取得了显著成就。本书全面概括并系统总结了 30 年来我国法制建设方面取得的成就和经验。全书突出了理论性、权威性和实用性。

【序　号：2 】
项目名称：**法律科学文库**
作　　者：曾宪义　主编
出版单位：中国人民大学出版社
规　　模：1 000 万字
出版时间：2010 年 12 月
内容简介：本文库以中国人民大学法学院一批声望卓著的资深教授和著名中青年法学家为主体，并聘请其他法学研究、教学机构的著名法学家参加，组成了严格的评审机构，每年挑选若干部具有国内高水平和有较高出版价值的法学专著出版，以达到集中地出版法学精品著作、产生规模效益、推介学界新锐的目的。本丛书被列为

"十五"国家重点图书出版规划。在"十五"期间已出版26册，为一大批优秀青年法学家发表成果提供了机会，并以其学术品位和研究深度赢得了学界广泛的认同。

【序　号：3 】
项目名称：**法与和谐社会的构建**
作　　者：张文显
出版单位：辽宁人民出版社
规　　模：35万字
出版时间：2006年10月
内容简介：本书以马克思主义理论法学为基础，全面、系统地论述了"构建和谐社会"这一发展目标的法学内涵。从法理学、法哲学以及司法实务等方面阐述了"和谐社会与法制建设"所关涉的六组关系、三种结构、两个理论问题和三种可能的贡献；同时对我国社会存在的不和谐现象做了深刻的剖析，阐述了如何构建和谐社会的法律体系和避免我国法制建设中的一些不和谐因素，在依法治国、公民权利保障、充分发挥宪法职能以及保障司法公正等方面提出了很有见地的观点和方法，深入探讨了构建和谐社会的法学基础，是理论法学界对构建和谐社会这一科学目标的积极回应。

【序　号：4 】
项目名称：**中华人民共和国案典**
作　　者：肖　扬　主编
出版单位：人民法院出版社
规　　模：3 000万字
出版时间：2008年12月
内容简介：《中华人民共和国案典》是一部为保证法律的正确适用和维护司法的统一而编写的对各级人民法院的审判工作有权威性的示范作用的案例丛书。本书拟编20卷，各卷按照审判工作中已经定型的常用的基本法来分类，如刑法卷、婚姻法卷、房地产法卷、著作权法卷、公司法卷、合同法卷、刑事诉讼法卷等。体例编排上贯彻"指导法官判案”的原则，以基本法的法条为核心，结合典型案例进行编撰。具体包括五个部分：1. 基本法法条；2. 相关法规、司法解释；3. 案例，包括案例事实、裁判主文、裁判要旨；4. 学理分析；5. 国外在此问题上的观点和案例。

【序　号：5 】
项目名称：**中国法制史**
作　　者：张晋藩
出版单位：中国政法大学出版社
规　　模：45 万字
出版时间：2008 年 3 月
内容简介：本书吸收国内外关于中国法制史的最新研究成果，对自夏商周以来至新中国成立以前的近四千年的中国法制发展脉络进行全面系统的梳理，并对我国目前实施的法律制度提出相应的建设性意见。

【序　号：6 】
项目名称：**影响中国当代法治进程的 100 个事件**
作　　者：苏　力
出版单位：中国检察出版社
规　　模：100 万字
出版时间：2007 年 4 月
内容简介：丛书收录了从中华苏维埃政权建立至今，期间发生的影响中国法治进程的重大历史事件。在事件的选择上遵循这样一个原则，即每个事件的发生均包含了一个重要法制理念、原则的诞生、演进或变更。所选事件主要包括三种类型：1. 在社会中有公众影响的；2. 具有典型意义的；3. 具有创新法律意义的。主要涉及法理、刑法、刑诉、民法、民诉、行政法、行政诉讼法等重要法学领域。

【序　号：7 】
项目名称：**世纪回眸——法律史研究百年**
作　　者：曾宪义

出版单位：中国人民大学出版社
规　　模：150 万字
出版时间：2010 年 6 月
内容简介：本书以中国法律史学史的研究为线索，回顾百年来中国法律史学者学术研究的轨迹，使一个世纪以来的有代表性的法律史学学术成果熔于一炉。

【序　号：8 】
项目名称：**常用司法解释条文释义丛书**
作　　者：刘家琛、唐德华　等
出版单位：人民法院出版社
规　　模：1 000 万字
出版时间：2006 年 12 月
内容简介：本译丛对已施行数年的重大司法解释分门别类地予以研究与释义，特别是结合司法适用中的新情况新问题，以及与新出台法律规范有关的适用冲突和相关法律漏洞的填补问题，进行全面系统和深入细致的评判研究，为立法和司法实践提供借鉴与参考，以填补我国出版界此类丛书的空白。

【序　号：9 】
项目名称：**劳动法与社会保障法论丛**
作　　者：叶静漪
出版单位：北京大学出版社
规　　模：600 万字
出版时间：2008 年 12 月
内容简介：本论丛包括六本著作：1.《中国养老保险责任问题研究》；2.《社会保障法主体研究》；3.《中瑞美劳动法比较研究》；4.《社会正义的十年探索：中国与国外劳动法制改革比较研究》；5.《瑞典劳动法导读》；6.《劳动合同法研究论文集》。这套丛书从现行《劳动法》的完善、劳动合同法和社会保障法的具体制度设计，瑞典、美国以及其他国家的劳动法制对我国劳动法制改革的借鉴意义等方面对我国劳动法制的改革和完善进行了研究。

【序　号：10 】
项目名称：**中国继承制度史**
作　　者：程维荣
出版单位：东方出版中心
规　　模：50 万字
出版时间：2006 年 6 月
内容简介：本书是一部全面论述中国继承制度史的专著。全书比较完整地研究了中国历代各种继承制度的背景、产生、发展、变化和衰微的历史。

【序　号：11 】
项目名称：**21 世纪法学系列新形态教材**
作　　者：舒国滢、徐国栋　等
出版单位：高等教育出版社
规　　模：640 万字
出版时间：2007 年 8 月
内容简介：本套教材共分为 16 本，全部涵盖了教育部要求的法学本科生教学大纲的课程，同时每本教材均配有网络学习卡。本教材整体上是以培养符合 21 世纪法学教育发展要求的法学专业人才为宗旨，从教材的理论体系和教材的呈现形式方面进行了重大的突破与创新。教材在内容上总结归纳了国内大部分教材（第一代法学学科教材）中的成果与不足，同时吸收国外法学教育中的优秀教学成果，创建起新的法学理论体系，实现创建法学学科第二代教材的宏伟目标。教材在呈现形式方面，采用先进的网络教学手段，增加纸本教材的信息量，即采用"纸本教材＋网络学习卡"的方式，为本套教材注入了先进的技术含量，与 21 世纪法学教学发展要求同步。

【序　号：12 】
项目名称：**人与自然关系中的伦理与法**
作　　者：蔡守秋、高利红　等

出版单位：湖南大学出版社
规　　模：80 万字
出版时间：2009 年 3 月
内容简介：本书围绕促进人与自然和谐发展这一中心，深入研究人与自然和谐相处观的历史渊源和理论渊源，阐明人与自然和谐发展的物质基础、客观规律和理论根据；重点研究调整人与自然关系的法学理论、环境资源和生态伦理、环境道德；进一步将科学发展观和人与自然和谐相处观落实到具体领域，阐明天人和谐、人地和谐、人水和谐、人海和谐、人与森林草原和谐、人与动物和谐的理论，促进人与自然的和谐发展，促进和谐社会和环境友好社会的建设。主要研究内容包括三大部分：发展促进和谐社会建设的法学理论；发展促进和谐社会建设的生态伦理学；发展促进环境友好社会的建设的理论。

【序　号：13】
项目名称：**信息资源知识产权制度研究**
作　　者：陈传夫、黄先蓉　等
出版单位：湖南大学出版社
规　　模：30 万字
出版时间：2006 年 12 月
内容简介：本套丛书计划出版 20 种，是武汉大学信息管理学院国家重点学科图书馆学、情报学建设，“图书馆、情报与档案管理”一级学科博士学位授权点建设，“武汉大学信息资源研究中心”（国家人文社会科学重点研究基地）建设，“网络信息资源开发与数字图书馆建设”，“十五”“211”重点学科建设，“985”信息资源管理创新基地建设的系统成果。丛书涉及的主要领域有：1. 图书馆、情报与档案管理基本理论研究；2. 信息组织与检索；3. 文献编纂与出版研究；4. 信息资源管理研究；5. 信息服务与信息保障；6. 计算机信息系统工程等。子项目包括：1.《计算机高级语言设计》；2.《数据库的维护与管理》；3.《网络开发与管理》；4.《扩展标记语言》；5.《信息资源管理原理》；6.《信息资源经济问题研究》；7.《信息资源计量问题研究》；8.《信息资源法律问题研究》；等等。

【序　号：14】
项目名称：**边缘法学丛书**
作　　者：朱苏力、徐国栋　等
出版单位：湖南人民出版社
规　　模：500万字
出版时间：2008年10月
内容简介：本丛书是一套对新兴边缘交叉学科和跨学科进行全方位研究的填补空白的知识创新和理论创新著作。丛书以交叉为视角，围绕边缘法学这一新兴学科门类进行研究、探索，以非法学的思维，用非法学的方法和手段解决法律活动中出现的各种问题，广泛地讨论法学与其他学科的关系，研究它们的理论形成和在法律实践中的应用前景，集探索性与学科建设于一体，对依法治国和法制建设将产生积极的推动作用，而且有助于提高法律在国家管理和社会生活中的应用能力。丛书是法学理论应用化、法学应用理论化的综合体，具有较高的学术价值和应用价值。丛书共15种：1.《法律经济学》；2.《法律伦理学》；3.《法律哲学》；4.《法律社会学》；5.《法律心理学》；6.《法律语言学》；7.《法律逻辑学》；8.《法律文化学》；9.《法律解释学》；10.《法律人类学》；11.《法律信息学》；12.《法律教育学》；13.《法律文献学》；14.《法律传播学》；15.《法律医学》。

【序　号：15】
项目名称：**中国古代监察法制研究**
作　　者：张晋藩
出版单位：江苏人民出版社
规　　模：40万字
出版时间：2007年1月
内容简介：作为中国古代政治制度的重要组成部分的中国古代的监察制度，既是独特的权力监督机制，又是独特的职官管理制度。它在不同的历史朝代又呈现出明显的阶段特征和时代特点。该书对中国古代监察制度进行了全面的分析和研究。

【序　号：16 】
项目名称：**法哲学通论**
作　　者：张文显
出版单位：辽宁人民出版社
规　　模：40 万字
出版时间：2006 年 12 月
内容简介：本书主要从哲学的视角，对法或权利，尤其是现代法或现代权利进行思考、反思和追问。

【序　号：17 】
项目名称：**唐律疏义新注**
作　　者：钱大群
出版单位：南京师范大学出版社
规　　模：90 万字
出版时间：2007 年 7 月
内容简介：本书在把《唐律疏义》定性为“刑律”的前提下，从刑法学的角度开拓《唐律疏义》现代文化价值，以准确的定位为现代的法学研究服务。该典籍丰富而令人惊奇的古刑法信息，与今天的刑法有极强的对比性，经过注释后，深奥的古代典籍就成为广大法律工作者都有兴趣阅读的参考性文献。如此助读性的新注，彻底摆脱这之前类似或近似著作只着重于一般文史典章词语注释的局限，而是重点解读《唐律疏义》这部唐代刑律的“法义”，使之成为一部真正研读唐代刑律的参考典籍，为唐律研究作出新贡献。全书依《唐律疏义》中《名例》、《卫禁》、《职制》、《户婚》、《厩库》、《擅兴》、《贼盗》、《斗讼》、《诈伪》、《杂律》、《捕亡》、《断狱》等十二篇总共 502 条的自然次序，每一条都分为“典籍原文”、“法义注解”及“律文对照”三部分。

【序　号：18】
项目名称：**中国公安60年**
作　　者：公安部有关部门
出版单位：群众出版社
规　　模：200万字
出版时间：2010年10月
内容简介：本书拟以图文并茂的形式，全景反映新中国成立60年来公安战线上发生的重大历史事件、重大案例、重要人物，概括60年来公安工作的全貌。

【序　号：19】
项目名称：**公法名著译丛（第1辑）**
作　　者：罗豪才　主编
出版单位：商务印书馆
规　　模：500万字
出版时间：2010年12月
内容简介：本译丛收入了现当代公法领域的经典著作，这些经典著作不仅对公法理念的变革和发展产生了深远影响，而且对世界民主政治进程产生了巨大的推动作用，反思和借鉴国外的制度经验对我国目前的法治建设不无裨益。第1辑15种，2010年前出齐。

【序　号：20】
项目名称：**公民权利论丛**
作　　者：夏勇、信春鹰　等主编
出版单位：社会科学文献出版社
规　　模：500万字
出版时间：2010年12月
内容简介：本论丛主要围绕权利这个主题，探索在法治的框架下如何保障公民权利的问题。论丛内容分为两个方面：一是对权利的基本理论问题及其制度建构的探讨，《人权的哲学基础——以生命权为例》、《性人权——作为人权的性权利》、《法律与社会权力》等就属于此。二是对基本权利的相关保护机制的研究。从法治的角度看，权利的关键问题是法律的保障问题，对某些权利在法律上进行保障如何成为可能？应该确立怎样的法律运行机制才能使基本的权利获得真正的保障？在法律上应该确立怎样的救济机制和结构？论丛中，《经济和社会权利的可诉性问题研究》、《政治与法律之间：寻求违宪审查的正当性》、《法官社会的终结：权利救济的基本结构及其转型》等对此进行了探讨。论丛主要有以下几个特点：1. 理论和现实意义重大；2. 论丛具有较高的学术价值，原创性突出；3. 论丛规格较高，筛选机制严格。

【序　号：21 】
项目名称：**21 世纪中国与国际法丛书**
作　　者：肖永平、韩德培　等
出版单位：武汉大学出版社
规　　模：500 万字
出版时间：2009 年 10 月
内容简介：本丛书系从一些国家重点研究项目中精选出一部分重要的研究成果结集出版。内容涉及 21 世纪中国国际法的重大理论问题、国际民商事争议解决机制研究、跨国公司和国际投资的重大法律问题等。这些项目的研究成果有的已经完成，有的已经发表了很有影响的中期研究成果，其他的都已经立项并进行了实质性研究，所有成果都能够在 2008 年以前完成交付出版社。本套丛书由我国著名的国际法学家和知名国际法学者主持研究和编写工作。

【序　号：22 】
项目名称：**罪行通论**
作　　者：赵廷光、张正新
出版单位：武汉大学出版社
规　　模：230 万字
出版时间：2009 年 12 月
内容简介：本书将根据刑法典、有关立法解释和司法解释规定，分为导论和 10 章主体内容，全面研究并详细阐述现行刑法共计规定的 426 个罪名、826 种犯罪构成和 1 478 种罪行。这是自新刑法颁行近九年来，以创新性的犯罪构成理论全面系统研究刑法分则的第一部专著。

【序　号：23】
项目名称：**中国财产法体系研究**
作　　者：温世扬
出版单位：武汉大学出版社
规　　模：50万字
出版时间：2006年12月
内容简介：本书的主要内容包括财产与财产法的历史演进、当代财产法的比较研究和中国财产法的理论构建和立法设计。

【序　号：24】
项目名称：**“公法时代”丛书**
作　　者：胡建淼　等
出版单位：浙江大学出版社
规　　模：50万字
出版时间：2006年12月
内容简介：本丛书具体包括四本专著：1.《论公法原则》；2.《公权力研究——立法权·行政权·司法权》；3.《领导人行政责任之研究》；4.《行政行为基本范畴研究》。

【序　号：25】
项目名称：**知识产权战略丛书**
作　　者：张　平、何越峰　等
出版单位：知识产权出版社
规　　模：220万字
出版时间：2006年10月
内容简介：丛书包括《知识产权国家战略比较研究》、《企业知识产权战略》、《标准化与知识产权战略》、《专利诉讼与专利联盟战略》、《区域知识产权战略》、《区域专利发展战略》以及《新疆优势产业知识产权战略》等七册，本套丛书的出版，将为研究制定、实施国家、地方、行业和企业等各个层面的知识产权战略提供参考和借鉴。

【序　号：26 】
项目名称：**个体工商户、私营企业经营者法律知识读本**
作　　者：国家工商总局个体监管司、中国个体劳动者协会
出版单位：中国工商出版社
规　　模：50 万字
出版时间：2006 年 12 月
内容简介：本书为“五·五”普法读本。分为五大部分：1. 讲述宪法基本内容和公民的基本权利、义务，以及个体经营者和私营企业经营者需要具备的法律常识等；2. 宣传税法、商标法、合同法、广告法、产品质量法、食品卫生法等与生产经营活动密切相关的法律常识；3. 告知个体经营者、私营企业经营者所享有的政治权利、可以从事的社会化活动和必须承担的社会义务；4. 个体经营者、私营企业经营者可能会承担的法律责任，如何进行行政复议、行政诉讼、刑事诉讼；5. 相关的法律、法规。

【序　号：27 】
项目名称：**依法赔偿双向指导手册**
作　　者：李显东
出版单位：中国检察出版社
规　　模：350 万字
出版时间：2007 年 1 月
内容简介：本丛书包含 16 个分册，分别为：1.《人身损害赔偿》；2.《精神损害赔偿》；3.《婚姻家庭纠纷赔偿》；4.《合同违约赔偿》；5.《房地产纠纷赔偿》；6.《消费者赔偿》；7.《环境污染损害赔偿》；8.《知识产权纠纷赔偿》；9.《医疗纠纷赔偿》；10.《交通事故赔偿》；11.《劳动争议·工伤事故赔偿》；12.《校园伤害事故赔偿》；13.《经济纠纷赔偿》；14.《物权损害赔偿》；15.《保险赔偿》；16.《国家赔偿》。丛书围绕人们日常生活和经营活动中所关心并需要诉诸法律的各类赔偿纠纷，采用一问一据一例的形式，详尽解答

每一疑问，全面展示相应的法律、法规、司法解释依据，并以典型实例揭示法官断案标准。

【序　号：28 】
项目名称：**行政法学**
作　　者：应松年
出版单位：中国政法大学出版社
规　　模：45 万字
出版时间：2007 年 6 月
内容简介：本书吸收国内外法学教育的新成果，坚持理论联系实际的原则，力求系统、准确地阐述行政法学的基本原理。全书在体系上以“行政关系—监督行政关系”为逻辑起点进行设计，在内容上注重准确、完整、规范、深入和重点突出。

【序　号：29 】
项目名称：**商法学**
作　　者：王卫国
出版单位：中国政法大学出版社
规　　模：35 万字
出版时间：2008 年 3 月
内容简介：本书采用比较、历史以及法解释学等多种方法，密切联系我国的商法实践，对现有教材进行更新，吸收和反映商法领域研究的最新成果，融理论深度与应用价值于一体。

【序　号：30 】
项目名称：**物权法教程**
作　　者：王利明
出版单位：中国政法大学出版社
规　　模：45 万字
出版时间：2007 年 5 月
内容简介：本书根据物权法教学和司法实践的经验，广泛吸收物权法研究的最新成果，致力于全面阐述我国物权法的基本精神和基本制度。全书分为总论、所有权制度、用益物权、担保物权、占有五部分。

【序　号：31 】
项目名称：**刑法学**
作　　者：赵秉志
出版单位：中国政法大学出版社
规　　模：50 万字
出版时间：2007 年 6 月
内容简介：本书研究和吸收近年来刑法学的科研成果，在体系结构上作出新的开拓性探索，采纳刑法理论研究中较为通行的观点，全面、充分地论述我国刑法学的基本原理和基本知识。

【序　号：32 】
项目名称：**刑事诉讼法学**
作　　者：樊崇义
出版单位：中国政法大学出版社
规　　模：45 万字
出版时间：2008 年 5 月
内容简介：本书以我国现行立法为依据，在广为吸纳国内外刑事诉讼学研究的优秀成果和司法实践新鲜经验的基础上，系统深刻地论述刑事诉讼法学的一般原理、具体制度及相关实务问题。

【序　号：33 】
项目名称：**犯罪心理学**
作　　者：罗大华
出版单位：中国政法大学出版社
规　　模：40 万字
出版时间：2007 年 11 月
内容简介：本书博采古今中外研究成果，深入分析犯罪心理历程和类型，充分阐释犯罪对策心理学的依据和方法。

【序　号：34 】

项目名称：**人权法学**

作　　者：徐显明

出版单位：中国政法大学出版社

规　　模：40 万字

出版时间：2007 年 9 月

内容简介：本书通过阐释人权概念孕育和生长的历史，对权利的起源、基础、要素及发展规律，近代权利理论和权利制度变革的经验，近代人权概念的属性、要素与矛盾等重大问题，提出若干独到的见解，并就中国传统与人权的关系作了比较研究。

【序　号：35 】

项目名称：**公司法学**

作　　者：方流芳

出版单位：中国政法大学出版社

规　　模：40 万字

出版时间：2007 年 5 月

内容简介：本书以新颁布的《公司法》的立法精神为主线，结合国内外先进的学理和最新研究成果，适当配以最新的案例材料，全面系统地对中国公司的法律制度进行解读。

【序　号：36 】

项目名称：**民法学**

作　　者：江　平

出版单位：中国政法大学出版社

规　　模：50 万字

出版时间：2007 年 12 月

内容简介：本书以即将颁布的《中华人民共和国民法典》立法精神为主线，结合《物权法》的颁布与实施，全面吸收国内外民法的主流思想及先进学理，配合适当案例分析，系统阐述民法总论、人身权、物权、知识产权、债权、继承权等内容。

5. 军事（16项）

【序　号：1】
项目名称：**中国军事百科全书（第二版）**
作　　者：傅全有　主编
出版单位：中国大百科全书出版社
规　　模：3 600万字
出版时间：2008年12月
内容简介：《中国军事百科全书》是我国第一部系统介绍军事知识的综合性大型工具书。其出版发行对我国军事科学的研究与发展，对军事知识的传播和全民国防教育均产生了积极的作用。第二版在第一版的基础上进行了知识更新和扩充。全书共3万个条目，其中新增条目60%。

【序　号：2】
项目名称：**中国军事学术史**
作　　者：糜振玉
出版单位：解放军出版社
规　　模：130万字
出版时间：2007年12月
内容简介：本书的主要内容是：1. 先秦时期的战争和中国军事学术的产生；2. 秦汉、三国、魏晋南北朝时期的战争与军事学术；3. 隋、唐、五代时期的战争与军事学术；4. 宋、辽、金、夏、元时期的战争与军事学术；5. 明代及清代鸦片战争以前的战争与军事学术；6. 中国近代战争与军事学术；7. 中国历代农民战争及军事学术；8. 中国革命战争时期的战争与军事学术；9. 中西方军事学术思想比较；10. 中国军事学术展望。

【序　号：3】
项目名称：**世界军事学百年要览**
作　　者：季德源
出版单位：解放军出版社
规　　模：100万字
出版时间：2007年12月
内容简介：本书拟从三个方面介绍这一情况：一是介绍世界军事学说的百年流变，即按照军事学科的科学体系，逐个介绍各个学科发展变化的历史轨迹。二是世界军事学术著作百年评介。按照军事学的学说体系，介绍400部主要学科著作和代表性人物。三是世界军事学说百年沉思。主要是总结20世纪军事学说发展变化的经验和规律，为我们现代化建设提供有益的参考。全书还配有适量的插图、统计图表。

【序　号：4】
项目名称：**中国军事科技发展史**
作　　者：金　鹏
出版单位：解放军出版社
规　　模：80万字
出版时间：2006年1月
内容简介：本书为文史类图书。主要内容为：中国兵器工业的起源、发展和在战争领域里的运用；世界范围兵器发展重大事件；以兵器更新换代为主体的军事科技发展同人类历史文明发展的关系、地位和作用；军事科技发展史上重要人物介绍、珍闻典故；军事科技发展对于军事理论、战争指挥艺术和战争文化发展的影响；军事科技同民用科技的转换和互动关系；世界军事大国军事科技发展同期比较和前景展望等。体例为简史、简介、简议，并辅以插图。

【序　号：5】
项目名称：**中国特色军事变革丛书**
作　　者：苏志荣　主编
出版单位：解放军出版社

规　　模：150 万字
出版时间：2006 年 12 月
内容简介：本丛书仅用少量篇幅回答世界军事变革的内涵、内容、本质、核心、特征、动力、特点、走势和对国家安全、军队建设、战场作战、军事斗争准备和国防建设的重大影响等问题，着重回答中国特色军事变革的含义、历史背景、战略意义、指导思想、基本战略、总体目标、战略任务、战略基点、战略步骤、检验标准、根本保证、主要牵引力、内在动力、基本机制和应把握的根本性问题与重大关系等基本理论问题，并全方位地展示了我军在军事变革实践中的探索。

【序　号：6 】
项目名称：**中国人民解放军历史图志**
作　　者：军事博物馆、军事科学院
出版单位：上海人民出版社
规　　模：100 万字
出版时间：2007 年 7 月
内容简介：2007 年是中国人民解放军建军 80 周年，本书将作为庆祝建军 80 周年的献礼。本书以图文并茂的形式，详细记述了中国人民解放军在中国共产党的领导下，经过艰苦卓绝的奋斗，从小到大，从弱到强的成长历史。全书将按照中国人民解放军的发展脉络，真实反映人民军队在各个时期为中国人民的解放、保家卫国、社会主义建设所作出的丰功伟绩。本书将按《中国共产党历史图志》(2001 年出版，获“五个一”工程图书奖）的形式编排，并与《中国共产党历史图志》、《中华人民共和国历史图志》形成配套系列。

【序　号：7 】
项目名称：**解放战争**
作　　者：庄建平、李学通
出版单位：上海书店
规　　模：1 000 万字
出版时间：2008 年 12 月

内容简介：本书分为政治、军事、外交、文化教育和经济卷，各卷设分卷主编。所收资料的时间是从1945年8月日本投降以后至1949年10月1日前的解放战争全过程，包括全国档案馆及藏档单位的文献资料、报纸杂志、名家著述、回忆录以及外文资料，其中包括台湾省以及英、美、俄、法等国的外交文书及秘档资料。全书编写以深入的科学研究和资料编辑为基础，以新颖的"专著式"的编辑体例统筹资料，使得全书显得层次分明、重点突出、脉络清晰；本书编写追求科学性，编者力求以公正、全面客观的治学态度，反映解放战争时期各种政治势力的活动以及历次重要战役的始末得失。本项目为"十五"国家重点图书出版规划项目。

【序　号：8】
项目名称：**国防教育图集**
作　　者：管　涛、吴朝全　等
出版单位：星球地图出版社
规　　模：25万字
出版时间：2007年6月
内容简介：本图集紧紧围绕国防教育这一中心，采用地图、文字、影像、绘画等多种表现手段，融知识性、趣味性、教育性、时尚性、科普性于一体。本书出版的意义在于丰富国防知识，增强国防意识，培养国防感情，激励国防精神。

【序　号：9】
项目名称：**海军新军事变革丛书**
作　　者：马伟明　主编
出版单位：电子工业出版社
规　　模：300万字
出版时间：2008年12月
内容简介：近年来，美英等国公开出版了很多优秀图书，这些图书的理论层面和技术层面有的领先国内几年甚至十几年，翻译出版这些优秀著作可以让我军学习借鉴外军的先进技术和先进理念。同时，我国海军有许多优秀的专家教授，在教学、科研、作战理论等方面有着深厚的功底和丰富的经验，在教学科研中取得了很多成果。系统出版这些成果对海军以及其他军兵种也很有意义。

【序　号：10】
项目名称：**军事信息技术学术丛书**
作　　者：杨学军、庄钊文　等
出版单位：国防科技大学出版社
规　　模：30万字
出版时间：2011年12月
内容简介：本丛书包括六本左右的学术著作。无论基础性军事高技术还是应用性军事高技术，其大部分都是信息技术或与信息技术密切相关。这些学术著作将结合国家与军队的重大科学技术研究项目，特别是信息技术研究项目，在军事信息技术所涵盖的物理基础领域，在军事信息技术的主导性技术方面，具体将在雷达技术、指挥信息系统、自动目标识别技术、电子通信、激光理论与应用等方面，反映军事信息技术理论与应用的最新成果。

【序　号：11】
项目名称：**中国海军史概要**
作　　者：史滇生
出版单位：海潮出版社
规　　模：40万字
出版时间：2006年10月
内容简介：本书着重对中国近代海军和中国人民解放军海军的历史进行论述，总结中国海军建设作战的经验教训，对当今中国海军建设应用有着历史借鉴意义。本书内容丰富，对各个历史时期中国海军建设作战、海军武器装备的发展、海军教育训练、海军建设作战思想的演进等都作了比较系统深入的介绍，史料翔实，使用了大量的第一手文献档案资料，并在此基础上作了比较准确的概括，提出了一些具有新意的见解。

【序　号：12 】
项目名称：**中国军事新闻史丛书**
作　　者：王　林、文武英　等
出版单位：解放军出版社
规　　模：80 万字
出版时间：2009 年 12 月
内容简介：本丛书系统梳理了中国军事新闻产生、发展的历史过程，比较全面和综合地反映了中国军事新闻的历史面貌。

【序　号：13 】
项目名称：**中国人民解放军音乐经典全解**
作　　者：李双江　主编
出版单位：解放军出版社
规　　模：400 万字
出版时间：2007 年 8 月
内容简介：本书以我军战斗历程为线索，选择近 500 首音乐作品，并就作品的"历史背景"、"歌词大意"、"表演及教学提示"进行分析与阐释。

【序　号：14 】
项目名称：**军事心理学系列丛书**
作　　者：王京生、苗丹民　等
出版单位：解放军出版社
规　　模：180 万字
出版时间：2009 年 10 月
内容简介：丛书含《军事心理学概论》、《军人心理评估与选拔》、《战争中的心理学》、《军人心理教育与疏导》、《军人心理训练》、《军人群体与组织行为》（共六册）。本丛书立足当今学科前沿，首次系统完整地反映了军事心理学的研究全貌，全面详尽地介绍了国际军事心理学的最新科研成果；研究军人在不同活动领域中的心理特点，以及针对这些特点进行科学评估和选拔的依据、原则和方法；率先论述战争中环境等因素、军事绩效与心理之间的关系，深入探讨在各种极端战争环境中的心理学的种种问题；思考适合我国实际的个体与群体心理训练原则、技术手段和组织方法，摸索科学有效地在基层部队开展心理教育与心理疏导的内容、策略和途径。

【序　号：15 】
项目名称：**中华人民共和国军事地理图集、世界军事地理图集**
作　　者：李志光、薛贵江　等
出版单位：星球地图出版社
规　　模：40 万字
出版时间：2008 年 10 月
内容简介：《中华人民共和国军事地理图集》按省分幅，一省一幅，由序图、省图、省会城市及重要城市图和文字介绍等组成。序图以自然地理和资源分布为主，从宏观上介绍我国的军事地理知识；省图以省为单位表示行政区划、地貌形态、水系流域、交通等自然地理和人文要素，重点表示省境内的战争资源及对作战的影响等内容；省会城市及重要城市图以表示经济基础建设为主，反映该城市在战争中的地位作用、战争潜力等。《世界军事地理图集》由序图、分洲图、分国图及文字介绍等组成，以宇宙的存在和地球的产生为主，介绍全球的战略要地、咽喉通道及对战争的影响等。本套图集采用 8 开本散页装合形式。

【序　号：16 】
项目名称：**中国战争史地图集**
作　　者：军事博物馆
出版单位：中国地图出版社
规　　模：50 万字
出版时间：2007 年 7 月
内容简介：本图集内容有以下特点：1. 全面、系统地反映出我国古今战争的历史事实，探究中华民族五千年，尤其是 20 世纪以来中国战争发展变化的规律和经验教训。2. 形象再现中华民族历代统一战争和农民战争的战略意图和战争经过，重点体现毛泽东同志关于中国革命战争的战略战术和人民军队、人民战争的光辉军事思想。3. 深入研究中国战争史，特别是 1840 年以后近代战争史料，继承和发扬中华民族反侵略战争的优良传统和爱国主义精神。4. 要战必录，要图求全。在中国战争史上具有战略意义的战争、战役及重大战斗行动必录。重要战争、战役的图面要素及说明文字，力求准确、全面、丰富，避免片面性。5. 战争、战役、战斗三个层次地图的领属关系清晰，科学表述战争体系。本图集是“十五”国家重点图书出版规划项目。

6. 历史（77 项）

【序　号：1 】
项目名称：**中华人民共和国史编年**
作　　者：朱佳木　总编委会主任
出版单位：当代中国出版社
规　　模：120 万字
出版时间：2009 年 8 月
内容简介：《中华人民共和国史编年》（简称《国史编年》）是以编年体全面反映新中国各个领域重大史实的资料书。《国史编年》以时间先后为序，逐日排列史实。正编由纲文、目文、文献或附录、注释、图片五个部分组成。正编中，举凡涉及中华人民共和国政治、经济、文化、科技、教育、卫生、民族、社会、人口、宗教、疆域、地理、区划、灾害、气候、生态、资源、军事、国防、外交、对外联系和国际反应等方面的大事，均在编写之列。《国史编年》自新中国成立起每年一卷。1949 年卷已经于新中国成立 55 周年前夕出版。“十一五”期间（2006—2010 年）预计完成五卷，即 1950 年卷，1951 年卷，1952 年卷，1953 年卷，1954 年卷。

【序　号：2 】
项目名称：**中华人民共和国历史图志**
作　　者：国家博物馆、中央党史研究室
出版单位：上海人民出版社
规　　模：100 万字
出版时间：2009 年 9 月
内容简介：本书将全面、系统阐述新中国成立 60 年来，中国人民在中国共产党领导下所走过的光辉历程；生动而又忠实地记录我国在各个时期工业、农业、科技、教育、文化、国防等领域的建设成就及社会生活各方面的发展变化。本书将由权威部门和专家编撰，并按《中国共产党历史图志》（2001 年出版，获“五个一”工程图书奖）的形式编排，并与《中国共产党历史图志》、《中国人民解放军历史图志》形成配套系列。

【序　号：3 】
项目名称：**共和国日记**
作　　者：金冲及、宋木文　主编
出版单位：现代教育出版社
规　　模：1 000 万字
出版时间：2007 年 12 月
内容简介：中华人民共和国的成立和发展，是中华民族发展历程中波澜壮阔的崭新篇章，充分体现了中国人民追求民主、自由、富强的精神面貌，反映了人类历史进程中人性进步的光辉。共和国发展进程中一点一滴，都记载了中国人民自我超越、奋发向上的探索，记载了中国人民发现真理、坚持真理的实践。

【序　号：4 】
项目名称：**图文共和国年轮**
作　　者：张树军　主编
出版单位：河北人民出版社
规　　模：800 万字
出版时间：2008 年 7 月
内容简介：本书以图文并茂的形式，真实地记述中华人民共和国成立以来的社会发展历程；展示共和国在政治、经济、科技、教育、国防、文化、卫生、体育、外交等领域取得的伟大成就，特别是改革开放以来我国社会发生的深刻变化；总结我国社会主义建设以及探索中国特色社会主义道路的基本经验；是一部反映共和国重大历史事件及社会发展变化的大型工具书。该书以时为经，以事为纬，以编年纪事的笔法逐年记述共和国近六十年间发生的重大历史事件。上限起于

1949 年 10 月 1 日，下限止于 2008 年 10 月底。全书内容包括三部分：1. 大事日志。以年为单元记述政治、经济、科技、教育、国防、文化、卫生、体育、外交等涉及人民生活各个领域，每日、每月发生的重大历史事件。2. 重大事件纪实。从每月发生的重大历史事件中选择更加突出、产生重大社会影响的重大事件展开叙述。3. 历史图片。选择具有鲜明的时代特点、代表性强的珍贵历史图片对重要历史事件进行形象记述。

【序　号：5 】
项目名称：**中国共产党历史大事记（1919—2005）**
作　　者：中央党史研究室
出版单位：中共党史出版社
规　　模：80 万字
出版时间：2006 年 6 月
内容简介：从建党初期至今，中国共产党的详细历史大事记尚无。本书由中央党史研究室集体编著、集体署名，作为 2006 年建党 85 周年的献礼，同时填补此项研究的空白。

【序　号：6 】
项目名称：**中国共产党新时期历史系列专题研究丛书**
作　　者：中央党史研究室第三研究部　等
出版单位：中共党史出版社
规　　模：280 万字
出版时间：2008 年 1 月
内容简介：2008 年是改革开放 30 周年，本丛书是纪念和深化研究改革开放历史的著述。之一《邓小平与改革开放的起步》已于 2005 年 4 月出版。之二至之七分别为《对外开放格局的形成》、《少数民族地区改革与发展》、《农村改革的历程》、《国企改革的历程》、《新时期的精神文明建设》、《新时期党建研究》。本套丛书由中央党史研究室第三研究部和中组部党建研究所、社科院经济所、相关地市、企业共同完成。

【序 号：7 】
项目名称：**中国共产党执政60年**
作 者：陈文彬 等
出版单位：中共党史出版社
规 模：200万字
出版时间：2009年8月
内容简介：本书在1999年《中国共产党执政50年》的基础上补充了1999—2009年的内容。

【序 号：8 】
项目名称：**红军长征系列图书**
作 者：中央党史研究室
出版单位：中共党史出版社
规 模：260万字
出版时间：2006年6月
内容简介：全书共分为四册，即：《红军长征史》、《红色铁流——红军长征全路》、《今夕长征路》（画册）和《将帅忆长征》。

【序 号：9 】
项目名称：**红军长征全史**
作 者：军事科学院军事历史研究所
出版单位：军事科学出版社
规 模：100万字
出版时间：2006年12月
内容简介：全书讲述了参加长征的中国工农红军的四支队伍，战胜国民党数十万大军，完成中国土地革命向民族革命转变艰难曲折的历史过程。

【序 号：10 】
项目名称：**红军长征记**
作 者：八路军政治部
出版单位：广西师范大学出版社

规　　模：370 万字
出版时间：2006 年 12 月
内容简介：红军长征是中共党史上和中国现当代史上一件有重大历史意义的大事。早在 1936 年春，八路军政治部即考虑编辑一部关于长征的书，到 1942 年，该文献诞生，分上、下两册。该书对于研究中国人民解放军军史、长征史来说，提供了珍贵的第一手资料，是一部珍贵的、重要的历史文献。但此书流传极少。此书封面由总司令朱德签名，当为朱德签赠斯诺先生。此书的重新出版，能使这一有重大价值的珍贵文献重新为研究者和广大读者所了解，对促进中国人民解放军军史、长征史的研究来说，具有重要的纪念意义和推动作用。

【序　　号：11】
项目名称：**中国革命史图卷**
作　　者：本书编委会
出版单位：人民美术出版社
规　　模：16 万字
出版时间：2008 年 12 月
内容简介：本书以中国革命史作为编辑主线，拟在上千幅作品中精选 600 幅作品，分编为两卷。每卷以 8～10 万字记述中国革命的历史，各约 300 幅作品。画册为 8 开精装本（2 卷装一函套），是以艺术作品的形式再现中国革命光辉历程的一幅完整画卷。

【序　　号：12】
项目名称：**中国革命历史遗迹遗址大辞典**
作　　者：中国国家博物馆
出版单位：上海文艺出版社
规　　模：100 万字
出版时间：2009 年 9 月
内容简介：本书将以辞书的形式编纂，即所有的遗迹遗址都分成词条，另外配以适当的图片。相信这样一本书，不但可以成为一本新的别具一格的准工具书，也是把红色资源在一个新的历史阶段整合成一种新的人文资源。

【序　号：13】
项目名称：**中国工人运动史图集**
作　　者：刘明逵
出版单位：广东人民出版社
规　　模：12万字
出版时间：2006年12月
内容简介：本书为“十五”国家重点图书出版规划项目。通过大量珍贵的历史图片、资料，系统地叙述中国工人阶级队伍的形成和早期自发运动，以及党成立后，中国工人阶级在新民主主义时期的光辉斗争历程。

【序　号：14】
项目名称：**见证历史：共和国大使讲述丛书**
作　　者：王　殊、李连庆　等
出版单位：汉语大词典出版社
规　　模：660万字
出版时间：2010年12月
内容简介：本丛书是汉语大词典出版社与外交部老干部笔会合作进行的项目。丛书由系列性的若干分册作品组成。作者（均曾任驻外大使）从个人从事外交工作的视角出发，选择亲历的中外关系重大事件及其曲折的过程、相关的人物等为主要内容进行写作，客观、真实地记录共和国的外交历程，以文字的方式保留和再现外交人的风采，反映我国的外交成就。丛书既不是一部完整的新中国外交史，也不是一部共和国外交理论专著；既不是一般的个人成长史，也不是泛泛的世界知识读物。丛书的每一个分册作品，只是个人视角的历史片断的纪实。

【序　号：15】
项目名称：**中华民族发展史**
作　　者：尤　中
出版单位：人民出版社
规　　模：400万字

出版时间：2007 年 12 月
内容简介：本书从纵横层面、宏观和微观的视角，系统阐述了少数民族与汉族共同发展的关系。书中引用了丰富的考古资料、档案资料、文献资料。本书分为六卷，精选了 1 500 余幅珍贵的、精美的图片，生动再现了中华民族各民族的特征以及共同发展、融合过程中的一些细节。

【序　号：16 】
项目名称：**辛亥革命资料长编**
作　　者：章开沅
出版单位：湖北人民出版社
规　　模：300 万字
出版时间：2006 年 12 月
内容简介：本书旨在为学术界提供崭新的资料，包括国内新发掘的档案资料及海外的档案资料，供学者们部分利用、消化。本书还有一个特点，即凡已发表的皆不收入书中，全是首次对外公开。本书为“十五”国家重点图书出版规划项目。

【序　号：17 】
项目名称：**中国通史简明读本**
作　　者：白寿彝
出版单位：河北人民出版社
规　　模：50 万字
出版时间：2008 年 12 月
内容简介：本书在白寿彝主编的《中国通史纲要》的基础上，吸收中国通史研究的最新成果，描述了自远古至当代八千年的中国历史，从政治、经济到军事、文化，从典章制度到民族融合，从内政到外交，进行全方位、多角度的反映。

【序　号：18 】
项目名称：**中国历史长廊**
作　　者：葛剑雄　主编

出版单位：广西师范大学出版社
规　　模：200万字
出版时间：2009年10月
内容简介：本书宗旨是弘扬以爱国主义为核心的中华民族精神。以还原历史原生态为主要写作原则，编写一套描述中国历史发展的大众读物。按历史时段分卷，分别是：上古、春秋、战国、汉、三国、晋、南朝、北朝、隋唐、五代、宋、辽金元、明、清、民国。各卷的名称以及内部章节的名称都是富含文学性的。行文语言追求文学性、通俗性、趣味性。

【序　号：19】
项目名称：**中国历史人物大辞典**
作　　者：李学勤、李世愉　等
出版单位：上海辞书出版社
规　　模：550万字
出版时间：2007年8月
内容简介：《中国历史人物大辞典》共收入人物约10万人，较之同类词典，是目前选收人物最多的，最为大型的人物词典。本书以二十五史记传人名为基本依据，同时博采群书，钩稽增益，以人物生平事迹权衡取舍；释文力求客观准确，在有限的空间包含多种元素，以尽可能多地提供广阔的信息，以便读者查阅。本书是"十五"国家重点图书出版规划项目。

【序　号：20】
项目名称：**中国古代历史理论**
作　　者：瞿林东　主编
出版单位：安徽人民出版社
规　　模：100万字
出版时间：2006年6月
内容简介：本书分为上、中、下三卷，共100万字。上起先秦，下迄清末，阐述中国古代历史理论的发展及主要成就。第一卷写中国古代历史理论的产生与形成，第二卷写中国古代历史理论的丰富与发展，第三卷写中国古代历史理论的繁荣与嬗变。

【序　号：21】
项目名称：**中国古代历史图谱**
作　　者：张政烺　主编
出版单位：文物出版社
规　　模：400 万字
出版时间：2008 年 12 月
内容简介：《中国古代历史图谱》是中国社科院的重点科研项目和社科国家重点项目。图谱以精练的文字和丰富的文物考古资料，形象地再现从多元一体到统一王朝的逐渐形成并延绵不断的中华民族历史发展进程。作为一部大型的、权威性的历史图谱，本书全面、系统地总结了自远古至 20 世纪的中国历史与考古研究成果。

【序　号：22】
项目名称：**中国古代疆域史**
作　　者：林荣贵
出版单位：黑龙江教育出版社
规　　模：80 万字
出版时间：2006 年 8 月
内容简介：本书是“边疆史地丛书”的一种，是一部全面、系统、准确反映古代中国多民族国家疆域形成和发展历史的学术著作，对历代疆域形成和发展的历史过程进行了深入的分析和探讨，正本清源，纠正了一些错误片面的观点。本书为“十五”国家重点图书出版规划项目。

【序　号：23】
项目名称：**中国近代边界史**
作　　者：吕一燃　主编
出版单位：四川人民出版社

规　　模：150万字
出版时间：2006年5月
内容简介：本书为国家“九五”、“十五”规划重点科研项目。边界史涉及中国近代与周边所有国家的边界问题。作者以翔实的资料，忠于史实的态度，严密的论证，准确反映边界问题。

【序　　号：24】
项目名称：**中国近代史大词典**
作　　者：步　平、金冲及
出版单位：四川人民出版社
规　　模：1 000万字
出版时间：2008年8月
内容简介：词典收录了1840—1949年间有关历史人物、事件、组织、典章制度等词条。词条按历史阶段分配，每个历史阶段的词条分成若干等级，每个等级安排一定的字数。《中国近代史大词典》上限起自1840年，下限止于1949年，时间上包括整个近代；词条达2万条，覆盖面广。

【序　　号：25】
项目名称：**中国当代社会史**
作　　者：张静如
出版单位：湖南人民出版社
规　　模：75万字
出版时间：2009年12月
内容简介：本书以1978年党的十一届三中全会为界，分为上、下册，全面、系统地研究自1949年中华人民共和国成立至2009年中国当代社会整体发展的全过程，以及社会生活诸方面的全部历史，重点考察中国当代社会的政治、经济、文化状况，考察中国当代社会组织、社会阶级和阶层、社会关系、社会意识形态、社会心理、社会生活方式、人们的思维方式、社会习俗等等。

【序　号：26 】
项目名称：**当代中国历史小丛书**
作　　者：程中原　主编
出版单位：当代中国出版社
规　　模：1 000 万字
出版时间：2009 年 8 月
内容简介：本丛书为当代中国研究所的五年科研规划项目。计划出版 100 种，每种约计 10 万字，100 幅图片。丛书初步拟订分为重大事件、重大成就、人物传记等三大类，每一大类下分设若干小类，以大家小书的形式，生动活泼的文字，图文并茂的编排，从多个角度和不同侧面，再现共和国历史。重大事件主要包括新中国成立以来决定和影响了其未来发展方向的重大政治决策、历史事件。重大成就主要包括新中国成立以来划时代的建设成就和科技成就。人物传记的记述对象包括新中国的杰出政治家、军事家、科学家、教育家、文学家、艺术家，也包括各行各业的劳动模范、时代楷模（如雷锋、张华等）。

【序　号：27 】
项目名称：**中国抗日战争全史**
作　　者：步　平、王建朗　等
出版单位：中国青年出版社
规　　模：500 万字
出版时间：2006 年 12 月
内容简介：中国社会科学院近代史研究所在专题研究的基础上，联合国内主要研究部门，编撰十卷本《中国抗日战争全史》。《中国抗日战争全史》采取编年体的写作方式，在描述抗日战争全景的过程中，涉及以下主要内容：1. 抗日战争史总论；2. 抗日战争与中国政治；3. 抗日战争与中国经济；4. 抗日战争与中国外交；5. 抗日战争与中国军事；6. 抗日战争与中国文化；7. 抗日战争与中国社会；8. 中国共产党与新民主主义社会的雏形；9. 明治维新与近代日本的对外扩张国策；10. 日本侵华政策之演变；11. 天皇的战争责任问题；12. 抗日战争时期日本侵华暴行；13. 抗日战争时期财产人口损失；14. 抗日战争史研究概览；15. 中日战后遗留问题；16. 抗日战争史史料学；17. 抗日战争史研究论著目录索引。

【序　号：28】
项目名称：**中日甲午战争全书**
作　　者：关　捷、孙克复
出版单位：吉林人民出版社
规　　模：300 万字
出版时间：2006 年 5 月
内容简介：本书作者关捷和孙克复先生，终生致力于中日甲午战争史研究，著作甚丰，是我国知名的中日甲午战争史研究专家。《中日甲午战争全书》是两位作者积终生研究之力而成就的鸿篇巨制。全书坚持辩证唯物主义和历史唯物主义观点，对中日甲午战争作了全景式的描绘。引用了大量下史、方志、笔记、口碑史料，材料翔实，论证有据。全书博采众长，既继承了前人的研究成果，又提出了诸多独到的见解，为中日甲午战争史研究填补了一项学术空白。

【序　号：29】
项目名称：**南京大屠杀史料集**
作　　者：张宪文、张连红　等主编
出版单位：江苏人民出版社
规　　模：1 200 万字
出版时间：2007 年 12 月
内容简介：本书系统、全面地编辑整理了有关南京大屠杀的史料，学术价值高，客观性强。各册所选史料，全部是第一手的原始“三亲”史料，编者不仅系统深入挖掘了国内各档案馆的馆藏资料，而且还较为全面地搜集了美国、日本、英国、德国等海外各类资料，其中有相当部分是第一次正式公开。

【序　号：30】
项目名称：**抗战时期中国人口伤亡、财产损失调查**
作　　者：中央党史研究室第一研究部
出版单位：中共党史出版社
规　　模：80 万字
出版时间：2006 年 12 月
内容简介：本书对至今仍有争议的中国抗战人口伤亡、财产损失进行全面调查、统计，以得出比较准确的结论性意见。

【序　号：31】
项目名称：**中国史学史**
作　　者：瞿林东、许殿才
出版单位：上海人民出版社
规　　模：200 万字
出版时间：2006 年 11 月
内容简介：这是一部全面、系统介绍历代中国史学理论沿革发展的论著。全书共分六卷，按秦汉、魏晋南北朝、隋唐、宋元、明清、近代六个时期划分，分别阐发了历代史学发展的理论特点及在史学史上的地位和成就，整理和论述了古今史学对应上述各时期的认识，以及有关各时期史学史的基本著作。

【序　号：32】
项目名称：**中国方志通鉴**
作　　者：秦其明　主编
出版单位：方志出版社
规　　模：230 万字
出版时间：2006 年 12 月
内容简介：本书分为大事记、方志源流、方志理论、方志编纂、组织管理、读志用志、志书选介和方志人物八个部分，全面、系统地反映了从古到今我国方志编纂实践、组织管理和理论研究的全貌及成果，对方志理论研究及新编方志事业的发展情况着墨尤多，为我们提供了尽可能全面、准确、翔实以及前沿的方志文化信息，是一部具有综合性、资料性、学术性、权威性的地方志工具书。

【序　号：33】
项目名称：**西夏社会**
作　　者：史金波
出版单位：上海人民出版社
规　　模：70 万字
出版时间：2007 年 1 月
内容简介：本书深化了对西夏经济、政治、文化、宗教民俗的认识，并开拓新的领域，解决了如西夏社会的基层组织等过去很少论及的重要问题。

【序　号：34】
项目名称：**辽宋西夏金代通史**
作　　者：漆侠、王曾瑜
出版单位：河北人民出版社
规　　模：270 万字
出版时间：2009 年 12 月
内容简介：本书在比较了若干通史、断代史在体裁方面得失的基础上，以专题分卷系事，充分反映出当今学术潮流的走向。全书分为政治军事编、典章制度编、社会经济编、教育科学文化编、宗教风俗编、周边民族和政权编以及文物考古史料编，共计七编，各编下分设章和节。通过七编的分别论述，全面反映了最新学术成果，并力求对该时期作出立体透视与全息摄影式的阐述。

【序　号：35】
项目名称：**南宋史研究丛书**
作　　者：徐规、朱瑞熙　等
出版单位：杭州出版社
规　　模：1 500 万字
出版时间：2010 年 12 月

内容简介：本项目由《南宋史专题》、《南宋政治史》、《南宋军事史》、《南宋文化史》、《南宋文学史》、《南宋商业史》、《南宋城镇史》、《南宋思想史》、《南宋藏书史》、《南宋绘画史》、《南宋戏曲史》、《南宋风俗史》、《南宋教育史》、《南宋科技史》、《南宋科举史》、《南宋农业史》、《南宋水利史》、《南宋人口史》、《宋高宗赵构》、《岳飞》、《陆游》、《辛弃疾》、《文天祥》、《南宋都城临安》、《南宋临安的文化》、《南宋临安的经济》、《南宋临安的都城建设》、《南宋全史》等50卷图书组成，是杭州市社科院组织、邀请国内外一流水平的专家，以科学的方法，对南宋历史文化所作的一次全方位、深层次的发掘、整理、介绍、研究。

【序　号：36 】
项目名称：**元代文化史**
作　　者：陈高华、张　帆
出版单位：广东教育出版社
规　　模：55 万字
出版时间：2006 年 5 月
内容简介：本书作者在前人研究的基础之上，结合自己的探索心得，试图将元代文化史按社会、政治生活的变化分为三个阶段，作比较全面的系统的研究。每个阶段先分析社会、政治生活的特点，然后对各个文化领域的状况加以说明。全书插图一百余幅。

【序　号：37 】
项目名称：**明代职官年表**
作　　者：张德信
出版单位：黄山书社
规　　模：420 万字
出版时间：2009 年 7 月
内容简介：本书所收内容时间上下限为明洪武元年（1368 年）至崇祯十七年（1644 年）。内容分为：中书省年表、宰辅年表、七卿年表、六部侍郎及副都御史年表、京卿年表、都督年表、督抚年表、总兵官年表、布政使年表、按察使年表、都指挥使年表、提督学政年表。

【序　号：38】
项目名称：**“康乾盛世”研究丛书**
作　　者：陈　桦、郭成康　等
出版单位：黄山书社
规　　模：350万字
出版时间：2007年6月
内容简介：本套丛书把历史与当代相结合，把中国与世界相比较，分八种，书目如下：1.《康乾盛世研究百年史》；2.《康乾盛世：中国和西方的差距是怎样拉开的》；3.《留不住的夕阳：十八世纪的中国》（上、下）；4.《十八世纪中英海上力量与海洋政策的比较研究》；5.《皖派、桐城派与康乾盛世》；6.《繁荣背后的阴影：康乾时期货币体系与物价变动》；7.《清代驿传体系研究》；8.《棚民与清代社会》。

【序　号：39】
项目名称：**清代理学史**
作　　者：龚书铎、史革新　等
出版单位：广东教育出版社
规　　模：200万字
出版时间：2006年12月
内容简介：本书在收集、发掘和研究各种文献资料的基础上，对清代理学进行系统的、总结性的研究，对清代理学史中的一些重要问题，如程朱理学、阳明心学及两个派别的离合关系，清代理学与其他学派的关系，清代理学与清代社会文化之间的互动关系及清代理学兴衰成败的社会原因和思想学术原因等作出理论上的阐释。本书系国家教育部人文社会科学重点研究基地重大项目2001年招标课题研究成果，已列入“十五”国家重点图书出版规划。

【序　号：40】
项目名称：**清史大辞典**
作　　者：戴　逸、罗　明　等
出版单位：上海辞书出版社
规　　模：200 万字
出版时间：2006 年 6 月
内容简介：《清史大辞典》是国家清史编纂委员会首席专家戴逸、罗明等，应用辞书的形式，研治、整理和传播清史的力作。起于后金立国，讫于宣统三年清末代皇帝退位（1912 年 2 月），共收词 12 000 条，200 万字，内容包括人物、事件、年号、帝号、文物、民族、典章制度、军制、法制、中外关系、社会经济制度、条约章程、工矿企业、铁路交通、银行洋行、团体组织、书院学校、科技文化、史籍报刊、宗教及其他。

【序　号：41】
项目名称：**乾隆南巡图研究**
作　　者：王宏钧
出版单位：上海人民出版社
规　　模：25 万字
出版时间：2007 年 12 月
内容简介：乾隆南巡图是描绘乾隆十六年（1751 年）清高宗乾隆第一次南巡江浙的巨幅历史画卷。本书对该图作了全方位研究，有助于再现乾隆时代的社会风貌。

【序　号：42】
项目名称：**满文老档**
作　　者：吴元丰、佟永功
出版单位：辽宁民族出版社
规　　模：800 万字
出版时间：2007 年 6 月
内容简介：《满文老档》（以下简称《老档》）是清入关前用满文写成的编年体档册，是明末清初满族入关前在我国东北地区进行各种活动的官方记录。它所反映的内容，始于明万历三十五年（天命前九年，1607年），止于明崇祯九年（崇德元年，1636年）。除努尔哈赤以遗甲十三副崛起于长白山地区的卷首部分已残缺外，《老档》记载了努尔哈赤统一女真各部，建立后金政权，而后对明朝政府进行战争，夺取辽东，建都辽阳、沈阳，以及皇太极即位后，继续进兵辽西，并数次深入关内，屡挫明师等等军政大事。《老档》还记载了当时满族的社会组织、八旗制度、法律规章、对外交涉、族内纷争、官员任命、生产和经济状况乃至宫廷生活、民情、风俗、天文、地理、气象等情况。其史料原始可靠，记事翔实广泛，文字朴实，很少修饰，其中许多内容是《清实录》等官撰史书所未载，或略而不详，或载而改写过的。《老档》是研究清朝开国史、满族史、东北地方史、民族史的第一手史料，对《清实录》等史书的校订补遗，也具有十分重要的意义。

【序　号：43 】

项目名称：**中国考古学**

作　　者：北京大学考古学系

出版单位：文物出版社

规　　模：240万字

出版时间：2009年12月

内容简介：本书是介绍中国考古学最新研究成果的论著，由资深的考古专家主编和撰写，为多卷本。旧石器时代考古一卷由吕遵谔先生撰写，新石器时代考古一卷由严文明先生撰写，商周考古一卷由邹衡先生撰写，战国秦汉、魏晋南北朝隋唐五代、宋元明清考古等各卷由俞伟超、徐苹芳等先生撰写。

【序　号：44 】

项目名称：**三峡考古研究丛书**

作　　者：孙　华　等

出版单位：巴蜀书社

规　　模：150万字

出版时间：2006年9月

内容简介：本丛书从三峡抢救性考古资料中，梳理出10个选题，涉及三峡古城镇、民居、盐业、水文、古文化遗址、谱系等方面，真实地记录这一地区业已沉入水底或正在消失的文化遗痕，深入探讨这些遗痕所反映的历史文化内涵，形成一系列三峡地区考古与古史研究成果。因此，从现实意义和历史意义两方面来说，这都是一套有着重要意义的丛书。本丛书系“十五”国家重点图书出版规划项目。

【序　号：45 】
项目名称：**简帛与古史研究丛书**
作　　者：卜宪群、杨振红　主编
出版单位：广西师范大学出版社
规　　模：400万字
出版时间：2010年12月
内容简介：本丛书一方面顺应国际简帛学研究发展要求，为国内外学者提供更为广阔的研究平台，同时也为挖掘、整理、弘扬我国丰富的民族文化作出自己应有的贡献。

【序　号：46 】
项目名称：**敦煌学史**
作　　者：郑炳林
出版单位：甘肃人民出版社
规　　模：250万字
出版时间：2008年12月
内容简介：本书拟以专题分卷形式对敦煌学的发展历史作全面梳理，具体卷目如下：1. 艺术卷（上、下）；2. 历史地理卷；3. 语言文学卷；4. 宗教民族卷；5. 经济卷；6. 文化科技卷；7. 文献流散卷；8. 国外敦煌学（上、下）。

【序　号：47 】
项目名称：**甘肃藏敦煌藏文文献整理研究**
作　　者：马　德

出版单位：甘肃人民出版社
规　　模：160 万字
出版时间：2008 年 12 月
内容简介：敦煌地区保存了大量吐蕃时期的历史遗迹遗物和吐蕃古藏文文献资料，本书将在全面、系统地搜集和整理甘肃各地收藏的敦煌出土吐蕃文献，编写《甘肃藏敦煌藏文文献叙录》，为学术界提供第一手研究文献；同时从事吐蕃写经制度研究，根据敦煌出土的吐蕃文写经和写经题记、经文现状、废弃经页等，对敦煌吐蕃时期的写经、校经、写经生及校经师队伍、写经管理、纸张使用、废弃经文处理等一系列问题作深入研究，以期在探讨当时佛教在吐蕃统治区内的传播与发展、蕃汉等民族间的文化交流、佛教对当时社会的影响等方面有新的突破。

【序　号：48 】
项目名称：**里耶考古报告**
作　　者：湖南省文物考古研究所
出版单位：岳麓书社
规　　模：50 万字
出版时间：2006 年 10 月
内容简介：湘西龙山里耶古城的考古发掘，因出土数万枚秦代简牍而享誉世界，被评为本世纪最重大的考古发现，已引起国内外学术界的高度关注。《里耶考古报告》是一部关于里耶考古项目的完整的、正式的考古报告，囊括 2002—2004 年里耶盆地全部田野考古成果。

【序　号：49 】
项目名称：**汉藏文化交流史**
作　　者：王　尧
出版单位：湖北教育出版社
规　　模：50 万字
出版时间：2007 年 10 月
内容简介：本书是一本研究一千多年来汉藏两个民族文化交流历史的学术专著。

作者上溯至吐蕃（藏族人的祖先）时期的唐代，下限至中华人民共和国成立。一千余年来，藏族地区逐步成为统一的中国的组成部分，这其中，汉藏两个民族由于统治者的原因也有过多次民族冲突乃至战争，但更多时期是和睦相处，和平和交流一直是历史的主流。西藏自古以来就是中国的一部分，汉藏文化交流史中的许多经验教训对于今天仍有某些借鉴意义。本书的出版，对于促进中华民族的团结和维护多民族国家的统一都有重要的现实作用。本书系“十五”国家重点图书出版规划项目。

【序　号：50】
项目名称：**中国环境变迁史**
作　　者：王玉德　等
出版单位：华中师范大学出版社
规　　模：260 万字
出版时间：2007 年 12 月
内容简介：根据中国历史发展、变化的实际，拟按朝代把《中国环境变迁史》分为先秦、两汉、魏晋南北朝、隋唐、宋元、明代、清代、20 世纪的环境变迁共八册。其具体内容包括：全面、系统、综合、深入地交叉研究中国历代的环境状况及其变迁与环境灾害的关系以及所反映出的基本特点、影响和客观规律等。

【序　号：51】
项目名称：**近五百年来中国环境变迁与社会应对**
作　　者：邹逸麟　主编
出版单位：齐鲁书社
规　　模：250 万字
出版时间：2008 年 1 月
内容简介：本书研究中国主要区域近五百年来的环境变迁对社会的影响及采取的应对措施，填补这一研究领域的空白。全书共分 10 卷，即：1. 近五百年来中国气候变迁与社会影响；2. 传统社会末期华北的生态环境与社会；3. 近五百年来黄河下游地区环境变迁与社会；4. 明清以来太湖流域自然环境与乡村社会变迁；5. 明清以来两湖地区的环境与社会；6. 明清河北平原的环境变迁与村落形态；7. 明清以来云贵高原的自然环境与社会变迁；8. 近五百年来淮河流域灾害环境与社会研究；9. 清代以来绿洲农业开发对塔里木河流域生态环境变迁的影响；10. 近五百年的地区开发和环境变迁。

【序　号：52】
项目名称：**中国妇女社会性别史**
作　　者：杜芳琴、高世瑜
出版单位：河南人民出版社
规　　模：150 万字
出版时间：2006 年 12 月
内容简介：本书为“十五”国家重点图书出版规划项目。这部三卷本的《中国妇女社会性别史》，是目前第一部有独特理论框架、自成体系的中国妇女通史。本书从社会性别视角入手，勾勒出上古至先秦、汉至唐、宋至清末等具有转折意义的时代背景下，中国多元民族、不同地域妇女与性别关系的衍变及其生活风貌，探索妇女地位、性别关系与政治、经济、文化等的复杂关系，展示了各个时期妇女与性别关系的历史衍变过程。

【序　号：53】
项目名称：**民国时期社会调查报告集成**
作　　者：中国第二历史档案馆　等
出版单位：广西师范大学出版社
规　　模：1 000 万字
出版时间：2009 年 12 月
内容简介：本书收集了大量反映民国时期中国社会各个方面状况的社会调查报告，其出版能极大地促进民国社会历史文化研究。

【序　号：54】
项目名称：**日军焚余档案集成**
作　　者：吉林省档案馆

出版单位：广西师范大学出版社
规　　模：8 000 万字
出版时间：2008 年 12 月
内容简介：本书集成了抗日战争即将取得胜利之时，日军各个部门来不及销毁的大量包括档案在内的各种罪证。

【序　号：55】
项目名称：**中国民间契约文书集成**
作　　者：安徽大学徽学研究中心
出版单位：广西师范大学出版社
规　　模：4 500 万字
出版时间：2010 年 12 月
内容简介：本书收集了徽州文书、清水江文书等具有很高的学术研究价值的民间契约文书，予以整理结集出版，以促进学术研究。

【序　号：56】
项目名称：**生育文化史**
作　　者：杨子慧、姜　涛
出版单位：中国人口出版社
规　　模：60 万字
出版时间：2007 年 3 月
内容简介：本书分为上、下两篇，上篇由原始社会至隋唐，下篇由宋朝到中华民国，是生育文化的历史再现。从婚姻、家庭、生育习俗、两性关系等方面阐述不同时期的生育文化，对新型生育文化建设起到以史为鉴的作用。

【序　号：57】
项目名称：**旧中国海关总税务司署通令选编（下部）**
作　　者：本书编委会
出版单位：中国海关出版社
规　　模：200 万字

出版时间：2006 年 12 月

内容简介：1861—1949 年的 87 年间，旧中国海关始终是以洋人为核心组成的奇特的政府行政管理机构。它的主要行政行为常以"海关总税务司署通令"的形式公布实施。"通令"持续发布了近九十年，均为英文本，具有独特的文体和一整套专用名词和常用语，共千余件。它完整、真实、准确地记载了旧中国近代海关的起源、发展及丰富多样、持续的业务活动，直接反映了旧中国海关所掌管的财政税收、内外债务及赔款、海运港务、气象航务、检验检疫、内外邮政、海关机构及教育、重大外交事件等多方面历史情况。"通令"是深入研究中国近现代史及中国外交、外经贸、海关、航运、气象、邮政等专业史重要而弥足珍贵的史料。本书为"十五"国家重点图书出版规划项目。

【序　号：58】

项目名称：**中华民国通史**

作　　者：中国社会科学院近代史研究所

出版单位：江苏人民出版社

规　　模：100 万字

出版时间：2008 年 12 月

内容简介：本书对中华民国自 1912—1949 年的这段历史进行了全面、客观的叙述与评价。改变了以往民国史研究多以政治史研究为中心的模式，综合考察与会通研究这一时期政治、经济、军事、外交、文化、社会形态等总体情况，修正了以往民国史研究由于种种原因而造成的明显不足。本书在宏观和微观研究上都颇具新意，充分运用 20 世纪 90 年代以来海内外最新公布的大量文献档案资料，尤其是现藏台湾的档案资料，并以海内外学者的最新研究成果为基础，填补以往研究的空白，并对以往研究的薄弱环节或失当之处进行补充订正。

【序　号：59】

项目名称：**民国时期民族问题档案资料汇编**

作　　者：张世和　等

出版单位：中国社会科学出版社
规　　模：400 万字
出版时间：2006 年 12 月
内容简介：本书是在对南京中国第二档案馆所藏 1911—1949 年北洋军阀和国民党政府所有档案资料中有关民族问题全面查选的基础上，科学、系统和全面地对民国时期有关民族问题的档案资料进行的选校编汇。北洋及国民党政府民族问题档案资料，是研究民国时期民族问题的宝贵史料，在前期工作基础上，已对近千万字的档案材料进行整理、校注、编排，最终完成了五卷十余分册的编撰工作。

【序　号：60 】
项目名称：**台湾文献史料出版工程**
作　　者：陈云林　主编
出版单位：九州出版社
规　　模：12 500 万字
出版时间：2010 年 12 月
内容简介：“台湾文献史料出版工程”深刻阐明台湾的中国属性是无法否认的客观历史事实，证明中国历代中央政府对台湾实施了合法、有效的统治与管辖，揭示台湾与祖国大陆的历史文化渊源。工程包括《明清宫藏台湾档案汇编》（100 册）、《民国时期台湾档案选编》（300 册）、《闽台关系族谱选编》（100 册）、《海外遗存台湾档案汇编》（50 册）、《台湾文献汇刊续编》（50 册）五大项目，文献史料的时间跨度自明清两代、民国时期至 1949 年约 400 年，范围涵盖官方档案、民间收藏及海外遗存。

【序　号：61 】
项目名称：**台湾通史**
作　　者：林仁川　主编
出版单位：人民出版社
规　　模：180 万字
出版时间：2008 年 12 月

内容简介：本通史分六卷：第一卷为古代与荷据篇；第二卷为明郑篇；第三卷为清代篇；第四卷为近代篇；第五卷为日据篇；第六卷为当代篇。

【序　号：62】
项目名称：**湖湘文库**
作　　者：蒋建国　主编
出版单位：岳麓书社
规　　模：56 000 万字
出版时间：2015 年 12 月
内容简介：长期以来，学术界对湖南的历史和文化进行了不少的研究，整理出版了一批湖湘文化典籍，这对于认识湖南起了很好的推动作用。但是由于缺乏规划的整理和组织，总的说来，在全面系统性和深入性上还很欠缺。为了更好地建设湖南、发展湖南，有必要更深入地研究湖南、认识湖南，使海内外进一步了解湖南。因此，在总结现有成果的基础上，以历史的、开放的、发展的眼光，全面系统收集、整理、出版一套包括湖南历史典籍及新的研究成果的“湖湘文库”，是一项既有现实意义，又有深远历史意义的工程。本文库主要分三大“集成”：1. 湖湘文献集成；2. 湖湘文化研究集成；3. 湖湘文化通俗普及集成。

【序　号：63】
项目名称：**汪伪政权全史**
作　　者：余子道、张　云　等
出版单位：上海人民出版社
规　　模：100 万字
出版时间：2007 年 11 月
内容简介：作者通过大量的文献资料整理及研究，集长期以来对中国抗日战争史的研究成果，对汪伪政权从建立到灭亡的全过程进一步进行梳理，揭示鲜为人知的史实，反映抗日战争的错综复杂的局面，阶级矛盾和民族矛盾的冲突，以及相互纠缠、斗争的状况。

【序　　号：64 】
项目名称：**华侨图史**
作　　者：中国华侨联合会
出版单位：鹭江出版社
规　　模：200 万字
出版时间：2009 年 12 月
内容简介：《华侨图史》是一部以图片为主要表现手段，并配以相应文字的历史套书。图片为各国华侨、华人通过各种渠道搜集所得，上限可达 18 世纪最初期的华侨写真。资料珍贵难得，翔实可信，画面生动感人，本次编辑出版为首次披露。它具有直观、朴实、生动的特点，因而更有利于普及，再加以中英文对照，则更便于外国读者了解华侨的历史功绩。《华侨图史》分为以下 10 卷：1.《华侨图史・美国》卷；2.《华侨图史・加拿大》卷；3.《华侨图史・巴拿马》卷；4.《华侨图史・拉丁美洲》卷；5.《华侨图史・东南亚（上）》（含日本）卷；6.《华侨图史・东南亚（下）》（含日本）卷；7.《华侨图史・中东》卷；8.《华侨图史・非洲》卷；9.《华侨图史・欧洲（上）》卷；10.《华侨图史・欧洲（下）》卷。

【序　　号：65 】
项目名称：**东南亚华侨史丛书**
作　　者：朱振明、王介南　等
出版单位：广东高等教育出版社
规　　模：250 万字
出版时间：2008 年 12 月
内容简介："东南亚华侨史丛书"含《菲律宾华侨史》、《印尼华侨史》、《新加坡、马来西亚、文莱华侨史》、《越南华侨史》、《缅甸华侨史》及《泰国华侨史》六种。从古代论述至 1945 年前后。

【序　　号：66 】
项目名称：**吧城华人公馆（吧国公堂）档案丛书**
作　　者：聂德宁、侯真平　等

出版单位：厦门大学出版社
规　　模：1 000 万字
出版时间：2010 年 9 月
内容简介：近年，荷兰莱登大学在印尼发现的 18—20 世纪印尼华侨社会内部档案，是研究当时华侨社会历史珍贵的唯一的档案资料，也是世界现存最丰富最完整的海外华人社区档案。作者对此档案资料进行校勘、标点、注释，计划出版 15 册。该档案的整理出版对华侨史、东南亚史等领域的研究，将是十分有益的，有很高的史料价值和学术研究价值。

【序　号：67 】
项目名称：**李济文集**
作　　者：李　济
出版单位：上海人民出版社
规　　模：200 万字
出版时间：2006 年 3 月
内容简介：李济（1896—1979）系中国考古学的开山鼻祖、哈佛大学人类学博士，在世界考古学界享有很高的声誉。本书汇集了作者毕生重大的学术研究成果，特别是关于殷墟文化及其考古发掘。文集共分五卷，内容涉及中国人类学、古史研究、石器时代研究、城子崖发掘、安阳殷墟发掘、陶器研究、石玉骨器研究、铜器研究、殷墟铜器研究、殷商文化研究等。

【序　号：68 】
项目名称：**中外条约与近代中国研究**
作　　者：李育民
出版单位：湖南人民出版社
规　　模：500 万字
出版时间：2009 年 4 月
内容简介：本丛书拟出版的著作，大略分为八个专题：条约制度、条约关系史、条约与近代中国政治、条约与近代中国经济、条约与中国近代文化教育、近代人物与不平等条约、条约比较研究、译丛与旧籍丛刊。“中外条约与近代中国”是国内外学术界研究比较薄弱的环节。本丛书在前人的基础上，将此研究推向完善、推向深入，具有相当重要的学术价值和现实意义。

【序　号：69 】
项目名称：**中外旧约章大全（第二卷、第三卷）**
作　　者：陈国培、张耀华　等
出版单位：中国海关出版社
规　　模：1 100 万字
出版时间：2008 年 12 月
内容简介：本书根据上海海关档案馆馆藏中外旧约章原文档案影印编撰而成。全书共分三卷，全面收录 1689—1949 年，清朝政府和民国政府与外国签订的 1 000 多个条约、章程。本书为“十五”国家重点图书出版规划项目。第一卷已于 2004 年 6 月出版。

【序　号：70 】
项目名称：**中葡关系史（1513—1999）**
作　　者：黄庆华
出版单位：黄山书社
规　　模：120 万字
出版时间：2006 年 8 月
内容简介：本书全面论述从 1513 年葡萄牙人由马六甲来广东屯门谋求通商贸易至 1999 年葡萄牙人最终将澳门的管理权交还中国并从澳门撤出，这段整整 5 个世纪的中葡关系历史，是中葡关系史研究中的一个重要突破。本书论述的问题主要包括：1. 明朝末年，中国的对外政策与葡萄牙人入居澳门的背景；2. 明及清代，中外关系变化与葡萄牙人借居、租居、窃据澳门的过程；3. 民国时期，中葡修、废不平等条约及澳门勘界谈判；4. 新中国成立后，中央人民政府对解决“澳门问题”的考虑；5. 萨拉查政府不承认新中国，以及美、英、法等国对其影响；6. “澳门问题”是如何成为“历史遗留问题”的；7. 中葡建交的国际背景及“历史遗留问题”的最终解决。

【序　号：71】
项目名称：**15世纪以后的世界史**
作　　者：钱乘旦
出版单位：江苏人民出版社
规　　模：100万字
出版时间：2010年10月
内容简介：本书旨在探索现代化与民族国家之间、各种文明之间的复杂关系，总结各个国家、各个地区现代化的模式与得失，探索世界文明发展的规律，为世界史学科的建设提供参考。

【序　号：72】
项目名称：**西方史学通史**
作　　者：张广智　主编
出版单位：复旦大学出版社
规　　模：200万字
出版时间：2008年12月
内容简介：本书系统阐述起自古希腊迄至现当代西方史学的发展史。通史共分七卷，各卷内容如下：导论卷、古典卷（阐释古希腊与古罗马史学）、中世纪卷（阐释中古时代的西方史学）、近代卷（上）（阐释西方文艺复兴至法国大革命期间的史学）、近代卷（下）（阐释19世纪的西方史学）、现代卷（上）（阐释20世纪前期的西方史学）、现代卷（下）（阐释20世纪后期的西方史学）。

【序　号：73】
项目名称：**剑桥插图史系列丛书**
作　　者：Greg Woolf　等
出版单位：山东画报出版社
规　　模：280万字

出版时间：2006 年 12 月
内容简介："剑桥插图史系列丛书"为剑桥大学出版社连续出版的具有权威性的图文并茂的史学类读物，我社已引进出版数种，均取得了较好的社会效益与经济效益。计划继续引进下列图书：1.《剑桥插图罗马史》；2.《剑桥插图英国戏剧史》；3.《剑桥插图世界科学史》；4.《剑桥插图中世纪史》。

【序　号：74 】
项目名称：**欧洲历史大辞典**
作　　者：王觉非
出版单位：上海辞书出版社
规　　模：300 万字
出版时间：2006 年 9 月
内容简介：《欧洲历史大词典》开始编纂于 1985 年，本书是欧洲历史方面的专科词典，涵盖从远古至 20 世纪 90 年代的欧洲历史，收词 1 万余条，举凡考古遗址、古国王朝、历史事件、党派组织、民族宗教、历史文献、文化艺术、历史人物等均予收入。反映出我国自新中国成立以来在欧洲历史研究方面的成果，并力求吸收国外的最新资料。

【序　号：75 】
项目名称：**中苏关系史纲（1917—1991）**
作　　者：杨奎松、沈志华　等
出版单位：新华出版社
规　　模：38 万字
出版时间：2006 年 5 月
内容简介：本书详尽论述从 1917—1991 年中苏关系变迁的历史，包括两国、两党关系中一系列重大事件等的演进历程，是一部全面、客观、权威反映复杂曲折的中苏关系的史学著作。全书分为四章，第一章：不确定的对手（1917—1949）；第二章：同志加兄弟（1949—1959）；第三章：反目成仇敌（1960—1979）；第四章：历史的抉择（1979—1991）。

【序　号：76】
项目名称：**中苏关系史**
作　　者：薛衔天、栾景河
出版单位：中共党史出版社
规　　模：120万字
出版时间：2006年8月
内容简介：《中苏关系史》是国家基金项目和中国社会科学院重点科研项目“中苏关系史研究”的最终成果。它循着中苏国家关系和党派关系两条线索，全面系统地阐述74年来中苏关系发展变化的全过程，揭示中苏关系发生历史转折的原因。全书分上、中、下三册。本书的出版，不仅能极大地丰富中苏关系研究的学术成果，而且能对处理中俄关系提供宝贵的历史借鉴。

【序　号：77】
项目名称：**中亚文明史**
作　　者：联合国教科文组织
出版单位：中国对外翻译出版公司
规　　模：360万字
出版时间：2008年12月
内容简介：《中亚文明史》为“十五”国家重点图书出版规划项目。本书是联合国教科文组织“人类科学文化发展史”出版计划的一个重要组成部分，是各国专家耗时二十年的学术成果。按联合国方面的出版计划，目前，英文本已出到第五卷。“十五”期间，我公司已翻译出版了第一、二、三卷，第四卷、第五卷计划在2006年年底前翻译出版。第六卷视英文本出版情况再作安排，预计2008年完成。

7. 经济（64项）

【序　号：1】
项目名称：**中华人民共和国经济档案资料选编（1958—1965）**
作　　者：刘国光　等主编
出版单位：中国财政经济出版社
规　　模：1 500万字
出版时间：2007年12月
内容简介：本书是首次将我国1958—1966年阶段的有关经济的历史档案系统整理出版，涵盖各个国民经济部门，内容完整、齐全、丰富，史料翔实，是一部规模宏大、意义深远的我国经济研究基础工作。它的出版，将为我国经济工作的研究者提供确凿、有力的研究依据和历史资料。本书为“十五”国家重点图书出版规划项目，是国家社会科学规划项目和国务院特批的国家资助科研项目。

【序　号：2】
项目名称：**中华人民共和国经济思想史纲要**
作　　者：谈　敏
出版单位：首都经济贸易大学出版社
规　　模：40万字
出版时间：2009年10月
内容简介：本书沿着历史的发展过程，通过对浩繁的思想史资料进行梳理，试图整理出60年新中国经济思想史的脉络，并将思想发展线索加以合理表现。同时，运用经济学的理论与工具对所占有的资料进行深入的理论分析，并加以评价和判断。本书兼顾思想史发展的连续性和发展流程，从时间与空间等多维的角度对中国现代经济思想进行研究，较好地反映出新中国成立后我国经济思想发展演变的阶段性、批评性与继承性。

【序　号：3 】
项目名称：**20 世纪中国经济思想史研究**
作　　者：钟祥财
出版单位：东方出版中心
规　　模：50 万字
出版时间：2006 年 6 月
内容简介：本书在充分挖掘原始史料和对经济思想家进行个体研究的基础上，对 20 世纪中国经济思想史进行整体回顾和理论分析，以期填补学术上的一个空白。为了从整体上把握百年来经济思想的脉络，作者采用了理论范畴系统分析的方法，即把 20 世纪中国经济思想分别纳入目标导向、学理范式、体制模式、产业发展、企业治理、收入分配等板块，然后展开纵向的线索勾勒和理论评析，从更深的层面揭示出现当代中国经济思想的理论特点、历史意义和现实影响。

【序　号：4 】
项目名称：**中国工商行政管理历史档案**
作　　者：国家工商总局
出版单位：中国工商出版社
规　　模：450 万字
出版时间：2006 年 12 月
内容简介：本书分上、中、下三册，收集鸦片战争前、晚清政府、太平天国、中华民国、第一次国内革命战争、中华苏维埃共和国、陕甘宁边区、晋冀鲁豫地区革命根据地、苏浙皖鄂豫抗日民主政府、东北解放区、中华人民共和国成立以后各个历史时期有关工商行政管理方面的文献、典章、法规、条例等资料，年代最早追溯至公元前 841 年，截至 1966 年，为迄今有关中国工商行政管理历史唯一的、较为完整的编年体资料汇编。

【序　号：5】
项目名称：**中国经济史学文苑**
作　　者：杜恂诚、汪敬虞　等
出版单位：上海财经大学出版社
规　　模：450 万字
出版时间：2009 年 12 月
内容简介：本套书包括：1.《经济史：历史观与方法论》；2.《近代中国钱业习惯法研究——以上海钱庄为视角》；3.《中国近代股份制企业研究》；4.《厘金与子口税：近代中国内地市场上的制度制衡》；5.《晚清财政：1851—1894》；6.《近代中国国有企业的制度演进以及治理模式研究——以 20 世纪 30—40 年代为中心》；7.《聚集与扩张：中国近代工业布局研究（1860—1949）》；8.《中国近代经济思想范式变革》；9.《中日经济思想比较研究——以石门心学和浙东之学为中心》；10.《环境与经济：17—19 世纪的长江三角洲》；11.《近代中国物价、工资和生活水平研究》；12.《建国前三十年的中国经济思想》；13.《中国现代化征程实录》；14.《近代中国鉴证类中介业研究：注册会计师》。其中：《中国近代股份制企业研究》、《近代中国国有企业的制度演进以及治理模式研究——以 20 世纪 30—40 年代为中心》、《厘金与子口税：近代中国内地市场上的制度制衡》等为国家社会科学基金项目；《近代中国钱业习惯法研究——以上海钱庄为视角》、《近代中国物价、工资和生活水平研究》为教育部博士点基金课题；《晚清财政：1851—1894》为中国社会科学院基金课题。

【序　号：6】
项目名称：**中国经济问题丛书**
作　　者：赵晋平、李辉文　等
出版单位：中国人民大学出版社
规　　模：200 万字
出版时间：2009 年 12 月
内容简介：本套丛书以中国经济问题为切入点，强调运用现代经济学方法来探究中国改革开放和经济发展中面临的热点、难点问题。本套丛书是

“十五”国家重点图书出版规划项目。在“十五”期间，本套丛书共计出版了20种，在经济学界引起了强烈的反响。“十一五”期间，本套丛书预计出版8种。

【序　号：7】
项目名称：**回顾与反思：中国经济改革30年**
作　　者：王　珏、谢鲁江
出版单位：济南出版社
规　　模：30万字
出版时间：2008年5月
内容简介：本书在理论与实践、历史与现实的结合上，系统回顾经济改革30年的光辉历程，特别是对于改革开放以来若干重大经济事件、经济决策和经济理论进行深刻的反思，探索总结中国经济改革与发展的规律和经验教训，展望中国未来经济改革与发展的趋势和前景。

【序　号：8】
项目名称：**30年来中国经济理论的探索、发展与成就**
——纪念中共十一届三中全会召开30周年
作　　者：张卓元、刘树成
出版单位：中国财政经济出版社
规　　模：50万字
出版时间：2008年8月
内容简介：本书将全面总结中国经济理论界在党的十一届三中全会精神指引下，努力探索社会主义市场经济理论的过程，这些科学的理论为党和政府领导全国人民建设社会主义市场经济提供了指引，极大地调动了全国人民参与建设社会主义市场经济的热情。这期间有真理与谬论的碰撞，有不同思路的沟通，有不同思想的争鸣。最后都在实践的基础上找到了归宿。30年共和国的辉煌，有着众多学者卓越的贡献。本书将详细记录学者们探索的轨迹。

【序　号：9】
项目名称：**1949—2005 年中国经济发展史**
作　　者：丛树海
出版单位：上海财经大学出版社
规　　模：200 万字
出版时间：2008 年 12 月
内容简介：全书阐述了 1949—2005 年中华人民共和国国民经济发展的历史概貌，并深入分析和叙述了新中国的农业、工业、商业、运输业、外贸、财政、社会保障、金融、保险、证券期货、房地产、信息产业、会计、统计、经济法等各个方面的建设和发展的历史。

【序　号：10】
项目名称：**中国市场通史**
作　　者：李伯重、吴承明　等
出版单位：杭州出版社
规　　模：120 万字
出版时间：2008 年 3 月
内容简介：本书为“十五”国家重点图书出版规划项目。全书共三卷 24 章，采取以时间为经、内容为纬的阐述方法，分别对先秦至宋元时期、明清时期、近代中国历史上各种市场及其相关因素，如职业商人群体、货币、大宗商品流通、农村市场、城镇市场、国内市场、要素市场、区域市场、国内商贸网络、海外市场、金融市场的形成、发展、演变过程及其形态、特征等问题进行全面系统的分析研究，并对战争与贸易制度的变化、商品流转模式与价格结构、市场波动与经济盛衰、各个时期的市场功能、物流方式的变革、经济转型与市场发展、新式商业的崛起与商人资本的积累、中国市场发展的局限等相关问题提出独到的见解。

【序　号：11】
项目名称：**中国东盟战略与广西发展丛书**
作　　者：巫文强　主编

出版单位：广西人民出版社

规　　模：120 万字

出版时间：2008 年 10 月

内容简介：本丛书深入探讨广西作为中国东盟战略实施者的地位、作用以及对国家的责任，回答如何借助中国东盟战略定位广西、发展广西、再造广西等深层次的理论和实际问题，具有重要的理论意义和现实指导意义。本课题为自治区党委交办的重大科研课题。

【序　号：12】

项目名称：**中国政府规制理论与政策**

作　　者：黄范章、王　健

出版单位：经济科学出版社

规　　模：35 万字

出版时间：2006 年 5 月

内容简介：《中国政府规制理论与政策》是福特基金项目研究成果。本书稿主要内容及创新之处有四：第一，吸纳了国内外政府规制理论和政策研究的前沿，构建了全新的、有中国特色的、涵盖经济规制、社会规制和行政规制的政府规制理论框架。第二，作者提出的社会规制国际化命题，是政府规制研究领域的创新。第三，在国内首次系统地研究了中国行政规制理论和政策。第四，根据书中的新理论框架，提出了开放经济条件下完善政府规制政策的新建议。

【序　号：13】

项目名称：**中国近代民营企业发展研究**

作　　者：罗福惠

出版单位：湖北人民出版社

规　　模：100 万字

出版时间：2008 年 12 月

内容简介：大力发展民营企业是我国目前的紧迫任务。本著作系统研究了中国近代民营企业兴衰史，为民营企业发展提供借鉴，具有重大的现实意义。全书分上、下两卷，含工矿、交通运输、商业、农业、金融等方面。

【序　号：14 】
项目名称：**中国社会经济制度变迁前沿研究丛书**
作　　者：伍柏麟　主编
出版单位：立信会计出版社
规　　模：140 万字
出版时间：2007 年 7 月
内容简介：本丛书总体特征是对中国社会经济制度变迁的某一前沿问题的系统深入的研究和思考，以期通过与学术界的交流与碰撞来推动对问题的更深入的思考。在新的历史背景与发展阶段，这些著作以新的参照系和新的视野来审视关系到中国社会繁荣与和谐发展的制度层面的问题，明辨改革的成败得失，从理论与实践上提炼改革的大思路。先期确定的图书包括：1.《产业集聚与中国地区差距研究》；2.《私有产权的社会基础》；3.《中国：人口过剩与土地改革》；4.《从商品、产权到行为空间》；5.《药品价格管制的经济分析》；6.《宪政经济学：探索市场经济的游戏规则》。

【序　号：15 】
项目名称：**中国税收制度史纲**
作　　者：黄天华
出版单位：华东师范大学出版社
规　　模：90 万字
出版时间：2010 年 10 月
内容简介：本书以税收历史发展和税收制度的演变为经纬，结合当时的税收活动，力图将内容和范围扩展到各历史时期的政治经济、财政税收和文化习俗等方面。

【序　号：16 】
项目名称：**中国企业家成长问题研究**
作　　者：郑海航
出版单位：经济管理出版社
规　　模：20 万字

出版时间：2006 年 5 月
内容简介：本书首先对国内外的企业家理论进行了梳理；其次，沿着我国企业家形成和发展的过程，对各个时期企业家不同的制度和体制环境作了较为深刻的分析，同时，在历史性考察的基础上，从制度变迁的角度探讨了影响企业家成长的主要因素。本书为国家社科基金课题。

【序　号：17 】
项目名称：**中国经济研究报告**
作　　者：陈传贵
出版单位：经济管理出版社
规　　模：300 万字
出版时间：2010 年 10 月
内容简介：本书围绕党中央和国务院关心的重大理论和现实问题、理论界和实际工作部门关心的经济热点和难点问题，选编社科院专家学者在内部读物中发表的，有理论创新意义和对实际经济工作有指导作用的最新研究报告。

【序　号：18 】
项目名称：**中国经济论丛**
作　　者：李稻葵、白重恩　等
出版单位：上海远东出版社
规　　模：200 万字
出版时间：2007 年 10 月
内容简介：本丛书拟请著名经济学家吴敬琏教授任主编、一批既有深厚的学术功底又有相当社会影响力并且老中青相结合的专家任编委组成编委会，坚持国际学术标准，精心选择 6～8 本高水平学术专著组成丛书，主旨在于把中国经济改革发展的实践升华成理论，和国际学术界进行对话。丛书编委分别来自国内一流高校、中国社科院以及政府决策咨询机构，具有相当的代表性。作者将选择以李稻葵、张军等为代表，近年来在中国经济学界具有相当影响力的中国新一代经济学家，他们一般出生于 1955—1965 年间，亲身经历了中国的改革历程，深刻了解中国社会现实，能深入探究中国经济某一领域的焦点问题，同时具有国内外知名高等学府的教育或研究背景，能采用完全与国际接轨的规范研究方法来剖析问题、提出解决方案。

【序　号：19】
项目名称：**中国民营经济研究丛书**
作　　者：史晋川　等
出版单位：浙江大学出版社
规　　模：300 万字
出版时间：2007 年 12 月
内容简介：本丛书通过凝练学科优势，整合科研力量，力争在民营经济研究的理论前沿及关系国民经济发展的重要领域实现理论突破，形成具有国内最高水平的民营经济系列化成果。丛书共包括 10 个部分。

【序　号：20】
项目名称：**中国民营经济发展与政府职能研究丛书**
作　　者：厉以宁、胡德平　等主编
出版单位：北京大学出版社
规　　模：500 万字
出版时间：2010 年 12 月
内容简介：本套丛书根据党中央、国务院关于鼓励支持和引导民营经济发展的政策方针，在广泛调研的基础上，正确分析在开放的市场经济条件下政府职能转变与民营经济发展之间的关系。

【序　号：21】
项目名称：**中国的二元结构与城乡差距**
作　　者：陈宗胜　主编
出版单位：经济科学出版社
规　　模：30 万字
出版时间：2006 年 11 月
内容简介：本书在对中国二元经济结构与城乡差距进行总体描述的基础上，对形成城乡差距的原因进行深入的分析，讨论工业化资本积累时期“剪刀差”这一历史现象的成因、长期实施“歧视性人口与就业体制”这一制度的成因，以及长期推行“歧视性财政政策”以及“城乡分治的差别性社会发展战略”的成因等，探讨这些因素对农业发展和农村发展的制约性影响；还着重讨论中国农村居民收入的状况与特征、影响农村居民收入水平及其增长的经济因素和制度要素，并定性和定量地刻画这些因素对农民收入增长的影响方向和程度；本书还对未来中国城乡差距和二元经济结构的主要来源及发展趋势作出走势预测、对“改进二元结构”“缩小城乡差距”的政策效果进行预测分析；在上述理论与实证分析的基础上，总结归纳“改进二元结构”与“缩小城乡差距”的经济学理论观点，并得出相应的政策主张。

【序　号：22 】
项目名称：**中国改革与发展问题应急研究丛书**
作　　者：成思危　主编
出版单位：经济科学出版社
规　　模：50 万字
出版时间：2007 年 12 月
内容简介：本套丛书为“十五”国家重点图书出版规划项目，是国家自然科学基金资助项目。丛书汇集了中国管理科学、经济学及其他一些科学领域知名专家学者的思想、见地、知识与智慧，为有关部门提供科学依据，对政府进行决策支持，为政府工作“补台”，浓缩并记录中国社会主义市场经济制度建设和改革与发展进程中的重大“热点”与“难点”问题。

【序　号：23 】
项目名称：**中国东北老工业基地发展报告**
作　　者：卢中原
出版单位：辽宁人民出版社
规　　模：50 万字

出版时间：2007 年 10 月

内容简介：本书内容包括东北老工业基地的现状扫描、东北老工业基地沉寂的原因、东北老工业基地发展中存在的问题、东北老工业基地振兴的政策和对策以及关于东北老工业基地的建议。

【序　号：24 】

项目名称：**中国南海海洋经济丛书**

作　　者：金庆焕　主编

出版单位：广东经济出版社

规　　模：1 800 万字

出版时间：2007 年 12 月

内容简介：“中国南海海洋经济丛书”是广东省重大出版工程。丛书包括 32 部专著，总字数为 1 800 万字，有图片 1 000 幅。本丛书还包括对中小学生进行海洋爱国主义教育的教辅材料。

【序　号：25 】

项目名称：**“发展经济学前沿与中国经济发展”研究丛书**

作　　者：谭崇台、马　颖　等主编

出版单位：复旦大学出版社

规　　模：280 万字

出版时间：2010 年 12 月

内容简介：本项目以教育部人文社会科学重点研究基地重大项目“发展经济学前沿理论研究”为依托，旨在跟踪当代发展经济学理论前沿。丛书主要包括：1.《论经济发展理论的再复兴》；2.《发展经济学微观基础的探寻》；3.《中国改革开放条件下人民币汇率问题研究》；4.《中国工业改革与经济增长》；5.《中国经济发展过程中的劳动力区域流动研究》；6.《外资与中国经济发展：发展经济学的一种解释》；7.《金融与经济发展：理论与中国的实证分析》；8.《发展经济学视野中的中国农业问题》；9.《诚信与经济发展》；10.《新增长理论与中国长期经济增长》。

【序　号：26】

项目名称：**21世纪产业创新与产业整合丛书**

作　　者：芮明杰、郁义鸿　等主编

出版单位：上海财经大学出版社

规　　模：80万字

出版时间：2007年12月

内容简介：本丛书主要对未来市场的产业创新、产业链整合、企业战略行为分析、过度竞争以及中国产业政策制定与整合等产业经济学领域的前沿性的理论问题作了深入的研究，并且对中国企业跨国并购战略作了前瞻性研究。丛书包括：1.《产业创新战略》；2.《产业链整合研究》；3.《企业战略行为的经济分析》；4.《过度竞争研究》。

【序　号：27】

项目名称：**当代经济学系列丛书**

作　　者：陈　昕　主编

出版单位：上海人民出版社

规　　模：1 500万字

出版时间：2010年12月

内容简介：本丛书是大型的、高层次的、综合性的经济学术理论丛书。它包括三个子系列：“当代经济学文库”、“当代经济学译库”、“当代经济学教学参考书系”。本丛书在学科领域方面，不仅着眼于各传统经济学科的新成果，更着重经济前沿学科、边缘学科和综合学科的新成就；在选题的采择上，广泛联系海内外学者，努力开掘学术功力深厚、思想新颖独到、作品水平拔尖的“高、新、尖”著作。

【序　号：28】

项目名称：**新政治经济学研究丛书**

作　　者：孟　捷、方福前　等

出版单位：中国人民大学出版社

规　　模：180万字

出版时间：2009年12月

内容简介：本套丛书力图较全面地反映国内高校和科研机构的学者在“新政治经济学”方面的研究。本套丛书的第一批书目包括：1.《比较经济制度》；2.《西方新政治经济学研究》；3.《技术创新的政治经济学》；4.《欧元的政治经济学》；5.《金融学原理——一个政治经济学的视角》；6.《农民工的政治经济学》。

【序　号：29】
项目名称：**国民经济动员研究书系**
作　　者：孔昭君、李　韬　等
出版单位：北京理工大学出版社
规　　模：400万字
出版时间：2006年10月
内容简介：本套丛书旨在进行文献的引进和整理，建立一套国民经济动员的理论资源库，为国民经济动员的学科建设和理论研究奠定基础，进而为进一步的研究和实践服务。丛书精选国内外国民经济动员的相关著作，首批包括：1.《战争的政治经济学》；2.《总体战》；3.《核时代的国防经济学》；4.《铸剑为犁——新时期俄罗斯的科技、经济与安全》；5.《国防经济学》；6.《中国经济动员论》；7.《国防经济论》；8.《一战时期欧洲的国家、社会及动员》等。

【序　号：30】
项目名称：**国家经济安全丛书**
作　　者：胡鞍钢、宋洪远　等
出版单位：中国财政经济出版社
规　　模：500万字
出版时间：2007年10月
内容简介：在经济全球一体化的进程中，一国的经济安全就显得十分重要。丛书包括：1.《国家经济安全总论》；2.《国家贸易环境安全》；3.《国家能源安全》；4.《国家矿产资源安全》；5.《国家水资源安全》；6.《国家粮食安全》；7.《国家人口生产安全》；8.《国家社会保障及保险安全》；9.《国家生产安全》；10.《国家信息安全》；

11.《国家金融与外汇安全》；12.《国家财政税收安全》。

【序　号：31】
项目名称：**近代上海金融通史**
作　　者：吴景平　等
出版单位：复旦大学出版社
规　　模：160 万字
出版时间：2007 年 12 月
内容简介：本书将全面叙述上海开埠后一个多世纪里上海金融业的发展变迁。从时间上，将涵盖晚清、北洋时期、南京国民政府时期、孤岛时期、日占时期、抗战胜利、解放初期等重要时段。在内容上，将对近代上海金融行业、机构、组织、市场的发展作较全面系统的梳理，对于旧上海金融业与各地金融业之间的联系，金融业与工商业以及社会其他领域之间的互动关系，旧中国政府的政治、经济和金融政策对上海金融业的影响等重大问题进行分析和阐释。

【序　号：32】
项目名称：**当代台湾经济研究**
作　　者：曹小衡　等
出版单位：九州出版社
规　　模：50 万字
出版时间：2006 年 12 月
内容简介：本书以当代台湾经济最值得注意的变化为主线展开论述，通过对台湾当代经济政策沿革和经济发展思想变迁等方面的研究，对当代台湾经济进行系统的阐述。

【序　号：33】
项目名称：**哈佛商学院经管图书译丛**
作　　者：哈佛商学院
出版单位：商务印书馆
规　　模：3 000 万字

出版时间：2008 年 12 月

内容简介：哈佛商学院是全球经济管理领域最活跃也是最重要的内容提供商之一，其图书以“引领经济管理实践”为特色，在全美乃至全世界都有很大的影响。商务印书馆被授权独家翻译出版哈佛经管图书，内容涵盖战略、领导力、人力资源管理、市场营销、变革与创新、一般管理等经济管理六大领域。初期推出 150 种，2008 年前出齐。

【序　号：34 】

项目名称：**全球竞争力报告**

作　　者：［美］迈克尔·波特　著，杨世伟　译

出版单位：经济管理出版社

规　　模：803 万字

出版时间：2007 年 1 月

内容简介：本书提供了对 104 个发达国家和新兴国家的综合性评估，通过国际学者组成的特殊团体及 100 多个主要的国家研究机构和商业组织组成的全球网络系统进行合作，提出了各个国家的详细概况，突出强调了各个经济实体的竞争优势、竞争劣势以及包括 160 多个经济指标的国家分类数据表等部分。此外，本书还列出了关于企业管理者和政策制定者的直接关系问题的最新观点和研究结果。本书为以下组织提供独特的基准工具：确定阻碍经济增长和有助于制定更好的经济政策的政府；发展商业战略和指导投资决策的企业；分析一国当前的商业环境并与其他经济实体进行比产的学术机构；研究一国与其他国家进行比较而具有竞争条件的国内社会组织。

【序　号：35 】

项目名称：**世界财经管理经典译库（三期工程）**

作　　者：李建发、范秀成　等译

出版单位：东北财经大学出版社

规　　模：500 万字

出版时间：2010 年 12 月

内容简介：“世界财经管理经典译库”（二期工程）是“十五”国家重点图书出

版规划项目，先后出版图书40余种。拟在“十一五”期间首批推出的图书主要有：列入“三友会计名著译丛”的《国际会计学》、《财务会计》、《公司环境管理》；列入“工商管理经典译丛”的《战略管理精要》；列入“市场营销经典译丛”的《战略营销》、《当代直复营销》；列入“旅游管理精品教材译丛”的《旅游市场营销》；列入“电子商务精品教材译丛”的《电子商务与网络经济学》；列入“人力资源管理精品教材译丛”的《人力资源管理》、《战略人力资源开发》等。

【序　号：36 】
项目名称：**供应链管理系列丛书**
作　　者：刘永胜、沈小静　等
出版单位：中国物资出版社
规　　模：275万字
出版时间：2007年6月
内容简介：本丛书包括：1.《供应链协调理论与方法研究》；2.《供应链设计与管理》；3.《物流与供应链管理》；4.《采购与供应链管理系统》；5.《企业供应链管理》；6.《绿色供应链》；7.《供应链风险管理》；8.《供应链管理基础》；9.《环球供应链》；10.《供应链与第三方物流》；11.《供应链管理案例解析集》。

【序　号：37 】
项目名称：**发展经济学视野中的发达国家早期经济发展丛书**
作　　者：谭崇台、马　颖　等
出版单位：武汉大学出版社
规　　模：120万字
出版时间：2008年12月
内容简介：本丛书是教育部人文社会科学重点研究基地重大项目——“发达国家早期发展与当今发展中国家经济发展比较研究”的研究成果。本丛书把经济发展看作是从传统农业社会向现代工业社会转变的全球性的历史过程，从发展经济学的理论视角去透视发达国家早期经济发展进程，并对发达国家早期发展与当今发展中国家经济发展进行跨期比较研究。本丛书既能为发展经济学提供更丰富的经验素材，并从经济发展思想史中吸取思想营养，使其视野更为广阔、逻辑更为严谨，又能为当今发展中国家选择发展道路提供更为丰富具体的历史参照系和更深入的理论阐释。

【序　号：38 】
项目名称：**中国循环经济理论与实践**
作　　者：齐建国、赵京兴
出版单位：社会科学文献出版社
规　　模：60 万字
出版时间：2007 年 12 月
内容简介：本书将在多学科学者经过两年的共同研究与攻关而形成的研究成果基础上写作而成。它从政治经济学理论、制度经济学理论、技术经济学理论、发展经济学理论、产业经济学理论、资源经济学理论、生态经济学理论、环境经济学理论和福利经济学理论等广泛的理论分析入手，对中国经济发展面临的环境与资源压力进行充分的研究，对循环经济发展的历史背景、特征和演变进行全面阐释，对中国发展循环经济的制度和政策支撑体系、技术支撑体系和社会文化支撑体系进行系统分析，对发达国家和中国的实践进行系统总结，提出中国发展循环经济的总体战略和目标，为企业、工业园区、城市和区域发展循环经济提供综合思路和案例参考，为循环经济管理与项目实施提供方法论。

【序　号：39 】
项目名称：**中部崛起模式研究丛书**
作　　者：陈晓红　等
出版单位：湖南师范大学出版社
规　　模：25 万字
出版时间：2007 年 6 月
内容简介：本丛书旨在探讨地处我国中部的湖南省的发展之路，运用与国内六大典型发展模式——广东发展模式、浙江发展模式、江苏发展模式、山东发展模式、东北振兴模式、西部开发模式比较研究的手段，借鉴得失，寻求对策。丛书首辑共分六册，分别为：《广东发展模式与湖南崛起》、《浙江发展模式与湖南崛起》、《江苏发展模式与湖南崛起》、《山东发展模式与湖南崛起》、《东北振兴模式与湖南崛起》、《西部开发模式与湖南崛起》。

【序　号：40 】
项目名称：**东方管理学派著系**
作　　者：苏东水、王家瑞
出版单位：复旦大学出版社
规　　模：250 万字
出版时间：2007 年 5 月
内容简介：“东方管理学派著系”系由复旦大学文科首席教授苏东水和中共中央对外联络部部长王家瑞领衔，复旦大学管理学院和复旦大学出版社及国内有志于研究东方管理学者同心协力，共同组织编写的一套大型管理类著系。整个著系由“三学、四治、八论”的完整体系构成。“三学”即《东方管理学》、《中国管理学》、《华商管理学》；“四治”即《治国学》、《治生学》、《治家学》、《治身学》；“八论”即《人本论》、《人为论》、《人德论》、《人道论》、《人心论》、《人缘论》、《人谋论》、《人才论》。

【序　号：41 】
项目名称：**现代经济学、管理学辞典译丛**
作　　者：戴国强　等译
出版单位：上海财经大学出版社
规　　模：1 800 万字
出版时间：2008 年 8 月
内容简介：本辞典译丛涉及经济学、统计学、环境经济学、计量经济学、银行、会计、商务、金融、投资、保险、房地产、营销、物流等各个方面。词条选辑全面、分类合理、解释规范、内容权威，反映了当代经济学、管理学领域的最新发展成果，在国际上具有很强的影响力。

【序　号：42】
项目名称：**迈向小康社会的中国经济发展丛书**
作　　者：简新华　主编
出版单位：山东人民出版社
规　　模：200 万字
出版时间：2008 年 10 月
内容简介：本丛书共分八卷：1.《迈向现代化的中国经济结构演变》；2.《中国的工业化与新型工业化道路》；3.《城镇化与中国特色的城镇化道路》；4.《中国经济发展中的就业问题》；5.《中国经济发展中的人口资源环境问题》；6.《中国经济发展中的三农问题》；7.《中国工业化和城镇化过程中的土地问题》；8.《中国工业化和城镇化过程中的农民工问题》。

【序　号：43】
项目名称：**科学发展观与中国经济改革和开放**
作　　者：程恩富、智效和
出版单位：上海财经大学出版社
规　　模：40 万字
出版时间：2008 年 10 月
内容简介：本书是国家社科规划办批准的“十一五”重大课题的最终成果。全书以发展为重点，从经济系统整体来探讨经济发展、经济改革和经济开放三者综合演变的轨迹、现状与多种趋向，在反思性回顾、实证性分析和规范性研究的基础上，对三者各自及其交叉存在的现实矛盾和难题进行解析，提出建设性的思路和具体对策，具有重大的实际意义和可操作价值。本专著研究的主要内容为：1. 科学发展观对社会主义经济理论的创新；2. 科学发展观对西方发展经济学的超越；3. 国外发展的主要模式：特征、利弊与趋势；4. 国内发展模式：特点、利弊、难题与对策；5. 从科学发展观探析经济改革：现状、问题与政策建议；6. 从科学发展观探析经济开放：现状、问题与政策建议；7. 发展、改革和开放的经济系统有效耦合与协调演进。

【序　号：44】
项目名称：**公司治理·内部控制前沿译丛**
作　　者：李维安、方红星　译
出版单位：东北财经大学出版社
规　　模：40万字
出版时间：2010年12月
内容简介：这套译丛，旨在向国内的广大学者、专家以及相关的科研机构、立法机构、职能部门和实务界提供一套可资参考与借鉴的国外权威文献，从而满足我国在经济发展和改革开放进程中理论界与实务界探索新问题、研究新方法、寻求新思路的需要。目前已经列入我社出版计划，并将于"十一五"期间出版的该译丛的第一批图书有《公司治理与问责》、《企业风险管理——整合框架》、《公司治理与SEC》，在今后的五年中，我们将对此套译丛进行不断的扩充。

【序　号：45】
项目名称：**政治经济学论丛**
作　　者：林　岗、张　宇
出版单位：经济科学出版社
规　　模：250万字
出版时间：2008年12月
内容简介：本论丛为"十五"国家重点图书出版规划项目。其中包括：1.《马克思的发展理论与科学发展观》；2.《中国模式研究》；3.《马克思的转型理论》；4.《数理政治经济学》；5.《发达国家经济增长方式的演变》等。这些著作从不同方面和不同的角度深化对马克思主义经济学和中国经济发展道路的研究，有着重要的理论和现实意义。

【序　号：46】
项目名称：**交通能源基础设施与减缓贫困**
作　　者：吴国宝
出版单位：经济管理出版社

规　　模：20万字

出版时间：2006年11月

内容简介：本书是在亚洲开发银行地区支援项目“交通能源基础设施对减缓贫困影响评价”研究报告的基础上增订完成的。主要内容包括：1. 对交通能源基础设施减缓贫困的理论、方法、国际经验的述评；2. 中国交通能源基础设施和减缓贫困的政策、体制、投入等在过去20年的变化；3. 研究方法和样本介绍；4. 样本贫困地区农民外出交通方式、时间变化与生活燃料的变化；5. 交通能源基础设施对减缓贫困影响的计量分析与结果解释；6. 对公路、铁路、通电、综合干预等不同的干预方式对减缓贫困的影响程度、实现方式进行案例分析；7. 改善交通能源基础设施对减缓贫困影响的政策建议。

【序　　号：47】

项目名称：**西部大开发资金渠道问题研究**

作　　者：殷孟波

出版单位：中国金融出版社

规　　模：25万字

出版时间：2006年6月

内容简介：本书是国家社会科学基金项目“西部大开发资金渠道问题研究”（项目批准号：03BJY108）的最终成果。本书着力研究西部资金渠道的变化，以及这些变化对西部经济发展带来的影响。全书从政策性资金渠道和商业性资金渠道入手，研究二者之间的融通嫁接，提出了七种创新性资金渠道和四种嫁接模式，以及为增强西部资金聚集和造血功能而构建西部金融中心等建议。

【序　　号：48】

项目名称：**中国革命根据地货币史丛书**

作　　者：中国钱币学会

出版单位：中国金融出版社

规　　模：200万字

出版时间：2008 年 3 月

内容简介：“中国革命根据地货币史丛书”所论述的是中国新民主主义时期，在中国共产党领导下所开辟的广大农村革命根据地的货币历史，以及货币在为革命战争服务，支持工农业发展，改善人民生活中的历史地位和作用。本丛书所反映的这段特殊历史，在中国革命史和中国货币史上都占有重要的地位。

【序　号：49】

项目名称：**以生存方式看待发展——中国西部自我发展能力研究**

作　　者：罗晓梅

出版单位：重庆出版社

规　　模：30 万字

出版时间：2006 年 5 月

内容简介：本书运用经济理论研究的成果，并大量采用西部开发以来的最新数据，用经济学的原理阐释中国西部开发的机制创新的内在要求，并总结西部开发以来的各种经验教训。

【序　号：50】

项目名称：**经济全球化与国际关系丛书**

作　　者：朱瀛泉

出版单位：南京大学出版社

规　　模：80 万字

出版时间：2010 年 8 月

内容简介：本书以马克思主义为指导，突出经济全球化与国际体系演进相结合、国际关系史与国际关系理论相结合、中国经验与世界经验相结合、国际体系格局与中国和平发展战略相结合的研究思路，探讨经济全球化背景下国际关系发展的规律性，为中国的现代化建设与和平发展服务。丛书内容包括：1. 全球性国际体系的演变和理论。2. 经济全球化与国际政治经济秩序研究。3. 经济全球化与民族国家主体性研究。4. 当代国际体系与中国的和平发展研究。

【序　号：51】
项目名称：**文化产业管理与经营丛书**
作　　者：胡惠林、施惟达　等
出版单位：云南大学出版社
规　　模：250 万字
出版时间：2008 年 6 月
内容简介："文化产业管理与经营丛书"具体包括：《文化产业概论》、《文化经济学》、《文化市场学》、《文化管理学》、《文化学概论》、《中国文化经济史纲》、《文化法学》、《文化资源学》。丛书的出版具有重大的填补空白的学科与学术意义和重要的理论与现实意义。

【序　号：52】
项目名称：**产业国际竞争力分析——产业结构、技术创新和产业竞争力**
作　　者：杨世伟
出版单位：经济管理出版社
规　　模：253 万字
出版时间：2006 年 12 月
内容简介：本书从产业组织理论的角度，运用定性和定量相结合的研究方法，从理论和实证的角度，论证我国产业竞争力的总体状况，从产业结构和技术创新的角度，分析不同产业竞争状况的产业的国际竞争力的现状和潜力。全书从静态和动态两方面来对中国的产业国际竞争力进行分析。

【序　号：53】
项目名称：**循环经济论纲**
作　　者：赵新良、马桂新
出版单位：辽宁人民出版社
规　　模：25 万字
出版时间：2006 年 8 月
内容简介：循环经济作为转变经济增长方式、实现可持续发展的理论、方法和途径，是科学发展观的重要内容；作为建立资源节约、环境友好型社会、实现人与自然和谐的理论、方法和途径，是构建和谐社会的重大课题。本书主要内容包括：1. 循环经济对于突破人类发展的困境，转变经济增长方式，实践可持续发展，建立资源节约型社会，实现人与自然和谐发展的重要意义，以及坚持以人为本的科学发展观，构建和谐社会的地位作用。2. 循环经济的自然科学、社会科学理论支撑体系和价值取向。3. 循环经济的基本原则、方法、途径。4. 循环经济的绿色核算体系和效益评价（循环经济投入产出分析）。5. 循环经济的多层次实践、实证研究、案例点评。6. 循环经济与环境意识、公民道德、法制社会、政府角色。7. 当代中国发展循环经济必须着力推进的重点工作，包括树立科学发展观、建立生态产业、建立绿色管理技术体系、转变经济增长方式、推进资源节约科技的研发、变末端治理为源头控制等等。

【序　号：54】
项目名称：**振兴东北老工业基地研究**
作　　者：吕　政、魏后凯　等
出版单位：经济管理出版社
规　　模：20 万字
出版时间：2006 年 3 月
内容简介：本书针对东北老工业基地存在的问题，从产业组织创新、技术创新、区域创新、产业结构调整与升级等方面提出了振兴东北老工业基地的措施与政策建议。

【序　号：55】
项目名称：**建筑业经济新论**
作　　者：关　柯　等
出版单位：重庆大学出版社
规　　模：80 万字
出版时间：2006 年 2 月
内容简介：本书用大量的资料对我国在该领域存在的国际差距和主要问题，作出深入分析和判断，并提出相应的解决途径。

【序　号：56】
项目名称：**全球视野下的中国经济前沿问题研究**
作　　者：余永定、何　帆　等
出版单位：上海财经大学出版社
规　　模：180 万字
出版时间：2008 年 12 月
内容简介：本套丛书包括：1.《中国金融发展战略》；2.《反思中国的对外投资战略》；3.《国际经济摩擦与中国的崛起》；4.《人民币汇率政策改革与中国的发展战略》；5.《经济全球化与中国的小康社会》；6.《多哈回合之后中国在 WTO 中的地位和作用》；7.《谁能解决中国的就业：全球化背景下中国的劳动力就业政策》；8.《中国何时能够成为技术大国：自主开发能力与中国的技术进步》；9.《全球环境谈判与中国的对策》。

【序　号：57】
项目名称：**治理译丛**
作　　者：米切尔
出版单位：经济科学出版社
规　　模：40 万字
出版时间：2009 年 12 月
内容简介：本译丛选择的主要是具有综合性、专项性治理内容的著作。译丛的出版将对中国深化经济体制改革，特别是企业改革、政府管理行为规范有借鉴作用。

【序　号：58】
项目名称：**走下神坛的 GDP——从经济增长到可持续发展**
作　　者：刘　伟、蔡志洲
出版单位：中信出版社
规　　模：30 万字
出版时间：2006 年 1 月
内容简介：《走下神坛的 GDP——从经济增长到可持续发展》是一部对于中国

改革开放后中国经济增长历程进行回顾与分析的专著。本书通过大量的实例、数据的静态比较和动态分析，说明了对GDP的高度关注对中国改革开放以来的经济增长产生了巨大的推动作用，同时指出，随着这种增长，中国必须对经济、社会和环境的可持续增长加以更多的重视。本书以独特的视角，在一系列领域中对中国经济增长中的重大问题进行分析，提出独到的观点，使更多的读者能够对中国的经济增长和可持续发展有更加深刻的认识。本书为国家统计局的国家重点科研课题项目。

【序　号：59 】
项目名称：**循环经济与和谐社会**
作　　者：马　凯、解振华　主编
出版单位：中国财政经济出版社
规　　模：40万字
出版时间：2007年5月
内容简介：循环经济是国际社会推进可持续发展的一种实践模式，它强调最有效地利用现有资源和保护生态环境，最大限度地减少废弃物的排放，逐步使经济、生态都步入良性循环。建设人与社会、人与自然的和谐关系。本书将认真研究中国建设循环经济的机制、面临的问题与解决的对策。

【序　号：60 】
项目名称：**循环经济与可持续发展**
作　　者：刘学敏
出版单位：现代教育出版社
规　　模：50万字
出版时间：2006年12月
内容简介：本丛书以循环经济这个崭新思维，重新审视资源与环境问题，突破现有的"自然资源与环境经济学"研究的线形经济模式，从思想观念上将传统经济学"找"资源的思维模式转向循环"用"资源的思维模式，对我国的经济决策和可持续发展战略具有重要的理论指导性意义。

【序　号：61 】
项目名称：**争端解决机制——反倾销反补贴保障措施**
作　　者：佟家栋、朱榄叶
出版单位：首都经济贸易大学出版社
规　　模：35 万字
出版时间：2006 年 12 月
内容简介：本书以系统研究和阐释 WTO 争端解决机制为出发点，希望通过对 WTO 机制及各国国内的相关措施的分析，以达到对我国政府制定相关政策有所帮助的目的。全书共分为五部分。第一部分：争端解决机制概述，主要介绍 WTO 争端解决机制的背景知识、制度特征和实践分析，从法律的专业角度对争端解决机制进行剖析。第二部分：各国在反倾销争端中运用 WTO 争端解决机制的对策。第三部分：各国在反补贴争端中运用 WTO 争端解决机制的对策。第四部分：各国在保障措施争端中运用 WTO 争端解决机制的对策。第五部分：我国在反倾销、反补贴及保障措施争端解决中的对策，总结了我国政府在目前发生频率最高的三类争端案件中可以发挥的作用以及采取的对策。

【序　号：62 】
项目名称：**刘国光文集**
作　　者：刘国光
出版单位：中国社会科学出版社
规　　模：400 万字
出版时间：2006 年 1 月
内容简介：《刘国光文集》系统收录了刘国光先生 20 世纪 50 年代至今各个重要历史时期的 500 余篇论文。时间跨度长，内容全面，完整地反映刘国光先生的学术思想和学术观点，具有较高的学术价值和史料价值。本文集共 10 卷，按发表时间先后顺序编排。

【序　号：63 】
项目名称：**名师大讲堂系列**
作　　者：林毅夫、张维迎　等

出版单位：北京大学出版社

规　　模：270 万字

出版时间：2008 年 12 月

内容简介：本丛书定名为“名师大讲堂”，定位为中国自己的经济学与管理学权威普及读物，能够满足生活在市场经济中的人们获取经济学、管理学知识和提高自身综合素质的要求。丛书涵盖相关专题的主要内容、相关学科的最新发展及对学科未来发展的设想，特别是对重要人物、事件、思想、代表性书籍加以介绍。丛书力图使用最浅显的语言表述学科的基本内容，贵在准确。通过这套读物，可使读者对经济学、管理学若干最基本、最重要的内容有一个初步的然而比较准确的认识。丛书还将经济学、管理学的一般原理和当前中国经济改革的实践、中国传统文化紧密结合，帮助读者掌握经济学、管理学的一般原理和中国传统文化的精髓。

【序　　号：64 】

项目名称：**中华人民共和国经济发展研究丛书**

作　　者：贺耀敏、武　力、陈东林

出版单位：中国人民大学出版社

规　　模：350 万字

出版时间：2009 年 1 月

内容简介：本丛书将忠实地记录新中国经济发展的历史轨迹，客观科学地总结我国现代化建设的基本经验。本丛书的主要内容包括：科学分析近六十年经济发展与经济增长的进程与规律；客观分析和评价我国计划经济体制和市场经济体制的不同作用；努力揭示中国经济社会在转轨过程中的具体途径与道路；深入分析和探讨我国国民经济结构和区域经济结构的巨大变化，揭示国民经济发展中产业结构、主导产业和发展战略的演进更替规律，以及科学技术进步对国民经济的巨大推动作用；客观分析和评价政府在国民经济发展中所作出的重大决策；加强对新中国与世界主要国家经济发展道路与模式的比较研究；总结新中国发展道路与模式的理论与实践意义。

8. 文化（94 项）

【序　号：1 】
项目名称：**中国经学文化史**
作　　者：束景南
出版单位：福建教育出版社
规　　模：240 万字
出版时间：2009 年 12 月
内容简介：本书是一部以史的形式系统研究经学文化的专著，揭示经学历时性动态过程，对先秦至清代千余年经学思想、经学体系、经学文化的发展、衰亡及对中国文化的影响作深刻探讨。本书为“十五”国家重点图书出版规划项目。

【序　号：2 】
项目名称：**中国物质文化史**
作　　者：本书编委会
出版单位：北京大学出版社
规　　模：500 万字
出版时间：2010 年 1 月
内容简介：本书共分十卷，内容涵盖我国上自石器时代、下至清朝末年各历史时期与人类生产和生活密切相关的物质文化现象与内涵。全书以图文并茂的形式，重点展现并论述上述各个不同历史时期能够充分反映当时社会生产力状况、人们物质生活水平、发明创造的各类古迹、古物，通过对它们进行系统分类研究分析，并结合有文字记载的史实，真实客观地反映并揭示各类物质文化形式的产生、发展演变或消亡的历史轨迹。本书旨在以独特的视角使读者感受到中国物质文化史对人类历史的卓越贡献。

【序　号：3】
项目名称：**中国新闻思想史**
作　　者：徐新平、李正良　等
出版单位：湖南大学出版社
规　　模：120 万字
出版时间：2007 年 10 月
内容简介：本书计划分上、中、下三卷。全书将系统地梳理中国新闻思想的发展脉络，总结中国古代新闻传播和近代以来新闻事业所形成的理论，概括中国新闻传播思想在不同历史时期的科学内涵、当时的影响和现代价值，完整地揭示中国新闻思想产生、发展和演变的过程。

【序　号：4】
项目名称：**中国海洋文化史**
作　　者：曲金良、修　斌　等
出版单位：中国海洋大学出版社
规　　模：300 万字
出版时间：2006 年 10 月
内容简介：本书以中国海洋文化史的体例框架，广泛搜集汇总、梳理概述涉及中国海洋文化史各个时期、各个层面、各相关内容研究的论著文献资料，编纂成为一部较完整系统的集成性中国海洋文化史长编。本书分《先秦秦汉卷》、《魏晋南北朝隋唐卷》、《宋元卷》、《明清卷》、《近代卷》共五卷。

【序　号：5】
项目名称：**中外传播思想史**
作　　者：黄　旦、吴予敏　等
出版单位：复旦大学出版社
规　　模：120 万字
出版时间：2006 年 12 月
内容简介：本书为教育部文科基地重大项目。共分四卷：第一卷为中国古代传播思想，包括中国古代传播思想的特点、脉络和影响，以及中国古代的政治传播思想、文化传播思想、社会传播思想、军事传播思想等；第二卷为中国近现代传播思想，其主要内容有“通中外、达新知”与媒介政治功能的开掘、“义利兼顾”与媒介商业观念、“耳目喉舌”——政党媒介思想的形成与演变、电报技术的应用对传播观念的冲击、都市文化与媒介的娱乐观念等；第三卷是欧洲传播思想，主要包括欧洲传播思想的流变、符号结构的观念、语言与传播思想、传播与大众心理、传播技术与传播思想、从马克思到后现代等；第四卷是美国传播思想，主要内容有美国传播思想的源流、自由主义报刊理念的萌芽、电报技术对传播观念的冲击、便士报与职业报刊理念、传播与社会有机体思想、信息论与大众传播思想体系化、从戏剧到电视——受众观念的变迁、媒介垄断与社会责任论、新自由主义的媒介产业观、传播者的角色观等等。

【序　号：6 】
项目名称：**中国陶瓷史**
作　　者：宿　白、徐苹芳　主编
出版单位：文物出版社
规　　模：130 万字
出版时间：2008 年 7 月
内容简介：《中国陶瓷史》将全面总结和梳理考古工作中的新发现和研究成果，反映中国陶瓷史的新面貌和研究者的新认识。本书是一部学术性专著，以考古学资料为基础，用考古学的方法、从手工业史的角度编写，从而使陶瓷史的研究真正纳入社会历史的范畴，将陶瓷史的研究提高到社会历史的高度。本书分上、中、下三册，包括 2 000 张线图，1 500张彩片。本项目为 2005 年度国家社会科学基金重点项目。

【序　号：7 】
项目名称：**中国出版通史**
作　　者：石宗源、肖东发　等主编
出版单位：中国书籍出版社

规　　模：300 万字

出版时间：2007 年 12 月

内容简介：《中国出版通史》是由国家出版科研机构组织研究编撰的首部出版通史，力求反映我国出版史研究的最新成果，成为国内外最具权威性的出版通史。本书为“十五”国家重点图书出版规划项目。

【序　　号：8 】

项目名称：**中国阅读通史**

作　　者：王余光、徐　雁　等主编

出版单位：安徽教育出版社

规　　模：150 万字

出版时间：2006 年 12 月

内容简介：《中国阅读通史》为第一部阅读史专著，将填补该类著作的空白。这部通史试图系统总结中国的阅读传统，为现今阅读文化的构建奠定基础。

【序　　号：9 】

项目名称：**中国饮食文化史**

作　　者：赵荣光　主编

出版单位：中国轻工业出版社

规　　模：250 万字

出版时间：2009 年 12 月

内容简介：《中国饮食文化史》是中国食文化研究中带有统领性的课题，被列为部级重点科研项目、国家“九五”重点工程。这套书的组编有较高难度，专业涉及中国史、民族史、边疆史地、考古学、民俗学、文献学、文化学、烹饪学、语言文学、中外交通、经济与商业史、食品科技史等学科，其内容所具有的丰富性、民族性、地域性均居本领域出版物之上，并具有极强的开创性，对所涉及的一些其他学科也具有重要的参考价值。

【序　号：10 】
项目名称：**中国民族服饰全集**
作　　者：邓启耀　主编
出版单位：广东人民出版社
规　　模：100 万字
出版时间：2008 年 12 月
内容简介：本书是一部全面反映我国 56 个民族服饰的历史源流、款式形制特点、工艺特色、文化象征等，以及有关民族服饰研究的著作。本书对国外了解中国各民族的历史、文化、民俗等极具参考价值。

【序　号：11 】
项目名称：**中国城市文脉研究丛书**
作　　者：张俊芳、张鸿雁　等
出版单位：东南大学出版社
规　　模：180 万字
出版时间：2007 年 12 月
内容简介：本丛书从文化强国、文化强市的战略出发，对全国数百个城市逐一进行文脉梳理，为当代中国城市发展战略提供重要的参考。

【序　号：12 】
项目名称：**中国民俗志丛书（县卷本）**
作　　者：冯骥才、白庚胜　等
出版单位：成都时代出版社
规　　模：99 000 万字
出版时间：2010 年 12 月
内容简介：本书系国家社会科学基金项目，是“中国民间文化遗产抢救工程”的重要组成部分。以全国每个县为基本单位，编撰成“中国民俗志丛书”（县卷本）。第一，本丛书为国家级的民俗修志辑丛。第二，丛书是标志性文化统领式的文化志，从学术思想到调查方法再到写作模式，都是创新式的成果。第三，丛书是地方学者和科研专家的理论结晶，有相当高的学术价值。

【序　号：13】
项目名称：**中国文化遗产大辞典**
作　　者：阮仪三、张学敏
出版单位：上海辞书出版社
规　　模：200万字
出版时间：2008年12月
内容简介：《中国文化遗产大辞典》收词六千余条，分为四大板块："文化遗产一般"板块、"物质文化遗产"板块、"非物质文化遗产"板块、"附录"板块。"文化遗产一般"板块，收录文化遗产的概念，文化遗产的种类、特殊性、多样性，文化遗产对人类社会的意义；人类对文化遗产的认识、态度及其发展历程，人类社会保护和利用文化遗产的技术、方法与过程，当前对文化遗产的最新理念和理论，突出前瞻性和指导性。"物质文化遗产"板块，收录可移动文物（即传统意义上的古代大宗文物，包括陶器、瓷器、法书、绘画、青铜器、石器、杂项等种类）和不可移动文物（世界级文化遗产，即国家历史文化名城的遗址、古迹等）。"非物质文化遗产"板块，收录中华各族人民世代相承的、与群众生活密切相关的各种传统文化表现形式（如民俗活动、表演艺术）和文化空间。

【序　号：14】
项目名称：**中国世界遗产丛书**
作　　者：冀东山、魏全瑞　等
出版单位：三秦出版社
规　　模：300万字
出版时间：2010年12月
内容简介：截至2004年年底，中国境内的世界遗产被列入联合国教科文组织《世界遗产名录》的已有30个，包括文化遗产（22个）、自然遗产（4个）和文化与自然双遗产（4个）。三秦出版社与各遗产单位联合出版这套图文并茂的大型丛书，共有图片3 000张，文字300万。

【序　号：15 】
项目名称：**中国饮食文化大辞典**
作　　者：姜春云　主编
出版单位：中国大百科全书出版社
规　　模：2 000 万字
出版时间：2010 年 9 月
内容简介：本辞典将我国几千年的饮食文化遗产，第一次大规模、全面、系统地精选编撰成书，真实反映了新中国成立以来我国饮食文化的丰富和发展。

【序　号：16 】
项目名称：**中国民间工艺全集**
作　　者：王树村　主编
出版单位：中国轻工业出版社
规　　模：100 万字
出版时间：2007 年 10 月
内容简介：本套图书力图通过民间工艺精品，生动讲述中华民族优秀传统文化。全书分为四卷：第一卷为民间织、绣、印染；第二卷为民间石雕、木雕、砖雕；第三卷为民间陶塑、玩具、面塑；第四卷为民间皮影、剪纸、木偶。全书采用中英文对照的编排方式，逐图加以说明，对保护与传承中国优秀传统文化遗产将起到积极作用。

【序　号：17 】
项目名称：**诵读中国**
作　　者：本书编委会
出版单位：人民文学出版社
规　　模：200 万字
出版时间：2006 年 12 月
内容简介：本丛书分古代部分和现当代部分，将适合诵读的中国古代和现当代的传世名篇奉献给广大青少年读者。

【序　号：18 】
项目名称：**话说中国**
作　　者：何承伟
出版单位：上海文艺出版社
规　　模：300 万字
出版时间：2006 年 6 月
内容简介：本书以文化史为导向，以独特的讲故事的方式，以大量生动珍贵的图片以及有关社会经济文化生活的历史百科知识和便捷实用的检索，生动翔实、全方位地展示“五四”新文化运动、中国共产党的成立、第一次国共合作、长征、西安事变、抗日战争、解放战争等现代中国恢弘壮丽、可歌可泣的世纪新篇章，有血有肉地诠释以爱国主义为核心的民族精神。16 卷本《话说中国》是上海市“九五”和“十五”规划的重点图书出版项目。

【序　号：19 】
项目名称：**感悟中国**
作　　者：张浚生　主编
出版单位：江西人民出版社
规　　模：22 万字
出版时间：2006 年 5 月
内容简介：本书系依据培训讲稿编撰的国情教育读本（讲稿经中央宣传部审定通过）。全书分十个专题，分别叙述了新中国成立后中国经济的发展、变迁，中国改革开放的历程及所取得的成就，中国民主与法制的建设过程，中国社会的变迁与人群心态的变化，当代中国文学发展轨迹与社会思潮，新中国的科学技术事业和新中国的外交等。全书依据材料准确，说理透彻，同时图文并具、言简意赅、生动有趣，是一部既适合港澳地区年轻人，也适合内地广大青少年阅读的国情教育读本。

【序　号：20 】
项目名称：**文字中国**
作　　者：本书编委会

出版单位：大象出版社
规　　模：200 万字
出版时间：2008 年 6 月
内容简介：这是一套从我国文字诞生、演变、发展史的角度反映我国优秀文化的大型丛书，按照文字发展史的时间共分为八个分册。

【序　号：21】
项目名称：**视觉中国**
作　　者：本书编委会
出版单位：人民美术出版社
规　　模：100 万字
出版时间：2006 年 7 月
内容简介：本丛书通过选编精湛经典的中国古代和现当代的绘画、雕塑、建筑等作品，向海内外读者展示博大精深的民族文化。

【序　号：22】
项目名称：**符号中国**
作　　者：冯骥才
出版单位：译林出版社
规　　模：120 万字
出版时间：2008 年 4 月
内容简介：这是为实施“走出去战略”而设计的一套向国外介绍中国文化的图书，全书计划出版 8～10 卷，约 400 万字，“十一五”期间计划出版三卷。本期的三卷分人物符号卷、景物符号卷、文化符号卷。本选题力求文字知识性强，俏皮活泼，具有可读性，所配图片兼有资料性与欣赏性，符合海外读者的阅读习惯。

【序　号：23】
项目名称：**中国人文精神阅读丛书（青年读本）**
作　　者：中国社会科学院课题组
出版单位：吉林出版集团有限责任公司

规　　模：400 万字
出版时间：2008 年 1 月
内容简介：本套丛书从华夏文明的发源讲起，分卷讲述不同的历史时期人文精神所绽放出来的不朽光芒，不仅有原著，还注有专家学者的精彩解读和呕心点评，对影响中国进程的思想和文化都一一作出详尽的解析，让青年一代深切了解人文历史进程，透析人文思想，重建和完善自身文化修养和人文品格，使民族人文精神更有力地推动物质文明建设。

【序　号：24 】
项目名称：**人文精神**
作　　者：苏叔阳
出版单位：辽宁人民出版社
规　　模：25 万字
出版时间：2006 年 6 月
内容简介：本书通过梳理中外人文精神的历史，提供一种正确的价值和意义体系，为社会提供一种正确的人文导向，从而对广大群众，特别是对青少年进行人文教育。

【序　号：25 】
项目名称：**先秦诸子与中国文化精神研究丛书**
作　　者：李学勤　主编
出版单位：百花洲文艺出版社
规　　模：240 万字
出版时间：2010 年 10 月
内容简介：中华文化精神博大精深，它既是中华文化的精髓，也是世界文化的宝贵财富。中华文化已经有五千年的历史，先秦诸子丰富博大的思想是中华文化的第一次发展高峰，它初步形成和确立中华文化精神的框架，这些文化精神对今天我国的现代化建设和民族复兴事业仍然具有重要的现实意义。如儒家的仁爱思想、民本思想和积极进取精神、崇尚道德精神等，道家的淡泊名利、清虚自守、无为而治思想和自由独立精神，法家的变法图强、富民强兵思想和依法治理、大公无私精神，墨家的平等博爱、尚同尚贤、节俭思想和“以和为贵”精神等等，这些具有现代意义的思想精髓值得我们继承和弘扬。本丛书立足于现实，古为今用，以先秦思想史料为基础，对先秦诸子的思想作文化上的现代阐述。

【序　号：26 】
项目名称：**中国研究西文资料丛刊**
作　　者：美国国家档案馆　等
出版单位：广西师范大学出版社
规　　模：4 000 万字
出版时间：2010 年 12 月
内容简介：本丛刊精选整理美国国家档案馆、美国爱默雷大学图书馆、俄罗斯地理学会档案馆馆藏图书、档案中以中国研究为主题的西文资料，开阔中国学者的眼界，扩大中国学者的研究范围，将能有力地促进该研究领域的学术研究的发展。

【序　号：27 】
项目名称：**中国近代文化转型研究丛书**
作　　者：耿云志　主编
出版单位：四川人民出版社
规　　模：400 万字
出版时间：2006 年 8 月
内容简介：本丛书为中国社科院“十五”期间重大课题，也是中国近代史研究所近十年三大重大课题之一。全书共分 10 卷，包括：1.《导论》；2.《近代社会变迁与文化转型》；3.《西学东渐与文化转型》；4.《明治日本与文化转型》；5.《文化转型中思维方式的嬗变》；6.《文化论争与文化转型》；7.《近代中国价值观念的嬗变与重建》；8.《近代中国生活方式的变革》；9.《文化转型中的近代学术》；10.《文化转型中的近代科技》。丛书的研究重点包括：1. 揭示中国传统文化在近代社会巨变的背景下，如何发生蜕变和转型，说明其复杂性和多样性。2. 深入研究西方文化的一些主要观念、重要思想传入中国后，在怎样的条件下，如何从被拒绝到被容纳、被融合的内在机制；3. 总结百余年来围绕中西文化而产生的论争和困惑，把文化冲突与社会变动的外部条件联系起来考察，提出摆脱困惑、认明方向、建设中国现代新文化的途径。

【序　号：28 】
项目名称：**中华民族传统节日丛书**
作　　者：中国民俗学会
出版单位：学苑出版社
规　　模：600 万字
出版时间：2006 年 12 月
内容简介：本丛书分为 12 册，以图文的形式介绍节日的起源、流变、习俗（衣、食、娱乐、仪式等）以及相应的文化内涵。

【序　号：29 】
项目名称：**“影像中国画境之旅”系列丛书**
作　　者：邱华栋、龙迎春　等
出版单位：广东旅游出版社
规　　模：330 万字
出版时间：2010 年 8 月
内容简介：本丛书从旅游这一现代时尚的生活方式的角度切入中国各地域的文化层面与内核，采用“图文并茂”的形式，特别是突出“影像”的功能与作用，涉猎中国各地域的人文、地理、历史、景观、民族、社会生活、物产等。它是形象与视觉的盛宴，更是纸上神游的经典，称得上是中国第一部全境完整的“图片风物志”。

【序　号：30 】
项目名称：**民国档案集成**
作　　者：中国第二历史档案馆、广东省档案馆、内蒙古档案馆　等
出版单位：广西师范大学出版社
规　　模：8 000 万字

出版时间：2010 年 12 月

内容简介：民国时期是中华民族历史长河中一段重要的历史时期，是现代民族国家形成的关键阶段，这一段时期的珍贵文献数量较多，但很多处于未经整理和发掘的状态，亟待保护和整理。本项目收集整理广东省档案馆、第二历史档案馆、辽宁省档案馆、吉林省档案馆、黑龙江省档案馆等馆馆藏的涉及民国时期的有重大价值的档案史料，整理成册出版，以促进学术研究。

【序　号：31 】

项目名称：**民国出版史**

作　　者：吴永贵

出版单位：福建人民出版社

规　　模：60 万字

出版时间：2006 年 12 月

内容简介：民国出版史是中国出版史的一个极其重要的片断。本书以时间为经，以事件为纬，对各个时期的历史现象进行阐述和整理，并探索民国时期出版的内在规律。作者站在广阔的社会背景之下，透过纷繁复杂的历史现象，全景式审视并清理出中国出版事业的发展、变革的脉络，总结其兴变盛衰的规律。

【序　号：32 】

项目名称：**民国时期社会调查续编**

作　　者：李文海、夏明芳　等

出版单位：福建教育出版社

规　　模：1 000 万字

出版时间：2008 年 12 月

内容简介：20 世纪 20—40 年代，一批中国社会学研究的开拓者，以社会调查之科学方法，通过艰苦的田野调查，汇聚了大量的实测数据，展现了一个时代——民国时期的社会生存图景。调查者在分析当时社会现状的基础上，提出了改造民俗、改造社会的一己之见。中国人民大学一些学者从图书馆和档案馆搜集了这些调查资料进行整理，已出版10册，社会反响极好，拟继续整理出版。

【序　号：33 】
项目名称：**现代旅游大辞典**
作　　者：邵琪伟、孙　钢　等
出版单位：中国旅游出版社
规　　模：500万字
出版时间：2008年12月
内容简介：本辞书内容涉及旅游业各个领域的基础知识，包括旅游基础学、旅游经济学、旅游社会学、旅游管理、旅游文化、旅游规划等，还包括旅游政策、旅游法规，以及国内外旅游大事、旅游机构、旅游界人物、旅游边缘学科等内容。

【序　号：34 】
项目名称：**海外汉学名家学术著述系列**
作　　者：唐德刚　等
出版单位：广西师范大学出版社
规　　模：400万字
出版时间：2009年9月
内容简介：本系列拟长期关注海外学人，共铸文化盛世，重视文化的积累，坚持正确导向，挖掘整理我国丰富的民族文化遗产，通过从海外引进版权到中国内地出版，有利于弘扬优秀民族文化。

【序　号：35 】
项目名称：**上海民俗文化图志**
作　　者：尹继佐、仲富兰　等
出版单位：上海文化出版社
规　　模：100万字
出版时间：2010年12月
内容简介：“上海民俗文化图志”是一套介绍上海民俗文化的系列著作。其基本编写方针和题材限定是，对上海市各种民俗文化事象以及历史文化发展过程、形态构成及语言文字、风俗习惯、文学艺术、体育竞技、心理特点等作出具象描述和相应的论析，为普及民族民俗文化知识，繁荣民俗文化学术研究，推动社会主义精神文明建设，提供积累资料，以起增广见闻、启迪思维和借鉴参考的作用。

【序　号：36 】
项目名称：**山东民间文化遗产志**
作　　者：刘铁梁、刘德增　等
出版单位：山东大学出版社
规　　模：100 万字
出版时间：2008 年 12 月
内容简介：山东有着丰富的民间文化遗产，这些民间文化遗产是山东人在长期的生产、生活过程中创造发明的，并一代代传承下来，是齐鲁文化的结晶，具有浓厚的地方色彩、鲜明的民族性。这些文化遗产有的继续在民间传承，有的濒临灭绝，有的则已“后继无人”。这笔宝贵的文化遗产亟须抢救保护、开发利用。本书采用志书的形式，通过实地调查，按照“全面收集，忠实记录，慎重整理”的原则，对山东民间文化遗产的形式、内容、价值、分布地区、传承情况等进行收集、整理，并配以大量的图片。

【序　号：37 】
项目名称：**北京大辞典**
作　　者：段柄仁　主编
出版单位：京华出版社
规　　模：550 万字
出版时间：2006 年 12 月
内容简介：本书为全面介绍北京历史和现状的地域工具书，兼收百科词和北京语词，总纂思想为“浓缩古城精华，展示首都风貌”。

【序　号：38 】
项目名称：**启功先生遗著**
作　　者：侯　刚　等整理
出版单位：北京师范大学出版社
规　　模：600 万字
出版时间：2009 年 12 月
内容简介：《启功先生遗著》将本着对启功先生和读者负责的精神，逐步把启功先生的遗著整理出版。首批计划出版《启功临帖墨迹》10 种，《启功鉴赏碑帖》10 种，《启功珍藏碑帖》10 种。另外，《启功书信集》的征集、整理工作已近后期，《启功手抄击脑集》、《启功绘画集》、《启功书法全集》、《启功文集》（或《启功遗稿》）将根据整理进度陆续出版。广大读者将看到、了解到一个较为完整、全面的启功先生。

【序　号：39 】
项目名称：**赵朴初文集**
作　　者：赵朴初
出版单位：安徽教育出版社
规　　模：240 万字
出版时间：2008 年 12 月
内容简介：本书是皖籍著名社会活动家、佛学家、诗人、书法家赵朴初先生半个多世纪以来在宗教理论、文学创作、书法艺术等方面孜孜探究和精心撰著成果的集中展示，包括《佛教知识问答》、《中国佛教史略》、《滴水集》、《片石集》、《永怀之什》、《赵朴初韵文集》等脍炙人口的佛学论著和诗词佳作，反映了这位"与国运同休戚，与时代共呼吸"的爱国宗教领袖和文艺大师的丰富心路历程与卓越成就，颇具认知、欣赏价值和纪念、传扬意义。

【序　号：40 】
项目名称：**顾颉刚全集**
作　　者：顾颉刚
出版单位：中华书局

规　　模：2 200 万字
出版时间：2007 年 12 月
内容简介：《顾颉刚全集》包括：1. 日记卷；2. 书信卷；3. 读书笔记卷；4. 藏书目录卷；5. 论文集卷（古代史、历史地理、边疆集、古书考辨、民俗学、文集）等五大类。本书是“十五”国家重点图书出版规划项目。

【序　　号：41 】
项目名称：**吴晗全集**
作　　者：吴　晗
出版单位：中国人民大学出版社
规　　模：500 万字
出版时间：2008 年 9 月
内容简介：《吴晗全集》共计 10 卷。全集按作品类别编辑，前六卷是吴晗先生的史学著作，包括《朱元璋传》、《读史札记》和《明史简述》等作品；第七卷至第九卷是吴晗先生的杂文作品，包括已经出版过的杂文文集和未结集出版的一些文章；第十卷收入的是吴晗先生的诗歌、戏剧以及书信等作品。

【序　　号：42 】
项目名称：**本雅明全集**
作　　者：本雅明
出版单位：北京师范大学出版社
规　　模：500 万字
出版时间：2010 年 12 月
内容简介：本雅明是 20 世纪德国著名的思想家，对当代西方学术思想有重要的影响。全集内容包括：1.《德国浪漫派的艺术批判概念》；2.《德国悲悼剧的起源》；3.《机械复制时代的艺术作品》；4.《发达资本主义时代的抒情诗人》；5.《文化批判文集》；6.《历史哲学文集》；7.《文学与美学论集》；8.《批判与评论》（Ⅰ）；9.《批判与评论》（Ⅱ）；10.《单行道》；11.《拱廊街计划》（Ⅰ）；12.《拱廊街计划》

（Ⅱ）；13.《散失的著作》；14.《自传著作》；15.《集外集》。

【序　号：43】
项目名称：**曹聚仁作品系列**
作　　者：曹聚仁
出版单位：生活·读书·新知三联书店
规　　模：350万字
出版时间：2009年7月
内容简介：在曹聚仁的著述中，历史地理、人物传记、学术研究和新闻纪实是几个重要的写作取向，蔚为大宗。我们选取二十多种单行本，合编成17集作品系列，大致也是展现这四个方面的写作面貌。

【序　号：44】
项目名称：**王云五文集**
作　　者：王云五
出版单位：江西教育出版社
规　　模：500万字
出版时间：2006年12月
内容简介：王云五系20世纪中国声名卓著的学者、出版家、图书馆事业家和政坛人物。他一生中有四十余年致力于我国历史最长、声誉最高的现代编译出版机构——商务印书馆的发展，历任该馆编译所长、总经理、董事长之职。发明了汉字“四角号码检字法”，以他名字命名和用该法检字的字、辞典曾大量出版。20世纪中国许多的著名文人、学者和他有过交往，他们或得到了他的帮助，或是他的学生。但由于种种缘由，王云五在大陆史学界成了一位长期被历史“宏大叙事”遮蔽与尘封的人物，直到近年来在大陆学界方兴未艾的晚清民国热中，才“浮出历史地表”。

【序　号：45】
项目名称：**国学名著讲读丛书**
作　　者：胡晓明　等

出版单位：华东师范大学出版社
规　　模：175 万字
出版时间：2008 年 12 月
内容简介：本丛书分为七本：1. 《论语讲读》；2. 《庄子讲读》；3. 《史记讲读》；4. 《昭明文选讲读》；5. 《老子讲读》；6. 《易经讲读》；7.《孟子讲读》。丛书是在教学与研究的基础上撰写的，既有新注释，又保留一定的旧注，在通俗性的基础上，保证经典性、权威性，将“故纸堆”与“新思想”有机结合，突出文化经典的原典性，将七部文化经典融会贯通，连接聚合。

【序　号：46 】
项目名称：**印度—西藏丛书**
作　　者：［意］约瑟夫·图齐　等
出版单位：北京大学出版社
规　　模：125 万字
出版时间：2008 年 12 月
内容简介：本丛书从约瑟夫·图齐 128 部著述中选取了最具藏学研究代表性的五部结集成册。

【序　号：47 】
项目名称：**媒介经典译丛**
作　　者：刘易斯·芒福德　等
出版单位：广西师范大学出版社
规　　模：152 万字
出版时间：2008 年 12 月
内容简介：“媒介经典译丛”引进出版国外的新兴边缘交叉学科和跨学科综合研究著作，对我国现代化的建设具有重要参考价值，也更有利于坚持和巩固马列主义、毛泽东思想、邓小平理论和“三个代表”重要思想在全党的指导地位。译丛包括：1.《科技与文明》；2.《草根媒体：博客传奇》；3.《新闻：报道与写作》；4.《富媒体，穷民主》；5.《西方媒介史》。

【序　号：48】
项目名称：**东北三江流域文化丛书**
作　　者：张树东　等
出版单位：黑龙江教育出版社
规　　模：200万字
出版时间：2007年12月
内容简介：本书通过对东北三江流域的民俗和文化的历史沿革的探讨和分析，概况总结了三江流域的民俗文化的特点，使读者从多方面进行深入了解，具有重要的研究价值。

【序　号：49】
项目名称：**河洛文化研究丛书**
作　　者：杨海中、王永宽　等
出版单位：河南人民出版社
规　　模：300万字
出版时间：2006年12月
内容简介：2005年5月，由河南省社科院程有为、杨海中等人申报的“河洛文化研究”获国家社科规划办批准，被列为重大委托项目立项。“河洛文化研究丛书”拟以“河洛文化的内涵、传承与影响”为主题，将河洛文化专题研究的成果以专著的形式出版，待条件成熟时，也可编辑出版文献丛书。

【序　号：50】
项目名称：**客家研究文丛**
作　　者：谭元亨
出版单位：华南理工大学出版社
规　　模：3 000万字
出版时间：2010年12月
内容简介：本文丛为“十五”国家重点图书出版规划项目。客家民系是中华民族的一个支系，客家文化是中华民族文化的重要组成部分。本文丛囊括文学、历史、哲学、地域、民俗、方言、经典、艺术、科技、人物传记等十个方面。

【序　号：51】
项目名称：**洛布古典丛书**
作　　者：刘小枫、彭晓瑜　等
出版单位：吉林出版集团有限责任公司
规　　模：1 500 万字
出版时间：2008 年 1 月
内容简介：本丛书是西方闻名遐迩的一套大型文献资料丛书，它合英美古典学者之力，经近一个世纪的翻译编纂而成。这套丛书专门收录古希腊罗马时期的文献典籍，几乎涵盖了全部古希腊文和拉丁文典籍，共收录 210 多位古典作家的作品，此外还包括作者已不可考的典籍譬如《十二铜表法》和在埃及发现的希腊文纸草文书等，收录的作品时间跨度达 1 400 年（公元前 8 世纪—公元 7 世纪），到现在已经出版了 460 种，被公认为最权威的西学古典文献的版本。“洛布古典丛书”的引进方式是约请国内的西方古典学专家在 400 多部作品中选取 50 种，并采取原版影印的形式，同时进行校勘和解读的工作。

【序　号：52】
项目名称：**江右族群文献整理系列**
作　　者：段晓华、文师华　等
出版单位：江西人民出版社
规　　模：295 万字
出版时间：2007 年 12 月
内容简介：江西一带，古称“江右”。本系列图书试图从新的楔入角度，以江右古代人文的家族群体文献为整理研究对象，重点集中在宋元时期、明清之际，旨在较全面深细地勾勒梳理区域内族群人文活动的资料文献，落实文化遗产的整理与保护，为学术研究的深入奠定必备条件。“十一五”期间，拟出版三种，分别是：1.《临川二晏集》；2.《清江三刘集》；3.《鄱阳三洪集》。

【序　号：53】

项目名称：**山西历史文化珍本丛刊**

作　　者：张明旺、刘纬毅　等

出版单位：山西古籍出版社

规　　模：300万字

出版时间：2008年12月

内容简介：本丛书包括“三晋文丛”、“山西名志丛书”、“山西古地图集”三部分。“三晋文丛”收入王勃、元好问、张穆等山西名人以及非山西籍人士有关山西的珍贵历史著作；“山西名志丛书”拟收入永济、洪洞、五台、定襄等古县的县志及名山志等志书；“山西古地图集”收入山西古代的政区图、山岳图、河流图、关隘图等，约100幅。以后随着市场开拓，将扩展相关内容。出版方式为宣纸影印。

【序　号：54】

项目名称：**汉字文化丛书**

作　　者：何九盈　主编

出版单位：山东教育出版社

规　　模：350万字

出版时间：2009年10月

内容简介：汉字文化学是一门以汉字为核心的多边缘交叉学科。一方面阐明汉字作为一个符号系统、信息系统，其自身所具有的文化意义；另一方面从汉字着手研究中国文化，即从文化学的角度研究汉字，探讨汉字和中国文化的关系。丛书分册包括：《汉字　语言　文化问题》、《汉字与民族思维》、《汉字文化学论纲》、《汉字的书写文化》、《汉字的教学文化》、《汉字的社会实用文化》、《汉字现代化》、《汉字与少数民族文化》、《汉字文化圈》、《汉字与国际文化交流》。

【序　号：55】

项目名称：**广西非物质文化遗产系列丛书**

作　　者：廖明君　主编

出版单位：广西人民出版社

规　　模：600 万字
出版时间：2007 年 7 月
内容简介：本丛书由“考察研究书系”、“资料典籍书系”和“展示传播书系”三大书系构成，以广西非物质文化遗产为对象，通过深入扎实的考察研究，全面、系统地阐述广西非物质文化遗产的丰富内涵和民族特质，推动广西非物质文化遗产的资料整理、资源保存、文化剖析、对策研究以及传播普及等工作，满足人们寻找精神家园的需求，促进旅游等相关产业链的发展。

【序　　号：56 】
项目名称：**哈萨克传统文化丛书**
作　　者：阿布吉列力　等
出版单位：伊犁人民出版社
规　　模：60 万字
出版时间：2010 年 12 月
内容简介：本丛书以图文并茂的形式介绍哈萨克族传统游戏、阿肯弹唱、手工业制作技术、音乐舞蹈艺术、饮食文化等。

【序　　号：57 】
项目名称：**百年奥运史（上、下）**
作　　者：秦德斌
出版单位：百花洲文艺出版社
规　　模：50 万字
出版时间：2007 年 12 月
内容简介：本书以时间脉络为主线，全景展示了人类从 1896 年第一届奥运会至 2004 年第二十八届奥运会的百年风云，史料准确、故事生动、资料翔实；并有对 2008 年奥运会组织工作、场馆建设的详尽介绍，是一本百科全书式的奥运史书。

【序　　号：58 】
项目名称：**奥运词典**
作　　者：北京奥运新闻中心

出版单位：新星出版社
规　　模：30 万字
出版时间：2006 年 10 月
内容简介：本词典作为普及型基础读物，计划初定发行中文、英文、世界语、法语四种版本，内容将在字形、字音、标点、拼音等方面遵从国家有关语言文字标准，涵盖历史、文化、旅游和人民生活以及奥运会的各种实用信息，并从对常规词汇整理、新生词汇甄选的过滤视角中，反映出对奥运会精神的深层思索。

【序　号：59】
项目名称：**北京奥运“三大理念”系列读本**
作　　者：任　海
出版单位：北京出版社
规　　模：45 万字
出版时间：2006 年 12 月
内容简介：本套读本紧密结合一百多年来的奥林匹克运动史和北京筹奥工作的实际情况，准确地讲述每一个理念的核心内容，包括五环旗下的绿色生态、五环旗下的科技奥秘、五环旗下的人文风采三部分。

【序　号：60】
项目名称：**漫画奥运百年**
作　　者：杨　鹏、韩　勇　等
出版单位：北京少年儿童出版社
规　　模：30 万字，500 幅图
出版时间：2006 年 12 月
内容简介：《漫画奥运百年》将以幽默、轻松的漫画形式为你重现奥运的历史，通过一系列历史事件和人物故事向你解析什么是奥林匹克精神，人类是怎样弘扬、创新和发展这种精神的；奥运会承载了人类什么样的梦想，它又是怎样实现世界文化的交融和人类的和谐共处的；一代代体育明星通过他们成功与失败的经历是怎样挑战自我，执著追求理想和人的完整价值的；世界各民族文化是怎样实现超种族、超文化、超等级、超地域的交流、沟通与融合，追求人类的和谐发展的；等等。

【序　号：61】
项目名称：**奥运百科**
作　　者：中华体育总会
出版单位：晨光出版社
规　　模：20万字
出版时间：2007年5月
内容简介：奥林匹克运动会经过漫长的历史，发展到今天，无论从规模上，还是从水平上都已为举世所瞩目，奥林匹克运动带给了人们无限的享受。《奥运百科》用一册书的有限篇幅将奥运知识囊括其中，包括奥林匹克运动、古代奥运会、奥运会词典、文化与艺术、奥运大家庭等内容。

【序　号：62】
项目名称：**萨马兰奇奥林匹克体育邮票全集**
作　　者：［西班牙］胡安·安东尼奥·萨马兰奇、［瑞士］M. 博格曼
出版单位：人民邮电出版社
规　　模：25万字，8 644幅图
出版时间：2007年12月
内容简介：全集收录了萨马兰奇先生捐赠给奥林匹克博物馆的全部集邮藏品，主要包括世界各国和地区发行的第1～28届夏季奥运会和第1～18届冬季奥运会邮票四方连，这是全世界最完整的一套奥林匹克体育邮票邮集，全集也将是全球最完整和规范的奥林匹克邮票图鉴。本书为“十五”国家重点图书出版规划项目。

【序　号：63】
项目名称：**非物质文化遗产丛书（第二辑）**
作　　者：傅　谨、康保成　主编

出版单位：浙江人民出版社
规　　模：240 万字
出版时间：2007 年 6 月
内容简介：本丛书第一辑出版以后，受到了有关方面的高度评价，对发掘、保护非物质文化遗产具有积极意义。第二辑拟包括关中皮影、广西铜鼓、侗族大歌、陕北剪纸、蒙古长调、四川目连、泉州木偶、贵州地戏、凉山毕摩、汕尾正字戏等。主要反映该种文化遗产的基本面貌、表现形态、美学和工艺上的主要特点、历史沿革、目前有代表性的主要传人以及传承的背景等。

【序　号：64 】
项目名称：**广东人精神丛书**
作　　者：范　英、刘小敏　主编
出版单位：广东人民出版社
规　　模：150 万字
出版时间：2006 年 12 月
内容简介：本套丛书是在广东开展弘扬新时期广东人精神大讨论的基础上，首次系统总结、概括广东人精神的系列丛书，试图通过理论与实践的结合、现实与历史的结合、广东与世界的结合，深刻探究广东人精神的实质、内核、历史演绎、当代表现、实现价值，从而多层次、多视角地展现广东人精神。

【序　号：65 】
项目名称：**当代文化产业书系**
作　　者：金元浦　主编
出版单位：北京出版社
规　　模：270 万字
出版时间：2006 年 12 月
内容简介：本书系收录专门评述和研究当代中外文化产业的原创理论著作和论文集以及编译作品与译著。

【序　号：66 】
项目名称：**岭南文化知识书系**
作　　者：本书编委会
出版单位：广东人民出版社
规　　模：1 200 万字
出版时间：2010 年 12 月
内容简介：本书系采用通俗读物的形式，选题广泛，覆盖面广。书稿要求文字精练，寓知识性于可读性之中，力求使本书系成为群众喜闻乐见的知识丛书。初步计划出书 300 种左右，每本约 4 万字，40 幅图片。目前已经出版 25 种。“岭南文化知识书系”可视作“岭南文库”的补充和延伸。

【序　号：67 】
项目名称：**故宫文化珍藏系列丛书（1～15）**
作　　者：向　斯、王镜轮　等
出版单位：华艺出版社
规　　模：100 万字
出版时间：2006 年 10 月
内容简介：本丛书通过对故宫文化的研究，体现中国明清两朝百年历史沧桑与文化，发掘被掩盖的历史，收集故宫文化精粹，弘扬传统文化。

【序　号：68 】
项目名称：**敦煌讲座丛书**
作　　者：荣新江
出版单位：甘肃教育出版社
规　　模：400 万字
出版时间：2009 年 12 月
内容简介：“敦煌讲座丛书”是我国学者对敦煌学研究成果的集中反映，是自敦煌藏经洞发现后，历代学者在各个领域研究成果的总结，并以通俗易懂的讲座形式呈现敦煌学的魅力。“敦煌讲座丛书”包括以下书目：1.《敦煌的自然与现状》；2.《敦煌的历史》；3.《敦煌文学》；

4.《敦煌道教》；5.《敦煌佛教》；6.《敦煌汉文文献》；7.《敦煌少数民族文献》；8.《敦煌乐舞》；9.《敦煌壁画》；10.《敦煌与中西交通》。

【序　号：69 】
项目名称：**光明学术文库**
作　　者：本书编委会
出版单位：光明日报出版社
规　　模：600 万字
出版时间：2007 年 8 月
内容简介：本文库的编辑出版工作将在光明日报编委会的领导下，接受文库编辑委员会和学术指导委员会的业务指导，采取“媒体发动，学界审评，光明出版，社会馆藏”的形式，常年征集、筛选哲学社会科学领域的优秀学术成果出版发行。目前该出版工程已经得到数十家知名社科研究机构和高等院校的积极响应。具体书目正在酝酿之中，成熟一批，出版一批。

【序　号：70 】
项目名称：**新世纪域外出版研究文库**
作　　者：程三国、赖德胜
出版单位：北京师范大学出版社
规　　模：1 200 万字
出版时间：2010 年 12 月
内容简介：本文库试图全面系统地整理国外出版研究的主要和最新成果，通过借鉴国外出版业的有益成果，为中国出版业的研究与教育、经营与管理、发展与繁荣提供一些参考。文库由“出版史系列”（5 种）、“著名出版家系列”（10 种）、“著名出版机构与品牌系列”（10 种）、“出版研究名著系列”（8 种）和“阅读与图书文化系列”（8 种）五个系列组成。这 41 种书目时间跨度自 1950—2005 年，国家涉及美、英、德、日、法等世界出版大国和强国。

【序　号：71】
项目名称：**当代中国图书馆学研究文库**
作　　者：吴慰慈、陈源蒸
出版单位：北京图书馆出版社
规　　模：180 万字
出版时间：2007 年 12 月
内容简介：“当代中国图书馆学研究文库”收录在图书馆学各个研究领域有一定建树的中青年学者历年的优秀文集。这些学者大多是在改革开放以来，尤其是在新技术革命的影响下，对新的图书馆学发展起到重要推动作用的学者。20 世纪末至今，正是图书馆发展变革的重要时期，在这种情况下，图书馆尤其需要先进的理论作指导，才能适应信息社会对图书馆的新要求。

【序　号：72】
项目名称：**国家博物馆馆藏近现代文物研究丛书**
作　　者：中国国家博物馆
出版单位：上海人民出版社
规　　模：300 万字
出版时间：2008 年 11 月
内容简介：本丛书记载的近现代文物反映了自 1840 年鸦片战争以来中华民族从屈辱走向辉煌的奋斗历程。

【序　号：73】
项目名称：**北大名师学术精粹丛书**
作　　者：陈平原、汤一介　等
出版单位：山东友谊出版社
规　　模：400 万字
出版时间：2010 年 10 月
内容简介：本丛书作者从自己几十年的学术文集、著作中选取 20 万字，可谓是精华中的精华，代表了这个领域的最高学术水平。作者均具有较强的学术影响力。本书的出版有助于学术积累，对于专业领域的学术交流与发展也有很好的推动作用。

【序　号：74 】
项目名称：**都市文化译丛**
作　　者：包亚明　主编
出版单位：上海书店
规　　模：300 万字
出版时间：2010 年 12 月
内容简介：本译丛包括《购物如何改变美国文化》、《恐惧的生态学：洛杉矶与灾难的想象》、《死城》、《全球城市》、《全球化及其不满》、《空间的生产》、《亨利·列斐伏尔城市论文集》、《“酷”之征服：商业文化、反文化与嬉皮消费主义》、《激活电影：娱乐是如何统治现实的》、《梦幻城市：后现代大都市的愉悦与利益》、《希望的空间》。

【序　号：75 】
项目名称：**哈佛科学人文译丛**
作　　者：罗　杰、牛　顿　等
出版单位：外语教学与研究出版社
规　　模：150 万字
出版时间：2006 年 12 月
内容简介：外研社同以高端学术出版闻名世界的哈佛大学出版社合作，共同推出这套外研社“哈佛科学人文译丛”。拟于 2006 年推出丛书的第一辑（共八本），内容分别涉及物理、天文、软件、生物化学、气候、社会等多种影响 21 世纪人类前景的前沿学科，关注 21 世纪的重大科技与社会话题，探讨人类社会发展的种种迫切问题。丛书第一辑作者都是各领域的专家，著作丰富，文笔科学严谨而又不失活泼，能够将一个个重大的话题娓娓道来，文字的可读性极强。译丛包括《伽利略的钟摆》、《热爱昆虫》、《开源模式的成功》、《星系与宇宙的边缘》、《量子世界：写给大众的量子物理学》、《全球变暖的发现》、《性别是如何改变的：美国的变性史》等。

【序　　号：76 】
项目名称：**女性研究与教育书系**
作　　者：荒　林　等
出版单位：广西师范大学出版社
规　　模：800 万字
出版时间：2010 年 12 月
内容简介：本书系探讨女性问题，关怀两性的和谐发展，张扬女性的主题地位，对各种造成两性尊卑及区别的父权制观念作了梳理。

【序　　号：77 】
项目名称：**唐翰林学士传论**
作　　者：傅璇琮
出版单位：辽海出版社
规　　模：100 万字
出版时间：2006 年 6 月
内容简介：本书共分上、下两编，上编是有关唐翰林学士的专题论文，下编为唐代全部翰林学士一一立传，重点记述其入翰林院的仕历等。

【序　　号：78 】
项目名称：**"孤独星球"旅行指南系列丛书**
作　　者：戴维·埃尔斯　等
出版单位：生活·读书·新知三联书店
规　　模：1 000 万字
出版时间：2007 年 12 月
内容简介：本丛书是澳大利亚"孤独星球"出版社的核心产品，是世界最著名的旅行图书品牌，有"旅行圣经"之称。它有着与三联契合的文化理念，所倡导的旅行观（如负责任的自助游；旅行是一种生活方式，行在路上，寻求一种自由开放的人生状态；激发你的旅行热情，引导你自己去看；等等），与旅行者密切沟通、为他们提供最好服务的工作方式，都符合三联的文化内涵和形象。此系列涵盖面广，包括世界各个地区、国家、国家内的地区、城市的旅游指南，甚至南极洲；内容全面而实用，除了基本的对当地风土人情历史典故的介绍之外，主体部分还提供精确的旅游线路、景点，详尽实用的交通、住宿、饮食、娱乐、购物、资讯。同时在体例和编排方式上具有工具书的严谨、准确和权威性，每两至三年即更新版本。

【序　号：79 】
项目名称：**大家小书丛书**
作　　者：袁行霈、钱满素　等
出版单位：北京十月文艺出版社
规　　模：1 000 万字
出版时间：2010 年 12 月
内容简介：本丛书精选有关中国文化的经典著作（选目以传统文化中的文史类为主，包括历史、文学、哲学、宗教、小学、艺术等），推出关于中国文化的"大家小书丛书"。"大家小书"致力于介绍"大家写给大家看的书"，所谓"大家"包括两个方面的含义：1. 书的作者是大家；2. 书是写给大家看的，是大家的读物。而所谓"小书"，1. 指其篇幅小；2. 指其姿态低，关注"未被偏见染污的普通读者"。本丛书可读性强，而因其文化含量高，也深受专业读者的喜爱。

【序　号：80 】
项目名称：**大象博物文库**
作　　者：河南博物院
出版单位：大象出版社
规　　模：100 万字
出版时间：2010 年 12 月
内容简介：文库近年来已出版《河南出土古代建筑明器》、《河南古代陶塑艺术》、《新郑郑公大墓青铜器》、《辉县甲乙二墓》等书，受到了学界的高度关注并多次获奖。"十一五"期间将继续出版"大象博物文库"之《中原古代文明之光》（共六册）、《河南出土玉器》、《河南佛教石刻造像》、《河南安阳隋朝张盛墓》、《中原楚系青铜器》等。

【序　号：81 】
项目名称：**大象考古文库**
作　　者：河南考古研究所
出版单位：大象出版社
规　　模：700 万字
出版时间：2010 年 12 月
内容简介：本文库计划在“十一五”期间出版《安金槐先生纪念文集》、《新郑郑国祭祀遗址》、《三门峡庙底沟唐宋墓葬》、《颍河文明——中美联合颍河上游考古调查与试掘》、《郑州商城发现五十周年研究文集》等一系列高水平的学术专著。

【序　号：82 】
项目名称：**海豚文库**
作　　者：朱孝远　主编
出版单位：广西师范大学出版社
规　　模：400 万字
出版时间：2010 年 12 月
内容简介：本文库的所有作品均出自文艺复兴时期的人文巨擘，并从未在国内翻译出版。编选这套丛书，一方面是倡导科学精神和科学思想，反对愚昧和迷信，传承人类优秀文化，提升民族思想文化素质，树立进步的世界观、历史观、人文观。另一方面，也是更重要的，是我国经济建设和社会发展的需要。通过对各种文化的扬弃，去粗取精，去伪存真，有利于继承和发展中华民族的优秀文化，提升民族自信心。

【序　号：83 】
项目名称：**“复旦博学”精华版**
作　　者：吴中杰、陈思和　等
出版单位：复旦大学出版社
规　　模：560 万字
出版时间：2007 年 6 月
内容简介：本套教材为“复旦博学”系列品牌教材的精华版，覆盖文史哲专业的基础学科，也可作为其他学科通识教育的基础教材。初拟出版14种，分别为：《文艺学导论》、《中国现当代文学史教程》、《简明中国文学史》、《美学教程》、《20世纪西方文论》、《新编马克思主义文艺学》、《史学导论》、《民族、人口与疆域》、《简明世界史》、《国史概要》、《中国古代思想文化史》、《哲学通论》、《21世纪大学实用英语》、《艺术概论》。作者均为该领域的一流专家，在相关领域都有杰出的建树，他们的科研成果得到学界广泛认可，由他们主编的教材内容能够充分体现该学科的最新研究水平，能够成为教材中的佼佼者。

【序　号：84】
项目名称：**民族记忆：中国非物质文化遗产知识读本**
作　　者：中山大学非物质文化遗产研究中心
出版单位：甘肃人民美术出版社
规　　模：150万字
出版时间：2007年12月
内容简介：“民族记忆：中国非物质文化遗产知识读本”的主要内容包括：1. 口头传统，包括作为文化载体的语言；2. 传统表演艺术；3. 民俗活动、礼仪、节庆；4. 有关自然界和宇宙的民间传统知识和实践；5. 传统手工艺技能；6. 与上述表现形式相关的文化空间。丛书将全面介绍中国非物质文化遗产的历史渊源、分类与演变，相关研究成果、各地各族非物质文化遗产特色的代表性展示，以及现代化进程中的传承、创新及保护问题。丛书图文并茂，装帧设计上突出民族特色和学术品位。

【序　号：85】
项目名称：**哈佛燕京学术系列**
作　　者：杜维明　等
出版单位：江苏教育出版社
规　　模：100万字
出版时间：2009年12月
内容简介：本书的基本精神将体现人文性、学术性、时代性和问题性。提倡学术研究与人文关怀相结合的学风。本系列致力于提升当代人文学的问题性，促进各大文化传统的对话；反思现代性及其核心价值；关怀文化传统的创造性转化；追踪对当今人类主流思潮的批评与回应；推动文化中国的思想精髓与其他文明的健康互动，争取中国学术在国际学界的更大空间和更强的影响力。

【序　号：86 】
项目名称：**清宫万国博览会档案**
作　　者：李国荣　主编
出版单位：广陵书社
规　　模：98 万字
出版时间：2006 年 6 月
内容简介：本卷汇编了藏于中国第一历史档案馆的有关晚清政府参加的六次国际博览会的原始档案。内容涉及晚清政府颁布的有关谕旨诏令，王公大臣进呈的奏折，清政府与各举办国往来的国书、照会、函件、电报，及与会人员名单、参会经费和管理、参会和参展物品等。史料翔实，均未公开发表及出版，资料价值弥足珍贵。本卷对于研究中国近代的工业、农业、科技、文化、外交等方面的发展史极具参考价值，也是研究清代经济及对外交往的重要参考资料。

【序　号：87 】
项目名称：**中国大湘西**
作　　者：黄永玉、余秋雨
出版单位：湖南文艺出版社
规　　模：220 万字
出版时间：2007 年 9 月
内容简介：“中国大湘西”丛书立足于展现大湘西民族民间文化的精髓，不求大而全，选取湘西最有代表意义，也最为读者感兴趣的文化现象和文化形式设计成书。丛书内容涉及湘西民间歌谣、民族舞蹈、民族音乐、民族工艺美术、民族服饰、民族建筑、自然人文风光等方面。以文字、照片为主要表现手段，以光碟为辅助表现手段，展示湘西民族民间文化的历史渊源、人文内涵、审美价值、制作工艺等。本书内容不以学术文稿的形式写作，避免研究式的文本形式，而以活泼感性的文字传达湘西民族民间文化的精深内涵与美学价值。除歌谣卷的部分文字之外，全部文字要求原创。

【序　号：88】
项目名称：**河北读本**
作　　者：铁　凝　主编
出版单位：花山文艺出版社
规　　模：16万字
出版时间：2006年12月
内容简介：本书以生动而极富吸引力的语言比较全面系统地介绍了河北的自然概貌、民族繁衍、文化形成、发明创造、科技典藏、哲学思想、经济影响、艺术成就、生活习俗等诸多方面的基本知识，用爱国主义的红线把各方面的内容很好地连缀起来，同时加入了一些关于河北省两个文明建设及其取得的成就的内容，并配有80幅清晰、精美的图片。

【序　号：89】
项目名称：**世界遗产在中国**
作　　者：谭　明、张永富　等主编
出版单位：中国旅游出版社
规　　模：8万字，615幅图
出版时间：2006年1月
内容简介：《世界遗产在中国》是一本介绍中国的世界自然和文化遗产的大型摄影画册，完美地再现了中国的世界遗产状况，具有强烈的视觉震撼力。从知识性、启迪性、表现手法和感染力等方面，给中外读者以极大的阅读享受。

【序　号：90】
项目名称：**申报索引**
作　　者：《申报索引》编辑委员会

出版单位：上海书店
规　　模：5 000 万字
出版时间：2010 年 12 月
内容简介：《申报》创刊于 1872 年，于 1949 年停刊，是我国最早的报纸之一。它保存了政治、经济、军事、文化、工农业生产和社会生活各方面的重要资料，被称为近代史的百科全书。《申报索引》以年度为单位，逐年编纂。全套索引主要选择有史料价值的资料编制条目，以新闻资料的分类索引为主要检索手段，以人名索引为辅助检查手段，以《自由谈》篇目及其作者索引为专刊检索手段。

【序　　号：91】
项目名称：**美文的写作原理——《文心雕龙》研究**
作　　者：卢永璘
出版单位：文心出版社
规　　模：50 万字
出版时间：2006 年 8 月
内容简介：卢永璘教授长期担任《文心雕龙》学会理事，从事“龙学”研究，并在北京大学开设《文心雕龙》这门课程，他对于《文心雕龙》这部巨著有独到的研究，并取得了很多研究成果。本书是对《文心雕龙》进行的专题研究，阐释了《文心雕龙》的写作原理，是作者多年研究“龙学”的结晶。全书分 20 个专题对《文心雕龙》进行论述，并作必要注释。阐述《文心雕龙》对作家的要求，它要求作家是博学的人，要求作家养成良好的思维习惯；阐述“强志”和坚定的信念对创作的影响；阐述“言以足志、文以足言”；阐述“情深而不诡”等六义对创作的情感要求；阐述现实的真实、艺术的真实等问题；阐述“风”“骨”相辅相成的关系；阐述创作构思的原理；阐述“文”与“道”、“理”与“气”等的关系；阐述语言技巧方面的要求等。

【序　　号：92】
项目名称：**商代文字汇编**
作　　者：郝文勉

出版单位：线装书局
规　　模：100万字
出版时间：2006年12月
内容简介：本项目是在目前大量的商代文学资料基础上，通过对其断代的历时的排谱考察，从而尝试进行较为全面的系统整理及研究。

【序　　号：93】
项目名称：**甲骨文摹释合编**
作　　者：陈年福
出版单位：线装书局
规　　模：600万字
出版时间：2008年12月
内容简介：本书编者将《甲骨文合集》、《甲骨文合集补编》、《小屯南地甲骨》、《英国所藏甲骨集》、《花园庄东地甲骨》等甲骨文著录书的全部甲骨文材料，首先剔除重复的拓片，然后逐片加以摹释，最后以原文、隶释相对照的方式汇编在一起，并将校对无误后的材料引入数据库，用电脑检字分类汇编成书。

【序　　号：94】
项目名称：**口承文化总目提要**
作　　者：普学旺
出版单位：云南教育出版社
规　　模：600万字
出版时间：2007年12月
内容简介：全书分神话传说卷（上、下）、民间故事卷（上、中、下）、史诗歌谣卷（上、中、下）共三卷八册，收录了多种神话、传说、民间故事、史诗、歌谣共两万种左右，反映了云南口承文化的基本面貌，对积累和传承口承文化有着积极的意义。

9. 教育（50项）

【序　号：1 】
项目名称：**中华人民共和国教育史**
作　　者：何东昌、王明达　等
出版单位：海南出版社
规　　模：100万字
出版时间：2006年2月
内容简介：本书围绕“建设中国特色社会主义教育”的主题，将共和国教育史划分为“社会主义教育制度的初步建立”（1949—1956年）、“社会主义教育的全面建设和曲折发展”（1956—1966年）、“社会主义教育发展的严重挫折”（1966—1976年）、“社会主义教育的历史转折”（1976—1982年）、“社会主义教育的改革与发展”（1982—1992年）、“社会主义教育改革与发展的新阶段”（1992—2004年）六个历史时期，客观地阐述了新中国成立以来教育发展和改革的历史进程，深刻揭示了教育发展和改革的历史背景及其同政治、经济与社会发展的内在联系，全面、系统地总结了共和国教育的主要成就和基本经验。

【序　号：2 】
项目名称：**台湾教育通史**
作　　者：吴仁华、叶一舵
出版单位：福建教育出版社
规　　模：240万字
出版时间：2010年12月
内容简介：本书涵盖了内居民时期的台湾教育、有清以来的台湾教育、日据时期的台湾教育、两蒋时期的台湾教育、李登辉时期的台湾教育、陈水扁时期的台湾教育。

【序　号：3 】
项目名称：**中国社会教育通史**
作　　者：王炳照、俞启定
出版单位：人民教育出版社
规　　模：210 万字
出版时间：2009 年 12 月
内容简介：《中国社会教育通史》是教育部 211 重点学科建设项目，系统地展示了从先秦到当代的社会教育制度与思想发展的历史图景。全书按历史发展阶段分为七卷，依次为先秦至秦汉卷、魏晋南北朝至隋唐卷、宋辽金元卷、明至清前期卷、晚清卷、民国卷、中华人民共和国卷。各卷之间既顾及历史的延续性，主要内容涉及各时期的社会教育政策与制度、民间习俗教育、民间文艺教育、家族制度与社会教育、宗教与民间社会教育、生产劳动教育以及社会教育思想等，同时又突出各时期的社会教育特色，尤其是古代社会教育与近代的社会教育之间的本质区别。

【序　号：4 】
项目名称：**中国数学教育研究丛书**
作　　者：张奠宙、史宁中　等主编
出版单位：广西教育出版社
规　　模：500 万字
出版时间：2009 年 12 月
内容简介：本丛书全面、认真地总结了改革开放特别是近十年来我国数学教育研究取得的突出成果，既有理论上的探索、开拓，如《中国数学教育哲学》、《中国数学教师教育》、《中国小学数学教育》，也有实践经验的总结、提升，如《中国数学教育的国际交流》、《中国数学高考命题研究》、《智能画板——中国数学教育技术平台》等。

【序　号：5 】
项目名称：**中国传统心理学大系**
作　　者：杨鑫辉
出版单位：山东教育出版社

规　　模：230 万字
出版时间：2009 年 5 月
内容简介：本丛书是运用文化·诠释·转换新的思路和方法研究中国传统心理学的一部力作。丛书从过去科学心理学的视角扩展到文化历史的视角，从义理诠释拓展到实证实践诠释，从挖掘整理扩大到转换应用，从而使中国传统心理学思想研究更充分地体现出古为今用的科学原则，有助于心理学中科学精神与人文精神的结合。丛书拟分 10 册（各册书名暂定）：《传统心理学思想的历史文化背景研究》、《传统良知说的理论诠释与验证研究》、《传统人性论心理学思想研究》、《传统人际关系心理学思想研究》、《人性的超越——程朱理学精神自我思想研究》、《文化——养形调神心理咨询治疗的理论与实践》、《传统审美心理思想与现代审美心理素质教育模式》、《传统人格的结构转换和现代延伸》、《情欲与人性：传统文化下的精神动力模式》、《中医理论与人格》。丛书对中国心理学史的历史文化背景、良知说、人性论、人际关系、心理咨询治疗、审美思想、传统人格结构及现代延伸等重要问题进行了专题研究。

【序　号：6 】
项目名称：**当代中国重大教育问题史研究**
作　　者：中央教科所
出版单位：大象出版社
规　　模：250 万字
出版时间：2007 年 12 月
内容简介：本套书是全国教育科学“十五”规划教育部重点课题“当代中国重大教育问题史研究”的主要成果。它以中华人民共和国教育史中的重大问题为研究对象，旨在科学地总结历史经验，探索有中国特色社会主义教育的发展规律，为中国教育教学改革服务，为教育部决策提供依据，并为教育史学科建设作出努力。本套书从新中国成立五十多年来的教育问题入手，追根寻源，梳理这些问题的历史发展过程，分析其在不同历史时期的特点，研究这些问题的现状及发展趋势。重点是研究这些教育问题与社会政治经济发展之间的逻辑关系，从根本上为21世纪所需要的教育改革和发展提供科学依据。

【序　号：7 】
项目名称：**汉译世界教育经典丛书**
作　　者：单中惠、杨汉麟　译
出版单位：人民教育出版社
规　　模：1 000万字
出版时间：2010年12月
内容简介：本译丛的著者涉及不同时代、不同国家、不同流派，如伊拉斯谟、福禄倍尔、洛克、纽曼、罗素、涂尔干、马里坦、奥康纳、布拉梅尔德、朗格朗、克里明等等，其中的大部分著作为首次在我国完整翻译出版。

【序　号：8 】
项目名称：**西方高等教育思想史**
作　　者：邬大光
出版单位：辽宁教育出版社
规　　模：35万字
出版时间：2007年9月
内容简介：本书是目前我国第一部权威的有关西方高等教育思想史的著作。全书以翔实的史料，介绍西方高等教育的产生和发展，对近现代的西方著名高等教育思想家及其观点予以系统梳理，填补我国在这一领域的研究空白，为我国的高等教育发展提供有价值的参考。

【序　号：9 】
项目名称：**中国高等教育的公平问题研究**
作　　者：杨东平
出版单位：辽宁教育出版社
规　　模：30万字
出版时间：2006年5月
内容简介：《中国高等教育的公平问题研究》采用历年国家公布的统计资料数据，通过10个省市高中抽样问卷调查的结果以及部分高校问卷调查，指出影响高等教育公平的主要因素，按重要性程度排列依次为城乡差距、地区差距、民族差距和性别差距。同时，阶层差距正在成为影响教育公平的重要因素。

【序　号：10】
项目名称：**为了祖国的明天——中国青少年问题现状调查**
作　　者：邢军纪　等
出版单位：文汇出版社
规　　模：280 万字
出版时间：2007 年 12 月
内容简介：本套丛书本着关注社会、反映现实的宗旨，就中国青少年（包括部队青年战士）成长过程中存在的各种问题，进行全面、深入的采访、调查，并以报告文学的形式，就每一个调查专题写成一本书，出版后在全国发行，以引起全社会对青少年问题的关注和重视，也利于有关方面制定相关政策。

【序　号：11】
项目名称：**中国农村教育报告**
作　　者：河北省作家协会、联合国教科文组织国际农村教育研究与培训中心
出版单位：河北教育出版社
规　　模：30 万字
出版时间：2006 年 12 月
内容简介：拟请国内有名的报告文学作家以报告文学的艺术形式，在国际农村教育的大背景下全面展示中国农村教育在新中国成立以来，特别是改革开放以来的变化、发展、成就与存在的问题。用具有艺术感染力的题材反映中国农村教育可歌可泣的人与事迹，反映中国农村教育负重前行的足迹，以引起全社会对农村教育的关注，并为从事农村教育、农村发展问题研究的专家、学者提供最有价值的资料。

【序　号：12】
项目名称：**比较教育新观察丛书**
作　　者：顾明远　主编

出版单位：人民教育出版社
规　　模：400 万字
出版时间：2007 年 6 月
内容简介：本丛书计划分两辑，共出版 16 册。第一辑以各级各类教育为比较研究的主题，包括：1.《比较学前教育》；2.《比较小学教育》；3.《比较中学教育》；4.《比较大学教育》；5.《比较职业教育》；6.《比较成人教育》；7.《比较教师教育》；8.《比较特殊教育》。第二辑以教育科学的若干分支领域为比较研究的主题，包括：1.《比较课程论》；2.《比较教学论》；3.《比较德育论》；4.《比较学校管理论》；5.《比较教育评价论》；6.《比较教材论》；7.《比较教法论》；8.《比较美育论》。本套丛书由各学科领域的资深研究人员编写，并拟由中国教育学会比较教育分会理事长和副理事长担任顾问。

【序　号：13】
项目名称：**中共中央党校重点教材系列**
作　　者：中央党校
出版单位：中共中央党校出版社
规　　模：180 万字
出版时间：2008 年 12 月
内容简介：适应中央党校新的教学改革要求，为使教材建设更加规范化、系列化，中央党校重点教材编写计划正在启动。已列入计划准备修订、编写《“三个代表”重要思想概论》、《执政党建设概论》、《社会主义民主政治研究》、《社会主义市场经济研究》、《社会主义先进文化研究》、《社会主义和谐社会研究》六种。

【序　号：14】
项目名称：**农村流动人口背景下的中国义务教育制度改革**
作　　者：雷万鹏、钟宇平
出版单位：华中科技大学出版社
规　　模：20 万字

出版时间：2008 年 10 月

内容简介：本研究的主要内容包括：1. 农村人口流动特点、规律和趋势，从人口学、经济学和社会学角度探讨中部地区农村人口流动与产业结构调整、经济发展的关系，为探讨“流动儿童”义务教育问题提供宏观的社会经济背景；2. “流动儿童”义务教育现状与问题；3. “流动儿童”义务教育供求矛盾分析；4. 农村人口流动背景下的义务教育制度改革。

【序 号：15 】

项目名称：**国别教育问题研究史丛书**

作 者：单中惠 等

出版单位：河南大学出版社

规 模：320 万字

出版时间：2008 年 12 月

内容简介：“国别教育问题研究史丛书”以问题为研究主线，以当今世界上最具代表性的主要国家为研究对象，对对象国教育发展历史过程中的教育核心问题及特征进行全面考察。它加强了教育历史和教育现实之间的紧密联系。本丛书拟由八个分卷组成，具体包括：《美国教育史：问题研究》，《英国教育史：问题研究》，《法国教育史：问题研究》，《德国教育史：问题研究》，《日本教育史：问题研究》，《俄罗斯教育史：问题研究》，《印度教育史：问题研究》，《中国教育史：问题研究》。

【序 号：16 】

项目名称：**现代教育辞海**

作 者：朱小蔓、宋一夫 主编

出版单位：现代教育出版社

规 模：1 000 万字

出版时间：2010 年 12 月

内容简介：党的十六大在全面分析国际国内形势的基础上，明确提出了我国新时期实施社会主义现代化建设战略部署特别是头 20 年全面建设小康社会的目标和任务。百年大计，教育为本，本书的出版，对于全面建设小康社会和实现现代化的宏伟目标，具有重大而深远的意义。

【序　号：17 】
项目名称：**新疆版大学汉语系列教材**
作　　者：刘　珣、鲁新民
出版单位：北京语言大学出版社
规　　模：1 500 万字
出版时间：2010 年 9 月
内容简介：本教材是专为新疆高校预科编写的汉语系列教材。它从新疆少数民族预科学生的培养目标出发，遵循第二语言的学习和教学规律，借鉴和学习对外汉语教学的理论和教学经验，总结新疆多年来少数民族汉语教学的经验和教材编写的经验，按照新疆高校预科汉语教学短期强化的特点进行编写。本系列教材分为初、中、高三个等级，各级别教材均分为上、下两册，每册约 15 课，使用一学期。全套教材含配套练习册和教师手册共计 42 册，约 1 500 万字。本系列教材又分为精读教材、视听说教材、泛读教材、读写教材四个系列。

【序　号：18 】
项目名称：**百年学案典藏书系**
作　　者：夏中义、刘锋杰　等
出版单位：北京大学出版社
规　　模：400 万字
出版时间：2009 年 8 月
内容简介：“百年学案典藏书系”旨在对 100 年来，为中国文艺理论史留下世纪性痕迹的专家，从王国维、周作人、茅盾、梁实秋、宗白华、周扬、胡风、李长之、李健吾、何其芳到朱光潜、王元化等作个案研究，或一案一书，或数案一书，每册 20 万字左右，单列是独立著述，合之则蔚然而具学科规模。它既可为时贤、后学撰写百年中国文论通史提供坚实的学术—思想资源，也能为海内外汉学界、学术界重写中国现当代文学史拓宽学术新视野。它是本专业领域已有卓越建树的专家、教授和崭露头角的学术新秀的最新研究成果。丛书分为四辑，约20部，分辑出版。

【序　号：19】
项目名称：**人格科学研究书系**
作　　者：黄希庭　主编
出版单位：安徽教育出版社
规　　模：300万字
出版时间：2007年12月
内容简介：本书系包括如下13册：1.《人格与时间管理》；2.《教学改革与健全人格养成》；3.《人格与文化》；4.《人格与健康》；5.《人格与角色》；6.《人格与家庭》；7.《人格与情绪》；8.《人格心理学史研究》；9.《审美与人格养成》；10.《自立法则与培养》；11.《自信品格的养成》；12.《自尊的理论与研究》；13.《自强人格特质的养成》。

【序　号：20】
项目名称：**北大高等教育文库**
作　　者：张维迎、胡建华　等
出版单位：北京大学出版社
规　　模：2 000万字
出版时间：2008年12月
内容简介：“北大高等教育文库”包括五套丛书：“大学之道丛书”、“学习之道丛书”、“教学之道丛书”、“学问之道丛书”、“管理之道丛书”，共100卷。分别从大学理念、大学制度、大学管理、资金筹措、校长遴选、大学与社会以及学生培养、专业设置、课程安排、教师教学、学术研究、学术道德、学术传承、学术组织、学术规范、研究方法等不同角度全面阐述建设世界一流大学的国际规范。

【序　号：21】
项目名称：**北大基础教育文库**
作　　者：曹文轩、刘兵楼　等
出版单位：北京大学出版社
规　　模：1 300万字
出版时间：2006年12月
内容简介："北大基础教育文库"共包括四套读本——"新人文读本"、"新科学读本"、"新国学读本"和"新公民读本"。编写这套文库的目的，是为了培养学生的综合素养，完成人格的全面塑造，从而完整实现"素质教育"的目标。"素质教育"的核心理念就是"全人教育"的理念，也就是人文精神的培养和科学精神的培养，最终目的是要培养"完整的人"和合格的公民。

【序　号：22】
项目名称：**日本侵华教育档案史料选编**
作　　者：宋恩荣
出版单位：人民教育出版社
规　　模：140万字
出版时间：2009年5月
内容简介：本书汇集了大量第一手档案资料，内容包括：1. 反映日本殖民奴化教育的政策、法令、目的和措施，教育行政制度和学校制度，教育组织方式和教育经费等内容的档案资料；2. 日本殖民奴化教育各级各类学校的设置、课程的开设、教材的编选、教师的选派、学生的招收以及有关活动仪式的记载等文字材料；3. 日伪当局有关殖民奴化教育的言论及记载他们相关罪恶行径的文字材料；4. 中国人民尤其是沦陷区的教师、学生及其他知识分子对殖民奴化教育的抵制和斗争情况的资料。

【序　号：23】
项目名称：**中国科举文化**
作　　者：刘海峰

出版单位：辽宁教育出版社
规　　模：40 万字
出版时间：2006 年 10 月
内容简介：为纪念废科举这一重大的历史事件 100 周年，总结科举制的千秋功罪，本书从多学科的角度探讨科举制的废止与科举学的发展，为现实考试制度改革提供历史借鉴，本书从总体上研究了科举考试、科举教育及对现代的影响，科举制的政治、社会、文学视角，科举学的形成与发展，韩国、越南、日本的科举制与海外的科举学以及其他与科举直接相关的研究议题。

【序　号：24 】
项目名称：**创新人才与教育创新的研究**
作　　者：林崇德、申继亮　等
出版单位：北京师范大学出版社
规　　模：500 万字
出版时间：2008 年 9 月
内容简介：本项目为教育部哲学社会科学研究重大课题。项目预期的成果包括“创新人才与教育创新的研究”丛书一套共八本，包括：1.《效标群体特征的研究》；2.《创造性人才测查量表制定》；3.《青少年创造性的跨文化研究》；4.《创新型教师的研究》；5.《中小学创新教育的实施》；6.《教育创新的理论研究》；7.《教育信息化促进教育创新》；8.《创造性的脑机制研究》。

【序　号：25 】
项目名称：**信息社会高等教育变革的国际比较**
作　　者：陈学飞
出版单位：广东教育出版社
规　　模：50 万字
出版时间：2007 年 12 月
内容简介：本书为全国教育科学“十五”规划重点课题。全球步入信息社会后，各国的高等教育都在悄然发生着变化。本书深入研究美、英、德、日、韩、俄、法、印度等国高等教育面临的种种挑战及进行的变革，分析、评价各国采取的对策、方法，探索其中对我国高等教育变革有所启发、有所帮助的东西，并就各国高校的信息化建设、远程教育、人才培养、高校管理等四个专题进行具体比较。

【序　号：26】
项目名称：**母语教材研究**
作　　者：洪宗礼　等
出版单位：江苏教育出版社
规　　模：350万字
出版时间：2006年10月
内容简介：本书通过回顾与反思、译介与借鉴、比较与创新撰写成十卷本研究著作，力争成为21世纪初我国语文课程教材改革与研究的里程碑。

【序　号：27】
项目名称：**"银领工程"丛书**
作　　者：李　进、杨应崧　等
出版单位：高等教育出版社
规　　模：350万字
出版时间：2006年9月
内容简介：本丛书的主要内容涉及以下方面：1. 高等职业教育学生就业与创业指导的探索与实践；2. 高等职业教育学生职业素质培养、训练的探索与实践；3. 高等职业教育教师素质培养的研究；4. 高等职业教育专业建设研究与实践；5. 高等职业教育课程设置与教学内容体系原则的研究；6. 高等职业教育现代教学方法的创新研究；7. 高等职业教育实践教学的实证研究；8. 高等职业教育产学研合作的模式研究；9. 高等职业教育课程与职业资格认证标准结合的研究；10. 高等职业教育教学资源整合与社会服务研究；11. 高等职业院校教学、科研管理研究与实践；12. 高等职业教育教学评估及达标建设的研究与实践。

【序　号：28 】
项目名称：**学前教育新视野丛书**
作　　者：许卓娅、虞永平　等
出版单位：江苏教育出版社
规　　模：500 万字
出版时间：2008 年 12 月
内容简介：本丛书探讨学前教育理论新方法、新视角、新流派、新理念，以拓展、丰富学前教育理论的研究，更好地指导学前教育的实践。丛书探讨的内容大都为以往的研究较少涉及的领域，如对儿童社会学的研究、幼儿园戏剧综合课程的研究等。

【序　号：29 】
项目名称：**学科活动与中国教育发展丛书**
作　　者：朱小蔓　等
出版单位：开明出版社
规　　模：200 万字
出版时间：2010 年 12 月
内容简介：本丛书从我国学科活动的历史回顾入手，在回顾的基础上对我国学科活动的发展及分科课程的学科活动的发展趋势进行了分析与展望。

【序　号：30 】
项目名称：**当代心理咨询实用丛书**
作　　者：王登峰　等
出版单位：开明出版社
规　　模：375 万字
出版时间：2008 年 6 月
内容简介：本丛书聘请国内心理咨询界资深教授及咨询专家，从职业指导、教育辅导、心理健康咨询等方面介绍经典咨询理论及技术的实际应用。

【序　号：31】
项目名称：**当代心理测量使用丛书**
作　　者：庞丽娟、李晓东　等
出版单位：开明出版社
规　　模：160 万字
出版时间：2009 年 6 月
内容简介：本丛书就心理测量在选拔和使用人才、诊断和评估、心理咨询与治疗三个方面的应用技术作了精准而翔实的介绍。

【序　号：32】
项目名称：**教学论**
作　　者：裴娣娜
出版单位：教育科学出版社
规　　模：40 万字
出版时间：2006 年 7 月
内容简介：本书由全国十二所重点师范大学联合编写，裴娣娜主编。本书旨在消化吸收国内外现有《教学论》教材精华的基础上，设计出体系更加科学，呈现方式更加灵活多样，实用性更强的教材新体系。

【序　号：33】
项目名称：**文艺学与中小学语文教学**
作　　者：王富仁、郑国民
出版单位：广东教育出版社
规　　模：400 万字
出版时间：2006 年 10 月
内容简介：本书从文艺学视野全面审视我国中小学语文教育的基本理念、课程目标、课程内容和课程实施，总结历史教训，并借鉴国外在文学教育方面的经验，分文艺学和中小学语文教育、文艺学视野中的中外语文教育发展、文艺学视野中的我国当代语文教育论争和教材教法改革、名家讲名篇等四部分阐发项目主旨，力图解决我国中小学语文教学所存在的理论和现实问题。本课题属教育部人文社会科学重点研究基地重大项目。

【序　号：34 】
项目名称：**潘菽全集**
作　　者：潘　菽
出版单位：人民教育出版社
规　　模：300 万字
出版时间：2007 年 7 月
内容简介：潘菽（1897—1988），中国现代心理学家、教育家、社会活动家。《潘菽全集》（10 卷）收录潘菽先生撰写的所有著述，包括发表的和未发表的，内容涉及心理学、教育学及其他。本书由中国科学院心理研究所、中国心理学会合编，李令节等选编，全国人大常委会副委员长、中国科学院院长路甬祥为编委会主任。

【序　号：35 】
项目名称：**张伯苓年谱长编**
作　　者：梁吉生
出版单位：人民教育出版社
规　　模：70 万字
出版时间：2006 年 12 月
内容简介：张伯苓（1876—1951）是中国近现代著名教育家，毕生献身教育事业。本书选择有关张伯苓生平、思想、著作及教育文化活动等方面的资料，客观、系统、全面地反映其一生的生活道路、教育理念、政治趋向、思想转变和人格精神。作者长期精心搜集有关张伯苓的人事、文物、文字、图片，不仅包括我国大陆，而且包括我国台湾地区及美国、日本等，所涉及张氏资料许多尚属首次披露。同时，本书的出版将纠正不少人们所传见的史实错误。

【序　号：36 】
项目名称：**现代西方道德教育研究丛书**
作　　者：戚万学、唐汉卫　等

出版单位：山东人民出版社

规　　模：150万字

出版时间：2007年10月

内容简介：丛书共五卷：1.《20世纪西方社会思潮与道德教育研究》；2.《现代美国道德教育研究》；3.《现代英国公民与道德教育研究》；4.《现代日本道德教育研究》；5.《现代西方道德教育策略研究》。本套书的第一个特色是涵盖范围广、容量大、内容全面，基本反映了现代西方道德教育的整体面貌；第二个特色是各本专著既自成一体，独具一格，同时从体例、写作意图和形式等方面又相互照应、密切关联，共同描绘出20世纪的世界道德教育图景；第三个特色是各本专著在主要观点、思路构想和写作风格上均有所创新，力求不囿先贤和俗见，从理论上开拓出新的视景，勾勒出西方道德教育的理论和实践框架。

【序　号：37】

项目名称：**认知语言学丛书**

作　　者：沈家煊、文　旭　等

出版单位：上海外语教育出版社

规　　模：300万字

出版时间：2009年12月

内容简介：本套丛书收集了国内外近十位作者的最新专著，作者们分别通过对汉语界的认知语言学研究、外语界的认知语言学理论研究和从认知的角度对部分特殊语言现象，尤其是隐喻的研究这三方面介绍中国认知语言学研究的新方向和新思路，探讨这一领域的新发现和新成果。

【序　号：38】

项目名称：**教学心理学丛书**

作　　者：张大均、张向葵　等

出版单位：人民教育出版社

规　　模：350万字

出版时间：2006 年 6 月

内容简介：“教学心理学丛书”包括 10 本著作：《教学心理学纲要》、《教学心理学新视点》、《教师心理素质与专业性发展》、《教与学的策略》、《合作学习与课堂教学》、《探究学习与课堂教学》、《接受学习与课堂教学》、《课堂教学设计》、《课堂教学监控》、《课堂教学测评》。本丛书具有以下特点：1. 突出一个“新”字：体现教学心理学研究新的学术观点，反映教学心理学研究的最新走向，展示教学心理学的最新研究成果，介绍、展示教学心理学研究的新方法和新技术；2. 体现一个“实”字：围绕有效课堂教学这一主题，从多角度选题；3. 追求一个“精”字：反映学科发展的精髓，内容选择力求精当，语言文字力求精练。

【序　号：39 】

项目名称：**教育史学研究新视野丛书**

作　　者：周洪宇　等

出版单位：山东教育出版社

规　　模：130 万字

出版时间：2007 年 12 月

内容简介：本丛书以教育部全国教育科学研究“十五”重点课题“教育史学理论与方法研究”为基础，系统探讨教育史学理论与方法，并自觉运用这些理论和方法进行具体研究操作的部分成果。

【序　号：40 】

项目名称：**跨文化交际丛书**

作　　者：胡文仲、贾玉新　等

出版单位：上海外语教育出版社

规　　模：300 万字

出版时间：2009 年 12 月

内容简介：跨文化交际学是一门在传播学等学科理论的基础上，与人类学、心理学、语言学、文化学、社会语言学等相交叉而发展起来的学科。第一期由编委会专家推荐引进的 10 本理论专著都属于跨文化交际学科的必读书目，其中有涵盖多种理论流派经典论文的论文合集，也有深入探索学科中某一领域的名家论著。考虑到中国读者的阅读习惯，出版社还邀请专家为每本书专门撰写“中文导论”，总领全书，概述每章内容以及作者在国际学界的学术地位，引导读者阅读理解。第二期的专家原创专著系列向国内外学界广泛邀稿，已收到包括来自美国、日本和台湾地区的多篇来稿，都代表了跨文化交际研究诸多领域的最新研究成果。外教社希望通过这套丛书的出版，我国读者可以学习和借鉴来自不同文化背景的学者的真知灼见，领略我国学者和专家的新思维和新成果，还可以欣赏文化交流的结晶。

【序　号：41 】
项目名称：**英语多元智能教学与课程资源库丛书**
作　　者：孟万金、官　群　等
出版单位：山东教育出版社
规　　模：200 万字
出版时间：2006 年 12 月
内容简介：本丛书共分 10 册：1. 语言——言语智能＋教学与课程资源；2. 逻辑——数学智能＋教学与课程资源；3. 视觉——空间智能＋教学与课程资源；4. 身体——运动智能＋教学与课程资源；5. 音乐——韵律智能＋教学与课程资源；6. 人际——交往智能＋教学与课程资源；7. 自我认知智能＋教学与课程资源；8. 自然观察者智能＋教学与课程资源；9. 道德神灵智能＋教学与课程资源；10. 生存智能＋教学与课程资源。本丛书的特色是根据 10 项智能组合 10 大训练途径，每种途径又兼带其他智能成分，突出趣味性、实用性、操作性、技能性、互动性、体验性、绩效性和成就性。

【序　号：42 】
项目名称：**中医药学国家规划英译系列教材**
作　　者：王国辰、范吉平　等
出版单位：中国中医药出版社
规　　模：913 万字

出版时间：2007 年 12 月

内容简介：本套教材有三个创新点：一是在翻译方面打破了以前传统的翻译模式，组建了崭新的编译团队。由在国外从事中医药事业多年的华裔专家，或是学习中医的外国专家组成，使中医药翻译更加准确。二是编译过程中吸收国外有名的、有一定规模的学校参加，内容调整适合国外中医教学的实际情况。三是在发行方面，与世界各地的几大出版商合作，共同完成发行工作。

【序　号：43 】

项目名称：**中国社会科学院研究生精品教材系列**

作　　者：刘迎秋、于　沛　等

出版单位：中国社会科学出版社

规　　模：4 000 万字

出版时间：2010 年 12 月

内容简介：本系列丛书为社科院研究生教材，共 100 种，内容涉及哲学、政治学、经济学、社会学等哲学社会科学绝大部分学科，每种 40 万字左右，既全面反映当今该学科最新成果，又以教科书形式出现，附有教学问答、习题思考等，方便有关教学部门选用，是一个宏大的系列教材工程。

【序　号：44 】

项目名称：**国立西南联合大学研究书系**

作　　者：张曼菱、郭建荣　等

出版单位：云南教育出版社

规　　模：300 万字

出版时间：2008 年 12 月

内容简介：本书系是“十五”国家重点图书出版规划项目。书系对西南联大教育管理制度、办学方针、办学环境、科研工作的研究和管理的方法等进行了研究，叙述了西南联大的历史，师生在生活、工作、学习中的逸闻逸事，汇集了西南联大师生的科研成果和大师们在西南联大时的著作，探讨了西南联大对云南政治、经济、文化、教育等方面的影响。

【序　号：45】
项目名称：**视障人士全科技能训练丛书**
作　　者：曹正礼　等主编
出版单位：中国盲文出版社
规　　模：120万字
出版时间：2010年6月
内容简介：本套丛书主要研究、介绍国内外盲人康复方面的经验，并结合中国实际，向广大盲人朋友介绍、传授盲人各种技能训练的知识和方法，帮助盲人朋友学习独立做事技能，积极融入主流社会。具体包括《视障人士心理康复训练》、《视障人士行走技能训练》、《视障人士生活技能训练》、《视障人士学习训练》、《视障人士沟通技能训练》、《视障人士感知技能训练》六种图书。丛书广搜博取国内外研究成果，将用汉文、盲文两种文字出版，给广大盲人以真切指导。

【序　号：46】
项目名称：**健康大视野系列动漫作品**
作　　者：北京市疾病预防控制中心
出版单位：中国协和医科大学出版社
规　　模：100万字
出版时间：2008年10月
内容简介：随着现代社会的发展，生存与竞争的压力日益增大，在获取知识的时候，人们也力求做到“轻松阅读”、“快乐阅读”，为了适应这一需要，我们推出系列动漫风格的健康教育丛书。内容涉及大众衣食住行与健康有关的方方面面的知识。力求形象生动活泼，知识简明实用。

【序　号：47】
项目名称：**心理生长快车**
作　　者：宋　宁、苏　华　等

出版单位：希望出版社
规　　模：160 万字
出版时间：2006 年 6 月
内容简介：本丛书系国家教育部“十五”规划课题《中小学生监护系统的构建与运作》的主要研究成果。丛书以丰富多彩的实例、轻松活泼的文字、图文并茂的形式，叙述心理健康教育的科学理论与有效实践，具有较强的趣味性和可读性。丛书分三大阶段：幼儿、小学和中学。幼儿阶段主题是“幼儿心理潜能开发”；小学阶段主题是“小学生心理训练”；中学阶段主题是“中学生心理自护”。

【序　号：48 】
项目名称：**公民知识读本**
作　　者：胡　沙、于光远
出版单位：希望出版社
规　　模：150 万字
出版时间：2006 年 8 月
内容简介：“公民知识读本”以中、小学生和教师为读者对象，旨在培养学生的优秀品格，提高他们的法律意识、民主意识和科学意识。本丛书共分为《品格与人生》（小学卷）、《生活与法律》（初中卷）和《民主与科学》（高中卷）三卷。《品格与人生》卷着重论述了学生健全人格的塑造、现代文明行为的养成、审美情趣的提高和科学思想的培育。《生活与法律》卷讲述法理、宪法和法律的基本知识，着重对学生进行现代法治思想和遵纪守法的教育。《民主与科学》卷着重培养现代公民的民主精神和科学精神。

【序　号：49 】
项目名称：**数学教学效率理论与实践研究**
作　　者：单　墫、王光明　等
出版单位：新蕾出版社
规　　模：80 万字
出版时间：2006 年 9 月

内容简介：本项目为国家教育科学“十五”规划重点课题。本项课题的研究力图以中学数学教育实践为背景，为解决目前我国普遍存在的中学生数学学习负担过重、数学教学效益不高的问题，提供依据与措施。课题主要采取行动研究、德尔菲法、个案＋反思、比较研究及教学实验研究方法。

【序　号：50】

项目名称：**自省·自新·自强——服刑人员教育读本**

作　　者：吕贵品、温玉杰 等

出版单位：南方出版社

规　　模：120万字

出版时间：2006年8月

内容简介：本书是一部针对服刑人员现身说法的良好教材。全书通过“每日诵读”、“警示名言”、“法律常识”、“榜样故事”、“知心话”等栏目，针对服刑人员的现状、心理及重在改造的要求，从法律、自省、自立、亲情、社会、道德等六大方面，多角度阐述知法守法、自尊自强、诚实良知等的重要性及其在人格中的意义，也通过发人深思的特殊案例，促使服刑人员灵魂醒悟、脱胎换骨、重新做人。

10. 地理（16 项）

【序　号：1 】
项目名称：**中华人民共和国国家普通地图集**
作　　者：本书编委会
出版单位：中国地图出版社
规　　模：200 幅图
出版时间：2010 年 12 月
内容简介：《中华人民共和国国家普通地图集》（以下简称《普通地图集》）是《普通地图集》的第三代产品，前两代产品分别于 1969 年内部出版和 1995 年公开出版。“普通地图集”是国家地图集系列的首卷，也是编制其他各卷的基础。图集全面显示中国自然地理面貌，较详细地表现与国民经济和人民生息密切相关的地形、水系、居民地、交通、政区、土质、植被等基本要素的分布，是全面了解国情及规划部署生产、国土开发利用、环境保护、科研和教学等的重要基础资料之一。其内容结构包括序图、区域图、省区图和城市图、地名索引等部分。

【序　号：2 】
项目名称：**中华人民共和国国家历史地图集**
作　　者：张友渔、谭其骧　等
出版单位：中国社会科学出版社
规　　模：1 300 幅图
出版时间：2010 年 12 月
内容简介：《中华人民共和国国家历史地图集》（以下简称为《地图集》）是一部封面标有国徽标识的国家级大型地图集，于 1981 年由国务院正式发文批准指定中国社会科学院编纂出版。《地图集》分为 20 个图组单元，计划出版三册，均为四开本，共计一千余页。《地图集》详细描绘了我国自古代直至 1949 年各个历史时期自然地理和人文地理各个方面的演化和变迁，充分反映了我国历史学、历史地理学学科发展的最新成就，是一部具有里程碑意义的学术著作。《地图集》也是了解我国历史和国情的重要资料和进行科学研究决策的重要依据，对于我国现代化建设及社会经济的协调和可持续性发展具有重大参考价值，对于当前正在进行的维护祖国统一、反对分裂国家的斗争尤其具有特别重要的意义。

【序　号：3 】
项目名称：**中华人民共和国政区标准地名图集（国际通用版）**
作　　者：民政部地名研究所
出版单位：星球地图出版社
规　　模：20 万字
出版时间：2008 年 1 月
内容简介：本图集是以政府的名义，用地图的形式，向国际上发布我国政区标准地名的国际通用拼写（罗马文）。编辑、出版具有权威性的国际通用地名图集，在我国尚属首次。本图集为国际标准八开精装本，约 200 页，由序图、分省图组和附录三大部分组成。文字部分表示全国省、地、县、乡四级政区名称（4 万多个）的为罗马化（汉语拼音）形式。

【序　号：4 】
项目名称：**世界地图集**
作　　者：本书编委会
出版单位：中国地图出版社
规　　模：240 幅图
出版时间：2009 年 12 月
内容简介：本图集以世界各国行政区划为主，加地貌晕渲和海底地貌，充分利用目前有关宇宙、太阳系、地球以及世界各国自然地理、社会经济、人文、科技等方面的最新研究成果，采用计算机制作，使地图集更具政治性、科学性、现势性和艺术性。地图集内容包括：1. 宇宙、太阳系及有关数据；2. 总图：世界地形、世界政区（新投影）、世界气候、世界地质、世界土壤、世界植被、世界矿产、世界能源、世界工业、世界农业、世界人口、世界人种、世界语言、世界时区、世界交通；3. 分洲分国图；4. 索引：约16万余条，做到标准化、规范化；5. 国旗及各国概况；6. 精选各国家具有代表性的彩色图幅或照片放置于各国家城市图中。

【序　号：5】
项目名称：**世界历史地图集**
作　　者：俞金尧、郭　方　等
出版单位：中国社会科学出版社
规　　模：400万字
出版时间：2008年12月
内容简介：本书为中国社会科学院重点课题（B类），是重点课题“世界通史”的配套工程。全书分为古代中世纪、近代史、现代史三编，以地图的形式，全面、系统地介绍世界各洲历史上出现过和现存国家的地理位置、行政区划、各国版图的沿革与演变。每一历史时期、每一民族国家的地图都附有简短的文字介绍其政治、社会、经济、历史、文化状况。本书作者博采国内外众家之长，详细考证，纠正过去的一些错误认识，并采用最新高科技手段进行绘制，地理区划准确、清晰。本书打破过去“欧洲中心论”的模式，全面、公允地将世界各民族的历史、文化展现给读者。这是第一部中国学者绘制的世界历史地图集，不仅填补国内空白，也代表中国人的世界历史观。

【序　号：6】
项目名称：**中华人民共和国电子地图集**
作　　者：姚　杰、郜薇红　等
出版单位：星球地图出版社
规　　模：400幅图，1.5GB
出版时间：2009年6月

内容简介：《中华人民共和国电子地图集》是一个多尺度地理信息数据集。由三个数据集组成，即全国电子地图、省区电子地图、城市电子地图。其地理数据内容包括：位置数据、属性数据和拓扑关系数据，是“数字中国”、“数字城市”的基础地理信息，可广泛应用于社会的各行各业和百姓的日常生活。

【序　号：7 】
项目名称：**中国地图学史**
作　　者：喻　沧、廖　克
出版单位：测绘出版社
规　　模：100 万字
出版时间：2006 年 10 月
内容简介：本书全面系统地反映了我国自先秦至今各个历史时期的地图学的主要成就，同时提供了大量历史地图资料和文字史料。全书共分四章及附录：第一章是中国古代地图学的主要成就与历史启示；第二章是明清时期地图学的主要成就与历史回顾；第三章是民国时期的地图测绘与地图学；第四章是新中国的地图测绘；附录中包括我国地图学史上的大事记，古今常用计量单位换算表等。

【序　号：8 】
项目名称：**中国版图史**
作　　者：葛剑雄
出版单位：江西教育出版社
规　　模：60 万字
出版时间：2008 年 1 月
内容简介：《中国版图史》是一部通论性的历史地理著作，主要记述秦汉至民国，中国历史上周期性的统一到分裂、和平到战乱的疆域沿革的变迁。本书反映了中华民族融合的历史过程、中华民族政治思想文化形态的演变，揭示了一个统一的多民族的伟大国家缔造和发展的文明进程的历史动因，指出大国兴衰的历史经验。

【序　号：9】
项目名称：**中国古地图辑录**
作　　者：王自强　主编
出版单位：星球地图出版社
规　　模：20 000 幅图
出版时间：2010 年 12 月
内容简介：中国古籍中附有大量的以插图形式存在的地图，然而这些古地图分散在各个古籍中，非常不便研究利用，也往往为学者所忽视，所以整理、汇编这些以插图形式存在的古地图十分必要。本书就是这些古地图的汇编作品。

【序　号：10】
项目名称：**中国古地图珍藏集**
作　　者：中国地图出版社
出版单位：中国地图出版社
规　　模：210 幅图
出版时间：2009 年 12 月
内容简介：《中国古地图珍藏集》精选政区疆域、军事边防、水利河道、宫苑陵园、州府都城、古迹名胜、航海外域、交通电讯物产、天文星象等九方面的古地图珍品，向国内外展现我国优秀的文化遗产。其中包括战国中山王陵墓的铜版地图，汉代马王堆长沙王墓出土的彩色丝绸地图，汉代天水放马滩汉墓出土的木板地图，西安碑林珍藏的《华夷图》和带有“计里画方”方格网的《禹迹图》等古地图绝品，充分展示了我国悠久的地图文明和高超的绘制水平。

【序　号：11】
项目名称：**中国历史地图集（中华民国时期）**
作　　者：本书编委会
出版单位：中国地图出版社
规　　模：8 万字，60 幅图
出版时间：2010 年 10 月

内容简介：本书是一部反映中华民国时期历史疆界、行政区划和历史地名的专题地图集，分上、下编，合为一卷。上编反映南京临时政府和北京政府时期的政治地理和地名情况，下编反映南京国民政府时期的政治地理和地名情况。本图集是谭其骧八卷本《中国历史地图集》的继续和延伸。作为图集主体的地图包括序图、总图（全国图）、分图（省区图）、沿革示意图和附图五大类。1. 序图从晚清政区变迁入手，与《中国历史地图集》第八册相衔接，表示中华民国建立以前的政区状况。2. 总图（全国图）系统表示民国时期历史疆界和地方一级政区沿革变迁的典型特征。3. 分图（省区图）以标准年代断限，重点反映北京政府和南京政府时期地方各级行政区划的沿革变迁，同时提供极其丰富的历史地名信息量。4. 沿革示意图重点反映各省区在不同历史阶段县级以上政区的纵向变化，其动态展现与省区图的静态反映相辅相成，互为补充。5. 附图综合反映中华民国政区之外的政治地理内容，以展现历史的全貌。

【序　号：12】
项目名称：**国家图书馆藏中国历代地图集成**
作　　者：张志清
出版单位：大象出版社
规　　模：1 900 幅图
出版时间：2010 年 12 月
内容简介：国家图书馆筹建时清政府将 100 余种明清绘本地图交其收藏，北京图书馆将地图收藏作为特色收藏，至今已收藏各种地图 20 多万种，其中古、旧地图 6 000 多种，现从其中选出 1 900 多种清末以前的地图，按专题编目、分类，汇集成《国家图书馆藏中国历代地图集成》。

【序　号：13】
项目名称：**中华地学通志**
作　　者：王鸿祯　主编

出版单位：陕西师范大学出版社
规　　模：500 万字
出版时间：2006 年 7 月
内容简介：《中华地学通志》是由地学总志、地貌志、地质志、地球化学志、地球物理志、地图志、科考志、气候志、资源志、地学工程志、灾害志、人物志、民族志、环境志、海洋志、旅游志、水文志、地理志、人口志、城市志等二十个分志组成的一部大型志书。每个分志，都是由史篇、正篇、附篇三大部分组成。全书图文并茂，浑然一体，展现了中华民族地学发展、进步的恢宏画卷。

【序　号：14】
项目名称：**洞庭湖历史变迁地图集**
作　　者：甘明辉、刘卡波　等
出版单位：湖南地图出版社
规　　模：20 万字，92 幅图
出版时间：2009 年 12 月
内容简介：本图集运用大量的古代、近代及现代各个历史时期的图形和图片资料，最直观地记载和反映洞庭湖湖泊演变、地质构造及成因、堤垸演变、洞庭湖治理和水利工程建设、洞庭湖社会经济发展等各个方面的历史变迁过程，是研究洞庭湖的珍贵资料。

【序　号：15】
项目名称：**长江三峡历史地图集编绘**
作　　者：黎小龙、承　泰　等
出版单位：西南师范大学出版社
规　　模：100 幅图
出版时间：2009 年 9 月
内容简介：《长江三峡历史地图集编绘》属重庆市哲学社会科学规划项目。图集通过收集和整理历史地理以及简要的文字，形象直观地复原长江三峡各历史时期自然地理与人文地理景观分布及其演变的历程，全方位反映各历史时期长江三峡的气候、植被、河流、山地灾害等历史地理，以及政区、人口与移民、农业区划、城镇、交流和教育文化景观等历史人文地理的变迁情况，并附有大量历史资料和航拍照片，真实而直观地再现长江三峡历史风貌。

【序　号：16】
项目名称：**盲用触觉地图集（盲文版、电子版）**
作　　者：国家测绘局测绘科学研究所
出版单位：中国盲文出版社
规　　模：9卷，480幅图
出版时间：2008年3月
内容简介：本套地图集将分为北京、中国、世界三种版本，使用中、英、法三种盲文出版，以触觉、声音等多媒体形式表现，将使用最新工艺技术和材料制作。图集将向盲人朋友介绍各地旅游景点、无障碍交通、展览馆、综合医院、商贸中心、老字号名店、历史文化、现代风貌、经济发展成就，以及2008年北京残奥会的比赛场馆、宾馆住宿、出行路线、服务设施等内容，是盲人朋友生活、出行的重要指南，也可供2008年残奥会运动员使用，将作为我国首次举办残奥会的基本资料。

11. 语言（29 项）

【序　号：1】
项目名称：**汉语大词典补编**
作　　者：汉语大词典编纂处
出版单位：汉语大词典出版社
规　　模：300 万字
出版时间：2010 年 12 月
内容简介：《汉语大词典》是一部集古今汉语词语之大成的大型汉语语文工具书，本“古今兼收，源流并重”的编写方针，在资料翔实、词目齐全、释义准确、书证丰富等方面，具有很高的学术和实用价值。但本书出版已逾十年，在使用过程中，也发现了一些缺点和问题，诸如词目先收、义项不全、书证偏晚等。因此，有必要按世界各国编纂历史性大型语文词典之通例予以增补。我们拟以五年时间推出增补本一卷，采用现代化编辑手段和工具，充分吸收国内外学术研究新成果，体现 21 世纪汉语研究的新面貌，并为《汉语大词典》的全面修订做准备。

【序　号：2】
项目名称：**中国异体字大系**
作　　者：臧克和、刘志基
出版单位：上海书画出版社
规　　模：40 万字
出版时间：2007 年 6 月
内容简介：此大系汇集历代文字材料中同字之异形，为书法鉴赏和创作提供一种特定的具有审美价值的文字造型资源。依据书体差异，拟分三册。一为古文字类，收录以描摹物象为特征的小篆以前的各类文字，如甲骨文、金文、石刻文、古陶文、古玺文、古币文、简帛文中的异体字。二为隶书类，收录用隶书书体写就的文献材料中的异体字，包括战国秦简、汉代石刻、汉代简牍帛书，以及魏晋碑刻和纸质文书中隶意较充分的文字材料。三为楷书类，收录用楷书书体写就的文献资料中的异体字，包括魏晋南北朝时期的碑刻、墨迹、字书资料中楷意较充分的异体字，以及唐以后的各类文献资料中的字形。

【序　号：3】
项目名称：**2009 年版《辞海》(彩图本)**
作　　者：夏征农　主编
出版单位：上海辞书出版社
规　　模：2 000 万字
出版时间：2009 年 9 月
内容简介：本书是大型综合性词典。辞海编辑委员会和上海辞书出版社根据十年修订一次的惯例，在 21 世纪初对 1999 年版《辞海》所作的重大修订，是带有调整、充实、创新意义的一项先进文化建设工程。是上海市“十一五”规划项目。本书继承 1999 年版《辞海》的优点并加以拓展，通过删减部分词目，以增收 1999 年版《辞海》尚未涉及的新领域和各学科的新词新义为重点，适当补充缺漏，突出反映当代政治经济、科学技术、文化和国际等方面的最新面貌。普通词语部分是独创性的，改变过去较少收录现代汉语词目的状况，适当增收现代汉语词汇。收录的地图、彩色图片、示意图等将是词典进一步补充知识的亮点。本书出版后，将根据彩图本制作网络版，适应读者的快速查阅要求。另外，还要出版普及本和缩印本。

【序　号：4】
项目名称：**现代汉语常用词典（盲文版、有声版）**
作　　者：中国社会科学院语言研究所词典编辑室
出版单位：中国盲文出版社
规　　模：100 万字

出版时间：2009 年 10 月

内容简介：《现代汉语词典》自 1978 年出版至今已加印了 200 余次；可是全国 877 万盲人却连一本最基本的求知问学词典工具书都没有，广大盲人、盲校、盲文图书馆等急需盲文词典工具书。为此，中国盲文出版社组织权威专家编写，计划出版《现代汉语常用词典》（盲文版、有声版），为广大盲人提供求知问学的基本工具，从而弥补我国此项空白。

【序　号：5 】

项目名称：**近代汉语词典**

作　　者：江蓝生、白维国　等

出版单位：上海教育出版社

规　　模：650 万字

出版时间：2007 年 12 月

内容简介：《近代汉语词典》是一部从汉语词汇史角度编纂的大型语文类工具书。收录了唐五代至清中叶一千多年间新出现的近代汉语词汇 5 万余条，约 650 万字。本词典体例严谨，编写方法科学，能够充分运用电脑的海量文献检索功能对唐五代至清中叶的大量文献材料进行穷尽性搜索排比，除了做到注音准确、辨义精细外，对所收词条，一般给出最早和较晚的书证年代，同时兼顾用例的文体、地域的分布等，力求反映这一时期汉语词汇发展变化的历史面貌。

【序　号：6 】

项目名称：**敦煌文献语词大词典**

作　　者：张涌泉、黄　征　等

出版单位：四川辞书出版社

规　　模：500 万字

出版时间：2008 年 12 月

内容简介：敦煌文献主要以写本形式保存下来，其中有着许多殊异于后世刻本的特点，俗字、别字多，佛教术语多，读者阅读困难重重。《敦煌文献语词大词典》将视角范围拓展到敦煌社会经济文书、佛经等所有敦煌文献，对其中的疑难字词、俗字、别字、佛教术语等进行穷尽性的搜集，按比较合理的分类体系编排，详细考释其读音、意义，以消除读者在敦煌文献阅读中的语言障碍。选题具有较高的文化传承价值，为“十五”国家重点图书出版规划项目。

【序　号：7 】
项目名称：**简牍帛书通假字字典**
作　　者：白于蓝
出版单位：福建人民出版社
规　　模：50 万字
出版时间：2007 年 12 月
内容简介：本书拟在充分吸收学术界现有研究成果的基础上，对简牍帛书中的通假字进行系统的整理，内容包括简牍帛书文字与传世典籍文字之间的通假，以及简牍帛书文字相互间的通假。

【序　号：8 】
项目名称：**闽南方言大词典**
作　　者：周长楫
出版单位：福建人民出版社
规　　模：300 万字
出版时间：2006 年 12 月
内容简介：本书收录厦、泉、漳三地的词语，涵盖面比在此之前出版的、以收录单一地点方言（如厦门或泉州或漳州）词语的各种闽南方言韵书、字典和词典更为广泛。附录中还列示闽南各县市和台湾闽南方言的音系和特征词，实际上也是一部比较词典，可使人们清楚地看到闽南方言共同的基本特征及其内部差异的情况，它不仅比较全面地反映福建闽南方言的面貌，而且也提供福建厦、泉、漳三地与台湾以及散布在国内外各地闽南方言之间源流关系的丰富资料，并为研究闽南方言变化和发展的历史提供宝贵的材料。

【序　号：9 】
项目名称：**汉语韵书史**
作　　者：宁继福
出版单位：上海人民出版社
规　　模：120 万字
出版时间：2008 年 6 月
内容简介：本选题为国家社科基金资助项目。韵书是古代分韵编排的字典，真实地记录当时的语音系统。作者对魏晋时期以来历代韵书的变革和发展进行了深入而全面的研究。全书共分四卷，其中《明代卷》将于 2006 年率先完成并出版。

【序　号：10 】
项目名称：**汉字源**
作　　者：臧克和、刘志基　等
出版单位：崇文书局
规　　模：200 万字
出版时间：2010 年 8 月
内容简介：本书是一部汉语语词类工具书，以单个汉字为立目对象。本字典收字头约两万，以典籍文献有例为收字原则。它不同于一般字典，各义项之间是互相关联的，而且具备对汉字溯源的功能，明确指出汉字的本义。这两点正是《汉字源》的主要功能和特色。

【序　号：11 】
项目名称：**汉字演变文化源流**
作　　者：傅永和、李玲璞　等
出版单位：广东教育出版社
规　　模：80 万字
出版时间：2006 年 10 月
内容简介：本书是一本具有丰厚的学术底蕴和文化积累价值的著作。主要从大文化背景对汉字的演变进行深入的研究，与以往单纯从语言文字学角度进行的研究有很大不同，在内容、结构和体系上有相当大的创新和突破。对汉字的起源和演变所进行的考据、探究和分析均深入细致，并结合文化学、民俗学等方面的知识，使本书的说服力更强。

【序　号：12 】
项目名称：**英汉大词典**
作　　者：陆谷孙
出版单位：上海译文出版社
规　　模：2 000 万字
出版时间：2010 年 12 月
内容简介：本词典侧重于客观记录和描述英语各品类以及各种文本、语体的使用情况，注意收集第一手资料，从而反映出我国英语学术研究的成果和双语词典编纂的水平。

【序　号：13 】
项目名称：**汉英词典**
作　　者：陆谷孙
出版单位：复旦大学出版社
规　　模：2 000 万字
出版时间：2006 年 12 月
内容简介：《汉英词典》为“十五”国家重点图书出版规划项目。本词典是一部面向大陆、港澳台及海外华人的大型汉英工具书。其编纂特点为：1. 采取兼收并蓄的原则：包含相当比例百科词汇、语言文化背景知识、最新词汇等，包括大陆、港澳台及海外华人地区汉语词汇。2. 引进美国 MRM 词库：把美国生成的汉英语料库作为本词典的主体，此举在国内的汉英词典编纂中还属首例，可以解决现行汉英词典中的英语对译、释义等的规范问题。3. 采用汉语单语词典的编纂理念：梳理汉英词典中的汉语编排问题，以便使本词典更精确地输出汉语信息。4. 电脑技术用于词典编纂：最大限度地为使用者提供准确的知识，出版具有最高水准的汉英词典。

【序　号：14】
项目名称：**新时代汉俄大词典**
作　　者：顾柏林　等
出版单位：商务印书馆
规　　模：700 万字
出版时间：2008 年 12 月
内容简介：本词典为汉、俄双语综合语文词典，属商务印书馆“新时代”大词典系列。词典共 8 万词条，700 万字。

【序　号：15】
项目名称：**新世纪汉俄大词典**
作　　者：张后尘、那纯志　等
出版单位：外语教学与研究出版社
规　　模：500 万字
出版时间：2008 年 6 月
内容简介：本词典参编人员是来自全国八所高校的 50 余位俄语教授、副教授。该词典以“人无我有，人有我新”为选词原则，以外研社的《汉英词典》为蓝本，参照《新华词典》和《汉语新词词语词典》、增补了气功、乐器、中医中药、名茶名菜、武术杂技、戏曲曲艺、名胜古迹、宗教和高科技以及成语等方面的内容。

【序　号：16】
项目名称：**世界汉语教学与研究丛书**
作　　者：陆俭明、吕必松　等
出版单位：外语教学与研究出版社
规　　模：700 万字
出版时间：2010 年 12 月
内容简介：为推动对对外汉语教学这一学科的研究，加强学科建设，促进教学水平的提高，我社组织出版这套“世界汉语教学与研究丛书”，及时整理出版在国内外有广泛影响、对学科有深入研究的中外专家的理论专著和论文合集。

【序　号：17】
项目名称：**新世纪德汉大词典**
作　　者：祝　彦、殷桐生　等
出版单位：外语教学与研究出版社
规　　模：500 万字
出版时间：2008 年 12 月
内容简介：《新世纪德汉大词典》为一卷本通用德汉语义词典。该词典收录词条达 14 万，超过目前市场上所有德汉词典。在选词上，它一方面注意收录那些随着世界科技迅猛发展以及全球经济一体化出现的新词新义；另一方面注意避免收录那些德国本国评论认为较为陈旧的词。这使得该词典的选词具有了新而精的特点。另外，该词典能够结合德语本身的特点以及中国人使用德汉词典的需求特点，力求例证中的支配关系、搭配关系等一目了然。该词典的编排体例科学合理，便于读者使用。

【序　号：18】
项目名称：**新世纪汉德大词典**
作　　者：窦学富、王炳钧
出版单位：外语教学与研究出版社
规　　模：500 万字
出版时间：2008 年 12 月
内容简介：《新世纪汉德大词典》为大型工具书，收条目词（含单字和多字条目）约 9 万左右，涵盖汉语中基本常用词语（含成语、谚语）、普及面广的科技术语以及改革开放以来广为流传、相对稳定的新词语，力求反映现代汉语词汇发展的最新情况。词典的核心部分是释义和例证：释义力求使每个词的义项较为全面，所选例证能体现该词的语义功能，释义贴切、对应，实用性强。词典以有限的篇幅提供尽量多的信息，力求做到不拿条目词当例证，避免重复。这是编者遵循的原则，也是本词典的特点。

【序　号：19 】

项目名称：**现代韩中规范大词典**

作　　者：洪满浩

出版单位：黑龙江朝鲜民族出版社

规　　模：1 300 万字

出版时间：2007 年 12 月

内容简介：本词典是在国内首次独自策划和编辑出版的韩中双语注释工具书，收入韩国语词语 25 万余条，增加新词新义 3 500 多条。本词典的特点如下：1. 在选词条上，以韩国最具代表性的《国语词典》为蓝本，收尽现代韩国语基本词语及俗语、谚语等，同时，选择部分新语，使收入词条既丰富又精练，从而对收入词条作了规范。2. 对汉语对译词也作了规范。汉语词语均以《现代汉语词典》（第 5 版）、《现代汉语规范词典》等权威词典为依据，克服同类词典用词混乱、不规范的缺陷。3. 本词典在命名例句上也下了功夫，凡是需要例句的词条都必须加例句，并且在例句的选择和翻译上也力求科学、规范，提高了词典的规范性、科学性和实用性。4. 本词典在词条的排列上加以改革，增加由名词转化的动词、形容词的排列及拟声态词的排列等，做到同类集中，一目了然。本词典的审订工作由延边朝鲜族自治州语言研究所负责完成。

【序　号：20 】

项目名称：**汉英蒙对照社会科学名词术语系列词典**

作　　者：官司其格苏荣、巴　干　等

出版单位：内蒙古教育出版社

规　　模：150 万字

出版时间：2006 年 12 月

内容简介：本项目包括语言学、新闻学、地理学、心理学、教育学、体育学等六部名词术语对照词典，其中语言学为汉英斯拉夫文蒙文对照词典；新闻学为汉蒙对照词典；地理学为汉英俄斯拉夫文蒙文对照词典；心理学、教育学、体育学为汉英蒙对照词典。六部词典分别收录了三千到一万多个最基本的常用名词术语，并附有各文种索引，是双向或多向检索的多功能词典。

【序　号：21】
项目名称：**新世纪汉法大词典**
作　　者：黄建华、章宜华　等
出版单位：外语教学与研究出版社
规　　模：600 万字
出版时间：2008 年 12 月
内容简介：《新世纪汉法大词典》预计 600 万字，为汉法同类词典之最。本词典的收词量更大，立目根据更充分，例句更丰富，译文更准确，编排更合理，实用性更强。词典“立足本土，兼顾海外”，覆盖的读者群因而也更为广泛。《新世纪汉法大词典》的特色主要表现在：1. 与时俱进，增收普通科技词语和新词新义；2. 收录俚词俗语和缩略词语，并酌收方言词语；3. 在提供法语的对应词语时，不使用罕词、旧词，并标明法语对应词语的词类和用法特点；4. 释义力求全面地反映词目词在不同用法中所体现的词性；5. 为满足母语非汉语的读者学习汉语的需要，标注常用词词目所要求的名量词或动量词，交代词目的同义或近义词，交代同素逆序词。

【序　号：22】
项目名称：**双语词典系列**
作　　者：孟尊贤、白碧波　等
出版单位：云南民族出版社
规　　模：2 000 万字
出版时间：2010 年 2 月
内容简介：本项目为十二个语种的民汉、汉民对照的双语词典，所收条目包括基本词、常用词、汉语借词和已趋于稳定的新词术语，适量收一些书面语词，内容涉及社会生活的各方面。主要按各语种传统的声韵母排列顺序或按汉语拼音的声韵调系统进行编排。本项目为各少数民族语文的基础建设工程。

【序　号：23 】
项目名称：**上古汉语与周边语言交流研究**
作　　者：郑张尚芳
出版单位：首都经济贸易大学出版社
规　　模：30 万字
出版时间：2006 年 10 月
内容简介：从殷周至汉魏在语言学上属上古汉语时代。汉族（华夏族）自古与周边各民族相处，有着广泛的政治、经济、文化交流，虽然有些有记载，有些没有记载，但从语言上都留下了痕迹：上古汉语中有周边语言输入的词汇，周边语言中也受到了上古汉语的影响，有些自认为是本民族固有的词，经分析其实是汉源词。所以不但蛮夷戎狄各族，就连朝、日、越语言也都在唐音之外有着上古汉语的痕迹，反映了上古汉族与周边民族频繁的交流，而最早的物产交易、文化科技交流以及宗教思想的相互影响等各个方面都可从语言的交流中得以体现。因此，本书可以弥补历史记载之不足。

【序　号：24 】
项目名称：**西方最新语言学理论译介丛书**
作　　者：沈家煊　等
出版单位：上海教育出版社
规　　模：300 万字
出版时间：2008 年 12 月
内容简介："西方最新语言学理论译介丛书"由中国社科院语言所所长沈家煊教授主持。丛书的定位是：结合汉语言和汉语研究的实际情况，译介西方最新的语言学理论，并开展相应的研究。

【序　号：25 】
项目名称：**汉字构形史丛书**
作　　者：王　宁　等
出版单位：上海教育出版社
规　　模：200 万字

出版时间：2007 年 12 月

内容简介：本套书以著名语言学家王宁教授的《汉字构形学导论》为理论框架，对包括甲骨文、春秋金文、战国东方五国文字、东汉碑隶文字、魏晋行书、隋唐碑志楷书、宋代雕版楷书、云居寺明刻石经文字在内的历代出土文本文字的构形状况进行全面的定性、定量的研究。在此基础上，描写和总结汉字系统发展的历史面貌和规律，从而构建科学的汉字发展史。

【序　号：26 】

项目名称：**言语听觉科学丛书**

作　　者：王振民、游汝杰　等

出版单位：上海教育出版社

规　　模：250 万字

出版时间：2008 年 12 月

内容简介：本系列由复旦大学言语听觉科学中心主持，丛书注重概论性和介绍性，尤其注重全面介绍国外的研究，兼顾专业研究。丛书内容包括：1. 言语障碍：各种主要言语障碍情况及解决方法；2. 儿童语言发展：健全儿童的语言发展阶段及其特点；3. 手语语言学：西方的手语语言学研究；4. 实验语音学：目前实验语音学的研究及方法；5. 失语症：失语症的研究情况及方法；6. 听力学：聋人听力的恢复与语言训练；7. 口吃：口吃者的语言流畅康复；8. 发音障碍：唇腭裂、嗓音障碍人士的语音训练；9. 方音概述；10. 听障语音训练。

【序　号：27 】

项目名称：**黎锦熙文集（上、下卷）**

作　　者：黎锦熙

出版单位：黑龙江教育出版社

规　　模：90 万字

出版时间：2006 年 11 月

内容简介：本书为“十五”国家重点图书出版规划项目。本书汇集已故的我国著名语言学家黎锦熙先生关于语言学方面的文章，对于了解黎锦熙先生在语言学方面的成就，指导我国的语言学研究具有重要意义。

【序　号：28 】
项目名称：**李方桂全集**
作　　者：李方桂
出版单位：清华大学出版社
规　　模：600 万字
出版时间：2007 年 12 月
内容简介：《李方桂全集》初步计划出版 10 卷，收集李方桂先生一生发表过的语言学论著，包括 10 部专著和近百篇学术论文，涉及汉语（上古音）研究、汉藏语研究（藏语文）、台语系语言比较研究和美洲印第安语研究等众多领域。其中汉文版的《上古音研究》、《龙州土语》，英文版的《台语比较手册》、《吐蕃古代碑铭研究》、《马朵儿——一种阿塔巴斯堪语》等是国际学术界公认的学术经典。李方桂先生的著作以前分别以中英文形式发表。10 部专著中有 3 种为英文，翻译为中文和校订后出版；其他单篇论文中，有若干篇需译为中文，以便单卷文字统一。《印第安语论文集》和《赤坡岩语故事集》用英文出版。每卷书前有该卷主编对书中内容的评述，以及全集出版者的话。

【序　号：29 】
项目名称：**面向新世纪的立体化网络化英语学科建设丛书**
作　　者：胡壮麟、申　丹　等
出版单位：北京大学出版社
规　　模：1 140 万字
出版时间：2010 年 12 月
内容简介：本系列丛书包括两个重点：“专业英语学科建设丛书”和“公共英语学科建设丛书”。“专业英语学科建设丛书”将在大力提倡专业英语教学改革的基础上，编辑出版英语学科语言、文学、文化专业课程学科建设丛书，以培养具有创新性思维和具有实际工作能力的学生。

“公共英语学科建设丛书”力图贯彻教育部的“课程教学要求”，切实有效地提高学生英语综合应用能力和文化素养，探索和实现在我国现有条件下提高英语听说能力。同时，注意丛书的趣味性、灵活性和可选择性，以满足“一般要求”、“较高要求”和“最高要求”学习者的不同需要。

12. 中国文学（46 项）

【序　号：1 】
项目名称：**邓小平理论与新时期文学**
作　　者：张　炯、包明德　等
出版单位：作家出版社
规　　模：40 万字
出版时间：2008 年 10 月
内容简介：本书通过理论与文学实践密切结合，仔细分析我国新时期文学发展的各个历史阶段的得失，帮助读者从中更好地领会邓小平理论深刻的洞察力和完整地贯彻邓小平理论的重要性和必要性，也更全面地了解新时期文学的发展及其所取得的辉煌成绩，并正视文学发展中所产生的种种问题。

【序　号：2 】
项目名称：**中华人民共和国文艺史丛书**
作　　者：仲呈祥　主编
出版单位：中国文联出版社
规　　模：360 万字
出版时间：2009 年 5 月
内容简介：为纪念中华人民共和国成立 60 周年，拟约请中国文联文艺家协会和专家学者，撰写"理论批评史"、"电影史"、"电视史"、"戏剧戏曲史"、"音乐史"、"舞蹈史"、"美术史"、"摄影史"、"书法史"、"曲艺史"、"杂技史"、"民间文艺史"，涵盖中国文联的业务范围，全面反映 1949—2009 年间的文艺成就。

【序　号：3 】

项目名称：**中国新文学大系第五辑（1977—2000）**

作　　者：王　蒙、王元化　总主编

出版单位：上海文艺出版社

规　　模：1 800 万字

出版时间：2009 年 12 月

内容简介："中国新文学大系"第五辑（1977—2000）计划出版 30 卷，与前四辑合并共为 100 卷，分设文学理论卷、长篇小说卷、中篇小说卷、短篇小说卷、微型小说卷、散文卷、杂文卷、报告文学卷、诗卷、戏剧卷、电影文学卷、电视剧文学卷、儿童文学卷、史料·索引卷等，以每卷 50～60 万字计，总字数为 1 800 万字左右。"中国新文学大系"是一项世纪大工程，具有重大的文化积累意义。经过较长时间的酝酿和筹划，现准备投入正式编选工作，力争向国庆六十周年献礼。

【序　号：4 】

项目名称：**中国文学通史**

作　　者：邓绍基、孙　望　等

出版单位：人民文学出版社

规　　模：380 万字

出版时间：2007 年 11 月

内容简介：本系列丛书由人民文学出版社从 1991 年开始陆续出版，预计出版 10 种 14 册，各册编写服从于统一的全书编写方针，但各册的内容、体例均相对独立，编写方式也不取一致，采用主编或编著者负责制，即各册的学术观点、学术质量统一于主编或编著者，所以各册合则为文学通史，分则为断代文学史。

【序　号：5 】

项目名称：**中国文学编年史**

作　　者：陈文新

出版单位：湖南人民出版社

规　　模：1 000 万字
出版时间：2006 年 8 月
内容简介：本书按时间顺序排列，内容主要包括六个方面：1. 重要的文化政策；2. 对文学有显著影响的文化生活（如说书、演出和相关艺术活动等）；3. 作家交往（如唱和、社团活动等）；4. 作家活动（如生、卒、入学、中举、中进士、历官、游历等）；5. 重要作品的创作、出版和评论（传播、接受）；6. 争鸣（团体之间和个人之间在重要问题上的辩论等）。

【序　　号：6 】
项目名称：**中国小说史**
作　　者：石昌渝
出版单位：辽宁教育出版社
规　　模：100 万字
出版时间：2007 年 10 月
内容简介：在中国古代文学领域，20 世纪 50 年代以来应用最广泛的教材是游国恩等撰写的通史性著作《中国古代文学》。尽管断代史、诗歌专题史一直比较多，但专题通史则比较少。本书对中国小说发展的历史进行了细致的梳理和评介。

【序　　号：7 】
项目名称：**二十世纪中国文学编年史**
作　　者：卓　如、关爱和　等
出版单位：河北教育出版社
规　　模：400 万字
出版时间：2006 年 12 月
内容简介：本书以年月日的编排方式，反映自 1900 年 1 月 1 日—1949 年 12 月 31 日中国文学的现状、变化和发展。它不仅反映大陆的文学，还反映台湾、香港、澳门的文学；不仅反映新文学，还反映通俗文学以及用古文创作的文学；不仅反映中国作家自著的文学，还反映外国文学在中国的影响；不仅有书籍文学的情况，还有报刊文学的发展和变化。因此，本书是迄今为止，有关20世纪上半叶最全面、丰富的一部中国文学史。

【序　号：8】
项目名称：**20世纪中国古代文学研究史**
作　　者：黄　霖、陈维昭　等
出版单位：东方出版中心
规　　模：400万字
出版时间：2006年6月
内容简介：《20世纪中国古代文学研究史》是总结20世纪中国古代文学研究成果的世纪工程。20世纪的古代文学研究，经历了从旧的学术传统向新的现代的文学观念和学术研究规范转化的过程，也经历了一个非常复杂、曲折的演变过程。其间成果之丰富，涉及面之广泛，研究人员数量之扩大，在中国学术史上都是空前的。勾勒这100年的学术历程，梳理其演变的脉络，总结其经验教训，无疑是一件具有重要学术价值和具有继往开来意义的工作。《20世纪中国古代文学研究史》为“十五”国家重点图书出版项目。全书共七卷，分总论卷、诗歌卷、词学卷、散文卷、小说卷、戏曲卷、文论卷。

【序　号：9】
项目名称：**中国现代文学研究史**
作　　者：黄修己　主编
出版单位：广东人民出版社
规　　模：150万字
出版时间：2008年12月
内容简介：《中国现代文学研究史》是“九五”国家社会科学研究规划的重点项目。全书分为五卷，记述自1917年至今中国现代文学的研究情况。本书是目前为止第一部全面记述中国现代文学研究历史的学术著作。对中国现代文学学科的建设具有重要的学术价值。

【序　号：10】
项目名称：**中国新诗史**
作　　者：陆耀东
出版单位：长江文艺出版社
规　　模：100 万字
出版时间：2008 年 10 月
内容简介：《中国新诗史》一书是武汉大学资深新诗研究学者陆耀东孜孜于新诗研究几十年的心血之作。陆先生此书是建立在独立的资料储备基础上完成的，先生在几十年的研究中一直非常关注对丰富的第一手研究资料——中国新诗的有关结集和相关刊物的爬梳整理，力图通过丰富的原始资料来呈现中国新诗的流变。海外学者李欧梵先生称陆先生资料之丰“海外学者难望其项背”。

【序　号：11】
项目名称：**中国各体文学理论史**
作　　者：徐中玉　主编
出版单位：华东师范大学出版社
规　　模：140 万字
出版时间：2008 年 12 月
内容简介：本丛书分《中国诗学理论史》、《中国词学理论史》、《中国戏剧理论史》、《中国小说理论史》四种，对中国古代诗学理论、词学理论、戏剧理论、小说理论作了比较全面而又深入的梳理。

【序　号：12】
项目名称：**中国诗论史**
作　　者：霍松林　等
出版单位：黄山书社
规　　模：200 万字
出版时间：2006 年 12 月
内容简介：本书包括先秦至近代的诗论、五代至近代的词论、元代至近代的曲论等内容。

【序　号：13 】

项目名称：**中国近代女性文学大系**

作　　者：郭延礼、薛海燕　等

出版单位：山东文艺出版社

规　　模：600 万字

出版时间：2010 年 12 月

内容简介：中国古代女作家屈指可数，而近代中国则出现了一个人数可观的女作家群体，这些作家中，有部分受过高等教育或在海外留过学，在她们所使用的体裁里，出现了古代女性作品中少见或未见的戏剧、小说和翻译文学。她们的创作视野更加开阔，超越了狭窄的创作空间，勇于直面社会人生。在艺术风格上，也更加丰富多彩。中国近代女性文学研究，目前虽有逐渐繁兴之势，却仍是中国女性文学研究中的薄弱环节，与其所取得的成就相比，极不相称。因此，本书的出版必将对这一领域的研究起到积极的推动作用。

【序　号：14 】

项目名称：**中国古典文学图志丛书**

作　　者：杨　义

出版单位：生活·读书·新知三联书店

规　　模：200 万字

出版时间：2010 年 12 月

内容简介：本套丛书为五卷本，分别描写先秦两汉、魏晋南北朝、隋唐五代、宋元及明清的中国文学发展激烈簸荡、多姿多彩的历史。中国文学观念已经走了三步：一是古代文史混杂、文笔并举的“杂文学观”；二是 20 世纪从西方借鉴来的、承认文学的独立价值，既推动其个性化、流派化，又使之成为独立学科而与其他学科分离开来的“纯文学观”；三是 20、21 世纪之交应对全球化潮流，正在崛起的“大文学观”。文学史写作创新的可能性起码存在于三个层面上：一是精神层面的内外相应，即个体生命体验与历史时代命题的交互作用；二是文化层面上的雅俗相推，即文人探索与民间智慧的互动互补；三是跨地域民族文化的多元重组，即中原文学与边地少数民族的相激相融。由于有这样的大文学观的指导，本丛书有许多的创新之处，例如对于少数民族文学有更多更深入的分析研究。

【序　号：15 】
项目名称：**中国古代小说发展研究丛书**
作　　者：马瑞芳、袁世硕　等
出版单位：山东教育出版社
规　　模：30 万字
出版时间：2008 年 8 月
内容简介："中国古代小说发展研究丛书"，是对中国小说研究具有建设性、开拓性的研究项目。本项目有以下特点：1. 系统性与全面性。本项目的论题涵盖了中国古代小说研究的各个方面，是一项全方位研究中国古代小说的系统工程。2. 开拓性与创新性。创新是本项目的学术追求和既定目标，不仅重在对前人研究的深入与细化，也重在体现学术创新，以便理出新的研究思路和学术见解。3. 权威性。山东大学古典文学研究半个多世纪以来一直走在国内学界前列。本项目是著者在其领先的领域里的新的突破和进展，预期将会对此领域研究起到积极的推动作用。

【序　号：16 】
项目名称：**二十世纪中国翻译文学史**
作　　者：杨　义、连燕堂　等主编
出版单位：百花文艺出版社
规　　模：130 万字
出版时间：2006 年 5 月
内容简介：对于作家的养成，读者审美趣味的熏陶，文学表现领域的开拓，文体范型与创作方法、创作技巧的示范引导，现代文学语言的成熟，乃至整个中国现代文学的迅速萌生与茁壮成长，翻译文学都起到了难以估量的巨大作用。全书按照年代分为晚清、"五四"、现代、当代四卷。本书以图文并茂的方式，细致、详尽地对 20 世纪我国引进、译介外国文学的历史进行了整理和挖掘，对翻译文学对我国现代小说的兴起、现当代文学思潮的形成和发展，以及对我国文学创作所产生的重要影响等进行了深入的思考和分析。

【序　号：17 】
项目名称：**二十世纪中国文学理论研究资料类编**
作　　者：程光炜、王兆胜　等
出版单位：人民文学出版社
规　　模：600 万字
出版时间：2008 年 12 月
内容简介：20 世纪是中国文学全方位现代化的一个世纪。面对新的文学经验和文学问题，许多作家、批评家和理论家进行了全面而深入的研究，给我们留下了大量宝贵的研究成果，这些成果不仅有助于我们了解和认识过去的文学，而且还是我们在现在和未来的文学实践的不可或缺的经验资源。因此，编选并出版一套"二十世纪中国文学理论研究资料类编"，就成为一件迫切而重要的工作。这套丛书计划出版四类 20 卷：《二十世纪小说理论研究资料类编》（6 卷）、《二十世纪诗歌理论研究资料类编》（4 卷）、《二十世纪散文理论研究资料类编》（6 卷）、《二十世纪戏剧理论研究资料类编》（4 卷）。

【序　号：18 】
项目名称：**20 世纪中国文学史通论**
作　　者：杨　义、杨匡汉
出版单位：当代中国出版社
规　　模：400 万字
出版时间：2008 年 12 月
内容简介：本书采取文献学与学术史相结合、年代学与作家论相结合、个案与一般相结合的方法，汇集 20 世纪带有权威性、经典性的研究论文，以此贯通一百年的演进及多元一体的繁复风貌。大致按照每一时段的整体思潮、文学流派、作家作品的面貌，选取最有新意和创见的权威性研究成果，以导论的方式将其串起。全书将体现整体性和多样性的学术原则，体现"大中国"、"大文学"、"多民族"的理念，地域上沟通大陆、台湾、港、澳，时段上沟通近、现、当代，格调品位上综合雅与俗，前卫与传统。第一卷：清末民初，“五四”前；第二卷：“五四”至 1927 年；第三卷：1927—1937 年；第四卷：1937—1949 年；第五卷：1949—1962 年；第六卷：1962—1976 年“文化大革命”结束；第七卷：1980 年代；第八卷：1990 年代；第九卷：百年回顾与前瞻；第十卷：大事记。为兼顾研究与教学，在每一年代、每个名家、每个问题后，将附精选书目（重要文章、著作、研究成果）。本书为 2004 年度国家社会科学基金立项项目。

【序　号：19 】
项目名称：**中国现代文学版图**
作　　者：吴福辉
出版单位：百家出版社
规　　模：30 万字
出版时间：2006 年 10 月
内容简介：本书与众多“中国现代文学史”的最大区别在于以文学发展重心的空间转移为线索，以重要城市、区域为结点，全面介绍中国现代文学发展史上的重要流派、重要作家作品以及重大事件，且辅之直观的地图说明及珍贵图片。在“中国现代文学史”的编写中可谓独树一帜。

【序　号：20 】
项目名称：**中国词学通论**
作　　者：钟振振、欧明俊
出版单位：海峡文艺出版社
规　　模：80 万字
出版时间：2007 年 12 月
内容简介：本书以宏阔的学术视野构建新的中国词学理论体系，在以下几方面有所突破并创新：1. 对“词”、“词学”、“通论”进行完整、科学的界说，澄清长期以来模糊、片面的认识；2. 构建更加全面、完整、科学的词学体系；3. 对词学重要范畴进行动态、完整、科学的梳理和评价；4. 加强词学流派和师承关系研究；5. 突出词学批评和理论的传播与接受研究；6. 重视对词学理论和研究的文化生态学、人文地理学、文化心理学以及语言学、文体学分析；7. 加强非理论形态的选本、版本、词谱、词韵、词律研究；8. 重视词论家、词学研究者的研究；9. 进一步补充和完善词学文献史料。

【序　号：21】
项目名称：**中外文学交流史丛书**
作　　者：钱林森、周　宁　等
出版单位：山东教育出版社
规　　模：700 万字
出版时间：2010 年 10 月
内容简介：本丛书立足于世界文学与世界文化的宏观视野，展现中外文学与文化的双向多层次交流的历程，在跨文化对话、全球一体化与文化多元化发展的背景中，把握中外文学相互碰撞与交融的精神实质。丛书初步拟出版 16 本，将全面厘清我国文学与世界各主要文学系统之间的生动而丰富的交流关系，全面展示中华文化所具有的世界历史性意义。

【序　号：22】
项目名称：**1949—2000 中外文学比较史**
作　　者：朱栋霖、吴格非　等
出版单位：江苏教育出版社
规　　模：130 万字
出版时间：2007 年 9 月
内容简介：本书站在新世纪文化的高度，以新的文学史观、文学观重新诠释 1949—2000 年间的中国当代文学；以文学的现代化、民族化作为 20 世纪中国文学的基本考察视角与轴线，使之贯穿全书整个论述的始终，研究中国当代作家在面对外来文学影响时的主体自我独创与对民族文学的新建构；研究中国文学面临外来文学影响如何吸纳、排斥、变异与自我创造，实现文学现代化的过程等。

【序　号：23】
项目名称：**中国现代文学期刊史论**
作　　者：刘增人
出版单位：新华出版社
规　　模：100 万字
出版时间：2006 年 1 月
内容简介：本书是国家社科基金项目。全书由两部分构成：一是关于中国现代文学期刊的 10 篇专论，包括宏观研究和个案考察两部分。二是囊括了从 1915—1949 年约 3 000 多种文学期刊的资料。全书开创性和工具性都很强。作者从 20 世纪 60 年代即着手这一课题的资料搜集和研究，前后历时四十余年。

【序　号：24】
项目名称：**中国民间故事全书**
作　　者：中国民间文艺家协会
出版单位：知识产权出版社
规　　模：75 000 万字
出版时间：2010 年 10 月
内容简介：全书按县（县级市）分卷，原则上每县一卷。目前全国共有2 800余县，在 5～7 年间能整理出 2 000～2 500 卷，每卷 30 万字左右。各卷所收故事是在本地区（以县为单位）和本民族中广为流传、并能讲述的作品，内容大体包括民间神话、传说、故事、笑话等民间文学作品，并附有插图约 30 幅。

【序　号：25】
项目名称：**中国当代文学创作与文艺理论调查报告**
作　　者：童庆炳　等
出版单位：春风文艺出版社
规　　模：60 万字
出版时间：2006 年 10 月
内容简介：本项目为中宣部主抓。它由三个选题组成：“建国以来文艺理论教材调查报告"、"九十年代以来各种文艺理论、批评发展状况调查报告"、"新时期中国文学创作状况调查报告"，是国内首次对新时期以来的文学创作、文学批评理论、文学理论教材进行系统的调查和疏理。本项目全景式地展示有关文学及理论的发展脉络，为研究当代文学的学者和文学创作者提供参考性资料。

【序 号：26 】
项目名称：**左联史**
作 者：姚 辛
出版单位：光明日报出版社
规 模：70 万字
出版时间：2006 年 4 月
内容简介：本书史料翔实，绝大多数为原始资料。作者数十年专注于左联史研究，从 20 世纪 80 年代至今，遍访 98 位健在的左联盟员，走访数十位已故左联盟员家属子女以及许多相关人士，足迹遍及全国各地方志机构、文史办、党史办、政协、文化局、作协甚至法院、派出所，澄清了许多史实谬误，以客观公正的治学态度为史实多方佐证。本书是一部记录左联全史最为详尽的全书。

【序 号：27 】
项目名称：**红学史**
作 者：冯其庸、李广柏
出版单位：广东教育出版社
规 模：80 万字
出版时间：2007 年 5 月
内容简介：本书是一部学术史。"红学"——关于曹雪芹和《红楼梦》的研究，是 20 世纪中国的"显学"，也是一门世界性的学问。正在撰写中的《红学史》，将全面、系统地叙述红学发展的历史，展示学术进步的脉络和各个红学流派的研究状况，评价重要的、有影响的红学人物和红学著作，剖析各流派和重要红学人物的得失，并联系社会政治经济和学术文化的宏观环境，总结学术活动的规律和经验教训。本书的内容不仅可以作为红学进一步发展的借鉴，对于我国学术文化事业的发展亦应有一定的意义。

【序　号：28】
项目名称：**儒林外史研究史**
作　　者：陈美林
出版单位：海峡文艺出版社
规　　模：50 万字
出版时间：2006 年 12 月
内容简介：本书是国家重点社科项目。研究对象是既往所有的关于吴敬梓与《儒林外史》的研究成果，试图对既有研究成果进行回顾、总结与反思，描述近三百年来《儒林外史》研究的历史进程，确认这一历史进程中学术界所取得的成果与存在的问题，并分析取得成果的经验与存在问题的原因，探讨解决问题的方法与途径。

【序　号：29】
项目名称：**全唐五代诗**
作　　者：佟培基
出版单位：陕西人民出版社
规　　模：4 000 万字
出版时间：2010 年 1 月
内容简介：本书充分利用现存的古籍文献，吸收考古、科研的最新成果，对唐及五代的所有诗歌进行扫描式的梳理。

【序　号：30】
项目名称：**全唐诗人名汇考**
作　　者：陶　敏
出版单位：辽海出版社
规　　模：100 万字
出版时间：2006 年 9 月
内容简介：清编《全唐诗》是迄今为止最完备的唐诗总集，为唐诗研究者和爱好者普遍使用。《全唐诗人名汇考》为考索诗中未知人物姓名、已知人物事迹而作，它以人名考证为中心，广征前代载籍，对《全唐诗》作广泛而又专注的核查，不但考出《全唐诗》大量未知人名，提供已知人物许多鲜为人知的事迹，而且订正了《全唐诗》及有关载籍许多错误，将为唐代文史研究提供了大量的、可供利用的具体成果，为研究唐代文史者必备的工具书。

【序　号：31】
项目名称：**王安石诗文笺注**
作　　者：易　平　整理
出版单位：江西教育出版社
规　　模：200万字
出版时间：2010年1月
内容简介：本书对王安石的诗、词、文作了一次全面系统的整理，主要包括校勘、辑佚、诗文编年、注释。

【序　号：32】
项目名称：**江西诗派研究丛书**
作　　者：莫砺锋　主编
出版单位：百花洲文艺出版社
规　　模：125万字
出版时间：2009年12月
内容简介：江西诗派是北宋时期影响最大的诗歌流派，成员多，影响深远，在中国文学史上，特别是在中国诗歌史上有着重要的地位。江西诗派以黄庭坚为宗祖，以江西籍诗人为主要成员，他们精神上承传呼应，秉持共同的诗歌创作理论，并按照这一理论进行诗歌创作实践。根据北宋后期吕本中《江西诗社宗派图》，尊黄庭坚为诗派之祖，下列陈师道等25位诗人。本丛书拟分五个专题对江西诗派进行较为全面的研究，既有从整体上对江西诗派的源流、产生的背景、整体特征、诗学理论、诗歌精神等的研究，也有对其主要代表诗人如黄庭坚、陈师道、吕本中、韩驹、徐俯等的诗歌作品的研究，以期取得富有独创性的研究成果。

【序　号：33 】

项目名称：**“尝试”论丛**

作　　者：陈平原　主编

出版单位：安徽教育出版社

规　　模：300 万字

出版时间：2009 年 12 月

内容简介：“自古成功在尝试”（胡适《尝试集》）。本丛书力求在对中国近现代文学史上的经典论著进行系统梳理和考量的基础上，重新审视学人关于中国文学的理论探索和实际批评，着眼于学科建设的整体性、前沿性、开放性，组织本领域最富有学术创见、功底深湛、著述颇丰的中坚学者撰著文学史专题论著，力图构建有关中国文学史的最新理论系统和文学批评范式，为新世纪中国文学研究和学科教育提供一套系统、深入和富有前瞻性的文学史全新论著。

【序　号：34 】

项目名称：**鲁迅大辞典**

作　　者：林默涵、王士菁　等

出版单位：人民文学出版社

规　　模：200 万字

出版时间：2007 年 12 月

内容简介：本书是关于鲁迅及其著作的工具书，对鲁迅的生平活动、创作情况及一些背景性材料分类设立词条，汇集了大量与鲁迅相关的知识和资料，是阅读鲁迅、研究鲁迅必备的重要参考书籍。全书由国内各地鲁迅研究专家撰写，历时二十多年，是一项备受文化界瞩目的大型工程。

【序　号：35 】

项目名称：**鲁迅译文集**

作　　者：鲁　迅

出版单位：人民文学出版社
规　　模：400万字
出版时间：2006年12月
内容简介：本书是我国现代著名文学家、思想家，新文学运动的开创者鲁迅先生一生的翻译作品集成，包括他翻译的果戈理、普列汉诺夫、厨川白村等世界名著作家的作品和一些弱小民族的文学作品。这次修订出版，以原来的十卷本《鲁迅译文集》为基础，增补一些新发现的译序、译者附识等，对局部篇目进行调整，并对全部鲁迅译作进行重新校勘，对原来出版时因各种原因删改之处予以增补。对原有题注根据现今情况进行修改补充。通过修订，力求出版一部文本可靠、编辑比较完善的新版本。

【序　号：36】
项目名称：**陆侃如冯沅君合集**
作　　者：袁世硕、张可礼　主编
出版单位：安徽教育出版社
规　　模：500万字
出版时间：2008年12月
内容简介：本书为陆侃如、冯沅君夫妇所有著作的合集。包括两人合写的《南戏拾遗》、《中国诗史》、《中国文学史简编》等；还有冯沅君的小说《劫灰》、《春痕》、《卷葹》和诗词等文学作品，及其大量的研究论文、著作；陆侃如有《中古文学系年》和与《楚辞》、《文心雕龙》有关的著作、论文以及译著，另外，尚有《陆游研究》等手写稿，首次面世。陆、冯虽都已在20世纪70年代去世，但他们对中国古典文学的研究、考论一直有着深远的影响，对当代和未来在此领域的研究仍有重要的借鉴作用和资料价值。本书是"十五"国家重点图书出版规划项目。

【序　号：37】
项目名称：**陆文夫文集**
作　　者：陆文夫

出版单位：古吴轩出版社
规　　模：100 万字
出版时间：2006 年 5 月
内容简介：《陆文夫文集》是对陆文夫先生一生主要作品的汇集，拟出五卷，分别为：第一卷：短篇小说集；第二卷：中篇小说集；第三卷：长篇小说（即《人之窝》）；第四、五卷：散文集（包括创作谈）。

【序　　号：38】
项目名称：**叶君健全集**
作　　者：叶君健
出版单位：清华大学出版社
规　　模：1 000 万字
出版时间：2006 年 1 月
内容简介：叶君健先生通晓英、法、意、德、西、日、丹麦、挪威、葡萄牙及世界语等十多种语言，他以语言为工具，为中外文化交流作出了杰出贡献。为了充分反映叶君健先生文学创作和翻译的成就，为中国现当代文学保存一份资料，拟将能够搜寻到的林先生的全部著作汇为一编，定名《叶君健全集》加以推出。《叶君健全集》共分 20 卷，计收录短、中篇小说各 1 卷，长篇小说 6 卷，儿童文学创作 1 卷，儿童文学翻译 1 卷，成人名作翻译 1 卷，《安徒生童话全集》4 卷，散文 5 卷。

【序　　号：39】
项目名称：**梅志文集**
作　　者：张晓风　主编
出版单位：宁夏人民出版社
规　　模：100 万字
出版时间：2006 年 12 月
内容简介：本文集共分四卷：第一卷：儿童文学（四辑），第一辑为三篇童话长诗，第二辑为童话及民间故事，第三辑为儿童诗及少儿故事，第四辑为作者为各单行本所作的前言及后记等；第二卷：回忆录，包括《往事如烟——胡风沉冤录》、《我与胡风》；第三卷：《胡风传》；第四卷：散文、小说，囊括迄今所能收集到的作者的全部散文及小说。

【序　号：40 】
项目名称：**大风长篇小说丛书**
作　　者：石钟山、梁晓声　等
出版单位：湖南文艺出版社
规　　模：194 万字
出版时间：2006 年 1 月
内容简介：本丛书包括：1.《中国雪》；2.《机器》；3.《紫旗》；4.《神授》；5.《长街行》；6.《明月几时有》；7.《衣向东最新短篇小说集》；8.《温亚军最新短篇小说集》；9.《荆永鸣最新短篇小说集》；10.《孙惠芬最新中篇小说集》；11.《葛水平最新中篇小说集》；12.《陈应松最新中篇小说集》；13.《莫言最新中篇小说集》；14.《张洁最新中篇小说集》等。

【序　号：41 】
项目名称：**人生中国丛书**
作　　者：陆步轩、南香红　等
出版单位：北京十月文艺出版社
规　　模：1 000 万字
出版时间：2010 年 12 月
内容简介：“人生中国丛书”以记录普通人的生活故事和命运为主题。人的价值和生命的价值，决定了这套丛书的价值。我们提出这一理念的社会历史背景，为我们的这种自信提供了强有力的支撑：在中国人民走向小康的历史进程中，执政党提出的“以人为本”的执政理念，将使整个社会对于人的关注、对于普通人的关注达到一个空前的历史高度。在中国的历史上，人的生命从来没有表现出今天这样的价值。因此也可以说，“人生中国丛书”就是这样应运而生的。读者从中可以感知民族、历史、人生、价值。

【序 号：42】
项目名称：**名家名作插图本系列（1～15）**
作 者：沈从文、郁达夫 等
出版单位：华艺出版社
规 模：300 万字
出版时间：2006 年 12 月
内容简介：本系列精选中国现、当代文学史上最具代表性的著名作家的主要著作（名著），配以名家绘制的插图，以精美的包装出版，可作为珍藏版收藏。

【序 号：43】
项目名称：**图文本聊斋系列珍本集成**
作 者：朱其凯、晏本仁 等
出版单位：齐鲁书社
规 模：172 万字
出版时间：2007 年 5 月
内容简介：本系列集成所收包括清代笔记传奇的开山之作《聊斋志异》和乾隆至清末冠名“聊斋”的后、续、仿《聊斋》珍本，以及近年发现的《聊斋》佚文，共分六集六册。本集成已列入 2002—2004 年度山东省教委古籍整理规划项目。

【序 号：44】
项目名称：**中国动漫连环画中国四大古典文学名著**
作 者：潘修范、周锡山 等
出版单位：上海画报出版社
规 模：5 万字
出版时间：2006 年 10 月
内容简介：本书通过五万言故事节选与知识链接，以正剧式的中国风格的动漫方式演绎《三国演义》、《水浒》、《西游记》、《红楼梦》。

【序　号：45】
项目名称：**名典书坊**
作　　者：鲁　迅、茅　盾　等
出版单位：浙江文艺出版社
规　　模：560万字
出版时间：2008年12月
内容简介：本丛书选编中国现代文学史上具有重要地位的著名作家各具特色的代表作品，或小说或散文，以其中一篇的题目作为篇名，突出个性化的语言风格以吸引读者，使之在阅读经典名作的过程中发现新意。丛书包括20种。

【序　号：46】
项目名称：**长篇小说系列**
作　　者：余　华、铁　凝　等
出版单位：上海文艺出版社
规　　模：180万字
出版时间：2010年12月
内容简介：“长篇小说系列”包括以下作家原创作品：余华《兄弟》（上、下部）（另一部小说题目未定）、铁凝（题目未定）、莫言（题目未定）、王蒙（题目未定）、陆天明《高纬度颤栗》、方方《沿着长江回老家》、严歌苓《赴宴者》、张欣（题目未定）、柳建伟《大上海三部曲》、孙甘露（题目未定）。

13. 外国文学（13 项）

【序　号：1 】

项目名称：**世界文学史**

作　　者：俄罗斯科学院高尔基世界文学研究所主持撰写，吴元迈、刘魁立等主持翻译

出版单位：上海文艺出版社

规　　模：1 000 万字

出版时间：2010 年 12 月

内容简介：本项目内容有以下三个特点：1. 时间跨度长。本文学史从古希腊、古罗马起，一直叙述到 20 世纪下半叶，我国文学界不太熟悉的世界早期文学，包括启蒙时期、中世纪文学，在本书中均有专卷论述。2. 论述范围广泛。涉及的范围几乎涵盖全世界，可以说本项目是真正意义上的世界文学发展历史。3. 以年代为序，采用比较文学的研究方法，揭示了世界各民族文学流播、传承、发展的规律和不同特色。

【序　号：2 】

项目名称：**西方文学的衍变史**

作　　者：夏仲翼

出版单位：复旦大学出版社

规　　模：120 万字

出版时间：2006 年 12 月

内容简介：本书是一部阐释西方文学衍变的史作。西方文学从欧洲古代迄今三千年左右的进程中，在特定的历史框架里不断改变自身的形态，创造各种体裁，完善表现手段，展现文学的本质。文学反映世界的内容是随着社会进程而变异的，但文学自身也正是在这种变异里

展现了它的本质，即文学借以区别于其他艺术门类的本体特性——文学性。

【序　号：3 】
项目名称：**英国文学史**
作　　者：索金梅
出版单位：南开大学出版社
规　　模：60 万字
出版时间：2006 年 10 月
内容简介：这部《英国文学史》以历史的演进为经，以作品为纬，构建一幅英国文学的通史画卷，从而系统地展示英国文学绚丽多彩的历史。本书重点在文学分析、评论和总结。其系统的表述将有助于学生记忆基本的文学史知识。本书将从三个方面突出一个“新”字：1. 本书将吸收英国文学研究的最新成果，系统阐述文学思想在历史上交渗、对立、继承和革新以及一个历史时期转向另一个历史时期的过渡和原因，揭示英国文学演进的基本轨迹；2. 20 世纪后半叶和 21 世纪初将是本书的重点之一，以避免一般文学史厚古薄今的缺点；3. 本书将突出中国人编英国文学史的主体意识，中英文学的交流和影响将是本书的一个关注点。

【序　号：4 】
项目名称：**阿拉伯文学通史**
作　　者：仲跻琨
出版单位：译林出版社
规　　模：80 万字
出版时间：2007 年 12 月
内容简介：《阿拉伯文学通史》是“十一五”国家社科基金资助项目，系译林出版社获得好评的“译林外国文学史”新品，拟分两册：古代部分与现代部分。古代部分按时期分篇章：总论部分论述阿拉伯文学的分期、特点，在世界文学史中的地位及其对西方文学的影响，阿拉伯文学在中国的译介与研究……其余部分将分时期论述，每部分要论述历史、文化背景，诗歌与散文流变情况及特点等。现代部分分总论和国别文学史两大部分。将分别对阿拉伯世界及其各地区、各国的现代历史和文化背景，各文学门类的发展、流变及其有代表性、有影响的流派、作家、诗人、作品作分析和介绍。本书作者系我国阿拉伯文学研究权威，其成果代表我国阿拉伯文学研究顶级水平。

【序　号：5 】
项目名称：**爱尔兰文学丛书**
作　　者：詹妮弗·琼斯顿　等
出版单位：云南人民出版社
规　　模：230 万字
出版时间：2007 年 12 月
内容简介：本丛书包括两位诺贝尔文学奖获奖者的长篇小说在内的十余种图书，如 *The Captains and the Kings*；*Fools Sanctuary*；*The Invisible Worm*；*Two Moons*；*How Many Miles to Babylon?* 等。这些小说、诗歌、散文、传记基本代表了现当代爱尔兰文学的主要成就和最高成就。

【序　号：6 】
项目名称：**21 世纪外国文学优秀作品大系**
作　　者：本书编委会
出版单位：译林出版社
规　　模：400 万字
出版时间：2010 年 12 月
内容简介：本丛书通过对外国文学最新力作的译介，有助于我国读者和研究人员了解外国文学发展最新态势，同时为中国作家提供可靠参照系。客观呈现 21 世纪外国文学发展历程，也是本丛书追求的最终目标之一。

【序　号：7】
项目名称：**"黄金世纪"的西班牙文学**
作　　者：陈众议
出版单位：译林出版社
规　　模：60万字
出版时间：2008年12月
内容简介：《"黄金世纪"的西班牙文学》从西班牙文艺复兴运动前夕切入，分章梳理"四面逢源"的西班牙民族文学，同时着重评析15世纪末至16、17世纪西班牙文坛的流派与思潮、作家与作品，以尽可能全面地探讨西班牙文学"黄金世纪"文学由生发至盛衰及其繁杂的现象与流变。全书共三编。

【序　号：8】
项目名称：**二十一世纪年度最佳外国小说**
作　　者：本书编委会
出版单位：人民文学出版社
规　　模：100万字
出版时间：2006年12月
内容简介：21世纪年度最佳外国小说是一项新创的国际文学作品评选活动。在世界文学格局中，由中国文学研究机构和文学出版机构为外国当代作家作品评奖、颁奖，这是一个首创。入选"21世纪年度最佳外国小说"的作品应当是：世界各国每一年度首次出版的长篇小说，具有深厚的社会、历史、文化内涵，有益于人类的进步，能够体现突出的艺术特色和独特的美学追求，并在一定范围内已经产生较大影响。

【序　号：9】
项目名称：**费·陀思妥耶夫斯基全集**
作　　者：陈　燊　主编
出版单位：河北教育出版社
规　　模：650万字
出版时间：2006年3月
内容简介：本全集收入了费·陀思妥耶夫斯基的全部作品，其中书信集和作家日记经过精心的研究和选择，约收入80%。此外，每个作品都加有详细的注解。

【序　号：10】
项目名称：**安塔拉传奇（全译本）**
作　　者：李唯中
出版单位：湖南文艺出版社
规　　模：500万字
出版时间：2008年8月
内容简介：《安塔拉传奇》是一部散韵集合的长篇民间传奇故事，在阿拉伯地区家喻户晓，妇孺皆知，流传程度远胜过《一千零一夜》。《安塔拉传奇》歌颂了古代阿拉伯著名《悬诗》诗人安塔拉传奇的一生，为阿拉伯民族树立了一个骁勇善战、能文能武、拯救本部落民众于危难之中的大英雄形象，是一部讴歌阿拉伯古代英雄的大史诗。

【序　号：11】
项目名称：**厄普代克文集："兔子"四部曲**
作　　者：约翰·厄普代克
出版单位：上海译文出版社
规　　模：150万字
出版时间：2006年12月
内容简介：本四部曲是具有史诗风格的反映美国中产阶级生活风情的力作，通过展现美国当代生活色彩的画卷，以揭示社会生活的奥秘。

【序　号：12】
项目名称：**索尔·贝娄文集**
作　　者：[美] 索尔·贝娄
出版单位：上海译文出版社
规　　模：170万字
出版时间：2008年12月
内容简介：索尔·贝娄（Saul Bellow，1915—2005）被誉为美国现代继海明威、福克纳之后的第三位大师级作家。本文集收入他四部最著名的长篇：《奥吉·玛奇历险记》、《雨王汉德森》、《赫索格》等。

【序　号：13】
项目名称：**托马斯·曼文集**
作　　者：［德］托马斯·曼
出版单位：上海译文出版社
规　　模：160 万字
出版时间：2009 年 12 月
内容简介：本文集收入了作者的三部主要长篇小说和一部有代表性的中短篇小说集，即《魔山》、《绿蒂在魏玛》、《大骗子克鲁尔的自白》和《托马斯·曼小说选》。

14. 艺术（88 项）

【序　号：1】
项目名称：**二十世纪中国艺术史 1900—2000**
作　　者：邹跃进、尹　鸿　等
出版单位：湖南美术出版社
规　　模：250 万字
出版时间：2008 年 5 月
内容简介：本丛书由《二十世纪中国美术史》、《二十世纪中国音乐史》、《二十世纪中国舞蹈史》、《二十世纪中国戏剧史》、《二十世纪中国电影史》五卷本组成，并由五位从事不同艺术史研究领域（美术史、音乐史、舞蹈史、戏剧史和电影史）的专家独立承担。本丛书涉及的艺术史起于 1900 年，止于 2000 年，每位作者都将根据各自艺术门类发展的特点，深入探讨这一百年艺术发展与社会、经济、思想和文化变迁的互动关系。

【序　号：2】
项目名称：**中国雕塑史**
作　　者：宿　白　主编
出版单位：吉林出版集团有限责任公司
规　　模：450 万字
出版时间：2008 年 1 月
内容简介：撰写本书的目的就是要把中国古代雕塑放入中国文化史中，用中国的哲学和审美意境重新理解和诠释中国雕塑史，让中国雕塑艺术在吸收外民族优秀养分的基础上不断发扬光大。本书将从以上多种角度认识和诠释中国古代雕塑史。全书共分为 10 卷，其中包括图版 5 000幅。

【序　号：3】

项目名称：**中国现代美术史**

作　　者：张晓凌

出版单位：北京出版社

规　　模：225万字

出版时间：2007年12月

内容简介：本项目属于国家社会科学基金立项的重点课题。中国现代美术诞生于晚清向现代社会转型的过程中。经过百年的发展，中国现代美术不仅形成了独特的历史演进脉络，还积累了丰富的精神与文化内涵，其成败得失对当代文化建设具有启示性价值。本课题力求在已有成果的基础上，撰写一部多卷本的，系统性的，具有思想深度和鲜明历史观的，客观描述中国现代美术发展脉络的信史，力争做到史料翔实、立论独到、见解精辟，体现出一代美术史家的独特思考和价值判断。本书分为5卷，其中有3 000余幅插图。

【序　号：4】

项目名称：**中国道教美术史**

作　　者：李　松

出版单位：湖南美术出版社

规　　模：100万字

出版时间：2007年2月

内容简介：《中国道教美术史》项目为“全国艺术科学规划领导小组”批准的“十五”规划2003年度“国家重点”课题。本课题是以美术史为中心的多学科综合研究，以历史发展为顺序，从前道教的战国时期叙述到清代，涵盖了道教的整个发展时期。以现存实物为主要线索，结合历史文献，进行多角度的研究，包括美术史、考古学、宗教学和文化传播，重点对本土艺术与外来艺术的关系、继承传统与创造新艺术的关系、宗教艺术与世俗艺术的关系、社会普遍审美标准与作者个人风格的关系进行阐述。

【序　号：5】
项目名称：**中国人民解放军艺术史**
作　　者：陆文虎
出版单位：当代中国出版社
规　　模：110万字
出版时间：2009年8月
内容简介：本书为文化部、解放军总政治部、解放军艺术学院重点科研项目，是第一部全面系统地反映中国人民解放军自建军到新中国成立后，在战争年代和和平建设时期，我军军队各类艺术形式发展历史的学术专著。

【序　号：6】
项目名称：**中国人民解放军美术史**
作　　者：刘大为　主编
出版单位：河北美术出版社
规　　模：100万字
出版时间：2007年3月
内容简介：军旅美术是中国当代美术的重要组成部分，军旅美术的发展是和中国当代历史大背景密切相关的。本书不仅仅是一部军旅美术史，同时也是一部中国人民解放军发展史。它的出版，填补了中国出版业关于军队艺术史出版的空白，因而具有开创性和深远的历史意义。它循着中国人民解放军由产生、发展到壮大这样一条轨迹，凭借鲜为人知的第一手资料，反映出历史面貌，总结出历史经验，是研究军队发展史的重要参考文献。全书把军事绘画提高到学术的高度，有助于军旅画派和军旅风格的形成，从而在全国画坛树立起军旅美术的形象。

【序　号：7】
项目名称：**中国美术详史**
作　　者：金维诺、罗世平　等
出版单位：辽宁美术出版社
规　　模：250万字
出版时间：2008年12月

内容简介：《中国美术详史》包括15卷、30册，按朝代划分，从政治、经济、军事、宗教等方面论述中国美术史的发展，并汇集大量我国流失在国外的珍贵资料和图片，是一部具有很高学术、研究价值的巨著。《中国美术详史》的编写是一次对中国美术史的全面总结和升华，它的社会效益远远大于经济效益。

【序　号：8】
项目名称：**中国工艺美术断代史**
作　　者：尚刚
出版单位：人民美术出版社
规　　模：350万字
出版时间：2008年12月
内容简介：本书是一部以史为经线，以工艺美术题材为纬线的分期断代史。每卷内容结构为：正文、注释、史料汇编、图版目录、年表。本书主编及主要作者尚刚，积20年中国工艺美术史的教学经验和长期的学术研究成果，历时10年编纂了这部专著，纵不断线，横不缺项，结构严谨，史料翔实，较已有的几种通论形式的《中国工艺美术史》，分类更细致，论述更有力，资料更丰富，对推动中国工艺美术史的教学与研究，有重要意义。

【序　号：9】
项目名称：**新中国连环画图史（1949—1995）**
作　　者：姜维朴、刘永胜
出版单位：上海人民美术出版社
规　　模：20万字
出版时间：2007年12月
内容简介：本书将力图再现新中国连环画这一发展变化的面貌。全书将这一时期连环画的历史分为1949—1966年、1966—1976年、1977—1995年三个阶段，拟从主要的连环画创作现象入手，通过对具体作品的把握和理解，来透视三个阶段连环画的创作特色，以此构建新中国连环画史的发展逻辑。

【序　号：10 】
项目名称：**中国佛教美术文化史**
作　　者：金维诺
出版单位：山西人民出版社
规　　模：100 万字
出版时间：2008 年 12 月
内容简介：本书以文字与图相互映衬的方式，揭示和阐述中国佛教美术文化的源流和演变，及其独特的美术文化的形式内容和价值。“上卷”主要介绍中国原始时代至秦汉时期的宗教意识活动及其艺术文化特点，佛教的传入及佛教美术文化在中国的出现和流传，魏晋南北朝时期的佛教塑绘名家、寺院造像及石窟美术；“中卷”着重阐述隋唐五代时期佛教美术及其文化的特点和演变；“下卷”主要阐述两宋时期佛道美术文化的整合及其神祇图像体系的形成，辽、金、回鹘、西夏的佛教美术文化，藏传佛教美术文化的特点及发展，元明清三代佛教美术文化的发展演变及水陆美术文化的盛行，以及中国佛教美术文化的成就和对周边国家乃至世界艺术文化的影响。

【序　号：11 】
项目名称：**现代欧美戏剧史**
作　　者：贾志刚、刘文峰　等
出版单位：中国戏剧出版社
规　　模：100 万字
出版时间：2008 年 10 月
内容简介：《现代欧美戏剧史》分上、中、下三卷。上卷为欧洲戏剧（从 1871 年至 1917 年，其时还没有美国戏剧），中卷为欧美戏剧（从 1917 年至 1945 年），下卷为欧美戏剧（从 1945 年至今）。每卷均分三个部分，起始皆有概述、当时的政治背景及哲学美学思潮。

【序　号：12 】
项目名称：**中华杂技艺术通史**
作　　者：安作璋　等

出版单位：南海出版公司
规　　模：140万字
出版时间：2006年5月
内容简介：本书为"十五"国家重点图书出版规划项目，2003年8月又被列入"全国艺术科学'十五'规划课题"。内容上起远古，下至当代，按杂技所经历时期分为先秦、汉唐、宋元明清、近代、当代五篇。内容主要包括：杂技艺术的起源和各个时期发展的历史；杂技的内容、名称、表演形式的演变和各种技巧的古今异同、继承与创新；杂技的组织、流派和各种礼俗制度；各个时期杂技艺术发展的经济、文化、政治、社会、民族、科技等因素的基础和背景；杂技艺人的生活、名人传记等。此稿的内容以杂技艺术史为主体，涉及历史学、考古学、社会学、文学、美学等多种学科。

【序　号：13】
项目名称：**中国画论辞典**
作　　者：周积寅
出版单位：东南大学出版社
规　　模：150万字
出版时间：2007年8月
内容简介：本书对中国画的理论进行了系统的疏理。上溯先秦，下迄20世纪。包括三大方面的内容：历代绘画理论家、历代绘画著作、著名绘画观点（追溯其形成轨迹，阐明其理论意义）。全书考评结合，图文互证。本书对弘扬民族优秀文化具有积极意义。

【序　号：14】
项目名称：**中国版画1200年**
作　　者：张道一
出版单位：江苏美术出版社
规　　模：5万字
出版时间：2010年10月
内容简介：张道一先生是我国著名的美术史论家，对中国古代版画有深入而广泛的研究，几十年来积累了极为丰富、极具代表性的图版资料。《中国版画 1 200 年》可谓他一生的“大成之作”，是图文并茂、体例新颖的“中国版画史＋图录”，具有工具书的性质。本书从我国存在的最早的一幅版画说起，介绍版画的品类、历史成因、题材及社会背景，与其他艺术形式的相互影响、流派、用途、地域特色、工具、材料、刻印技术的流变、代表作坊、作者等等。图版为最早的佛教经卷图、敦煌藏经洞版画。

【序　号：15】
项目名称：**中国音乐词典（修订版）**
作　　者：中国艺术研究院音乐研究所
出版单位：人民音乐出版社
规　　模：150 万字
出版时间：2008 年 12 月
内容简介：新版本的《中国音乐词典》所收条目包括：中国音乐的乐律学、创作表演术语，历代的乐种、制度、职官、机构、书刊、人物、作品，以及歌曲、歌舞音乐、曲艺音乐、戏曲音乐、器乐、乐器等有关名词术语，共 8 000 余条。本项目是“十五”国家重点图书出版规划项目。

【序　号：16】
项目名称：**中国话剧艺术通论**
作　　者：田本相
出版单位：山西教育出版社
规　　模：120 万字
出版时间：2006 年 3 月
内容简介：本书是文化部重要课题。全书共三卷，是一套对中国百年话剧历史作出具有突破性研究的图书。全书史料丰富准确，内容全面，图文并茂，不但具有高度的学术研究价值，而且具有重大的政治意义，此书深入系统地对百年话剧发展作了总结和梳理，其意义不仅对于话剧，而且对于百年外来艺术在中国大地扎根成长的历史研究和百年文化史、艺术史的研究都有着研究性的学术价值和意义。

【序 号：17 】
项目名称：**中国美术分类全集·墓室壁画卷**
作 者：金维诺 主编
出版单位：河北教育出版社
规 模：24 万字
出版时间：2006 年 6 月
内容简介：《中国美术分类全集·墓室壁画卷》分为六卷，分别是：汉墓壁画卷、魏晋南北朝墓壁画卷、隋唐墓壁画卷（上、下）、辽金墓壁画卷、宋元明墓壁画卷。这套书通过分卷来介绍各个朝代及历史时期的墓室壁画的特点，以及与其相关的社会意识与习俗、绘画技艺以及质材运用等的发展。这些反映着不同时代各族人民生活图景的壁画，不仅具有一定的艺术价值，而且具有重要的历史价值。

【序 号：18 】
项目名称：**中国二人台艺术通典**
作 者：邢 野、王世一 等
出版单位：内蒙古人民出版社
规 模：49 000 万字
出版时间：2006 年 12 月
内容简介：二人台是流传于内蒙古、山西、陕西、河北、宁夏等五省区的地方戏种，从形成至今已有数百年历史。但是，始终未有一部系统、完整研究它的、具有权威性的专著问世。本书的编写完成填补了这一空白。本书由著名文艺理论家、艺术史研究者王世一、席子杰，二人台表演艺术家武利平及从事二人台创作、表演、研究的专家吕烈、李野、娅菇等担任编委，史志学家邢野担任主编，历经二十余载完成。本书从二人台的流传、剧目、音乐、表演、人物、大事记等诸方面着手，全面、客观记述这一民间艺术的发展历史、艺术成就，收录传统剧目 80 个，创编剧目 40 个，曲目 400 个，以及大量珍贵的图片资料，将文艺理论研究同艺术表演实践有机结合，使全书具有很高的学术价值、艺术价值及有史价值。

【序　号：19 】
项目名称：**中国美术百科全书**
作　　者：刘曦林、谷　谿　等
出版单位：人民美术出版社
规　　模：600 万字
出版时间：2007 年 12 月
内容简介："中国美术百科全书"系列包含以下四种：《中国画百科全书》、《中国书法百科全书》、《中国篆刻百科全书》、《中国民间美术百科全书》。每一学科门类的百科全书在内容收录与分支学科设置上，将按照学术界普遍认可的学科分类规范进行，在版式排列上采取图文混排、每个条目释文围绕各自的图像的方式，同时采用彩色印刷。每一本书在内容编排上采用汉语拼音音序排列的方式进行编排，同时为方便读者查阅，除在书的正文前设置条目分类目录外，还在正文后设置条目汉字笔画索引、内容索引、图像目录等附录。

【序　号：20 】
项目名称：**中国民间剪纸集成·蔚县卷**
作　　者：郑一民　主编
出版单位：河北教育出版社
规　　模：2 万字，400 幅图
出版时间：2006 年 4 月
内容简介：本卷内容分为概述、蔚县剪纸的分类、蔚县剪纸的粘贴与窗花方阵、蔚县剪纸的制作工具及材料、蔚县剪纸的工艺流程、蔚县剪纸艺人的传承与流脉、蔚县剪纸的传播与销售、蔚县剪纸的传说与故事、蔚县剪纸精品图录几个部分，由总体到细节，对蔚县剪纸进行了深入细致的介绍。

【序　号：21 】
项目名称：**中国舞蹈知识百科辞典**
作　　者：陈　冲、周　元　等
出版单位：人民音乐出版社

规　　模：80 万字
出版时间：2007 年 12 月
内容简介：本书为中外舞蹈知识类百科辞典，既为舞蹈工作者提供广泛的教研资料和理论知识，也为艺术教学提供必备的备课依据。全书特点为：涵盖中外舞蹈，集其精粹；条目均为具象的舞蹈和舞种，具体充实，知识面广；纵（源流、沿革）横（与民俗、生态、历史等相关）交织，多层次，范围广泛；强调广泛的舞蹈知识；丰富的图片插图增添视觉感。

【序　　号：22 】
项目名称：**中国美学史**
作　　者：刘纲纪
出版单位：武汉大学出版社
规　　模：240 万字
出版时间：2007 年 12 月
内容简介：本书立足于弘扬传统文化、推动中华民族的伟大复兴这一基本立场，详细具体地论述中国美学的发生发展过程、特征以及它对世界美学的卓越贡献。

【序　　号：23 】
项目名称：**中国美术分类全集·中国敦煌壁画全集**
作　　者：段文杰
出版单位：天津人民美术出版社
规　　模：60 万字
出版时间：2006 年 12 月
内容简介：《中国美术分类全集》是中宣部组织出版的大型重点画册，也是我国最大的美术出版文化工程。《中国美术分类全集·中国敦煌壁画全集》共 11 卷，已出版 5 卷，本次申报的 6 卷分别为：《初唐卷》、《中唐卷》、《麦积山·炳灵寺卷》、《北凉·北魏卷》、《北周卷》、《五代·宋卷》，分别记录和展示了各个不同时期敦煌壁画的特点、艺术价值和研究成果。

【序　号：24 】
项目名称：**新中国文艺 60 年系列丛书**
作　　者：《新中国文艺 60 年》编辑委员会
出版单位：中国文联出版社
规　　模：360 万字
出版时间：2009 年 8 月
内容简介：展示新中国成立 60 年来文艺事业取得辉煌成果的"新中国文艺 60 年系列丛书"分《新中国文学 60 年》、《新中国戏剧 60 年》、《新中国音乐 60 年》、《新中国电影 60 年》、《新中国电视 60 年》、《新中国舞蹈 60 年》、《新中国曲艺 60 年》、《新中国杂技 60 年》、《新中国民间艺术 60 年》、《新中国美术 60 年》、《新中国书法 60 年》、《新中国摄影 60 年》等 12 册图书。本套丛书由中国文联、中国作协的 12 个团体会员单位和中国艺术研究院各个艺术门类研究所的专家、学者负责撰稿。"新中国文艺 60 年系列丛书"将全面总结新中国成立 60 年来的文艺成果，全面、权威、简练介绍、分析自新中国成立至今，我国各个文艺门类所出现的有代表意义的文学家、艺术家（涵盖理论家、教育家、评论家）和他们的代表作。

【序　号：25 】
项目名称：**中国近代戏曲史**
作　　者：陈世雄　主编
出版单位：中国戏剧出版社
规　　模：100 万字
出版时间：2009 年 7 月
内容简介：《中国近代戏曲史》分上、下两卷，为国家"十五"重点课题项目，旨在填补戏曲近代研究的空白，与已出版的《中国戏曲通史》相衔接。《中国戏曲通史》下限到 1840 年，为古代史，《中国近代戏曲史》上限为 1840 年，下限到 1949 年。本书以舞台演出为中心，突出声腔流变与剧种形成的发展过程，侧重近代思想论争、文艺思潮对戏曲发展的影响和演员、表演成就两个方面，强调学术性和实事求是。本书约有500幅随文图片。

【序　号：26 】
项目名称：**中国戏曲通鉴**
作　　者：王永宽
出版单位：中州古籍出版社
规　　模：100万字
出版时间：2007年12月
内容简介：《中国戏曲通鉴》是2004年立项的国家社科基金资助项目（批准号为04BZW014)。《中国戏曲通鉴》体例仿照《资治通鉴》，以编年体的形式讲述中国古代戏曲史。全书内容的时间范围是从先秦至清末(1911年)。计划分为四卷：第一卷，先秦至元代卷；第二卷，明代卷；第三卷，清代卷上；第四卷，清代卷下。本书内容包括：古代戏曲发展的有关史实，戏曲作家的生平、交游与著述，戏曲作品的撰写、刊刻与流传，著名优人事迹，戏曲的演出情况与影响，有关戏曲的政令法规与乡情民俗，戏曲声腔剧种的产生与流变等。全书按年代顺序排列，在两方面有所创新：一是体例创新：它不同于已有的各种古代戏曲史，纲目结合的体例突出时间进程的轨迹；二是内容创新：它在包容有关已知资料的基础上展示一些新资料，体现出作者的学术积累。

【序　号：27 】
项目名称：**蒙古族工艺美术史**
作　　者：阿木尔巴图
出版单位：内蒙古科学技术出版社
规　　模：40万字
出版时间：2006年10月
内容简介：蒙古族传统工艺美术是重要的民族文化遗产，挖掘整理和系统总结其发生和发展规律，对于丰富和发展社会主义工艺美术事业具有积极的意义。《蒙古族工艺美术史》一书在国内外还是第一次编写，对系统认识这一学科领域具有开创性作用，在工艺美术界的古为今用、推陈出新方面将起到示范作用。本书主要包括北方民族原始社会工艺美术、旧石器时代工艺美术、新石器时代工艺美术、古代北方地区民族工艺美术、匈奴时期工艺美术、东胡时期工艺美术、北魏时期工艺美术、辽代工艺美术、蒙古汗国和元朝时期工艺美术、蒙古族图案、蒙古族服饰工艺、刺绣工艺、雕刻工艺、剪纸工艺、地毯工艺、毡帐工艺以及金属工艺等内容。本书附有 300 多幅插图，图文并茂，给人以耳目一新的感觉。

【序　号：28 】
项目名称：**中国书法研究系列丛书**
作　　者：白谦慎、黄　惇　等
出版单位：荣宝斋出版社
规　　模：1 200 万字
出版时间：2010 年 12 月
内容简介：多卷本的“中国书法研究系列丛书”包括各位学者从断代史研究、书家研究、书法流派、书法美学、书学札记等方面的最新研究成果，涵盖了书法学研究的各个领域，是对近二十年书法学领域研究成果的一次全面总结。所选作者亦是改革开放以后在书法研究领域里的优秀专家和学者。本丛书计划推出 40 卷。

【序　号：29 】
项目名称：**21 世纪音乐学文库**
作　　者：明　言、郑　中
出版单位：人民音乐出版社
规　　模：600 万字
出版时间：2008 年 12 月
内容简介：全套丛书在“十一五”期间计划出版由具有博士学位或博士生导师资格的作者撰写的音乐学专著 20 种，以博士后流动站通过的研究课题为主。范围包括：1. 音乐史，包括记谱学、乐器学等；2. 体系的音乐学，包括音乐声学、音乐生理学、音乐心理学、音乐美学、音乐哲学等；3. 音乐民族学与民俗学；4. 音乐社会学；5. 应用音乐学，包括音乐教育学、音乐治疗学、音乐评论、音乐工艺学等。

【序　号：30 】
项目名称：**历代印论类编**
作　　者：黄　惇
出版单位：荣宝斋出版社
规　　模：100万字
出版时间：2007年12月
内容简介：篆刻艺术是我国传统艺术领域里的一朵奇葩，它有着深厚的传统文化背景和艺术魄力。而历代文人对篆刻和印章艺术的研究散见于我国浩瀚的文海之中，明清以来已有专家对历代印学进行过专题研究，但受条件所限难窥全貌。《历代印论类编》是黄惇先生与其众硕士生、博士生潜心研究多年的项目，被列为国家“十五”社会科学研究课题，此课题对历代印学理论加以整理、点校，并按科学分类加以汇编，是迄今在篆刻领域搜罗最广、资料最为丰富的理论巨著。它将是对篆刻领域进一步深入研究的奠基之作，具有重要的学术性和资料价值。

【序　号：31 】
项目名称：**中国民间艺术传承人口述自传**
作　　者：冯骥才　主编
出版单位：安徽教育出版社
规　　模：2 000万字
出版时间：2009年12月
内容简介：本套丛书由冯骥才先生组织，在全国范围内进行的民间艺术传承人普查活动所收集的资料结集而成。此次普查活动在全国范围内选取100位左右优秀的民间艺术传承人，实地对他们进行采访，记录了他们的口述，同时普查人员也拍摄了大量照片，进行了现场录像。本丛书以这些第一手资料为基础，为每一位民间艺人打造一本全面反映其人、其事、其艺的优秀图书，并配套出版现场录像光盘。

【序　号：32 】
项目名称：**中国徽州木雕、石雕、砖雕**
作　　者：安徽美术出版社　编
出版单位：安徽美术出版社
规　　模：6 万字
出版时间：2007 年 4 月
内容简介：徽州艺术，特别是雕刻艺术，曾在明清之际有着十分辉煌的历史，诸如金石、碑刻、琢砚、版画、竹刻。其中石雕、木雕、砖雕（以下简称“三雕”）堪称徽文化乃至中华民族传统文化中一颗璀璨的明珠。全书分中国徽州石雕、木雕、砖雕共三集，每集以“三雕”的局部图片与建筑的整体图片穿插编排的方式，使其更具整体性与典型性，以求强化该书的特色，同时本书深化对图片文字的考证与赏析，对徽州“三雕”的源流及工艺特点、审美价值给予较详细的说明，使之具有实用、观赏和史料价值。

【序　号：33 】
项目名称：**中国徽班**
作　　者：李泰山　主编
出版单位：安徽文艺出版社
规　　模：250 万字
出版时间：2006 年 8 月
内容简介：本书系全国艺术科学“十五”规划课题，由“明代徽班”、“清代徽班”、“现代徽班”、“徽剧艺术”、“徽剧剧目”、“徽剧人物”、“徽剧音乐”七大部分组成。本书卷帙浩繁，雅俗共赏，不仅以丰厚的史料总结了徽班在中国戏曲发展史上的重要地位，同时还以其独特的艺术风采，展示了徽文化的巨大魅力，具有较高的学术价值和文化积累价值。

【序　号：34 】
项目名称：**中国土楼**
作　　者：曲利明、何葆国

出版单位：海潮摄影艺术出版社
规　　模：11 万字，800 幅图
出版时间：2006 年 1 月
内容简介：本画册以福建土楼为主，同时包括江西的“围屋”、广东的“围龙屋”等富有特色的土楼民居建筑，从而构成中国土楼的宏大格局。画册收入 800 幅图片，展示了数百座特色土楼的英姿，全方位反映了经典土楼的历史、建筑特色以及相关风俗人情，并透过人与土楼的关系，进行深层次的人文思考，把奇妙的土楼、美丽的土楼和沧桑的土楼一并诠释，具有较高的资料性和艺术性。

【序　号：35 】
项目名称：**中国非物质文化遗产老照片珍藏系列**
作　　者：冯骥才　主编
出版单位：古吴轩出版社
规　　模：350 万字
出版时间：2008 年 12 月
内容简介：本系列丛书全景式地考察、评述、展示了具有深厚底蕴的中国非物质文化遗产——中国戏剧、中国曲艺、中国美术、中国音乐、中国民俗、中国百工、中国功夫等形成之历史渊源、文化活动和意象以及承前启后的现状等。

【序　号：36 】
项目名称：**中国结丛书**
作　　者：冯骥才　主编
出版单位：河北少年儿童出版社
规　　模：40 万字
出版时间：2006 年 8 月
内容简介：本丛书由著名作家冯骥才先生担任主编，会同中国民间文艺家协会组织的 20 多位专家学者共同编纂而成。丛书已于 2004 年 9 月由河北少年儿童出版社出版 10 卷，现为续编 6 卷。每卷以大量精美的图片和简洁生动的语言文字，介绍了服饰、刺绣、陶瓷、泥塑、雕刻、玩具的历史、工艺、传人、代表作及艺术特色等内容，具有权威性、趣味性、艺术性、知识性、民族性、多样性等特点，给人以赏心悦目之感。丛书为青少年读者打开了民间文化宝库的一扇窗，使他们从中充分领略到民间艺术的博大精深，在迈向开放世界的时候，多一份民族的自尊、民族的眼光、民族的品位和民族的胸襟。

【序　号：37 】
项目名称：**中国磁州窑艺术（上、下卷）**
作　　者：叶泽民、马忠里　等
出版单位：河北美术出版社
规　　模：20 万字
出版时间：2006 年 6 月
内容简介：中国磁州窑艺术历史悠久，是北方最大的陶瓷产地，对中国南北方的陶瓷发展产生了积极影响，形成了以磁州窑为中心的北方“磁州窑系”。本套丛书从艺术审美的角度再现中国磁州窑的历史发展，区别以往的考古视角。丛书分为上、下卷，图文并茂，全中英文对照。内容分别为：1. 磁州窑艺术风格的变革；2. 磁州窑的工艺技术及对磁州窑艺术审美的影响；3. 磁州窑的造型及装饰图形；4. 磁州窑历代精品图录及赏析。

【序　号：38 】
项目名称：**20 世纪中国陶瓷**
作　　者：秦锡麟
出版单位：江西美术出版社
规　　模：10 万字，1 000 幅图
出版时间：2009 年 9 月
内容简介：作者以 20 世纪中国陶瓷发展脉络为主线，以陶瓷艺术流派、陶瓷艺术名家名作、陶瓷艺术分类鉴赏为纲目，选取作品 1 000 余幅，并有历史、评论、鉴赏文字 10 万字。本书是一部全面总结和介绍 20 世纪中国陶瓷发展面貌的具有典籍性的工具书。

【序　　号：39】
项目名称：**中国西藏美术全集**
作　　者：重庆出版集团美术中心
出版单位：重庆出版社
规　　模：20万字，1 000幅图
出版时间：2009年10月
内容简介：全集定位为艺术类画册，而非单一的图录或研究文集，它以西藏壁画、唐卡、雕塑、面具、建筑、工艺品、服饰等艺术形式为选材对象，以前述各种艺术形式的价值认定为出版主题，同时兼及历史价值、文物价值和学术价值来编辑出版这套画册。

【序　　号：40】
项目名称：**中国古代戏曲构成研究**
作　　者：黄天骥、康保成
出版单位：河南人民出版社
规　　模：100万字
出版时间：2006年12月
内容简介：本书为2002年国家社科重点项目，由多位专家在多年对古代戏曲研究的基础上，另辟蹊径，对古代戏曲进行重新梳理和考证，重在对古代戏曲的构成元素作系统的、全方位的、纵向的研究。对古代戏曲构成的研究涉及戏曲史学的内容，还涉及戏曲本身结构形式的研究，以及形式的变化与内容变化的相辅相成，还有古代戏曲理论对戏曲构成方面的研究，并涉及人类学、社会学、戏曲观众学等许多相关的领域。这一课题的研究有着很重要的意义，对我们了解古代戏曲的构成演变有一定的参考价值。

【序　　号：41】
项目名称：**中国著名作曲家钢琴作品系列**
作　　者：朱践耳、杜鸣心　等
出版单位：上海音乐出版社
规　　模：350万字

出版时间：2008 年 4 月

内容简介：这是一部规模宏大的系列丛书，以名家专集形式向广大读者介绍在我国钢琴创作领域中作出突出贡献的著名作曲家的主要作品，是一套极具学术研究价值，且有着极高艺术鉴赏水准和实用价值的重要书谱。丛书计划出版包括丁善德、王建中、石夫、朱践耳、陈培勋、杜鸣心、汪立三、贺绿汀、郭志鸿、赵晓生、倪洪进、桑桐、饶余燕、崔世光、黄虎威、黄安伦、储望华和黎英海等 18 位著名作曲家的钢琴作品专集，其中朱践耳、杜鸣心、桑桐、郭志鸿、倪洪进的个人专集已于 2005 年 4 月出版。每一部专集均由作曲家本人进行筛选、修订、加注指法和演奏注释，并撰写创作笔记；几乎所有的专集都收选了他们未曾发表过的作品或为专集而创作的新作。我们还为丛书专门设定了作者自序和专家评介文章，并都附有英译，这为便利世界更好地了解中国钢琴音乐创造了条件。

【序　号：42 】

项目名称：**中国原生态舞蹈**

作　　者：巫允明

出版单位：上海音乐出版社

规　　模：100 万字

出版时间：2008 年 5 月

内容简介：本书从人类文化学的视角出发，以“语言系属研究民族舞蹈文化方法论”为途径，首次对国内 56 个民族的代表性原生态舞蹈的流传地域、渊源流变、舞蹈形态、舞蹈音乐以及所属民族简史等方面的研究成果予以出版，通过深入浅出的文字、千余幅精美图片和数百分钟原生态舞蹈影视进行全方位的介绍和展示。

【序　号：43 】

项目名称：**中国艺术辞典系列**

作　　者：王文章

出版单位：文化艺术出版社

规　　模：1 800 万字

出版时间：2010 年 12 月

内容简介：“中国艺术辞典系列”分为：1.《舞蹈辞典》；2.《音乐辞典》；3.《美术辞典》；4.《戏曲曲艺辞典》；5.《电影电视辞典》；6.《设计艺术辞典》；7.《艺术学辞典》；8.《红楼梦辞典》共八部。该系列完全覆盖了艺术学各学科，是艺术研究领域一套不可多得的工具书。

【序　号：44】

项目名称：**中国法书全集**

作　　者：《中国法书全集》编辑委员会

出版单位：文物出版社

规　　模：200 万字

出版时间：2008 年 8 月

内容简介：《中国法书全集》是《中国分类美术全集》的子项，为中国历代法书墨迹汇编。上起文字起源时的象形符号，下至清朝末年，选择在我国书法史有一定历史、学术价值和较高艺术水平的 2 600 件书法墨迹，按年代及书家编排，不但充分反映我国悠久的文明和辉煌的艺术成就，在书法史的研究上也将是一次总结。本书所收的作品，出自国内外各博物馆馆藏，均经专家鉴定，不仅手迹最为系统，资料最丰富，而且具有权威性。除收入博物馆藏品外，还收入新出土材料，并吸收历代特别是新的研究成果。

【序　号：45】

项目名称：**中国京剧流派剧目集成**

作　　者：黄　克、常立胜　等

出版单位：学苑出版社

规　　模：1 300 万字

出版时间：2009 年 12 月

内容简介：集成拟收录 50 余位京剧流派创始人、优秀继承人所擅演的经典剧目 220 余出（其中包括大量绝迹舞台多年、濒临失传的传统戏，60% 的剧本先前从未出版过）。本套书采用全方位的记录方式（包括剧本、唱腔伴奏、锣鼓经、身段表演、服装扮相等）再现流派剧目风貌，是新中国成立以来收入流派最广、剧目最多、整理最齐备的京剧剧本集。集成总计约 50 册，将分批推出。

【序　号：46 】
项目名称：**中国竹木牙角器全集**
作　　者：王世襄、杨伯达　等
出版单位：文物出版社
规　　模：70 万字
出版时间：2006 年 12 月
内容简介：《中国竹木牙角器全集》是《中国美术分类全集》之一种，由著名文物鉴定专家王世襄先生担任主编。全集按牙角器、木雕、竹刻、家具分卷编排，由杨伯达先生、刘静女士等承担分卷主编，并分别撰写研究论文载于卷首，图版说明由各收藏单位专业人员撰写，以保证全集的学术地位。全集拟从故宫博物院、国家博物馆、上海博物馆、广东省博物馆、福建省博物馆、湖北省博物馆、承德避暑山庄等 100 余家文物收藏单位遴选相关文物 1 700 余件予以展示，是目前该类图书中最具权威、最为系统的专著。

【序　号：47 】
项目名称：**藏传佛教艺术发展史**
作　　者：谢继胜　等
出版单位：上海书画出版社
规　　模：50 万字
出版时间：2006 年 5 月
内容简介：本书是一部全面研究藏传佛教艺术发展史的学术专著，主要对藏传佛教艺术的形成、发展与传播，及其作为我国民族文化互相交融的文化现象加以总体把握和深入研究，将汉藏艺术的相互影响和发展趋势作为藏传佛教艺术发展史的主线阐述，从中揭示中华民族文化多元一体的格局。本书以个案研究的办法考察不同时期藏传佛教艺术作品的特点、风格以及传播的历史影响，是目前研究西藏艺术发展史首例学术研究成果，被列入 2002—2005 年度“中国社会科学院重大科研项目”。

【序　号：48 】

项目名称：**中国天津杨柳青木版年画集成**

作　　者：王树村、刘建超　主编

出版单位：天津杨柳青画社

规　　模：60 万字

出版时间：2010 年 12 月

内容简介：本集成分为：1. 画卷类，共 4 卷；2. 线描、残版类，共 2 卷；3. 历史延革，画师、刻工小传等历史杂陈，共 1 卷。

【序　号：49 】

项目名称：**世界摄影史**

作　　者：内奥米·罗森布拉姆

出版单位：中国摄影出版社

规　　模：70 万字

出版时间：2006 年 8 月

内容简介：本项目是国内第一本全面完整的摄影史学书，以时间为序，从摄影术诞生之日起，直至 20 世纪 90 年代初，囊括了世界摄影史上有里程碑意义的代表作和代表人物，并对主要的摄影流派和摄影现象作了相关的背景介绍及分析。这是一本进行摄影史学研究、学习的权威书籍，已在世界多个国家有五种译本发行。

【序　号：50 】

项目名称：**外国设计史**

作　　者：高　丰

出版单位：广西美术出版社

规　　模：100 万字

出版时间：2008 年 12 月

内容简介：目前，我国关于外国设计史方面的研究尚处于起步阶段，出版本书将可以全面、系统地向国内学术界介绍和分析外国设计从古到今发展的历史。本书的编写出版将弥补国内对外国设计历史与理论研究方面的不足。

【序　号：51 】
项目名称：**世界美术大辞典**
作　　者：法国拉鲁斯出版公司
出版单位：吉林美术出版社
规　　模：270 万字
出版时间：2006 年 5 月
内容简介：本书为法国知名辞书出版社拉鲁斯出版公司出版的大部头美术辞典，书中囊括了世界所有画家、艺术运动、艺术流派及相关专业术语，是一部集全面性、权威性、参考性及指导性于一体的大型美术辞书。本书最为出色之处是其客观全面地收录了文艺复兴以来的所有画家、艺术流派、艺术运动，而且是从世界的角度来评价、解释，同时配以大量的图片，使其内容更具有说服力，与国内同类图书相比，更具有客观性、全面性和学术性。

【序　号：52 】
项目名称：**20 世纪西方音乐学名著译丛（第一辑）**
作　　者：B. Nettle、C. Dahlhaus、H. Eggebrecht、E. A. Lippmann　等
出版单位：湖南文艺出版社
规　　模：500 万字
出版时间：2008 年 1 月
内容简介：本译丛内容涉及音乐史学、民族音乐学、音乐社会学、音乐心理学以及音乐美学等领域。具体书目如下：1.《西方音乐》；2.《音乐人文哲学》；3.《西方音乐美学史》；4.《音乐史原著汇编》；5.《音乐心理学手册》；6.《音乐的意义与表现》；7.《民族音乐学的理论与方法》；8.《古典和浪漫时期的音乐美学》；9.《社会中的音乐：音乐社会学导论》；10.《音乐——纯音乐体验的哲学思考》。

【序　号：53 】

项目名称：**加德纳世界艺术全史**

作　　者：［美］弗雷德·克莱纳　编著

出版单位：中国青年出版社

规　　模：90 万字

出版时间：2007 年 7 月

内容简介：本书是西方艺术界享有盛名的《加德纳世界艺术全史》的第 11 版。第 11 版是为纪念该书首版 75 周年而出版的。本书遵循加德纳以“世界”的框架、“全景”的视角来阐述艺术发展的主旨，内容从史前到 20 世纪的后现代主义艺术，涉及绘画、雕塑、建筑、设计、摄影及工艺美术等多个艺术门类。同时，在当今全球化的背景下，本书力图打破传统的西方中心论的褊狭观，扩展了亚洲、非洲、美洲及大洋洲艺术的篇幅，体现出权重平衡的整体观和客观性。全书收入了 1 400 多张插图，其中 60%是彩图，包括超过 65 张的整页插图及黑白图片、图表和草图等，是同类艺术史教科书中插图量最大的。同时还为读者提供简明的专业术语解释及参考资料。

【序　号：54 】

项目名称：**世界馆藏中华瑰宝**

作　　者：徐邦达、耿宝昌　等

出版单位：湖南美术出版社

规　　模：6 000 万字

出版时间：2010 年 12 月

内容简介：本书对全世界一百多家著名博物馆的中国文物精华进行多角度、多学科的研究。面向广大读者，全方位展示中华五千年文明史，重点诠释中华瑰宝的艺术特色与文化内涵。前 50 卷为馆藏卷，以博物馆分卷；后 10 卷为综述卷，以文物品类及年代分卷。馆藏卷国外部分包括：大都会博物馆、芝加哥美术馆、波士顿美术馆、旧金山亚洲博物馆、东京国立博物馆、大阪市立美术馆、大英博物馆、卢浮宫吉美分馆、艾尔米塔什博物馆等。馆藏卷国内部分包括：故宫博物院、中国历史博物馆等。

【序　号：55 】
项目名称：**中国民间刺绣**
作　　者：王亚蓉
出版单位：万卷出版公司
规　　模：20 万字
出版时间：2006 年 6 月
内容简介：本书结合文献和文物，考订上溯秦汉、下迄近代不同时期各种刺绣针法之滥觞及其演变进程，阐述历代关于绣品的习俗和风行情形，分析民间刺绣的造型、配色、构图特点等。

【序　号：56 】
项目名称：**川剧艺术**
作　　者：四川省川剧艺术研究院
出版单位：四川美术出版社
规　　模：20 万字
出版时间：2007 年 6 月
内容简介：本书全面介绍了川剧的起源和发展历史，介绍各历史时期的代表人物及剧目，以及和川剧相关的基础知识，通过大量珍贵的历史照片，配以通俗易懂的文字介绍，图文并茂的编排形式，使读者在轻松的阅读中了解川剧，并为川剧的研究者和热爱者提供大量的珍贵史料。

【序　号：57 】
项目名称：**陕西民间美术大系**
作　　者：王国征、陈三桥　等
出版单位：陕西人民美术出版社
规　　模：160 万字
出版时间：2006 年 12 月
内容简介：本书共八卷，主要收录陕西境内有代表性的民间美术作品，并作出评介与研究结论。全书分为石雕·泥塑卷、刺绣卷、剪纸卷（上、下）、农民画卷、面花卷、皮影卷和脸谱卷。本书为“十五”国家重点图书出版规划项目，现已经正式出版了石雕·泥塑卷。

【序　号：58】
项目名称：**上海戏曲图志**
作　　者：孙重亮、蔡正仁　等
出版单位：上海文化出版社
规　　模：280 万字
出版时间：2008 年 12 月
内容简介：“上海戏曲图志”系列图书是上海文化出版社“上海文化艺术志”丛书的一个延伸项目。本丛书拟包括四卷，分别为《上海昆剧图志》、《上海京剧图志》、《上海越剧图志》和《上海沪剧图志》。每卷约 70 万字，图片约 500 幅。

【序　号：59】
项目名称：**江西艺术史**
作　　者：江西省艺术研究所
出版单位：江西教育出版社
规　　模：120 万字
出版时间：2006 年 12 月
内容简介：本书分类包括江西音乐史、舞蹈史、戏曲史、工业史、书法史、绘画雕塑史、建筑艺术史、陶瓷艺术史、曲艺史等。以各艺术门类和著名人物、著名事件、著名流派、著名作品为主体内容，将江西历代艺术置于中华文化艺术的历史背景和江西经济、政治、文化的历史背景中进行叙述。

【序　号：60】
项目名称：**广西民间美术全集**
作　　者：广西博物馆
出版单位：广西美术出版社
规　　模：100 万字
出版时间：2010 年 12 月
内容简介：广西是一个多民族地区，形成了各自不同的民族民间文化，产生了丰富多彩的民间美术作品。《广西民间美术全集》是广西民间美术作品的精华荟萃，是众多专家多年来对广西民间美术挖掘整理、再认识的最新成果。本书按织锦、刺绣挑花、蜡染、面具雕刻、银饰、铜鼓纹样等类别分为若干卷。

【序　号：61】
项目名称：**江西藏瓷全集（英/汉文版）**
作　　者：铁　源　主编
出版单位：朝华出版社
规　　模：10 万字
出版时间：2009 年 3 月
内容简介：全集共收录 2 500 余件器物，已于 2004 年出版第五卷《江西藏瓷全集——清代》（上、下）。现正在进行其他五卷的编撰。明代在江西陶瓷发展史上是一个十分重要的时期，景德镇成为全国瓷业中心，瓷器生产呈现官窑与民窑共同发展的局面。明代御器厂集中了全国最优秀的制瓷工匠，为景德镇瓷器的蓬勃发展提供了雄厚的技术支持。最能代表明代官窑时代水平的是青花、斗彩、五彩及黄釉、白釉瓷器。五彩的大量烧造标志着明代瓷器生产已进入以彩瓷为主的黄金时代。明代景德镇民窑窑址几乎遍及景德镇全市，尤以湖田和观音阁地区最为集中，而产品更是销往海内外。

【序　号：62】
项目名称：**敦煌丝绸艺术全集**
作　　者：赵　丰　主编
出版单位：东华大学出版社
规　　模：20 万字，500 幅图
出版时间：2008 年 12 月
内容简介：全集收集世界各地所藏的敦煌出土的纺织品，主要是对中国敦煌研究院、英国大英博物馆、法国吉美博物馆和俄国爱米塔什博物馆所藏的所有纺织品文物，进行系统的整理和研究。这一工程是藏经洞发现百年多来第一次对丝绸艺术的研究，具有填补国际敦煌研究领域空白的重大意义，也是以中国学者为主导在国际上合作进行敦煌艺术研究的一项盛举，必将为世界范围内的敦煌纺织服饰研究提供权威性的理论依据。全集分为四卷，收入 500 张照片。

【序　号：63 】
项目名称：**敦煌壁画故事全集**
作　　者：梁尉英
出版单位：甘肃民族出版社
规　　模：120 万字
出版时间：2006 年 10 月
内容简介：敦煌壁画是一笔重要的文化遗产，它所涵盖和反映的社会生活和思想内容十分丰富，但大多数人对于其所蕴涵的佛学哲理并不能很好地理解，对于壁画故事的佛经来源则更是不知。本书欲以壁画故事为机缘，对依附于壁画故事中的佛教哲理进行深入浅出的阐释。除用通俗的文字对故事进行解说外，还附带指出了各个故事源出的佛教经典，对于同一故事在不同时期表现的重点的差异也给予了评说，对于冷僻的名词等进行了注解。

【序　号：64 】
项目名称：**读者艺术读本**
作　　者：读者杂志社
出版单位：甘肃人民美术出版社
规　　模：150 万字
出版时间：2007 年 12 月
内容简介：“读者艺术读本”包含戏曲艺术读本、音乐艺术读本、舞蹈艺术读本、杂技艺术读本、绘画艺术读本（西洋画、中国画各 1 册）、雕塑艺术读本、书法艺术读本、工艺美术读本、民间民俗艺术读本、电影艺术读本、收藏鉴赏艺术读本、建筑艺术读本、现代艺术读本、摄影艺术读本、博物馆艺术读本、服饰艺术读本、室内装饰艺术读本等 18 册。

【序　号：65 】

项目名称：**艺术导论及资源库**

作　　者：邹跃进

出版单位：高等教育出版社

规　　模：300 万字

出版时间：2006 年 12 月

内容简介：本项目是教育部“全国高校公共艺术课程规划”之重点，是艺术基础理论研究方面的骨干工程。全书以当代的立场和视野，吸收了本学科最新的研究成果，用语境化、具体化和历史化的方法阐释和解读了艺术理论中的命题和范畴，艺术现象和作品中的思想、意义与问题；在艺术理论与实践之间、在中国艺术与西方艺术之间、在传统的解释与现代的解释之间保持了适当的张力，特别是对当代的艺术现象和实践，作出了更为全面和深入的解释。

【序　号：66 】

项目名称：**艺术文库**

作　　者：约翰·杜威、亨利·詹姆斯　等

出版单位：广西师范大学出版社

规　　模：400 万字

出版时间：2007 年 10 月

内容简介：这套跨学科的艺术文库，意在从人文角度审视艺术，荟萃经典与前沿文献，既为美术学院师生提供西方艺术理论发展的谱系，又为普通读者提供了解艺术的浅易门径。本丛书共 20 册，其中有：1.《云的理论》；2.《女性，艺术与权力》；3.《现代生活的英雄》；4.《化名奥林匹亚》；5.《美的分析》；6.《弗朗西斯·培根：感觉的逻辑》；7.《画中真理》；8.《艺术即经验》；9.《画家之眼》；10.《视觉的政治》；11.《美感》；12.《艺术家的真实》；13.《浪漫主义的根源》等。

【序　号：67 】

项目名称：**吴冠中全集**

作　　者：水天中、汪　华　主编

出版单位：湖南美术出版社
规　　模：1 000 万字
出版时间：2006 年 12 月
内容简介：全集拟分八卷，收入作品约 2 200 件，囊括吴冠中先生一生各个时期的代表作品，展现其在艺术上探索与创新的过程，并精选其毕生所写的反映他艺术观点与思想的散文近 100 万字。

【序　　号：68 】
项目名称：**杨荫浏全集**
作　　者：乔建中、张振涛　等主编
出版单位：江苏文艺出版社
规　　模：450 万字
出版时间：2006 年 6 月
内容简介：杨荫浏先生（1899—1984）是 20 世纪中国音乐学术领域的杰出代表，也是音乐界公认的一代宗师、泰斗。《杨荫浏全集》收录杨先生毕生的研究成果。他对瞎子阿炳的乐曲进行了抢救和整理，并编成《阿炳曲集》闻名于世。在其六十余年的音乐生涯中，他对我国民族音乐遗产包括民间音乐、戏曲音乐、宗教音乐的发掘、抢救、搜集、整理、研究工作，都有相当的成就和贡献。

【序　　号：69 】
项目名称：**陆俨少全集**
作　　者：沈明权、陆　亶　主编
出版单位：河北教育出版社
规　　模：10 万字，2 500 幅图
出版时间：2007 年 1 月
内容简介：全集共分 10 卷，通过收录陆俨少先生各个时期的画作 2 500 幅，让读者能够完整地了解陆俨少先生在艺术上的探索、发展、成熟与创新，展现陆俨少先生在继承传统的基础上所开创的一种新的自我风格。

【序　号：70】
项目名称：**齐如山全集**
作　　者：梁　燕　主编
出版单位：河北教育出版社
规　　模：450万字
出版时间：2006年6月
内容简介：全集收录齐如山的戏剧研究作品，戏曲漫记、图谱，风俗研究和随笔，以及回忆录共11卷。

【序　号：71】
项目名称：**鲁迅藏画集**
作　　者：孙　郁
出版单位：同心出版社
规　　模：2 000幅图
出版时间：2006年10月
内容简介：鲁迅先生是中国现代版画运动的旗手，他一生所收藏的世界著名版画家的作品多达数千幅，不仅有木刻版画，还有十分珍贵的铜版画，欧美、日本、俄罗斯最重要的版画家的作品均被其收藏，有许多是世界美术史上难得一见的精品，在国外已经绝版。近年来，常有国外学者、艺术家到鲁迅博物馆要求瞻仰这些作品，观者无不惊叹。这些珍贵的收藏品绝大部分没有公开出版过，因此，出版《鲁迅藏画集》不仅是世界美术史上的一件盛事，也将填补中国出版史上的一项空白。本画集分为三卷。

【序　号：72】
项目名称：**黄宾虹全集**
作　　者：王伯敏　主编
出版单位：浙江人民美术出版社、山东美术出版社
规　　模：150万字
出版时间：2006年8月
内容简介：黄宾虹是我国近现代的国画大师，无论山水画、花鸟画创作都有鉴

古开今的功绩，而且于书法、篆刻以及画史、画论均有精深的研究。他既是一位具有思想内涵的旧民主主义革命者，也是放眼看世界的艺术先行者之一。所以，系统、全面、深入地展示他的艺术成果和生活历程，可为更多的人理解黄宾虹，更多的艺术工作者研究黄宾虹，提供更大的天地。

【序　号：73】
项目名称：**马思聪全集**
作　　者：汪毓和　主编
出版单位：中央音乐学院出版社
规　　模：800万字
出版时间：2009年7月
内容简介：马思聪是20世纪中国最著名的作曲家之一，在国际上享有盛誉。他写下了大量作品，其中多部被遴选为20世纪华人音乐经典。马思聪全集包括交响乐作品、协奏曲作品、歌剧舞剧作品、合唱作品、小提琴独奏及室内乐作品、钢琴作品、文章、日记以及创作杂记等文字类著作。

【序　号：74】
项目名称：**沙孟海全集**
作　　者：朱关田　主编
出版单位：浙江人民出版社
规　　模：150万字
出版时间：2007年12月
内容简介：《沙孟海全集》收入沙孟海先生一生的著述及作品。全书分为著述、图版和年谱三部分。著述部分收入沙老一生的论著、文章、诗词、笔记、札记、书信、日记等，其中大部分书信、日记从未公开出版和发表过。图版包括书法作品和篆刻作品，其中书法又按正、草、篆、隶、行分类编排。

【序　号：75】
项目名称：**石鲁全集**
作　　者：石　果、石　丹　主编

出版单位：河北美术出版社
规　　模：20 万字，1 600 幅图
出版时间：2007 年 6 月
内容简介：《石鲁全集》拟出版八卷，大八开本，1 600 幅图。前两卷为石鲁先生的代表性绘画作品，每卷收录约 200 幅；第三卷为写生作品，包括铅笔、钢笔、水墨小品，约 200 页；第四卷为书法作品；第五卷为诗词、手稿、历史照片、印章、年表，约 180 页；第六、七、八卷为民间藏石鲁作品。一至五卷的每卷卷首有评论文章或相应的文字，以使本书更具有学术研究性。

【序　号：76 】
项目名称：**影像阅读丛书**
作　　者：瓦尔特·本雅明、约翰·伯格　等
出版单位：广西师范大学出版社
规　　模：280 万字
出版时间：2008 年 12 月
内容简介：本丛书引介翻译国外关于摄影理论与批评的经典著作，内容不局限于摄影，而是从当前影像文化的大背景出发，回顾摄影历史，建立摄影批评的框架与规范。本丛书意在填补国内摄影理论与批评的空白，其开创性价值不但会对国内摄影界产生巨大的推动作用，还将对日益深入当代社会的视觉文化诸领域产生影响。

【序　号：77 】
项目名称：**内府戏出人物画**
作　　者：黄　克　主编
出版单位：花山文艺出版社
规　　模：20 万字，200 幅图
出版时间：2006 年 2 月
内容简介：本书是清朝宫廷画家专门为慈禧太后绘制的戏曲人物册页汇集及鉴赏、考证，是一本兼具学术价值和鉴赏收藏价值的图书。

【序　号：78】
项目名称：**回宫格书法研究**
作　　者：杨为国
出版单位：开明出版社
规　　模：100 万字
出版时间：2007 年
内容简介：本书力图通过先形后意，即先字型后笔法的新教学方式，来改变过去的先笔法后字型的教法，促使我国的写字教学能上一个新台阶。

【序　号：79】
项目名称：**新哈佛音乐词典**
作　　者：人民音乐出版社辞书编辑室
出版单位：人民音乐出版社
规　　模：600 万字
出版时间：2008 年 6 月
内容简介：《新哈佛音乐词典》是世界上最具权威性的单卷本大型词典，立目词条约 6 万项，问世以来已重印多次，并被翻译成多种语言在世界各国发行。其内容包括了音乐各个学科，由世界音乐各专业领域内的知名专家学者撰写而成，反映了世界音乐研究的最成熟成果。

【序　号：80】
项目名称：**画派——中国绘画的传承与群体**
作　　者：单国强、单国霖
出版单位：山东美术出版社
规　　模：170 万字
出版时间：2008 年 10 月
内容简介：编辑出版一套系统研究画派的大型画册，不仅为中国传统绘画的研究提供了一个崭新的视角，对中国画今后的发展也将产生深远的影响。本丛书对隋朝以来至清末各个有代表性的画派形成发展的历史原因、文化渊源、时代风尚、审美追求、艺术主张、师承演变、地域关系、技法特征、生卒年考以及历史价值和后世产生的影响与衰退的原因等方面作出精辟的分析和论述。对书中的每一幅图片除标明其朝代、作者、馆藏、作品尺寸等之外并配以简明扼要的文字说明，力争使其成为一套集学术、研究、艺术、欣赏、收藏价值于一体的大型画册。

【序　号：81】
项目名称：**世纪之旅——穿越文化边界的中国现代美术**
作　　者：范迪安
出版单位：山东美术出版社
规　　模：80 万字
出版时间：2008 年 12 月
内容简介：本书的内容将分成四大部分。第一部分，重点阐述“五四”新文化背景下中国新美术的时代意识、开放型态和精神内涵。第二部分，重点阐述中国美术在民族解放斗争中发挥的积极作用和民族文化内涵。第三部分有两条线索，一条是 20 世纪 50 年代留学苏联的美术家的经历和他们回国后的作用，阐述中国美术与苏联美术的关系；另一条是 20 世纪 50 年代至 60 年代台湾美术家留学国外的情况以及台湾美术的演变。第四部分，通过描述改革开放以后中国美术家走向海外的历程，重点阐述中国美术与西方美术的关系。

【序　号：82】
项目名称：**敦煌艺术大辞典**
作　　者：樊锦诗
出版单位：上海辞书出版社
规　　模：100 万字
出版时间：2008 年 12 月
内容简介：《敦煌艺术大辞典》依托百年敦煌学术的积累，以图文并茂的辞典形式对敦煌艺术（尤其是其主体部分——敦煌石窟艺术）作全面总结，并对敦煌学领域内但凡含有一定艺术因素的对象，作较全面、有深度的反映，是国内外这一领域里唯一大型工具书。全书收词 2 500

条，总字数 100 万左右，内容包括石窟考古、各时代艺术·代表窟、彩塑、本生故事画·因缘故事画·说法图、经变画、佛教史迹画·瑞像图·菩萨画像、飞天画像·神道画像、书法·印章等共计二十多个门类。收有彩图 150～200 幅，随文插图 600～1 000 幅。

【序　号：83】
项目名称：**国家博物馆馆藏文物研究图录丛书**
作　　者：朱凤瀚
出版单位：上海古籍出版社
规　　模：1 000 万字
出版时间：2007 年 1 月
内容简介：全书分青铜器、甲骨文、陶器、书法等 20 类，系统地对中国国家博物馆所藏中国古代文物进行研究和介绍。

【序　号：84】
项目名称：**上图珍本碑帖丛刊**
作　　者：上海图书馆
出版单位：上海古籍出版社
规　　模：1 800 幅图
出版时间：2006 年 3 月
内容简介：丛刊从上海图书馆所藏珍本碑帖中精选 30 种，除碑帖内芯外，所有题签、题跋、鉴藏印章也全部收入。

【序　号：85】
项目名称：**故宫博物院藏文物珍品大系**
作　　者：故宫博物院
出版单位：上海科学技术出版社
规　　模：1 200 万字
出版时间：2008 年 10 月
内容简介：本书共 60 卷，为有史以来最为系统、最为齐全、最为权威的图文并茂类配套系列画册。《故宫博物院藏文物珍品大系》每卷均以比较统一的结构形式和图文对照形式编写，并配有各自不同的内容导言和章节。每卷的相对独立和完整的编排方法，便于不同读者的需求和选购。同时，本书也是一套可读性强、知识性强、观赏性强的图册。

【序　号：86 】
项目名称：**沈阳故宫珍宝**
作　　者：本书编委会
出版单位：万卷出版公司
规　　模：100 万字
出版时间：2009 年 12 月
内容简介：本书收录了沈阳故宫馆藏精品两万余件，都是从未向世人展示过的精品，包括家具、瓷器、钱币等二十余项内容。

【序　号：87 】
项目名称：**三峡民间美术集成**
作　　者：重庆出版集团
出版单位：重庆出版社
规　　模：10 万字
出版时间：2006 年 1 月
内容简介：本画册艺术形式包括木刻、年画、彩绘水陆道场画等，旨在对三峡民间美术作系统的研究与整体把握，对三峡民间美术中反映出来的民众生存状态、民俗活动、价值观念、审美观作必要的总结。

【序　号：88 】
项目名称：**名家经典——中国书画鉴定与研究系列丛书**
作　　者：徐邦达、方　闻　等
出版单位：紫禁城出版社
规　　模：900 万字，6 000 幅图
出版时间：2010 年 10 月
内容简介：本选题为一套囊括国内外所有书画鉴定名家有关书画鉴定研究方面重要论著的集大成丛书。主要特点包括：1. 填补空白。书画鉴定与

研究领域中有关专家、学者论著的集大成丛书目前在国内外学术界尚属空白。2. 关注港台、海外书画鉴定专家的研究成果，并将之与国内专家一起集中出版。3. 关注学院派与第二代书画鉴定专家的新成果、新观点与新的研究方法。本系列丛书将以每人一册的形式编辑出版，共计 60 册。第一批计划编入丛书的作者名单有：启功、徐邦达、傅熹年、方闻、谢稚柳、钟银兰、单国霖、杨新、萧燕翼、王连起、聂崇正、薛永年、尹吉男、傅申、石守谦、张子宁、饶宗颐等。

15. 少数民族类（47 项）

【序　号：1 】

项目名称：**中国少数民族通史丛书**

作　　者：王辅仁　等

出版单位：民族出版社

规　　模：840 万字

出版时间：2010 年 10 月

内容简介：本丛书包括《民国时期民族问题文献汇编》、《藏族通史》、《彝族通史》、《元史》等。

【序　号：2 】

项目名称：**中国民族理论百年发展（1900—1999 年）**

作　　者：金炳镐

出版单位：辽宁民族出版社

规　　模：50 万字

出版时间：2006 年 4 月

内容简介：本书客观地研究论述了中国 20 世纪初至 20 世纪末 100 年的民族理论发展，重点研究论述了马列主义民族理论的传播与发展以及中国共产党民族理论的形成与发展，着重研究梳理了中国共产党民族理论的主要内容与发展历程以及解决中国民族问题过程中民族理论的新发展。

【序　号：3 】

项目名称：**中国少数民族法制通史**

作　　者：张晋藩、林　乾　等

出版单位：中央民族大学出版社

规　　模：550 万字
出版时间：2007 年 6 月
内容简介：本书以民族为单元，通纂中国 55 个少数民族的法制史。本书为“十五”国家社会科学规划项目。

【序　号：4】
项目名称：**中国民族政策史**
作　　者：龚　荫
出版单位：四川人民出版社
规　　模：110 万字
出版时间：2006 年 4 月
内容简介：本书系国家社会科学基金项目。从史学的角度对夏朝至清代所实施的民族政策作了系统而深入的论述。内容包括：1. 王朝政治情况；2. 统治者的民族观；3. 朝廷设置管理民族的职官和机构；4. 派驻民族地区的军事行政官吏；5. 民族地区的行政建制；6. 封授民族上层的职官和称号；7. 民族地区的经济；8. 民族交纳的贡品与租赋；9. 制定和施行的民族法规；10. 民族习俗、宗教；11. 民族“和亲”；12. 民族教育；13. 民族征调；14. 民族安抚；15. 民族征伐；16. 特殊民族政策。

【序　号：5】
项目名称：**蒙古学百科全书（蒙/汉文版）**
作　　者：本书编委会
出版单位：内蒙古人民出版社
规　　模：1 900 万字
出版时间：2006 年 1 月
内容简介：《蒙古学百科全书》是蒙古学基本理论、基本概念、基本知识的综合性权威工具书。全书共分蒙古族古代史、蒙古族近代史、语言文字、文学、经济、军事、科技、医学等 20 个分卷，内容涵盖蒙古族哲学、社会科学、文学艺术、文化教育和自然科学等各个领域。全书的条目及概述文章，坚持实事求是、客观公正的原则；对学术上有争议的问题，如实地反映各家学说；其编撰采用的材料精确可靠，有科学根据。本书是全面反映古今中外蒙古学科研成果的重大出版工程。《蒙古学百科全书》的蒙文医学卷、文学卷、新闻出版卷、语言文字卷及汉文的文物考古卷已出版，民俗卷、蒙古族古代史卷、军事卷已成熟，待出版。

【序　号：6 】
项目名称：**维吾尔古典文学大典**
作　　者：阿布来提·依明、帕丽达·伊明　等
出版单位：新疆人民出版社
规　　模：1 000 万字
出版时间：2009 年 10 月
内容简介：本书包括了根据手抄本整理的各种史诗、民间故事、传说、神话、古典诗、维吾尔古典文学学术论文、影响维吾尔古典文学的各种古典文学作品（主要是东方古典文学）等。这些作品的年代属于维吾尔古代文学、伊斯兰教后期维吾尔文学、察合台维吾尔文学、中世纪维吾尔文学、忽察维吾尔文学、清代维吾尔文学时代。本书大部分作品在《布拉克》杂志已发表，但也包含没有发表过的作品。

【序　号：7 】
项目名称：**中华大藏经（蒙古文版对勘本）**
作　　者：金　峰
出版单位：内蒙古人民出版社
规　　模：100 000 万字
出版时间：2010 年 12 月
内容简介：《中华大藏经》是我国文化宝库中的珍品。蒙古文版《中华大藏经》由《甘珠尔》、《丹珠尔》两部分组成，均为贝叶本。《甘珠尔》包括经、律、论和三藏四续部等，分为七大类。《丹珠尔》主要由古代印度和我国佛学家、翻译家对《甘珠尔》的注释及论著组成，共分十分类。蒙古文《甘珠尔》108 函 41 500 叶，《丹珠尔》226 函约 258 500叶，共 334 函 30 万叶。计划每两函为一册，共 167 册。加上

藏、满、蒙、汉四种文字《大藏经》目录以及本项目大事记，共169册。《甘珠尔》有些函的蒙译从13世纪开始，作为单行本在蒙古族民间流传至今。它的蒙译经过将近400年，于1629年由蒙古察哈尔部林丹汗最后完成。清朝康熙年间组织全国蒙、藏、汉、满各族佛学家、翻译家重新审订蒙文版《甘珠尔》，并木刻出版。乾隆年间再次组织国内400多名各族佛学家、翻译家将《丹珠尔》也译成蒙古文，并木刻出版。现在抢救对勘出版意义重大，将成为蒙古族历史文化进程中的重大里程碑。

【序　号：8 】

项目名称：**中国民族古文字文献珍品图典**

作　　者：张公瑾　等

出版单位：中国社会科学出版社

规　　模：500万字

出版时间：2006年12月

内容简介：本书为大型图册，内含用中国22种民族古文字（含多种文献）撰写的古籍文献资料，含图1 000幅左右，并用简短的文字介绍该文献的文种、品类、作者、时代、规格、型制、质料、内容提要、版本、书法特征、发现背景、收藏单位以及研究情况和研究价值。其中选取有代表性的古籍资料进行释读，包括原件影印、拉丁字母转写、字译、句译、全译、注释和评价。在刊介某一民族文字之前，有一段文字概略介绍这一民族的基本情况、文字的起源和演变、文字的类别和版本形式、整理研究状况等。

【序　号：9 】

项目名称：**第十世班禅额尔德尼·确吉坚赞文集**

作　　者：额尔德尼·确吉坚赞

出版单位：青海民族出版社

规　　模：100万字

出版时间：2006年12月

内容简介：西藏札什伦布寺将大师生前论著整理编纂为《第十世班禅额尔德

尼·确吉坚赞文集》，共三卷。文集内容广泛，主要包括佛经释文、劝善赞词、偈颂祷文等著述，另外有书信小传、哲理格言、诗歌散文数篇。文集对初入佛门者来说是个启蒙教材，对研究佛学及大师佛学观点、生平者而言又称得上是难得的第一手资料。文集充分体现了大师生前坚持爱国爱教的宗旨，带头宣传和执行党的民族宗教政策，积极维护祖国统一、民族团结的崇高精神。

【序　号：10 】
项目名称：**20 世纪美国对中国西藏政策**
作　　者：李　晔
出版单位：东北师范大学出版社
规　　模：30 万字
出版时间：2006 年 10 月
内容简介：本书是国家社会科学基金项目（2001 年世界历史）研究的成果。本书最大的特点在于：1. 以“美国的西藏政策”作为切入点，将中美关系问题研究引向深入。2. 澄清在西藏问题上的大是大非，批驳“西藏宗主国”、“西藏人权”、“西藏民族自决论”的理论误区，揭露美国西藏政策的实质，即利用西藏问题“遏制”、“牵制”和分裂中国。3. 为全面了解中美关系的历史，提示美国的亚洲战略、对华遏制战略提供历史依据。4. 为 21 世纪“西藏问题”的合理解决提供历史借鉴和对策咨询。5. 广泛运用美国的外交文件、联合国文件、英国外交文件、印度外交文件、西藏历史档案文件等大量历史资料，使论证更加充分、可信。

【序　号：11 】
项目名称：**中国水书**
作　　者：莫善余　等
出版单位：巴蜀书社
规　　模：5.2 万码
出版时间：2006 年 12 月
内容简介：水书是水族古文字、书籍的通称，是一种类似甲骨文和金文的古老文字符号，水书与东巴文是世界依旧存活的象形文字，与古巴比伦的楔形文字和古埃及的图画文字也有相似之处，被誉为象形文字的"活化石"。本书包括100册，60 000幅图，记载了水族古代天文、地理、宗教、民俗、伦理、哲学、美学等文化信息。

【序　号：12】
项目名称：**世界民族**
作　　者：郝时远、朱　伦　等
出版单位：中国社会科学出版社
规　　模：320万字
出版时间：2006年12月
内容简介：本书是国内第一部关于世界民族的丛书，与国外已出版的意、法、俄等文字的相似著述相比，本套图书的学术性、系统性仍居世界领先地位。全书320万字，2 000幅图片，主要采用新近的外文资料，系统、全面介绍世界上不同民族的历史和现状、民族政策、民族构成、语言、宗教、政治、经济、文化等内容，是一套具有相当高的学术价值及系统性、理论性和知识性的民族学著作。本书分10卷：1. 历史与现实；2. 种族语言；3. 宗教信仰；4. 文明与文化；5. 国家政治；6. 亚洲卷；7. 非洲卷；8. 欧洲卷；9. 美洲、大洋洲卷；10. 中国卷。

【序　号：13】
项目名称：**蒙古族历史文化词典（蒙文版）**
作　　者：那木云、留金锁　等主编
出版单位：辽宁民族出版社
规　　模：150万字
出版时间：2009年12月
内容简介：本词典主要从广义的蒙古族历史文化的角度辑录重要历史事件、人物、历代典章制度、朝代国名、文献名物、民族部落、官职称号、政体、民俗、科技、文化以及蒙古历史文化研究动态方面的词目10 000余条，并附插图。附录有蒙古族历代分布图及汉、英文词目名称索引。

【序　号：14 】
项目名称：**黑水民族传统文化丛书**
作　　者：李兴盛　主编
出版单位：黑龙江教育出版社
规　　模：200 万字
出版时间：2006 年 12 月
内容简介：本书是由从事黑龙江民族研究的有关专家撰写的对黑龙江省 11 个世居民族及古代民族传统文化进行详细介绍、深入研究和探讨的学术专著。通过全方位、多层次、系统化的研究与探讨，展示了黑龙江流域文明产生、确立、发展的历史真貌，对黑龙江流域研究和黑龙江新质文化的创建具有重要的意义。

【序　号：15 】
项目名称：**民族语言辞书系列丛书**
作　　者：丹迥·冉纳班杂　等
出版单位：民族出版社
规　　模：2 000 万字
出版时间：2009 年 10 月
内容简介：本丛书包括蒙古语佛教辞典、藏文大辞典、新中韩大词典、蒙汉词典、汉蒙大词典等。

【序　号：16 】
项目名称：**草原文明系列丛书**
作　　者：色　音　主编
出版单位：民族出版社
规　　模：600 万字
出版时间：2010 年 12 月
内容简介：丛书主要包括《草原游牧文明》、《草原文明与马背文化》、《草原饮食文化》、《草原民俗文化》、《草原生态智慧》、《草原与宗教》等 30

本图文并茂的系列图书。

【序　号：17 】
项目名称：**西藏编年史**
作　　者：丹玛·江永慈诚　主编
出版单位：浙江人民出版社
规　　模：100 万字
出版时间：2007 年 6 月
内容简介：本书以编年体为主，全面系统地反映了西藏（兼及其他主要藏族地区）约 6 000 年的历史全貌，分为"传说时期"、"吐蕃王朝初期"、"吐蕃封建王朝时期"、"吐蕃封建割据时期"、"萨迦执政时期"、"帕摩竹巴执政时期"、"藏巴执政时期"、"噶丹颇章执政时期"和"新社会时期"九个部分。内容涉及政治、经济、文化、宗教、军事、科技、灾异、内外关系、民风民俗等方方面面。本书的编撰填补了西藏无编年史的空白，为后人和藏学研究者提供了准确可靠的藏史年鉴依据。本书为"十五"国家重点图书出版规划项目。

【序　号：18 】
项目名称：**西藏通鉴**
作　　者：陈奎元、肖怀远　等
出版单位：中国社会科学出版社
规　　模：500 万字
出版时间：2006 年 12 月
内容简介：《西藏通鉴》（暂定名）为国家社科基金特别委托项目，由全国政协副主席、中国社会科学院院长陈奎元主持，天津市委常委、宣传部长肖怀远具体负责，由西藏民族学院、西藏社会科学院和西藏大学的部分学者参加撰写。全课题分上、下两编：上编"历史篇"，分远古卷、吐蕃卷、分散割据卷、元代卷、明代卷、清代卷、民国卷等七卷和大事年表、三历对照表；下编"当代篇"，论述 1959—1998 年西藏的历史。

【序　　号：19 】
项目名称：**西藏历史汉文文献丛刊**
作　　者：拉巴平措　主编
出版单位：中国藏学出版社
规　　模：1 000 万字
出版时间：2011 年 12 月
内容简介：《西藏历史汉文文献丛刊》由陈家琎先生（现已故）主持，陆续进行了二十余年。其大量工作包括从国内各大图书馆、地方资料部门搜集多种孤本、珍本、善本、稿本和抄本；进行初步校注整理后，先后印制了各式版本（精、平、线装等）的影印本、排印本、缩微影印、手抄本及手稿精楷抄本的影印本（多为无标点竖排本）等等，2 000余万字，拟精选出 1 000 万字，共计四个子系列，103 种，计划于 2011 年将之整理出齐。

【序　　号：20 】
项目名称：**藏医学经典荟萃**
作　　者：宇妥·云丹贡布、第五世达赖洛桑嘉措　等
出版单位：青海民族出版社
规　　模：4 500 万字
出版时间：2010 年 12 月
内容简介：藏医的源头是《医学四续》，即《本续》：讲述人体生理病理；《释续》：讲述病症形象分类；《诀窍续》：讲述治疗方法；《后续》：讲述辨证论治、制药等。藏医学是祖国医库中的一颗明珠，具有悠久的历史和完善的理论体系。本丛书将精选 150 部藏医长条木刻版本作为蓝本，共 50 册，每册 90 万字，计划每年出 10 册，五年出齐。

【序　　号：21 】
项目名称：**藏族十明文化传世经典丛书**
作　　者：隆钦巴　等
出版单位：青海民族出版社
规　　模：4 800 万字

出版时间：2010 年 12 月

内容简介：本丛书以藏族十明文化学科为主线，将四大学派中最具权威、最具影响的代表作入选成辑，内容涉及宗教哲学、语言文字、文学艺术等。

【序　号：22 】

项目名称：**西藏文明研究丛书**

作　　者：霍　巍、石　硕　等

出版单位：四川人民出版社

规　　模：100 万字

出版时间：2008 年 12 月

内容简介：本选题为“十五”国家重点图书出版规划项目，教育部人文社会科学重点研究基地重大项目之一。已出版的《西藏文明东向发展史》、《西藏古代墓葬制度史》、《西藏原始艺术》等六部著作，在国际国内学术界产生了重大的影响，多次在全国哲学社会科学界中获得高级别奖项。本选题计划陆续展开关于西藏文明的专题性综合研究。丛书以丰富的汉藏文献和实物材料为依据，通过可视性的图文并重的表达形式，展示西藏深厚的历史文化面貌，同时揭示西藏古代文明发展过程中所反映出的与中原文明及周边各民族文化之间源远流长的相互联系，从学术研究的角度揭示中华多民族国家形成过程中西藏文明的特质和与中华其他文明的共性，并最终阐明西藏文化属于中华民族文化的重要组成部分，西藏文明是多元一体的中华文明的来源之一这一历史事实。

【序　号：23 】

项目名称：**新编汉藏对照词典**

作　　者：本书编委会

出版单位：西藏人民出版社

规　　模：100 万字

出版时间：2009 年 9 月

内容简介：本书收录政治、社会、经济、文化、法律、科技、医学等全学科领域的 5～6 万个词条，以及我国历史年代简表、我国民族简表、节气表、干支次序表、世界各国简表、汉藏译音对照表、化学元素表等。

【序　号：24 】
项目名称：**西藏宗教艺术（汉文版）**
作　　者：更堆培杰、阿旺亚美　等
出版单位：西藏人民出版社
规　　模：60 万字
出版时间：2008 年 7 月
内容简介：根据教育部普通高校社会科学重点研究基地资助项目 2004 年度立项计划，由西藏大学艺术学院更堆培杰教授作为本项目主持人。项目下分四个子课题，即四本专著：《西藏宗教音乐》、《西藏宗教舞蹈》、《西藏宗教绘画》和《西藏宗教雕塑》。每本专著从西藏宗教音乐、舞蹈、绘画、雕塑艺术的形成、横跨几千年的发展历史、其宗教内容和特有的藏族艺术形态、不同的艺术流派与风格、特有的艺术表现形式与技法、独特的乐器、服饰、造像度量比例、绘塑材料，以及西藏宗教艺术发展的现状与发展前景等诸方面进行论述，从而成为该领域较系统、实用和具有一定权威性的系列书籍。

【序　号：25 】
项目名称：**江格尔全集**
作　　者：本书编委会
出版单位：内蒙古文化出版社
规　　模：2 300 万字
出版时间：2006 年 10 月
内容简介：本全集包括已出版的 14 本资料、未出版的 4 本资料以及 70 章回文学普及本等新疆境内搜集到的所有江格尔的参考资料。

【序　号：26 】
项目名称：**东北地区朝鲜人抗日历史史料集**
作　　者：金宇钟

出版单位：黑龙江朝鲜民族出版社
规　　模：300万字
出版时间：2006年12月
内容简介：东北地区朝鲜人的抗日运动历史是从20世纪初开始的，也就是从朝鲜义兵斗争到20年代独立军抗日斗争再到30年代抗日游击战争直至1945年8月日本投降，时间长达三十余年。本书收录这段历史时期的中共满洲省委和以下特委、县委、区委之间与朝鲜人有关联的、与中共中央往来的各种决议案、报告、指示信、纲领、檄文、会议录、通告等内容庞杂的各种文献资料。主要资料来源于中共中央档案馆和东三省档案馆及有关研究部门。

【序　号：27】
项目名称：**《拯救活历史》中国少数民族文化遗产发掘抢救工程**
作　　者：力提甫·托合提　等
出版单位：民族出版社
规　　模：4 000万字
出版时间：2010年7月
内容简介：这套系列丛书包括“国外维吾尔研究名著译丛系列”、“哈萨克民族叙事长诗全书”、“蒙古族古老史诗集成”等。

【序　号：28】
项目名称：**海南黎族和台湾高山族民俗比较**
作　　者：邢植朝、詹贤武
出版单位：南方出版社
规　　模：30万字
出版时间：2006年7月
内容简介：海南与台湾是祖国两大宝岛，两岛在气候、地理、人文习俗等方面都很相似。据海峡两岸史学家考究，海南黎族与台湾高山族的阿美、泰雅、布农、排湾族四族都有着共同的祖先。近几年来，随着两岸民间往来的不断增加，琼台两地民间文化的交流出现了前所未有的盛况，台湾高山族的骨肉兄弟也纷纷踏上祖国大陆寻根问祖。他们惊奇地发现，隔着波涛汹涌的南海上的姐妹岛——海南岛，居然也居住着和自己同祖同宗、血脉相连的兄弟——黎族。《海南黎族和台湾高山族民俗比较》这一选题，力求以较权威的资料、丰富的民俗事象、全新的视角和深邃的理论深度，求同存异，从民俗学的高度昭示两族的同宗缘、兄弟情。

【序　号：29 】
项目名称：**中国人口较少民族**
作　　者：国务院扶贫办公室、国家民委　等
出版单位：新华出版社
规　　模：1 000 幅图
出版时间：2006 年 10 月
内容简介：本丛书由各人口较少民族的分别介绍组成，共 22 种。丛书的文字部分全面介绍人口较少民族的基本情况，分析和解读其多具原生态特点的文化，介绍各民族社会、经济和文化发展取得的成绩和存在的问题，反映少数民族群众的心声。重点内容为：自然、生态、环境、气候和历史，民族特色文化的继承与发展，民族区域自治和团结进步，经济结构和发展规划，教育现状与科技发展，以及医疗卫生与公共设施建设。丛书同时配有大量珍贵的历史照片和反映该民族文化及发展现状的图片，与文字相辅相成。

【序　号：30 】
项目名称：**福乐智慧（全译本）**
作　　者：郝关中　等
出版单位：新疆科学技术出版社
规　　模：75 万字
出版时间：2006 年 6 月
内容简介：《福乐智慧》是我国杰出的维吾尔族哲学家、思想家和诗人优素甫·哈斯·哈吉甫写成的叙事长诗。计存 13 290 行，由 85 章正文和 3 个附篇组成。《福乐智慧》是维吾尔族古典文学的杰出代表作，它表达了作者对当时社会法制、伦理、道德、哲学、治国之道等问题以及

对士、农、工、商业的思想和看法。

【序　号：31 】

项目名称：**哈密阔克麦西来甫**

作　　者：阿不都秀库尔·克热木、韩连赟

出版单位：新疆美术摄影出版社

规　　模：5 万字

出版时间：2007 年 5 月

内容简介：“阔克麦西来甫”是维吾尔族人民在秋收之后、瑞雪之际，通过舞蹈等方式互相表达愉悦之情，并祝愿在崭新的一年取得更大的丰收而举行的一项民俗活动。《哈密阔克麦西来甫》一书通过大量精美的图片和优美的文字全面展现了哈密维吾尔农民的这项古老的迎春活动，同时也展现出维吾尔族的多种民间音乐、服饰艺术等方面的内容。

【序　号：32 】

项目名称：**汉维词典**

作　　者：阿布来提·伊明、安尼瓦尔·伊明　等

出版单位：新疆人民出版社

规　　模：500 万字

出版时间：2008 年 10 月

内容简介：本词典是在最新版《现代汉语词典》的基础上重新编写而成。与旧的《汉维词典》的正字法相比有了实质性的差异，对社会上广泛使用，而且相对稳定的词汇进行了规范。本词典具有时代性、实用性和科学性，篇幅大、词汇丰富、释义准确、涉及面广泛的特点。预计 2008 年以前完成该词典的出版工作。

【序　号：33 】

项目名称：**汉柯大词典（柯文版和吉尔吉斯文版）**

作　　者：马克来克、沙比尔江　等

出版单位：新疆人民出版社

规　　模：180 万字

出版时间：2009 年 9 月

内容简介：《汉柯大词典》包括柯尔克孜文和吉尔吉斯文两种版本。《汉柯大词典》准备以最新版本汉文现代词典为准编纂，在词条数量和图书的质量上将达到《汉哈大词典》的水平，打开柯尔克孜语言文字历史的新历程。

【序　号：34 】

项目名称：**锡伯民间故事集成（中国民间故事集成新疆锡伯文卷）**

作　　者：忠　禄

出版单位：新疆人民出版社

规　　模：120 万字

出版时间：2009 年 9 月

内容简介：民间故事是各历史时期的劳动人民集体创作，是人们的精神食粮和重要的文学遗产，含有历史的、政治的、经济的、民族的、语言的、社会的价值，成为后人从社会学、人类学、历史学、民俗学、民族学、语言学、宗教学角度研究一个民族的宝贵材料。本卷包括从民间搜集得来的锡伯族洪水神话、动物神话、萨满神话传说、喜利玛玛传说、幻想故事、生活故事、动物故事、机智人物故事、寓言、笑话和其他。

【序　号：35 】

项目名称：**锡伯族歌谣集成（中国歌谣集成新疆锡伯文卷）**

作　　者：忠　禄

出版单位：新疆人民出版社

规　　模：1 000 万字

出版时间：2008 年 12 月

内容简介：本书是全国民间文学集成编纂出版项目的一部分，是千百年来流传于锡伯民间的口头文学遗产，以历史上形成的独特方式表现锡伯人民自身的感受、思想要求和艺术趣味，是反映锡伯民族历史发展、文化特色的宝贵财富。歌谣中有反映狩猎时代生活的古歌，有劳动歌、田野歌、情歌、婚礼歌、教诲歌、萨满神歌、儿歌、三国之歌及其他民歌，包括短歌、对唱和民间叙事长诗。部分歌谣必须用拉丁文标意和附曲谱，以显现民歌的口语演唱的基本特征。

【序　号：36】
项目名称：**维吾尔医药丛书**
作　　者：穆罕默德·伊明·塔孜胡尼　等
出版单位：新疆人民卫生出版社
规　　模：20万字
出版时间：2007年6月
内容简介：本丛书汇集了以下维吾尔药学古籍：1.《药物之秘》，成书于1904年，察合台文，手抄本，原汉文音译为《台斯日胡力艾地维也》。记载了642种药物的异名、贮藏、药效期、代用药等，是具有较高实用价值的维吾尔医药学药物专著。2.《药物之园》，成书于1904年，察合台文，手抄本。记载了886种药的正名、形态、产地、采收加工、性味、功能主治、应用等内容，是具有较高实用价值的维吾尔医药学药物专著。3.《康复精华》，是维吾尔药学综合性著作，波斯文，手抄本，于1792年整理编写。全书分上、中、下三个部分，上部为基础理论，中部为临床各科疾病的治疗，下部为草药和方剂，共42章。

【序　号：37】
项目名称：**维吾尔手工艺术（第二卷）**
作　　者：买买提依明·沙毕尔
出版单位：喀什维吾尔文出版社
规　　模：50万字
出版时间：2007年8月
内容简介：《维吾尔手工艺术》是一部关于维吾尔物质民俗学的专著，其第一卷经新闻出版总署批准，已作为“十五”国家重点图书出版规划项目于2002年10月出版发行。这部书的第二卷集中和突出地对表现维吾尔族的着装、房屋布置、装饰以及建筑文化之特色的服装、花帽、绣花品、地毯编织、建筑雕花等手工艺术进行了较全面深入的阐述。同时，对维吾尔手工艺术的原理、一些手工行业的发展演变情况、一些产品的艺术特点、一些手工术语的词源等也进行了较深刻的探讨。这本书对维吾尔族手工艺术文化的研究、维吾尔民俗学的研究、与手工业相关的维吾尔词汇学的研究，以及对民族手工艺的挖掘、整理、研究，挽救发展其中有较强生命力和吸引力的成分，使其服务于旅游业发展等方面，具有一定的历史、科学价值和使用价值。

【序　号：38 】
项目名称：**蒙古族风俗史**
作　　者：乌　恩
出版单位：远方出版社
规　　模：50 万字
出版时间：2007 年 12 月
内容简介：蒙古族是北方草原文化的集大成者，其民俗的延续和变异在一定意义上体现了自古以来草原习俗的传承和变化。本书对草原文化的整体研究具有重要意义。全书以蒙古族衣、食、住、行等习俗为重点，全面、系统地介绍蒙古族围绕生产生活所形成的风俗习惯及其古今演变历程，同时运用文化人类学的理论和方法，阐释其变异的内外因和规律。

【序　号：39 】
项目名称：**蒙古族萨满教音乐研究**
作　　者：乌兰杰
出版单位：远方出版社
规　　模：20 万字
出版时间：2008 年 12 月
内容简介：全书共分七章，前三章就蒙古族萨满教音乐中的歌舞形式、音乐形态和乐器文化进行了深入细致的分析与介绍；后四章就萨满教音乐与其他民族音乐之间的关系以及历史渊源进行了纵横几个方面的分析与比较。作者在详实资料的基础上，科学运用辩证唯物主义方法论，既肯定了它在蒙古族音乐中所占有的特殊地位，又指出了宗教音乐具有的消极因素。书中记录并保存了几十首萨满教音乐的原生态曲谱，具有珍贵的史料价值与学术价值。

【序　号：40】
项目名称：**彝族毕摩经典译注**
作　　者：朱琚元、杨凤江　等
出版单位：云南民族出版社
规　　模：5 000 万字
出版时间：2009 年 2 月
内容简介：本套经典译注收录了毕摩在各种祭祀活动中吟诵的经文 100 卷，主要有《指路经》、《火把节祭祀经》、《祭奠经》、《招魂经》、《历算书》、《彝族古代之祖始》、《供牲献药经》等。丛书以彝文、国际音标和汉文直译、意译的形式出版。这套经典译注的出版，是为了正确认识人类的童年，探讨人类的文明起源。它是彝族文化的精髓，具有民俗学、宗教学、历史学、地名学、考古学、医药学等多种学科的研究价值，是彝族人民在漫长的历史进程中共同开拓进取的劳动结晶。它体现了历史悠久、光辉灿烂的中华民族的独特个性。

【序　号：41】
项目名称：**彝族克智（彝文版）**
作　　者：嘎哈石者、吉尔体提　等
出版单位：四川民族出版社
规　　模：500 万字
出版时间：2006 年 3 月
内容简介：本书共分上、中、下三卷。上卷以彝族独特的诗歌形式，用谈智慧、赛学识、说历史、讲伦理、传习惯法、考山川地名及人类起源、人类发展等方式，叙述彝族的历史文化，彝族人的迁徙、居住条件、自然环境、生产生活等情况。中卷主要以彝族的神话故事、民间典故、传说和大量的彝文典籍为基础，用朴素唯物主义观讲述彝族人所认知的万事万物的起源。下卷内容主要来源于彝族的古典文献和彝族民间口头文学，从中筛选出精髓部分，以彝族古籍史诗《勒俄特衣》和历代谱系《凉山彝族谱系》为基础，论述彝族的历史及每个历史时期的变迁情况。本书是“十五”国家重点图书出版规划项目，并且已列入“全国少数民族优秀图书出版资金资助项目”。

【序　号：42】
项目名称：**藏学研究译丛·藏文系列丛书**
作　　者：派克·诺尔雅、陈庆英　等
出版单位：中国藏学出版社
规　　模：2 000 万字
出版时间：2010 年 12 月
内容简介：藏学研究是当今的一个热门学科，国内外从事藏学研究的机构和人员不断增多，国内学者用汉语撰写的藏学研究论著和国外学者用外语撰写的藏学研究学术成果都非常丰富。由于条件所限，藏族学者中大多数对这些研究成果不甚了解，未能利用。为了给从事藏学研究的藏族学者提供最新的藏学研究成果和最具权威的学术论著，拟从近年来出版的汉文学术著作和外文学术著作中精选一批高质量的学术论著翻译成藏文陆续出版。丛书全套计划出版 50 卷，每卷约 40 万字。

【序　号：43】
项目名称：**历代藏族学者文集系列丛书**
作　　者：布顿仁青珠、达热那他　等
出版单位：中国藏学出版社
规　　模：6 000 万字
出版时间：2015 年 12 月
内容简介：藏族历史上曾出现过许多著名学者，其中著书立说者达二百多人。本文集重点选择布顿仁青珠、博多确列朗杰、萨迦五祖、达热那他、噶玛巴、五世达赖等著名藏族学者的传世之作汇编为系列丛书出版。丛书主要内容为藏族传统学科大小五明，即大五明：工巧明、医方明、声明学、因明学、内明学；小五明：修辞学、词藻学、韵律学、戏剧学和星象学等，涉及藏族政治、经济、文化等各个领域，具体包括佛教哲学、文学艺术、建筑工艺、语言文字、藏医藏药、天文历算、藏族历史、人物传记、书信格言等方面。全套丛书计划出版100卷，每卷约60万字。

【序　号：44 】
项目名称：**满语、满文与满族文献述要**
作　　者：佟永功
出版单位：辽海出版社
规　　模：100万字
出版时间：2007年8月
内容简介：本丛书分为两个大部分：1. 关于满文。包括满文的创制、改革、特点、清代满语的地位及教育、满汉语言的比较等内容。2. 关于满族文献。包括文学文本文献和史料文献，其中的史料文献是本丛书的重头戏。本丛书将对满文文献进行精选，分别予以介绍，以为治清史和满族文学的学者提供极大的便利。

【序　号：45 】
项目名称：**多彩的民族——少数民族地区的发展丛书**
作　　者：各省民委、中国民族博物馆
出版单位：中国画报出版社
规　　模：144万字
出版时间：2009年4月
内容简介：我国是统一的多民族国家。本套丛书旨在通过大量的图片和准确的数据，介绍我国55个少数民族在经济、文化、生活和教育等方面所取得的巨大成绩和发生的巨大变化。

【序　号：46 】
项目名称：**新疆考古新发现（暂定名）**
作　　者：伊弟利斯·阿布都热苏勒、张玉忠　等

出版单位：中国民族摄影艺术出版社
规　　模：15 万字
出版时间：2008 年 10 月
内容简介：新疆文物考古研究所是新疆最权威的文物、考古学术研究单位，其考古成果和研究水平居国内外领先地位。编辑出一本高档次的、旨在展示学术成果的文献性图集，可以满足社会各界的需要。本图集拟以专题的形式来展示新疆近期的重大考古成果。除了像著名的楼兰地区、尼雅遗址古墓、吐鲁番地区的晋—唐时期墓葬的考古发掘之外，还有如伊犁河流域乌孙墓葬的发掘研究，巩乃斯河谷青铜器、天山阿拉沟竖穴墓葬等的发现与研究等，这些都对填补新疆考古文化的空白有着重大的意义。

【序　号：47 】
项目名称：**民文版获茅盾文学奖“五个一”工程奖获奖作品译丛**
作　　者：周克芹　等
出版单位：民族出版社
规　　模：3 000 万字
出版时间：2010 年 12 月
内容简介：译丛共 100 册，从五种文字——蒙、藏、维、哈、朝——翻译而成。

16. 大型综合性图书（6 项）

【序　号：1 】

项目名称：**共青团工作百科全书**

作　　者：周 强、赵 勇 主编

出版单位：中国青年出版社

规　　模：240 万字

出版时间：2007 年 12 月

内容简介：本书是一部分类式的大型工具书。全书共分为 18 编，收入的主要内容有：特载党和国家三代领导人、党中央对共青团工作的指示精神；第一编为新时期共青团的工作，新时期共青团组织创建的主要“工程”和活动，共青团各项工作的思路和方法；第二编为共青团的历史；第三编为共青团现行的组织、机构；第四编为共青团干部的素养；第五编为共青团工作理论研究（青年学研究）；第六编为共青团的组织工作；第七编为共青团的宣传工作；第八编为共青团青工工作；第九编为共青团青农工作；第十编为共青团中学工作；第十一编为共青团高校工作；第十二编为共青团少年儿童工作；第十三编为共青团文体工作；第十四编为共青团统战工作；第十五编为共青团对外交往工作；第十六编为共青团维权工作；第十七编为共青团基层支部工作；第十八编为附录，内容主要包括历届共青团代表大会简介、历届全国青联代表大会简介、历届中华全国学生联合会代表大会简介等。本书具有极强的政策性、指导性、实用性、使用性和资料性，是各级团委，尤其是广大基层团委案头必备的工具书。

【序　号：2 】

项目名称：**中国盲人百科全书**

作　　者：本书编委会

出版单位：中国盲文出版社
规　　模：150 万字
出版时间：2008 年 9 月
内容简介：本书系填补海内外出版空白的第一本盲人百科全书。全书将有关盲人的各类知识浓缩提炼为 6 000 个条目，按照盲人文化、盲人教育、盲人康复、盲人就业、盲人用品用具、盲人历史、盲人组织与福利政策等类别分类编排。全书拟同时推出汉文版、盲文版和电子版，可望成为广大盲人开卷有益、常读常新的百科指南。

【序　号：3 】
项目名称：**汉译世界学术名著丛书**
作　　者：本书编委会
出版单位：商务印书馆
规　　模：2 500 万字
出版时间：2010 年 12 月
内容简介：本丛书是商务印书馆的传统项目，其宗旨是将西学经典有系统成体系地翻译介绍过来。丛书至今已出版 400 余种，影响很大，受到海内外广大读者的欢迎，成为商务印书馆的一个黄金品牌。

【序　号：4 】
项目名称：**不列颠百科全书**
作　　者：美国不列颠百科全书公司
出版单位：中国大百科全书出版社
规　　模：4 300 万字
出版时间：2006 年 9 月
内容简介：本书按照英文字母顺序分卷编写，代表了国际上流行的百科全书编写方式，全面、及时、客观地反映了人类文化生活的方方面面。

【序　号：5 】
项目名称：**百科辞渊**
作　　者：周光召　等

出版单位：中国大百科全书出版社
规　　模：6 370 万字
出版时间：2007 年 12 月
内容简介：《百科辞渊》是中国大百科全书出版社的标志性产品之一。其出版宗旨是为提高中华民族的素质服务。本辞典分五卷，包括前言、凡例、目录、正文、附录。正文选收词目 25 万条，平均每条字数 250 字，正文文字约 6 250 万；选收图片 30 000 幅，图合 120 万字。版面字数 6 370 万字。《百科辞渊》是在《中国大百科全书》知识体系框架内，在《中国大百科全书》第一版、简明版的基础上，吸纳第二版最新内容编撰而成的综合性百科辞典。本辞典具有重点知识框架层次多、内容涵盖面广、知识细化、实用性强、查阅方便等特点。

【序　号：6 】
项目名称：**故宫百科全书**
作　　者：郑欣淼、李文儒
出版单位：紫禁城出版社
规　　模：1 000 万字，8 000 幅图
出版时间：2010 年 10 月
内容简介：故宫涉及的学术领域极为宽泛，涵盖了政治、历史、军事、文化、思想、哲学、宗教、民俗、建筑、器物、美术、工艺、文献、档案、科技等诸多学科门类。而此前的出版成果均反映某一方面的学术成就，没有形成对故宫涉及学科的全面概述。本书旨在更高的学术研究层次上介绍故宫的文化内涵，框定故宫的文化地位。本书分为八大板块十个卷次，按照百科全书的规范、结合故宫多学科交融的特点编排。八大板块包括：1. 故宫历史。2. 故宫建筑，从宫殿布局到建筑艺术，叙述其中暗含的传统文化思想。3. 宫廷历史，缕述明清两朝宫闱大事，展露宫中大事对整个社会的影响。4. 典章制度，叙述明清王朝的封建典章，表露封建仪典的思想传承。5. 故宫人物，不仅明清历史人物，而且近现代有功于故宫的社会名士，均一一入列，载在本籍。6. 经典文物，胪陈故宫古物经

典，展示古代盛世芳华。7. 文献档案，披露院藏（含一史馆）丰厚的文化档案、典籍，连缀两千年封建文明的历史脉络。8. 维护与研究，呈现故宫人对文博事业的热爱与钻研，披沥故宫人的文保成果。

二 自然科学与工程技术

1. 自然科学总论（31 项）

【序　号：1 】
项目名称：**20 世纪中国口述科学史**
作　　者：周光召、樊洪业
出版单位：湖南教育出版社
规　　模：700 万字
出版时间：2010 年 8 月
内容简介：丛书选择亲历中国 20 世纪科学技术发展历史、走过坎坷曲折人生历程的中国著名科学家，以及中国 20 世纪特别是新中国科学发展重大战略的重要决策者、组织者和参与者，用口述历史的方法，通过人本叙事，记录中国 20 世纪特别是新中国成立后科学技术发展的曲折历程。访谈对象由三部分组成：1. 85 岁以上的高龄著名科学家（首选访谈对象）。2. 年龄次之但有特殊科学成就或特别阅历的中科院资深院士（包括华裔外籍院士）。3. 部分在科学组织、科学管理等领域，有重大贡献和特殊阅历的人士。本丛书拟每年出版 10 册，在“十一五”期间共出版 50 册，每册 10 万～15 万字（包括历史照片，手稿、文物照片）。

【序　号：2 】
项目名称：**当代中国科技创新成就丛书**
作　　者：刘　钝　等
出版单位：中国科学技术大学出版社
规　　模：1 000 万字
出版时间：2009 年 9 月
内容简介：本丛书结集了中国本土科学家在科学研究领域所取得的具有世界显示度的原始创新成就，分两个系列成书：学术史系列，选择当代中国本土科学家已经完成的有世界显示度的原始创新成就按事件或人物分专题论述；专著系列，追踪研究进展，以专著形式陆续出版。

【序　号：3 】
项目名称：**自然科学史丛书（修订版）**
作　　者：杜石然、董光璧　等
出版单位：吉林教育出版社
规　　模：350 万字
出版时间：2010 年 12 月
内容简介：本丛书曾经是中科院自然科学史所“九五”国家重点规划研究项目，分为《世界物理学史》、《世界天文学史》、《世界地理学史》、《世界地质学史》、《世界电子科学史》、《世界生物学史》、《世界化学史》、《世界数学史》。该丛书的作者均是各学科专业史研究的带头人，经约数十年的潜心研究，素材丰富，史料翔实、系统、全面，成书有“科学工具书”的功能。本丛书得到众多院士和专家赞誉。

【序　号：4 】
项目名称：**科技史文库**
作　　者：席泽宗、刘　钝　等
出版单位：中国科学技术出版社
规　　模：2 000 万字
出版时间：2008 年 12 月
内容简介：本文库是一套高水平的科技史系列，它突出体现深入浅出的语言风格并采用大量有历史文献价值的图片资料等特色，按学科或知识门类介绍中西方古今辉煌的科学技术成就和知名的科学人物，使读者从中了解中外科学技术发展历史和社会文明轨迹，以及科学人物的探索精神和科学思想。文库的主要对象是具有高中及其以上文化程度的广大青少年、科学史爱好者、中小学教师等。文库预计出版 30～50 册，总篇幅约 2 000 万字，图片 5 000 幅左右。

【序　号：5 】

项目名称：**科学发现编年史**

作　　者：席泽宗、陈运泰　等

出版单位：上海科技教育出版社

规　　模：200 万字

出版时间：2007 年 12 月

内容简介：定位：本选题是一部内容厚实的普及型科学发现编年史。其要素为：1. 它是一部中高级科普类图书，而非纯学术专著；2. 它是编年体的科学发现通史，自古代起，迄今为止；3. 它强调图文并茂，大 16 开，600 余面，相当于版面字数 100 万～120 万，共设词条约 2 400条，约 2 000 幅图，尽量多用确有历史价值的照片。图与文所占版面比例约为 1∶2 至 2∶3。特点：体现科学编年史的基本特色，即按照历史本来的顺序来回顾、概括人类的科学活动；编年体易查易读，易于与人类文明其他领域的历史进程相互观照。

【序　号：6 】

项目名称：**蒙古族科学技术史**

作　　者：孛儿只芹・旺其格

出版单位：内蒙古人民出版社

规　　模：180 万字

出版时间：2007 年 12 月

内容简介：本书为读者详尽而连贯地介绍了蒙古族从远古时代起到 20 世纪初期科学技术的发展历程。本书是第一次比较全面、系统地介绍蒙古民族在天文历法、数学、地理、气象、建筑、机械、化工、畜牧科学、医学等方面的成就。本书是一部学术性很强的著作，作者积多年写作科普作品的各种题材之经验，以丰富通俗的语言编写本书，不但可供学者和研究人员使用，更有利于一般读者阅读。本书共分五册出版。

【序　号：7 】

项目名称：**国家英汉科技词库・信息卷**

作　　者：中国科技信息研究所

出版单位：人民邮电出版社
规　　模：4 000 万字
出版时间：2006 年 6 月
内容简介：《国家英汉科技词库》是中国科技信息研究所承担的国家科技基础研究条件平台项目。本词库是一个巨型的（收词 500 万条以上）、权威的英汉科技术语数据库。收词范围覆盖科学技术各个学科。本词库由科技部部长徐冠华任编委会主任，师昌绪院士、胡启恒院士任顾问，并组成以院士为主体的编委会。本词库将按学科分 17 卷陆续出版。《国家英汉科技词库·信息技术卷》为拟出版的第一卷。该卷收词 43 万条，终审工作由姜景山院士主持，现已完成。

【序　号：8】
项目名称：**中国古代科技名著文库**
作　　者：傅璇琮、王渝生　主编
出版单位：陕西科学技术出版社
规　　模：600 万字
出版时间：2009 年 12 月
内容简介：本文库共分两辑，主要有《齐民要术》、《天工开物》、《授时通考》、《格物镜源》、《梦溪笔谈》等约 20 种。文库特色：1. 系统性。本次整理是首次对科技古籍进行系统、全面的整理，做到清理总数，分清档次，采取不同的整理方式，完善和落实科技古籍整理出版规划。2. 权威性、准确性。在全面整理的基础上，对具有较高文献价值的科技古籍的各种版本，择优选出善本，对孤本进行抢救性整理，对古籍中的精美插图予以收录；文库作者皆是学界权威，从而保证对文库的句读、校勘、训诂、注释的权威性和准确性。3. 创新性。在编纂体例上有创新，设题解、导读、评介，介绍与原文相关的历史背景，使今译和简注融合无间。4. 科技古籍电子数据库的建立。在整理古籍的同时，也注意将其内容数字化，以便建立科技古籍电子数据库，增加对古籍的保存、传播和利用，扩大古籍图书使用者的范围和使用效率。

【序　号：9 】
项目名称：**剑桥科学史**
作　　者：清华、北大、上海交大等一流科学史专家学者翻译
出版单位：大象出版社
规　　模：800 万字
出版时间：2008 年 12 月
内容简介：这是英国剑桥大学出版社于世纪之交组织编撰的一套科学史丛书。参加该套丛书编撰的作者都是当今世界最著名的科技史专家学者。该套书是当代科学史研究的最新成果的结晶，触及科学史最前沿的课题，反映了许多科学史研究的新观点和新思想。全书共 8 卷。

【序　号：10 】
项目名称：**科学与科普系列图书**
作　　者：中国科协、中国科学院
出版单位：商务印书馆
规　　模：600 万字
出版时间：2010 年 12 月
内容简介：本丛书主要分为著作和译作两部分，其中译作部分主要涉及的学科有天文、物理、数学、心理学等，内容上以介绍学科基本知识或学科前沿动态为主；著作部分则贴近生活与自然，从自然之美、环境保护、学科与生活出发来介绍科普知识。丛书让读者认识到自然、社会和科学是一个统一的有机整体，有利于提高社会大众的科学素养，激发学生学科学用科学的兴趣。丛书辑 12 种，2010 年前出齐。

【序　号：11 】
项目名称：**信息无障碍研究与应用丛书**
作　　者：李伟洪　等
出版单位：中国盲文出版社
规　　模：60 万字
出版时间：2009 年 10 月
内容简介：“信息无障碍”是联合国亚太经合组织在“亚太残疾人十年纲要”提

出的重要课题。本套丛书是由相关专家广搜博取国内外最新资讯材料，并根据自己的实践经验和研究心得编写而成；将用汉文、盲文两种文字出版，分别就国际信息无障碍和中国信息无障碍的标准、规范、现状、发展、应用案例，以及盲人和聋人信息无障碍的概况、法规、发展、成果等进行阐述和解读，将填补国内出版交叉学科学术著作的空白。

【序 号：12】
项目名称：**西气东输工程建设丛书**
作 者：陈 耕 等
出版单位：石油工业出版社
规 模：300 万字
出版时间：2006 年 12 月
内容简介：西气东输工程为国家“十五”期间十大重点工程之一，本套丛书全面总结了西气东输管道工程建设的经验、科技创新成果、管理理念与模式以及文化建设等方面的成果。

【序 号：13】
项目名称：**青少年科学人文素养丛书**
作 者：葛剑雄、胡守钧 等
出版单位：上海科学技术出版社
规 模：90 万字
出版时间：2006 年 12 月
内容简介：这套丛书具有以下特点：1. 丛书旨在为中学生营造一个新型的课外阅读天地，给孩子的人生发展构筑一个起飞的平台。2. 丛书具有较强的科学性、趣味性和可读性。丛书中的每一种图书都邀请著名专家学者担纲撰写，就科学人文素质中的各种热门话题，采用教授与中学生对话的形式，促膝谈心，让思想自由飞翔，共话人生，共话理想。内容力求精彩，文字力求优美，生动活泼，图文并茂，通俗易懂，符合青少年的阅读特点。

【序　号：14 】
项目名称：**科学素养文库·科学元典丛书**
作　　者：叶式辉、范岱年　等
出版单位：北京大学出版社
规　　模：500 万字
出版时间：2006 年 10 月
内容简介："科学元典丛书"中收入的著作，是自文艺复兴时期现代科学诞生以来，经过足够长的历史检验的科学经典，是科学史和文化史中最基本、最重要的著作。有深入浅出的导读，并配备多幅反映历史背景和科学大师们人格魅力的精美图片，是一套高品位、高质量的科普丛书。

【序　号：15 】
项目名称：**俄罗斯当代优秀科普作品译丛**
作　　者：任光宣、李　植　等
出版单位：科学普及出版社
规　　模：300 万字
出版时间：2009 年 10 月
内容简介：本丛书收录的图书是从俄罗斯出版人协会"年度图书奖"获奖作品和权威期刊《图书评论》选出的"年度好书"中遴选出的，是代表俄罗斯近几年科普创作最高水平的作品。主要有：1.《地球故事：从混沌初开到人类出现》；2.《基因：用四个字母书写的人类百科全书》；3.《与科学家对话》（第一辑）；4.《与科学家对话》（第二辑）；5.《苏联与俄罗斯海军：1945—2000》；6.《俄罗斯太空核防御体系的建立》；7.《航空学史话》；8.《航海学史话》；9.《对接：关于太空和地球的 100 个精彩故事》；10.《通俗医学史》。

【序　号：16 】
项目名称：**标准走进百姓家系列丛书**
作　　者：标准化专家、行业专家
出版单位：中国标准出版社
规　　模：900 万字

出版时间：2008 年 12 月

内容简介：本书是我国第一部标准化科普系列读物。内容涉及了与人民生活息息相关的各个方面和各种事物，如食品卫生、家电安全、房地产测量、建筑材料、家居装修、道路交通标志标线、旅游服务、环境保护、化妆安全、节水节电、语言文字规范等。论述了百姓生活与标准化之间的密切联系以及标准化对提高产品质量和人民生活质量的重要作用，在推广普及标准化知识的同时，也提高了人们的生存能力。该书的作者都是我国标准化领域的专家和相关行业的专家、学者。它的出版，将对普及、宣传标准化，提高我国全民的标准化意识和科学文化水平起到推动作用。

【序　号：17 】

项目名称：**当代科学技术基础理论与前沿问题研究丛书**

作　　者：侯建国、吴　奇　等

出版单位：中国科学技术大学出版社

规　　模：2 500 万字

出版时间：2008 年 9 月

内容简介：本丛书由中国科学技术大学牵头组织，包括 30 多位两院院士在内的 50 位在所从事领域研究有素的海内外知名科学家，对当代科学技术的基础理论与前沿问题进行分专题论述，重点研究当代科学技术不同领域复合交叉产生的新兴学科的基础理论和前沿研究进展问题；内容涉及现代科学技术的主要学科领域，许多是知识创新工程和“863”、“973”项目的成果总结。

【序　号：18 】

项目名称：**哲人石丛书**

作　　者：G. E. R. 劳埃德　等

出版单位：上海科技教育出版社

规　　模：1 000 万字

出版时间：2010 年 12 月

内容简介：“哲人石丛书”是上海科技教育出版社在多年充分调研国内外科普出

版状况的基础上，针对广大读者对时代感强、感染力深的科普精品的渴求，精心策划引进的大型科普品牌丛书。1998—2004 年已出版“当代科普名著系列”、“当代科技名家传记系列”、“当代科学思潮系列”共 58 种，新推出该丛书的第四个系列“科学史与科学文化系列”。全套丛书拟出版四大系列共 80 种，将于 2010 年出齐。本项目列入“九五”、“十五”国家重点图书出版规划。

【序　号：19】
项目名称：**STS 丛书**
作　　者：殷登祥　主编
出版单位：广东教育出版社
规　　模：280 万字
出版时间：2006 年 12 月
内容简介：本丛书由《社会动力学与信息化理论》、《生物科学技术与社会》、《太空技术与社会》、《新科技革命概论》、《新科技革命与现代社会》、《纳米技术与社会》、《当代科技与社会新观念》等 7 种组成。以科普形式阐释现代科技对社会、经济、军事、日常生活等的影响，有助于提高全民族的科学文化素质。本书为“十五”国家重点图书出版规划项目。

【序　号：20】
项目名称：**德汉科技大辞典**
作　　者：万　钢、朱建华　等
出版单位：同济大学出版社
规　　模：800 万字
出版时间：2007 年 5 月
内容简介：本书是在引进基础上编译的综合性科技德汉辞典，以收录自然科学和工程技术词条为主，兼收一定数量的社会科学词条。本辞典总收词量约为 25 万条，包括 50 多万个专业词汇，涵盖了 100 多个学科门类，并附有大量缩略词，是一本能供理、工、农、医、生物等各学科人员和翻译工作者使用的重点工具书。

【序　号：21】
项目名称：**汉英科技大辞典**
作　　者：吴光华
出版单位：化学工业出版社
规　　模：1 000 万字
出版时间：2006 年 12 月
内容简介：《汉英科技大辞典》是一本能反映最新科技科研成果的、科技性和语言性融为一体的科技综合性的大型语词工具书。全书收词约32万条，其中包括形音义俱全的、有科技内容和常用单个汉字条目1万条，主要涉及整个科技范畴的各个领域中的主要内容，大量吸收高新技术中的新词新意，例证考究。本书是为外语工作者、科技和翻译人员、教师和学生、海内外汉语学习者等提供查阅方便、词义科学精练的必备工具。

【序　号：22】
项目名称：**英汉科学技术词典（修订版）**
作　　者：孙复初
出版单位：国防工业出版社
规　　模：700 万字
出版时间：2006 年 12 月
内容简介：本词典是一本阅读和翻译英语工程技术书刊的常用工具书，它可以同时起英汉专业技术词典和英汉普通词典的作用，是 20 世纪 80 年代起在全国具有深刻影响的《英汉科学技术词典》的最新修订版。该词典共收入约 9 万词条，在相应的词目内收入工程技术专业术语 12 万余条，固定词组 2 万余条。

【序　号：23】
项目名称：**汉英蒙对照科学技术名词术语系列词典**
作　　者：吉日木图、其其格　等
出版单位：内蒙古教育出版社
规　　模：300 万字

出版时间：2006 年 12 月

内容简介：该系列词典之特点包括：1. 收词范围广、收词量大、使用性强。2. 汉英蒙三种文字对照体现了名词术语国际接轨的问题，同时在三种文字对照方面填补了蒙古文科学技术名词术语之空白。3. 充分体现了名词术语的继承和发展，从而保证了物理名词术语之稳定发展。科学地继承是发展的基础。4. 以概念为依据，体现了名词术语的科学性原则，同时也体现了物理名词术语工作者的严谨的科学态度。

【序　号：24 】

项目名称：**世界科学家大辞典**

作　　者：席泽宗、宣焕灿　等

出版单位：上海交通大学出版社

规　　模：500 万字

出版时间：2007 年 1 月

内容简介：本辞书由著名科学史家、中国科学院院士席泽宗先生任第一总编，撰稿人共 300 多位，均为专家、学者。本辞书入编古今中外科学家、技术家近 8 000 人，涵盖数、理、化、天、地、生、农、医、工、自然哲学及其他等十大领域，人像插图约 1 600 幅，数量居同类辞书条目之最，其中包括至 2000 年为止的两院院士全部 1 678 条。全书按 9 大学科领域分类，且按出生年月日先后排序，以时轴为红线串起各个人物，可看出个学科历史发展的大致脉络。为满足各种读者的查阅习惯，备有按学科、汉字笔画、英文（或拼音）拼写等多种检索方法；在书后附有多种有价值的统计附表（亦可作为检索方法）。

【序　号：25 】

项目名称：**陈国达全集**

作　　者：陈国达

出版单位：中南大学出版社

规　　模：1 000 万字

出版时间：2007 年 12 月

内容简介：《陈国达全集》（1～8 卷）汇集了作者一生的论著、文章、作品等400 多篇（部）及一些尚未发表过的通信、科学诗等，不仅反映了作者一系列达到世界领先水平的学术理论、创见和科学贡献，而且反映了作者实践——理论——实践——修正和完善理论的科学探索历程，及其科学研究方法和哲学思想。

【序　号：26 】
项目名称：**竺可桢全集**
作　　者：竺可桢
出版单位：上海科技教育出版社
规　　模：1 300 万字
出版时间：2010 年 12 月
内容简介：竺可桢是 20 世纪中国地理学和气象学的一代宗师，新中国资源考察事业的倡导者和奠基人，是“可持续发展”思想与实践的先觉先行者，对现代科学、教育事业在中国的奠基与发展做出了杰出的贡献。随着改革开放的深入和社会主义精神文明建设的开展，甚有必要从科学发展观和可持续发展两大战略的高度，进一步全面发掘竺可桢的精神遗产，组织编纂和出版《竺可桢全集》，以弘扬竺可桢的爱国情怀和求是精神，为科学事业奋斗终生的崇高理想和敬业精神，对人口、资源、环境问题的高瞻远瞩，对西部开发问题的殷切关注，为研究 20 世纪中国地球科学发展史乃至中国现代科学史、教育史、文化史和社会史提供珍贵的基础资料。全书共约计 1 300 万字，依类分 20 卷出版。编纂原则为：资料求全、内容求真、编排求当、印制求精。中国科学院院长路甬祥任编辑委员会主任。

【序　号：27 】
项目名称：**钱学森亲笔书信集**
作　　者：钱学森
出版单位：国防工业出版社
规　　模：900 万字
出版时间：2006 年 8 月

内容简介：本书信集收入钱学森 1955—2000 年的亲笔书信，内容涉及自然科学、社会科学和人文科学以及科学哲学和马克思主义等广泛领域。

【序　号：28】
项目名称：**发现宇宙（Discovering the Universe）**
作　　者：傅德谦、马兴垣
出版单位：北京理工大学出版社
规　　模：50 万字
出版时间：2008 年 1 月
内容简介：本书首先从人们观察了好几千年的常见天文现象着手，全面讲述天文学的基础理论、当代的最新进展和一系列激动人心的新发现，从而能够有效地引导读者从自己熟悉的现象和概念开始学习，然后再进入只有通过望远镜才能看到的、自己尚知之甚少的那些天体领域。本书除了提供这类大有裨益的资料之外，还着重说明了科学家为什么要探测这些天象，以及科学发现为什么总是经历各种曲折迂回而不能一蹴而就的原因。

【序　号：29】
项目名称：**书本科技馆**
作　　者：张承光
出版单位：科学普及出版社
规　　模：150 万字
出版时间：2010 年 12 月
内容简介：《书本科技馆》是中国科协重点研发项目，是一种全新的图书出版形式，原创设计已获国家发明专利。它将科技成果微型化、集成化和书本化，把声、光、电、机械等装置设计在密实纸板上，通过浅显的说明文字、形象生动的图画和动手操作装置，了解有关的科学原理和科学发明。本系列书具有以下特点：1. 将科技知识和成果高度浓缩，既保持了科技馆展品模型原有的特点，又使之微型化、集成化和书本化。2. 兼具实践操作与阅读功能。3. 部分模型具有实用性。4. 每一个实验为一个独立的科技模型。

【序　号：30】
项目名称：**四大发明及其西传东渐**
作　　者：潘吉星
出版单位：贵州科技出版社
规　　模：60万字
出版时间：2006年8月
内容简介：本书旨在说明：1. 四大发明在中国产生的过程；2. 四大发明在世界的传播过程；3. 西方对四大发明的改进与利用；4. 四大发明的回传中国。特点：充分展示现代科技史成果。准确地介绍四大发明产生的背景、条件、过程；详尽说明西方人如何改进利用，对西方文明产生的历史作用；传回中国的形式以及给我们的历史启示。文字及图片资料珍贵，可作为中小学图书馆基本读物，外国人了解中国文化的重要读物等。对于让西方人真正了解东方科技发展的精髓，具有重要意义。

【序　号：31】
项目名称：**科学前沿进展**
作　　者：闵乃本、李方华　等
出版单位：上海科学技术出版社
规　　模：100万字
出版时间：2009年11月
内容简介：本丛书的宗旨是：记录并传播中国学者在基础研究领域（主要为数理科学、物质科学、环境科学、信息科学），特别是其中的前沿、交叉领域，取得的优秀学术成果。遴选选题的原则是：面向前沿科学的发展，注重学术工作的先进性（在国际学术界占有一席之地）；注意其在学科发展中的位置，能带动本学科与相邻学科发展，带动的学科宽度大；取材与表述上，要求能作研究生参考书。著述内容属基础研究或应用基础研究领域中有足够成熟度（可以进行系统化整理总结）的研究成果。注重理论的严格性，也关注学科的交叉性和前沿性。

2. 数学（5 项）

【序　号：1 】
项目名称：**数学大辞典**
作　　者：王　元　主编
出版单位：科学出版社
规　　模：280 万字
出版时间：2009 年 5 月
内容简介：本书由我国著名数学家王元院士担任主编，来自各大科研院校的百余位专家学者倾力撰写、全力打造。本辞典集传承性、创新性、实用性于一身。

【序　号：2 】
项目名称：**莫斯科大学精选数学教材**
作　　者：［俄］阿尔诺德、柯尔莫果洛夫　等
出版单位：高等教育出版社
规　　模：960 万字
出版时间：2007 年 12 月
内容简介：众所周知，俄罗斯的数学以理论的系统和基础的扎实而著称于世界，高水平的数学教育也是世界公认的。20 世纪 50 年代起我社曾引进苏联的数学教材，这些书影响了我们一两代人，对我国的数学教育和研究起过不可磨灭的作用。由于历史的原因，这种引进工作基本中断。今年，莫斯科大学为庆祝建校 250 周年，推出了一批优秀教材。我们邀请了国内著名数学家、数学教育家从中遴选了一部分组织翻译。这些书中有一些是经典著作，几经修改更臻完善；有些是俄罗斯近二三十年内进行数学教育改革后新编的教材。本项目涵盖大学数学基础的主要学科，包括数学分析 3 种 6 册，代数 1 种 3 册，

几何与拓扑2种4册，函数论3种4册，概率统计2种2册，微分方程1种1册，力学3种4册。

【序　号：3 】
项目名称：**人工边界方法**
作　　者：韩厚德、巫孝南
出版单位：清华大学出版社
规　　模：60万字
出版时间：2007年8月
内容简介：本书主要介绍在无界区域上求偏微分方程数值解的人工边界方法及其理论基础，目前国际上还没有与本书内容相同的专著。本专著的内容大部分是作者们自己的研究成果，可以反映这一学术领域的最新进展。大量科学与工程问题都归结为无界区域上偏微分方程（组）的数值计算问题，由于物理区域的无界性给问题的求解带来了本质性的困难，作者多年来系统地建立并发展了人工边界方法，为无界区域上偏微分方程的数值解提供了高精度、高效率的计算方法，并为这套方法建立了严格的理论基础。本书系统总结作者在这一领域的研究成果，以推动这一研究领域的进一步发展，使人工边界方法更广泛地应用于科学技术的众多领域。

【序　号：4 】
项目名称：**数学文化小丛书**
作　　者：李大潜、谷超豪　等
出版单位：高等教育出版社
规　　模：240万字
出版时间：2009年9月
内容简介：本丛书计划分为30分册出版，具体内容如下：数学长河中的六个永远闪光的常数，数学永恒的主题，一组充满智巧且永恒不灭的定理，影响数学历史发展的千古名篇，百世流芳的数学精英，数学思想方法的胜利，中国古代数学的光辉成就，千古名题，数学大师风采，数的演变，数学的应用与应用数学，数学分支巡礼，等等。丛书编者均为国内外知名数学家、著名学者、著名数学教育工作者，齐民友、项武义教授等担任丛书的顾问。

【序　号：5 】
项目名称：**数学名家谈数学**
作　　者：李　勇、袁洪君　等
出版单位：高等教育出版社
规　　模：20 万字
出版时间：2006 年 12 月
内容简介：本书主要内容为：姜伯驹《从欧拉多面体公式谈起》；林群《数学方法论——从笛卡儿到牛顿》；李邦河《从庄子的一尺之棰谈起》；李大潜《黄金分割漫话》；马志明《Google 搜索与英特网中的数学》；田刚《数学的统一性》；董韫美《四则运算式的计算机求值》；冯克勤《费马猜想三百五十年》、《数论与密码》；齐民友《谈谈人造地球卫星的轨道》；文志英《你想过吗》；程崇庆《天体运行的数学》；陈维恒《足球上的数学》；张继平《数学的未来与发展》；顾沛《对称》；王立河《科学中的数学》；齐东旭《你看见了什么》；刘建亚《数论五千年》；张顺燕《数学与人类文明》。本书配光盘。

3. 物理学（12 项）

【序　号：1 】

项目名称：**北京大学物理学丛书**

作　　者：高崇寿、夏建白　等

出版单位：北京大学出版社

规　　模：750 万字

出版时间：2010 年 12 月

内容简介：本丛书拟重点出版有关物理学新学科分支和跨学科综合研究的学术著作，以高起点、高质量与可读性相结合吸引读者，特别是吸引更多的年轻人献身到物理学中来。

【序　号：2 】

项目名称：**现代物理基础丛书**

作　　者：杨国桢、马大猷　等

出版单位：科学出版社

规　　模：1 500 万字

出版时间：2009 年 12 月

内容简介：20 世纪是物理学的世纪，从理论到应用都取得了辉煌的成就，其研究的范围越来越广，成为现代科学发展的基础。因此，系统总结物理学各分支的理论，并介绍相关学科前沿进展，展望其发展方向就显得非常重要。本丛书邀请国内物理学各个分支学科的知名专家担任编委，组织国内外高水平物理学专家执笔，系统总结物理学各分支学科的基本理论，并介绍物理学研究的前沿进展。现在已经出版 5 本，被很多科研院所和高等学校指定为研究生教材或必读参考书。

【序　号：3】
项目名称：**量子物理新进展丛书**
作　　者：范洪义、郑　杭　主编
出版单位：上海交通大学出版社
规　　模：120 万字
出版时间：2009 年 12 月
内容简介：本丛书由上海交通大学物理系长期从事量子理论基础研究的专家、教授编撰，内容涵盖了当今与量子理论研究相关的多个前沿领域。本丛书介绍了量子理论在固体物理、量子光学、亚原子物理学、导波光学、非线性物理学、经典光学与量子光学间的关系等领域的诸多新进展、新应用。就概念与方法论方面，这套丛书也有其显著的特点，提出了新的物理概念与新的方法，从而极大地丰富了量子力学的基础理论。丛书的内容作为中国理论物理学家的独创性研究成果，反映了国际先进水平，具有深远的学术价值。

【序　号：4】
项目名称：**量子系列图书**
作　　者：庄鹏飞
出版单位：清华大学出版社
规　　模：225 万字
出版时间：2007 年 8 月
内容简介：本套图书首期拟出版 5 册，分别为《量子力学》、《高等量子力学》、《量子场论》、《量子统计》、《量子物理》。分别由清华大学物理系四位在科学研究上作出了突出成绩，又长年坚持在本科生研究生教学第一线的中青年教授编写。每位参编教授都有多年在国外一流大学学习工作的经历，熟悉国外一流研究型大学的教学，了解国内教材与国际教材的差别。这是一套注重方法和基础、强调科学应用，并在内容上衔接贯通的量子系列图书，分别讨论量子力学、量子物理等与现代科学研究联系最为紧密的课题。可用于物理专业本科生、研究生的核心课程，也适用于电子信息、计算机、材料、核技术等专业人员用作参考。

【序　号：5 】
项目名称：**尼耳斯·玻尔全集**
作　　者：尼耳斯·玻尔
出版单位：辽宁教育出版社
规　　模：500万字
出版时间：2007年10月
内容简介：玻尔是20世纪唯一可与爱因斯坦比肩的大科学家、思想家和社会活动家。玻尔的成就主要表现在四个方面。第一，在发展微观物理学方面，他是公认的“教皇”。第二，在延揽青年才俊方面，玻尔也许算得上有史以来最大的“伯乐”。在他的带领下，他的研究所成了全世界最有名的工作集体，号称全世界原子物理学的“首都”或“圣地”，而他本人也得到了“国际科学合作之父”的美誉。他们那一套工作和生活的方式，被称为“哥本哈根精神”。第三，他创立并发展了“互补哲学”。第四，玻尔一直关心政治，反对独裁和奴役，主张持久的世界和平。

【序　号：6 】
项目名称：**吴有训文集**
作　　者：吴有训
出版单位：江西科学技术出版社
规　　模：300万字
出版时间：2008年12月
内容简介：本书收集了吴有训一生的主要科学论著，按中英文论著分卷。他对中国物理科学乃至世界物理科学的贡献巨大。本书从侧面反映了其传奇的一生和精神品格。

【序　号：7 】
项目名称：**燃烧技术手册**
作　　者：徐旭常、周力行
出版单位：化学工业出版社
规　　模：240万字

出版时间：2007 年 3 月

内容简介：全书分成 4 编、25 章，介绍了燃烧学基本知识及近年来国内外燃烧学理论、燃烧数值模拟、燃烧污染防治、燃烧技术的发展及其应用的成果，还包括节能技术和火灾防治等。

【序　号：8 】

项目名称：**实用光学技术手册**

作　　者：王之江、顾培森　等

出版单位：机械工业出版社

规　　模：240 万字

出版时间：2006 年 12 月

内容简介：本书具体内容如下：几何光学篇；各类元器件篇；光学系统设计篇；光学零件制造工艺篇；光学测量篇；光学仪器篇。上述内容是按照完整、实用、先进、独特的原则编制的。

【序　号：9 】

项目名称：**断裂与损伤力学**

作　　者：张　行、崔德渝　等

出版单位：北京航空航天大学出版社

规　　模：86 万字

出版时间：2006 年 1 月

内容简介：《断裂与损伤力学》是反映作者科研成果的学术专著，其创新内容如下：1. 二维驻止裂纹断裂力学解析变分解法。2. 三维驻止裂纹断裂力学能量差率闭合解法。3. 扩展裂纹断裂力学的损伤力学研究。4. 材料抗断裂性能的固体力学研究。5. 复合材料层合结构分层力学研究。以上断裂力学成果曾获国家科技进步三等奖及部委科技进步一、二等奖。

【序　号：10 】

项目名称：**电磁场理论与微波技术**

作　　者：洪　伟、崔铁军　等

出版单位：东南大学出版社

规　　模：160 万字
出版时间：2009 年 8 月
内容简介：本丛书共包括 4 本，计划 2006—2009 年每年出版一本，由国内外在计算电磁学、微波毫米波理论与技术、无线通信射频与天线技术等方向上的著名学者联合撰写。该丛书的内容是对电磁场与微波技术领域的最新研究进展进行阶段性总结，它的出版将对我国电磁场与微波技术领域的研究起到重要的推动作用。

【序　号：11】
项目名称：**连续介质力学中的数学理论和方法及高性能算法**
作　　者：李开泰
出版单位：西安交通大学出版社
规　　模：40 万字
出版时间：2006 年 7 月
内容简介：本书主要阐述连续介质力学中的数学理论和方法及高性能算法的知识，反映了国内外最新的学术研究成果。

【序　号：12】
项目名称：**高温低氧燃烧技术与应用**
作　　者：蒋绍坚、肖泽强　等
出版单位：中南大学出版社
规　　模：35 万字
出版时间：2007 年 12 月
内容简介：本书介绍高温低氧燃烧技术诞生背景及其先进性、高温低氧燃烧的基本现象（包括气体、液体和固体燃料各自的高温低氧燃烧特性）、高温低氧燃烧的物理化学基础（物理模型和数学模型）、高温低氧燃烧的数值模拟方法、高温低氧燃烧系统设计方法、高温低氧燃烧的应用实例、高温低氧燃烧应用展望（固体废弃物处理、生物质能转化、燃料电池、富氧燃烧、新型锅炉、新型透平、内燃机等）。是“十五”“863”计划资助项目“高温低氧燃烧与气化技术研究”（项目号：2001AA514013）的成果。

4. 化学（7 项）

【序　号：1 】

项目名称：**现代化学基础丛书**

作　　者：朱清时、林国强　等

出版单位：科学出版社

规　　模：1 500 万字

出版时间：2010 年 11 月

内容简介：本丛书以无机化学、分析化学、物理化学、有机化学和高分子化学与物理五大二级学科为起点，优先考虑当前这些学科领域研究的重点、热点和与其他学科的交叉，并兼顾学科覆盖的全面性，以一个学科或一个重要研究方向为论题，系统地介绍该领域的基本概念、基础理论和新成果、新进展、新方法、新技术。丛书或为国家重大和重要科研项目的成果总结，或为国外经典权威图书的翻译。每一分册均充分反映了相关领域的最新进展，是一套体现国际水平的基础理论读物，对于化学及相关领域的广大科技工作者、青年教师和大专院校的高年级学生和研究生具有很强的参考价值。对于推动学科的发展和人才培养将起到良好的推动作用。

【序　号：2 】

项目名称：**化学工程与技术丛书**

作　　者：袁　权、袁渭康　等

出版单位：华东理工大学出版社

规　　模：385 万字

出版时间：2008 年 10 月

内容简介：本丛书包括十余种图书。丛书内容符合工学硕士研究生的培养要求。编写时，充分考虑与本科教育阶段内容的有机衔接，并根据研究生的教学要求进行相应的拓展和提升。同时，内容上以应用为目的，在达到硕士研究生理论教学水平的基础上，避免将理论写得过深，适当兼顾了其他学校的实际情况，强调化工基础、技术基础和专业综合能力的培养。本丛书具有鲜明的“新、齐、强”等特点；内容上力图反映最新的科技发展成果和态势。

【序　号：3】
项目名称：**化学与应用化学丛书**
作　　者：郑兰荪、姚守拙　等
出版单位：华东理工大学出版社
规　　模：630 万字
出版时间：2008 年 10 月
内容简介：本丛书约 18 种图书。丛书内容在工学硕士的基础上，适当兼顾理学硕士的培养要求。编写时，充分考虑与本科教育阶段内容的有机衔接，并根据研究生的教学要求进行相应拓展。同时，内容上以应用为目的，在达到研究生理论教学水平的基础上，避免将理论写得过深，适当兼顾了其他学校的实际情况，强调化学基础、技术基础和专业综合能力的培养。本丛书具有鲜明的“新、齐、强”等特点；内容上力图反映最新的科技发展成果和态势。

【序　号：4】
项目名称：**固体推进剂化学与技术**
作　　者：谭惠民、罗运军
出版单位：北京理工大学出版社
规　　模：50 万字
出版时间：2006 年 10 月
内容简介：全书共 10 章，全面叙述固体推进剂的能量性能、燃烧性能以及力学、工艺、安定性和危险等主要性能，以两类推进剂——双基（含改性双基）推进剂和复合推进剂为代表，介绍了当前固体推进剂技术发展的特色，同时对与推进剂装药技术有密切关系的绝热包覆层技术和无损检测技术也进行了较全面的叙述。

【序　号：5 】
项目名称：**有机催化导论**
作　　者：肖文精
出版单位：华中师范大学出版社
规　　模：30 万字
出版时间：2008 年 8 月
内容简介：本书系统讨论了当今有机催化反应进展。如：不对称有机催化的 Diels-Alder 反应、Michael 加成、Mannich 反应、环氧化、环丙烷化、烷基化等。将基础知识和最新研究成果结合并着重阐述各种有机催化体系设计思路是本书的一大特点。本书可供有机化学、药物化学及高等学校学生、研究生、教师和科研人员阅读和参考。

【序　号：6 】
项目名称：**功能元素精细有机化学品结构、性质和合成**
作　　者：张淑芬
出版单位：化学工业出版社
规　　模：400 万字
出版时间：2007 年 6 月
内容简介：本丛书编写目的是为精细化工领域的科学工作者、技术人员、高校教师和学生提供一套按照赋予定制化学品特定功能的核心元素类别编写的精细化工中间体丛书。本系列丛书既是精细化工中间体物理、化学性能、合成方法以及应用的详尽数据手册，又从化合物的原子结构、分子结构的内因建立起精细化工中间体性能与分子结构之间的内在关系。本系列丛书各册都将按核心元素可能形成的化学键性质及产品的化学性能分类。

【序　号：7 】
项目名称：**多功能镀膜玻璃——原理、方法与应用**
作　　者：赵修建　等
出版单位：武汉理工大学出版社
规　　模：40 万字

出版时间：2006 年 12 月

内容简介：本书以赵修建教授为首的课题组多年来在多功能镀膜玻璃方面的前瞻性研究成果为基础，结合国内外相关技术领域的最新动向，对具有优良性能的多功能镀膜玻璃的原理、方法与应用进行了系统介绍和总结。通过玻璃基体上制备光催化 TiO2 薄膜、紫外截止功能薄膜、调光功能薄膜、透明导电薄膜、光电转换薄膜、超憎水功能薄膜等功能薄膜以及上述功能在玻璃上的集成化，使玻璃材料具有健康、环保、节能、保护隐私等优异性能。

5. 地球科学（29 项）

【序　号：1 】
项目名称：**中国气象百科全书**
作　　者：本书编委会
出版单位：气象出版社
规　　模：300 万字
出版时间：2006 年 12 月
内容简介：本百科全书分综论、大气探测、卫星气象、大气物理、大气化学等 11 大类，约 2 000 个条目。本书既是一部大型的综合性工具书，又是一部中高级科普书，本书不仅包括大气科学各方面和相关领域的基础知识，反映我国气象事业的发展和成就，具有中国气象事业特色，同时吸收国外最新大气科学技术成果，使之达到当代国际同类书籍先进水平。本书为“十五”国家重点图书出版规划项目。

【序　号：2 】
项目名称：**中国风能资源综合评价**
作　　者：中国气象局
出版单位：气象出版社
规　　模：500 万字
出版时间：2008 年 12 月
内容简介：本书利用中国 1971—2000 年 2 400 多个气象台站资料和风电场资料，根据第三次全国风能资源普查和评价结果编辑而成，分全国卷和分省卷共 34 卷成套出版，揭示各省及全国风能资源总储量、技术可开发量及其分布情况，并对各地风能发电厂的选址提出建议。

【序　号：3 】
项目名称：**中国第四纪冰川与环境变化**
作　　者：施雅风　主编
出版单位：河北科学技术出版社
规　　模：100 万字
出版时间：2006 年 3 月
内容简介：本书在对中国各山地多年考察研究和取得大量实地观测和实验资料的基础上，系统地论述了中国第四纪冰川与环境变化，并与全球变化进行了对比，有许多新观点和结论。

【序　号：4 】
项目名称：**中国地学院士文库**
作　　者：许志琴　等
出版单位：地质出版社
规　　模：150 万字
出版时间：2009 年 12 月
内容简介：“中国地学院士文库”早已列为“十五”国家重点图书出版规划。“十五”期间出版了三种图书。现拟在“十一五”期间再出版许志琴等三位地学院士的三部著述。

【序　号：5 】
项目名称：**对地观测信息处理丛书**
作　　者：李德仁、刘经南　等
出版单位：武汉大学出版社
规　　模：400 万字
出版时间：2009 年 12 月
内容简介：本丛书是一套体系较为完整、内容丰富、成果新颖的对地观测信息处理研究专著。本丛书包括下列专著：1.《遥感自动变化监测》；2.《多源空间信息的集成与可视化》；3.《人造地球卫星精密定位理论与应用》；4.《航空航天遥感对地目标定位理论与方法》；5.《土地信息分析模型与智能化处理》；6.《遥感影像智能解译与目标识别》；7.《高分辨率卫星遥感影像空间信息提取》；8.《空间数据挖掘方法》；9.《空间信息智能计算》。

【序　号：6】
项目名称：**地球空间信息学丛书**
作　　者：李德仁　等
出版单位：武汉大学出版社
规　　模：300 万字
出版时间：2010 年 6 月
内容简介：本丛书包括空间信息网络、多波束测深及图像数据处理方法、数字摄影测量原理与应用和无线电海洋遥感技术等内容。

【序　号：7】
项目名称：**“中国陆地和近海生态系统碳收支研究”研究成果系列专著**
作　　者：陈泮勤　等
出版单位：科学出版社
规　　模：450 万字
出版时间：2008 年 8 月
内容简介：本书内容涉及中国典型陆地和近海生态系统碳收支与碳储量研究，中国陆地和近海生态系统碳循环的主要生物地球化学过程研究，中国陆地生态系统碳循环历史过程研究等。

【序　号：8】
项目名称：**简明中国冰川目录（英文版）**
作　　者：施雅风
出版单位：上海科学普及出版社
规　　模：50 万字
出版时间：2006 年 12 月
内容简介：《简明中国冰川目录》一书的重大价值在于：在中国、美国、加拿大和俄罗斯四个冰川分布的大国中，中国是中低纬度带山地冰川分布最多的国家，也是唯一按国际冰川编目规范全部完成境内冰川编目的国家，在冰川编目科研方面，中国达到国际领先水平。本书是冰川资源与环境变化方面系统全面、资料翔实、新颖独创和图文并茂的著作，为国家水资源宏观决策及西部大开发战略的制定提供了科学的依据，可供地学、水利、防灾和环境等方面的科研、教学和生产部门有关人员参考使用，应用广泛而重要。《简明中国冰川目录》英文版的出版得到“上海科技发展出版资金”的资助。

【序　号：9 】
项目名称：**亚洲中部及邻区地质图系**
作　　者：李廷栋、董树文
出版单位：地质出版社
规　　模：4册
出版时间：2006年12月
内容简介：这是由多国合作编制的该地区首部大型系列地质图。由于本图是世界著名的三大成矿域之一——“古亚洲成矿域”，其地质构造复杂多样，矿产种类多、资源丰富，因此编制该“系列图”、全面阐明编图区内各种矿产的成矿规律及其找矿方向，具有重要意义。如果能够将编图成果及时出版问世，应用于我国和其他周边国家的地质勘查与找矿工作的实践中，对于我国实施国民经济可持续发展和“两种资源、两个市场”战略，具有重要的现实意义，特别是对加快寻找和开发我国急需的能源（石油、天然气、煤）铁、锰、铬、铜、锌、金、银、金刚石等矿产，具有重大的指导作用，将会产生显著的社会效益和经济效益。

【序　号：10 】
项目名称：**青藏高原地质构造与大陆动力学研究丛书**
作　　者：李廷栋　主编
出版单位：广东科技出版社
规　　模：400万字
出版时间：2008年10月

内容简介：本丛书包括《青藏高原隆升的地质记录及机制》、《西昆仑造山带构造特征与山体隆升》、《青藏高原隆升与盆地沉积响应》、《青藏高原中、新生代构造岩浆作用与深部过程》、《青藏高原南部碰撞构造及效应》、《青藏高原北部新生代火山作用与高原脉动隆升》、《青藏高原东部 GPS 监测与地壳变形》等七部专著。青藏高原形成演化和隆升机制是当今国际地学界关注和努力探索的重大科学问题之一。本丛书曾列入“十五”国家重点图书出版规划。

【序　号：11 】
项目名称：**地震工程学（第二版）**
作　　者：胡聿贤
出版单位：地震出版社
规　　模：120 万字
出版时间：2006 年 1 月
内容简介：本书为胡聿贤先生潜心撰写，1988 年曾由我社出版的一部十分全面而有特色的地震工程学方面的专著。本书第一版 1990 年获第五届全国优秀科技图书一等奖，已译成英文在美国出版。

【序　号：12 】
项目名称：**岩石塑性流变学**
作　　者：钟增球、索书田
出版单位：中国地质大学出版社
规　　模：30 万字
出版时间：2006 年 10 月
内容简介：内容主要包括两部分：一是岩石圈流变学的基本原理，超高压变质带研究的理论和方法及研究现状等；二是介绍学者们近年来完成国家自然科学基金重大项目课题和“973”项目课题的研究成果，包括许多实际材料中典型解剖和相关问题的分析等。其特点是：以岩石圈流变学的基本原理作指导；大别苏鲁超高压变质带构造学的系统研究专著尚不多见。

【序 号：13】
项目名称：**谢家荣文集**
作 者：谢家荣
出版单位：地质出版社
规 模：300万字
出版时间：2008年12月
内容简介：《谢家荣文集》共5卷，约250～300万字。第一卷约50万字，是谢家荣教授生前所发表的关于普通地质学、构造地质学、水文地质学等内容的论文，及未发表的此类文章汇编。第二卷约40万字，内容涉及煤田地质及煤岩学。第三卷约40万字，主要涉及石油地质学方面的内容。第四、第五卷共计130万字，内容涉及矿床学、经济地质学等。《谢家荣文集》是从谢家荣教授生前所著约500篇文章以及专著中选编而成的。

【序 号：14】
项目名称：**天文学图集**
作 者：李 元
出版单位：河南科学技术出版社
规 模：10万字
出版时间：2006年10月
内容简介：本书简明通俗、图文并茂地介绍了天文学的基本知识，在专业内容上科学而严谨，在阐述形式上生动而简明。全书共分两大部分：太阳系和大宇宙。用精彩恢弘的天体图片、照片和太空美术画，系统、全面、科学地讲述了太阳系各天体的形态、构造、和地球的比较以及相互关系——讲述了恒星世界、银河系、河外星系和大宇宙的形态与构造，说明宇宙的物质本性、宇宙的时空尺度，展现了浩瀚宇宙的无穷魅力，是一本融科学性、系统性、知识性、观赏性于一体的高水平科普著作。

【序 号：15】
项目名称：**1∶100万中国地貌图集**
作 者：李吉均、周成虎 等

出版单位：科学出版社
规　　模：10万字，73幅图
出版时间：2006年12月
内容简介：本书是我国第一套全面而系统地反映全国地貌现状及其分布规律的大型专业性图集，它全面具体地反映了我国的陆地和海洋地貌类型。全套图集共73幅，每幅图都由三部分组成，图例为中英文对照，以便于国际交流。图集中将全国地貌按照海拔和起伏度划分为23类，按照成因划分出15类，两者构成基本地貌实体类型；在此基础上再按照形态、成因、坡度坡向及其组合、物质组成、地貌年龄来逐层逐级进行划分，总类型达几千种。同时，为了反映一些特殊地貌类型，还列举出由点、线和面分别表达的形态结构地貌类型。本图集充分利用了最新遥感卫星影像，结合1∶25万国家基础地理数据、历史地貌图、地质图等资料，利用地理信息系统技术进行地貌类型的信息集成。本图集是在总结和吸收国内外地貌研究与制图经验的基础上编制而成的。

【序　号：16】
项目名称：**我国近海海洋综合调查与评价专项成果出版工程**
作　　者："908专项"办公室
出版单位：海洋出版社
规　　模：3 500万字
出版时间：2010年12月
内容简介："我国近海海洋综合调查与评价"专项成果出版工程是"908专项"所产生的大量成果的结晶，分调查成果、研究成果和图集三个方面，包括我国近海海洋基本状况、海洋资源、环境质量、生态、灾害、海岸线及海岛、海域使用、水动力环境、生物资源密度和分部规律、可再生资源、沿海地区经济社会发展、海洋与沿海地区可持续发展等专题。

【序　号：17】
项目名称：**中国活动构造图（1∶400万）和中国活动构造概论**
作　　者：邓起东　等

出版单位：地震出版社
规　　模：50 万字
出版时间：2006 年 12 月
内容简介：本图是对 20 年来我国活动构造定量研究的一个全面总结，汇集全国 780 多条活动断裂带，48 条活动褶皱带，340 多个活动盆地，70 余条地震地表破裂带，300 余个几何学和运动学参数。在图件上分带分段表示了这些参数，如活动断裂的水平和垂直滑动速率，活动褶皱的缩短速率，地震地表破裂带的长度，水平和街位移量等。

【序　号：18】
项目名称：**中国气候与环境演变（英文版）**
作　　者：秦大河、陈宜瑜　等
出版单位：科学出版社
规　　模：100 万字
出版时间：2006 年 12 月
内容简介：本书从叙述气候与气候系统入手，对全球气候变化及中国的区域响应等展开讨论，并简要介绍 IPCC 的三次评估报告，既进行理论阐述、介绍国际动态，又为后续各章做了必要的铺垫。关于中国的气候变化，除简要介绍中国的气候特征，论述中国近两万年、近两千年和近百年的气候变化外，还讨论气候极值、气候灾害与中国气候变化和全球气候变化的联系，揭示中国与全球气候变化的一致性和差异性。

【序　号：19】
项目名称：**全球与中国气候变化的检测和预测**
作　　者：丁一汇
出版单位：气象出版社
规　　模：50 万字
出版时间：2006 年 8 月
内容简介：本项目基本涵盖当前气候变化基础科学部分中的关键问题，即了解我国气候变化的基本历史事实及其可能原因，评价人为因素对气候变化的影响信号；认识中国地区生态系统演化规律和陆地碳收支与动态；提出我国自己的全球和中国区域未来 50 年、100 年的气候情景方案，为影响评估和政策研究提供基础科学信息。

【序　号：20 】
项目名称：**生物的起源与辐射——华夏化石记录的启示**
作　　者：戎嘉余　等
出版单位：科学出版社
规　　模：100 万字
出版时间：2006 年 12 月
内容简介：本书是科技部“973”项目《重大地史时期生物的起源、辐射、灭绝和复苏》（2000—2005 年）的综合成果之一。本书以生物重要类群的起源和特定地质历史时期生物的辐射为主线，按地质和生物演化的不同时间段分为 6 个章节。借助“973”项目搭建的平台，在建立华南新元古代末期至三叠纪海洋化石记录数据库的基础上，集成整合现有成果，首次探讨分析史前生物多样性演变特征和型式。本书体现前沿性、原创性和综合性。与本书相关的成果已获得多项国家和省部级奖励。

【序　号：21 】
项目名称：**岩石破裂过程灾变机理及其数值试验方法**
作　　者：唐春安
出版单位：东北大学出版社
规　　模：40 万字
出版时间：2007 年 9 月
内容简介：本书系统介绍了作者近年来在岩石破裂过程失稳的基础理论和数值试验方法研究的成果和一些新的观点。这些研究以现代系统科学理论中的灾变理论为基础，把加载机构和承载体看作一个系统，在运用损伤、统计理论建立岩石具有弱化性质本构关系的基础上，从理论和实验上研究了岩石破裂过程的失稳机制。本书首先讨论了应力—应变曲线的一般形态、在一般试验机上测定的方法、从稳定到灾变的转化条件等问题，以及这些观点在断裂韧度、地震预测、冲击地压等方面的应用等。本书的另一个重要内容是全面系统地阐述了作者近年的最新研究成果——岩石破裂过程分析数值试验方法。

【序　号：22】
项目名称：**黄土与干旱**
作　　者：刘东生
出版单位：安徽科学技术出版社
规　　模：80万字
出版时间：2006年12月
内容简介：本书所介绍的黄土的"新风成学说"是在吸收了前人的风成学说的合理内涵的基础上发展的。其发展主要体现在两个方面，一是从时间上，把风成作用从黄土高原顶部黄土（大约是7万年）拓展到整个黄土序列（约250万年），"新风成学说"对物源、搬运、搬运时候的风力情况，沉积时候的环境面貌，以及沉积以后的变化这个全过程进行了阐述。二是黄土的沉积过程与我们现在看到的沙尘暴一样，是逐渐地从沙漠里面搬运出来，在黄土高原慢慢沉积下来的，也就说，黄土是几百万年来一次次沙尘暴的叠加，它的沉积过程同时记录了环境变化的信息，黄土的新风成学说为从黄土沉积中提取环境变化信息奠定了基础。

【序　号：23】
项目名称：**黄土与地球系统**
作　　者：刘东生、韩家懋　等
出版单位：科学出版社
规　　模：102万字
出版时间：2007年12月
内容简介：本书是国家科学技术学术著作出版基金资助项目，是作者群体半个世纪以来研究黄土与地球系统的成果总结。它区别于以前的黄土专著之处在于其视角更为宽阔，内容更为广泛，讨论更为深入，与实际的结合也更为密切。其研究不再局限于黄土与黄土区本身，而是将研究目标扩展到整个地球系统，注重黄土与地球系统的关系，将中国的黄土置于地球系统科学的图景中进行研究。本书第九、第十章将自然科学与人文科学相结合，关注黄土与黄土区可持续发展等问题和黄土与人类演化历史之间的关系等。

【序　号：24 】
项目名称：**固体地球潮汐**
作　　者：许厚泽、李国营　等
出版单位：湖北科学技术出版社
规　　模：60 万字
出版时间：2007 年 6 月
内容简介：本书较系统地介绍了与固体地球潮汐有关的理论、方法和实测资料的应用解释；收集了国际前沿研究课题和地球动力学应用方面重要的研究成果。

【序　号：25 】
项目名称：**地球节律**
作　　者：周瑶琪
出版单位：中国石油大学出版社
规　　模：30 万字
出版时间：2006 年 12 月
内容简介：本研究得到科技部“九五”攀登计划专项“SSER－Ⅳ－2”专题资助，研究工作以一二级岩石圈热事件节律的地质记录与其背后的地球动力学背景作为研究目标，探讨显生宙以来岩石圈热事件在地层中的记录和其时间结构的研究方法，对地球各大陆块所表现出的大尺度时间节律，从天文因素和地球内部动力学角度研究其形成机制，通过地幔对流与古大陆聚散的数值模拟，建立地球演化的动力学模型。

【序　号：26 】
项目名称：**油藏精细地质模型**
作　　者：林承焰、董春梅　等

出版单位：中国石油大学出版社
规　　模：35 万字
出版时间：2006 年 12 月
内容简介：本专著属于国家重大基础发展规划“973”项目“大幅度提高原油采收率的基础研究”中的“油藏精细地质模型研究”（项目编号：G1999022508）成果。主要包括高分辨率层序地层学、流体流动单元以及油藏精细地质模型研究的内容。本专著反映油藏描述及地质建模的最新进展，也是提高原油采收率的重要基础。适用于从事油藏地质、油田开发的科研、教学以及生产人员参考。

【序　号：27 】
项目名称：**中国大陆科学钻探主孔 0～2 000 米地球物理测井**
作　　者：潘和平、牛一雄
出版单位：中国地质大学出版社
规　　模：30 万字
出版时间：2006 年 6 月
内容简介：本专著分别描述大陆科学钻探孔区的岩性、岩矿测井显示特征，变质岩岩性重构和识别、成像测井地质特征、岩心空间归位、岩石力学特征及地应力场研究等内容。本专著首次系统地研究和分析变质岩测井响应特征、变质岩岩性识别，科学准确地解决了利用成像测井资料恢复岩心空间位置的难题；系统地介绍了变质岩岩心的物性等。这些技术对国内外变质岩油田的测井数据处理和解释具有参考价值和指导意义。

【序　号：28 】
项目名称：**软弱岩体的流变与工程控制**
作　　者：陈沅江、曹　平　等
出版单位：中南大学出版社
规　　模：40 万字
出版时间：2008 年 11 月
内容简介：本书内容分为三大部分，第一部分为软弱岩体流变的基础理论研究；

第二部分为软弱岩体流变破坏的控制对策和技术研究（这部分内容将结合本书各作者以往的科研工程实际来进行）；第三部分为软弱岩体流变与其他灾害或近代灾害因素的耦合研究。本书力求全面阐述岩石流变学研究领域近年来所取得的最新研究成果，很大一部分是书作者科研和参与实际工程设计的总结，因此是一部具有岩土工程专业特色的专著。本书由国家自然科学基金所资助（编号 50490274）。

【序　号：29 】
项目名称：**地下岩体工程灾害隐患探测与控制研究**
作　　者：刘敦文、古德生　等
出版单位：中南大学出版社
规　　模：40 万字
出版时间：2007 年 3 月
内容简介：本书内容是国家自然科学基金项目“金属矿灾害空区雷达探测信号解释的研究”的研究成果之一。本书将工程灾害学、地球物理学、电磁学、现代数学力学、测试试验技术及计算机科学有机地结合起来，系统深入地研究了地下岩体工程灾害隐患控制的理论、技术及其应用。全书分两篇，共 10 章。

6. 生物（18 项）

【序　号：1】
项目名称：**中国生命科学研究**
作　　者：金国章、戎嘉余　等
出版单位：上海科学技术出版社
规　　模：30 万字
出版时间：2010 年 6 月
内容简介：本丛书拟围绕生命科学基础研究的热点领域，例如基因和基因组研究、蛋白质组研究、分子生物学、药物疗效机制研究、生物多样性和资源保护、古生物研究等，从中遴选中国科学家作出的、宜于成书立说的优秀成果，特别是那些能带动学科发展、促进实际应用的选题，逐一出版。

【序　号：2】
项目名称：**中国苔藓植物孢子形态**
作　　者：张玉龙、吴鹏程
出版单位：青岛出版社
规　　模：100 万字
出版时间：2006 年 1 月
内容简介：本书系我国研究中国苔藓植物孢子形态的首部专著。本书首次以光电显微照片的形式记录我国苔藓植物孢子形态，内容涉及苔藓植物 83 科、177 属约 270 种，代表了苔藓植物的各个大类群，每种植物均有形态描述、生态习性及地理分布介绍。全书共有 178 版光学显微镜和扫描电子显微镜照片，可作为苔藓植物分类和形态演化的重要依据，也可供进行苔藓化石孢子鉴定和地层分析之用。通过孢粉分析为地质勘探、寻找石油和矿藏、考古等提供重要手段，进而可从理论上推断地质历史时期的古地理、古气候、古植被和环境的原貌及变迁。可作为从事苔藓植物系统分类学、植物地理学、孢粉学、古植物学、地质学、考古学和环境学等方面的科研、教学、生产工作者的主要参考书。

【序　号：3 】
项目名称：**中国哺乳动物彩色图鉴**
作　　者：王应祥、潘清华　等
出版单位：中国林业出版社
规　　模：58 万字
出版时间：2008 年 10 月
内容简介：《中国哺乳动物彩色图鉴》共列出中国 618 种哺乳动物中的 346 种，几乎囊括了我国全部国土面积（包括喜马拉雅山东段、钓鱼岛、南海诸岛等）上的绝大部分大中型兽类，其中尚包括特有种、珍稀濒危种、国家重点保护野生哺乳动物和科、属的代表种。每种哺乳动物除依照实物图片或标本彩绘外形图外，还对每一物种的中文名、别名、学名、英文名、系统地位、形态特征、地理分布、有争议种的分类注释、栖息环境、习性、数量现状、与部分动物性疫病的关系以及保护等级等作了扼要的介绍并附有头骨图和分布图。本书是一本学术水平很高的哺乳动物分类学学术专著。

【序　号：4 】
项目名称：**中国野生兰**
作　　者：陈心启、罗毅波
出版单位：中国林业出版社
规　　模：22 万字
出版时间：2006 年 6 月
内容简介：本专著汇集产于我国各地的野生兰花 550 余种，是目前国际上收集最全的分布于中国的野生兰花种的图集。每个种均介绍兰花的名称、拉丁学名、主要形态特征、生长地环境、分布区等，并用中英文两种文字加以介绍。每种均配有花的特写及环境或整株的彩色图片。

是研究兰花资源，进行兰花引种、育种、培育新品种的重要种质资源，将受到世界各国兰花业的青睐。

【序　号：5 】
项目名称：**湖南植物志**
作　　者：李丙贵、刘克明　等
出版单位：湖南科学技术出版社
规　　模：100 万字
出版时间：2009 年 12 月
内容简介：《湖南植物志》是全面、系统记载湖南省植物本底资源，包括植物种类、分布及其用途的专业著作。多数种类配有精致的图版或彩色照片。对部分有较大开发潜力的种类，本书给予了特别关注，对其资源利用和保护作了精练的阐述。因此，本志具有植物种类的全面性、种类鉴定的准确性、编排的科学性以及图、文对照，实用性极强等特点。本志不仅直接为湖南野生植物资源的开发、利用和保护，以及湖南天然林的经营和管理等提供科学依据，而且对全省农、林、牧、副、渔的布局规划，中医药的规划和生产，以及生态和环境保护等提供科学资料，将对促进湖南经济建设的可持续发展产生长远的影响。

【序　号：6 】
项目名称：**中华民族基因组多样性**
作　　者：金　力、褚嘉祐　等
出版单位：上海科学技术出版社
规　　模：40 万字
出版时间：2006 年 12 月
内容简介：以测定人类基因组 DNA 序列和识别全部人类基因为目标的人类基因组计划自 1990 年正式启动以来，已成为人类历史上最伟大的科学工程之一。而在参与这项伟大的工程中，充分发挥我国的人群资源优势，获得更多有利于我国功能基因组学研究方面的成果，是中国特色的人类基因组计划研究的重要目标。其中包括人群基因组多样性的比较研究和若干疾病相关位点的多样性研究等。这种战略构想既为我国分享全球人类基因组研究成果奠定了基础，也为将来在适当时机扩大规模，研究医学相关的基因组学创造了条件。目前已获得了中华民族基因组起源、白血病和食管癌基因识别等一批有影响的成果。运用分子生物学方法，多角度地研究中国人群的遗传基因多样性，从细胞、分子、基因的水平上探索中国人群的起源和迁徙，并进一步研究与疾病相关的基因位点的多样性，以及与药物代谢和法医鉴定相关基因位点的多样性。学术内容具有基础性、前沿性的特点，是原创性的科研工作。

【序　号：7 】
项目名称：**海洋生命科学书系**
作　　者：董双林、杨德渐　等
出版单位：中国海洋大学出版社
规　　模：100 万字
出版时间：2009 年 12 月
内容简介：“海洋生命科学书系”主要包括：《海洋生物学》、《海洋生态学》、《生物海洋学》、《海洋生物技术》。《海洋生物学》以海洋生物的进化为主线，系统介绍海洋生物的形态结构、分类等方面的基础知识和理论，内容阐述有机地贯穿海洋生物的形态、生理、发育、行为和生态等。

【序　号：8 】
项目名称：**生命科学实验指南系列**
作　　者：夏家辉、裴雪涛　等
出版单位：科学出版社
规　　模：1 800 万字
出版时间：2010 年 12 月
内容简介：“生命科学实验指南系列”每个分册均由国内著名科学家编写或从国外引进名家名作，为生命科学领域的实验设计、科研创新提供帮助。

【序　号：9 】

项目名称：**应用生物技术大系**

作　　者：马清钧、管华诗　等

出版单位：科学出版社

规　　模：3 000 万字

出版时间：2010 年 12 月

内容简介：中国的生物技术产业经过 20 多年努力之后，已初步建立起完整的研发体系，生物经济初现端倪。为了发挥优势，更好地服务于科技交流和经济发展，我们筹划出版"应用生物技术大系"。本系列图书将围绕医药生物技术、农业及食品生物技术、工业生物技术及其他生物技术（海洋生物技术、环境生物技术）等几大应用生物技术领域，以专著、技术读物、教材为主，力求作品具有前沿性、前瞻性、实用性和权威性。读者对象定位在大学生物工程相关专业师生、生物技术类科研院所科研技术人员、生物技术企业研发人员。

【序　号：10 】

项目名称：**蛋白质科学与技术丛书**

作　　者：张友尚　等

出版单位：化学工业出版社

规　　模：600 万字

出版时间：2008 年 12 月

内容简介：本丛书将系统介绍蛋白质（组）研究领域国内外先进的理论和方法技术。丛书各分册的主题包括"理论"和"技术"两个层面，并以"技术"为主。从蛋白质的基础理论，到研究和实验的各种技术方法，再到前沿的蛋白质组研究，丛书中都有体现，可以满足不同层次的科研人员和教学需要。

【序　号：11 】

项目名称：**英汉生物学大词典**

作　　者：陈宜瑜、宋大祥　等

出版单位：科学出版社

规　　模：400 万字
出版时间：2008 年 12 月
内容简介：生命科学是科学出版社特色学科之一。为充分发挥它的出版优势、资源优势和专业特长，特策划、组织国内国家级研究所、重点大学的专家、学者和相关专业两院院士、全国科学技术名词审定委员会部分委员编写《英汉生物学大词典》。该书是在科学出版社已出版或正在出版的几本生命科学领域内分支学科词典（带有释义）的基础上完善、修订、添加新词，合订成一本大型工具书的。

【序　号：12 】
项目名称：**植物名实图考研究**
作　　者：陈重明
出版单位：东南大学出版社
规　　模：120 万字
出版时间：2007 年 8 月
内容简介：本项目为国家自然科学基金项目，立项已完成。《植物名实图考》由我国清代著名植物学家吴其浚所著，是继李时珍所著《本草纲目》后又一部伟大的本草著作。《植物名实图考研究》一书对原书进行重刊和研究，对该书所涉及的各个学科的内容，如植物分类学、本草学、农林、园艺、民族植物学进行研究，以正确评价该书在我国植物发展史和本草发展史上所起的作用，并对其所载的植物进行分类鉴定，对其中同名异物、异名同物、无名植物及其错误鉴定进行分析研究，做到古为今用、古今结合，以为国内外广大的植物学、药物学及科学史工作者提供阅读和参考。

【序　号：13 】
项目名称：**西藏昆虫分化**
作　　者：王保海
出版单位：河南科学技术出版社
规　　模：120 万字
出版时间：2007 年 5 月

内容简介：本书是西藏自治区重大科研课题——"西藏昆虫分化"研究成果的系统总结。该书有许多重大的理论创新和突破，系统介绍了西藏特有昆虫和蜘蛛分化中心的形成及开发利用研究，提出了西藏昆虫和蜘蛛的四大分化类群、三大分化中心；以蝗虫为例，更确切地提出了在西藏建立新的昆虫区系，研究了西藏昆虫和蜘蛛的"内陆效应"及西藏昆虫的"边缘效应"；论证了西藏植物保护与农业可持续发展的关系，研究了星豹蛛捕食麦蚜的功能反应，首次全面记述了西藏特有昆虫和蜘蛛分类研究，发表了106个新种书。

【序　号：14 】

项目名称：**空间生物学与空间生物技术导论**

作　　者：薛小平、傅增祥　等

出版单位：西北工业大学出版社

规　　模：50万字

出版时间：2007年5月

内容简介：本书内容包括理论与实验技术两部分，比例为2∶1。主要内容包括：空间生物学的基本概念；空间生物学发展的历史现状；空间环境的一般生物学效应；空间环境的细胞生物学效应；微生物的空间生物学效应及应用；空间环境下的生物力学问题；人体对空间环境的反应和适应；空间组织工程；空间生物大分子晶体生长；空间生物学计算与模拟；受控态生命支持系统；空间生物学研究的基本方法；空间生物学研究的设备。理论部分内容涵盖空间生物学的基本概念、原理、学科范围、研究对象、基本知识、空间生物学发展趋势和最新成就。试验技术部分内容涉及与空间生物学研究相关的、基本生物学实验技术和方法。

【序　号：15 】

项目名称：**生理学技术方法及其进展**

作　　者：朱妙章、吴博威　等

出版单位：第四军医大学出版社

规　　模：120万字

出版时间：2006 年 12 月

内容简介：随着生命科学和医学的发展，生理学与分子生物学、生物医学工程的相互渗透，体内新的活性物质和离子通道不断发现，受体的克隆、相关基因的表达和基因芯片技术的应用，信号转达导和细胞因子作用的认识不断深化，生理学出现新的分支和生长点，极大地丰富了生理学的内容。本书为介绍生理科学中近十几年使用的实验方法与技术的新书。近年来，众多先进的研究手段不断问世与发展，如单细胞研究方法、膜片钳技术、心肌细胞收缩力的测定、激光共聚焦显微镜技术的应用、分子生物学技术在生理学研究中的应用，学习和掌握这些技术与方法，对选择合适的科研手段与科研设计有重要帮助。

【序　号：16 】

项目名称：**实用生物毒素学（修订本）**

作　　者：陈宁庆、孟昭赫

出版单位：中国科学技术出版社

规　　模：110 万字

出版时间：2008 年 12 月

内容简介：本书具有以下三个特点：一是内容丰富，几乎包括了所有生物毒素如细菌毒素、真菌毒素、植物毒素、陆生动物毒素、海洋生物毒素和昆虫毒素等。二是注重介绍我国科学家在毒素研究上的贡献和防治经验。三是读者对象面广，它涉及军事、工农渔业、医药卫生、食品卫生、畜牧兽医、地矿、商检、旅游等多种行业的工作人员。出版本书，在当前生物恐怖日益可能发生的时期尤为重要。

【序　号：17 】

项目名称：**微生物生理学（第二版）**

作　　者：李季伦

出版单位：中国农业大学出版社

规　　模：90 万字

出版时间：2007 年 6 月

内容简介：本书以阐明微生物的特点及其生命活动的基本规律为主线，比较全面地介绍了微生物生理学的基本知识，并反映了本学科前沿领域的新进展。本书在保证其体系完整性的同时，注重基础性和先进性的有机结合，并提高了可读性。

【序　号：18】
项目名称：**食品生物技术（第二版）**
作　　者：彭志英
出版单位：中国轻工业出版社
规　　模：60万字
出版时间：2006年8月
内容简介：本书对于第一版50%以上的内容加以修订，并增加了国内外最新的食品生物技术内容，例如生物技术在生产无污染的绿色食品、有机食品和功能性食品中的应用。侧重从源头抓起，注意把食品与安全统一起来。食品生物技术是生物技术的重要分支科学，也是农副产品深加工、实现产业化和改造传统食品工业的重要手段，特别是酶工程在食品工业中应用这一章，对充分利用农产品特色资源转化为经济优势，利用了较典型的实例加以阐述。

7. 医药科技（96项）

【序　号：1】

项目名称：**中华医学典藏**

作　　者：马继兴、余瀛鳌　等

出版单位：人民卫生出版社

规　　模：12 000万字

出版时间：2010年12月

内容简介：为了适应中医药学术发展的需要，实现中医“走出去”文化战略目标，进一步发挥我社在中医古籍文献整理方面的优势，在我社已出版的近500种中医古籍图书的基础上，进行一次全面系统的整理。本典藏共分为13个部分，拟出版400种，包括医经集；诊法集；本草集；方书集；伤寒集；金匮集；温病集；临床集；针灸集；养生、气功集；综合（丛书、全书、工具书）集；医案、医话集；基础理论。本典藏拟选择最佳版本，选择最高水平的中医文献专家进行精审校勘，采用横排简体本，精心编辑、精心校对，使之成为中医古籍传世典藏著作。本典藏计划于2006—2010年完成出版任务。

【序　号：2】

项目名称：**中国泌尿外科学史**

作　　者：那彦群、孙则禹　等

出版单位：第二军医大学出版社

规　　模：80万字

出版时间：2006年12月

内容简介：本书详细介绍中国泌尿外科发展史、历届中华泌尿外科学会委员会的组成名单、中华医学会泌尿外科学分会历届全国学术交流大会简介、《中华泌尿外科杂志》历届编委会组成名单；还介绍了直辖市

（4个）、省、自治区（26个）及港、澳、台地区（3个）泌尿外科的发展史、学术交流史及重要学术贡献。本书还编写了各届重要医学委员录——包括全国泌尿外科医师条目，以及中国泌尿外科学者参加国际泌尿外科协会的会员名单。

【序　号：3】
项目名称：**中国防疫史**
作　　者：邓铁涛　等
出版单位：广西科学技术出版社
规　　模：100万字
出版时间：2006年3月
内容简介：本书是国内第一部详尽记述我国防疫历程的学术专著。

【序　号：4】
项目名称：**中国医学画史**
作　　者：程之范
出版单位：广西科学技术出版社
规　　模：28万字
出版时间：2007年7月
内容简介：本书全景式地展现人类医学主流的轨迹，以清晰的医学进步历史脉络为线索，剖析人类医学的过去、现在和将来。

【序　号：5】
项目名称：**剑桥世界人类疾病史**
作　　者：［美］Kenneth F. Kiple　著，张大庆　主译
出版单位：上海科技教育出版社
规　　模：200万字
出版时间：2007年10月
内容简介：本书正文分为八部分。第一部分呈现从古代至20世纪医学思想的主要历史源流和分支。第二部分讨论东方和西方的疾病概念，以及复杂的身体和精神疾病的概念，强调了这些概念是如何随时代而改变

的。第三部分又分为两个方面，一方面讨论的是疾病的遗传特性；另一方面讨论主流医学之外的预防和控制疾病的各种努力。第四部分基本上是人口统计，该统计集中于对不同群体的健康的测量，包括营养状况、发病率、尤其是死亡率。这一部分最重要的贡献在于它提出了方法学问题。接下来的三部分讨论各地区的疾病史，还从疾病生态学的更大视野上呈现全球不同区域的疾病变化。第八部分按字母顺序论述最主要的人类疾病的历史与地理学。

【序　号：6 】
项目名称：**中华药物志**
作　　者：蔡光先　主编
出版单位：湖南科学技术出版社
规　　模：4 000 万字
出版时间：2010 年 12 月
内容简介：本志拟对 14 000 种中国药物资源和药物研究成果进行最全面、最系统的整理归纳，按照正名、异名、基原、原植（动、矿）物、生长环境和分布、采集加工、药物鉴别、化学成分、药理、性味归经、功能主治、用法用量、使用注意、临床应用、名医药论以及附录（含栽培、养殖等）的统一体例进行编撰，并附有 1 万余幅插图，全景式展示我国药物学研究成就。

【序　号：7 】
项目名称：**中国灸法学**
作　　者：吴焕淦、丁光宏　等
出版单位：上海科学技术出版社
规　　模：80 万字
出版时间：2006 年 1 月
内容简介：本书旨在推动灸法临床应用，发挥其治疗特色与优势，改变重针轻灸的临床格局，进一步推动灸法的应用和发展。为此，组织全国十余所中医院校针灸名家、学者及临床医生，汇集整理灸法学文献以及临床和实验研究等资料，编成此专著。全书共分上、下二卷，上卷为基础篇，包括灸法的起源与发展、经络、腧穴和灸法的现代研究 4 个篇章；下卷为临床篇，按灸法治疗特色及灸法治疗临床各科病症分 14 个章节进行阐述，此书乃集灸法基础与临床研究为一体，并根据作者多年从事灸法临床与实验研究的体会，提出许多新的观点与疗法。

【序　号：8 】
项目名称：**临床医师诊疗全书（第三版）**
作　　者：北京大学第一医院
出版单位：北京大学医学出版社
规　　模：900 万字
出版时间：2008 年 5 月
内容简介：本套书包括《现代内科诊疗手册》、《现代外科诊疗手册》、《现代妇产科诊疗手册》、《现代儿科诊疗手册》、《现代传染病学诊疗手册》、《现代神经病学诊疗手册》、《现代眼科诊疗手册》、《现代耳鼻喉科诊疗手册》、《现代皮肤病性病诊疗手册》、《现代急诊医学诊疗手册》、《现代临床实用药物手册》、《现代护理诊断手册》。特点为：内容丰富、新颖、实用，可操作性强，既包括了各学科的近年进展，又有各位专家长期从事临床工作的经验，写作风格上文字简练，深入浅出，简明实用，便于查阅，为在临床第一线紧张工作的广大医务人员提供方便。

【序　号：9 】
项目名称：**大型医学辞书系列**
作　　者：中国医科大学、华中科技大学同济医学院、上海第二医科大学
出版单位：人民卫生出版社
规　　模：3 080 万字
出版时间：2010 年 12 月
内容简介：“大型医学辞书系列”包括卫生部组织编写的汉英、汉日、汉法、汉德、汉俄五部大型医学辞典。主要参考世界著名的医学辞书的最新版编写。书中的汉语订词，严格依据全国科学技术名词审定委员会已公布出版的医学名词，并尽可能采用目前通用、统一的词目。内

容包括基础医学、临床医学、预防医学、康复医学、药学、医学仪器，以及祖国传统医学中的基本词汇、常用词汇。并注重收载近年来发展迅速和新兴学科的新词汇。

【序　号：10】
项目名称：**中国当代著名中医学家医论汇集**
作　　者：曹洪欣、高思华　等
出版单位：中医古籍出版社
规　　模：2 500 万字
出版时间：2010 年 12 月
内容简介：老中医药专家的学术经验和技术特长是中医学的宝贵财富。这次整理出版著名中医学家文集，所选专家主要限于新中国成立前后，特别是新中国成立 50 多年来活跃在中医战线上，有独到学术见解、临床经验和技术专长，疗效卓著，技术精良，且在国内中医学界享有盛誉的国家级著名中医学家。如章次公、秦伯未、蒲辅周、任应秋、董建华、方药中、刘渡舟、张琪、朱良春、罗元恺、印会河、路志正、王绵之、谢海洲、赵绍琴、俞慎初、朱仁康、关幼波、焦树德、万友生等。

【序　号：11】
项目名称：**民国中医名家医学文集丛编**
作　　者：郑金生、伊广谦　等
出版单位：中医古籍出版社
规　　模：500 万字
出版时间：2010 年 12 月
内容简介：在中医发展史上，民国是一个特殊而又十分重要的时期，涌现出一大批有影响的医家。除了著作之外，这些医家还有相当数量的文章散见于期刊，这对研究者的阅读、利用造成了困难。而且，历经七八十年的时间，由于纸质的原因，原始资料的保存亦面临严重困难，因此这项工作带有抢救性质。本丛编拟收章太炎、恽铁樵等20～30位医家发表于当时期刊的文章，每人一集，从而得以集中了解民国间中医名家的学术观点和临证经验。

【序　号：12 】
项目名称：**中国肿瘤医师临床实践指南丛书**
作　　者：徐光炜　等
出版单位：北京大学医学出版社
规　　模：1 500 万字
出版时间：2007 年 12 月
内容简介：本丛书从各种肿瘤的病因、病理、常见症状、检查、治疗、预防到康复，系统地做了介绍。

【序　号：13 】
项目名称：**外科手术精要与并发症系列丛书**
作　　者：王　杉　等
出版单位：北京大学医学出版社
规　　模：500 万字
出版时间：2007 年 8 月
内容简介：本丛书涵盖外科学和妇产科学涉及的各临床学科专业，内容包括各学科专业的常见疾病、疑难疾病、危重疾病的手术治疗及其相关并发症的处理。

【序　号：14 】
项目名称：**中国居民膳食结构与营养状况变迁的追踪研究丛书**
作　　者：翟凤英　主编
出版单位：科学出版社
规　　模：500 万字
出版时间：2008 年 12 月
内容简介：本项目是在我国经济转型时期，居民的膳食结构和营养状况面临迅速改变的背景下，由美国 NIH 提供资助，中国疾病预防控制中心营养与食品安全所与美国北卡罗来纳大学人口中心协作开展的有关我国居民膳食结构和营养状况变迁的追踪性研究项目。该项目是目前国内唯一的大样本量，在同一人群中追踪研究我国居民膳食结构和营养状况变迁的国际合作性课题。2000 年该研究得到科技部的资助，在追踪研究提供的数据平台的基础上建立了中国国民营养与体质数据库，同时开展多项营养的基础性研究工作，其中包括膳食评价方法学研究，探讨在我国使用食物频率法评价膳食结构的可行性等等。

【序　号：15】
项目名称：**野战外科学系列丛书（总论卷）**
作　　者：黄志强
出版单位：军事医学科学出版社
规　　模：400 万字
出版时间：2009 年 12 月
内容简介：主要内容为以下几个方面：1. 高技术野战条件下胸腹脏器创伤研究。内容包括研究未来战争的特点，参与分级救治与立体救治等卫勤保障方面的研究；现代高技术武器战伤的损伤机制及高技术战争环境下脏器损伤伤因、病理生理、免疫、分子生物学等基础理论研究；胸腹脏器多发伤的分类、救治原则和标准的研究等。2. 野战救治新材料、新装置的研制与开发。内容包括便携式胸外伤抢救装置的研制；新型止血材料的研究等。

【序　号：16】
项目名称：**中国农民卫生保健丛书**
作　　者：薛元坤　等
出版单位：人民卫生出版社
规　　模：200 万字
出版时间：2008 年 6 月
内容简介：本丛书由人民卫生出版社策划，由卫生部、科技部与人民卫生出版社共同负责全套书的出版、宣传和发行工作。主要是为了向广大农村群众普及卫生健康知识、提高他们的健康水平，从而促进我国人民整体健康水平的提高而编写的。全书针对农村常见病、传染病的特点，以及农村不健康的卫生习惯进行科学的、通俗的、实用的、生动的、图文并茂的讲解，把预防为主、以健康的生活方式和理念早防早治疾病；以积极科学的态度和方法治病，进行科学调养，提高农村群众的健康水平。

【序　号：17 】

项目名称：**现代心理咨询与治疗丛书**

作　　者：许又新、吕秋云　等

出版单位：北京大学医学出版社

规　　模：600万字

出版时间：2007年12月

内容简介：本套丛书的读者对象为从事心理咨询与治疗的专业人员、心理学爱好者以及有一定知识水平的心理疾病患者。本书不但对多动症、抑郁症等多发疾病给予重视，更关注危机干预、网络成瘾等现代问题。丛书中《多动症的咨询与治疗》、《儿童对立违抗的咨询与治疗》、《网络成瘾的咨询与治疗》、《孤独症的咨询与治疗》为科技部"儿童行为问题干预研究"项目所支持。

【序　号：18 】

项目名称：**现代生物医学科研技术丛书**

作　　者：秦　川、林星石　等

出版单位：北京大学医学出版社

规　　模：220万字

出版时间：2006年12月

内容简介：本丛书是一套全面指导生物医学科研实践的实验类丛书。全套丛书不仅包括了生物医学科研领域中的主要学科，还包括了两本介绍与科学研究息息相关的统计软件、分子生物学软件应用的书籍。其中《分子生物学软件应用分册》一书更是填补了市场上同类项目的空白。本丛书是市场上第一套全面介绍生物医学领域各学科实验技术及辅助软件应用的丛书。内容以常用技术为基础，以新技术为亮点，可满足不同层次科研人员的需求。本丛书淡化理论，强调实践，每一本书均在其领域一个或几个专家的牵头下，由具有多年操作经验、并且现在还在一线工作的高级技师或是博士、博士后等编写完成。

【序　号：19 】
项目名称：**微创医学丛书**
作　　者：郭应禄、张亚卓　等
出版单位：北京大学医学出版社
规　　模：800 万字
出版时间：2009 年 2 月
内容简介：本丛书是论述内镜应用于临床疾病的诊断及治疗的学术专著，内容涵盖颅腔镜、胸腔镜、胃镜、结直肠镜、膀胱镜、鼻咽喉镜、胰胆镜、普通外科腹腔镜、妇产科腹腔镜、阴道镜、宫腔镜、膝关节镜、肩肘关节镜、肿瘤介入等。基于中国医生的临床实践和研究并结合国际相关进展，本丛书较全面和系统地介绍了内镜技术在疾病诊断及治疗中的应用。书中附有大量的疾病内镜检查及手术操作的彩色或黑白图片，使读者能更清楚地了解疾病在内镜下的特征，更有利于掌握内镜技术。本丛书由国内微创医学领域具有代表性的权威专家编写，代表了我国内镜技术的最高水平。

【序　号：20 】
项目名称：**实用老年医学丛书**
作　　者：本书编委会
出版单位：华龄出版社
规　　模：600 万字
出版时间：2007 年 10 月
内容简介：丛书分为 5 册，基本囊括老年医学体系中最常见、最多见和最有代表性的医学门类、疾病种类；将世界卫生组织维多利亚宣言和 20 世纪 90 年代至今的医学新发展，综合和具体的生命科学、生物科学、临床医学前沿动态系统集中；尤其突出了心理医学、免疫医学和抗衰老、延缓衰老医药学及中西医结合几大特点。遴选国内最有影响的几所重点大学、国家级重点实验室和学术界领衔的院士、科学工作者分工组编，具有在我国老年医学领域开创性和总结性的明显特点。

【序　号：21 】
项目名称：**生物医学实验技术丛书**
作　　者：王嘉玺　主编
出版单位：军事医学科学出版社
规　　模：700 万字
出版时间：2008 年 8 月
内容简介：本丛书共有 24 个分册，包括生物医学文献检索、分子生物学实验室安全与个人防护、分子生物学药品及实验器材、分子生物学实验室常用仪器、电子显微镜技术、光学显微镜与摄影、细胞培养、病毒细菌分离培养与鉴定、PCR 技术、蛋白质分离纯化、蛋白质电泸与分析、核酸杂交、胶体金免疫实验、荧光免疫实验、细胞凋亡检测、抗体技术、酶联免疫实验、核酸指纹图、细菌基因组、生物传感器、分子生物学数据统计分析等内容。本丛书内容针对性强，编写体例特点突出。丛书简明清晰地介绍各种生物医学实验技术的基础原理、应用方案、技术要点、实例分析等内容。本丛书定位于：简明实用的操作手册。

【序　号：22 】
项目名称：**实用药学高级丛书**
作　　者：侯惠民、吴立军　等
出版单位：人民卫生出版社
规　　模：1 200 万字
出版时间：2007 年 4 月
内容简介：本丛书分为 8 个分册，内容设计充分体现“实用”、“高级”的特点，图书内容侧重本学科新理论、新技术、新方法、新设备的应用介绍，以便充分反映出国内外本学科的最新理论知识，先进经验和科研成果。丛书内容具有较高的科学性、先进性和实用性。

【序　号：23 】
项目名称：**现代药物制剂技术丛书**
作　　者：崔福德、郑俊民　等

出版单位：人民卫生出版社
规　　模：400 万字
出版时间：2006 年 10 月
内容简介：本丛书包括 8 个分册，分别为：1.《脂质体制剂》；2.《环糊精包合物制剂技术》；3.《口服药物吸收与转运》；4.《药物制剂造粒技术与设备》；5.《口服缓控释制剂》；6.《透皮给药制剂》；7.《颗粒分散药物制剂》；8.《生物利用度与生物等效性评价》。主要介绍药物制剂有关领域的新理论、新方法、新技术及其在药物研究中的应用，以指导教学、科研和生产。各分册主编都是国内长期从事药剂方面相关领域研究的知名专家，故该套丛书具有较高的科学性、先进性和实用性，能够代表目前我国药剂学科的最高水平。

【序　号：24】
项目名称：**影像鉴别诊断学丛书**
作　　者：刘玉清、陈星荣　等
出版单位：江苏科学技术出版社
规　　模：480 万字
出版时间：2007 年 12 月
内容简介：本丛书包括《MRI 鉴别诊断学》、《超声鉴别诊断学》（第二版）、《CT 鉴别诊断学》、《X 线鉴别诊断学》和《核医学鉴别诊断学》，充分体现了当今影像学的最新进展，突破传统影像学诊断的旧框框，在强调临床实用性的同时，特别重视影像学诊断与鉴别诊断新理论、新观念、新思维的科学性、权威性。本丛书包括临床医学最常用的几种影像学检查。本丛书组织我国临床影像学界权威专家编写，对提高影像学临床诊断水平必将起到极大的规范和推动作用。

【序　号：25】
项目名称：**中医临床丛书**
作　　者：王永炎、王　沛　等
出版单位：人民卫生出版社
规　　模：1 200 万字

出版时间：2010 年 6 月

内容简介：本丛书原有内科、外科、妇科、儿科、眼科 5 科 7 个分卷。本次除修订上一版 5 科的 7 个分卷内容外，新增加了骨伤科、耳鼻咽喉科、针灸、推拿等 4 科 4 个分卷，共计 9 科 11 个分卷。其中《今日中医内科》（3 册）、《今日中医外科》、《今日中医妇科》、《今日中医儿科》、《今日中医眼科》、《今日中医耳鼻喉科》、《今日中医骨伤科》、《今日中医针灸》、《今日中医推拿》各册将启用中医临床一级学科的学术权威出任主编，组织全国各临床学科的一流专家的力量，充分反映国内中医该学科的最高诊疗水平，旨在为在中医临床一线提供实际指导与帮助，突出实用性和先进性。各分卷下的病种均为中医或中西医结合治疗具有明显临床优势的病种。

【序　号：26 】

项目名称：**中国现代著名中医临床家丛书**

作　　者：陈可冀、王永炎　等

出版单位：中国中医药出版社

规　　模：2 000 万字

出版时间：2009 年 6 月

内容简介：本套丛书选取国家中医药管理局审批通过的全国老中医医药专家学术经验继承工作指导老师中具有丰富临床经验者，由老专家本人或其弟子整理其学术经验。本套丛书以每位医家独立成册，每册由医家小传、专病论治、诊余漫话、年谱四部分组成。其中医家小传简要介绍医家的生平及成才之路；专病论治意在以病统论，以论统案，以案统话，即将与某病相关的精彩医论、医案、医话加以系统整理，便于学习与借鉴；诊余漫话则系读书体会、札记，也可以是习医心得等等；年谱部分则反映名医一生的重大事件或转折点。

【序　号：27 】

项目名称：**外科手术及有创操作——常见问题与对策丛书**

作　　者：周胜华、杨罗艳　等

出版单位：军事医学科学出版社

规　　模：500 万字

出版时间：2007 年 12 月

内容简介：外科手术及临床上的一些有创操作，经验性很强。如果未掌握其中的一些技巧，就容易出现各种问题甚至失误。本书的特色就在于针对临床实际，总结第一手的临床经验和教训，突出操作技巧和各种意外情况的处理方法。本书共分 12 册，包括：《普外科手术常见问题与对策》、《烧伤手术常见问题与对策》、《神经外科常见问题与对策》、《泌尿外科手术常见问题与对策》、《骨科手术常见问题与对策》、《心胸外科手术常见问题与对策》、《麻醉常见问题与对策》、《心脏介入术常见问题与对策》、《内窥镜操作常见问题与对策》、《透析疗法常见问题与对策》、《眼科手术常见问题与对策》、《耳鼻喉科手术常见问题与对策》。丛书主要依托中南大学湘雅二医院，同时邀请国内的知名专家参加编写。

【序　号：28 】

项目名称：**现代难治病诊治学丛书**

作　　者：朱庆生　主编

出版单位：上海科学技术出版社

规　　模：700 万字

出版时间：2006 年 12 月

内容简介：本丛书系国内第一套全面系统论述临床难治病的诊治思路和方法的大型丛书，旨在增强县（区）级以上医院临床医生及中青年低年资医生对临床常见难治病的诊治能力，提高医疗水平和质量。本套丛书共出版内科心血管、呼吸、消化、血液、神经、内分泌、肾脏、精神、感染、风湿及免疫性疾病 10 个分册；着重选择临床常见的目前诊断治疗比较复杂、比较困难、比较顽固的疾病，或常规治疗疗效常不明显或无效，甚至容易恶化的疾病，以科学性和专家自身的实践经验为指导原则，对每一疾病难治原因的分析、诊断和治疗，提供科学的思路、可靠的依据、可行的方案，提供最新的各种治疗方法、治疗技术。本丛书能代表当今国内外在难治病领域中的先进水平，并体现最新进展，为真正解决难治病提供实用的指导。

【序　号：29】
项目名称：**盲人按摩特色疗法丛书**
作　　者：王建军、李志军　等
出版单位：中国盲文出版社
规　　模：330万字
出版时间：2009年10月
内容简介：本套丛书将从全国各地8万名盲人按摩师中选择100名疗效好、技术精的按摩名师，对其经验和手法进行全方位整理，使濒临失传危险的盲人按摩名师特色疗法发扬光大，并根据整理素材编写包括中、英文两种盲文版本的按摩疗法丛书，也为中华文化走向世界作出贡献。具体包括《百位盲师论按摩》、《盲人保健按摩特色技法全书》、《盲人医疗按摩特色技法全书》、《颈肩病按摩要旨》、《腰腿病按摩要旨》、《内科病按摩要旨》、《妇科按摩要旨》、《儿科按摩要旨》、《减肥与美容按摩要旨》9册。

【序　号：30】
项目名称：**北京协和医院营养师营养康复指导丛书**
作　　者：马　方　等
出版单位：重庆出版社
规　　模：80万字
出版时间：2007年9月
内容简介：由我国权威医疗机构——北京协和医院营养科专家教授，结合协和医院多年对各种疾病康复过程中的营养研究，科学性和实用性相结合，选择常见病种，分册编写出最能对病员读者的康复有所帮助的单本图书。准备从2006年开始逐步推出（首批10册）。

【序　号：31】
项目名称：**新编口腔临床医学系列丛书**
作　　者：邱蔚六、刘　正　等
出版单位：世界图书出版公司
规　　模：1 100万字

出版时间：2009 年 12 月

内容简介：本丛书共有 15 个分册，主要特点为：1. 力图打破原来的学科界限和体系来组织编写的一套高级口腔医学参考书；2. 内容新，以介绍国内外口腔医学的新成就、新经验为主；3. 以临床口腔医学为主，以专题来编写；4. 图和文字互为补充；5. 鉴于生命科学出现了学科间交叉、整合、重组的趋势，而当代最具创造性的成果也都产生于各学科或多门学科的交叉点或切点上，因此对相关学科的内容和最新发展趋势都加以介绍。

【序　号：32 】

项目名称：**临床护理系列丛书**

作　　者：中国协和医科大学护理学院

出版单位：中国协和医科大学出版社

规　　模：400 万字

出版时间：2007 年

内容简介：本套护理课程属专业教材，包括人与社会、生殖、氧合、营养/排泄、活动/休息、认知/感知等内容。

【序　号：33 】

项目名称：**中医系列分化丛书**

作　　者：何裕民　等

出版单位：中国协和医科大学出版社

规　　模：300 万字

出版时间：2010 年

内容简介：本丛书包括中医学导论、中医藏象学、中医诊法学、中医防治学总论等内容。

【序　号：34 】

项目名称：**现代手术技巧图谱丛书**

作　　者：吴孟超、邱蔚六　等

出版单位：世界图书出版公司

规　　模：1 600 万字
出版时间：2009 年 12 月
内容简介：本丛书共 10 个分册，分别为：1.《眼科》；2.《耳鼻咽喉科》；3.《口腔颌面外科》；4.《神经外科》；5.《泌尿外科》；6.《普通外科》；7.《胸心血管外科》；8.《骨科》；9.《烧伤及整形外科》；10.《妇产科》。本丛书的主要特点为：1. 解剖图与手术图互补，以手术图为主；2. 数码相机拍摄图与绘制单线图互补，以拍摄图为主；3. 传统手术与创新技术结合，含新技术及显微内容，以传统经典手术为主；4. 图和文字互补，以图为主；5. 附有各经典手术的 VCD 光盘。

【序　号：35】
项目名称：**中国食品药品监督管理百科全书**
作　　者：本书编委会
出版单位：中国医药科技出版社
规　　模：350 万字
出版时间：2006 年 12 月
内容简介：本书根据编委会所确定的 5 000 多个词条，逐一进行归纳、说明和总结，并作科学的解释和定义。食品药品工作被形容为“天大的事”，直接关系到每一位国民的身体健康，其重要性不言而喻。对食品药品的理论知识、名词术语必须有权威的诠释和归纳，这样才能起到规范化、系统化的指导作用。因此，编写出版《中国食品药品监督管理百科全书》非常必要，这也是全民食品放心工程和全民药品放心工程系列工作的重要组成部分。

【序　号：36】
项目名称：**中国农民健康手册**
作　　者：北京市疾病预防控制中心
出版单位：中国协和医科大学出版社
规　　模：60 万字
出版时间：2006 年 10 月
内容简介：本丛书秉承让农民“一看就懂，一学就会，一用即灵”的朴素理念，以图文结合的方式、生动浅显的语言，全面介绍与广大农村群众衣食住行有关的健康保健知识，本套丛书介绍的健康的生活方式、合理的膳食安排、卫生的生活环境、疾病预防保健知识以及各类急慢性疾病的识别与处理方法等，可作为广大农民实用的健康百科全书。

【序　号：37】
项目名称：**中国藏医药学大辞典（藏文）**
作　　者：占　堆、次仁巴珠　等
出版单位：西藏人民出版社
规　　模：200 万字
出版时间：2006 年 9 月
内容简介：本书将首次全面清理和规范古今藏医药学名词术语，并进行定义详释。针对当前藏医药界缺乏较完整资料的问题，组织经验丰富的著名老藏医和中青年骨干人才，编撰一部收录 2 万余词条及专用术语的藏医大型工具书。本书拟收词条包括病名、药名、方名、人体部位名、医家、医书、医学、医疗器械及民间医术等，涉及藏医药的不同层面，填补这方面的空白，达到规范和统一藏医药学名词术语的目的。

【序　号：38】
项目名称：**本草纲目大辞典**
作　　者：郭霭春、李志庸
出版单位：山东科学技术出版社
规　　模：300 万字
出版时间：2006 年 6 月
内容简介：主要内容为：收入《本草纲目》中的重要名词术语并进行解释。

【序　号：39】
项目名称：**蒙医药学注释大辞典**
作　　者：金　玉
出版单位：内蒙古科学技术出版社

规　　模：200 万字
出版时间：2006 年 3 月
内容简介：《蒙医药学注释大辞典》一书，属“十五”国家重点图书出版规划项目，已获取国家民族出版基金资助。在编纂该辞典的工作中，编者阅览查询了目前所能搜集到的近百余部蒙医药学医籍，包括多种版本的古籍，新近出版的蒙医本科教材、专科教材，从中列选了近 3 万条词目，力求对蒙医药学典籍、专著、人物、史籍、方药、诊疗技术、隐语、术语、名词的基本概念、疑难点和出处等进行准确阐述，解释词意，证引出处。其中主要以古代医籍和近年来出版的蒙医药学本科教材、专科教材为搜集词条的蓝本。对学术问题，有定论的按定论介绍，并概括叙述或介绍现有的不同观点，以避免给读者错误和片面的知识。

【序　号：40 】
项目名称：**中国中医药名家经典实用文库**
作　　者：王永炎、邓铁涛　等
出版单位：中国中医药出版社
规　　模：3 000 万字
出版时间：2009 年 12 月
内容简介：本文库各册基本体例包括：概述、病因病机、诊断与鉴别诊断、辨证论治（要点、证候、分析）、治疗（治疗原则、基本治法、方药运用、其他疗法）、转归及预后、预防与调护、名医临证经验、现代研究概述、小结等，力求遵从中医辨证论治规律，符合中医临床医师的临证思维和实际操作过程，并充分吸收现代研究成果，内容严谨规范，切合实用。除在各部分内容中注意融入名医的经验外，专设“名医临证经验”栏目，集中选介名医诊查辨治的心得体会、处方用药的技巧要诀以及典型验案范例等，这是此套文库的一大特色。

【序　号：41 】
项目名称：**秦汉魏晋隋中医名著集成**
作　　者：李经纬　等

出版单位：中国中医药出版社
规　　模：300 万字
出版时间：2009 年 12 月
内容简介：这是我社继成功完成“九五”规划“明清名医全书大成”及“十五”规划“唐宋金元名医全书大成”后又推出的一套中医古籍整理研究的力作。精选出 10 部现存的秦汉魏晋隋时期最有影响的经典著作，组织全国有经验的文献工作者，选择善本、精本为底本进行校勘注释，校注力争精确，做到“一文必求其确、一义必析其微”。另外还要求整理者写出对著作的学术思想研究论文一篇，并附该著作的研究论文题录，力求为今人学习研究经典著作提供一部校勘精细、训诂准确、研究深入的工具书。

【序　号：42 】
项目名称：**温病图书集成**
作　　者：王致谱　主编
出版单位：福建科学技术出版社
规　　模：800 万字
出版时间：2010 年 12 月
内容简介：温病学说是中医学理论体系的重要组成部分。自明末吴又可撰著第一部温病学专著《温疫论》以来，学术理论和治疗方法不断丰富，形成了学派，并建立了完整的学术体系。特别是 2003 年 SARS 爆发流行之后，中医界普遍感到系统整理历代温病学文献、总结温病学成就之必要。《温病图书集成》将由整理者在深刻理解学术发展脉络的基础上，囊括精华，攫取最佳版本，删简除烦，进行科学分类编排，努力使之成为国内规模最大的温病学专题文库。借以反映温病学的全貌，为继承中医学术精华、开展温病学术研究提供全方位的参考。

【序　号：43 】
项目名称：**中国心电信息学图解集成**
作　　者：张开滋、郭继鸿　等主编

出版单位：湖南科学技术出版社
规　　模：270 万字
出版时间：2007 年 12 月
内容简介：本书共分 5 篇 35 章，全面系统地介绍心电信息学概念和导联系统，精选 2 000 余幅插图，创建性地按心电信息学图形分类，前四篇包括静态心电图、12 导联同步心电图、胎儿心电图、小儿心电图、动态心电图、监测心电图、电话传输心电图、负荷心电图、食管心电图、起搏心电图、正交心电图、向量心电图、心腔内电图、频域心电图、高频心电图、心音图、心机械图、心阻抗血流图、心磁图、动态血压监测等，进行说文释图，详加解析，以图解为主，寓理其中，达到文图并茂之效；第五篇阐述国内外心电信息学研究进展；本书附录中刊载了许多有价值的心电信息学术语规范、仪器指标、检测方法、诊断标准、著作汇览等。本书积极倡导和推行心电学的规范化和标准化工作。

【序　号：44 】
项目名称：**中国甲骨医学集成**
作　　者：李良松
出版单位：中国医药科技出版社
规　　模：80 万字
出版时间：2006 年 12 月
内容简介：本书是国家中医药管理局重点科研项目的研究成果。夏商周科技文化史的研究是一项重大的课题。我国目前的医学信史只有 2 000 年左右，春秋战国以前的医药学文献研究基本上是一个空白。本书从甲骨文、金文和古陶文中探讨我国商周时期的医学史料、医学文化和医学思想，对甲骨文中的医学拓片进行考释、注释和系统研究，是目前世界上对甲骨医学研究最具权威性的大型学术论著。

【序　号：45 】
项目名称：**临床基因诊断学**
作　　者：何蕴韶

出版单位：中山大学出版社
规　　模：30 万字
出版时间：2008 年 12 月
内容简介：本书是专为广大临床医生所写的疾病基因学“实用型读本”，旨在提高诊断和治疗水平。本书主要内容可以分为三个部分（其中第二部分是主体内容）：1. 基因检测的技术原理及常用的检测技术，主要介绍国内外比较常用的二十几种基因检测技术。2. 基因检测技术在常见病诊断中的应用，主要针对我国发病率高、危害大的几十种有代表性的遗传病和“多基因遗传病”，分别介绍其遗传病理和可选用的基因诊断方法及诊断标准。3. 基因诊断技术在“个体化治疗”中的特殊作用，主要介绍基因诊断技术在被称之为“21 世纪疾病治疗学上革命性进步”以及在“可大幅度延长人类平均寿命”的“个体化治疗”中的应用。

【序　　号：46】
项目名称：**儿科急症影像诊断学**
作　　者：吴恩惠
出版单位：安徽科学技术出版社
规　　模：60 万字
出版时间：2006 年 8 月
内容简介：本书系全面阐述儿科领域各种急症的影像学专著。内容上从医学临床的实际需要出发，将各种影像学技术在儿科急症诊断方面的应用和理论综合分析予以系统而科学地阐述。书中基本上涵盖了儿科各系统急症的临床诊断要点、影像学诊断方法、各种影像特点、诊断及鉴别诊断。全书附有大量各种急症的实时影像学图片，并从理论上进行提炼和科学分析。知识层面完整，诊断思路清晰。

【序　　号：47】
项目名称：**现代血液病诊断治疗学**
作　　者：阮长耿
出版单位：安徽科学技术出版社

规　　模：100 万字
出版时间：2006 年 1 月
内容简介：本书是一部关于血液病基础研究与临床的大型医学专著。内容包括血液学的基础理论与临床两大部分。基础理论部分系统介绍了各种血液病的基础理论知识和科研成果，临床部分重点介绍了各种血液病在临床上如何诊断和治疗，强调解决临床实际问题，对临床医生有较强的实际指导意义。

【序　号：48 】
项目名称：**艾滋病学**
作　　者：王陇德、吴尊友　等
出版单位：北京出版社
规　　模：200 万字
出版时间：2006 年 12 月
内容简介：本书全面反映了性传播疾病领域的知识和理论。内容不仅涉及疾病的诊断和治疗，还包括行为性传播疾病的预防和控制、社会学问题等。本书不仅介绍了重点防治的性传播疾病，也介绍了与性传播相关的其他疾病，以及临床相关疾病的处理。

【序　号：49 】
项目名称：**格氏解剖学（第三十九版）**
作　　者：徐群渊、章静波　等译
出版单位：北京大学医学出版社
规　　模：360 万字
出版时间：2006 年 12 月
内容简介：《格氏解剖学》（*Gray's Anatomy*）是解剖学最经典的巨著，已经有 150 年的历史，是全世界最有影响力、最权威的著作。2005 年出版的第三十九版从新的思路出发，更加注重结合应用及吸纳生命形态科学的最新成就，作了全新的修改，比以往版本有了较大的变化。全书以经典的人体解剖学为基础，广泛吸纳了细胞生物学、分子生物学、发育生物学、神经生物学、胚胎学、组织学、人类学、遗传学、生理学、病理学等学科的最新研究成就，并将它们有机地融合于解剖学之中，同时还用最新的知识和思维解释了某些疾病的发病机理，提供了新的诊断和治疗方法，特别是结合解剖学知识介绍了一些新的行之有效的外科手术，大大拓宽了解剖学的理论内涵和应用范畴。

【序　号：50 】
项目名称：**麻醉学（第六版）**
作　　者：曾因明、邓小明　等译
出版单位：北京大学医学出版社
规　　模：400 万字
出版时间：2006 年 11 月
内容简介：本书分为上、下两卷，涵盖了当今麻醉学实践的所有领域——从基本原理到高深的分支专业技术。本书著者均为全球著名的专业权威人士，内容既包含对基本知识和药理学及其最新技术水平的深入论述，又有对患者的处置进行的逐步讲解，还有对辅助责任和问题的深入分析等等。本书还有配套的 CD-ROM，用以讲解新的或较复杂的技术技巧。此外，还有不断更新的在线网络版，为读者提供更强有力的支持。

【序　号：51 】
项目名称：**肾活检病理学**
作　　者：邹万忠
出版单位：北京大学医学出版社
规　　模：60 万字
出版时间：2006 年 6 月
内容简介：《肾活检病理学》是肾脏内科和病理科医生的工具书。本书是作者积 30 年从事肾活检病理诊断和研究的经验，继《肾脏病理与临床》和《肾活检病理诊断图鉴》后进一步扩展编写的又一本有关肾活检病理检查的专著，此类书在我国尚不多见。作者根据广大临床和病理医生的需求，并参阅了国外类似的专著进行编写，将本书分为 19 章，涵盖了肾活检病理的历史和重要意义、肾脏的胚胎发育、正常结构和形态、肾活检病理总论、常见和特殊的肾脏疾病病理特点及诊断标准等。

【序　号：52 】
项目名称：**骨与软组织肿瘤学**
作　　者：范清宇、马保安
出版单位：第四军医大学出版社
规　　模：200 万字
出版时间：2007 年 1 月
内容简介：范清宇教授独创的微波原位灭活骨肿瘤新术式，使恶性骨肿瘤患者的成活率提高到 70%以上。经过 5 年努力，建立了两株骨肿瘤细胞系及其具有高转移特性的亚群，克隆出三条与抑制癌转移相关的新基因片断，从而为在基因水平抑制和治疗骨癌提供了可能。《骨与软组织肿瘤学》集作者长期的基础研究成果与临床实践积累，系统深入地介绍了骨肿瘤的病因、症状、治疗及预防和治疗中应注意的有关事项。书中收录的千幅影像图片、手术操作照片亦具有极高的资料价值。

【序　号：53 】
项目名称：**生殖疾病学**
作　　者：熊承良、刘继红　等
出版单位：福建科学技术出版社
规　　模：50 万字
出版时间：2006 年 12 月
内容简介：生殖疾病学是研究男女性生殖系统和与生殖紧密相关的其他系统的病理变化、发病机理、诊断与治疗的一门医学科学。它不完全与妇产科学和泌尿男科学等同，更为关注的是这些疾病对人类生殖健康造成的影响以及如何进行诊断和防治，它主要涉及男性生殖疾病和女性生殖疾病。本书既可作为大学医科院校生殖医学专业的讲义，同时也可作为从事生殖医学专业或相关专业的大夫的参考书。

【序　号：54 】
项目名称：**现代手外科学**
作　　者：顾玉东、徐建光　等
出版单位：复旦大学出版社
规　　模：150 万字
出版时间：2008 年 12 月
内容简介：手外科专业是我国医学事业中起步晚、发展很快，在国际上享有一定地位、处于世界先进水平的医学专业。专著《手外科学》曾分别在 1978 年和 2002 年由王澍寰院士和顾玉东院士主编过，但近三年该领域又有了新的发展，如内镜技术、组织工程技术、干细胞技术、生物工程技术等，故有必要将这些技术及时总结、编写、出版，以利于普及、推广和提高。本书是一本既有传统特色（显微外科、组织再植与移植），又有现代高新技术的高水平专著。

【序　号：55 】
项目名称：**现代心脏病学**
作　　者：葛均波
出版单位：复旦大学出版社
规　　模：250 万字
出版时间：2007 年 12 月
内容简介：本书第一部分阐述心电图、超声心动图、心导管及核素检查、MRI 和 CT 等各项辅助技术的基本知识和最新临床技术。第二部分阐述循环功能。第三部分阐述动脉粥样硬化的发病机制、易患因素、血栓形成和溶解，冠状动脉血流和心肌缺血、介入性心导管技术和康复治疗等。第四部分主要涉及心律失常、晕厥、心脏骤停和猝死。第五部分主要涉及高血压和心肌病。第六部分阐述心脏、心包、主动脉和肺血管病的疾病。最后一部分阐述心血管的分子和细胞生物学原理、遗传和心血管病、老年和妇女冠状动脉病等。本书内容系统、全面，包括某些很具特色和很有意义的新理论及新技术，图文并茂，并附有大量最新参考文献。

【序　号：56 】

项目名称：**现代营养学**

作　　者：蔡　威、邵玉芬　等

出版单位：复旦大学出版社

规　　模：200 万字

出版时间：2008 年 12 月

内容简介：本书包括对营养学的定义、内容、历史和发展等的概述，主要内容涵盖基础营养与营养学科研以及食物营养、公共营养、临床营养等几大部分。基础营养与营养学科研部分对人体所需能量及各种宏量与微量营养素的基本理论与最新科研进展进行完整综述，内容涉及各营养素作用、代谢途径以及分子营养学、营养与遗传、营养与氧化应激等，并对营养学常用科研方法进行系统介绍。

【序　号：57 】

项目名称：**眼科临床光学相干断层成像学**

作　　者：刘　杏　等

出版单位：广东科技出版社

规　　模：60 万字

出版时间：2006 年 8 月

内容简介：中山大学中山眼科中心刘杏教授及其同道是国内最早引进应用 OCT 的专家群之一，自 1997 年引进国内第一台 OCT 以来，共进行了 30 000人次的检测，实为全国之最；由此也积累了丰富经验，对各种眼底视网膜疾病具有独到的体验和见解，成书后定能惠及同道。本书共分 17 章，精美图片多达 1 500 幅，成书历时 3 年之久，是刘杏教授为代表的专家群的扛鼎之作。特别值得一提的是本书内容在编排上既参考欧美书籍的特点，又结合自身独特的体验加以发展创新；并且特别编写了 OCT 在实验研究中的应用一章，以应特定读者之需。

【序　号：58】

项目名称：**肿瘤生物治疗学**

作　　者：姜文奇　等

出版单位：广东科技出版社
规　　模：40 万字
出版时间：2007 年 6 月
内容简介：肿瘤特异性（选择性）是生物治疗的基本特点。肿瘤生物治疗是当前肿瘤学科最年轻、发展最快的领域。本书详细介绍了肿瘤生物治疗的重要基础理论与技术，还具体针对各种常见肿瘤介绍其综合治疗的最新概况，介绍每种肿瘤生物治疗独特的分子基础，最后对最新的临床生物治疗重要进展进行详细阐述。

【序　　号：59 】
项目名称：**临床中药学**
作　　者：高学敏、钟赣生
出版单位：河北科学技术出版社
规　　模：160 万字
出版时间：2006 年 2 月
内容简介：《临床中药学》一书的特点是将中医临床实践与中药基础理论有机地结合在一起，这对改变医药分家的状况有积极的作用。书中提出了辨证准确是临床遣药组方的典范，成药是临床辨证用药的捷径的思想，有助于临床中药学发挥指导临床用药的重要作用。书中介绍了近 500 种常用中药的药物基原、性味归经、功能主治、效用分析、配伍应用、鉴别应用、用量用法、使用注意、毒性防治、化学成分、药理作用等内容。在按功效分类纵向介绍药物的基础上，归纳总结病证用药，为临床辨证用药提供临床学分类依据。

【序　　号：60 】
项目名称：**皮瓣外科学**
作　　者：侯春林、顾玉东
出版单位：上海科学技术出版社
规　　模：120 万字
出版时间：2006 年 12 月
内容简介：为了全面总结我国皮瓣外科近半个世纪来的经验，从而为临床医生的手术设计和操作提供指导，我们组织国内长期从事皮瓣外科工作的 20 余位知名专家，编写全面系统反映全身所有皮瓣及其最新进展的大型综合性专著《皮瓣外科学》。本书的特色是理论与实践并重，解剖与临床结合，突出系统性、实用性和科学性。本书的出版对提高我国的创伤修复和功能重建水平有很高的学术价值和应用价值，本书将成为外科医师开展皮瓣手术的重要参考书。

【序　号：61 】

项目名称：**神经元突触传递的细胞和分子生物学**

作　　者：盛祖杭

出版单位：上海科学技术出版社

规　　模：60 万字

出版时间：2006 年 8 月

内容简介：对突触功能及其调节机制的研究，是神经科学最基础、最重要，也是目前最活跃的研究领域，而中国对此领域的研究尚处于起步阶段。本书从细胞和分子水平描述神经系统最基本的功能活动——突触信号传递和信号整合，阐述突触功能及其调节机制的研究；全面阐述神经递质释放与跨膜信息传递的基本原理，反映神经递质研究领域最新成果，以揭示大脑学习、记忆形成的机制。书稿中将大量引用主编在美国 15 年从事神经科学研究和教学的成果和创见。

【序　号：62 】

项目名称：**当代世界人兽共患病学**

作　　者：文心田、严延生

出版单位：四川科学技术出版社

规　　模：200 万字

出版时间：2007 年 12 月

内容简介：本书内容包括总论和各论两大部分，共分 6 篇，约 100 章。第一篇，总论，主要论述当代世界人兽共患病的发病情况、流行趋势、危害性、传播特点、分类方法、检疫防疫及扑灭措施；如何建立全国性的人兽共患病的预警机制和防疫体系等内容。第二至六篇为各论。

【序　号：63 】

项目名称：**现代周围神经外科学**

作　　者：朱家恺、陈统一

出版单位：上海科学技术出版社

规　　模：120 万字

出版时间：2006 年 12 月

内容简介：全书分为三篇。前两篇主要内容为：应用解剖学、周围神经的三维重建、电生理学、病理学与分子病理学、周围神经再生的研究、雪旺细胞、免疫反应与再生、神经营养因子、周围神经再生在药物学的研究、再生过程的大脑可塑性研究、动物实验与神经再生的评价方法等。第三篇由海外华裔学者撰写微创周围神经外科，臂丛根性撕脱伤后神经根回植手术，一氧化氮对周围神经的影响，手指关节的神经支配等专题。本书主要读者对象是高、中级周围神经外科专科医师，更适用于硕士生、博士生与博士后学习和参考之用。

【序　号：64 】

项目名称：**中华皮肤病学**

作　　者：赵　辨

出版单位：江苏科学技术出版社

规　　模：300 万字

出版时间：2008 年 12 月

内容简介：该书是在《临床皮肤病学》（第三版）的基础上编写的。《临床皮肤病学》（第三版）是皮肤病学的经典巨著，从第一版出版以来，20 年来长销不衰，既是皮肤病学学科的教材，又是该专业的临床参考书。本书 300 多万字，理论体系完整，收录病种齐全，章节分类先进合理，病名、药名规范统一。

【序　号：65 】

项目名称：**肿瘤放射物理学**

作　　者：胡逸民

出版单位：原子能出版社

规　　模：60 万字
出版时间：2006 年 12 月
内容简介：本书凝聚了作者几十年来积累的丰富临床放射物理工作经验和成果，从物理基础知识出发，侧重于物理原理在临床实践中的应用，以清晰的概念和严密的结构，深入浅出地解答了放射物理师和肿瘤放射医疗师在临床实践中可能遇到的有关放射物理的问题。本书出版将有助于放射物理专业的规范化和肿瘤放射物理人员专业化。

【序　号：66】
项目名称：**中国人健康保护系列**
作　　者：田本淳、高芳坤　等
出版单位：中国协和医科大学出版社
规　　模：100 万字
出版时间：2008 年 12 月
内容简介：随着社会发展，人民生活水平的逐渐提高，人们对健康及生活质量的要求越来越高。本系列着重指出，在人民群众追寻健康的努力中，最应该关注、最经济有效、最简便易行的是改变不健康的行为习惯，采纳健康的生活方式，而只要我们在日常生活中注意学习、培养和建立健康的生活方式，就能有效地减少罹患多种疾病的机会。

【序　号：67】
项目名称：**中国人群死亡及其影响因素调查**
作　　者：杨功焕　等
出版单位：中国协和医科大学出版社
规　　模：150 万字
出版时间：2010 年 6 月
内容简介：公共卫生的基本信息是决策者需要了解的，也是对未来几十年的疾病发生及流行模式进行预测的关键性依据。本书对全国范围建立的疾病监测网及行为危险因素监测系统中得到的大量数据进行分析研究，回顾了过去 50 年来（重点是近 10 年）中国人群不同死因的流行水平、变化趋势和分布特点，描述了与主要疾病和死亡有关的行为危险因素的流行水平以及分布特点，勾画了中国人群的行为危险因素“地图”。

【序　号：68 】
项目名称：**希夫肝脏病学（第九版）**
作　　者：黄志强
出版单位：化学工业出版社
规　　模：300 万字
出版时间：2006 年 1 月
内容简介：本书以肝脏的解剖结构、胚胎发生和病理情况下肝脏的受损、代偿和再生为基础，详细讲解肝病的病因、病理生理、临病诊断与治疗方面的知识。第九版还增加了美国及世界范围肝脏疾病谱的最新变化，发病机理、诊断技术和治疗方法研究的最新进展，补充了相关内容，如病毒性肝炎的肝外表现、病毒性肝炎病人的肝移植等。对于当今具有挑战性的问题，如丙型肝炎疫苗、急性肝衰病人的成功救治、Wilson 病及血色病和一系列代谢异常的基因诊断方法的建立进行较为详细的讨论。

【序　号：69 】
项目名称：**彩图中医学**
作　　者：陈可冀、王旭东
出版单位：江苏科学技术出版社
规　　模：60 万字
出版时间：2008 年 12 月
内容简介：本书运用传统中医理论，结合现代西医观点，对古老神秘的中医进行通俗简明的解答和介绍，书中运用大量图片和插图，使得版面更加灵活，内容更加通俗易懂。当然要想在 60 万字内就将中医解释清楚也是十分困难的，作者试图突破过去那种传统写作方式，力图以一种现代的语言、观念和写作手法向广大读者介绍中医的神奇之处与疗效。

【序　号：70 】

项目名称：**常用蒙药本草原色图谱**

作　　者：布和巴特尔

出版单位：内蒙古科学技术出版社

规　　模：80 万字

出版时间：2006 年 12 月

内容简介：本书是"十五"国家重点图书出版规划项目，已获得国家科学技术学术著作出版基金部分资助。此次编撰的《常用蒙药本草原色图谱》，选录了根、根茎类，种子、果实类，全草类，花叶类，茎木皮类等蒙草药 300 余种，还附有动物类和矿物类药物若干种。按照上述分类，分别以图文并茂的形式进行详细介绍。具体内容包括：1. 药物名称：主要根据《中华人民共和国药典》和《内蒙古蒙药材标准》列出原植物蒙文名称、汉文名称和拉丁文名称，并附蒙古文、中文及拉丁文索引。2. 形态：配合彩图详细描述植物形态特征及产地等，以利于识别。3. 采集：阐述各种草药的生长环境、分布以及各药用部位的采收季节、加工方法。4. 功用：根据蒙医理论，阐述药物的性味、功放、主治等。

【序　号：71 】

项目名称：**中华系列（内科、妇产科、眼科、口腔、影像等）**

作　　者：钟南山、曹泽毅　等

出版单位：人民卫生出版社

规　　模：4 000 万字

出版时间：2010 年 12 月

内容简介：本系列包括：《中华内科学》、《中华妇产科学》、《中华眼科学》、《中华口腔科学》和《中华影像学》。以中华医学会各学科带头人为核心，全国一流专家学者为写作班底，全面、系统、深入地论述各临床学科疾病的临床基础与实践，总结各学科国内外最新成就，反映我国各学科最高学术水平以及其目前的世界发展趋势，具有权威性、先进性和实用性，是国内最具影响力的临床专业巨著。

【序　号：72 】
项目名称：**专科医生合理用药系列（第二版）**
作　　者：王少华、杜冠华　等
出版单位：人民卫生出版社
规　　模：600 万字
出版时间：2008 年 6 月
内容简介：本系列图书第一版根据临床各专科特点分为 12 个分册（包括心血管病、呼吸病、消化病、神经精神疾病、内分泌代谢疾病、肿瘤、妇产科、皮肤性病、血液病、免疫风湿病、感染病、五官科合理用药），重点介绍药物在该专科的适应证、用法用量、相互作用、不良反应、注意事项，以及临床用药方案、用药经验、国内外最新动态、临床疗效评价等有关合理用药的知识。本丛书第一版出版后受到广大读者的欢迎和好评。本书第二版准备在第一版基础上，对内容做全面的补充和修订，全套丛书计划于 2008 年上半年出版。

【序　号：73 】
项目名称：**护理学系列**
作　　者：何国平、喻　坚　等
出版单位：人民卫生出版社
规　　模：905 万字
出版时间：2010 年 10 月
内容简介：本系列包括：1.《实用护理学》（第二版）；2.《护理学原理与实践》（第二版）；3.《护理理论：整体护理实践》（第二版）；4.《临床护理：临床护理诊断及措施》（第二版）；5.《神经疾病护理学》（第二版）；6.《急诊护理学》（第二版）；7.《儿科护理常规》（第二版）；8.《创伤骨科护理学》（第三版）；9.《社区护理：社区护理与保健》（第二版）；10.《手册：护士手册》（第二版）。

【序　号：74 】
项目名称：**康复医学系列**
作　　者：南登崑、黄晓琳　等主编

出版单位：人民卫生出版社
规　　模：630 万字
出版时间：2007 年 12 月
内容简介：“康复医学系列”紧紧围绕“临床”，内容广泛，知识新颖，实用性强，是临床康复医生、康复技师、康复治疗师以及骨科、神经科及相关科室医生在临床诊疗及提高医疗技能方面的极好的医学参考书。本系列包括《实用康复医学》、《神经康复学》、《骨科康复学》、《内脏康复学》和《康复医学临床手册》等五部。《实用康复医学》为综合性的中级参考书；《神经康复学》、《骨科康复学》和《内脏康复学》为高级参考书；《康复医学临床手册》为初级参考书。

【序　号：75】
项目名称：**引进翻译图书心脏病系列**
作　　者：陈灏珠、胡大一　等译
出版单位：人民卫生出版社
规　　模：1 370 万字
出版时间：2008 年 2 月
内容简介：本系列图书包括：1.《Braunwald 心脏病学》。2.《Feigenbaum 超声心动图学》（第六版），在内容上更加注重技术与临床实践相结合。3.《急性冠状动脉综合征》，详细探讨了本领域诸如流行病学、临床、病理生理学以及治疗学上的进展。4.《成人心脏外科学》，囊括了成人心脏外科各方面知识，是心脏外科方面的百科全书。5.《TOPOL心脏病学》，是目前国际上最著名、最有影响力的心血管教科书，其原版书在我国相关学会和专家团队中受到高度认可和高度评价。

【序　号：76】
项目名称：**翻译医学名著系列**
作　　者：裘法祖、黄洁夫　等译
出版单位：人民卫生出版社
规　　模：2 660 万字
出版时间：2010 年 9 月

内容简介：本系列图书包括：1.《克氏外科学》（第十七版）；2.《肝胆外科学》（第四版），汇集了全世界在该领域的临床与研究的最新理论与实践经验；3.《结肠与直肠外科学》（第五版），主要围绕外科学的重要研究领域——结肠与直肠外科学进行介绍；4.《Sabiston & Spencer 胸心外科学》（第七版），全书分为 3 篇 129 章，较前一版新增了 50 章内容；5.《Youmans 神经外科学》，此书在欧美广泛流行，成为欧美神经外科医生的主要参考书之一，随着神经外科学的发展和现代显微外科技术的不断进步，该书的内容进行了若干次更新。

【序　号：77】

项目名称：**国家卫生服务调查报告系列**

作　　者：卫生部统计信息中心

出版单位：中国协和医科大学出版社

规　　模：400 万字

出版时间：2009 年 12 月

内容简介：为了系统了解城乡居民健康状况、卫生服务需要与需求量、卫生服务利用与费用、卫生系统的反应性，以及社会各方面对卫生改革与发展的看法和评价等信息，为制定卫生规划、卫生改革政策和评价提供客观依据，我国定期进行全国卫生服务调查。本系列图书即为调查报告的全面总结及其分析，并在此基础上提出政策建议。

【序　号：78】

项目名称：**协和临床医学精品图书系列**

作　　者：北京协和医院

出版单位：中国协和医科大学出版社

规　　模：3 000 万字

出版时间：2010 年 12 月

内容简介：本系列图书宗旨为：依据北京协和医院现有学科优势，确定学科项目。对于在全国领先的学科，强调大而全的原则，争取对各级医师均有参考价值；对于在学科内部分领域领先的学科，突出优势，不一定大而全。强调内容的科学性，体现最先进的学术水平。整体安排上突出特色，贯穿协和严谨、求精精神；采用协和独特的资源——协和三宝：教授、病案、图书馆。系列书内容包括：协和血液病学、协和心脏病学、协和消化病学、协和呼吸病学、协和风湿病学、协和骨科学、协和妇产科学、协和耳鼻喉科学、协和感染病学、协和神经病学、协和基本外科学、协和泌尿外科学、协和医学影像学、协和皮肤病学、协和胸外科学等。

【序　号：79 】
项目名称：**陈可冀医案集**
作　　者：陈可冀、张京春　等
出版单位：北京大学医学出版社
规　　模：80 万字
出版时间：2007 年 12 月
内容简介：本书旨在展示一代中西医结合大家陈可冀院士的宝贵经验。陈可冀院士作为我国著名的中西医结合医学家，现已从事中西医结合治疗内科疾病特别是心脑血管疾病近 50 年。其中西两套坚实的医学背景，注定其在临床上诊疗病人时具有独特的视角和技巧；其遣方用药在中医辨证论治的基础上，注重辨证与辨病相结合，且擅以西医诊断中医治疗，有机地将中西医结合在一起诊疗疾病。本书系统反映了其学术思想及临床经验。

【序　号：80 】
项目名称：**大黄的现代研究**
作　　者：郑俊华、果德安　主编
出版单位：北京大学医学出版社
规　　模：150 万字
出版时间：2006 年 5 月
内容简介：本书内容包括：大黄应用历史沿革，大黄属植物生态学特性，大黄的资源与生产，大黄属原植物及生药学研究，大黄的现代生药学鉴定，大黄的化学成分研究，大黄的品质评价，生物技术在大黄研究中的应用，大黄的药理作用及生物活性，大黄的临床基础研究及大黄的叶柄开发利用等。本书附有相关插图 1 000 余幅，并附有国内外大黄研究主要文献题录 1 000 多条。本书提供大量第一手科学研究资料，许多内容首次公开发表。本书科学性、实用性强，它的出版将有利于推动我国的中药现代化研究，是中药研究人员与研究生教学的重要参考书。

【序　号：81 】
项目名称：**当代肿瘤内科治疗方案评价（第三版）**
作　　者：储大同
出版单位：北京大学医学出版社
规　　模：40 万字
出版时间：2006 年 5 月
内容简介：随着肿瘤研究的日益深入，人类在肿瘤内科治疗方法学上的相应调整和新药的不断问世，使诊疗水平有了显著的提高。然而面对纷繁复杂的治疗方案，如何遵守规范化的治疗原则，准确无误地为众多情况各异的患者对号入座，是肿瘤内科医师面临的最棘手的问题。针对这一现状，由中国医学科学院肿瘤医院内科主任储大同教授牵头，联合马军、王金万和秦叔逵等教授，依据循证医学的标准，共同编写本书。

【序　号：82 】
项目名称：**傣医傣药验方集**
作　　者：方茂琴、冯国清　等
出版单位：德宏民族出版社
规　　模：30 万字
出版时间：2006 年 1 月
内容简介：本书收集傣药 380 多种，单方、验方 410 个。经采集标本和动植物分类学鉴定，已弄清科属种的有植物药 250 种、动物药 30 种，分属于 160 个科、200 个属，这些药物多数与汉医习用品种相同，也有一部分是汉族和其他兄弟民族医生都很少使用的，独具傣医药的特色，而且疗效显著。所治疾病多为傣族民间常见病、多发病，少数为疑难症。病种来源主要指发病部位、病因、病灶。为便于各民族之间互相交流、取长补短，单方、验方都用傣文、汉文对照的方法介绍。

【序　号：83 】
项目名称：**民国江南医家著作选粹**
作　　者：张玉萍　主编
出版单位：福建科学技术出版社
规　　模：350 万字
出版时间：2010 年 10 月
内容简介：本丛书系《民国名医著作精华》的姊妹篇，共收集整理 12 位两江（江苏、浙江）及沪上医家传世之作 37 种。分为医案、医话、中医方药、临床论著、针推气功四大类 22 册，约 350 万字。本丛书与"十五"期间已出版的《精华》本交相辉映，更加全面、系统地反映了民国时期中医药发展的历史概要，对保存中医特色、传播发展中医药学术将起积极的推动作用；对中医临床、教学、科研具有较高的参考价值和指导意义。为方便读者，整理者将对原著逐一进行点校和适当的注释。

【序　号：84 】
项目名称：**青蒿素及青蒿素类衍生物**
作　　者：屠呦呦
出版单位：化学工业出版社
规　　模：100 万字
出版时间：2006 年 10 月
内容简介：青蒿是一颗不起眼的小草，经现代科学与古代经验相结合，震撼了世界医坛，带动了国际医药领域。早期的麻黄素使世界认识了传统中医药的魅力，现代的青蒿素、天花粉蛋白、砒霜等的功效，改变了西方对中国医药的看法。本书的撰写材料主要依据的是中国中医研究院中药研究所情报资料室整理的有关青蒿、青蒿素和双氢青蒿素的资料，以中国科学院上海药物研究所为主要单位编写的有关蒿甲醚的研究开发资料和以昆明制药厂为主要单位编写的有关青蒿酯的研究开发资料。此外还查阅和引证了大量的有关文件，其数量十分庞大，每个章节后都注明参与单位和文献来源。

【序　号：85 】
项目名称：**皮肤病理学——与临床联系**
作　　者：朱学骏、孙建芳　主译
出版单位：北京大学医学出版社
规　　模：200 万字
出版时间：2006 年 7 月
内容简介：本书是由美国哈佛大学 Phillip HMckee 及英国圣进约翰学院 Eduardo Calonje 两位皮肤病理学教授为主合作撰写的大型皮肤病理学专业参考书。为 2005 年由 Elsevier 出版的第三版。本书的最大特点是将皮肤病的镜下所见（病理）与肉眼所见（临床）有机地结合为一个整体。全书有超过 5 000 张十分清晰的彩色图片，几乎所有的病种都有相应的临床及病理图片，使本书不仅对从事皮肤组织病理的专业医生具有参考价值，更对从事病理学、很少或没有机会接触该类患者的专业人员具有极大的参考价值；同时，从事皮肤科临床的医生也可以通过阅读本书而提高对皮肤病理的认识。

【序　号：86 】
项目名称：**中华海洋本草**
作　　者：管华诗
出版单位：科学出版社
规　　模：800 万字
出版时间：2010 年 1 月
内容简介：本书是在大规模海洋药用资源野外调查评价基础上，运用现代生物学、医学、药学、化学、药理学等研究方法获得大量翔实的分析数据和资料，结合已有的历史文献资料编成的反映我国几千年来海洋本草发展的文明史和最新研究成果的大型辞书。本书记载1 000余种海洋本草，图文并茂，体例规范，描述详尽，对当代海洋药物研究和海洋水产养殖均具有重要参考价值；还全面系统地反映了海洋本草的发展现状，从而为深入开展现代海洋药物研究，合理开发利用和保护海洋药用资源，提供了经典性文献和重要的科学资料。

【序　号：87 】
项目名称：**超声医学（第五版）**
作　　者：周永昌、郭万学
出版单位：科学技术文献出版社
规　　模：150 万字
出版时间：2006 年 7 月
内容简介：本书内容丰富、全面、新颖，包括我国超声领域中各种基本知识和最新进展。本版反映 2002 年以来的新技术、新方法、新病种、新理论、新经验，完全是前沿技术，尤其是介入超声、声学造影、产科超声及高强度超声、聚焦超声等方面是最新的内容。

【序　号：88 】
项目名称：**清宫医方医案全书**
作　　者：陈可冀、高　普　等
出版单位：辽宁科学技术出版社
规　　模：240 万字
出版时间：2007 年 6 月
内容简介：宫廷医方是中医宝库之精品，集中了当时医学的最高水平，清代宫廷更是汇集了几千年的中医精华，而使宫廷医术达到巅峰，以至于对我们今天的中医临床仍有指导意义。书中系统介绍了清宫医方医案，收集、整理了清朝宫廷中丸散膏丹的成果，包括内、外、妇、儿、五官、皮肤等诸多病种，分为解表剂、清热剂、温里剂等 27 个门类，所选方药配伍周详，剂型多样，内外并重，析理精当，并附有典型医案。本书适合于中、西医学工作者和广大中医爱好者，对于开发研制中药新品种尤具不可多得的参考价值。

【序　号：89 】
项目名称：**临床技术操作规范**
作　　者：王忠诚、高润霖　等

出版单位：人民军医出版社
规　　模：1 500 万字
出版时间：2006 年 12 月
内容简介：由国家卫生部委托中华医学会组织编写的“临床技术操作规范”大型系列丛书，是覆盖医学科学特别是临床医学各个学科的大型指导性、规范性医学专著。系列丛书包括临床医学的各个分支各学科的诊断技术、治疗技术、护理技术、康复技术等多个方面临床操作技术操作规范。书中准确、具体地阐述了临床技术的适应证、禁忌证、操作程序、注决事项，为医务人员提供了权威的技术指导。全国和全军的数以千计的著名专家，包括数十位两院院士参加本丛书的编写工作。系列丛书广泛吸收了国内外医学科发展的最新成果，较好地兼顾了高新技术、成熟技术与实用技术的结合，充分体现了科学性、先进性、权威性和实用性，能适应各级各类医疗机构的需要。

【序　号：90】
项目名称：**中药中的天然产物及其活性大全**
作　　者：惠永正　等
出版单位：上海科学技术出版社
规　　模：1 500 万字
出版时间：2009 年 12 月
内容简介：本书是一套大型工具书，主要收录在中药中包含的天然产物，介绍与其相关的药理活性性质。

【序　号：91】
项目名称：**肿瘤分子靶向药物治疗**
作　　者：钱其军　等
出版单位：上海科学技术出版社
规　　模：40 万字
出版时间：2007 年 3 月
内容简介：本书从肿瘤靶向治疗的基础开始，逐渐拓展到各个疾病的靶向治疗进展。希望为广大医务工作者在肿瘤的治疗上拓展视野，提供一个新的方法与手段。

【序　号：92 】

项目名称：**器官移植手术图谱**

作　　者：［美］保罗·C·郭、R·杜安妮·戴维斯　著，
沈中洋、刘晓程　译

出版单位：天津科技翻译出版公司

规　　模：25 万字

出版时间：2006 年 1 月

内容简介：本书是引进版权的器官移植手术图谱，采用先进的数码照相技术拍摄而成的真实的彩色照片，清晰真实地记录了手术的过程，适宜广大器官移植领域外科医生、手术人员参考阅读。本书内容分为六大部分，涵盖心、肺、肝、肾、胰腺等主要大器官的移植手术，以及活体肝切除术和腹腔镜肾切除术。每个手术均详细地介绍了手术的步骤，详尽地记录了手术的真实画面，并附有相应的讲解。本图谱代表了国际器官移植界的发展水平，具有技术上的先进性及内容上的实用性。

【序　号：93 】

项目名称：**现代老年性黄斑变性临床和基础研究**

作　　者：陈　松

出版单位：天津科学技术出版社

规　　模：70 万字

出版时间：2006 年 12 月

内容简介：主要内容包括：老年性黄斑变性的病理生理，老年性黄斑变性的病因与发病机制，老年性黄斑变性的临床特征，老年性黄斑变性的检查，老年性黄斑变性脉络膜新生血管，老年性黄斑变性的现代治疗，老年性黄斑变性的低视力康复。

【序　号：94 】

项目名称：**张金哲小儿腹部外科学**

作　　者：张金哲

出版单位：浙江科学技术出版社
规　　模：150 万字
出版时间：2006 年 12 月
内容简介：具体内容分为四个部分：小儿急腹症、小儿腹部器官疾病、小儿体尾端疾病、腹部外科第三态问题。

【序　　号：95】
项目名称：**药物的不良反应**
作　　者：杨藻辰
出版单位：郑州大学出版社
规　　模：50 万字
出版时间：2007 年 9 月
内容简介：本书主要阐述了各类药物的不良反应和防治方法，是医药卫生工作者、医药院校师生必备的大型工具书。

【序　　号：96】
项目名称：**子宫颈病变**
作　　者：郎　景
出版单位：重庆出版社
规　　模：40 万字
出版时间：2006 年 12 月
内容简介：本书全面介绍了宫颈病变的病理变化以及诊断和治疗的最新理论和方法，现阶段第二代子宫颈癌筛查技术，宫颈癌筛查指南性建议等。现阶段宫颈癌是可防可治的，早期发现的宫颈癌疗效很好。超过 90%的宫颈癌能通过两年一次的筛查来有效预防。但在我国，过去仅有不到 5%的宫颈癌得以预防。现阶段子宫颈癌筛查技术已取得突破性进展，新研制的第二代检测技术可以检测到 13 种高危型人乳头瘤病毒，从而使检出子宫颈高度病变和子宫颈癌的敏感度提高到 95%，新的筛查技术已经在北京及经济发达地区的一些医院推开。

8. 农业（29 项）

【序　号：1】
项目名称：**中国农业标准汇编**
作　　者：国家标准化管理委员会
出版单位：中国标准出版社
规　　模：35 000 万字
出版时间：2006 年 12 月
内容简介：2003 年 11 月，全国农业标准化工作会议在北京召开，此次会议全面推进了农业标准化工作。为了更好地贯彻会议精神，国家标准委依照《全国农业标准 2003 年—2005 年发展计划》对农业标准进行全面的清理整顿工作。经过整顿，现已进入收尾阶段，即将公布清理整顿结果。届时将依照清理结果，对所涉及的标准进行收集、整理、加工、出版。相信该套汇编的出版将对我国农业的进一步发展、对解决"三农"问题、提高农产品质量和增加农产品出口起到积极的促进作用。

【序　号：2】
项目名称：**中国木本植物病原总汇**
作　　者：徐梅卿、何平勋
出版单位：东北林业大学出版社
规　　模：300 万字
出版时间：2007 年 12 月
内容简介：本书总汇 1975 年以来报道过的 1 000 种木本植物的 2 000 余种病原。全书分 4 部分：病原（主体部分）、病原分类、索引、参考文献。病原包括真菌、细菌、病毒和类植原体、线虫、寄生种子植物。每类病原按学名顺序排列，后列中文名称、同种异名名称、寄主植物中文名、国内分布、新报道的病原摘要描述其分类特征和引起的病害症状。每种病害都简述病害类型、寄主部位、必要的注释等。

【序　号：3】
项目名称：**中国花生品种及其系谱**
作　　者：禹山林、廖伯寿　等
出版单位：上海科学技术出版社
规　　模：60 万字
出版时间：2008 年 11 月
内容简介：我国是世界上生产花生最多的国家之一，总产居世界首位。本书整理并记录我国半个世纪以来花生育成新品种的亲缘、选育方法、年代及其系谱；介绍我国花生育种在利用国内外花生种质资源和选配亲本以及高产、多抗、优质、早熟育种等方面的基本经验；记录整个育种品种及国内外种质资源的主要经济性状，并对我国花生育种目标进行科学的分析和展望，全面总结中国花生育种的科研成果，对我国丰富的花生品种进行科学、系统的归纳、分析。本书的出版将进一步推动我国花生科研、生产的发展。

【序　号：4】
项目名称：**中华人民共和国兽药典（第三版）**
作　　者：陈杖榴、袁宗辉
出版单位：中国农业出版社
规　　模：4 500 万字
出版时间：2006 年 12 月
内容简介：1986 年农业部批准成立了中国兽药典委员会，主持制定和修订兽药国家标准工作。第一版《兽药典》于 1990 年出版，第二版于 1999 年出版。这两版兽药典对我国兽药的规范生产及使用起到了重要的作用。兽药典委员会自 2003 年即开始第三版的修订工作。新版《中华人民共和国兽药典》的编制适应新形势发展的需要，既全面反映我国兽药生产、检验及临床应用的实际水平，又尽可能与国际药典接轨，并突出兽用特色，增加兽医专用药的收载品种，充实兽用剂型，完善和提高兽药的质量标准，适当增加新检测技术的应用。同时，新版兽药典在兽药的使用规定上也增加了更多的内容，如使用后停药期规定等。

【序　号：5 】
项目名称：**中国森林昆虫（第三版）**
作　　者：萧刚柔、吴　坚
出版单位：中国林业出版社
规　　模：250 万字
出版时间：2007 年 12 月
内容简介：《中国森林昆虫》（第二版）于 1992 年出版，1998 年荣获国家林业局科技进步二等奖，1999 年荣获国家科技进步二等奖。本书是在《中国森林昆虫》（第二版）的基础上，总结最近几十年我国森林昆虫研究成果编写而成。全书分“总论”及“各论”两部分。“总论”包括目前我国森林害虫发生和防治概况、森林害虫防治理念和策略、最近十几年取得的研究和防治成果、森林昆虫发育变态和行为、分类、森林昆虫与环境、种。

【序　号：6 】
项目名称：**中国超级杂交水稻**
作　　者：袁隆平、青先国　等
出版单位：湖南科学技术出版社
规　　模：30 万字
出版时间：2006 年 10 月
内容简介：本书全面系统论述了超级杂交稻的育种、繁殖、制种及高产栽培的原理和技术，并从理论与实践的结合上全面介绍中国的成功经验。

【序　号：7 】
项目名称：**中国小麦栽培理论与实践**
作　　者：余松烈、于振文　等
出版单位：上海科学技术出版社

规　　模：48 万字
出版时间：2006 年 11 月
内容简介：本书是一本介绍中国小麦栽培生产技术的科学专著，全面论述我国 20 世纪 90 年代以来小麦栽培科研的新成就和小麦生产的新发展，对指导我国今后小麦生产的发展具有重要意义。

【序　　号：8 】
项目名称：**中国茶典**
作　　者：宛晓春、龚淑英
出版单位：中国林业出版社
规　　模：58 万字
出版时间：2007 年 12 月
内容简介：本书分为中文、日文、英文版三个文种版本。全书分为概述、茶叶分类、饮茶与健康、茶谱四大部分。概述主要讲述中国茶的历史、文化、传播及茶树品种、茶市场；茶叶分类主要讲了分类原则以及加工方法和品质分类；饮茶与健康主要讲了茶叶的化学成分、饮茶功用及品饮方法；茶谱是全书的主要部分，主要根据茶叶分类记述了每种茶叶的类别、产地、特征、制作特点、品茶评价、文化等内容，并附有干茶、茶汤、叶底彩色图片及茶区分布图。

【序　　号：9 】
项目名称：**世界农学名著译丛**
作　　者：高　福、施振声　等
出版单位：中国农业出版社
规　　模：1 000 万字
出版时间：2009 年 8 月
内容简介：本译丛内容涉及畜牧、兽医、作物、植保、园艺、农业工程等专业。有的书已在国内出版，对国内的相关领域起到了很大的促进作用。如《禽病学》从第七版我国就开始翻译，到现在已经是第十一版了；《猪病学》从第六版开始译，现在已译至第八版。这些书在国内已深得人心，成为生产者、研究者及行政管理人员重要的参考书。

【序　号：10 】

项目名称：**当代农业学术专著系列丛书**

作　　者：翟虎渠　主编

出版单位：中国农业科学技术出版社

规　　模：2 000 万字

出版时间：2010 年 8 月

内容简介：本套丛书立足农业科学研究前沿，重点介绍国内农业学术创新最新成果，传播和推广一批对农业科学技术进步和农村经济发展具有显著推动作用的重大理论与方法。主要内容包括：1. 作物科学；2. 畜牧兽医科学；3. 应用农业微生物学；4. 农业资源与环境学；5. 食品科学与工程；6. 农业质量标准与检验；7. 农业经济与科技发展；8. 农业信息；9. 农业工程学。

【序　号：11 】

项目名称：**农业科学与农业产业化丛书**

作　　者：袁隆平、官春云　等

出版单位：湖南科学技术出版社

规　　模：300 万～450 万字

出版时间：2010 年 12 月

内容简介：以湖南农业优势和产业结构特点为立足点，面向全国，重点做好以生物工程与农业科学为基础，以超级稻麦、国家粮食安全、农业产业化为突破口的学术著作的出版。同时做好湖南农业资源的整理出版工作。丛书规划 10～15 种。其中有：《超级稻超高产理论与实践》、《水稻遗传工程育种原理与技术》、《稻米深加工技术研究与开发》、《湖南农业产业化研究》、《克隆技术研究进展及农业上的应用》、《农业产业结构调整和粮食安全》、《农业产业化和农业组织形式探讨》等。

【序　号：12 】
项目名称：**农业生态与生态农业丛书**
作　　者：骆世明、章家恩　等
出版单位：化学工业出版社
规　　模：385 万字
出版时间：2007 年 10 月
内容简介：本套丛书紧紧围绕与我国“三农”有关的生态安全与食品安全问题、可持续发展和科学发展问题，反映农业生态学学科进展和我国生态农业建设成果，以“农业生态与生态农业”为主题，共选取了与当今社会经济发展密切联系的 11 本著作。本丛书内容既涉及农业生态与生态农业方面的基础理论成果，同时又涉及农业生产过程中的许多关键技术。

【序　号：13 】
项目名称：**工厂化高效农业系列丛书**
作　　者：李天来　主编
出版单位：辽宁科学技术出版社
规　　模：500 万字
出版时间：2006 年 9 月
内容简介：本丛书介绍“工厂化农业”，即指通过采用现代农业工程和机械技术，改变自然环境，为动植物生产提供相对可控制、甚至最适的温度、湿度、光照、水和肥等环境条件，在不同程度上摆脱对自然环境的依赖而进行有效生产的农业。这是有效解决农业发展中资源短缺和不良环境条件制约的重要途径，能够大幅度提高土地资源和水资源的利用效率，提高劳动生产率，实现无公害优质农产品的周年生产与供应，对带动农业生产方式和农民生活方式的进步具有革命性作用，是最具活力的农业新产业。

【序　号：14 】
项目名称：**无公害农产品标准化生产技术丛书**
作　　者：周云龙、王　健　等

出版单位：中国农业出版社
规　　模：550万字
出版时间：2006年8月
内容简介：本套丛书包括养殖业标准化生产、种植业标准化生产和水产业标准化生产三大类。养殖业标准化生产的主要内容包括：标准化畜禽舍建设、良种识别及选购、无公害饲料配制及使用、科学饲养管理、卫生防疫与疫病防治、粪尿处理及环境控制；种植业标准化生产的主要内容包括：优良品种、适宜种植的环境条件、科学的栽培新技术、化肥农药的无公害使用、病虫害防控、科学的采收加工储藏技术；水产业标准化生产的主要内容包括：品种选择、无公害水产养殖场的环境卫生管理、无公害饲料的选择、科学的饲养管理、疾病防控及安全用药、科学的加工储藏技术。

【序　号：15】
项目名称：**农业软科学研究系列**
作　　者：陈晓华、张红宇　等
出版单位：中国农业出版社
规　　模：240万字
出版时间：2007年10月
内容简介：本系列丛书由农业部软科学委员会组织编辑，在收集、整理了数百项课题成果的基础上，筛选出仍具有理论意义和实践意义的研究成果，按内容分别编纂形成专集。内容涉及农村、农业和农民经济领域的大部分问题。农业软科学研究本身范围广泛，课题成果较多，在编辑丛书时，注意把握当时历史条件下的热点、难点问题，选择具有现实指导意义的研究成果，并按照它们之间内在的逻辑关系进行编排。丛书的内容全部来自农业软科学研究成果，这些成果是农业部软科学委员会通过公开招标、组织各方面的专家对筛选后的课题进行深入研究取得的。参与研究的专家、学者多达数百人，课题主持人多为某一领域的学科带头人。这些研究成果不仅为农业决策起到了重要作用，而且具有相当的理论水平和学术价值。

【序　号：16 】
项目名称：**水产健康养殖新技术系列**
作　　者：苏永全、宋盛宪　等
出版单位：海洋出版社
规　　模：20 万字
出版时间：2010 年 12 月
内容简介：本套选题注意了水产养殖新品种、新技术的开发，所选种类均为当前优良的养殖种类，具有广阔的养殖前景。这些水产种类的养殖是调整农村产业结构、帮助农民致富的好项目。该系列选题主要服务对象为广大养殖业者，分为海水养殖和淡水养殖两个方向，出版框架以图书为主，包括图书、挂图、影音制品等多种形式。养殖对象包括鱼、虾、蟹、贝等多种名优水产品种，涉及实用养殖技术、病害防治、饲料与营养、安全养殖模式等多方面内容。各单册在内容安排上侧重健康养殖，立足水产养殖技术的推广，突出科学性、可读性和实用性。全书图文并茂，通俗易懂，能够真正让广大养殖业者看得懂、记得住、用得上。

【序　号：17 】
项目名称：**海洋水产科学书系**
作　　者：董双林、王　芳　等
出版单位：中国海洋大学出版社
规　　模：150 万字
出版时间：2008 年 12 月
内容简介：“海洋水产科学书系”主要包括：1.《水产养殖生态学》；2.《实验生态学》；3.《养殖池塘水质管理》；4.《水产动物化学》；5.《水产植物化学》；6.《渔业生态学》。

【序　号：18 】
项目名称：**重大动物疫病防控书系**
作　　者：黄保续、赵德明　等
出版单位：中国农业出版社

规　　模：800 万字

出版时间：2009 年 6 月

内容简介：本书系包括三类：一是世界动物卫生组织国际规则标准出版物译丛，包括国际规则类、标准类以及进出口风险分析类。二是重大动物疫病宣传图册，主要涉及人畜共患病及对动物危害较大的疫病，每种疾病单独成册，以图文并茂的形式讲解，以便于读者理解和掌握。三是动物重大疫病的重要研究者所著的专著系列，如口蹄疫、禽流感、狂犬病等，由相关的国家重点实验室将多年来的研究成果加以综合而成。

【序　　号：19 】

项目名称：**水稻节水灌溉理论与技术模式**

作　　者：彭世彰

出版单位：河海大学出版社

规　　模：40 万字

出版时间：2007 年 12 月

内容简介：本书将由国家自然科学基金项目、国家科技攻关重点计划项目、国家“863”节水农业重大专项及部省级重点科研项目资助的项目课题研究且相互关联、形成体系的研究成果归纳而成。本书系统总结作者 20 多年来开展的水稻节水灌溉理论与技术模式的研究及应用成果。内容包括：水稻节水灌溉理论研究动态、水稻水分生理及生态关系、节水灌溉水稻需水量及其规律、水稻控制灌溉理论、控制灌溉技术特点、水稻节水机理、水稻高产优质机理、技术模式的示范应用等。本书所涵括的多个子课题，先后获得国家科技进步奖三等奖 1 项，江苏省科技进步奖 2 项，水利部、教育部科研成果奖一等奖 2 项。对打造和谐社会，走可持续发展模式，具有重大的作用。本书是“三农”图书的厚重之作。

【序　　号：20 】

项目名称：**特用作物栽培学**

作　　者：胡立勇、彭定祥　等

出版单位：湖北科学技术出版社
规　　模：80 万字
出版时间：2006 年 11 月
内容简介：对当前具有发展前景的特用作物，按用途分为特用粮食作物、特用纤维作物、糖料作物、特用蔬菜与浆果、香料作物、色素作物和保健药材等进行概述。分别介绍特种稻、特用玉米、荞麦、薏苡、甜叶菊、草莓、魔芋、山药、薄荷、金银花、红花、绞股蓝、枸杞、杜仲等作物的经济价值、生产概况、品种类型、形态特征、生物学特性、栽培技术以及综合利用前景和初加工技术。具有综述性强、特用作物种类较齐全、内容新颖和实用性强的特点。

【序　号：21 】
项目名称：**鸭病学**
作　　者：黄　瑜
出版单位：中国农业大学出版社
规　　模：50 万字
出版时间：2006 年 12 月
内容简介：《鸭病学》一书涵盖国内外所有鸭病，每个病包括历史、病原学、生态学、分子生物学、流行病学、临床症状、病理变化、诊断、类症鉴别、免疫预防与治疗等内容，并辅以图说。本书将成为国内外内容最为丰富、图文并茂的，可供我国教学人员、科研人员、临床兽医等参考的一本实用图书。

【序　号：22 】
项目名称：**吉林大豆**
作　　者：孙寰、王彦丰　等
出版单位：吉林科学技术出版社
规　　模：65 万字
出版时间：2006 年 5 月
内容简介：本书是一部反映当前吉林大豆育种及科研进展全貌的综合专著。主要介绍大豆的种质资源、杂种优势的利用及育种工作的进展和成果；

大豆生理及栽培应用技术，病虫草害防治技术、大豆产品加工及利用新发展等内容。全书侧重新的理论和新进展，是从事农业科研和教学人员了解和掌握大豆科学及相关行业领导指导大豆生产及科研的参考资料。

【序　号：23】
项目名称：**现代中国种植养殖系列专业图书**
作　　者：王连铮、吴常信　等
出版单位：金盾出版社
规　　模：900 万字
出版时间：2008 年 12 月
内容简介：本系列种植业方面的图书共 5 卷，主要论述大豆、水稻、蔬菜、果树业的生态类型和资源、种质资源、生物学特性和性状遗传、育种和品种利用、育成品种系谱、栽培区划和栽培技术、营养功能与产品加工等。种植业类的《现代植保辞典》由植保学会副理事长商鸿生教授主编，中国工程院院士李振岐名誉主编，并由植保学科知名专家共同编著；全书 100 万字，词条 8 000 余条；全面体现无公害和绿色食品的植保要求，是技术最先进、收集专业词条最全的一部植保辞书。本系列养殖业方面的图书也是 5 卷，主要论述猪、羊、牛、禽养殖业可持续发展、品种资源、生物学特性与行为、育种、营养与饲料、繁殖、集约化养殖技术、无公害优质肉、蛋、奶生产、疾病防治、场（舍）设计和建筑及废弃物处理等。养殖业类的《现代兽医辞典》全书共 160 万字，词条 11 000 余条。

【序　号：24】
项目名称：**农业立体污染防治理论与实践**
作　　者：章力建
出版单位：浙江科学技术出版社
规　　模：30 万字
出版时间：2007 年 12 月
内容简介：本书首次就农业立体污染的概念、基础理论以及技术体系进行系统阐述，并就全国农业污染的立体化现状进行系统研究分析，在总结全国农业立体污染防治案例及实践的基础上，提出农业立体污染的防治模式和建议。

【序　号：25 】
项目名称：**森林经营决策理论与实践**
作　　者：代力民、邵国凡
出版单位：辽宁科学技术出版社
规　　模：50 万字
出版时间：2007 年 6 月
内容简介：本书全面、准确地介绍现代森林经营决策的理论与实践，从三个方面系统地介绍森林经营决策的前沿问题，提出了一致性森林资源调查与管理的方法，建立了适合于我国东北林区应用的森林动态矩阵模型，并开发出适合这一地区应用的森林经营管理决策支持系统——FORESTAR。本书既客观准确地反映了学者对森林经营决策的看法，同时也兼顾了林业工作者和相关专业科学研究人员的需求。

【序　号：26 】
项目名称：**超级杂交稻研究**
作　　者：袁隆平　等
出版单位：上海科学技术出版社
规　　模：40 万字
出版时间：2006 年 11 月
内容简介：本书是一本介绍中国超级杂交稻的科学专著，全面论述了我国农业部自 1996 年设立超级杂交稻研究项目，袁隆平先生 1997 年提出杂交稻育种计划以来超级杂交稻育种和制种科研的新成就和新发展。本书的出版对进一步推动杂交稻向更高层次发展，更大幅度地提高水稻产量，对确保我国粮食安全具有重要的理论和现实意义。本书涵盖超级杂交稻基础研究到应用技术研究各个方面，论点明确，论述科学、严谨，尚属国内外第一本全面介绍超级杂交稻研究的学术论著。

【序　号：27】
项目名称：**山羊生殖调控**
作　　者：赵永聚
出版单位：西南师范大学出版社
规　　模：25 万字
出版时间：2007 年 10 月
内容简介：本书是面向科技发展的需要，结合作者多年来的研究成果与实际经验编写而成。主要内容包括山羊的生殖调控原理和生殖调控技术两个方面。生殖调控原理主要介绍山羊性别分化、性发育、性行为、雄性动物精子发生、射精、雌性动物卵泡发育和排卵、受精、胚胎发育与妊娠、分娩、泌乳等生殖活动的发生、发展规律及其调控机理，并对生殖器官和生殖细胞的形态结构和生理功能进行描述与分析。生殖调控技术主要介绍山羊调控发情、排卵、受精、胚胎发育、性别发生、妊娠维持、分娩、泌乳等生殖活动的技术，同时介绍发情鉴定、妊娠诊断、性别鉴定、激素测定等技术。本书是我国第一部针对山羊生殖调控的著作。

【序　号：28】
项目名称：**拉汉—汉拉植物病原生物名称**
作　　者：许志刚　主编
出版单位：中国农业出版社
规　　模：220 万字
出版时间：2006 年 10 月
内容简介：本书收集国内外常见重要的植物病原生物名称约 22 000 条，包括病原真菌、细菌、病毒、线虫和寄生植物等有效学名。正文由拉汉—汉拉两种编排方式组成，分别按字母和拼音序排列；书后附有各类病原物的简要分类表，以便初学者了解其梗概，此外还附有主要参考文献和一些目前可用的互联网站地址，供同行参考使用。

【序　号：29 】

项目名称：**农作物重大生物灾害监测与预警技术**

作　　者：程登发　等

出版单位：重庆出版社

规　　模：50 万字

出版时间：2008 年 6 月

内容简介：本书系统地论述农作物生物灾害及其监测、预警技术，着重论述高新技术在生物灾害监测预警及治理决策方面的应用。

9. 工业技术（8项）

【序　号：1 】
项目名称：**中国计时仪器通史**
作　　者：陈美东、吉勤之
出版单位：安徽教育出版社
规　　模：100万字
出版时间：2007年12月
内容简介：本选题是“十五”国家重点图书出版规划项目。本套书包括两部分：上卷内容涵盖从测日影计时和黄帝创观漏刻起五千年的历程。包括圭表、篆香、刻漏、辊弹和水力机械计时仪器等五大类计时仪器的发展历程；重点作笔在以下三编：中国刻漏史、中国日晷史和中国水力机械计时仪器史。下卷内容涵盖自明朝西方先进的钟表技术传入我国后，一直到现代中国。包括近代钟表、现代钟表（普通钟表、特殊钟表）以及现代精密钟表（分子钟、原子钟等）；重点作笔在以下三编：中国近代钟表史、中国现代钟表史、中国现代精密计时仪器史。

【序　号：2 】
项目名称：**21世纪中国能源科技展望**
作　　者：王大中、过增元　等
出版单位：清华大学出版社
规　　模：800万字
出版时间：2006年2月
内容简介：本书分析了中国和世界能源的现状和发展展望、能源资源的状况和供应前景的展望。本书将在节能和提高能效、煤的高效清洁开采和利用、先进核能技术、先进输配电技术、可再生能源技术，以及氢能和燃料电池技术等方面，根据著者参加我国2020年能源科技中长期发展战略研究的认识，深入和系统地分析有关的科技问题，探讨中国能源科技的发展现状、发展目标、技术路线的战略，探讨中国能源科技的发展战略和前景。

【序　号：3 】
项目名称：**半导体科学与技术丛书**
作　　者：夏建白、褚君浩　等
出版单位：科学出版社
规　　模：700万字
出版时间：2009年12月
内容简介：本丛书由中国科学院院士夏建白先生任主编，聘请汤定元先生等17位院士作为顾问，褚君浩研究员等37位国内知名学者为编委会成员。本丛书由从事探索性和应用性研究的半导体工作者总结和介绍国际与中国科学家在半导体前沿领域（包括半导体物理、材料、器件、电路等方面）的研究进展和所开展的工作，总结经验，着重反映半导体学科各个领域的基本内容和最新进展，力求覆盖较广阔的前沿领域，展望该专题的发展前景。

【序　号：4 】
项目名称：**能源译丛**
作　　者：Vaitheeswaran、Goodstein、Rex Ewing
出版单位：上海交通大学出版社
规　　模：100万字
出版时间：2006年12月
内容简介：本译丛共3本。*Power to the People* 一书从经济发展和人与自然和谐角度，讲述了面对石油紧缺现状人类应该采取的对策。作者对自然界还有哪些能源可以利用、怎样利用，人类应该如何对待能源的问题进行了分析介绍，其特点在于，作者用物理规律讲能源，颇具说服力。*Out of Gas* 一书指出，世界的石油危机是不可避免的，本书讲述石油危机带来的危害，要求引起人们对过度开采的严重注意，提出人类在开发和利用石油资源时，要及早地注意开发其他资源来替代石油。从政策引导和人生哲学角度警示读者是这本书的特点。*Power with Nature* 一书讲述能源紧缺造成的再利用，和一些人类还没有充分利用的能源（主要讲述日光能和风能）如何开发，以及应注意的问题。这三本书有一个共同的特点：作者是以一种积极的态度对待目前存在的问题，积极地提出改进的方案，指导人们去认识危机，同时战胜危机。

【序　号：5 】
项目名称：**进出口产品检验检疫技术手册**
作　　者：徐本元、薄清如　等
出版单位：中国标准出版社
规　　模：900 万字
出版时间：2009 年 12 月
内容简介：本丛书主要针对我国进出口贸易中占份额较大且与人们日常生活息息相关的产品，分大家电、小家电、食品、纺织品、灯具、电子产品、玩具、化妆品、动物、植物等 10 个分册。

【序　号：6 】
项目名称：**计量测试技术手册**
作　　者：郭洪涛、王莉如　等
出版单位：中国计量出版社
规　　模：2 000 万字
出版时间：2010 年 12 月
内容简介：《计量测试技术手册》吸收了具有国际领先水平的国内外最新科研成果，旨在成为计量测试人员和技术科研、设计人员案头技术咨询的必备工具书，力求以技术科学性、数据准确性、资料实用性、查阅方便性来组织书稿内容。全书按计量测试技术各专业立卷，包括计量测试技术基础、几何量、温度、力学、电磁学、电子学、声学、光学、时间和频率、电离辐射及化学等量的计量测试技术，全套共 13 卷。

【序　号：7】
项目名称：**工业工程手册（第三版）**
作　　者：[美] Gavriel Salvendy　著，郑　力、李从东　等译
出版单位：清华大学出版社
规　　模：500 万字
出版时间：2006 年 12 月
内容简介：工业工程是一门边缘性学科，应用范围十分广泛，涵盖了制造系统、电子工业、航空航天等 21 个专业领域。应用工业工程是美国、德国、日本等发达国家实现工业化和现代化走过的成功之路，也是振兴我国工业，提高系统生产率、产品质量和经济效益的必经之路。原书作者是美国工业工程界著名的工程院院士、教授，本书曾翻译成德文、日文，在国际工业工程界有较大影响；翻译版由清华大学、天津大学、西安交通大学、华中科技大学、上海交通大学、重庆大学、暨南大学等院校的 40 余名教师共同完成。

【序　号：8】
项目名称：**微光学与微光机电系统**
作　　者：杨国光、白　剑
出版单位：浙江大学出版社
规　　模：70 万字
出版时间：2007 年 12 月
内容简介：本书分九章介绍微光学理论、微光学加工及测试技术、微光学应用技术，是在作者多年研究的基础上，结合国内外在二元光学、微光学以及纳米光学方面的最新成就，将微光学的理论基础及微光学加工技术，由浅入深地加以叙述，并将国内外在实际研究中取得的方法、经验和实用数据收入本书。

10. 矿业工程（5 项）

【序　号：1 】
项目名称：**中国煤层气资源开发与利用**
作　　者：张遂安
出版单位：煤炭工业出版社
规　　模：100 万字
出版时间：2007 年 10 月
内容简介：本书分别从中国煤层气资源条件与开发潜力分析、中国煤层气开发利用工艺技术研究和中国煤层气产业发展面临的机遇与挑战三个不同的方面展示中国煤层气开发的基础理论、勘探开发技术研究进展和中国煤层气产业发展的前景。

【序　号：2 】
项目名称：**矿山灾害隐患探测与控制丛书**
作　　者：古德生、李夕兵　等
出版单位：中南大学出版社
规　　模：120 万字
出版时间：2008 年 12 月
内容简介：丛书中《地下岩体工程灾害隐患探测与控制研究》一书在国内首次系统、深入地研究了地下岩体工程灾害隐患探测与控制理论、技术及其应用，在理论、方法和技术方面均有重大创新。该书属于国家自然科学基金项目、国家“十五”重大科技攻关项目以及国家自然科学基金重大项目的研究成果。《深热矿井环境控制》从我国走向深部开采的国情出发，系统研究深井环境控制技术和深井通风优化控制技术。该书属于国家“九五”攻关课题、国家“十五”攻关课题的成果。《软弱岩体的流变与工程控制》包括软弱岩体流变的基础理论研究、软弱岩体流变破坏的控制对策和技术研究、软弱岩体流变与其他灾害或控灾因素的耦合研究等。该书属于国家自然科学基金重大项目的成果。

【序　号：3 】
项目名称：**中国洁净煤技术**
作　　者：陈文敏　等
出版单位：煤炭工业出版社
规　　模：135 万字
出版时间：2007 年 8 月
内容简介：本书由从事洁净煤技术研究、具有多年实践经验的各方面专家、教授编写。其主要内容是简要介绍我国煤炭资源、煤质状况及生产情况，阐述在我国发展洁净煤技术的重要性和必要性；重点介绍我国的洁净生产和洁净领域，如煤的洗选、脱硫，水煤浆技术，低质煤和煤矸石洁净燃烧，煤气化联合循环发电技术，煤的汽化技术，煤的液化技术，煤的非燃料利用，烟道气汽化技术等，综合了我国当今在洁净煤方面的各种技术。本书是一本非常实用的科技图书，可供与洁净煤有关的生产、利用、研究、教学等方面的人员学习使用。

【序　号：4 】
项目名称：**中国煤矿瓦斯爆炸机理及其防治技术**
作　　者：林柏泉
出版单位：中国矿业大学出版社
规　　模：100 万字
出版时间：2010 年 12 月
内容简介：本书内容是对“973”项目煤矿安全生产行动专项和国家自然科学基金项目的研究总结，反映了我国瓦斯学科的最新研究成果，代表了目前在瓦斯爆炸研究领域的先进水平，对科学发展和煤矿现场瓦斯爆炸事故的防治等都具有十分重要的意义。

【序　号：5】

项目名称：**煤矿总工程师手册**

作　　者：范维唐　等

出版单位：煤炭工业出版社

规　　模：500 万字

出版时间：2008 年 9 月

内容简介：全书分上、中、下三册，共七篇：煤田地质与矿山测量篇，矿区开发与井田开拓篇，采区准备与采煤方法篇，矿井通风与灾害防治篇，矿山运输、机电与供电篇，煤炭洗选加工与矿区环境保护篇，露天开采篇。

11. 石油·化工（9 项）

【序　号：1 】
项目名称：**化工百科全书（第二版）**
作　　者：陈冠荣　编委会主任
出版单位：化学工业出版社
规　　模：6 000 万字
出版时间：2010 年
内容简介：本书涉及的专业和学科十分广泛，包括无机化工、基本有机化工、精细化工、高分子化工、染料、农药、橡胶、纤维、涂料、造纸和制革、摄影和感光材料、日用化工，以及化学和物理的一些基本课题。

【序　号：2 】
项目名称：**绿色化学化工丛书**
作　　者：闵恩泽、朱清时　等
出版单位：中国石化出版社
规　　模：320 万字
出版时间：2007 年 12 月
内容简介：本丛书是国内第一套全面反映绿色化学化工各研究领域先进水平和最新研究成果的学术专著，全面、系统地阐述了绿色化学各领域的基础理论和应用技术，包括以下 8 个分册：《绿色化学化工的现状与展望》、《绿色化学的评估准则》、《原子经济性反应》、《绿色有机催化》、《绿色氧化与还原》、《离子流体——性质、制备与应用》、《超临界流体科学与技术》、《绿色过程系统集成》，涵盖了绿色化学的主要方面。本丛书具有较高的学术性、先进性和实用性，由国家自然科学基金委员会资助出版。

【序　号：3 】

项目名称：**现代煤化工产品深加工技术手册**

作　　者：周正明、雍文祜　等

出版单位：化学工业出版社

规　　模：150 万字

出版时间：2006 年 6 月

内容简介：本书内容以技术为主，包括传统工艺技术路线、国内最新研究动态等。其中已工业化的产品建议包括产品性质、用途、市场需求、价格分析、工艺技术（重点）、消耗定额及其流程图、流程概述以及投资估算等；未工业化的产品以产品研究现状、应用前景为主，反映国内外煤化工新技术、新工艺、新设备、新材料。

【序　号：4 】

项目名称：**天然气工程手册**

作　　者：李海平

出版单位：石油工业出版社

规　　模：200 万字

出版时间：2007 年 11 月

内容简介：本项目是一套工程方面的实用手册，分为四个分册，内容包括气藏工程、天然气钻采工程、天然气集输以及天然气综合利用等。

【序　号：5 】

项目名称：**油气层保护技术手册**

作　　者：罗平亚

出版单位：中国石化出版社

规　　模：120 万字

出版时间：2007 年 12 月

内容简介：本手册全面系统地介绍油气田勘探开发过程中的油气层保护技术原理、应用方法、工具用具材料技术、效果统计分析和研究方法，各种工具、用具、材料技术性能数据等，是一本在国内外首次出版的石油工程技术人员必备的工具书。

【序　号：6 】
项目名称：**甲醇工艺学**
作　　者：房鼎业、谢克昌　等
出版单位：化学工业出版社
规　　模：130 万字
出版时间：2006 年 6 月
内容简介：本书从工艺分析出发，阐述甲醇生产的工艺原理、流程和主要设备，叙述甲醇系列衍生物生产工艺，并介绍国内外甲醇生产技术的进展。本书不少内容是作者们长期研究成果和设计经验的结晶。全书共 22 章。

【序　号：7 】
项目名称：**自振空化射流理论与应用**
作　　者：李根生、沈忠厚
出版单位：中国石油大学出版社
规　　模：30 万字
出版时间：2006 年 6 月
内容简介：自振空化射流是 20 世纪 80 年代发展起来的一种新型射流。作者通过 20 年系统的研究和探索，利用瞬态流和水声学理论建立了自振空化射流的调制机理和模型，实验得出了自振空化射流的冲击压力特性和冲蚀岩石效果，得到一种新型高效射流。以此为基础，研制成功自激振动射流钻头、高压旋转射流处理地层技术、自激波动注水技术等，在石油钻井和开采中得到较广泛应用，取得良好的应用效果和显著的经济效益。本专著是作者 20 年来研究工作的总结，该研究先后得到国家自然科学基金委、国家科技部、中国石油天然气总公司和有关油田的大力支持。

【序　号：8 】
项目名称：**催化重整工艺与工程**
作　　者：徐承恩
出版单位：中国石化出版社

规　　模：100 万字
出版时间：2006 年 1 月
内容简介：催化重整是炼油行业重要技术之一。本书由从事科研、设计工作多年的专家撰写。系统总结了国内外催化重整技术的发展、理论基础、工艺过程和操作参数、催化剂及工业实践。内容包括：催化重整发展历史、催化重整化学、催化重整原料和产品、催化重整催化剂和催化剂的失活与再生、连续重整催化剂循环系统、催化重整工艺过程和操作参数、芳烃抽提和精馏、环境控制、主要设备和自动控制、原料及产品质量的控制分析、技术经济、环境保护、开停工及事故处理等。

【序　　号：9 】
项目名称：**延迟焦化工艺与工程**
作　　者：瞿国华　等
出版单位：中国石化出版社
规　　模：120 万字
出版时间：2006 年 4 月
内容简介：本书是中国石化出版社出版的炼油技术系列专著之一，全书共分 13 章，即绪论、焦化原料、重质油热转化化学、焦化产品及其加工应用、焦化工艺流程和操作参数、焦化加热炉、焦炭塔和焦化分馏塔、水力除焦、焦化装置腐蚀及防腐、焦化装置自动控制和先进控制、焦化装置开停工及安全生产技术、焦化环境保护工程、焦化工艺技术经济分析。本书由国内十多位既有较高学术造诣又有丰富的实践经验的著名教授、研究员和高级工程师参加编写。

12. 冶金（9 项）

【序　号：1 】
项目名称：**中国有色金属史**
作　　者：黄培云　等
出版单位：中南大学出版社
规　　模：500 万字
出版时间：2010 年 12 月
内容简介：《中国有色金属史》以有色金属地质、采矿、选矿、冶金、材料等学科为经，以古代、近代、现代的时间为纬，系统地阐述中国有色金属科学技术产生和发展的历史与成就，分析中国有色金属科学技术的进展，以及在促进中国经济社会发展，促进中华文明和世界文明发展方面所起的重要作用。本书共 6 卷，500 万字左右。第一卷，总论，约 50 万字，综述中国有色金属技术与科学的发展历史及其对推动中国经济社会发展、促进中华文明和世界文明发展的重要作用。第二至六卷，初步计划按有色金属地质、采矿、选矿、冶金、材料五大学科撰写，每学科一卷，每卷 90 万字左右，分门别类地阐述中国有色金属科学与技术的发展史。

【序　号：2 】
项目名称：**微生物冶金学**
作　　者：邱冠周、柳建设　等
出版单位：中南大学出版社
规　　模：40 万字
出版时间：2006 年 10 月
内容简介：微生物冶金属于国家重大的基础研究项目，被列为国家“973”计划。本书是该项目研究成果的总结。主要内容包括浸矿微生物生理生态、浸矿微生物培养、菌种改良方法、微生物浸出的基础理论、微生物浸出的原理和方法；主要硫化矿微生物浸出过程及设备；微生物浸出的应用实例等。本书反映了微生物冶金领域最新的研究方向和成果，在学术上具有重要的价值。此外，书中部分内容结合现场实例阐述，对生产应用有一定的借鉴价值。

【序　号：3 】
项目名称：**冶金熔体和部分有机溶液的计算热力学（中/英文版）**
作　　者：张　鉴、成国光　等
出版单位：冶金工业出版社
规　　模：70 万字
出版时间：2008 年 6 月
内容简介：本书系统地阐述作者在长期科研、实践的基础上总结形成的冶金溶液新理论体系，从冶金熔体结构和相图中已被确定的结构单元出发，详细介绍了金属熔体的原子分子共存理论、熔渣的分子离子共存理论、熔盐的正负离子未分开模型以及有机溶液中的全分子模型，并成功地应用于金属熔体、炉渣熔体、熔盐、熔锍、水溶液、有机溶液中的活度计算。书中汇总了大量实例，既是对这一创新冶金溶液体系的验证，也是对其广泛适用范围的介绍。书中所述内容多次获得不同奖励、专利授权，并被大量引用。

【序　号：4 】
项目名称：**新一代钢铁材料生产工艺、理论与技术**
作　　者：王国栋、刘相华　等
出版单位：东北大学出版社
规　　模：50 万字
出版时间：2006 年 8 月
内容简介：本书主要内容有：新一代钢铁材料的发展背景、社会发展需求和各种支撑条件；新一代钢铁材料的化学成分设计，要求必须能够节省资源、便于循环、降低生产成本、实施绿色化制造，符合可持续发展的原则；新一代钢铁材料的强化机制，包括细晶强化、沉淀强化、位错强化、固溶强化和相变强化等，不同强化机制的工业生产实现条件和不同要求的钢铁材料所采用的机制也不同；新一代钢铁材料的制备方法，包括钢铁材料的冶炼、铸造、轧制加工等工艺方法；新一代钢铁材料的组织性能控制和工业生产工艺特点，主要的工艺制度的制定和采用设备的特征；不同机制所获得材料的组织与性能特点。

【序　号：5】
项目名称：**薄板坯连铸连轧工艺及钢的组织性能**
作　　者：康永林、柳得橹　等
出版单位：冶金工业出版社
规　　模：50万字
出版时间：2006年12月
内容简介：本书主要研究内容属于国家自然科学基金项目和国家重大基础研究规划（“973”）资助项目。本书主要内容包括：从冶炼、连铸到热轧和层流冷却的薄板坯连铸连轧全过程以及产品的组织性能的特征分析与控制。本书着重介绍了薄板坯连铸连轧工艺的特点、钢中的纳米尺寸析出物。

【序　号：6】
项目名称：**纯净钢与夹杂物（中/英文版）**
作　　者：王新华、张立峰
出版单位：冶金工业出版社
规　　模：50万字
出版时间：2007年10月
内容简介：本书详细介绍钢中夹杂物和缺陷，钢中夹杂物评估方法，冶金操作对夹杂物控制的影响，典型钢种夹杂物的控制，钢中杂质元素控制的基础和工业实践，钢水流动、传热、传质和凝固基础，钢水中夹杂物形核、长大、运动和去除的基础理论，纯净钢和夹杂物方面的研究方向等内容。本书可供钢铁领域的生产、科研、教学、设计、管理人员阅读。

【序　号：7 】
项目名称：**金属非晶材料**
作　　者：张　涛、马朝利　等
出版单位：冶金工业出版社
规　　模：35 万字
出版时间：2010 年 10 月
内容简介：本书将包括以下几个主要部分：1. 金属非晶形成的理论。详细介绍金属非晶形成的热力学，动力学过程及电子，拓扑结构理论；介绍金属非晶形成的经验与半经验准则。2. 金属非晶合金的制备。详细介绍制备金属非晶合金的加工工艺及设备。3. 金属非晶合金的特性。详细介绍金属非晶合金的力学、磁学、电学及耐蚀特性。4. 金属非晶合金的应用。介绍到目前为止世界各国在非晶合金在高技术领域的应用成果。

【序　号：8 】
项目名称：**现代电炉炼钢过程理论及应用**
作　　者：傅　杰
出版单位：冶金工业出版社
规　　模：60 万字
出版时间：2008 年 6 月
内容简介：本书详细阐述电炉冶炼周期的综合控制理论、低氮电炉钢生产的理论基础、电炉终点动态控制的理论基础，并在此基础上，介绍围绕缩短冶炼周期的高效化电炉冶炼技术、电炉流程与工程技术问题、电炉流程的经济分析、现代电炉炼钢的产品结构问题等与生产实际密切相关的内容。本项目获“新一代钢铁材料的重大基础研究”（“973”）项目资助。

【序　号：9 】
项目名称：**现代高炉长寿技术**
作　　者：张福明、程素森
出版单位：冶金工业出版社

规　　模：100 万字
出版时间：2007 年 8 月
内容简介：本书研究剖析现代高炉破损机理，对现代高炉冶炼过程进行分析和研究，结合高炉破损机理，对高炉综合长寿技术进行论述和介绍。书中内容主要包括现代高炉技术特点、高炉破损机理、高炉长寿技术理论研究、高炉内型设计、冷却系统设计、炉体高效冷却器的开发与应用以及高炉精料技术、操作技术、自动化检测技术、高炉炉体维护等。本书全面系统地阐述高炉长寿技术理论研究、工程设计、生产操作及炉体维护，介绍国内外高炉长寿技术的最新成果和应用实践。本书可供高炉炼铁生产、科研、设计、教学、管理人员阅读。

13. 机械（17项）

【序　号：1】
项目名称：**先进制造技术丛书**
作　　者：李伯虎、蔡鹤皋　等
出版单位：电子工业出版社
规　　模：400万字
出版时间：2008年6月
内容简介：先进制造技术作为战略高技术，已列入国家中长期科学与技术发展规划及“十一五”计划。本丛书特约国内从事先进制造技术科研、教学、工程、管理等工作，具有丰富理论和实践经验的院士、专家和知名教授组成专家编审委员会，经多次战略研讨和交流，最后由行业院士和专家亲自执笔编著或翻译国外经典著作汇集而成。丛书从我国先进制造技术的应用现状与发展情况出发，以系统与技术为中心，全面系统地介绍当今先进制造技术领域所涉及的有关关键技术和热点技术。内容力求体现先进性、实用性和系统性，并突出理论性与工程实践性紧密结合。

【序　号：2】
项目名称：**机械制造业基础互换性标准应用指导丛书**
作　　者：李学京、李　勇　等
出版单位：中国标准出版社
规　　模：500万字
出版时间：2007年3月
内容简介：丛书分为3个系列：技术制图、机械制图、CAD制图与CAD文件管理。编写中力求兼顾当前先进的工程图学理论和标准理念，并以实践经验相辅佐，不拘泥于标准，而是依据工程图学理论对标准内容进行有机分析，从而对读者使用标准起到指导作用；并对标准的渊源及制定、修订的历史沿革进行叙述，对标准中言犹未尽及表述中不甚详细明了之处进行补充，以期读者依据此书能解决制图标准运用中的绝大部分问题。

【序　号：3 】
项目名称：**现代光机电一体化技术丛书**
作　　者：李科杰、张文栋　等
出版单位：机械工业出版社
规　　模：280 万字
出版时间：2006 年 10 月
内容简介：本丛书以光机电一体化领域各项技术的通用原理、具体应用和设计运用指导为主要内容，分 9 个分册。各分册所介绍的技术内容以先进、通用为标准进行精心筛选。原理介绍简练准确；具体应用注重结合同领域的工程实践经验，使用大量的图、表和实例；设计运用指导注重加强光机电一体化系统的整体设计和技术协调的理念。各分册均有相应章节深入介绍本技术在系统中的应用和设计实例，以便读者更好的学习、实践和应用，帮助单项技术的人员快速适应光机电一体化系统的研究开发工作。

【序　号：4 】
项目名称：**机械设计禁忌丛书**
作　　者：于惠力、邵俊鹏　等
出版单位：机械工业出版社
规　　模：260 万字
出版时间：2007 年 8 月
内容简介：本丛书共包括 5 本：《机械零部件设计禁忌》、《液压系统设计禁忌》、《机械结构设计禁忌》、《机电一体化系统设计禁忌》和《气动系统设计禁忌》。在这套丛书中，我们主要从正反两方面向读者介绍机械设计的理论和方法，旨在以设计禁忌的形式告诉读者，在机械设计过程中有哪些常犯和易犯的错误，以使他们减少不必要的劳动，提高工作效率。本套丛书附有大量的工程设计实例，内容全面、讲解透彻、深入浅出、图文并茂，是一套很有参考价值的丛书。本套丛书适用于机械设计人员使用，也可作为大专院校师生的参考书。

【序　号：5 】

项目名称：**塑料成型及模具设计丛书**

作　　者：洪慎章　主编

出版单位：机械工业出版社

规　　模：130 万字

出版时间：2007 年 4 月

内容简介：这套丛书将塑料成型工艺、塑料模具设计技术有机地结合起来，系统全面地介绍了塑料成型及模具设计技术。丛书包括《实用注塑成型及模具设计》、《实用压塑成型及模具设计》、《实用吹塑成型及模具设计》、《实用挤塑成型及模具设计》，共 4 本。

【序　号：6 】

项目名称：**机械设计手册（第五版）**

作　　者：成大先、王德夫　等

出版单位：化学工业出版社

规　　模：1 500 万字

出版时间：2008 年 1 月

内容简介：《机械设计手册》（第五版）是大型机械设计工具书，共 5 卷，涵盖了机械常规设计的所有内容。《机械设计手册》（第五版）是在总结前四版的成功经验的基础上，考虑广大读者的使用习惯，参考读者对手册提出的新要求，并进行了广泛的调查研究后进行编写的。手册继续保持"实用可靠、内容齐全、简明便查"的特点，从机械设计技术人员的角度出发，合理安排内容取舍和编排体例。

【序　号：7 】

项目名称：**机械加工工艺手册（第二版）**

作　　者：王先逵、艾　兴

出版单位：机械工业出版社
规　　模：600 万字
出版时间：2006 年 12 月
内容简介：本手册以制造工艺为主线，数据与方法相结合，汇集了我国多年来工艺工作的成就和经验，体现国内外工艺发展的最新水平，全面反映现代制造的现状和发展，注意实用性、先进性、系统性。手册拟分 3 卷出版，分别为工艺基础卷、加工技术卷、系统技术卷；共 33 章，包括切削原理与刀具，材料及其热处理，机械装配工艺，车削、镗削加工，铣削、锯削加工，精密加工与纳米加工，集成制造系统，智能制造系统，绿色制造等。重点内容是近年发展的技术成熟、应用面较广的新技术、新工艺、新工艺装备，简要介绍发展中的新技术。

【序　号：8 】
项目名称：**压铸模设计手册**
作　　者：潘宪曾、叶秀拱
出版单位：机械工业出版社
规　　模：80 万字
出版时间：2006 年 12 月
内容简介：本书共分 11 章，系统介绍压铸模设计的一般规律、典型结构、工艺参数、选材、溢流、排气、浇注系统和主要机构，并给出选用压铸机的原则和方法。附有大量设计实例。

【序　号：9 】
项目名称：**结构可靠性设计手册**
作　　者：刘文珽
出版单位：国防工业出版社
规　　模：180 万字
出版时间：2006 年 6 月
内容简介：本手册共有 21 章，在阐明结构可靠性设计重要概念与工作项目的基础上，分章详述各项工作对应的理论方法与实施技术，包括结构失效模式分析、结构可靠性设计措施、载荷（谱）与环境、材料力学性能可靠性分析、静强度可靠性分析、疲劳/损伤容限/耐久性分析、腐蚀环境下寿命评定、动强度可靠性控制、结构体系可靠性分析以及结构可靠性试验。各章均有示例，并尽可能提供所需图表数据。在后5章中给出几种装备结构可靠性与寿命评定及试验的应用范例。手册直接涉及的装备主要包括飞机、运载火箭、潜艇和装甲车辆，所提供的技术方法适用于各类装备。

【序　号：10】
项目名称：**全断面岩石掘进机施工技术**
作　　者：杜彦良
出版单位：华中科技大学出版社
规　　模：40万字
出版时间：2006年10月
内容简介：本书分为三部分：第一部分重点介绍全断面岩石掘进机（简称TBM）的结构原理、结构组成、性能特点；第二部分重点介绍本项目的研究成果——TBM施工技术；第三部分重点介绍以我国自主实施采用TBM为核心技术的长大隧道施工应用典例，通过不同地质条件下长大隧道的应用范例，说明TBM的选型设计方法和施工技术及其组织管理。

【序　号：11】
项目名称：**机器人焊接智能化技术**
作　　者：陈善本
出版单位：机械工业出版社
规　　模：20万字
出版时间：2006年1月
内容简介：本书介绍与机器人焊接智能化技术研究的相关内容：焊接机器人系统软件设计、视觉传感、知识提取、建模与智能控制方法；焊接机器人自主任务规划技术；智能化焊接柔性加工单元系统虚拟设计与仿真；机器人焊接生产线多职能体协调控制等。

【序　号：12 】
项目名称：**数控机床电主轴单元技术**
作　　者：吴玉厚
出版单位：机械工业出版社
规　　模：220 万字
出版时间：2006 年 1 月
内容简介：本书主要介绍数控机床电主轴单元的研究、发展和应用情况。在论述数控机床电主轴工作原理和机构设计的基础上，进行电主轴单元轴承技术、润滑技术、冷却技术、动平衡技术、主轴电机的驱动和控制技术以及电主轴的精密加工和精密装配技术等数控机床电主轴关键技术的设计和研究；进一步完善和提高电主轴用高精度氮化硅陶瓷球轴承的设计和制造技术。对数控机床电主轴单元的动态、静态性能及热态性能进行讨论和分析，并在此基础上进行电主轴单元应用于非圆零件表面高速精密加工的试验研究；利用 PMAC－PC，结合电主轴单元技术和直线电机驱动进给技术，设计集成了一套精密加工系统和零件圆度误差的在线检测系统。

【序　号：13 】
项目名称：**现代机电系统动态分析和控制的理论方法**
作　　者：熊诗波
出版单位：机械工业出版社
规　　模：20 万字
出版时间：2006 年 12 月
内容简介：本专著以实验科学及其相关理论为基础，形成以复杂机电系统（包含机、电、液等环节）的动态分析、设计、控制与诊断方法为主要内容的新学科体系。以解决工程问题为目的，综合多学科的最新理论，试验方法和作者的研究成果，将动态分析、设计、控制与诊断等问题从动态系统分析为主线贯穿起来。将理论与试验研究紧密结合，特别注意以现代统计数学、信号处理、系统辨识以及人工智能为基础的试验方法研究和试验数据处理，从而揭示大型机电系统的本质特性。

【序　号：14 】
项目名称：**数字装备与数字制造**
作　　者：熊有伦
出版单位：上海科学技术出版社
规　　模：30 万字
出版时间：2007 年 12 月
内容简介：本书论述数字装备与数字制造的国内外现状、这一领域内的重要发展趋势，如海量信息处理、加工对象的尺度变化、从单纯的制造过程的几何量（位移、多坐标联动位移、运动形状、微观形状等）数字描述发展到对制造过程的物理量（温度、流量场、应力场、热变形、密度、物质材料等）以及知识、经验、信息等的数字描述。书中重点论述当前的研究热点，即制造过程和制造系统的形式化、数字化描述与处理，包括海量信息处理，微、纳识别和分辨率，物理过程仿真与分析（包括有限元方法、三角划分、复杂边界物理方程求解等）、网格计算以及物理本质的探索等。本书对提高我国数字装备和数字制造的研究水平具有重要的指导意义。

【序　号：15 】
项目名称：**测量控制与仪器仪表前沿技术及发展趋势**
作　　者：林玉池、靳世久　等
出版单位：天津大学出版社
规　　模：61 万字
出版时间：2006 年 8 月
内容简介：本书对现代测量控制与仪器仪表相关领域的前沿技术和发展趋势进行了阐述。全书分 3 篇 11 章。内容包括测量控制与仪器仪表的基本理论基础、学科发展现状和总体趋势，以及与仪器仪表密切相关的信息传感与测试、模拟信号调理、数字信号处理、智能控制与系统、现代仪器仪表的设计与制造技术等学术领域的前沿技术，还以工业过程参数检测与控制系统、科学仪器、电子与电工测量仪器、医疗仪器为典型，分门别类地介绍了典型仪器仪表的发展现状与趋势。

【序　号：16】
项目名称：**高等内燃机原理**
作　　者：蒋德明
出版单位：西安交通大学出版社
规　　模：50万字
出版时间：2006年12月
内容简介：本书主要阐述高等内燃机方面的知识，反映了国内外最新的学术研究成果。

【序　号：17】
项目名称：**坦克与装甲车辆**
作　　者：闫清东、胡纪滨　等
出版单位：北京理工大学出版社
规　　模：50万字
出版时间：2006年12月
内容简介：本书反映了现代设计方法和手段在坦克设计上的应用，反映了坦克装甲车辆的发展趋势和前沿方向；分为上下两册。上册以新型主战坦克为主，同时兼顾其他装甲履带车辆，以国内外著名坦克为例进行结构分析、理论分析、评价和多媒体制作，主要论述坦克总体、分系统及主要部件的构成和工作原理等，包括：坦克装甲车辆的种类、作用、历史与发展趋势；坦克装甲车辆的总体；武器系统；推进系统；防护系统；通讯及电器系统。下册以坦克装甲车辆行驶原理和设计为基础，系统论述坦克装甲车辆的总体性能、行驶原理及总体、分系统和主要部件的设计方法与规律，介绍已成功应用到总体及各分系统设计中的现代设计方法及手段。

14. 电子·信息（18 项）

【序　号：1 】
项目名称：**中国信息化丛书**
作　　者：蒋正华、唐任伍　等
出版单位：贵州人民出版社
规　　模：300 万字
出版时间：2007 年 10 月
内容简介：信息化是我国加快实现工业化和现代化的必然选择。要坚持以信息化带动工业化，以工业化促进信息化，走出一条科技含量高、经济效益好、资源消耗低、环境污染少、人力资源优势得到充分发挥的新型工业化路子。信息化是指人们凭借现代电子信息技术等手段，通过提高自身开发和利用信息资源的智能，推动经济发展、社会进步乃至人们自身生活方式变革的过程。可以肯定，国家经济社会发展的信息化，是大势所趋。本丛书全面、系统地分析中国信息化的产生、发展、存在的问题和未来发展战略，力求探索一条有中国特色的信息化发展道路。

【序　号：2 】
项目名称：**光电技术与系统精品丛书**
作　　者：王启明、叶声华　等
出版单位：电子工业出版社
规　　模：600 万字
出版时间：2008 年 1 月
内容简介：这套丛书的出版不论是填补目前国内空白还是从适应新时期的光电技术与系统的要求，都是非常有必要的。丛书特别关注内容的实用性，并大致体现在以下几个方面：其一是各部分组成的主线按照光电技术与系统工程的实用环节编写；其二是丛书的取材避免前人同类著作中已经过时的或者至今工程上没有实用前景的内容，同时引用近年来最新的应用文献，有利于工程技术人员了解目前的技术动态；其三是以目前工程应用特别感兴趣的问题作为重点，并以案例的形式叙述相关理论的应用。

【序　号：3 】
项目名称：**雷达技术丛书**
作　　者：王小谟、张光义　等
出版单位：电子工业出版社
规　　模：630 万字
出版时间：2007 年 1 月
内容简介："雷达技术丛书"是由中国工程院王小谟院士和张光义院士倡导并担任主编、中国电子科技集团公司负责组织、电子工业出版社负责出版的一套大型设计性系列丛书，是我国雷达界多个单位的知名专家学者集体智慧的结晶，是他们长期实践经验的总结，是一套理论与实践相结合的佳作，也是多年来雷达技术领域中的一套本土化的、全面完整的雷达设计技术丛书。

【序　号：4 】
项目名称：**数字化管理系列丛书**
作　　者：张金隆、鲁耀斌　等
出版单位：华中科技大学出版社
规　　模：300 万字
出版时间：2006 年 1 月
内容简介：本丛书主要包括 6 本管理专著：《招标投标决策模型与方法》、《电子商务信任研究》、《风险内控指引》、《基于超文本问题求解的施工索赔决策模型的研究》、《网路服务设施选址问题研究》、《供应链环境下的库存管理理论与应用》。

【序　号：5 】
项目名称：**信息与计算科学丛书**
作　　者：石钟慈、鄂维南　等
出版单位：科学出版社
规　　模：600 万字
出版时间：2010 年 10 月
内容简介：本丛书组织国内外一些优秀的活跃在科研一线的华人数学家，总结他们近年来在各自的研究领域做出的新成果（很多成果具有国际领先水平），以对推动国内学科发展和显示我国的科研水平起到积极作用。本丛书介绍国内外优秀的科研成果力求以当前信息与计算科学的学科前沿作为出发点，强调内容的科学性、系统性及学科交叉性，体现新的研究方向，以期为国内的教学与科研内容与国际接轨提供一个很好的实践平台。在已出版的 36 部著作中，有些被很多科研院所和高等学校指定为研究生教材或必读参考书，取得了很好的社会效益和经济效益。

【序　号：6 】
项目名称：**信息安全学术丛书**
作　　者：沈昌祥、张焕国　等
出版单位：武汉大学出版社
规　　模：350 万字
出版时间：2008 年 12 月
内容简介：本丛书汇集了我国信息安全研究领域著名专家、教授、学者长期从事信息安全研究的理论与应用成果。包括《安全操作系统理论与技术》、《可信计算》、《演化密码》、《Hash 函数的分析与设计》、《信息安全理论》、《密码学》、《网络安全》、《信息隐藏》等。

【序　号：7 】
项目名称：**防空指挥自动化系统系列丛书**
作　　者：吕　辉、张多林　等
出版单位：西北工业大学出版社

规　　模：240 万字
出版时间：2006 年 6 月
内容简介：本系列丛书的编写出版适应了防空指挥自动化系统建设对人才培养的需要，并填补这一领域的空白。本系列丛书共 5 本，包括：1.《防空指挥自动化系统概论》；2.《防空指挥自动化系统信息处理》；3.《防空指挥自动化通信系统》；4.《防空指挥自动化系统软件工程》；5.《防空指挥自动化系统指挥控制》。本系列丛书着眼于系统功能、结构组成和主要理论及技术，以信息的录取、处理、传输为主线，介绍了自动化雷达情报处理、自动化武器控制和防空作战的主要理论和技术，以及它们与通信技术、计算机技术、网络技术等现代高科技的内在联系，从而形成了完整的系统概念。围绕系统，突出原理，是本系列丛书的特色。

【序　号：8 】
项目名称：**新一代信息通信技术书系**
作　　者：周炯槃、乐光新　等
出版单位：北京邮电大学出版社
规　　模：1 300 万字
出版时间：2006 年 2 月
内容简介：这是一套反映信息通信技术最新发展及其热点的图书。本书系按照技术基础和应用相近的原则划分为四个专辑：《未来无线电通信技术专辑》、《新一代视频与天线技术专辑》、《新一代光网络技术专辑》、《新一代互联网技术专辑》。书系涵盖了当今信息通信技术发展的大部分前沿领域。每一专辑介绍信息通信领域中的一门技术，包括原理综述、技术发展的评价和著者自己的工作成果。

【序　号：9 】
项目名称：**信息经济与规制丛书**
作　　者：梁雄健、张　彬　等
出版单位：北京邮电大学出版社
规　　模：900 万字

出版时间：2006 年 12 月

内容简介：这套丛书的内容包括：互联网的规范管理和法规、网络安全、知识产权保护、市场开放的管理等各方面。丛书立足于权威、全面、系统地展现世界先进国家和我国专家学者在这一领域的最新研究成果，着力打造在“信息经济与管制”方面的电信经典图书，并希望对我国电信立法和电信企业的长远发展有指导意义。

【序　号：10】

项目名称：**院士讲坛——信息电子技术知识全书**

作　　者：罗沛霖、陈太一　等

出版单位：北京理工大学出版社

规　　模：41 万字

出版时间：2006 年 1 月

内容简介：当代信息技术和电子技术已渗透到人类社会生产、生活各领域，对国家的科技进步和经济发展起着不可估量的促进和催化作用，已经成为衡量一国综合实力的重要内容。有效普及信息电子技术知识，对提高公众素质，促进科学各学科的融合和交叉学科的发展，提高我国科学技术及社会经济总体水平至关重要。本书提供了信息和电子科学技术知识，内容尽可能覆盖所有有关电子的专业，因此称为全书。

【序　号：11】

项目名称：**数字时代图书馆学情报学研究论丛**

作　　者：彭斐章、马费成　等

出版单位：武汉大学出版社

规　　模：600 万字

出版时间：2006 年 12 月

内容简介：本套丛书计划出版 20 种，是武汉大学信息管理学院国家重点学科图书馆学、情报学建设、“图书馆、情报与档案管理”一级学科博士学位授权点建设、“武汉大学信息资源研究中心”（国家人文社会科学重点研究基地）建设、“网络信息资源开发与数字图书馆建设”、“十五”“211”重点学科建设、“985”信息资源管理创新基地建设的系统成果。丛书涉及的主要领域有：1. 图书馆、情报与档案管理基本理论研究；2. 信息组织与检索；3. 文献编纂与出版研究；4. 信息资源管理研究；5. 信息服务与信息保障；6. 计算机信息系统工程等。子项目包括的图书有：1.《计算机高级语言设计》；2.《数据库的维护与管理》；3. 《网络开发与管理》；4. 《扩展标记语言》；5.《信息资源管理原理》；6.《信息资源经济问题研究》；7.《信息资源计量问题研究》；8.《信息资源法律问题研究》；等等。

【序 号：12 】
项目名称：**网络对抗理论与技术**
作 者：陶 然、李志勇 等
出版单位：兵器工业出版社
规 模：50 万字
出版时间：2007 年 6 月
内容简介：本书共分七章。第一章“绪论”，介绍网络对抗的发展、国内外现状和网络对抗体系结构。第二章“网络对抗基础知识”；第三章“网络防御”；第四章“网络进攻”；第五章“计算机病毒原理与检测”；第六章“无线网络对抗”；第七章“网络对抗发展趋势”。

【序 号：13 】
项目名称：**场效应晶体管射频微波建模技术**
作 者：高建军
出版单位：电子工业出版社
规 模：30 万字
出版时间：2006 年 2 月
内容简介：GaAs 及其相关化合物半导体已经成为除硅以外最重要的半导体器件，其商业应用包括移动通信、无线通信、光纤通信、全球定位系统、直播卫星系统、自动防撞系统、高频雷达等等。早在 20 世纪 90 年代初期，美国就把微波半导体功率器件及其电路列为国家发展战略的核心，把毫米波单片、高温功率电路和多功能模块电路作为重点，充分挖掘第三代半导体材料宽禁带半导体的潜力。集成电路的计算机辅助设计是电路设计的主要课题之一，对于缩短集成电路的设计周期、降低设计和制作成本，提高可靠性具有重要意义。半导体器件模型是影响电路设计精度的最主要因素，电路规模越大，指标和频段越高，对器件模型要求也越高。因而准确的器件模型对提高 RF 和微波毫米波电路设计的成功率、缩短电路研制周期是非常重要的。本书对上述模型的建模技术作了全面介绍。

【序　号：14 】

项目名称：**秘密分享理论、模型及其应用**

作　　者：刘木兰

出版单位：电子工业出版社

规　　模：30 万字

出版时间：2006 年 5 月

内容简介：秘密分享是针对如何选取、交换、安全地存储和发放密钥而提出的，它在信息安全中有广泛应用。本书由秘密分享的基础和前沿两部分内容组成，包含秘密分享的基本概念和模型（如门限体制、一般存取结构、同态秘密分享、防欺骗秘密分享等），以及在信息安全领域（如电子选举、电子拍卖、密钥分配、数字签名）等方面的较典型的应用。本书系统地讲述线性秘密分享体制和线性多秘密分享体制的构造和算法，还包含对实际使用有重要意义的有效的秘密分享体制。可验证秘密分享体制也是一个重点内容，将它与信息安全的基础理论——安全多方计算相联系。书中最后讲述了还处在萌芽阶段的统计秘密分享体制。

【序　号：15 】

项目名称：**高速网络环境下典型示范系统及其关键技术**

作　　者：李　未

出版单位：北京航空航天大学出版社

规　　模：50 万字

出版时间：2006 年 12 月

内容简介：本书着重围绕海量信息的可扩展性、协同性和可生存性等基本科学问题，在信息科学理论、软件技术与方法、试验性软件研究三个方面进行论述。本书是国家重大基础研究规则（“973”计划）的研究成果，包括：海量信息系统的可扩展性基础理论；基于内容的海量信息协同理论和可生存性的数学模型；协同能力和可生存能力好的海量信息系统软件体系结构、实现方案和开发方法；典型的海量信息应用系统。

【序　号：16】
项目名称：**非接触 IC 卡技术的原理及应用设计**
作　　者：单承赣
出版单位：合肥工业大学出版社
规　　模：40 万字
出版时间：2006 年 4 月
内容简介：本书结合作者近年的科研实践和发表的十多篇相关论文，在本书中较系统地对射频卡技术的原理和系统的应用进行介绍。内容主要包括射频卡的芯片（PICC、VICC 等）、基沿（PCD、VCD 等）、系统、标准、测试、设计方法以及 JaVa 卡等一些新技术成果。非接触卡技术除 2001 年电子工业出版社出版了一本德国 Klaus Finkenzeller 的译本（陈大才编译）《射频识别（RFID）技术》外，国内尚未见有这方面的著作出版，因此本书的出版会为射频卡的推广和应用作出应有的贡献。

【序　号：17】
项目名称：**新一代移动通信技术及系统**
作　　者：陶小峰
出版单位：人民邮电出版社
规　　模：45 万字
出版时间：2006 年 12 月
内容简介：本书在新一代移动通信系统网络结构、空中接口、传输体制、编码与调制、检测与估计、电路与实现等各个方面开展了深入系统的研究，形成完善的基于广义分布式多天线的总体技术方案，着重探讨了空时分集、迭代检测与估计、高效编码与调制、自适应链路技术、电路实现等核心技术，寻求突破，从而使得频谱利用率达到每赫兹每符号数比特之要求，并使得功率效率显著提高，在 Eb/No 小于 0dB 时实现正常的话音与数据传输。书中描述了体现未来移动通信主要技术特征的新型广义分布式多天线多小区集成试验平台以及业务演示平台。本书特点为：1. 紧密结合作者承担国家“863”计划、国家自然科学基金委的项目，具有前瞻性、前沿性，突出创新性。2. 到目前为止，国内外尚无新一代移动通信方面的图书出版。

【序　号：18 】
项目名称：**盲信号处理——理论和实践**
作　　者：史习智、沈希忠　等
出版单位：上海交通大学出版社
规　　模：40 万字
出版时间：2006 年 12 月
内容简介：本书以盲信号处理为主题介绍相关理论、模型、算法以及应用。全书共十章，包含四部分内容，即导论和基本的数学描述；盲源分离和独立分量分析的模型和典型算法；新近发展的代表性方法与重要选题；应用研究实例。本书取材于国内外新近文献以及过去六年中上海交大“震动冲击噪声国家重点实验室”、“模式识别研究所和生物医学工程研究所”在此课题上所取得的研究成果，课题的背景是国家自然科学基金和国防重点实验室基金。后两部分的篇幅所占比例较大，且主要为上海交大的研究成果，可达到与国内外学术界进行交流的目的。鉴于国内至今尚无一本以盲信号处理为第一主题的专著，本书将对国民经济和国防建设有所贡献。

15. 计算机技术（9 项）

【序　号：1 】

项目名称：**计算机科学丛书**

作　　者：Knuth、Silberschatz　等

出版单位：机械工业出版社

规　　模：2 000 万字

出版时间：2010 年 10 月

内容简介：本丛书旨在引进国外经典名著和世界一流大学教材，构筑严谨、科学的教材体系，为国内计算机教学与国际一流大学接轨提供教材上的保障。全套丛书学术价值高、教学指导性强、翻译质量上乘，是一套社会效益和经济效益双赢的精品丛书。

【序　号：2 】

项目名称：**计算机科学与技术学科前沿丛书**

作　　者：孙家广、李晓明　等

出版单位：清华大学出版社

规　　模：1 200 万字

出版时间：2009 年 12 月

内容简介：本丛书是由清华大学出版社和中国计算机学会联合推出的一套国际性的合作出版物。本套丛书是关于计算机科学与技术学科的基础理论和应用技术的著作，反映了本学科国内外同类研究的最新成果。在题材选择上，着重考虑当前比较活跃并具有发展前景的交叉和新兴学科领域内容。在编写方式上，采用的是由编委会策划并特邀国际上在本学科前沿领域权威学者牵头执笔完成。因此，保证了丛书中每一本书内容的先进性、系统性和正确性。丛书内容涵盖本学科最新进展，特别强调对基本理论、新技术和新方法的介绍，并提供

必要的实验和分析论证，还附有大量的参考文献，可以满足具有不同知识背景的读者。

【序　号：3】
项目名称：**计算机应用技术丛书**
作　　者：鲍虎军　等
出版单位：浙江大学出版社
规　　模：200 万字
出版时间：2006 年 12 月
内容简介：本丛书共 6 册，选题新颖、理念领先，较好地把握了当前计算机学科中最前沿的重大发展和技术信息，是一套不可多得的介绍前沿科学发展方向的学术著作。

【序　号：4】
项目名称：**国际网格计划系列丛书**
作　　者：金　海　等
出版单位：北京邮电大学出版社
规　　模：400 万字
出版时间：2006 年 12 月
内容简介：目前国内出版的网格技术类图书不足 20 种，与该领域科学技术发展相比严重滞后，而且内容多为介绍网格技术和网格计算本身的，其中有相当比例是引进国外图书的翻译或影印版图书，缺乏对国际上网格技术发展和现状的全面介绍。基于这一现状，以及网格技术在世界和国内持续和强劲的发展趋势，一套全方位介绍国际网格计划的丛书就显得十分必要和有意义。

【序　号：5】
项目名称：**计算机科学与技术学科实践教学体系研究**
作　　者：王志英、汤志忠　等
出版单位：清华大学出版社
规　　模：40 万字

出版时间：2006 年 12 月

内容简介：本书阐述实践教学体系和内容的总体构成，课程实验的分类、环境和条件，参与科研的方法、途径和要求，与实践教学相关的特色课程，毕业设计和毕业论文研究，综合性课程设计，实践教学的评估等问题。

【序　号：6 】

项目名称：**计算系统的形式语义**

作　　者：陆汝钤

出版单位：清华大学出版社

规　　模：80 万字

出版时间：2006 年 12 月

内容简介：本书概述形式语义中的操作语义、指称语义、公理语义、代数语义四大流派的主要内容，另辟一章集中讨论并发和分布式语义，并以在移动通信中有重要应用的 Π 演算和高阶 Π 演算为主线，叙述进程代数自 CCS 以后的发展，特别是以大粒度知识通信为特色的各种高阶进程代数。目前，国内外已有的形式语义学著作或者是专门介绍某一种形式语义流派（如指称语义），或者是对几种形式语义作简要介绍，尚无像本书这样对形式语义的所有主要流派作大篇幅详尽介绍的。本书的特点有二，一是重点更新了这几年发展最快、取得成就最大且应用背景很强的分布式语义；二是试图把计算机语言的形式语义学和生命现象形式系统的语义学放在一个统一的框架中来研究和阐述。

【序　号：7 】

项目名称：**多媒体数据压缩技术及 AVS 视频编码标准**

作　　者：李锦涛、张勇东　等

出版单位：人民邮电出版社

规　　模：60 万字

出版时间：2006 年 12 月

内容简介：AVS 是我国具备自主知识产权的第二代信源编码标准，它是多媒体信息传输、存储和播放环节的前提，是数字音视频产业的共性基础标准。本书的主要内容是介绍 AVS 的技术框架、与以前标准不同的技术特点、编解码器结构以及详细的标准语法分析，同时为方便不同层次读者阅读，也概述了多媒体数据压缩技术的基本原理以及标准的发展历史。本书共分为三部分：第一部分有五章，主要介绍数据压缩基本技术、静态图像压缩技术、数字视频压缩技术、数字音频压缩技术以及视频系列国际标准；第二部分有两章，主要介绍 AVS 的技术特点及编解码器结构；第三部分有五章，主要介绍 AVS 标准的语法、语义、解码过程、解析过程以及框架和级。

【序　号：8 】
项目名称：**开放巨型智能系统**
作　　者：操龙兵、戴汝为　等
出版单位：人民邮电出版社
规　　模：30 万字
出版时间：2006 年 8 月
内容简介：本书重点讨论如何进行面向多智能体的开放巨型智能系统的分析与设计。本书试图总结作者近年来就这个领域进行的研究成果，特别是结合作者多年来在国内外开展的理论与实际研究，以及国家重大基金项目“支持宏观经济决策的人机结合综合集成体系研究”和国外多项基金项目的研究成果，初步建立一个进行开放巨型智能系统的系统分析与设计的理论体系。本书力图比较系统、全面、实用地介绍开放巨型智能系统这种新兴的特别复杂的智能信息系统。将重点阐述开放巨型智能系统概念与方法论、系统复杂性、多种可用的计算模式、面向组织的系统分析与建模、形式化建模、可视建模、面向服务的系统设计与实现等。

【序　号：9 】
项目名称：**人脸识别原理及算法——动态人脸识别系统研究**
作　　者：沈　理、刘翼光
出版单位：人民邮电出版社

规　　模：32 万字

出版时间：2006 年 8 月

内容简介：本书重点介绍作者的研究成果：动态人脸识别系统方法。动态人脸识别指的是在移动中的人脸识别方法，与常见的静态人脸识别相比，动态人脸识别具有更好的实用性，能够适应更多的应用场合，但是其识别难度具有更高的挑战性。动态人脸识别主要将人脸定位技术、人脸识别技术、视频处理技术综合在一起，能够将多种人脸识别的方法更巧妙地结合起来。本书的读者对象主要为研究模式识别的科技人员以及高校的研究生和高年级学生。读者通过阅读本书可以系统地学习人脸识别研究的方法，并了解国内外相关技术的最新进展。

16. 轻工（9项）

【序　号：1】
项目名称：**中华锦绣**
作　　者：祁庆富、王庆珍　等
出版单位：中国纺织出版社
规　　模：50万字
出版时间：2007年12月
内容简介：本书从中国家纺文化史、工艺、家纺产品设计理论三方面进行了系统阐述：1. 中国家纺文化史，总结概括出中国家纺文化中传承的民族风格与人文精神。剖析不同历史阶段“家纺品”体现出的社会阶层、宗教、少数民族的共性和个性的文化内容。2. 中国家纺经典工艺，注重分析这些工艺的国际影响力和现代应用价值。3. 从美术基础、专业基础、设计基础剖析了中国家纺产品的设计理论。全书图文并茂，共收集了800张左右的珍贵图片。本书的出版，有利于树立中国家纺文化在国际市场上的地位。

【序　号：2】
项目名称：**中国少数民族服饰**
作　　者：钟茂兰、范　朴
出版单位：中国纺织出版社
规　　模：60万字
出版时间：2006年8月
内容简介：《中国少数民族服饰》对我国55个少数民族及其支系的服饰作了详细的介绍。作者通过在民族地区的实地采风获得的第一手资料对各少数民族服饰的历史与现状、各民族服饰的外在特征与文化内涵进行了比较，并且对各民族的生态环境、民族心理、宗教信仰、风俗传承在服饰款式、色彩、纹样、着装方式以及制作工艺等进行了详尽的阐述。本书包括精选出来的800余幅彩图，直观地介绍了各民族及其支系的日常装和节日盛装的服饰特点，并且对一些民族各支系的妇女头饰特征以图表的方式进行了比较。

【序　号：3】
项目名称：**食品法典**
作　　者：惠鲁生、孙咸泽　等
出版单位：科学出版社
规　　模：1 200万字
出版时间：2007年12月
内容简介：自1961年第11届粮农组织大会和1963年第16届世界卫生大会分别通过了创建食品法典委员会（CAC）的决议以来，CAC已有165个成员国，覆盖全球98%的人口。CAC标准是打开国际市场大门的通行证，并成为全球消费者、食品生产和加工者、食品管理机构和国际食品贸易唯一的国际标准。CAC标准对加工者的观念及最终消费者的意识已产生了巨大影响，并波及世界各地，对保护公众健康和维护公平食品贸易作出了不可估量的贡献。全套书分13卷，包括：一般要求及总则；检测（微生物检验、化学检验）的方法；食品标签使用标准，食品中各种添加剂使用标准，乳制品、糖制品、焙烤食品、饮料及一般食品的原料、生产过程中的半成品、成品；粮食、果蔬等农产品的检测标准，及农药残留、饲料安全性的相关标准。共237个食品标准，41个卫生规定或技术规程，185种的杀虫剂评价，3 274种杀虫剂限量，25种污染物指南。

【序　号：4】
项目名称：**食品质量安全检验手册**
作　　者：中国检验检疫科学研究院
出版单位：中国标准出版社
规　　模：9 600万字

出版时间：2007 年 12 月

内容简介：《食品质量安全检验手册》既方便检验检测机构对人员进行培训，也可供检验检测机构在食品质量检测时应用。

【序　号：5 】

项目名称：**食品添加剂手册（第二版）**

作　　者：中国食品添加剂生产应用工业协会

出版单位：中国轻工业出版社

规　　模：130 万字

出版时间：2006 年 1 月

内容简介：本书以 2005 年《食品添加剂使用卫生标准》公布的我国允许用的 22 大类、2 000 多种食品添加剂为基础，介绍各类食品添加剂的名称、编码、化学结构、性状、制法、质量标准、鉴别方法、毒理学依据和使用等内容。同时还介绍了国外食品添加剂品种，以及国内外各种食品添加剂方面的法律、法规、标准和食品添加剂品种中英文索引等。

【序　号：6 】

项目名称：**现代乳品工业手册**

作　　者：张和平、[美] 郭明若　等

出版单位：中国轻工业出版社

规　　模：160 万字

出版时间：2006 年 3 月

内容简介：本手册力求反映近 20 年来国内外乳业发展的新技术和新思想，反映国内外乳业科技发展的动态，从而成为具有较强的系统性、科学性和适用性的指导书。本书共分为八篇，书中介绍了乳的化学组成及理化特性、加工处理及乳的特性、乳品加工各论、乳制品中的添加剂、乳品检验与分析及新技术在乳品加工中的应用等方面的内容；并且全面系统地介绍了乳品工业从鲜乳原材料到生产工艺、设备、设计、检验、管理等方面的专业知识，以满足广大乳品工业工作者和相关读者的需求。

【序　号：7】

项目名称：**施普林格纺织百科全书**

作　　者：谢孔良　译

出版单位：中国纺织出版社

规　　模：600 万字

出版时间：2008 年 12 月

内容简介：《施普林格纺织百科全书》是既有广博的专业知识，又有丰富的实践经验的德国著名纺织科学专家 Prof. Dr. Hans-Karl Rouette 集毕生精力而完成的一项重大工程。本书是全面系统、科学准确地介绍纺织行业知识的大型重要工具书。它系统地阐述纺织业各类通用和最新专业术语，共计 16 000 多个纺织学科基础及最新词汇，千余幅图表，内容涉及所有纺织工程各个分支学科及相关学科。对于重要的关键词，除了对其本身进行完整的描述之外，还着重解释它们在生态学、工艺学及应用方面的相互关系，例如：生产技术、产品、副产品、能源、质量和信息流、人文环境、废物处置、生态平衡等。本书内容涵盖全纺织及相关行业。同时，对于纺织品染整加工中特有的环境污染问题也给予高度的关注。

【序　号：8】

项目名称：**英汉纺织大词典**

作　　者：黄　故、岑乐衍　等

出版单位：中国纺织出版社

规　　模：350 万字

出版时间：2007 年 3 月

内容简介：《英汉纺织大词典》是一部全面系统、科学准确地介绍行业专业术语的大型专业双语工具书。它涵盖全纺织及密切相关行业的专业词汇，涉及的专业有纺织、服装、染整、化纤等，收入词目约150 000条，约 350 万字，是一部规模大、涉及面广、实用性强的词书，非常适合目前纺织业的发展需要。

【序　号：9】

项目名称：**中高浓制浆造纸技术理论与实践**

作　　者：陈克复

出版单位：中国轻工业出版社

规　　模：50万字

出版时间：2006年9月

内容简介：本书论述在造纸工业制浆和造纸操作单元中工程应用的机理及其方法，是一本理论与实践，实用性与创新性相结合的著作。本书主要内容包括：中高浓制浆造纸技术的基本概念，中浓纸浆的流体化理论，中高浓纸浆与化学品的钎维级混合理论，中高浓纸浆在工艺处理过程中的能量耗散理论，中高浓制浆造纸技术在各操作单元应用的机理、方法及工程实例，包括输送、混合、漂白、洗涤、浓缩、筛选、打浆、流送及成形。

17. 土建（24 项）

【序　号：1 】
项目名称：**中国历代建筑典章制度汇编**
作　　者：刘雨婷
出版单位：同济大学出版社
规　　模：30 万字
出版时间：2007 年 7 月
内容简介：本书是对中国历代官订和民间约定俗成的建筑典章制度进行全面文献收集与整理的资料汇编。书稿以“录”为主，择其善本，按时代顺序收录现存历代建筑典章制度，并加以简要说明，注明出处及版本情况。本书是中国建筑历史与理论的研究者和中国典章制度的研究者案头必备的参考资料，也是建筑工程的管理者和决策者总结历史经验的有益借鉴。

【序　号：2 】
项目名称：**中国桥梁史**
作　　者：潘洪萱、范立础　等
出版单位：同济大学出版社
规　　模：100 万字
出版时间：2007 年 3 月
内容简介：本书是我国第一部全面系统地阐述我国桥梁建设的发展史。全书从桥梁设计技术、桥梁设计艺术、桥梁施工工艺以及桥梁建设与国家经济发展，政治、文化的关联等角度，全景式地介绍我国桥梁建设的历史及众多的优秀桥梁实例。

【序　号：3】

项目名称：**中国园林史**

作　　者：汪菊渊、朱钧珍

出版单位：中国建筑工业出版社

规　　模：300 万字

出版时间：2009 年 8 月

内容简介：本套书是我国第一部完整论述中国园林发展历史、具有划时代意义的园林巨著。全套书共分三卷，分别详述我国古代（1840 年以前）、近代（1840—1949 年）和现代（1949 年至今）三个园林发展阶段的时代背景、演变过程、风格特征及艺术成就。本套书的出版将填补我国园林历史与理论书籍的空白，并将在研究历史、以史为鉴的基础上，探求正确的园林创作方向和活跃设计思想；对推动我国园林建设事业朝向更加良性健康、可持续发展的方向发展也将产生积极的影响。同时，本套书的出版也在一定程度上，对促进我国园林历史环境和园林文物的保护起到重大的推动作用。

【序　号：4】

项目名称：**中国民居系列丛书**

作　　者：孙大章、陆元鼎　等

出版单位：中国建筑工业出版社

规　　模：500 万字

出版时间：2009 年 9 月

内容简介：本丛书拟在中国建筑工业出版社 1986—1993 年出版过的一系列民居图书的基础上，重新进行修改、补充，并增加一些新的民居类型后形成一套新的“中国民居系列丛书”。包括《浙江民居》、《徽州民居》、《云南民居》、《福建民居》、《陕西民居》、《苏州民居》、《山西民居》、《四川民居》、《贵州民居》和《岭南民居》10 卷。本套丛书由国内著名的建筑历史学者以及建筑历史研究单位编写，集中了我国各地民居的最新资料和研究成果，对中国各地民居建筑进行了研究和总结，其中蕴藏着丰富的设计手法、设计思想、构造方法、装修方式、建筑艺术特色，具有研究的深度和广度。

【序　号：5 】
项目名称：**中国乡土建筑丛书（第一辑）**
作　　者：陈志华、楼庆西　等
出版单位：清华大学出版社
规　　模：400 万字
出版时间：2010 年 10 月
内容简介：“中国乡土建筑丛书”（第一辑）计划出版 5 种，每册约 80 万字，大 16 开全彩印。丛书的内容来源于通过现场调查方法所取得的第一手资料，采取史学和人类学的方法进行测绘、摄影、征集、访问、参与，用科学、系统的研究方法加以总结和提升。每册图书框架包括：地理概况、文化背景、建设史、民风生活、历史名人，各种建筑体系及其建筑型制以及各种特色建筑的详细记载和分析。确定的选题是：福建省培田村、南北两个瓷窑村（山西省临县小塔子村和浙江省江山县碗窑村）、广西壮族自治区龙胜县壮族侗族村落、江西省广昌县驿前村、山西省沁水县郭壁村。

【序　号：6 】
项目名称：**中国古村落集成**
作　　者：中国民间文艺家协会
出版单位：中州古籍出版社
规　　模：500 万字
出版时间：2010 年 12 月
内容简介：本书为图文集，为中国民间文艺家协会所承担的“国家社科基金特别委托项目”。所做工作旨在普查、整理中国大地上所有村落建筑和历史民居，具有极其珍贵的终结性文化价值。每省一卷或多卷，每卷包括总序、地图、分卷概述、村落图片和文字介绍，以及相关的图表和资料等。内容包括居住建筑、礼制建筑、崇祀建筑、商业建筑、文教建筑、园林和交通建筑等，也包括其独特的历史与人文状况。

【序　号：7 】
项目名称：**世界建筑史**
作　　者：王瑞珠
出版单位：中国建筑工业出版社
规　　模：2 500 万字
出版时间：2013 年 12 月
内容简介：《世界建筑史》属建设部重点科研项目“世界建筑（含城市）史课题研究”的系列成果（1994 年立项，2001 年被国家人事部评为留学回国人员择优资助优秀类项目）。全书共 16 卷 25 分册，涵盖了世界上不同历史时期城市及建筑文化高度发达的各主要地区。组成该系列丛书的各卷均冠以“世界建筑史”的总标题，但独立成书，不分卷次先后。

【序　号：8 】
项目名称：**上海百年建筑史（1840—1949）**
作　　者：伍　江
出版单位：同济大学出版社
规　　模：30 万字
出版时间：2007 年 3 月
内容简介：本书试图从政治、经济、社会、文化等方面入手，探索上海近代建筑形成与发展的动因，寻求其演变的轨迹。作者对近代上海各时期的建筑技术发展、建筑师及其建筑设计思想和建筑中表现出的风格特征进行了全面的考证与论证，并将其置于世界近代建筑史的大背景与上海近代史的大环境中进行深入的分析与研究，其目的是试图展示一部完整、全面、系统的上海近代建筑史。本书的出版对上海近代建筑保护具有指导意义，对上海城市文化的塑造、城市特色的保持具有积极的促进作用。

【序　号：9 】
项目名称：**国家重大建筑工程项目实录与分析丛书**
作　　者：董石麟、傅学怡　等
出版单位：中国建筑工业出版社

规　　模：250 万字
出版时间：2008 年 6 月
内容简介：本丛书紧密结合国家重大工程项目，系统介绍各项目的设计与施工，以结构设计为重点，主要包括结构体系布置与方案选择、分析计算方法、抗震分析与设计、关键技术问题、主要构造措施、健康监测、有特色的施工方法等，特别突出其中采用的新结构、新材料、新技术、新工艺，并且还详细介绍了结合这些工程设计所进行的理论与试验研究等科研攻关项目的内容。丛书拟先出版 6 册：1.《国家大剧院》；2.《首都机场三期》；3.《央视大楼》；4.《国家体育馆》；5.《上海世博会展馆》；6.《上海世博会配套设施》。

【序　号：10 】
项目名称：**城市设计与城市建筑丛书**
作　　者：齐　康、郑时龄　等
出版单位：东南大学出版社
规　　模：420 万字
出版时间：2008 年 12 月
内容简介：本丛书包括：1.《城市设计》（国家自然科学基金项目，王建国）；2.《地域建筑的演化与可持续发展》（国家自然科学基金项目，齐康）；3.《住区设计》；4.《现代景观规划设计》（国家自然科学基金项目，刘滨谊）；5.《大型都市综合体理论与实践》；6.《节约型建筑设计与技术》；7.《建筑生态与节能技术》；8.《欧洲生态节能建筑在中国》；9.《城市生态建筑转型及其整体设计》；10.《现代空间与材料表现》；11.《欧洲新建筑》等。

【序　号：11 】
项目名称：**21 世纪结构工程领域重要著作书系**
作　　者：董石麟、马克俭　等
出版单位：人民交通出版社
规　　模：200 万字
出版时间：2007 年 12 月

内容简介：“21世纪结构工程领域重要著作书系”旨在总结我国在结构工程领域科学研究中所取得的成就，出版我国在结构工程领域最高学术水平的图书，从而推进结构工程领域的学科进步，扩大国内学术领域在国际上的影响和地位。通过这批图书的出版，可以推动结构工程学科的整体水平，提高行业内科研与技术人员的知识水平、理论素养、实践能力、计算能力和创新能力。本书系现已出版图书2种，在“十一五”期间暂计划出版4种，包括：1.《新型空间结构的分析、设计与施工》（董石麟）；2.《混凝土结构耐久性设计》（刘秉京）；3.《结构体系与建筑造型》（梅季魁）；4.《新型建筑空间网格结构的理论与实践》（马克俭）。

【序　号：12】
项目名称：**西方建筑理论经典文库**
作　　者：吴良镛、王贵祥　等
出版单位：中国建筑工业出版社
规　　模：500万字
出版时间：2012年10月
内容简介：拟翻译引进的重要理论经典著作如下：1.《建筑十书》；2.《建筑论》；3.《建筑论》；4.《尤金·伊曼努尔：建筑讲演录》；5.《建筑七灯》；6.《建筑四要素及其他》；7.《论空无》；8.《艺术论》；9.《艺术论》；10.《一位美国建筑师》；11.《在古代方法基础上的五种柱式的配置》；12.《幼儿园对话录》；13.《建筑四书》；14.《建筑五书》；15.《依据艺术原则的城市规划》；16.《城市建筑学》。以上书目是西方建筑理论史上最为重要的经典性论著，时间跨度从古罗马时期至20世纪，囊括了西方建筑理论史上最具影响力的理论学者的著作。这一书目是目前欧美大学建筑系研究生必读理论书目，也是西方建筑理论史上的纲领性著作。

【序　号：13】
项目名称：**建筑节能技术与实践丛书**
作　　者：江　亿　主编

出版单位：中国建筑工业出版社
规　　模：500 万字
出版时间：2006 年 6 月
内容简介：本丛书围绕建筑节能的关键技术展开论述，研究内容包括：超低能耗建筑技术及应用、建筑环境系统模拟分析方法——DeST、温湿度独立控制空调系统、住宅节能、北京市供热方式与发展研究、天然气热电冷联供技术及应用、“西气东输”中天然气合理应用方式研究、公共建筑节能、智能围护结构、居住区微气候生态技术、循环管网动力学与热力学。本丛书对建筑节能相应的技术方法、要点进行了系统全面的阐述。

【序　号：14 】
项目名称：**2008——北京奥运建筑系列图书（中/英文版）**
作　　者：中国建筑学会
出版单位：中国建筑工业出版社
规　　模：500 万字
出版时间：2007 年 12 月
内容简介：本套丛书将按照建筑及相关专业分类，将北京奥运主要场馆的建筑、结构、规划、景观、室内设计方案和工程技术与施工等内容分别汇总，全面、系统、科学地介绍和记录北京奥运建筑工程的全貌，集中体现我国当代最优秀、最先进的设计和施工水平。本套丛书中、英文版各 10 卷，每卷的主要内容包括建成实景照片，平、立、剖面图，效果图以及文字介绍等。各卷具体内容如下：1. 奥运建筑总览；2. 奥运建筑规划与设计；3. 奥运建筑景观环境设计；4. 奥运建筑室内设计；5. 鸟巢——奥运主会场建筑；6. 水立方——游泳馆；7. 奥运建筑新材料与技术；8. 奥运工程施工与管理；9. 奥运建筑结构设计；10. 奥运建筑市政与交通工程。

【序　号：15 】
项目名称：**同济大学现代桥梁技术丛书**
作　　者：陈艾荣、刘玉擎　等

出版单位：人民交通出版社
规　　模：500万字
出版时间：2007年12月
内容简介：本丛书按专题分10册出版，各册内容包括桥梁造型、组合结构桥梁、桥梁全寿命与耐久性设计、混凝土桥梁、桥梁健康监测与评估、桥梁施工技术与控制、基于空间分析的桥梁结构设计理论、体外预应力桥梁设计与施工、轨道交通桥梁等方面。相关的国家自然科学基金项目十余项：超大跨径斜拉桥精细化风荷载理论研究、斜风作用下大跨度斜拉桥随机抖振机理及分析方法研究、大跨度拱桥抗风失效机理及风振控制方法研究、特殊桥梁抗震理论与试验研究、深水航道高桩桥梁地震损伤机理研究、典型山区高墩桥梁抗震理论研究、节段拼装预应力混凝土桥墩抗震性能研究、波折腹板梁与混凝土桥面板组合连续梁桥的研究、斜拉桥健康监测中的损伤敏感特征与损伤识别研究、小波基模态分析和特征提取技术及其在桥梁健康监测中的应用等。其他相关科研项目20余项。

【序　号：16】
项目名称：**吴良镛选集**
作　　者：吴良镛
出版单位：清华大学出版社
规　　模：500万字
出版时间：2007年5月
内容简介：《吴良镛选集》拟包括6卷，收录吴良镛先生的主要学术著作，包括重要专著、论文、手稿、绘画等，以此来综合反映吴先生的学术发展道路和学术成就，进一步推动我国建筑和城市规划学术界的研究。鉴于吴良镛院士在学术界的卓越成就，本书的出版也将成为我国学术出版界的代表作品之一，本书将是继《梁思成全集》之后建筑类学术著作又一大成之作。

【序　号：17】
项目名称：**刘敦桢全集**
作　　者：刘敦桢、刘叙杰
出版单位：中国建筑工业出版社
规　　模：480 万字
出版时间：2006 年 12 月
内容简介：本全集共 9 卷，收录刘敦桢先生全部的学术论文和专著，展示刘敦桢先生在中国传统建筑理论著述、文献考证、工程技术文献研究、古建筑和传统园林实地调研等多方面的成就。其中《苏州古典园林》和《中国住宅概说》都是具有开创性的研究成果，出版后起到了引导国内学术界开展对民居、园林进行大规模调查研究的导向性作用，至今仍是中国建筑史方面的经典图书。

【序　号：18】
项目名称：**桥涵设计手册**
作　　者：郑皆连、谢邦珠　等
出版单位：人民交通出版社
规　　模：1 000 万字
出版时间：2008 年 12 月
内容简介：本手册于 2005 年初上报国家重大出版工程项目，并上报至财政部。本手册作为交通部“十一五”期间重要的工具书，内容涵盖我国桥梁设计的方方面面内容，全面反映我国桥梁设计的最新理念与先进技术，是对我国十多年来桥梁建造设计技术的全面总结。此手册既反映成熟的技术，注重可持续发展理念，又注重理论与实用兼备，介绍国内外新的理论与发展动态和实际设计过程中总结出的先进经验，同时辅以丰富的实例。

【序　号：19】
项目名称：**城市地下工程建设的安全风险及其控制**
作　　者：张顶立
出版单位：化学工业出版社
规　　模：50 万字

出版时间：2006 年 10 月

内容简介：本书在总结国内外地下工程建设风险管理的基础上，结合作者近年来在该技术领域的主要研究成果，对有关城市地下工程建设的安全风险和技术对策进行系统的阐述和分析。针对城市地下工程建设中的风险类型和特点，结合不同的施工工艺提出了降低风险的途径和技术措施，并按照不同的风险类别，对风险分析、风险评估和风险规避等程序进行了论述。本书内容主要包括：城市地下工程的施工方法及地层变形模式、环境影响机理、安全风险类型分析、施工过程中的监测控制、安全风险评估的内容和程序、安全风险管理的组织机构；此外，本书也对地下工程建设的保险内容、事故类别界定以及理赔程序等进行了阐述。

【序　号：20 】

项目名称：**混凝土的开裂与对策**

作　　者：冯乃谦

出版单位：机械工业出版社

规　　模：50 万字

出版时间：2006 年 1 月

内容简介：混凝土结构的高耐久性和长寿命，是混凝土技术中省资源、省能源与降低环境污染的重要内容。混凝土结构的高耐久性与混凝土的密实性和抗渗性密切相关。裂缝是劣化介质向混凝土结构扩散渗透的通道，会给混凝土结构的耐久性带来巨大影响，它作为混凝土技术的课题，也是必须要克服的大问题。混凝土结构裂缝可分成有害裂缝和无害裂缝；从动态观点分析，有死裂缝与活裂缝。尽量避免有害裂缝的生产与活裂缝的发展，是混凝土技术的重大课题。明确裂缝发生机理和条件，找出相应对策，是控制混凝土结构裂缝发生与发展的手段，这正是本书的目的和内容所在。

【序　号：21 】

项目名称：**现代预应力结构新体系及设计方法**

作　　者：吕志涛

出版单位：江苏科学技术出版社

规　　模：60 万字
出版时间：2008 年 12 月
内容简介：现代预应力结构由于可节约钢材，增大构件跨度，减少构件截面尺寸，提高使用功能而受到广泛应用。近 20 年来，预应力结构发展很快，形成了不少新的结构体系、理论和技术。“现代预应力结构新体系”的研究为国家自然科学基金资助项目，由吕志涛院士牵头。本书是在其多年研究成果的基础上编撰而成，涉及预应力混凝土结构、预应力钢结构、预应力砌体结构及其组合结构等领域，包括各类预应力转换层设计，预应力在大跨、高层等结构中的应用，以及预应力结构的抗震、抗爆、抗火等防灾性能。

【序　号：22 】
项目名称：**诠释中国古建筑设计与施工**
作　　者：中国建筑设计院
出版单位：辽宁美术出版社
规　　模：180 万字
出版时间：2008 年 12 月
内容简介：全书共 6 卷，12 册，收录中国传统建筑中宫殿建筑、帝王陵寝建筑、皇家苑囿建筑、文人园林建筑、民间住宅建筑、宗教建筑、礼制建筑、城池防御建筑等类别。各册内容大致分六大部分：论文、彩色图版、图版说明、附录、建筑词汇、年表。论文内容阐述各类建筑之产生背景、发展沿革、建筑特色，附有图片辅助说明；彩色图版大体按建筑分布区域或建成年代为序进行编排；图版说明依图版序号编排，概要说明该建筑所在地点、建筑年代及艺术技术特色；附录部分收有建筑结构图、平面图、复原图、沿革图、建筑类型比较图表等。另外，本书还附有建筑分布图及导览地图，标注著名建筑的分布地点及周边名胜古迹。

【序　号：23 】
项目名称：**边坡与滑坡工程治理技术**
作　　者：郑颖人　等主编

出版单位：人民交通出版社
规　　模：100 万字
出版时间：2010 年 12 月
内容简介：本书的出版，有利于利用我国已经积累的工程地质和岩土工程知识和成果，根据不同的地质条件设计合理的边坡坡形、坡率和坡高，采取适当的加固措施防止变形的发生，正确地认识滑坡的发生发展规律，运用恰当的工程措施防止滑坡灾害的发生，在边坡设计及滑坡预防和治理中能发挥应有的作用，为防灾减灾作出贡献。目前国内外都没有相关的综合论著问世，本书是第一本，能够填补本领域的空白。本书的出版，不仅能为国家建设产生巨大的经济效益，而且有重大的社会和政治意义。2006 年拟申报自然基金出版项目资助。

【序　号：24】
项目名称：**非开挖地下管线建设技术**
作　　者：乌效鸣、胡郁乐　等
出版单位：中国地质大学出版社
规　　模：45 万字
出版时间：2006 年 12 月
内容简介：本书内容涉及非开挖地下管线建设技术的应用前景、国内外发展状况；导向钻进非开挖铺管工艺与设备；微型隧道非开挖铺管工艺与设备；其他方法非开挖铺管技术，包括：顶管、走向钻进、振动矛、夯管锤、螺旋钻等；非开挖修管工艺与设备；非开挖换管工艺与设备；非开挖地质条件勘查；非开挖探测与控制技术。本书可供地质工程、钻探工程、地下管线建设部门的技术、管理人员、研究生、本科生使用。

18. 水利·电力（28项）

【序　号：1 】
项目名称：**中国河湖大典**
作　　者：敬正书
出版单位：中国水利水电出版社
规　　模：1 000万字
出版时间：2010年12月
内容简介：《中国河湖大典》以水文水资源状况、水利工程建设情况为主要内容，涉及地理、历史、环境、生态、农业、经济和社会等领域，力求图文并茂，并通过配电子光盘等手段，对我国河流湖泊进行全面、客观的反映。本大典为“十五”国家重点图书出版规划项目。

【序　号：2 】
项目名称：**中国电气工程大典**
作　　者：陆燕荪
出版单位：中国电力出版社
规　　模：2 000万字
出版时间：2009年8月
内容简介：本书为五家学会联合组织的大型工具书，共分为13卷：《电气工程基础》、《电力电子技术》、《电气工程材料与器件》、《火力发电工程》、《水力发电工程》、《核能发电工程》、《可再生能源发电工程》、《电力系统工程》、《电机工程》、《输变电工程》、《配电工程》、《交通电气工程》、《电气自动化》。

【序　号：3 】
项目名称：**中国三峡工程丛书**
作　　者：陆佑楣、张超然　等

出版单位：中国电力出版社
规　　模：1 000 万字
出版时间：2009 年 8 月
内容简介：中国三峡工程举世瞩目，三峡水电技术世界领先。本丛书包括：1.《中国三峡工程·综述卷》；2.《中国三峡工程·论证卷》；3.《中国三峡工程·工程地质卷》；4.《中国三峡工程·规划经济卷》；5.《中国三峡工程·移民卷》；6.《中国三峡工程·环保卷》；7.《中国三峡工程·坝工卷》；8.《中国三峡工程·机电卷》；9.《中国三峡工程·施工卷》；10.《中国三峡工程·管理卷》。

【序　号：4】
项目名称：**中国堤防志**
作　　者：朱道清
出版单位：青岛出版社
规　　模：840 万字
出版时间：2008 年 12 月
内容简介：《中国堤防志》是中国江河水利史志的重要组成部分，是一部记述我国堤防工程起源、沿革发展和现状的大型史志，是历史和现状的全部反映。树历史里程碑，谱时代新章，并以唯物的观点、"统合古今，详今略古"为原则，收集资料，筛选整理编辑成文。反映客观存在史实，力求做到科学性和资料性的统一。凡在我国境内的江河、湖泊、海塘，大型人工渠道和城市堤防工程，有一定规模的堤防工程均拟收入，条目收到大江大河三级支流；中小河流、湖泊一般记述干流主要堤防，并以七大流域江河堤防为重点，充分反映当代江河堤防工程的伟大成就。拟请胡锦涛总书记作序。

【序　号：5】
项目名称：**中国水资源**
作　　者：索丽生、矫　勇　等
出版单位：中国水利水电出版社
规　　模：200 万字

出版时间：2007 年 12 月
内容简介：本书是一部有深度、权威性的理论著作，是全国水资源研究的综合性成果。全书分为 10 篇，从中国水资源概况、新时期治水思路、水法规和水资源管理、水资源规划、水资源开发利用、水资源合理配置、节水与节水型社会建设、水资源保护与水污染防治、水权水价与水市场及税务管理与运营等方面来构思与编排整体内容，阐述我国水资源可持续利用的战略思路和对策措施，提出了我国新时期水资源规划、管理和可持续开发利用的新思路、新举措。

【序　号：6 】
项目名称：**中国江河冰凌**
作　　者：蔡　琳
出版单位：黄河水利出版社
规　　模：60 万字
出版时间：2006 年 10 月
内容简介：本书共分 10 章。主要内容包括：冰凌灾害的范围和影响；解决冰凌问题对国计民生和现代化建设的重大意义；冰凌生成机理、江河凌汛成因、影响因素；江河冰凌演变的基本规律；江河冰塞、冰坝产生的机理、条件及计算方法；水库调节后上下游冰情变化特征；江河冰凌防治措施；冰凌对防洪工程及水利水电工程破坏影响及防护措施，江河冰情特征分析计算方法，冰情预报和冰凌数学模型研究等。书中还附有大量的图表。

【序　号：7 】
项目名称：**中国雨水利用**
作　　者：吴普特、杨　凌　等
出版单位：黄河水利出版社
规　　模：100 万字
出版时间：2007 年 5 月
内容简介：如何有效地收集、利用雨水资源，是涉及干旱半干旱地区农业发展乃至社会经济发展的重要课题。全书共分“概论篇”、“理论篇”、“技术篇”、“实践篇”与“展望篇”等5篇20章，约100万字。“概论篇”主要介绍我国雨水资源概况、雨水利用研究与发展的历史、中外雨水利用研究与应用对比分析，以及我国雨水利用的可行性与国内外雨水利用研究工作发展趋势；“理论篇”主要介绍与雨水利用有关的基本概念、利用机理与方式、雨水资源化潜力，我国雨水利用分区以及区域雨水资源化环境效应；“技术篇”主要介绍雨水利用技术、雨水利用新材料以及相关雨水利用的产品与设备；“实践篇”主要介绍我国雨水利用区域发展模式与雨水利用实践效果；“展望篇”着重介绍未来我国雨水利用研究与应用的主要发展方向，以及需要研究解决的若干重大问题等。

【序　号：8】
项目名称：**中国三峡工程图鉴**
作　　者：卢　纯、童崇德　等
出版单位：中国三峡出版社
规　　模：12万字
出版时间：2009年10月
内容简介：《中国三峡工程图鉴》分为6卷，包括：1.《三峡人物卷》，收录与三峡工程建设有关的国家官员、专家、先进工作者和移民干部典型的人物肖像、工作照片、生平简介以及三峡感悟等项内容；2.《枢纽工程卷》，收录三峡工程枢纽建设项目各个施工阶段进展状况的纪实图片和相关文字介绍；3.《移民工程卷》，收录三峡移民工程建设中移民后靠和外迁安置、移民城镇迁建、库底清理以及地质灾害治理等各阶段工程进展状况的纪实图片；4.《输变电工程卷》，收录三峡输变电工程建设项目中各条线路及换流站施工建设进展状况的纪实图片和工程介绍的相关文字资料；5.《文物保护卷》，收录三峡工程建设文物发掘与保护各个阶段进展情况及其珍贵文物精品的纪实图片；6.《生态环境卷》，全面记录三峡工程建设过程中对三峡珍稀动植物的保护以及水污染防治的整个历程。

【序　号：9 】

项目名称：**电力可持续发展关键技术丛书**

作　　者：陆延昌　主编

出版单位：中国电力出版社

规　　模：400 万字

出版时间：2007 年 12 月

内容简介：全面落实科学发展观，安全、节能、环保，是电力可持续发展之路。本丛书精选了影响电力可持续发展的关键技术，反映了清洁煤燃烧技术、水电和生态环境、可再生能源发电技术、电网稳定及控制、输变电新技术等领域。丛书由该领域知名专家写作，不仅可反映我国该项技术的最新进展，而且对生产实践也有应用价值。

【序　号：10 】

项目名称：**三峡工程设计技术丛书**

作　　者：郑守仁、钮新强　等

出版单位：长江出版社

规　　模：260 万字

出版时间：2007 年 10 月

内容简介：本套丛书全面梳理三峡工程设计的全过程，系统地对三峡工程中的众多关键性技术问题加以归纳总结。本套丛书的分篇主编均为长期战斗在三峡工程一线的老领导、老专家，包括多名院士、设计大师，为了实现这个百年梦想，他们将毕生的心血都洒在了三峡工地上。本套丛书共分 8 册，包括：《三峡工程大坝设计关键技术》、《三峡工程电站设计关键技术》、《三峡工程船闸设计关键技术》、《三峡工程机电工程设计关键技术》、《三峡工程施工设计关键技术》、《三峡工程地质勘探设计关键技术》、《三峡工程规划设计研究》、《三峡工程应用调度技术研究》。

【序　号：11 】

项目名称：**太湖流域水资源保护规划及新技术丛书**

作　　者：朱　威、吴浩云　等

出版单位：河海大学出版社

规　　模：200万字

出版时间：2008年8月

内容简介：本丛书包括“太湖流域水资源保护规划”、“太湖底泥调查及研究”、“太湖富营养化与治理技术”、“引江济太机理调度及数模技术”、“太湖水生态修复技术方案研究”、“太湖流域水污染的社会学分析”等项目。丛书将全面展示和反映太湖流域水资源保护规划及太湖富营养化治理工程技术与成果，系统总结1996年以来太湖流域水资源保护的经验教训及战略决策。《太湖流域水资源保护规划》已经水利部于2003年批复实施，其中提出的引江济太调水、生态修复试点工程、局部湖区污染底泥疏浚示范工程已经各有关部门和单位实施；该规划提出的太湖流域江苏、浙江、上海等省（市）水功能区划，已经江苏省、上海市人民政府批准并颁布施行，浙江省人民政府也即将批准本省的水功能区划。

【序　号：12】

项目名称：**治河典籍·河官丛书**

作　　者：丛书编委会

出版单位：黄河水利出版社

规　　模：150万字

出版时间：2008年10月

内容简介：本丛书是一套反映明、清两代黄河河官所著述的治河典籍丛书。本套丛书包括5种典籍，分别为：1.《治水筌蹄》，记述明代隆庆、万历之际及以前的黄河、运河的河道、水势演变概况，治黄治运的经验及水利工程勘测、规划、施工、管理中的许多制度。2.《河防一览》记录了明代治河名臣潘季驯治理黄河的基本思想和主要措施。3.《问水集》，刘天和著；刘天和是明代有一定建树的河道总督。4.《治河方略》，原名《治河书》；该书成书于康熙二十八年（1689年），靳辅著，靳辅为清代著名治河大臣，长期担任河道总督。5.《河防疏略》，朱之锡著；朱之锡是顺治末年、康熙初年出任的河道总督，主持治河近十年，对整治河、运有不少建树。

【序　号：13】

项目名称：**三峡工程生态与环境保护系列丛书**

作　　者：吴国平、黄真理　等

出版单位：中国水利水电出版社

规　　模：600 万字

出版时间：2006 年 12 月

内容简介：本丛书旨在对国内外大型水利工程生态环境监测综述的基础上，系统介绍三峡工程生态环境监测系统缘由、系统的结构监测的主要内容、监测的阶段结果，以基本展示三峡水库蓄水前的生态环境本底资料。丛书为长期跟踪监测、进行科学研究，为三峡水库管理、库区生态环境建设，为长江流域生态环境保护等方面提供翔实的科学数据。

【序　号：14】

项目名称：**电气电子绝缘技术手册**

作　　者：巫松桢、曹晓龙　等

出版单位：机械工业出版社

规　　模：210 万字

出版时间：2006 年 9 月

内容简介：本手册内容包括四大板块，共 25 篇：第一板块为绝缘的常用数据和资料、绝缘技术基础理论的基本知识，共 6 篇。第二板块以绝缘材料为主，但涉及有关的绝缘测试和绝缘体系，包括气体和液体电介质、有机固体电介质，无机电介质，复合电介质，层合制品，电子元器件封装等 6 篇。第三板块以绝缘体系为主，但涉及有关的绝缘测试和绝缘材料，包括压敏电阻片和过电压保护器，套管和绝缘子，电线电缆绝缘，电机绝缘，变压器和互感器绝缘，开关绝缘，电力电容器，光纤与光缆等 8 篇。第四板块为特殊工作条件和环境中的绝缘，包括阻燃、防火和导热绝缘，耐高温和耐低温绝缘，耐辐射和高海拔绝缘，绝缘系统的电压高低、波形、频率效应和对策，环境友好绝缘等 5 篇。

【序　号：15】
项目名称：**中国城市防洪**
作　　者：国家防汛抗旱总指挥部办公室、中国水利学会减灾专业委员会　等
出版单位：中国水利水电出版社
规　　模：300 万字
出版时间：2006 年 12 月
内容简介：本书为我国第一部全面、系统介绍中国城市防洪状况的专著，作者均为我国防洪方面的权威专家。城市防洪历来是我国防洪工作的重中之重。随着我国城市化进程的加快，城市防洪工作面临着巨大的挑战。本书按照党中央提出的以人为本，全面、协调、可持续发展的科学发展观，对我国 600 余个城市防洪工作现状进行全面分析，对城市防洪工作的经验和教训进行认真总结，并根据我国新时期社会经济发展总体规划，提出城市防洪减灾对策。书中附有城市防洪图约 400 幅。本书内容丰富、数据准确，具有科学性、资料性和权威性，可为新时期我国城市防洪工作提供决策参考。

【序　号：16】
项目名称：**中国水资源质量评价**
作　　者：彭文启、周怀东
出版单位：中国水利水电出版社
规　　模：45 万字
出版时间：2007 年 1 月
内容简介：本书系统介绍中国地表水资源质量评价方法与成果，描述我国地表水资源质量状况和特征。本书由三部分组成：1. 地表水资源质量评价方法；2. 污染源调查评价；3. 地表水水质状况评价。地表水资源质量评价方法系统介绍了地表水水质评价及污染源调查估算的理论和方法，为全国水资源质量评价提供了技术基础。污染源调查评价包括点源和非点源两部分内容；污染源调查评价指标主要包括化学需氧量、氨氮、总氮、总磷等；污染源调查评价系统评价了全国点源和非点源污染状况，分析了污染源区域分布特征，给出了点源和非点源贡献率。地表水水质评价，从地表水水化学特征、现状水质、

湖库富营养化、底质污染、水质趋势分析、供水水源地水质、供水原水水质、水功能区水质评价等方面系统评价和分析了我国地表水的水质状况，揭示了我国地表水水质的时空分布及其变化规律，系统分析水污染程度、污染物种类和程度。本书将得到相关部门的资金支持。

【序　号：17 】
项目名称：**维持西北内陆河健康生命**
作　　者：李国英
出版单位：黄河水利出版社
规　　模：30 万字
出版时间：2006 年 7 月
内容简介：本书分为总论（上篇）和七条大河（下篇）两部分，系统阐述内陆河从古至今对于国计民生的重要支撑作用、当前存在的危机和灾难以及今后变化趋势中所存在的隐忧，进而提出“维持内陆河健康生命”的治河理念以及治理目标、途径和措施。

【序　号：18 】
项目名称：**无功电压优化控制**
作　　者：姜　宁
出版单位：中国电力出版社
规　　模：45 万字
出版时间：2007 年 6 月
内容简介：本书从实际出发，着重阐述了电网的潮流计算和优化方法，通过线损节能技术，以网损最小为目标，确定无功补偿的最小补偿容量，此外还列举了较多的实际案例，现场应用的设备及装置，以及在相关经验总结基础上，通过无功优化所取得的一些成绩。

【序　号：19 】
项目名称：**河流水沙输移及调控**
作　　者：李义天　等
出版单位：武汉大学出版社

规　　模：60万字
出版时间：2008年6月
内容简介：本书包括水沙输移规律、水沙过程调控两部分内容。

【序　号：20】
项目名称：**大电网广域测量系统及其应用**
作　　者：韩英铎、谢小荣
出版单位：中国电力出版社
规　　模：40万字
出版时间：2007年9月
内容简介：我国电网的互联网络结构复杂，分布地域广，动态行为复杂，对于电力系统的分析和安全预警难度极大，广域测量技术为大电网向大面积实时监测和控制方向的发展提供了先进和可能的信息技术平台。作者基于所在研发团队十多年来对广域测量系统WAMS技术的理论研究，并结合实际经验，拟对WAMS的原理、功能、研发及应用进行较全面的介绍。本书可供电力系统科研、设计和运行部门的科技人员阅读，也可以作为高等院校电力系统及其自动化专业的教学参考书。

【序　号：21】
项目名称：**特高压输电技术**
作　　者：胡　毅　等
出版单位：中国电力出版社
规　　模：25万字
出版时间：2007年8月
内容简介：本书讲述特高压输电线路的原理、特点，以及设计、施工、运行等问题，包括线路外绝缘特性，输电线路特殊环境、电磁环境等内容。中国建设特高压电网的技术将代表世界领先水平。

【序　号：22】
项目名称：**火电厂燃烧污染物控制技术**
作　　者：姚　强

出版单位：中国电力出版社
规　　模：60 万字
出版时间：2007 年 6 月
内容简介：减少污染物排放，创造绿色生态环境，极具社会效益。本书主要阐述火电厂燃烧污染物的控制技术。全书分为六个部分：第一部分主要讲述火电厂燃烧污染物及其危害，同时对主要控制手段作一般性的介绍；第二部分主要对二氧化硫的控制技术进行介绍；第三部分主要介绍氮氧化物的控制技术；第四部分主要介绍颗粒物的控制技术；第五部分主要介绍二氧化碳、重金属及有机污染的控制与方法；第六部分主要介绍火电厂燃烧污染控制技术的最新发展与趋势。

【序　号：23 】
项目名称：**煤气化联合循环发电及多联产技术**
作　　者：危师让　等
出版单位：中国电力出版社
规　　模：40 万字
出版时间：2007 年 12 月
内容简介：本书主要介绍煤气化与联合循环发电、制液体燃料、制化工原料、CO_2 脱除、制 H_2、燃料电池发电等技术的综合系统的工艺原理及应用，该系统能达到综合利用效率高、污染排放少，甚至零排放。主要内容是基于煤气化的多联产系统、公用系统、基于煤气化的发电系统、多联产中的煤气合成甲醇系统、多联产中的煤气合成液体燃料系统、燃料电池发电系统、基于煤气化的多联产系统的集成优化。

【序　号：24 】
项目名称：**煤清洁燃烧技术**
作　　者：秦裕琨
出版单位：中国电力出版社
规　　模：80 万字
出版时间：2007 年 7 月
内容简介：本书总结了我国在煤燃烧技术上的设计、运行及试验研究方面的经验，尤其针对我国的劣质煤，包括高灰分的劣质烟煤、低挥发分的无烟煤，研究出了具有高效、稳燃、低NOx排放、防结渣、防高温腐蚀的系列浓淡煤粉燃烧技术，实现了煤的高效利用与环境保护的双重效益。同时也搜集了一些国外资料，并介绍了煤的燃烧特性、NOx生成特性及煤粉燃烧的基本原理，还分别讨论了炉内低NOx燃烧技术、旋流及直流煤粉浓淡燃烧技术的结构和原理以及它们的设计和运行调整方法。

【序　号：25】
项目名称：**燃料电池发电系统**
作　　者：许世森、程　健
出版单位：中国电力出版社
规　　模：30万字
出版时间：2006年1月
内容简介：本书介绍了各种燃料电池的发展历史和国内外发展现状，以及各种燃料电池发电技术的运行业绩；阐述了燃料电池发电的理论基础、特点和应用，燃料电池发电技术的应用前景；重点描述了用于发电的各种燃料电池（如磷酸型燃料电池、熔融碳酸盐燃料电池、质子交换膜燃料电池、固体氧化物燃料电池）发电技术的原理、构成、系统特性及示范工程。

【序　号：26】
项目名称：**水电开发对生态环境的影响的研究和解决措施**
作　　者：潘家铮　等
出版单位：中国电力出版社
规　　模：100万字
出版时间：2007年8月
内容简介：西部生态系统的脆弱性和难以恢复性要求对于那些可能产生重大生态影响的项目持慎重态度。目前关于水电开发对生态的影响，人类的认识尚有许多历史局限性，任何疏忽都可能使我们成为子孙后代的罪人。必须以高度的历史责任感深入研究区域性生态环境影响评价方法，要逐步建立并完善区域和流域生态、经济、社会等评价指标体系，特别要解决好水环境、鱼类保护、陆生珍稀动植物保护、施工期水土保持等环境问题，最大限度地减少对生态环境的不利影响。

【序　号：27 】
项目名称：**城市水资源保护与水污染防治**
作　　者：徐祖信
出版单位：中国水利水电出版社
规　　模：150 万字
出版时间：2008 年 8 月
内容简介：本书从基础理论的角度，阐述城市生态与城市河流的关系、城市水资源类型与供需特征、城市河流特点以及城市河流污染的成因、演变及其危害。从管理技术手段的角度，论述城市水资源的调度管理、水污染源的调查与评价、河流水质的评价方法与管理考核手段、水环境数学模型与管理决策支持系统、水环境功能与水环境容量，并对污水治理和水体净化技术进行总结介绍。从应用实践的角度，重点以上海为例，介绍相关的应用实例和示范工程，分析提出城市水资源保护与水污染防治的措施和管理对策。

【序　号：28 】
项目名称：**水利与国民经济协调发展研究**
作　　者：王　浩　等
出版单位：中国水利水电出版社
规　　模：80 万字
出版时间：2007 年 10 月
内容简介：本书为水利部重大科技项目。本书主要论述以下五大问题：水问题引起的国民经济损失与解决水问题带来的综合效益问题；水利在国民经济中的地位和作用问题；水利与国民经济协调发展的调控标准问题；与控制性指标相吻合的水利发展模式；水利投资占全社会固定资产投资的合理比例问题。

19. 铁路·交通（11 项）

【序　号：1】
项目名称：**西部交通建设科技项目技术丛书**
作　　者：交通部科教司
出版单位：人民交通出版社
规　　模：1 000 万字
出版时间：2010 年 12 月
内容简介：西部项目立项原则：以实用工程为主，以重点公路、水路交通建设中技术问题为主，以长期想解决而现在还没有解决的技术问题为主，以交通运输发展需要的共性技术和基础研究为主，加强基础性、前瞻性方面的研究，立足科研成果的推广应用，避免重复研究，选好题、把好关，共同为交通科技发展作出贡献。迄今为止，西部交通建设科技项目共计立项 269 个，依托了 179 条公路、10 条通航河流和 7 个港口的 396 个实体工程，已有 90 个项目通过部级验收。西部交通建设科技项目大部分围绕交通基础设施建设中的实用技术、关键技术而展开，涉及了公路、水路的主要专业领域，即公路、桥梁、隧道、水运工程、航道整治、港口建设、环境工程、交通安全、交通运输等。

【序　号：2】
项目名称：**现代城市交通丛书**
作　　者：陆化普、裴玉龙　等
出版单位：人民交通出版社
规　　模：840 万字
出版时间：2007 年 12 月
内容简介：本丛书从两个方面展开，一是理念层面，拟出版如下图书：1.《解决城市交通问题的思路与方法》；2.《可持续发展交通运输系统规划理论》；3.《城市交通发展战略及其实现途经》。二是技术层面，主要解决细部问题和具体交通规划与设计，为相关人员提供实用性指导和帮助，包括：1.《城市停车规划》；2.《城市交通管理规划》；3.《城市客运交通系统规划》；4.《城市交通发展战略规划》；5.《城市物流规划》；6.《城市道路交通网络规划》；7.《交通影响分析》；8.《城市交通评价》；9.《智能交通运输系统规划与设计》；10.《现代城市公共交通体系规划与设计》；11.《城市快速公交系统规划与设计》；12.《城市轨道交通规划与设计》；13.《城市交通解决方案案例集》；14.《城市道路交通规划与交通设计》；15.《现代城市交通控制理论与应用》；16.《信号交叉口的设计方法》；17.《停车场设计》；18.《城市交通场站规划与设计》；19.《道路交通景观与环境》；20.《道路交通系统仿真》；21.《城市交通规划资料集》；22.《居民出行分布理论、模型与应用》；23.《城市停车场规划与设计》；24.《城市交通枢纽规划与设计》；25.《道路交通状态判别技术与应用》。

【序　号：3】
项目名称：**铁路客运专线（高速）轨道结构关键技术丛书**
作　　者：刘学毅、王　平　等
出版单位：西南交通大学出版社
规　　模：240万字
出版时间：2008年10月
内容简介：西南交通大学承担的国家自然科学规划项目——铁路客运专线轨道结构及修建技术的研究工作，取得了丰富的研究成果，在攻克高速铁路客运专线轨道结构及修建技术方面的难题（如无缝道岔、无碴轨道、高速道岔）等方面作出了突出的贡献，形成了明显的优势。尤其是依靠近十年来在道岔计算理论与设计方法方面的研究优势，在攻克高速铁路道岔这一客运专线修建关键技术及实现高速道岔国产化的过程中，起到了技术总负责的作用。本系列专著在于总结这些研究成果，指导我国高速铁路客运专线的有关设计和修建。

【序 号：4 】

项目名称：**应用技术文库·直线电机轮轨交通系列丛书**

作 者：施仲衡、陈韶章 等

出版单位：中国科学技术出版社

规 模：240 万字

出版时间：2006 年 12 月

内容简介：直线电机轨道交通系统是一种新型的城市轨道交通方式，它具有技术先进、安全可靠、经济节能、绿色环保等特点，目前在日本、加拿大、美国、马来西亚等国已得到成功应用，建成了 9 条运营线，并取得了良好的运营业绩。直线电机轨道交通系统技术在我国是一个崭新的研究领域，目前国内只是一些专业期刊上有关于直线电机的论述，还没有这方面的图书，像本丛书这样系统全面地讲解直线电机技术，更是绝无仅有。本丛书主要包括《直线电机系统概论》、《直线电机规划与设计》、《直线电机土建工程》、《直线电机牵引与制动技术》、《直线电机车辆工程》、《国内外直线电机轮轨交通》等六册，内容涵盖面广，既有资料性的系统介绍，又有各专业技术创新的最新成果，是一套跨学科、前沿性的综合研究系列丛书。

【序 号：5 】

项目名称：**青藏铁路建设丛书**

作 者：铁道部青藏办、铁道部科技司 等

出版单位：中国铁道出版社

规 模：800 万字

出版时间：2008 年 6 月

内容简介：本套丛书包含综合、勘察设计、科技攻关、工程管理 4 卷，是对青藏铁路建设方面的全面理性技术总结。其重点将突出建设青藏铁路的新观念、新技术、新管理手段，技术含量高，技术创新比例大，目前国际上绝无仅有。它的出版将会填补世界高原铁路建设方面的空白。

【序　号：6】
项目名称：**船舶结构、性能和检验**
作　　者：沈　华、Jonsson
出版单位：大连海事大学出版社
规　　模：25 万字
出版时间：2006 年 10 月
内容简介：本书是世界海事大学与大连海事大学合作创办的“海上安全与环境管理”硕士研究生班教材，由世界海事大学和大连海事大学的知名教授联合编写，具有国际水准。本书内容分两部分：1. 船舶结构、稳性和强度；2. 船舶检验。本书特点是理论性与实用性紧密结合。

【序　号：7】
项目名称：**汽车安全和舒适性系统（第三版）**
作　　者：德国罗伯特博世有限公司
出版单位：北京理工大学出版社
规　　模：40 万字
出版时间：2006 年 8 月
内容简介：本书全面、系统地介绍了现代汽车的安全和舒适系统，并说明了各个部件的工作特点。重点介绍了与驾驶员或乘坐者安全息息相关的汽车安全系统（包括主动安全系统和被动安全系统），如制动系统、防抱死制动系统 ABS、驱动防滑控制系统 ASR、电子稳定性程序 ESP、各种特殊路面的识别与控制，安全气囊、安全带及各种传感器等，还有现代汽车的自适应巡航控制系统 ACC、变速器的电子控制、停车系统、中央闭锁系统、生物识别系统、舒适性系统等。

【序　号：8】
项目名称：**数字航海**
作　　者：东　昉　等
出版单位：大连海事大学出版社
规　　模：25 万字

出版时间：2006 年 3 月

内容简介：数字航海是现代航海技术的发展方向。本书是作者近年来研究现代航海技术成果的结晶，内容涉及的都是近年来采用数字技术实现航海自动化的关键技术。这对研究航海技术的发展趋势，推进海运事业的发展是十分有益的，具有很高的学术价值；此外，对建设我国交通信息工程及控制这一国家重点学科也是十分必要的。

【序　号：9 】

项目名称：**机车车辆动态模拟**

作　　者：张卫华

出版单位：中国铁道出版社

规　　模：19 万字

出版时间：2006 年 12 月

内容简介：本书围绕铁路机车车辆动态模拟研究，提出实物模拟、计算机仿真计算模拟和半实物半虚拟的混合模拟方法。书中还涉及机车车辆虚拟样机技术，包括虚拟样机平台的建设和应用举例，对未来机车车辆动态模拟技术进行了展望。书中介绍的主要内容出自牵引动力国家重点实验室多年来的重要发现和作者在国家自然科学基金、教育部人才培养基金资助下完成的国家攻关项目和铁道部攻关项目的研究成果。

【序　号：10 】

项目名称：**铁路重载运输技术**

作　　者：铁道科学研究院

出版单位：中国铁道出版社

规　　模：80 万字

出版时间：2007 年 12 月

内容简介：本书是关于铁路重载运输综合性的科技专著。重载铁路运输是指行驶列车总重大、行驶轴重大的货车或行车密度大和运量特大的铁路运输。重载运输在运送大宗货物上显示出高效率、低成本的巨大优势，是铁路运输规模经济和集约化经营的典范。重载运输技术已被国际上公认是铁路货运发展的方向，代表了铁路货物运输领域的先进生产力。该书借鉴国外先进的技术和理念，总结我国重载运输经验，确立适应我国铁路的重载之路。本书全面系统地介绍重载运输的概念、发展历程和重要意义，并对其技术经济特征和技术关键详细地进行分析和论述，以期能对我国铁路的重载运输起到指导和促进作用。

【序　号：11 】
项目名称：**列车多体耦合撞击动力学**
作　　者：田红旗、姚　松　等
出版单位：中南大学出版社
规　　模：30 万字
出版时间：2007 年 7 月
内容简介：本项目内容是自 1994 年以来，作者主持完成的国家自然科学基金、国家“九五”重点科技攻关和多项铁道部项目研究及工程应用成果总汇；是国内外研究列车撞击方面的第一部学术著作。本书系统阐述列车多体耦合撞击动力学的研究内容和方法，内容包括高速客运列车多体耦合弹塑性和塑性大变形撞击理论、机理及规律，客运列车耐冲击吸能车体研究及设计方法，重载货运列车和货车调车纵向冲击动力特性，乘客的二次碰撞规律及安全保护，散粒货物对敞车的动侧压特性，液体对罐车的动态作用规律，列车实物部件碰撞实验方法及测试技术，列车碰撞安全评估标准制定，以及工程应用实例。

20. 航天技术（11 项）

【序　号：1】
项目名称：**中国载人航天技术与管理系列丛书**
作　　者：王永志、黄春平　等
出版单位：中国宇航出版社
规　　模：400 万字
出版时间：2009 年 12 月
内容简介：本丛书的内容为中国载人航天工程的技术与管理专著，包括载人航天器总体技术、载人运载火箭技术、载人飞船总体与控制技术、载人通讯技术、飞船环境工程与模拟技术、载人航天工程管理与实践等。航天技术是现代科学技术中发展最快的高科技领域之一，载人航天技术又代表了航天技术的最高水平，而国内此领域的书籍基本处于空白状态，因此，本丛书的出版将对此学科的建设和发展起到巨大的推动作用，具有重大的学术价值。

【序　号：2】
项目名称：**空空导弹设计丛书**
作　　者：荣毅超、樊会涛　等
出版单位：国防工业出版社
规　　模：360 万字
出版时间：2006 年 12 月
内容简介：本套丛书包括 12 个分册，分别阐述了空空导弹系统总体设计、红外导引系统、雷达导引系统、制导控制系统、推进系统、引战系统、遥测系统、发控系统、地面测试与保障设备、光电探测器、系统研制与鉴定试验、空空导弹研制系统工程等内容。目前，这套丛书已经通过了国防科技图书出版基金评审委员会的评审，被确立为 2005

年度国防科技图书出版基金重点资助项目。

【序　号：3 】
项目名称：**航天科学与工程丛书**
作　　者：姚　郁　等
出版单位：哈尔滨工业大学出版社
规　　模：1 000 万字
出版时间：2009 年 12 月
内容简介：本丛书涉及国家“六五”至“十五”重点规划基金、自然科学基金、国家高技术“863”重大项目、“973”等重大课题研究的公开内容，涵盖了卫星总体设计与仿真技术、航天器动力学与控制技术、等离子发动机技术、地面测试和仿真技术、导航和控制技术、复合材料技术、目标仿真技术、激光技术和通信技术等主要航天技术领域。本套丛书十分重视新理论、新方法、新设备、新工艺的原理的介绍及其在工程中的应用。航天器故障诊断技术部分介绍了各种最新故障诊断原理及其在卫星中的应用；运动控制系统和光学仿真技术部分介绍了各种卫星和导弹仿真和测试转台原理及其在地面仿真测试中的应用；飞行器质量特性测试技术部分重点介绍各种卫星、导弹质量特性测试的方法和各种工程应用的测试台。激光器动力学和激光雷达技术反映了这一高技术在航天中的应用。

【序　号：4 】
项目名称：**飞机结构设计用材料力学性能手册**
作　　者：本书编委会
出版单位：航空工业出版社
规　　模：200 万字
出版时间：2006 年 12 月
内容简介：本书主要内容为某重点型号飞机主要用材料的设计用全面力学性能。书中提供了 18 个牌号 53 个品种规格材料的设计用力学性能。性能包括：静强度疲劳/耐久性、损伤容限性能、腐蚀介质下材料力学行为、焊接件及金属典型件力学行为。主要特色：1. 涉及性能全面，书中所涉及的性能涵盖了目前飞机设计中所需要的材料各项力学性能。2. 数据量大、数据系统性强、可靠性高。针对某型号飞机主要用料进行了各项力学性能的测试，使用者可以根据材料的综合性能对材料进行全面评价。3. 为方便设计者使用，书中按材料性能分成4篇15章，以满足不同设计要求的需要。4. 数据提供方式按设计单位要求，单位使用要求。图、表等表达方式简明、直观，符合设计单位使用要求。

【序　号：5 】
项目名称：**航空发动机设计用材料数据手册**
作　　者：本书编委会
出版单位：航空工业出版社
规　　模：150 万字
出版时间：2006 年 12 月
内容简介：本手册阐述了测试手册所列的性能数据时所遵循的各项规定，如对试样毛坯的要求、炉批数、试样数量、取样部位与方向、试样加工要求等；还讲述了各类性能数据的统计处理方法和表达方式；提供了 11 种牌号（16 个品种）变形高温合金、6 种牌号铸造高温合金和 7 种牌号（8 个品种）钛合金的材料性能数据。力学性能包括：室温和不同温度下的拉伸强度、拉伸应力—应变曲线、缺口拉伸强度、扭转强度、拉伸与剪切模量、持久与蠕变强度、轴向疲劳、旋转弯曲疲劳、扭转疲劳、低循环疲劳、疲劳裂纹扩展速率和断裂韧度。对其中 16 种重要、关键材料还专门提供了具有 95%的置信度、不同存活率的持久强度、轴向疲劳、旋转弯曲疲劳和低循环疲劳的统计性能数据，以供结构件的可靠性设计与分析使用。手册中各类性能数据除了用通常的性能曲线和表格方式表示外，还为性能曲线给出了方程和相应的系数，并将其原始数据点标于曲线周围，以显示出其所具有的分散性，这对设计人员正确、合理地使用性能数据将大有裨益。手册所列的性能数据均由专备试样实测而得，数据齐全、准确可靠，具有很高的实用价值。

【序　号：6 】
项目名称：**航空热处理标准应用手册**
作　　者：王广生、梁志凯　等
出版单位：航空工业出版社
规　　模：100 万字
出版时间：2006 年 12 月
内容简介：《航空热处理标准应用手册》主要涵盖航空行业热处理标准 45 项、相关热处理国军标 5 项、国标 5 项，共计 55 项标准。分为热处理基础类标准（4 项）、热处理质量与控制类标准（17 项）、材料热处理类标准（20 项）、表面热处理类标准（5 项）、特种热处理（5 项）、热处理工艺材料类标准（4 项）共六大类。对于每一项标准，首先介绍国内外同类标准的情况并进行对比分析，说明制定或修订每一项标准的重要性和必要性。阐述制定或修订标准的目的、指导思想及制定或修订的原则，论述标准主要技术条款的依据和相关试验数据，说明对标准各条款的理解和解释，并附上各项最新、有效的标准文本。

【序　号：7 】
项目名称：**应用技术文库·中国空间技术专家论著系列**
作　　者：谭维炽、叶云裳　等
出版单位：中国科学技术出版社
规　　模：500 万字
出版时间：2008 年 12 月
内容简介：中国空间技术研究院是我国最早从事卫星研制的高科技单位。本系列丛书正是基于这种背景编写而成的，包括《航天器总体技术》、《航天器结构与机构》、《航天器热控制》、《航天器信息与电子技术》、《航天器动力学》、《航天器姿态与轨道控制》、《航天器电磁技术》、《航天器有效载荷技术》等，从总体技术到分系统技术对中国航天器工程的研究发展和技术进步进行了总结，从技术价值看是非常宝贵的，具有多学科多专业综合学术研究价值，反映了中国航天这一尖端领域的专家群体的成果和学术动态。

【序　号：8】
项目名称：**现代航空发动机多变量控制系统**
作　　者：孙建国　等
出版单位：北京航空航天大学出版社
规　　模：54 万字
出版时间：2006 年 9 月
内容简介：本书是一本全面阐述航空发动机数字控制理论及航空发动机数字控制系统设计的专著。

【序　号：9】
项目名称：**复杂流动引论**
作　　者：邓学蓥
出版单位：北京航空航天大学出版社
规　　模：40 万字
出版时间：2008 年 12 月
内容简介：本著作以现代飞行器在飞行中出现的各类复杂流动为背景，主要内容有：复杂流动的基本分析方法；复杂流动的基本现象和流动结构；复杂流动研究中的各种模式和分析框架；飞行器绕流中的复杂流动现象和流动性态。

【序　号：10】
项目名称：**导弹概论**
作　　者：钱学森
出版单位：中国宇航出版社
规　　模：20 万字
出版时间：2006 年 3 月
内容简介：《导弹概论》手稿出版是纪念钱老 95 华诞、中国航天成立 50 周年而作，内容包括：1. 钱老的“导弹概论”讲稿的手稿；2. 上述讲稿的打印稿重新录入，按简体字排印；3. 当年听钱老讲课的名录，采访现仍在世的部分老同志的采访录；4. 钱老的部分照片。

【序　号：11】
项目名称：**奔向太空**
作　　者：欧阳自远、梁　志　等
出版单位：中国地质大学出版社
规　　模：60万字
出版时间：2008年12月
内容简介：本套丛书拟分4～6册编写，分别介绍国内外月球探测、火星探测及其他行星（及其卫星）探测的历史、现状和发展趋势；对已经取得的探测成果进行全面述评，就今后期待的可能前景进行大胆展望，力争以翔实的资料、生动的语言和科学的内涵，对太空探测这一富有生机和新意的科技领域，作一次概略但全面的巡礼，为激发我国公众的太空探索热情，打下科普的坚实基础。

21. 新材料技术（13项）

【序　号：1】
项目名称：**金属材料理化测试全书**
作　　者：朱　静、郭可信　等
出版单位：化学工业出版社
规　　模：100万字
出版时间：2006年8月
内容简介：本书以条目的形式，重点阐述金属材料的化学成分、宏观和微观组织结构、金属材料的缺陷、力学及其他各种物理性能的测试方法及其他原理和应用。全书分物理与化学两大篇。化学方面的内容包括化学分析、光谱分析、电化学分析、气体分析、相分析、核及质谱分析6个部分；物理测试方面包括金相、力学性能、物理性能、X光结构分析、电子光学微观组织分析及无损检测6个部分。本书经过长时间的准备，邀请了行业内的众多权威专家执笔。期望能以其全面性、先进性为国内冶金行业、金属材料生产与加工行业及金属材料使用者提供一本内容综合、权威的金属材料理化测试百科全书。

【序　号：2】
项目名称：**材料辞典**
作　　者：石力开、师昌绪　等
出版单位：化学工业出版社
规　　模：180万字
出版时间：2006年1月
内容简介：《材料辞典》是一部中大型专业性科技释义性辞典。共收录材料学与技术基础、金属材料、无机非金属材料、有机高分子材料、复合材料、信息材料、能源材料、生物医学材料、建筑材料等方面词汇9 000余条。以每条平均200字的篇幅，简明、扼要、完整地介绍有关材料的理论、分类名称、性能、功能、生产、加工、检测、设备、应用方面的词汇的各方面内容，包括定义、性能、分类、特点、制造、应用、制造、加工、安全等。全书内容兼顾传统材料与新材料、科技词汇与材料词汇，突出材料物质词汇及新材料，尤其是21世纪以来的新技术、新产品、新观念，并专门收集了有关材料绿色、环保、节能、循环利用方面的词汇。全书以词目中文名称的汉语拼音顺序排列；前设拼音检字表和笔画检字表，后附英文检索。

【序　号：3】
项目名称：**生物医用陶瓷材料**
作　　者：王迎军、叶建东　等
出版单位：华南理工大学出版社
规　　模：35万字
出版时间：2008年6月
内容简介：生物医用陶瓷材料是生物医用材料的重要组成部分。生物医用陶瓷材料的研究已深入到对材料微观结构和性能与生物大分子的相互作用关系的层面，目前生物医用陶瓷材料正从传统的无生物活性的材料向用生物材料与生物因子和细胞构建具有生命活力的组织和器官发展。本书主要介绍生物医用陶瓷材料的制备、组成、特性、评价及应用，着重介绍生物医用陶瓷材料近年来的研究进展和成果。

【序　号：4】
项目名称：**掺镱激光晶体材料**
作　　者：徐　军
出版单位：上海科学普及出版社
规　　模：20万字
出版时间：2006年12月
内容简介：本书主要介绍LD泵浦的Yb^{3+}离子激活的激光晶体，及其对其他激光激活离子的敏化作用。全书系统地总结了国际上最近十余年来对掺 Yb^{3+} 激光晶体的研究成果。以基质晶体的结构和成分特性进行分类，分别总结了不同系列 Yb^{3+} 掺杂激光晶体的生长方法、缺陷、晶格结构、能级分裂、光谱和激光特性。特别着重论述掺镱激光晶体的晶体结构、微观晶格点阵、光谱性能和激光性能之间相互作用的规律和物理机理。

【序　号：5 】
项目名称：**无机化学透明材料**
作　　者：施剑林
出版单位：上海科学普及出版社
规　　模：40 万字
出版时间：2006 年 12 月
内容简介：本书介绍无机光学透明材料的品种、类型和性能特点，介绍无机光学透明材料在照明、激光和医用 X-CT 等领域中的应用。使从事材料研究开发人员、相关工程技术人员、管理人员及购销人员能够全面了解无机光学透明材料的性能特点，合理地选择使用材料，达到物尽其用的目的。全书共七章，首先通过影响无机光学透明材料透过率的各种因素分析着手，阐述制备无机光学透明材料的理论基础；然后，简要介绍无机光学透明材料的制备工艺，包括粉体、成型、烧结和加工工艺；最后，结合近十年的最新成果，对无机光学透明材料在照明、激光和医用 X-CT 应用实例进行较详细的叙述。

【序　号：6 】
项目名称：**生物矿化**
作　　者：崔福斋、冯庆玲　等
出版单位：清华大学出版社
规　　模：400 万字
出版时间：2007 年 10 月
内容简介：本书是第一本系统介绍生物矿化基本原理和目前相关研究成果的专著，并把国家自然基金项目研究的最新成果一并进行介绍，对相关领域师生和研究人员有很好的参考和指导作用。本书对生物矿化的过程原理及相关研究作了一个较全面的介绍，其中包括对天然矿物、矿化过程及机理的基本介绍，并对植物的生物硅化作了特别介绍。同时，本书介绍了国家自然基金项目对生物矿化的一些最新研究成果，如生物矿化的细胞调控和基因调控的相关内容，最后对病理矿化，仿生矿化模拟作了简要介绍，希望能对天然材料（骨骼和牙齿等）、仿生材料、复合新材料的研究领域中有关生物矿化的工作起较好的参考和指导作用。该书将面对广大材料科学、生物工程、化学、医学等领域研究人员，对纳米医药课题有兴趣的人员亦是本书潜在的读者群。

【序　号：7 】
项目名称：**准脆性材料细观损伤力学**
作　　者：冯西桥、余寿文
出版单位：清华大学出版社
规　　模：40 万字
出版时间：2007 年 8 月
内容简介：本书是一本关于准脆性材料细观损伤力学的专著。书中介绍了一种细观损伤力学理论——微裂纹扩展区理论，以及作者在脆性损伤力学方面的系列研究成果。本书作者在此领域进行了十几年系统深入的理论与数值研究，包括损伤的描述、损伤演化方程和本构方程的建立、微裂纹扩展和细观塑性变形的各种机制、变形与损伤局部化、有效模量计算方法、微裂纹屏蔽效应、微裂纹相互作用、微裂纹扩展与串接的大规模数值模拟等方面，形成了一套比较系统的细观损伤力学理论体系，其中的多项工作具有较大的创造性。

【序　号：8 】
项目名称：**膜结构：使用薄膜和织物的创新建筑**
作　　者：克劳斯-迈克尔·科赫　著，刘向峰　等译
出版单位：大连理工大学出版社
规　　模：20 万字

出版时间：2006 年 2 月

内容简介：本书探讨膜结构的历史、所应用的材料以及不断创新的建造技术，并展示了世界范围内具有代表性的工程项目，涉及的内容十分广泛，涵盖了膜结构专业领域内所有的技术信息。书中给出了大量的具有代表性的建筑实例，并附有详细的细部图和具体资料，很好地表述了膜结构在当代建筑中的应用。对于我国从事膜结构研究和设计制造的专业人士来说，本书无疑是一本非常实用的指导性参考资料。

【序　号：9 】

项目名称：**优质高效能耐火材料研究开发**

作　　者：钟香崇、钟　焰　等

出版单位：河南科学技术出版社

规　　模：70 万字

出版时间：2007 年 1 月

内容简介：本书讨论了新世纪优质高效能耐火材料的发展方向与措施；介绍了立足我国耐火原料资源优势，研究开发有中国特色的优质合成原料和高效功能材料。系统研究了氧化物—非氧化物复合材料的制备工艺、高温性能和显微结构以及高性能浇注料的流变学、高温性能和应用。

【序　号：10 】

项目名称：**等离子体材料表面工程**

作　　者：黄　楠、冷永祥　等

出版单位：西南交通大学出版社

规　　模：30 万字

出版时间：2008 年 12 月

内容简介：本书基于国际等离子体材料表面工程的前沿发展，结合作者及所在实验室承担十余项国家自然科学基金项目在等离子体材料表面改性方面的研究工作及其开发出的先进的等离子体材料表面改性装置，进行等离子体材料表面工程的科学与技术的系统阐述。目前国内还没有一部较为完整地覆盖该领域的反映前沿研究成果的专著，本书的出版，填补了这方面的空白。本书的主要内容为：低温等离子体物理基础、材料表面科学基础、等离子体材料表面技术、等离子体在先进薄膜合成方面的应用、等离子体离子注入技术与应用、等离子体材料表面活化与接枝、等离子体材料表面强化、等离子体表征、等离子体改性的材料表面分析、等离子体表面工程的计算机模拟技术。

【序　号：11 】
项目名称：**纳米塑料技术**
作　　者：朵英贤、张玉龙
出版单位：浙江科学技术出版社
规　　模：80 万字
出版时间：2006 年 11 月
内容简介：全书主要介绍了纳米热固性塑料、纳米通用工程塑料、纳米特种工程塑料、纳米功能塑料和热塑性弹性体、纳米隐身塑料、纳米磁性塑料、纳米光电塑料的基体材料、改性剂、复合材料制备与研究实例。

【序　号：12 】
项目名称：**聚合物共混理论与应用**
作　　者：王国全
出版单位：中国轻工业出版社
规　　模：30 万字
出版时间：2006 年 1 月
内容简介：聚合物共混是与工业应用密切相关的研究领域。在本书中，作者依据国内外理论和应用成果，并总结了自己多年来在该领域的研究成果，构建了一个颇具实用性的理论体系。本书有两个特点：一是以共混分散过程及调控为基础的理论体系的实用性；二是反映了共混研究的最新进展，特别是在纳米复合材料方面的研究进展。本书将对新型高分子材料的研究，特别是纳米材料的研究起到指导和促进作用。本书主要内容包括：共混的基本概念、共混的过程与调控、共混物的形态研究、共混在塑料、橡胶及填充体系中的应用，以及共混法纳米复合材料。本书资料的主要来源是作者本人的科研成果和学术见解，同时也参考了国内外有关文献。

【序　号：13】
项目名称：**高性能炭/炭复合材料的制备、结构及应用**
作　　者：黄伯云、黄启忠　等
出版单位：中南大学出版社
规　　模：40万字
出版时间：2007年7月
内容简介：炭/炭复合材料是一种新型的结构和功能材料，它具有高比强度、高比模量、高断裂韧性、低密度、优异的摩擦磨损性能以及良好的抗热震性、耐烧蚀性、化学稳定性和尺寸稳定性等，可广泛应用于机械、化工、电子、冶金、航空、航天等高科技领域。本书包含炭/炭复合材料的制备理论、结构、性能、应用等方面的内容，是国家技术发明奖的成果总结。本书内容得到了国家重点工业性试验项目"炭/炭复合材料航空刹车副的工业性试验"（计高技1998—1817号）和国家重点基础研究发展计划（"973"）项目"高性能炭/炭复合材料的基础研究"（2006CB6009）资助。本书的主要内容是上述两项国家项目的研究成果。

22. 环境科学（9项）

【序　号：1 】

项目名称：**中国科学院《生态经济学论丛》**

作　　者：程国栋、徐中民　等

出版单位：黄河水利出版社

规　　模：150万字

出版时间：2008年12月

内容简介：这套丛书从理论和实践上论述生态经济与人类的关系、人类与自然的关系、自然与生物的关系等，以达到为国家相关政策的制定提供理论依据，促进人类与自然和谐共处的目的。论丛既包含当前国际上出版的前沿生态经济领域权威著作的翻译，也包括中国科学院部分科学家们最近的独立研究成果，其中多数是国家自然科学基金资助项目的研究成果。主要包括《环境经济账户》、《生态景观模拟模型》、《生态经济学》、《生态经济学工作手册》、《生态经济学理论方法与应用》、《理解和解决21世纪的环境问题》、《虚拟水及水资源的可持续管理》等。

【序　号：2 】

项目名称：**中国新生代植被与环境**

作　　者：李承森

出版单位：江苏科学技术出版社

规　　模：140万字

出版时间：2008年12月

内容简介：本书是中科院创新工程重大项目“东部生态环境演变规律与水资源可持续利用研究”及“西部生态环境演变规律与水资源可持续利用研究”的总结。本项研究结果对指导该地区的环境保护，自然资源的合理利用，实现经济和社会的可持续发展具有理论和实际指导意义。

【序　号：3 】
项目名称：**中国煤矿城市与环境保护**
作　　者：李中和、杨信荣
出版单位：煤炭工业出版社
规　　模：200 万字
出版时间：2008 年 12 月
内容简介：本书通过对中国特色的煤矿城市从起步、繁荣到资源枯竭的整个煤炭开发过程中对周围环境的影响，从不同的角度告诫我们要重视环境保护问题，通过多个煤矿城市的兴衰，揭示人类开发活动与自然环境的和谐统一的必要性，并列举大量真实实例，深刻分析发展与保护的关系，以便更好地发挥煤矿城市的优势。

【序　号：4 】
项目名称：**中国西部生态系统综合评估**
作　　者：刘纪远、岳天祥　等
出版单位：气象出版社
规　　模：170 万字
出版时间：2006 年 12 月
内容简介：本书参照国际千年生态系统评估计划（MA）的概念框架，采用系统模拟和地球信息科学方法体系，评价了中国西部各类生态系统及其服务功能（包括支持功能、供给功能、调节功能和文化功能）的现状和变化趋势，剖析了生态系统变化的主要驱动因素（包括气候变化和人类活动），建立了生态系统服务功能与人类生计的定量关系，模拟分析了中国西部生态系统的未来情景。在具体实施过程中，选择了 9 个典型区域进行深入研究和评估工作，揭示了不同生态地带和生态系统中生态系统服务功能和人类福利的可能冲突，归纳总结了一些人与生态系统关系的优化模式，对保障西部生态系统可持续性提供了范例。《中国西部生态系统综合评估》形成了相对完备的数据基础、分析工具和决策支持能力，增强了对西部生态系统进行连续滚动评估的能力，为中国西部大开发中的生态系统保护、管理与生态建设提供科学依据。

【序　号：5】
项目名称：**空气质量控制**
作　　者：王　浚、李运泽　等
出版单位：北京航空航天大学出版社
规　　模：40 万字
出版时间：2009 年 8 月
内容简介：全书内容侧重于空气质量研究方法的阐述，以及空气质量的改善措施。全书由 12 章组成，分为基础篇和应用篇。基础篇包括：环境控制概述、空气质量与人体健康、空气质量评价与监测、空气调节技术、通风与空气污染控制、空气污染源控制技术、空气质量控制技术；应用篇包括：民用建筑物内空气质量控制、机动车辆的空气质量控制、舰船舱室空气质量控制、飞机座舱空气质量控制、载人航天器舱室空气质量控制。

【序　号：6】
项目名称：**环境系统模拟与最优化**
作　　者：曾光明
出版单位：湖南大学出版社
规　　模：30 万字
出版时间：2006 年 8 月
内容简介：本书拟从下面五部分进行详细论述：1. 环境系统与环境质量基本模型概述；2. 地表水环境质量模型与地表水环境优化；3. 大气质量基本模型与区域大气环境优化；4. 环境质量评价模型与环境问题决策分析；5. 环境科学与工程中的不确定性问题与处理方法。本书详细地论述环境系统建模与最优化的基本理论与方法，环境各要素（水环境、大气环境与固体废物等）的基本模型、求解方法与实际应用，并介绍了相关环境系统管理与优化方法及求解方法。

【序　号：7 】
项目名称：**名师名家中国环境问题谈**
作　　者：刘鸿亮、唐孝炎　等
出版单位：化学工业出版社
规　　模：160 万字
出版时间：2008 年 10 月
内容简介：本系列丛书吸收了一批长期承担国家“973”、“863”、科技攻关、基础性研究、公益性研究、科技条件基础平台、高技术产业化示范工程、自然科学基金研究项目的技术骨干参加编写。系列丛书系统地介绍环境科学技术的基础研究、应用基础研究、关键科学技术，为解决国家重大环境问题，为国家环保总局制定环境管理政策、法规、标准等提供坚实的科技支撑。为改善城乡环境质量、建成一批生态良性循环的城市和地区、恢复生态脆弱地区的生态环境提供科技基础。揭示当前面临的重大环境问题，系统地介绍一批关键技术和方法，关注社会经济发展诱发的典型污染物及其生态效应和区域性、流域性环境问题发生的机制与演变规律，加强环境标准、环境制度建设和国际履约科技支撑，为实现科学发展观、可持续发展观与建设和谐社会的目标提供科技支撑。

【序　号：8 】
项目名称：**入侵生物丛书**
作　　者：张润志　等
出版单位：中国环境科学出版社
规　　模：600 万字
出版时间：2008 年 12 月
内容简介：针对若干个典型外来有害生物和受外来入侵种影响严重的生态系统类型，全面深入地研究生物入侵的机制、入侵后群落的变化、生态系统反应和综合控制技术等迫切需要解决的问题。以我国目前传播面广、危害严重的外来动物、植物和高原入侵鱼类为研究对象，从我国外来种信息控制技术三个方面开展研究，解决外来种生态学效应的若干重大科学域技术问题，为生物入侵的预警和治理提供决策依据。

【序　号：9】

项目名称：**南中国海湿地研究**

作　　者：陈桂珠

出版单位：中山大学出版社

规　　模：40万字

出版时间：2006年8月

内容简介：本书是联合国环境署/全球环境基金（UNEP/GEF）项目“扭转南中国海和泰国湾环境退化趋势”中国湿地专题的研究成果。本书共分九章，首先介绍了南中国海湿地在东南亚地区的重要意义，然后介绍了我国湿地资源的特点、主要类型、列入国际Ramsar公约的重要湿地、中国湿地的保护管理状况等。然后记述了我国南中国海湿地的类型、面积、分布及其环境质量退化状况及退化原因，对湿地生物金榜性作了详细的评估，分析了湿地开发利用状况及所受到的威胁以及湿地管理及立法状况，对湿地的生态经济价值首次作了全面的评估，对湿地自然保护区及示范区的作用及状况作出介绍。

三　子规划

1. 马列主义著作出版规划（18 项）

【序　号：1 】
项目名称：**毛泽东年谱（1949—1976）**
作　　者：逄先知
出版单位：中央文献出版社
规　　模：300 万字
出版时间：2007 年 12 月
内容简介：本课题是经党中央正式批准立项的中央文献研究室编研规划的重点项目。课题全面地反映毛泽东同志在新中国成立后的思想、生平、业绩、风范，同已经出版的《毛泽东年谱（1893—1949）》相衔接，将形成一部完整的毛泽东年谱。

【序　号：2 】
项目名称：**毛泽东著作大辞典**
作　　者：中央文献研究室
出版单位：浙江人民出版社
规　　模：100 万字
出版时间：2008 年 12 月
内容简介：本书以条目的形式，对毛泽东的著作（包括《毛泽东选集》、《毛泽东文集》、《建国以来毛泽东文稿》、《毛泽东军事文集》、《毛泽东新闻工作文选》、《毛泽东书信选集》、《毛泽东外交文选》、《毛泽东论文艺》、《毛泽东诗词》等）进行梳理、研究和注释，阐述其背景、意义及对时代产生的影响，全面展示毛泽东思想的庞大体系和丰富内涵，是一部学习、了解毛泽东著作和毛泽东思想的理论性和实用性高度结合的简明工具书。

【序　号：3】
项目名称：**20 世纪国外社会主义理论、思潮及流派评析**
作　　者：张志军
出版单位：当代世界出版社
规　　模：35 万字
出版时间：2007 年 12 月
内容简介：本书是中央马克思主义理论研究和建设工程子课题，即由中联部承担的“20 世纪国外社会主义理论、思潮及流派评析”课题的重要研究成果之一，属国家社会科学规划项目。本书根据中央关于推进马克思主义中国化进程的要求，拟将 20 世纪国外社会主义理论、思潮及流派分为五条线进行梳理和评析：1. 社会主义国家执政党的社会主义观；2. 世界各国非执政的共产党的思想理论主张；3. 社会民主主义的思想理论主张；4. 发展中国家的社会主义思潮和流派；5. 西方学院派和新社会运动的社会主义理论和基本主张。最后对全球化背景下 21 世纪国外社会主义理论流派的发展前景进行展望。

【序　号：4】
项目名称：**当代国外马克思主义哲学史**
作　　者：张一兵
出版单位：江苏人民出版社
规　　模：120 万字
出版时间：2009 年 12 月
内容简介：本书以教育部百家人文社会科学研究基地南京大学马克思主义社会理论中心作为依托，集中了目前国内研究西方马克思主义的优秀的中青年学者，以人物及其学派为线索，以翔实的文献分析、独立的研究方法和富有创见的立论等为基础，历史地分析和批判了以卢卡奇、葛兰西、萨特、阿尔都塞以及法兰克福学派为代表的西方马克思主义，以利奥塔、鲍德里亚为代表的后马克思思潮，以詹姆逊、哈维、德里克为代表的晚期马克思主义，以德里达、拉克劳、德鲁兹为代表的后现代的马克思主义。本选题不仅揭示了当代国外马克思主义哲学发展的内在逻辑，反思了当代马克思主义哲学研究遇到的问题和挑战，而且透视了经典的资本主义、组织化的资本主义和全球化的资本主义的社会结构。这不仅对我国的马克思主义哲学研究具有积极的借鉴意义，而且对我国当前社会的和谐发展具有前瞻性的启示。

【序　号：5】
项目名称：**当代中国马克思主义哲学研究**
作　　者：孙正聿、王南湜　等
出版单位：吉林人民出版社
规　　模：80 万字
出版时间：2006 年 10 月
内容简介：本书是对改革开放以来我国马克思主义哲学研究的系统总结，主要内容包括：马克思主义哲学观研究、马克思主义认识研究、马克思主义辩证法研究、马克思主义历史观研究、马克思主义价值观研究、马克思主义社会哲学研究、马克思主义文化哲学研究、马克思主义经济哲学研究、马克思主义科学研究、马克思主义社会发展理论研究。此项研究以当代中国学者的研究成果为基本内容，对马克思主义哲学作出系统的当代阐释。

【序　号：6】
项目名称：**马克思主义经典著作基本观点研究丛书**
作　　者：俞可平、李慎明　等
出版单位：中央编译出版社
规　　模：540 万字
出版时间：2010 年 6 月
内容简介：作为国家社会科学基金重大委托项目，马克思主义经典著作基本观点研究课题组下设 18 个子课题：1. 经典作家关于民主和政治文明的基本观点研究；2. 经典作家关于资本主义、社会主义、共产主义社会一般理论的基本观点研究；3. 经典作家关于社会发展的基本观点研究；4. 经典作家关于农业和农民问题的基本观点研究；5. 经典作家关于经济文化落后国家社会发展道路的基本观点研究；6. 经典作家关于全球化和时代问题的基本观点研究；7. 经典作家关于所有制和分配理论的基本观点研究；8. 经典作家关于马克思主义政党建设的基本观点研究；9. 经典作家关于战争与和平问题的基本观点研究；10. 经典作家关于劳动价值理论和剩余价值理论的基本观点研究；11. 经典作家关于阶级、阶级斗争、无产阶级革命和专政的基本观点研究；12. 经典作家关于宗教的基本观点研究；13. 经典作家关于民族的基本观点研究；14. 经典作家关于意识形态、先进文化和道德的基本观点研究；15. 经典作家关于人的基本观点研究；16. 经典作家关于辩证唯物论和历史唯物论一般原理的基本观点研究；17. 经典作家关于政治经济学一般原理的基本观点研究；18. 经典作家关于军队问题的基本观点研究。

【序 号：7】
项目名称：**马克思主义经济学的基本原理及其创新问题研究丛书**
作 者：林 岗、高 峰 等
出版单位：中国人民大学出版社
规 模：200万字
出版时间：2008年8月
内容简介：本套丛书拟在坚持马克思主义的基本方法论原则的前提下，构建反映当代政治经济发展和适应中国特色社会主义建设需要的新的政治经济学理论体系。本套丛书从6个领域展开研究：1. 马克思主义经济学的方法论原则和基本分析研究；2. 马克思主义经济学的市场经济一般理论研究；3. 中国特色社会主义经济理论的研究；4. 现当代资本主义经济研究；5. 马克思主义的国际经济理论。

【序 号：8】
项目名称：**马克思主义经典作家文本研究丛书**
作 者：何增科、杨雪冬 等
出版单位：重庆出版社
规 模：100万字
出版时间：2007年12月

内容简介：本丛书从文本的角度梳理马克思主义的基本思想和观点，以发展中的马克思主义农业和农民理论指导农村工作。本丛书共四册，包括：1.《经典作家关于农业和农民问题的基本观点研究》；2.《经典作家关于全球化和时代问题的基本观点研究》；3.《经典作家关于经济文化落后国家社会发展道路问题的基本观点》；4.《经典作家关于社会发展问题的基本观点研究》。

【序　号：9 】
项目名称：**马克思主义中国化的历史进程及其基本规律**
作　　者：龚育之
出版单位：北京出版社
规　　模：80 万字
出版时间：2007 年 12 月
内容简介：本书属国家社会科学和自然科学规划项目。内容分为：绪论、马克思主义中国化的历史进程、马克思主义中国化的基本规律三个部分。其中，马克思主义中国化的历史进程作为主体部分，为了更充分地展开深入研究，课题组将其按不同时期、不同道路又划分为三块，即 1949 年以前新民主主义革命时期、1949 至 1978 年社会主义改造和建设时期以及 1978 年以来的中国特色社会主义时期。绪论部分对马克思主义中国化的概念、内涵及其起源进行阐释，并对本书中新的研究和特色作出交代。

【序　号：10 】
项目名称：**马克思主义哲学基础理论研究**
作　　者：袁贵仁、杨　耕　等
出版单位：北京师范大学出版社
规　　模：750 万字
出版时间：2010 年 12 月
内容简介：作为中央实施马克思主义理论研究和建设工程课题，本项目立足于马克思主义哲学基础理论研究，拟对当代中国马克思主义哲学研究乃至哲学研究领域最基本、最重大的理论课题进行全面的探索，从而为跨入新世纪的中国哲学奠定坚实的基础。本项目包括专著15部，即：1.《马克思主义的哲学观》；2.《马克思主义哲学体系研究》；3.《马克思主义哲学中国化的历程及其规律》；4.《马克思主义本体论》；5.《马克思主义辩证法》；6.《马克思主义历史决定论》；7.《马克思主义生产方式理论的当代反思》；8.《马克思主义的阶级和阶层理论》；9.《马克思主义的文化理论》；10.《马克思主义意识形态理论》；11.《马克思主义的社会发展理论》；12.《马克思主义人的理论》；13.《当代西方学者视野中的马克思主义哲学》；14.《当代东欧（含苏联）学者视野中的马克思主义哲学》；15.《当代中国学者视野中的马克思主义哲学》。

【序　号：11】
项目名称：**中外马克思主义经济思想史研究**
作　　者：程恩富、李　新　等
出版单位：东方出版中心
规　　模：150万字
出版时间：2007年3月
内容简介：本书系国家社会科学基金重点项目的研究成果，共分五卷：第一卷《马克思主义经典作家经济思想史研究》、第二卷《中国马克思主义经济思想史研究》、第三卷《苏联与俄罗斯马克思主义经济思想史研究》、第四卷《欧美马克思主义经济思想史研究》、第五卷《日本马克思主义经济思想史研究》。全书抓住马克思主义经济学科学内涵的主线，力求突出与时俱进和开放性的研究特征，探索世界范围内马克思主义经济思想史各个代表性流派变动演化的脉络，条分缕析、客观论述，公正评价；凸显马克思主义经济思想史上各经典作家、各流派人物间其理论思想的继承性和发展性。作者以唯物辩证法为指导，以比较研究为基本方法，试图勾勒出马克思主义经济思想史的基本框架和变动趋势。

【序　号：12】
项目名称：**马克思主义国家理论与当代中国**
作　　者：黄亮宜、孙保定　等

出版单位：河南人民出版社
规　　模：40 万字
出版时间：2007 年 6 月
内容简介：本项目为实施马克思主义理论研究和建设工程而设立，系河南省社会科学规划重大项目。作者针对有关研究现状中的某些不足之处，力求完整准确地阐述马克思主义国家理论，进一步加强对马列主义国家演变理论中“缺环”（即社会主义初级阶段上的国家）的研究。本书还着重从九个具体的方面，运用马克思主义国家理论探索当代中国有关重大问题，并在探索中丰富和发展这个理论。该项目可望从广度和深度上扩展和推进对国家理论的研究，获得某些具有开拓性和较大学术积累价值、实际应用价值的理论成果，实现马克思主义国家理论的中国化和当代化。

【序　　号：13 】
项目名称：**中国化的马克思主义宗教观研究**
作　　者：何虎生
出版单位：华文出版社
规　　模：30 万字
出版时间：2006 年 5 月
内容简介：本课题属国家社会科学基金项目。主要研究马克思主义宗教观中国化的历史条件、主要内容、历史地位和基本经验。中国化的马克思主义宗教观的主要内容，一是本质观，即党对宗教到底是什么的新概括；二是历史观，即党对宗教发生、发展、存在和消亡的新认识；三是价值观，即党对宗教在社会主义社会作用的新探索；四是态度观，即党和国家对宗教政策的新规定；五是适应观，即党和国家对宗教与社会主义社会相适应理论的新总结。

【序　　号：14 】
项目名称：**马克思主义基础研究和建设工程**
作　　者：洪银兴、顾海良　等
出版单位：经济科学出版社

规　　模：400 万字

出版时间：2008 年 12 月

内容简介：本套书选题重大，名家荟萃。作者们对马克思主义基础理论和中国经济问题的关注使我们领略到当代中国经济学研究的最新动向，观点鲜明，理论特色突出，风格统一。

【序　号：15 】

项目名称：**当代国外马克思主义研究文库**

作　　者：陆象淦

出版单位：社会科学文献出版社

规　　模：500 万字

出版时间：2010 年 12 月

内容简介：“当代国外马克思主义研究文库”着重译介 20 世纪 90 年代以来国外特别是欧美学者对于马克思主义理论的研究及运用马克思主义的观点和方法对于当代西方资本主义社会的批判的著作。当前国外新一代的马克思主义理论家的研究与以往的西方马克思主义的研究有所不同，在总结前人的经验、论争的基础上，更加注重对于马克思主义经典作家原著的研读及其现实意义的探讨，以及对于当代资本主义社会的批判，他们的立论和观点尽管千差万别，但基本的一点是强调马克思主义理论与一些人散布的“过时”或“死亡”谬论相反，始终保持着其迫切的现实价值，不但是批判资本主义社会的锐利武器，而且是从中能够找到替代资本主义的未来社会模式的“不二法门”。本课题为中国社会科学院重点项目。

【序　号：16 】

项目名称：**八大前后马克思主义中国化研究**

作　　者：中央党史研究室第二研究部

出版单位：中共党史出版社

规　　模：40 万字

出版时间：2006 年 7 月

内容简介：八大在党史上占有突出重要的地位。八大前后，党在开始探索社会主义道路时，对国内主要矛盾的认识，对计划经济体制的初步改革、科技文化事业的任务和方针等思想进行梳理。这一课题是国内马克思主义工程建设的重点。本书在八大召开50周年之际出版，对上述课题进行深化研究。

【序　号：17】
项目名称：**马克思主义基础理论若干重大问题研究**
作　　者：陈先达、林　岗　等
出版单位：中国人民大学出版社
规　　模：100万字
出版时间：2008年12月
内容简介：本项目属于教育部哲学社会科学研究（2003年度）重大课题。课题具体分为“马克思主义哲学与马克思主义综合”、“政治经济学”、“科学社会主义”、“国外马克思主义研究”四个子课题，采取首席专家负责制，坚持统分结合的组织形式，既强调团队合作又注重各子课题研究的相对独立性。各子课题立足于各学科发展的前沿，密切关注相关学科最新研究成果，汲取其中有价值成分。

【序　号：18】
项目名称：**马克思主义与当代中国的改革开放**
作　　者：李景源
出版单位：重庆出版社
规　　模：50万字
出版时间：2007年2月
内容简介：本书以最近二十多年来中国的改革开放为背景，从战略和全局的高度，应用马克思主义的科学体系，对改革的历史进程和巨大变革作出深刻概括，尤其是对改革中存在和积累的各种问题，以及今后的走向，进行了高度哲学化的分析和反思。

2. 重大工程出版规划（70 项）

【序　号：1 】
项目名称：**中华大典**
作　　者：本书编委会
出版单位：中华书局
规　　模：70 000 万字
出版时间：2010 年 12 月
内容简介：《中华大典》共有 22 个分典、105 个子典，共计约 70 000 万字的规模，大典的编纂由分布在全国各地的专家学者共同协作完成，这是一项巨大的、有深刻社会意义和历史意义的工程。

【序　号：2 】
项目名称：**中国共产党百科全书**
作　　者：中央党史研究室
出版单位：中共党史出版社
规　　模：800 万字
出版时间：2010 年 12 月
内容简介：本书共分十卷，分别是：总论一卷、理论一卷、人物三卷、事件三卷、党建一卷、重要著述索引一卷，吸收同类辞书的精华，补充新的材料、观点，成为首部全面系统反映中国共产党党情的大规模、权威性辞书。

【序　号：3 】
项目名称：**中国共产党历史（第二、三卷）**
作　　者：中央党史研究室
出版单位：中共党史出版社

规　　模：300 万字
出版时间：2007 年 12 月
内容简介：本书是在中共中央的直接指导下，经中央书记处批准，由中共中央党史研究室编写。内容记录 1949 年 10 月至 1992 年中共十四大期间党的历史。

【序　号：4】
项目名称：**列宁专题文集**
作　　者：中央编译局
出版单位：人民出版社
规　　模：300 万字
出版时间：2007 年 12 月
内容简介：根据中央马克思主义理论研究和建设工程的需要，由中央编译局根据《列宁全集》中文第二版编选列宁关于马克思主义、社会主义、帝国主义、科学技术、文化建设的论述。本文集拟出版 5 卷。

【序　号：5】
项目名称：**马克思恩格斯文集**
作　　者：中央编译局
出版单位：人民出版社
规　　模：900 万字
出版时间：2007 年 10 月
内容简介：本书是根据中央马克思主义理论研究和建设工程的需要，由我国自行编选的马克思、恩格斯的著作、书信和笔记。共十卷，分为四个部分。1. 著作（第 1～5 卷）；2.《资本论》（第 6～8 卷）；3. 笔记（第 9 卷）；4. 书信（第 10 卷）。系统地编选了马克思、恩格斯的基本文献，全部采用最新译文。

【序　号：6】
项目名称：**青少年优秀图书 110 部**
作　　者：本书编委会

出版单位：人民文学出版社
规　　模：110 种
出版时间：2009 年 12 月
内容简介：丛书包括中国文化典藏 10 种、中国经典儿童小说 10 册、青少年思想道德教育 10 册等，共 110 部。

【序　号：7 】
项目名称：**中国财政通史**
作　　者：叶振鹏　主编
出版单位：中国财政经济出版社
规　　模：600 万字
出版时间：2006 年 12 月
内容简介：本书运用财政学和历史学相结合的分析方法和叙述方法，按照历史时期或历史朝代的顺序，全面、系统、准确地描述了从先秦到 20 世纪末我国财政的演变过程，并对相关的历史经验教训以及各个时期中国财政的特点等进行了认真的分析和总结。全书共 10 卷。

【序　号：8 】
项目名称：**中国水利史典**
作　　者：郑连第　主编
出版单位：中国水利水电出版社
规　　模：10 卷
出版时间：2010 年 12 月
内容简介：本丛书对中国水利发展历史进行全面阐述，并对河流湖泊变迁、水旱灾害等进行详细阐述，总结水利发展的客观规律。

【序　号：9 】
项目名称：**中国气象灾害大典**
作　　者：温克刚　主编
出版单位：气象出版社
规　　模：1 900 万字

出版时间：2007 年 12 月

内容简介：本大典收集了自有文字记载以来，在各种古迹、文物等载体中记载的气象灾害，并包含自然记载的天气气候变化规律与灾变，时间跨度截至 2000 年。本大典共 32 卷，配图约 2 000 幅。

【序　号：10 】

项目名称：**中国材料工程大典**

作　　者：师昌绪、钟群鹏　等主编

出版单位：化学工业出版社

规　　模：18 卷

出版时间：2006 年 12 月

内容简介：本大典是一部集实用性、先进性和权威性于一体的大型综合性工具书。包括材料工程基础、钢铁材料工程以及有色金属材料工程等内容。

【序　号：11 】

项目名称：**中国药用植物志**

作　　者：艾铁民　主编

出版单位：北京大学医学出版社

规　　模：1 500 万字

出版时间：2008 年 12 月

内容简介：本书是一部超过万种以上专门的药用植物品种鉴定的工具书，以鉴定药用植物为主、药物学资料为辅大型药用工具书。

【序　号：12 】

项目名称：**辞源（修订本）**

作　　者：商务印书馆辞书研究中心

出版单位：商务印书馆

规　　模：1 200 万字

出版时间：2010 年 12 月

内容简介：《辞源》是我国现代史上第一部大型语文性工具书，在学界和社会上有着很高的声誉，重新修订将使这部名牌辞书面貌一新，更好地在文化建设中发挥其作用。修订本将保持原修订本古汉语工具书的特色，语词百科条目兼收，并在古代名物典制方面有所加强，显示辞目的来龙去脉，真正做到《辞源》有源，适当增收辞目，以满足读者的需要。

【序　号：13 】
项目名称：**大辞海（修订本）**
作　　者：本书编委会
出版单位：上海辞书出版社
规　　模：38 卷
出版时间：2010 年 12 月
内容简介：本辞海为修订本，包括图文版、电子版。

【序　号：14 】
项目名称：**汉语大字典（修订本）**
作　　者：本书编委会
出版单位：四川辞书出版社
规　　模：2 100 万字
出版时间：2006 年 12 月
内容简介：修订本在保留原《汉语大字典》注重形音义密切配合，尽可能历史地、正确地反映汉字形音义发展特色的基础上，吸收语言文字学最新研究成果，充分利用最新出土材料，增补 1 万余个字头。

【序　号：15 】
项目名称：**汉英词典（第三版）**
作　　者：姚小平　主编
出版单位：外语教学与研究出版社
规　　模：约 8 万词条
出版时间：2006 年 12 月
内容简介：本词典第三版为所有条目增加词性，使释义的顺序更加有条理，并按照词频的高低排列，更加有利于读者查阅。多数条目还标注修辞信息，给出词汇学习的语境和注意事项。

【序　号：16 】
项目名称：**中国文物集成**
作　　者：宿　白　主编
出版单位：北京大学出版社
规　　模：50 卷
出版时间：2010 年 12 月
内容简介：本书是一部通过中国丰富的文物资料，表述中国五千年文明发展的历史，规模宏大，图文并茂。本集成撰写已达八年之久。

【序　号：17 】
项目名称：**中国少数民族古籍经典集成**
作　　者：洛桑伽措　主编
出版单位：四川民族出版社
规　　模：200 卷
出版时间：2009 年 12 月
内容简介：将藏、彝、东巴等少数民族文字古籍和少数民族汉文古籍整理汇编，并加以注释。

【序　号：18 】
项目名称：**中华医学百科全书**
作　　者：中国医学科学院、中国疾病预防控制中心　等
出版单位：中国协和医科大学出版社
规　　模：5 000 万字
出版时间：2012 年 12 月
内容简介：全书用条目形式编写，以疾病防治为主体，全面而准确地介绍国际医药卫生领域的重要内容和最新成就，包括基本概念、重要事实、科学论据和肯定结论。全书配有光盘。

【序　号：19 】

项目名称：**台湾历史档案——明清皇宫台湾档案总汇**

作　　者：中国第一历史档案馆、国家文物局

出版单位：文物出版社

规　　模：40 卷

出版时间：2009 年 12 月

内容简介：本书汇编了有关台湾问题的明清原始档案，系统反映台湾地区与明清中央政府的关系，如实追记历史上中央政府对台湾的有效管理，从而揭示国家统一的历史必然。

【序　号：20 】

项目名称：**儒藏**

作　　者：北京大学《儒藏》编纂指导委员会

出版单位：北京大学出版社

规　　模：450 余种

出版时间：2009 年 12 月

内容简介：本丛书包括唐朝的《五经正义》，宋朝的《十三经》，明朝的《四书大全》和清朝的《十三经注疏》及各种经解，尤其是清朝编辑的《四库全书》，《四库全书存目丛书》和《续四库全书》等。

【序　号：21 】

项目名称：**中国宗教历史文献集成**

作　　者：方　广　主编

出版单位：黄山书社

规　　模：180 册

出版时间：2007 年 12 月

内容简介：本集成分藏外佛经、三洞拾遗、清真大典、东传福音和民间宝卷五编，收录截至 20 世纪初的历代宗教典籍、碑铭、文书等1 000 余种。

【序　号：22】
项目名称：**中国防震减灾百科全书**
作　　者：本书编委会
出版单位：地震出版社
规　　模：800 万字
出版时间：2008 年 12 月
内容简介：本书是一部知识涵盖面广、内容新，融科学性、权威性、普及性、工具性于一体的防震减灾工作的百科全书，共 15 卷。

【序　号：23】
项目名称：**中华人民共和国警察法律全书**
作　　者：周永康　主编
出版单位：中国人民公安大学出版社
规　　模：1 440 万字
出版时间：2006 年 12 月
内容简介：全书分 5 卷，是新中国成立以来以公安部名义编辑、出版的第一部大型实用法律专用工具书。收集了新中国成立以来国家制定和发布的各种法律、行政法规等，对有关法律法规进行注解和释义，并对疑难案例进行分析和研究。

【序　号：24】
项目名称：**中国艺术史**
作　　者：杨　泓　主编
出版单位：开明出版社
规　　模：50 卷
出版时间：2010 年 12 月
内容简介：本书是以图文的形式撰写的迄今为止规模最大、内容最全面的一部中国艺术史。

【序　号：25】
项目名称：**新编计算机科学技术百科全书**
作　　者：本书编委会

出版单位：清华大学出版社
规　　模：200 万字
出版时间：2005 年 12 月
内容简介：本书共收条目 1 381 条，包括计算机科学理论、计算机组成与体系结构、计算机软件、计算机硬件、计算机网络、人工智能等内容。本书力求对每个条目赋予简明而确切的定义以及较为明确而完整的内涵，取材于肯定成熟的知识，言必有据，确切可信。

【序　号：26】
项目名称：**中国科学技术大辞典**
作　　者：本书编委会
出版单位：中国科学技术出版社
规　　模：1 800 万字
出版时间：2012 年 12 月
内容简介：本书是全面、概要地介绍自然科学和工程技术的基本理论、知识、概念和人物的综合性大型工具书。本书由中国科学技术协会指导编纂工作，由自然科学、工程技术领域的领导同志、权威专家及工具书编纂方面的权威专家组成编纂。

【序　号：27】
项目名称：**中国煤炭科学技术全书**
作　　者：范维唐、陈清如　等
出版单位：中国矿业大学出版社
规　　模：1 500 万字
出版时间：2010 年 12 月
内容简介：《中国煤炭科学技术全书》是我国迄今为止计划最为全面的一套关于煤炭科学技术的大型著作，它代表着我国在煤炭科学技术领域内的最高水平，对我国煤炭能源建设与安全生产有着十分重要的指导意义和现实意义。"十五"期间已出版三部重点图书。

【序　号：28 】
项目名称：**中国农业百科全书（第二版）**
作　　者：本书编委会
出版单位：中国农业出版社
规　　模：4 000 万字
出版时间：2010 年 12 月
内容简介：本书列入“七五”、“八五”、“九五”国家重点图书出版规划，是农业科技文化建设的一项基础工程，出版后被农业科教界誉为“盛世巨著”和世界最大的农业百科全书，对我国农业科教工作产生了积极的推动作用。本书共配约 5 000 幅彩图。

【序　号：29 】
项目名称：**中国林业百科全书**
作　　者：周生贤　主编
出版单位：中国林业出版社
规　　模：9 卷
出版时间：2010 年 12 月
内容简介：本书根据已掌握的古今中外的林业知识，融会贯通，并加以总结、提炼，予以权威性概括，全面、精确、系统地反映中国林业发展的新理论、新知识和新科技成果。

【序　号：30 】
项目名称：**中国美术集成**
作　　者：金维诺
出版单位：山西教育出版社
规　　模：51 卷
出版时间：2006 年 12 月
内容简介：本集成分卷轴画、壁画、工艺画、书法、雕塑、青铜器、陶瓷等 28 类 5 万余件作品，注重于美术发展的思想文化背景，集中国艺术之大成。

【序 号：31 】
项目名称：**面向21世纪的国家环境科学与技术研究丛书**
作 者：刘鸿亮 主编
出版单位：中国环境科学出版社
规 模：650万字
出版时间：2008年12月
内容简介：本书是针对21世纪我国环境问题的特点和发展趋势，依托中国环境科学研究院承担的主要国家级科研课题、环境工程技术项目和重大国际环境科技合作项目的研究成果而编写的关于环境基准与标准、水环境和环境工程类系列丛书。

【序 号：32 】
项目名称：**中国常见癌症系列丛书**
作 者：中国抗癌协会
出版单位：北京大学医学出版社
规 模：12册
出版时间：2006年12月
内容简介：本丛书包括胃肿瘤、肝肿瘤、肺肿瘤等内容。

【序 号：33 】
项目名称：**中国城市化建设丛书**
作 者：齐 康、钱七虎 等
出版单位：东南大学出版社
规 模：800万字
出版时间：2008年12月
内容简介：本套丛书具体包括：1.《当代区域规划》、2.《全球化与国家城市体系重构》、3.《历史性城市的保护与规划》、4.《城市交通规划》、5.《城市设计》、6.《住宅变迁的形态学研究》、7.《现代景观规划设计》、8.《建筑遗产保护学》、9.《城市建筑形态转变和哲学思辨》、10.《城市生存力研究——悬崖边上的城市》、11.《中国城市化过程与机理》、12.《城市化进程中的社会问题》、13.《转型中的中国城市社会空间结构》、14.《节约型建筑设计与技术》、15.《城市成长管理的空间策略》、16.《英国城乡规划》、17.《基于体制转型背景下的中国城市空间结构演化》、18.《城市的明天》。

【序　号：34 】
项目名称：**中国洪水灾害风险图及抗灾对策丛书**
作　　者：徐乾清　主编
出版单位：中国水利水电出版社
规　　模：80 分卷
出版时间：2010 年
内容简介：本丛书综合运用水力学、水文学、历史水灾频率和地理信息技术等方法，对特定地区可能遭受的水旱灾害的侵害范围和程度作出科学定量的预测，形成直观的“风险图”，并据“风险图”提出抗灾预案。

【序　号：35 】
项目名称：**现代农业种植养殖系列专业丛书**
作　　者：本书编委会
出版单位：金盾出版社
规　　模：900 万字
出版时间：2008 年
内容简介：本书系选择的是我国在国际上生产规模大，或技术领先，或技术亟待更新的科目。

【序　号：36 】
项目名称：**当代音乐文化素质教育系列丛书**
作　　者：李岚清　主编
出版单位：高等教育出版社
规　　模：1 000 万字
出版时间：2008 年 12 月
内容简介：本丛书分 50 卷，以西方文化发展各时期的 50 位具有代表性的经典音乐大师的音乐生涯、音乐创作、音乐作品为研究对象，阐释了音乐与人类文明、音乐与文化、音乐与社会等多个范畴的关系。

【序　号：37 】
项目名称：**现代电子信息技术丛书**
作　　者：童志鹏　主编
出版单位：国防工业出版社
规　　模：810 万
出版时间：2006 年 12 月
内容简介：本丛书以《综合电子信息技术》分册为龙头，较全面地涉及众多先进的信息技术。

【序　号：38 】
项目名称：**“863”通信高技术丛书**
作　　者：“863”计划通信主题及其相关项目负责人
出版单位：人民邮电出版社
规　　模：约 20 册
出版时间：2007 年 12 月
内容简介：本丛书紧密配合国家“863”计划通信技术主题的项目实施，力求具有前瞻性、前沿性和战略性，突出创新性，有力推进我国通信技术的发展。

【序　号：39 】
项目名称：**数字中国丛书**
作　　者：许智宏　主编
出版单位：电子工业出版社
规　　模：27 册
出版时间：2007 年 12 月
内容简介：本书以数字技术为主体，以中国的信息化与现代化为研究范围，以科学理论指导应用实践，以技术系统支持科学研究。为满足“数字中国”战略发展与工程实施的需要，推动传统地球科学与现代空间技术、信息技术等高科技的有效融合编写而成。

【序　号：40】

项目名称：**明心工程丛书**

作　　者：中共上海市委宣传部

出版单位：上海人民出版社

规　　模：200 万字

出版时间：2007 年 5 月

内容简介：本丛书是以马克思主义哲学为基础，以社会主义精神文明为导向，旨在回答人生心灵基本问题的大众读物。这是上海市委宣传部为构建和谐社会而实施的一项大众意识形态系统工程的组成部分，有积极的重大现实意义。本丛书共计有 20 种，包括：1.《生死观》；2.《善恶观》；3.《苦乐观》；4.《爱恨观》；5.《贫富观》；6.《名利观》；7.《进退观》；8.《美丑观》；9.《情理观》；10.《法德观》；11.《理想论》；12.《价值论》；13.《情爱论》；14.《选择论》；15.《规则论》；16.《挫折论》；17.《民族论》；18.《家庭论》；19.《公民论》；20.《安全论》。

【序　号：41】

项目名称：**法律适用丛书**

作　　者：本书编委会

出版单位：中国人民公安大学出版社

规　　模：10 000 万字

出版时间：2007 年 12 月

内容简介：本书共 288 种，分为 6 部分，分别为：综合法律、法规、规章适用篇；公安执法篇；检察司法篇；审判司法篇；司法行政篇；刑事法律实务篇。

【序　号：42】

项目名称：**循环经济研究丛书**

作　　者：朱　坦　主编

出版单位：中国环境科学出版社

规　　模：320 万字

出版时间：2006 年 12 月

内容简介：本丛书包括循环经济与循环型社会、经济生态化与循环经济、循环经济与规划环境影响评价等 12 种。

【序　号：43 】

项目名称：**农业科技进村入户丛书**

作　　者：农业部

出版单位：中国农业出版社

规　　模：3 000 万字

出版时间：2009 年 12 月

内容简介：本丛书配合新时期农业科技推广工作，以推广实用农业技术为主线，以农业生产一线的农民为主要读者群体，采用明白纸、小册子、光盘、挂图等多种形式，服务农业科技进村入户工作。本书拟配 4 000 幅彩图。

【序　号：44 】

项目名称：**现代安全科学理论前沿丛书**

作　　者：周世宁、刘铁民　等

出版单位：中国劳动社会保障出版社

规　　模：320 万字

出版时间：2008 年 12 月

内容简介：本丛书将以我国“十一五”安全生产科技发展规划中的八大研究领域的研究成果为基础，出版八种图书，包括：1.《安全生产哲学》；2.《现代安全科学基本理论》；3.《矿山重大灾害事故致因机理》；4.《交通运输事故预防与控制机理》；5.《工业典型事故发生机理》；6.《工程建设安全生产基础理论》；7.《安全经济及管理理论》；8.《安全生产长效机制理论》。

【序　号：45 】

项目名称：**农业领域首席科学家创新技术项目研究丛书**

作　　者：当今农业领域首席科学家

出版单位：中国农业大学出版社
规　　模：22 册
出版时间：2007 年 12 月
内容简介：本书包括生命科学研究、水土资源可持续利用研究等内容。

【序　号：46 】
项目名称：**文化中国系列丛书（英文版）**
作　　者：上海市新闻出版局
出版单位：上海文艺出版社
规　　模：100 种
出版时间：2007 年 12 月
内容简介：本丛书是上海出版界落实中宣部、新闻出版总署“走出去战略”的重点工程，第一批选题包括“中国读本”、“文学中国”、“作家眼中的中国”三个系列。

【序　号：47 】
项目名称：**中华人民共和国国土资源地图集**
作　　者：李廷栋　主编
出版单位：地质出版社
规　　模：35 卷
出版时间：2008 年 12 月
内容简介：本图集主要由序图、自然环境、自然资源、社会经济资源四大部分组成。

【序　号：48 】
项目名称：**中华人民共和国地名图集**
作　　者：民政部、总参测绘局　等
出版单位：星球地图出版社
规　　模：20 万字，100 幅图
出版时间：2006 年 12 月
内容简介：本图集是中华人民共和国民政部与总参测绘局联合编制的，全面反映我国政区标准地名和政区分布、政府驻地位置、历史沿革的大型专题图集。

【序　号：49】
项目名称：**中国煤炭资源图谱**
作　　者：范维唐　主编
出版单位：煤炭工业出版社
规　　模：2 000 万字
出版时间：2008 年
内容简介：本书全面揭示我国煤炭资源（储量）贮存、煤质分布规律，煤炭气化液化的条件，煤层气、共伴生矿产资源品位及其分布规律，以及我国主要开采煤层开采条件、共伴生矿产资源及煤层气资源开采条件等（附彩图约 2 000 幅）。

【序　号：50】
项目名称：**中国两栖类、爬行类原色图鉴**
作　　者：赵尔宓　主编
出版单位：中国林业出版社
规　　模：4 000 幅照片
出版时间：2008 年 12 月
内容简介：本书作者积累数十年野外和室内研究成果，并参阅了大量文献资料编绘完成此图鉴。

【序　号：51】
项目名称：**中国高等植物彩色图鉴**
作　　者：武素功　主编
出版单位：科学出版社
规　　模：10 卷
出版时间：2008 年 12 月
内容简介：本图鉴记载了中国 1/3 的高等植物。特别是对于珍稀特有种类和经济价值高的种类均有较详细的介绍，并且配有中英文对照，有利于国际间植物分类学的学术交流，从而更好地确立我国在植物资源保护方面的研究地位。

【序　号：52 】
项目名称：**中国海洋生物**
作　　者：本书编委会
出版单位：海洋出版社
规　　模：9 册
出版时间：2009 年 12 月
内容简介：本套书收录了中外学者在中国海域记录的所有生物种类，及这些海洋生物种类的中文名称、拉丁学名、命名人、同种异名或误定名、地理分布和文献号，按生物种类隶属分类阶元（界、门、纲、目、科）依序编排全文。

【序　号：53 】
项目名称：**爱因斯坦全集**
作　　者：爱因斯坦
出版单位：湖南科学技术出版社
规　　模：2 500 万字
出版时间：2009 年
内容简介：本全集共 25 卷，包括从爱因斯坦档案馆中选出的 14 000 余件文件和许多新发现的文件，内容包括已发表的全部物理学和社会政治问题的著作、笔记等。

【序　号：54 】
项目名称：**中国乡村考察报告系列**
作　　者：刘豪兴　等
出版单位：上海人民出版社
规　　模：300 万字
出版时间：2010 年 12 月
内容简介：本选题系开放式丛书。以当代中国乡村的变迁，特别是改革开放以来农村经济发展及各种模式考察为主要内容，反映当代中国农民真实的生存状态和生存环境。选题主要来自各大学和研究机构的社会学研究重大课题。我社已出版的有《乡镇社区的当代变迁——苏南七都》（刘豪兴等著）和《志在富民》（费孝通著）。目前已列选的出版项目有：《走出高山峻林——浙中数万山民下山脱贫》、《大瑶山村的变迁》、《滕村的起飞》、《苏南农村的社会供养与保障》等。

【序　号：55 】
项目名称：**中国中医典籍研究与英译工程**
作　　者：罗希文　主编
出版单位：北京大学医学出版社
规　　模：433 万字
出版时间：2009 年 12 月
内容简介：该项目共 20 部，包括汉代《伤寒论》、汉代《金匮要略》、明代《本草纲目》、明代《普济方》、朝鲜《东医宝鉴》、朝鲜《医方类聚》、日本《医心方》、唐代《千金方》、战国《黄帝内经》、战国《黄帝八十一难经》等。

【序　号：56 】
项目名称：**引进核心高新技术外版图书工程**
作　　者：国防科工委专家组
出版单位：北京航空航天大学出版社
规　　模：5 000 万字
出版时间：2015 年 12 月
内容简介：本项目共 200 卷，旨在引进出版一批具有国际先进水平、反映当代世界国防科学最新技术的著作，加强国际交流，以利于我国国防工业技术理论和实践的进一步深入研究。

【序　号：57 】
项目名称：**国外高端科技著作翻译工程**
作　　者：丁石孙　主编

出版单位：北京大学出版社
规　　模：500 种
出版时间：2009 年 12 月
内容简介：本工程将世界各国最新高端科研成果的著作翻译出版，供我国科研人员参考，将推动我国科学技术的发展。本工程计划每年出书 500 种。

【序　　号：58】
项目名称：**当代农业高新技术理论研究及技术推广图书出版工程**
作　　者：石元春　主编
出版单位：中国农业大学出版社
规　　模：700 种
出版时间：2008 年 12 月
内容简介：本工程包括：由中科院院士、学者参与编写的"当代农业高新技术理论研究"学术专著 100 种，从欧美及日本等农业科技先进国家引进的"当代国外农业高新技术理论研究"学术译著 100 种，由农业部和科技部相关主管部门组织策划的"当代农业高新技术推广读物"500 种。

【序　　号：59】
项目名称：**千书工程**
作　　者：千书工程编委会
出版单位：世界图书出版公司
规　　模：3 000 种
出版时间：2007 年 12 月
内容简介：本工程包括国外影印科技图书 3 000 种，目的是解决我国科研单位、高等院校购买原版科技图书经费不足的困难，尤其为边远地区科技、教育单位和中小客户单位服务。

【序　　号：60】
项目名称：**心育文库**
作　　者：林崇德　主编

出版单位：开明出版社
规　　模：80 册
出版时间：2007 年 12 月
内容简介：本文库分基础理论系列、课程教学研究、教师培训系列、学生咨询系列四部分，旨在解决中小学心理健康教育问题。

【序　号：61 】
项目名称：**楚简综合整理与研究**
作　　者：陈　伟
出版单位：武汉大学出版社
规　　模：15 册
出版时间：2007 年 12 月
内容简介：本丛书包括“战国楚简合集”与“楚简研究丛书”两部分，主要针对已经或即将完整公布的楚简资料进行综合整理与研究。

【序　号：62 】
项目名称：**中国传统法律文化研究**
作　　者：曾宪义　等
出版单位：中国人民大学出版社
规　　模：540 万字
出版时间：2009 年 12 月
内容简介：本丛书从全新的角度全面审视流传数千年的中国传统法律文化，对传统治国理念，刑事、民事、行政法律制度，乃至这些法律传统在近代以来的转变进行了系统而深入的梳理。本书共 6 卷。

【序　号：63 】
项目名称：**敦煌遗书总目录及配套文献**
作　　者：方广锠
出版单位：中国人民大学出版社
规　　模：1 000 万字
出版时间：2007 年 12 月

内容简介：本文献共10卷，是一部大型工具书，是散藏在世界各地的敦煌遗书的简要总目录，包括馆藏目录、分类目录和专题索引。

【序　号：64】
项目名称：**中医百病古今医案精华**
作　　者：陶广正　主编
出版单位：中国医药科技出版社
规　　模：100册
出版时间：2007年12月
内容简介：本丛书根据历代名家的医论医案编写而成，是一套为广大临床医师提供临床辨证参考的图书。

【序　号：65】
项目名称：**实用临床医部全录**
作　　者：王永炎　主编
出版单位：中国中医药出版社
规　　模：10 000万字
出版时间：2009年12月
内容简介：《医部全录》是我国规模巨大的《古今图书集成》中的一个组成部分，这部书在公元1723年出版，辑录了自《内经》到清初的医学文献120余种。《实用临床医部全录》利用以上医学文献，按内、外、妇、儿科分为500卷，卷下分册，各册含有一个或数个病症，并附历代医家对病症治疗的总结，旨在使专业人员在较短时间内深入了解病症，探索中医治病的证治规律。

【序　号：66】
项目名称：**画说中国——中华优秀传统文化常识**
作　　者：蔡恒奇
出版单位：中国和平出版社
规　　模：6万字
出版时间：2007年6月

内容简介：本套书配光盘，把中华文明五千年优秀的文化经典以动漫形式表现出来，旨在让广大青少年在喜闻乐见中了解五千年历史，继承和弘扬中华优秀传统文化。这是一项加强未成年人思想道德建设，提高人文素质的基础工程，也是一项培养民族精神，陶冶爱国主义情怀，传承中华文明的基础工程。

【序　号：67 】
项目名称：**二十世纪中国知名科学家学术成就概览**
作　　者：钱伟长　主编
出版单位：科学出版社
规　　模：4 000 万字
出版时间：2010 年 12 月
内容简介：本概览包括自然科学、工程技术科学和人文社会科学三大类，暂定由数学、物理学、化学、天文学、地学、生命科学、农学、医学，机械与运载工程学、信息与电子工程学、化工冶金轻纺与材料工程学、能源与矿业工程学、土木水利与建筑工程学，以及哲学、法学、历史学、经济学、教育学、军事学、管理学和索引等 20 卷 60 分册组成。内容包括中英文摘要、个人简历、研究经历和学术成就、治学思想、理论、方法、学术展望、代表性学术成果集要、相关图表照片、参考文献等。概览较为详尽、系统全面地展示各科学家的学术轨迹和成就，并为国家科技发展规划及相关领域的学科发展，提出重要的评估依据。全部项目包括图书出版、资料数据库建设与光盘、网络传播三大部分。

【序　号：68 】
项目名称：**世纪人文系列丛书**
作　　者：陈　昕　丛书编委会主任
出版单位：上海人民出版社　等
规　　模：1 500 种
出版时间：2015 年 12 月
内容简介：“世纪人文系列丛书”以“梳理西方思想脉络，构造中国学术传统”

为宗旨，主要关注上世纪 80 年代以来全球范围内的学术思想进展，收录在思想史上有意义的中国和西方学者的著作。丛书分“世纪文库”、“世纪前沿”、“大学经典”、“袖珍经典”、“开放人文”五个方面，各成系列。丛书旨在将人文教育、学术研究以及人类思想的传承和普及勾连起来，为经济飞速发展的中国提供最基本的文化景观和精神资源。

【序　号：69 】
项目名称：**藏医药经典文献集成**
作　　者：丛书编委会
出版单位：青海民族出版社
规　　模：100 部
出版时间：2010 年 12 月
内容简介：藏医药学植根于青藏高原独特的自然环境和人文土壤，是中华传统医药学的重要组成部分和璀璨瑰宝。本丛书将散见于藏区各大寺院和民间的藏医药学古籍文献进行整理加工，归纳分类。

【序　号：70 】
项目名称：**中华大藏经（汉文部分·续编）**
作　　者：任继愈　主编
出版单位：北京图书馆出版社　等
规　　模：26 000 万字
出版时间：2010 年 12 月
内容简介：《中华大藏经》（汉文部分·续编）收录历代大藏经中没有千字文编号的典籍，散见在历代大藏经之外的古代佛教典籍，不断被发现的佛教文献，近代以来从梵文、巴利文、藏文新译的佛教文献，佛教以外人士撰写的有关佛教的重要文献。规模是正编的一倍多。

3. “三农”读物出版规划（33项）

【序　号：1】
项目名称：**中国劳动力流动与“三农”问题**
作　　者：朱　农
出版单位：武汉大学出版社
规　　模：40万字
出版时间：2006年6月
内容简介：本书将国外经济学的最新发展成果应用于中国农村的调查数据，从静态和动态、宏观和微观等多个角度，对中国劳动力流动与农业剩余劳动力的就业、农业和农村非农产业的发展、农民收入的不平等、农村地区的贫困化、农村社会福利水平和农村人力资本投资等因素之间的关系进行详尽的分析。

【序　号：2】
项目名称：**中国“三农”问题研究丛书**
作　　者：陈锡文、段应碧　等
出版单位：中国财政经济出版社
规　　模：400万字
出版时间：2006年12月
内容简介：本套书主要包括以下著作：1.《农村劳动力流动》；2.《土地承包与土地流转》；3.《农村财政与公共管理》；4.《农村税费改革》；5.《农村金融》；6.《乡镇基层政权运行》；7.《农村教育》；8.《农村卫生与合作医疗》；9.《农村乡镇经济》；10.《农村妇女问题》；11.《农村村民自治问题》；12.《农村基层党的建设》；13.《农村精神文明建设》。本套书为“十五”国家重点图书规划增补选题。

【序　号：3】
项目名称：**“三农”重大问题研究书系**
作　　者：柯炳生、黄祖辉　等
出版单位：中国农业出版社
规　　模：500 万字
出版时间：2010 年 12 月
内容简介：本书系针对我国农业发展进入了新阶段，在改革发展中出现的新问题、新情况进行了深入细致的研究。主要包括：新时期中国农村改革与发展研究、解决中国“三农”的理论、思路与对策研究、三峡库区生态环境安全及生态经济系统重建、中国农业经济理论与政策、多哈回合后中国农业发展研究等。有的来自国家“十五”科技攻关项目“三峡库区生态环境安全及生态经济系统重建关键技术研究与示范”，有的来自国家自然科学基金等。

【序　号：4】
项目名称：**全面建设小康社会中的“三农”问题研究丛书**
作　　者：程传兴、焦国栋　等
出版单位：河南人民出版社
规　　模：120 万字
出版时间：2007 年 12 月
内容简介：丛书以全面建设小康社会为大背景，以理论界最新研究成果为基础，从我国“三农”问题的现实出发。丛书首批推出 6 本：《农户经济行为分析与农村政策变革》、《农业资源约束与农业现代化路径选择》、《农村人力资源开发与农村经济发展》、《农村要素市场的发育与完善》、《统筹城乡发展的农村支持体系建设》、《农村劳动力流动与权益保障》。

【序　号：5】
项目名称：**新型农村公共服务体系探索丛书**
作　　者：徐　勇　等
出版单位：湖北人民出版社

规　　模：300 万字

出版时间：2010 年 12 月

内容简介：本丛书将以湖北及其他一些省市农村公共服务体系的改革和建设的深入调查研究为基础，以构建新型农村公共服务体系为主题，分专题进行分析和探讨。拟订书目包括：1.《农业技术推广体系》；2.《农村水利服务体系》；3.《农村畜禽防疫体系》；4.《农村公共卫生服务体系》；5.《农村文化服务体系》；6.《农村救助服务体系》；7.《农村公共安全体系》；8.《农村公共财政体制建设》；9.《农村义务教育体制改革》；10.《农村新型公共服务体系》。丛书是 2003 年度教育部哲学社会科学重大招标项目"我国农村和农民问题研究"（03JZD0031）的研究成果。

【序　号：6 】

项目名称：**"金阳光"新农村工程丛书**

作　　者：卢良恕、翟虎渠　等

出版单位：江苏科学技术出版社

规　　模：500 万字

出版时间：2009 年 12 月

内容简介：丛书共计 55 册，分为三个系列：种养赚钱系列；技术能手系列；创业经营系列。丛书名定为"'金阳光'新农村工程丛书"，寓意是"让先进实用的科学技术金阳光照耀农村大地，惠及农民兄弟"。该丛书不仅向农民读者传授先进实用的知识和技能，更重要的是引导农民读者学会闯市场，强化经营和创业意识，从而培养新时代的新型农民。

【序　号：7 】

项目名称：**甘肃农村小康建设丛书**

作　　者：甘肃省农科院、甘肃农业大学

出版单位：甘肃科学技术出版社

规　　模：300 万字

出版时间：2010 年 2 月

内容简介：本丛书主要以甘肃区域性农业技术推广项目为主，不断满足区域农民的需求，同时满足同类地区市场需求。本项目已从2003年至今出版了47个品种，发行了50多万册，计划到2010年出版到100个品种，同时对已出版的品种不断修订和创新。

【序　号：8】
项目名称：**富民兴业丛书**
作　　者：彭克勤、单　扬　等
出版单位：湖南科学技术出版社
规　　模：2 000万～2 400万字
出版时间：2010年12月
内容简介："富民兴业丛书"计划出书100～120种，分四大系列。1. 无公害新技术系列。本系列是以"国家食品安全行动计划"为支撑点，以规模种养大户、专业户为主要读者对象，以介绍无公害种植、养殖新技术为特征的丛书。2. 农业新技术普及系列。本系列计划出书40种左右，2007年完成。本系列以单项作物品种、单项技术为主要形式出版，强调内容新颖、技术先进、简单实用，真正保证农民读者"读得懂、买得起、用得上"，故也称本系列为"三得"系列。3. 小康家园系列。本系列计划出书20种左右，以农村文化建设、农村卫生保健、农村计划生育及母婴健康、农村居家环境、农村少年儿童教育、农村法律知识的普及为主要内容，以建设小康农村为目标的大型普及丛书。4. 农民工技能培训系列。本系列计划出书20种左右。本系列以农民进城务工为主线，介绍交通、居住、务工、生活、理财、维权等方面的知识，同时重点培训一技之能。

【序　号：9】
项目名称：**农牧渔业生产技术人员学习指导丛书**
作　　者：束怀瑞、吴常信　等
出版单位：中国农业大学出版社
规　　模：2 700万字
出版时间：2007年10月

内容简介：本丛书作为生产技术人员的学习与提高用书，具有以下特点：1. 高层次：以标准化生产为起点，以绿色食品质量要求为保障，以配套技术作衔接。2. 高资质：丛书的编写人员均为业内严格遴选的教授或研究员，拒绝挂名作者，以保障真正意义上的专家队伍。3. 新技术：把国内外种植业、养殖业的最新研究成果融入丛书之中，并重点介绍新成果的应用与本土化。4. 新思路：贯穿在整个编写过程中的指导思想就是"优质、高效，与国际接轨"。

【序　号：10】
项目名称：**民族文字版"三农"丛书**
作　　者：民族出版社蒙文室、维文室　等
出版单位：民族出版社
规　　模：2 000 万字
出版时间：2009 年 12 月
内容简介：本丛书具体类别包括：农牧科普读物、生态环保读物、普法读物、医疗保健读物、爱国主义教育读物。

【序　号：11】
项目名称：**农村两元钱实用知识丛书**
作　　者：李　力、冯昌荣　等
出版单位：西南师范大学出版社
规　　模：44 种
出版时间：2010 年 12 月
内容简介：本系列丛书为"十五"国家重点图书出版规划项目，从 1999 年开始编印至今，已出版 110 个品种，累计发引 200 多万册，品种分为种植、养殖、综合知识、综合技术等四大类。目前拟增加选题 44 种。

【序　号：12】
项目名称：**中国农村教育问题研究**
作　　者：廖其发
出版单位：四川教育出版社

规　　模：45 万字
出版时间：2006 年 4 月
内容简介：本项目系全国教育科学“十五”规划重点课题研究报告成果体现，是关于“三农”问题的出版项目。本书就我国农村教育综合改革的对策、农村教育综合改革的历程与经验、农村学校培养质量、农村教育人事管理体制、农村教育法规建设、农村教育经费、农村基本教育课程、农村中小学教学、农村义务教育、农村留守儿童教育、农村职业教育、农村成人教育、农村思想道德教育、农村教育督导、农村教育科研等问题进行了深入分析。

【序　　号：13】
项目名称：**测土配方施肥技术系列丛书**
作　　者：高祥照　等
出版单位：中国农业出版社
规　　模：168 万字
出版时间：2006 年 1 月
内容简介：本丛书共 21 种，主要内容包括小麦、玉米、水稻等粮食作物和蔬菜、果树等经济作物的测土配方施肥技术，以及作物区域布局、作物营养特性、作物需肥特性、测土配方施肥方法，不同栽培条件下、不同肥料品种的施肥时期、数量、方法等。

【序　　号：14】
项目名称：**三农经济知识新读本丛书**
作　　者：李秉龙、张正河　等
出版单位：中国农业大学出版社
规　　模：180 万字
出版时间：2008 年 7 月
内容简介：本丛书是为基层管理者和农民而写的，重点解决农民及基层管理者在社会主义的市场经济发展中应知、应会的东西；语言上力求通俗易懂，让农民买得起、看得懂、学得会，能解决生产和生活中的实际问题。本丛书由在三农理论和实践方面有较高水平的教授及农业经济专家担任主编。

【序　号：15 】
项目名称：**新概念养殖技术系列丛书**
作　　者：刘太宇、张建云　等
出版单位：中国农业大学出版社
规　　模：270 万字
出版时间：2008 年 10 月
内容简介：本系列丛书主要是针对广大养殖户和基层科技工作者而编写的，以图文并茂、选材新颖为特点，书的形式灵活多样，集知识性和趣味性于一体，以便吸引读者；同时，本丛书力求将每个领域中最新的知识、研究成果等深入浅出地呈现在读者面前。

【序　号：16 】
项目名称：**有机农业生产技术丛书**
作　　者：杜相革、郑建秋　等
出版单位：中国农业大学出版社
规　　模：560 万字
出版时间：2010 年 10 月
内容简介：有机农业的标准是按照国际基本标准制定的，可直接与国际接轨。有机农业是以有机生产方式从事种植、养殖和加工的综合生产体系，发展有机农业不仅有利于生态改善环境，而且有利于提高我国农产品在国际市场的竞争力。本丛书介绍了有机农业的概念、理论基础、生产、加工、贸易、标准、检查认证和质量保证的全过程，不仅可供植保、农学、园艺、资环和土壤等管理人员学习、参考，而且可用于农林生产技术人员的培训，并指导农业生产与认证。

【序　号：17 】
项目名称：**食品深加工技术丛书**
作　　者：尤　新、郑有军　等
出版单位：中国轻工业出版社

规　　模：220 万字
出版时间：2006 年 1 月
内容简介：本书从大食品的概念（包括粮食、农作物、畜禽、酒类等）出发，从种植、养殖、加工、流通的角度进行选题策划。系列丛书如下：《大豆深加工技术》、《玉米深加工技术》、《茶叶深加工技术》、《蜂产品深加工技术》、《薯类深加工技术》、《禽蛋制品加工技术》、《水产品加工技术》、《粮油食品加工技术》、《果品贮藏与加工技术》、《蔬菜贮藏与加工技术》、《生态农业的开发与利用》。

【序　　号：18】
项目名称：**农民增收科技支撑建设工程——农民增收百项关键技术丛书**
作　　者：卢　纯、童崇德　等
出版单位：中国三峡出版社
规　　模：800 万字
出版时间：2008 年 10 月
内容简介：本套丛书为全国广大农民普及、推广先进适用的农业科学技术知识。本套丛书邀请国内针对三峡库区经济环境从事科研的著名专家撰写，包括《家庭小规模养猪增收关键技术》共计出版 100 个品种，每种介绍一项关键技术，涉及面广，技术含量高，力求移（农）民易懂实用。

【序　　号：19】
项目名称：**农村青年文库**
作　　者：共青团中央青农部
出版单位：农村读物出版社
规　　模：1 000 万字
出版时间：2007 年 7 月
内容简介：本文库结合当前我国农村青年工作和依据调研结果，共策划了涵盖八个方面的 100 种选题。八个方面具体内容如下：1. 劳动力转移系列，涉及的内容有务工青年进城须知、如何选择职业、相关法律知识以及权益保障等。2. 自主创业系列，主要包括自主创业前的心理准备、投资预测、经营方法以及创业项目等内容。3. 技能培训系列，本系列包括适合务工青年从事的十几种职业技能岗位，并重点讲解了上岗入门的内容。4. 信息服务系列，主要为农村青年提供各种信息。5. 文化宣传系列，主要内容包括反映改革开放后农村的变化和新面貌，介绍农村自然景观，讲述移风易俗趣事以及用绘画形式普及科普知识等。6. 和谐家园建设系列，主要介绍建设和谐乡村村委会应做的工作，怎样建立和谐家庭以及公民道德行为规范等方面的内容。7. 提高生活质量系列，主要内容包括生活环境的改善，饮食健康，购物技巧等。8. 保健养生系列，主要讲述劳动损伤预防与处理，常见病预防与诊断，家庭自救与护理以及健身养生法等内容。

【序　号：20】
项目名称：**阳光工程书库**
作　　者：陆江舸　主编
出版单位：广西科学技术出版社
规　　模：80 万字
出版时间：2010 年 10 月
内容简介：为了配合广西壮族自治区政府实施好“阳光工程”，加快农民工向非农产业转移的进程，我社拟编辑出版《阳光工程书库》。书库将按照广西壮族自治区农民工培训规划所制定的目标和内容，针对不同行业、不同工程、不同岗位的技能要求编写。首批设计 8 种图书，每本书均配 VCD 光盘，目的在于提高农民遵守法律法规和依法维护自身权益的意识，树立良好的职业道德观念，提高农民在城市的生存能力和就业竞争能力。

【序　号：21】
项目名称：**小小工具书农村版系列**
作　　者：伍宗文、董小玉　等
出版单位：四川辞书出版社
规　　模：300 万字

出版时间：2006 年 10 月

内容简介：为提高民族素质，满足农村少年儿童精神文化的需要，本着“看得懂，买得起，用得上”的原则，特别为农村中小学生度身定制了“小小工具书农村版系列”。本系列书包括《字谜小词典》、《汉语小字典》、《成语小词典》、《歇后语小词典》、《谚语小词典》、《俗语小词典》、《格言小词典》、《对联小词典》、《英汉小词典》、《汉英小词典》10 种，在原有小小工具书基础上修订，选条精当，内容丰富科学，在有限的篇幅内容纳了更多的知识内容，是大专家编写的小词典。

【序　号：22 】

项目名称：**进城农民必读系列**

作　　者：王春光、石　磊　等

出版单位：江西人民出版社

规　　模：72 万字

出版时间：2006 年 12 月

内容简介：本系列包括：《新农民　新观念》、《怎样成为城里人》、《进城农民维权书》、《农民进城就业指南》、《进行农民创业之道》、《怎样让明天有保障》。《进城农民必读系列》以农民为读者对象，围绕农民进城生活、打工和发展的需要，用通俗易懂的语言和可操作的内容，有针对性地、实实在在地为他们提供最新最实用的有关城市生活、工作和发展所必备的观念、意识，以及具体的法律法规、公共秩序、维权、教育等方面的知识、政策和技能、经验。帮助农民解决好他们在角色转换、新生活空间适应、城市文化融入、文明生活、生存保障、发展定位、未来归宿等方面所碰到的困惑、疑虑、困难、问题。

【序　号：23 】

项目名称：**农家致富口袋书**

作　　者：广西农业厅、广西农科院、广西大学　等

出版单位：广西科学技术出版社

规　　模：1 480 万字
出版时间：2010 年 10 月
内容简介：本丛书主要包括农业科技（种植、养殖、农副产品加工等）、政策法规、养生保健、文化娱乐（民间民俗）、农民工培训等方面的内容。丛书突出快捷、实用、本薄、价低、品种多的特点。

【序　　号：24】
项目名称：**中国主要树种苗木培育技术**
作　　者：刘　勇、沈永宝
出版单位：中国林业出版社
规　　模：40 万字
出版时间：2007 年 12 月
内容简介：本书向读者介绍中国主要树种苗木培育的技术和方法，突出“实用”和“新”两个特点，强化检索功能，使读者通过阅读本书就可以进行操作。全书分苗木培育基本方法与技术（苗圃地建立、良种选择方法、种子繁殖育苗方法与新技术营养繁殖育苗方法与新技术、容器育苗技术、保护地育苗技术、菌根育苗技术、苗木质量评价技术、苗木活力保护技术、常见病虫害防治技术）、中国主要造林绿化苗木培育技术（具体讲述各种树种的苗木培育技术）。种类包括：我国生态建设造林树种、商品林用材树种、经济林树种、特种用途林树种、风景林造林树种。

【序　　号：25】
项目名称：**农村发展与增加农民收入——贫困、收入差距与稳定增长**
作　　者：蔡　昉
出版单位：中国劳动社会保障出版社
规　　模：25 万字
出版时间：2006 年 1 月
内容简介：本书内容包括：宏观经济政策、农民收入问题的性质、农民收入增长格局变化、城乡差距的本质、三农问题的政治经济学、迁移和收入转移对贫困的影响、扶贫战略调整、户籍制度改革与城乡差距，“温饱陷阱”等等。研究目标：旨在解决过去研究成果存在的缺憾，为解决三农问题提供科学的理论指导和政策参考。本研究成果为中国社科院重大课题。

【序　号：26】
项目名称：**服务“三农”**
作　　者：民政部救灾司、低保司
出版单位：中国社会出版社
规　　模：1 000 万字
出版时间：2009 年 12 月
内容简介：本丛书主要介绍了农村基层组织建设理论与实务，农民、农村权利的维护，农业实用技术的推广，农民进城务工指导，农村常见疾病的治疗与护理。对研究和解决“三农”问题具有重要指导作用。

【序　号：27】
项目名称：**珍奇动物的饲养及其疫病防治**
作　　者：努尔旦·布力斯别克
出版单位：新疆科学技术出版社
规　　模：16 万字
出版时间：2006 年 10 月
内容简介：本书共 8 章 27 节，介绍水貂、貉、海狸鼠、麝鼠、狐狸、鹿等珍奇动物的生物特性、分类和分布、形态与习性、繁殖和育种指标、饲养管理及其营养需要和饲养标准。书中还介绍了饲养珍奇动物的基本设施和设备；珍奇动物的皮张，鹿茸的采收和加工、人工取香方法、疫病的防治等。本书已列入全国少数民族优秀图书出版资金资助项目。

【序　号：28】
项目名称：**农村社会保障的国际比较及启示研究**
作　　者：林　义
出版单位：中国劳动社会保障出版社

规　　模：25 万字
出版时间：2006 年 2 月
内容简介：本书对国外农村社会保障制度进行了系统的比较研究，对工业化国家、经济转型国家、发展中国家农村社会保障制度的基本框架、主要特点、运行机制、改革发展趋势等进行了较系统的提炼，弥补了国内现有研究之不足。对国际农村社会保障制度面临的挑战及调整改革的主要特点做了高度的概括和提炼。成果分别从经济全球化、人口老龄化、经济社会转型的宏观视角，对各国农村社会保障制度面临的挑战进行提炼。

【序　　号：29 】
项目名称：**农民增收口袋书（图画版）**
作　　者：郑建秋　等
出版单位：中国农业出版社
规　　模：200 万字
出版时间：2007 年 12 月
内容简介：《农民增收口袋书》（图画版），是中国农业出版社从农业生产实际出发，从广大果农、菜农和养殖专业户的阅读实际出发，带着责任和感情，在《农民增收口袋书》的基础上，又组织策划的农民朋友"买得起，读得懂，用得上"的大型低价位、彩色印刷的丛书，全书 100 册，分动植物单品种，一品一书，每种配以 30～40 幅生态实物病虫害危害症状、形态鉴别彩色照片或图片，其中包括不同时期的典型和非典型生态照片；文字方面，用直白的文字、农民的语言，说明病虫害发病症状特点和具体防治方法，以方便读者使用。

【序　　号：30 】
项目名称：**生态家园富民计划科普连环画册系列丛书**
作　　者：张凤桐　等
出版单位：中国农业出版社
规　　模：50 万字
出版时间：2010 年 12 月

内容简介：本丛书包括《沼气用户手册》、《猪—沼—果能源生态模式技术手册》、《“四位一体”能源生态模式技术手册》、《省柴节煤炉灶技术手册》、《农村改厨、改厕、改圈技术手册》、《农户庭院生态绿化技术手册》、《沼气池预防血吸虫技术手册》、《微水电综合利用技术手册》、《风能综合利用技术手册》、《太阳能综合利用技术手册》。该套丛书的出版，能使广大农民朋友了解、掌握和应用能源生态实用技术，从而达到节约资源、美化生活、保护生态环境的目的。

【序　号：31 】
项目名称：**金阳光工程**
作　　者：张改平、孙志强　等
出版单位：中原农民出版社
规　　模：1 500 万字
出版时间：2010 年 6 月
内容简介：我社在“十一五”期间，计划着力打造“大三农”出版工程——“金阳光工程”。其总的设想是以科学的发展观为指导，以建设现代农村和谐社会为目标。本书内容涉及农村城镇化发展问题、农村环境问题、农业增效和农业结构调整问题、农业产业化问题、农民增收和生活质量问题、农村劳动力转移问题及现代农业技术等；总体规模是 6 个系列，150 余个品种。6 个系列分别是：现代农业技术系列、拓展就业系列、农产品营销及经纪人系列、农村基层干部必读系列、健康生活系列、农产品与食品安全生产系列。

【序　号：32 】
项目名称：**城镇务工实用技能丛书**
作　　者：谭继清、陈莹珏　等
出版单位：重庆大学出版社
规　　模：900 万字
出版时间：2010 年 12 月
内容简介：本丛书采用向社会公开征集选题的方式，针对各行业培训提高农民工生产技能的需求，兼顾“进城务工的农民”和“城市下岗再就业的工人”两类人群。其中包括“建筑工人基本技能系列”、“家装基础知识系列”、“家庭作坊系列”等。丛书共约100种。

【序 号：33 】

项目名称：**新农村文库**

作　　者：翟文明、宿春礼　主编

出版单位：中国书店

规　　模：378种

出版时间：2008年12月

内容简介：本文库包括社科类图书、经管励志类图书、生活类图书、百科类图书等四大类378个品种，内容涵盖社会生活的方方面面。体例安排上，结合读者的文化程度和阅读需求，选择适合新农村、新农民阅读的各类知识，用通俗易懂的语言文字生动讲解，大部分图书还配有图片。

4. 中国出版“走出去”重点图书出版规划（52 项）

【序　号：1】
项目名称：**中华文明史**
作　　者：袁行霈　主编
出版单位：北京大学出版社
规　　模：130 万字
出版时间：2006 年 6 月
内容简介：本书将中华文明分为四个时期，以中华文明史上重大的转型作为分期的依据，细致地描绘各个时期文明的特点、亮点，及其承上启下的关系，彰显那些对文明发展作出重大贡献的人物，探讨对文明发展起关键作用的各种因素，从而全面论述中华文明发展的历程，揭示若干发展规律和历史经验。

【序　号：2】
项目名称：**中华文明史话（英文版）**
作　　者：江　流、王　正　等
出版单位：中国大百科全书出版社
规　　模：1 500 万字
出版时间：2007 年 12 月
内容简介：本丛书规模恢弘，涵盖广泛，内容丰富，是一套大型的普及性丛书。全书百册，分别从经济、政治、军事、哲学、史学、文学、艺术、科技、饮食、服饰、交通、建筑、礼俗等不同方面，对灿烂的中华文明史作了较全面系统的介绍。

【序　号：3】
项目名称：**中国基本情况丛书（英文版）**
作　　者：本书编写组

出版单位：外文出版社
规　　模：40 万字
出版时间：2009 年 12 月
内容简介：本丛书以简洁易懂的语言和丰富的图片向国外读者全面介绍中国社会各方面从古代至现代的发展脉络、基本情况，其中包括中国地理、历史、文化、教育、旅游、建筑、文学、绘画等方面。每分册约 5 万字，150 幅图，全彩印制。本丛书是广大国外读者了解、认识中国的历史和现状的理想读物。

【序　号：4 】
项目名称：**大中华文库（英汉对照版）**
作　　者：本书编委会
出版单位：外文出版社
规　　模：15 000 万字
出版时间：2007 年 12 月
内容简介：《大中华文库》是一项全面展示中国古代文化、大规模译介中国经典作品的文化工程。以汉英对照的形式推出中国古代最有影响、最有代表性的作品，从思想学术、文学、历史、科技等方面涵盖宝藏丰厚的中国古代文明，全面地向世界展示中国文化的基本面貌和灿烂成就。本次出版的品种包括：《中国古代神话选》、《宋明平话选》、《聊斋志异选》、《太平广记选》、《中国古代寓言选》、《唐代传奇选》和《夷坚志选》7 种。

【序　号：5 】
项目名称：**中国十三亿人的生活革命系列丛书（西/俄/日文版）**
作　　者：本书编写组
出版单位：外文出版社
规　　模：20 万字
出版时间：2006 年 12 月
内容简介：本丛书拟从当代中国人生活中各个角度发生的诸多根本性的改变来反映中国近五十几年来政治、经济、文化等方面发生的巨大变化，以增进世界对中国的了解，吸引更多国外读者关注中国。

【序　号：6】
项目名称：**中国古代文明的外传和世界影响丛书**
作　　者：科学史与科技文明国家社科研究基地
出版单位：中国科学技术大学出版社
规　　模：1 000 万字
出版时间：2010 年 12 月
内容简介：接转“十五”国家重点图书出版规划，由（中国科学技术大学）科学史与科技文明国家社科研究基地作为重点研究项目，面向国内外招标作者，作为实践“走出去战略”的图书与海外出版机构合作出版外文版。在写法上仍是循《中国古代四大发明：源流、外传及世界影响》的结构，分陶瓷、丝绸、茶叶、中医药、园艺等独立成册，梳理技术源流，描述外传路径，揭示世界影响。

【序　号：7】
项目名称：**走近中国系列丛书（英文版）**
作　　者：沈以澄、陆士虎　等
出版单位：上海人民美术出版社
规　　模：80 万字
出版时间：2010 年 12 月
内容简介：本书是一套深度介绍中国历史文化名城、名镇的系列图文丛书，采用全英文的编撰形式，是专门为外国读者而作。丛书选题为开放式结构，以市场需求和读者兴趣为依据，全面规划、分辑出版。先期出版的已有：《走近中国——上海》、《走近中国——杭州》、《走近中国——朱家角》、《走近中国——南浔》，代表了中国大、中、小名城名镇的特色。编辑体例设有：概况、历史文化、民情风俗、旅游胜地、人文景观、名人、特色器物等，以自然、人文景观和文化艺术构成整本书完善的图文框架，能使外国读者比较容易读懂、看懂中国的文化历史内涵。

【序　号：8】
项目名称：**中国对外汉语教学简史**
作　　者：吕必松、董　明　等主编
出版单位：北京语言大学出版社
规　　模：50万字
出版时间：2008年8月
内容简介：本书是国内第一部全面系统介绍中国的对外汉语教学历史的专著。中国的对外汉语教学可以追溯到汉代，到唐代已经很兴盛。元代时，朝鲜已经出现了《老乞大》、《朴通事》这样流传后世的汉语教材。明清两代，西学东渐，出现了18世纪英国人威妥玛编写的汉语教材《语言自迩集》，流传百年，成为当时汉语教材的典范。新中国成立后，随着国家的繁荣富强，尤其是自20世纪80年代以来，对外汉语教材汗牛充栋，教学法层出不穷，为了对外汉语教学事业的顺利发展，急需一部梳理历史、介绍并评价对外汉语教材和教学法等的专著。本书即为此而作。

【序　号：9】
项目名称：**中国国家汉办重点规划教材长城汉语**
作　　者：马箭飞　主编
出版单位：北京语言大学出版社
规　　模：1 560万字
出版时间：2008年8月
内容简介：本规划教材是中国国家汉办规划组织的重点研发项目，是基于网络多媒体技术开发的新型对外汉语教学模式。《长城汉语》纸质教材包括课本、练习册、语法手册，完整体现了该教学模式的等级系列和学习内容。面向主体目标和特定目标，《长城汉语》编写了不同层级的教材。面对主体目标，即一般汉语学习者，推出“生存交际”、“拓展交际”和“自由交际”三个大的级别的教材特定目标，包括商务、文秘、旅游三个方向。整套教材共156本。纸质教材主要与网络多媒体课件配套使用，也可以与多媒体光盘配套，用于面授或自学。

【序　号：10】
项目名称：**中国汉语水平考试（HSK）研究书系**
作　　者：孙德金、陈　宏　等主编
出版单位：北京语言大学出版社
规　　模：109万字
出版时间：2006年10月
内容简介：中国汉语水平考试（HSK）是我国对外汉语教学领域最重大的研究成果之一，目前它已经成为在国内外最具影响力的汉语水平测试工具。我社编辑出版“中国汉语水平考试（HSK）研究书系”是对过去的树立和总结，更对开拓汉语水平考试发展的广阔未来有深刻意义。首先，要树立和维护中国汉语水平考试的权威性，就要不断加强理论研究。其次，本套丛书通过对北京语言大学中国汉语水平考试研究中心20年来研究成果的汇总，很好地宣传了HSK考试的科学性和权威性。第三，加强与世界各国语言测试领域专家学者的交流沟通，对于促进中国汉语水平考试的发展与完善有着极其重大的意义，本书无疑为推动这一交流的实现作出了有益尝试。

【序　号：11】
项目名称：**中国知识读本（外文版）**
作　　者：国内专家和国外专家合作
出版单位：商务印书馆
规　　模：10万字
出版时间：2006年3月
内容简介：本项目将对国外一般读者，即学习汉语的中小学生和愿意了解中国的普通人士对我国的关注点进行充分的调查研究，编写一本适合这一广泛读者群的简明读本，唤起国外中小学汉语学习者和更多普通人了解现代中国和中国传统文化的兴趣，把他们引进了解中国、学习汉语的大门。本项目首先完成汉语母本，然后将根据不同的国情改编翻译成英语、泰语、韩语及其他语种。纸本读物可供中小学使用，也可供一般读者阅读；多媒体版除适合上述读者外，其中的文字、图片、声像素材也可以供各级教师和其他人员制作教学课件，介绍中国时使用。本书先出基础版，陆续出版各种外文版。

【序　号：12 】
项目名称：**对外汉语教学专题研究书系**
作　　者：赵金铭　主编
出版单位：商务印书馆
规　模：440万字
出版时间：2006年6月
内容简介：本书系旨在汇集、筛选近10年来中国大陆主要学术期刊和论文集发表的对外汉语教学各研究领域的最新学术成果，将其条分缕析，进行体系化的处理，形成专题研究的著作。本书系可作为相关教师、研究人员、研究生的参考书。

【序　号：13 】
项目名称：**世界城市档案系列丛书**
作　　者：丛书编委会
出版单位：山西人民出版社
规　　模：125万字
出版时间：2009年12月
内容简介：本系列丛书为大型国际合作出版项目。文字和图片由国内、国际著名专家共同完成，分中文、英文等多种文字版本。本系列丛书主要为城市规划、建设和美化的有关专业人员和专门机构而编写出版。丛书以丰富的图片和扼要的文字，介绍世界典范城市的基本地理特征、公共交通设施、重要公共服务设施、城市布局特色特点、标志性建筑、公园和广场、公共艺术作品和公共艺术项目、主要社区及其功能特点。此外，还附有专家对这些设施、分布和功能的合理性评点，以及对城市特色特点的综合评论。除大量图片和精要文字外，每册各章节还绘有多幅平面地图，显示该城市公共交通、绿地、公园、公用设施、公共艺术、标志性建筑的位置和布局。

【序　号：14】

项目名称：**世界汉语教学类图书系列（第一批）**

作　　者：商务印书馆世界汉语教学研究中心

出版单位：商务印书馆

规　　模：7 000 万字

出版时间：2010 年 12 月

内容简介：本系列丛书规模较大，品种繁多，分为四大子系列：面向外国人的汉语图书系列，面向海外华人的华语图书系列，面向国内少数民族的汉语图书系列，面向国内汉语教学师资的汉语图书系列。第一批 110 种，包括教材、教辅、著作、词典等。

【序　号：15】

项目名称：**(汉英对照) 中医经典文库**

作　　者：李照国

出版单位：上海中医药大学出版社

规　　模：240 万字

出版时间：2009 年 12 月

内容简介：本文库包括：1.《黄帝内经》，这是我国现存最早的较为系统和完整的一部医学典籍，它分为《黄帝内经素问》和《黄帝内经灵枢》两大部分，它们系统阐述了人体的结构、生理、病理以及对疾病的治疗和预防等问题，其内容包括阴阳五行、藏象、经络、病因病机、病证、诊法、治则治法、养生、运气等，奠定了中医学的理论基础，集中反映了我国古代医学的发展成就，创立了中医学理论体系，奠定了中国医学的发展基础。《黄帝内经素问》还是我国古代各学科发展的集大成者，它不但保存了我国古代许多医籍的珍贵资料，还记述了我国古代天文、气象、物候等多学科的知识，为各有关学科的研究提供了重要史料。2.《伤寒杂病论》，这是我国第一部中医临床医学著作，它开创了以六经辨证诊治外感疾病和以脏腑辨证诊治内伤杂病的先河，确立了中医辨证论治的理论体系，为临床医学的发展奠定了基础。《伤寒杂病论》通常分成《伤寒论》和《金匮要略》两大部分。本文库采用汉英对照形式，有利于将我国中医经典医著推向世界，让世界更好地了解中医。

【序　号：16 】
项目名称：**全景中国系列丛书（中/英文版）**
作　　者：郜海镭、梅　宏　等
出版单位：外文出版社
规　　模：1000万字
出版时间：2006年12月
内容简介：本套丛书的基本思路，是针对各省特色，贴近国外读者，根据国外读者的需求和接受习惯，整体出版一套对外介绍中国34个省、直辖市、自治区、特别行政区的中、外文版图书，以增进世界对中国的了解，尤其是对中国内地各省的了解和交流，扩大内地各省市在国外的影响力和知名度，增强其国际竞争力。每册书在标题及内容上都抓住该省最突出的特色和资源做足文章，给读者以深刻的、不可替代的印象。在标题上突出各省人文特色或优势，内容有鲜活真实的日常生活、社会经济发展情况及各种信息等，以不同的特色吸引国外读者的关注和兴趣。

【序　号：17 】
项目名称：**中国文化面面观系列丛书（法/西/德文版）**
作　　者：本书编写组
出版单位：外文出版社
规　　模：60万字
出版时间：2008年12月
内容简介：本系列丛书以传统文化的具体事象立题，用法、西、德三种文字出版，为普及传统文化知识、弘扬优秀传统文化提供了一套生动的教材。它内容丰富，涉及宗教哲学、历史人文与文学艺术等许多领域，它的读者对象既有中国传统文化广大的爱好者，也有世界各地中国传统文化的信仰者、研究者。它的出版将让更多的人了解中国，欣赏中国五千年古老的文明，也将促进世界各地中国传统文化爱好们之间的友谊与交往，影响深远。

【序　号：18 】
项目名称：**感知中国——中国优秀文化基本读本丛书**
作　　者：董晓萍、萧　放　等
出版单位：北京语言大学出版社
规　　模：200 万字
出版时间：2008 年 6 月
内容简介：本丛书是一套旨在帮助世界各国读者感受中国文化、理解和分享中国文化、亲近和学习汉语的比较系统、科学、简明的中国文化普及读物。整套丛书由七大系列组成，每一个系列各包括若干册，每册介绍一个专题。七大系列包括：走遍中国大地系列、中外文化交流系列、中国的自然与文化遗产系列、中国传统历史文化系列、中国人的日常生活系列、中国人的身体文化系列、中国传统手工业系列。

【序　号：19】
项目名称：**中国民间文化遗产系列丛书（英文版）**
作　　者：本书编写组
出版单位：外文出版社
规　　模：75 万字
出版时间：2008 年 12 月
内容简介：中国是一个文化大国，也是一个文明古国。中国的哲学和典籍举世闻名。中国还有 56 个民族的丰富民俗民间文化，同样具有几千年的悠久历史，被世世代代传承着。中国的民间音乐、民间舞蹈、民间礼仪、民间信仰、民间节日、民间戏剧、民间神话、史诗、故事、民间美术和民间建筑浩如烟海、博大精深。本系列丛书拟系统地总结、归纳中国的众多民间文化，从整体上区分为民俗、民间文学和民间艺术三个部分。

【序　号：20 】
项目名称：**“中华神韵”——百位名家谈中国文化丛书**
作　　者：叶嘉莹　等
出版单位：外语教学与研究出版社

规　　模：500 万字
出版时间：2006 年 12 月
内容简介：本丛书包括文学、历史、哲学、考古、建筑等十个系列，系统分类介绍中华文明。

【序　号：21 】
项目名称：**中国古都风物丛书**
作　　者：朱士光、邹　衡　等
出版单位：中国画报出版社
规　　模：56 万字
出版时间：2006 年 3 月
内容简介：西安、洛阳、南京、北京、开封、杭州、安阳、郑州是目前得到中国古都学会认定的中国八大古都，无论是作为帝都或是陪都，这些城市在历史上无不担当过重要的角色，也都有过辉煌，在政治、经济、文化等方面都有极其深厚的历史积淀，非常值得今人汲取。这些古都所蕴涵的人文历史、民俗风物记载着时世的变迁，可谓是时代的缩影，从中我们可以发现历史文明的精华之美，对于今人也有着深刻的教益。

【序　号：22 】
项目名称：**“重述神话”系列丛书**
作　　者：阿特伍德　等
出版单位：重庆出版社
规　　模：45 万字
出版时间：2006 年 12 月
内容简介：本丛书收集了希腊、印度、日耳曼、希伯来等各国的经典神话。

【序　号：23 】
项目名称：**汉英一百丛书**
作　　者：张延琛、魏博思　等
出版单位：中国对外翻译出版公司

规　　模：2 300 万字
出版时间：2012 年 12 月
内容简介：本丛书是中译公司 20 世纪 80 年代与香港商务印书馆合作共同策划的一套双语对照读物，当时深受读者欢迎。丛书选取代表中国文化中最优秀的、流传最广的精粹，例如唐诗、宋词、寓言、成语故事、笑话、孙子兵法、佛经故事、神话等，各以一百段为单位作为一个取舍的限度，因而冠名“一百丛书”。本次重新策划推出是为贯彻中央“走出去”的战略部署，借“中国文化年”活动之际向海外读者推荐，让各国人民更多地认识和了解中国传统文化，让海外华人子女借助这些读物一点一滴地找回自己的“根”。同时针对读者的接受能力调整一些内容，并在古汉语后面增加白话文，以方便读者对照和理解。丛书英译文均由专家学者所译，力求准确、精练、流畅。

【序　　号：24】
项目名称：**汉语分级阅读丛书**
作　　者：崔永华　主编
出版单位：商务印书馆
规　　模：500 万字
出版时间：2006 年 6 月
内容简介：这套丛书是崔永华教授带领北京语言大学汉语学院教阅读课的年轻教师根据《汉语水平等级标准与语法等级大纲》的词汇量要求编写的。丛书分为甲级读本、乙级读本、丙级读本、丁级读本。每一级读本都由若干分册组成，内容涉及中国的政治、经济、教育、生活、就业以及中国传统思想文化的内容。这些文章都是从近些年中国出版的报纸、杂志和图书上选出来的，是标准的中文原文。为了方便读者阅读，编者对原文进行了少量的修改，并给生词标注了汉语拼音和英文注释。在每篇文章的开头，有一个阅读提示，文章后面有几个问题，读者可以根据自己的需要，选择自己有兴趣的读物。

【序　号：25 】
项目名称：**经典译丛（英文版）**
作　　者：鲁　迅、曹　禺　等
出版单位：外文出版社
规　　模：400 万字
出版时间：2010 年 10 月
内容简介：本套译丛力求全面而准确地反映中国上自先秦，下至现当代的文学及文化的基本面貌和灿烂成就。中文选本均来自相关领域著名的、权威的作品，英译出自国内外译界名家。每册图书的编选、翻译力求审慎严肃、精雕细琢，成为反映中国文化、文学界精髓的经典读物。

【序　号：26 】
项目名称：**中医“走出去”图书系列**
作　　者：邓铁涛、高学敏　等
出版单位：人民卫生出版社
规　　模：8 710 万字
出版时间：2010 年 12 月
内容简介：本系列首批出版 200 种以英文版为主的中医药学图书。2008—2009 年出版第二批 500 种英文版及其他文种的中医药学图书。2010—2011 年出版第三批 300 种英文版及其他文种的中医药学图书。包括中医教材教辅、辞书、中医临床实用图书、中西医结合临床图书、名老中医经验集、针灸、按摩、古籍、中药、科普以及基础医学图书等。

【序　号：27 】
项目名称：**数学专著系列（英文版）**
作　　者：林　群、汤　涛　等
出版单位：科学出版社
规　　模：450 万字
出版时间：2010 年 12 月
内容简介：本丛书均由优秀的华人数学家撰写（其中海外作者是在学科领域取

得突出成绩的华人数学家，国内作者是数学学科的带头人，国家重大项目或者重点项目的负责人，“863”、“973”课题或者子课题的首席科学家等），集中体现中国人为当代数学学科的发展所作出的卓越贡献，同时力争使中国的出版业“走出去”，提升中国出版公司在国际上的竞争力。该丛书以英文版形式出版，面向国际发行，针对当前数学学科前沿、介绍国内外优秀的科研成果。强调内容的科学性、系统性及学科交叉性，体现新的研究方向。

【序　号：28 】
项目名称：**分语种汉语教学**
作　　者：周小兵、张世涛　等
出版单位：北京大学出版社
规　　模：300 万字
出版时间：2010 年 10 月
内容简介：分语种汉语教学，主要研究在不同的语言文化情景中进行汉语教学的方法和模式。为着重解决当前和近期、未来的主要矛盾，研究重点放在学习人数超过 10 万人的语种（不含英语）。

【序　号：29 】
项目名称：**商务汉语系列教材**
作　　者：李晓琪、李海燕　等
出版单位：北京大学出版社
规　　模：350 万字
出版时间：2008 年 9 月
内容简介：本系列教材分为两个系列。系列一，根据任务型教学理论进行设计，按照商务汉语功能项目编排，循序渐进，以满足不同汉语水平的人学习商务汉语的需求。分初、中、高级。系列二，技能系列商务汉语教材，共 6 册，其中听力教材 2 册、阅读教材 2 册、口语 1 册、写作 1 册。各册既有不同技能的侧重点，同时也注意相互间的配合。商务汉语系列教材的特点是设计理念新、实用性强、覆盖面广，是一套在第二语言教材编写理论指导下编写的新系列教材。

【序　号：30】
项目名称：**海外华文教育师资培训系列教材**
作　　者：贾益民　主编
出版单位：广东教育出版社
规　　模：200万字
出版时间：2006年10月
内容简介：本套教材是为印尼华文教师大专和本科学历函授教育编写的，也是目前全国第一套海外华文教育的师资培训教材。教材切合海外华文师资培训的实际需要，深入浅出，针对性、实用性强。全套教材共10册，具体书目如下：《汉语语音》、《汉语写作》、《现代汉语1——文字与词汇》、《现代汉语2——语法与修辞》、《华文教育心理学》、《华文教育概论》、《实用汉语教学法》、《汉语阅读》、《中国文化概论》、《中文信息处理》。

【序　号：31】
项目名称：**北美周末学校汉语教材**
作　　者：国内专家和国外专家合作
出版单位：商务印书馆
规　　模：150万字
出版时间：2006年12月
内容简介：本套教材拟根据北美周末汉语学校华人子弟汉语学习的需求，考虑不同年龄段的人学习汉语的心理认知特点，结合北美语言教育、教学的实际情况，由国外汉语教师和国内有经验的中小学汉语一线教师合作编写。

【序　号：32】
项目名称：**欧美儿童汉语系列教材·美猴王汉语、汉语乐园**
作　　者：刘富华、王　巍　等
出版单位：北京语言大学出版社
规　　模：30万字
出版时间：2006年12月
内容简介：本系列教材包括《美猴王汉语》和《汉语乐园》，是中国国家对外汉语教学领导小组办公室重点规划教材。是针对英语国家的学龄前儿童（5～7 岁）和小学生（8～10 岁）编写的零起点的系列汉语教材。其中，《美猴王汉语》分幼儿版和少儿版。幼儿版分上下两册；少儿版分三个级别，每个级别上下两册。《汉语乐园》承接《美猴王汉语》，分为 3 个级别，每个级别包括：学生用书（AB 两册）、活动手册（AB 两册）、词语卡片、教师用书（中、英文），并配有 CD、CD-ROM，除此以外，还有挂图、字母卡片和教学备品。教材内容简单易学，图文并茂，生动有趣；课时安排循序渐进；教学手段富于变化。

【序　号：33 】
项目名称：**国别基础汉语系列教程**
作　　者：中外专家合作编写
出版单位：外语教学与研究出版社
规　　模：90 万字
出版时间：2007 年 6 月
内容简介：本系列教程之每套教材均包括入门篇、基础篇、提高篇三部分，采取以拼音为主逐渐过渡到以汉字为主的教学方式。

【序　号：34 】
项目名称：**“跟我说汉语”国际汉语口语系列教程**
作　　者：顾　闻、李雪梅
出版单位：外语教学与研究出版社
规　　模：200 万字
出版时间：2007 年
内容简介：本系列教程包括商务口语、旅游口语等，按难易程度分包括初级、中级、高级等，采用情景教学法，注重趣味性、参与性等。

【序　号：35 】
项目名称：**泰国小学汉语教材**
作　　者：龚宁珠　主编

出版单位：云南大学出版社
规　　模：150 万字
出版时间：2010 年 12 月
内容简介：本套书内容有课文、词语、会话、汉字笔画、儿歌等，内容由浅入深、循序渐进、形式生动活泼，能激发泰国小学生学习汉语的兴趣。

【序　号：36】
项目名称：**对外汉语教学参考语法**
作　　者：张旺熹、陆俭明　等
出版单位：北京语言大学出版社
规　　模：25 万字
出版时间：2008 年 12 月
内容简介：《对外汉语教学参考语法》是一部工具书，本书基本内容包括：1. 汉语语法项目清单；2. 汉语语法详解；3. 对外汉语教学语法体系；4. 汉语语法专题研究。本书价值在于为汉语教师和外国学生提供一部详解的汉语语法参考书。本书也是北京语言大学的重点科研项目。

【序　号：37】
项目名称：**外国人学汉语工具书：王还汉语词典**
作　　者：王　还、张　维　等
出版单位：北京语言大学出版社
规　　模：3 000 万字
出版时间：2006 年 12 月
内容简介：《王还汉语词典》是一本由对外汉语教学专家编写的、具有填补空白性质的汉语学习系列词典。它着力解决外国人在使用汉语词典时经常遇到的难查、难懂、难学等问题。《王还汉语词典》汉英双解本收词 3 万余条，包括了许多近年来出现的新词。该词典用汉语和外语同时释义，许多词条都给出了相当数量的词语搭配和例句，并有汉语拼音标注及外语译文。

【序　号：38】
项目名称：**大型对外汉语综合图解词典——体验汉语图解词典**
作　　者：刘　援、李晓琪　等
出版单位：高等教育出版社
规　　模：200 万字
出版时间：2006 年 10 月
内容简介：本词典通过上千幅分类图例教学生认知新词，配合主题阅读和多项技能训练强化记忆，轻松掌握 3 000 个汉语基础词汇和常用搭配。成品为 16 开精装，采用国画、水彩、油画、电脑 3D 等多种手法绘制插图，以体现中国文化气息。所附 CD 是汉语学习者不可或缺的配套听力资源。

【序　号：39】
项目名称：**计算共形几何（英文版）**
作　　者：丘成桐、顾险峰
出版单位：高等教育出版社
规　　模：30 万字
出版时间：2007 年 1 月
内容简介：本书详尽介绍了计算共形几何的理论与方法及其在计算机图形学、计算机视觉和医学图像方面的应用。计算共形几何是一门结合了代数拓扑、微分几何、黎曼面理论与计算机科学的新兴交叉学科。丘成桐教授及其学生顾险峰是该学科的主要奠基人，他们发明的顾—丘算法在历史上首次使得一般曲面的共形结构可以计算，从而使黎曼面理论大规模系统性地引进到计算机科学之中。计算共形几何方法已成为基本的几何工具，已被广泛应用于曲面参数化、曲面分类、曲面匹配、动画设计、几何建模、虚拟脑图、虚拟肠镜、流形样条、文理生成等诸多方面。计算共形几何已经在医疗、通讯、媒体、机械制造领域中发挥着重要作用。

【序　号：40】
项目名称：**体验汉语立体化系列课程建设工程**
作　　者：刘　援、刘　珣　等
出版单位：高等教育出版社

规　　模：800 万字

出版时间：2007 年 12 月

内容简介：本工程中的教材主要分为两类：短期课程教材和长期课程教材，分别面向两类来华学习汉语的长期进修生和短期进修生。短期课程教材和长期课程教材基本都按照“留学篇”、“工作篇”、“旅游篇”和“生活篇”四种分类开发。长期课程教材以“一年用”为主。该工程集成化设计，立体化配套，以“教学资源”建设为核心，为汉语教学机构提供全面解决方案。

【序　　号：41】

项目名称：**阅读中国文库**

作　　者：许嘉璐　等

出版单位：民族出版社

规　　模：1 000 万字

出版时间：2010 年 12 月

内容简介：本文库以国内已出版的相关优秀读物为蓝本精选缩编，拟用汉文、蒙文、藏文、维吾尔文、哈萨克文、朝鲜文同步出版。

【序　　号：42】

项目名称：**汉语 900 句（英/韩/泰文版）**

作　　者：国内专家和国外专家合作

出版单位：商务印书馆

规　　模：180 万字

出版时间：2006 年 12 月

内容简介：《汉语 900 句》的目标是：面向初学者、短期学习者编写一套实用性强的“任务型”汉语教材。《汉语 900 句》以任务类型为线索，兼顾结构和功能，同时注重模拟真实交际情境，突出实用性。

【序　　号：43】

项目名称：**基础汉语读本（泰文版）**

作　　者：国内专家和国外专家合作

出版单位：商务印书馆
规　　模：80 万字
出版时间：2006 年 12 月
内容简介：这套教材以快乐学习为主，满足不同层次汉语学习者的需求。其中《汉语七色板》是以泰国小学生汉语初学者为对象编写的内容活泼、富有趣味性的基础汉语会话教材。

【序　　号：44 】
项目名称：**怎样教汉语**
作　　者：国内专家和国外专家合作
出版单位：商务印书馆
规　　模：110 万字
出版时间：2006 年 12 月
内容简介：目前汉语师资培训需求急剧增长，向国外派遣志愿者也是迫在眉睫的工作。这套教材是一套为师资培训启蒙和扫盲的教材。

【序　　号：45 】
项目名称：**（汉英对照）现代中医诊疗图谱**
作　　者：许家佗、邵水金
出版单位：上海中医药大学出版社
规　　模：25 万字
出版时间：2008 年 12 月
内容简介：本套丛书共有 3 种，每种书均有 300～400 幅照片和 8～10 万字的文字（汉英双语）：1. 《中医舌诊图谱》，分望舌质、望舌苔两部分，介绍基本方法与典型舌诊。2. 《中医望诊图谱》，分望神、望形态、望病位等，介绍相关内容。3. 《针灸腧穴标准取穴图谱》，由针灸医生以“同身寸”的方法，在模特儿身上进行腧穴定位并摄成彩色照片，再将此印制出版。本套丛书以汉英对照方式出版，适应了当前国际性中医热的需要，方便国外人士的阅读。

【序　号：46 】
项目名称：**中国 100 话题丛书（汉英双语）**
作　　者：丁启阵、赵　斌　等
出版单位：外语教学与研究出版社
规　　模：60 万字
出版时间：2006 年 12 月
内容简介：本丛书涉及文学、历史、艺术、国情、法律、名胜等领域，每个领域选择有代表性的 100 个话题，力求通过“趣话”的形式，以浅显易懂、轻松活泼的文字介绍中国文化的基本概貌。丛书以汉英双语形式编写，除了可供广大外国朋友学习中文、了解中国文化之外，也面向我们广大的青少年朋友，为他们提供一套简明的中国文化知识丛书，帮助他们用准确的英语表达祖国的文化，应不失为一种提高自身素养、增进交流的选择。

【序　号：47 】
项目名称：**“我和中国”海外华裔汉语学习项目**
作　　者：贺　谦　等
出版单位：外语教学与研究出版社
规　　模：40 万字
出版时间：2006 年 3 月
内容简介：本书由中外优秀专家合作编写，多语种汉外双语，选取中华文化的优秀内容，是结合当地华人的文化特征而编写的汉语教材。

【序　号：48 】
项目名称：**汉语世界**
作　　者：外研社对外汉语与文化室
出版单位：外语教学与研究出版社
规　　模：40 万字
出版时间：2006 年 12 月
内容简介：本书通过 50 集连续短剧的形式，用错综复杂的故事情节展现中国人的日常生活场景，培养汉语交际能力。包括上下两册教材以及

6 张DVD。

【序　号：49 】
项目名称：**“中国风”汉语分级读物出版项目**
作　　者：国内有阅读课教学经验的教师
出版单位：外语教学与研究出版社
规　　模：1 200 万字
出版时间：2010 年 12 月
内容简介：本书按照《汉语水平等级标准与语法等级大纲》共分为五级，每级按不同话题编写，每个话题有边注和脚注，话题后设有练习题。

【序　号：50 】
项目名称：**生活在中国（中/英文版）**
作　　者：Mike Williams　等
出版单位：新星出版社
规　　模：25 万字
出版时间：2008 年 5 月
内容简介：《生活在中国》的主角是外国朋友。我们力图通过此书让外国朋友们了解外国人居住中国的整体状况，也让中国朋友了解外国友人的生活，让国外的朋友也了解自己同胞在中国的状况，进而了解中国。该书主要内容为外国朋友在中国的工作、生活及感受，既包括外国机构驻中国员工、来到中国经商的外国朋友，也包括来到中国工作的外教和普通职员、研究人员以及数以万计的外国留学生。

【序　号：51 】
项目名称：**走近中国**
作　　者：李　艾
出版单位：华语教学出版社
规　　模：50 万字
出版时间：2007 年 5 月
内容简介：这套汉语教材是编者在西班牙和古巴工作期间边编、边教、边改的实用性教材，供西班牙和拉丁美洲讲西班牙语的大学汉学系学生及其他所有对汉语感兴趣的在职人员使用。它既适用于课堂教学，也适用于业余自学。与传统对外汉语教材不同，这套教材在遵循国家对外汉语教学领导小组办公室汉语水平考试部编写的《汉语水平等级标准与语法等级大纲》的基本原则的同时，比较注重考虑教与学两个方面和两个方面的统一，尽可能考虑到教授对象学习汉语和学好汉语的接受方式，力求有的放矢，以增强教与学的效果。

【序　号：52】
项目名称：**《走进中国》：中国家庭 DV**
作　　者：张长江等
出版单位：中国人民大学出版社
规　　模：4 册，36 集
出版时间：2007 年 9 月
内容简介：《走进中国》是集功能、语法、文化、语音、影像、训练、测试、娱乐、游戏为一体的综合性多媒体及远程网络汉语教学系统。共分 4 册，每册由主教材和配套教材组成。它以时间顺序和故事情节的发展为主线，通过 36 集，共 108 个系列短剧，记述了中国典型家庭“赵氏家族”日常生活的方方面面。并通过家庭中九个主要人物身上所发生的生动有趣的故事，全面而真实地展现了普通中国人日常生活中的衣食住行、为人处事、情感交流、旅游娱乐、事业工作、伦理道德等方面的内容。培养学习者对汉语的理解、口语表达、阅读和写作技能，训练自然的汉语语感。使学习者融会贯通，举一反三，在学习语言的同时，还可以通过文化体验与认知深入地了解中国。

5. 未成年人读物出版规划（67 项）

【序　号：1 】
项目名称：**祖国在我心——未成年人思想道德专题教育书系**
作　　者：桑学成、李继锋　等
出版单位：江苏美术出版社
规　　模：100 万字
出版时间：2010 年 12 月
内容简介：本书系具体包括：1.《万水千山——纪念红军长征胜利 70 周年》；2.《军歌嘹亮——纪念中国人民解放军建军 80 周年》；3.《我与奥运——迎接 2008 年北京奥运会》；4.《神州巨变——纪念改革开放 30 年》；5.《巨龙腾飞——纪念中华人民共和国成立 60 周年》；6.《青春风采——纪念五四运动 90 周年》；7.《感动中国——记新世纪的民族精英》。

【序　号：2 】
项目名称：**图说新中国丛书**
作　　者：军事博物馆
出版单位：上海教育出版社
规　　模：30 万字
出版时间：2009 年 12 月
内容简介：本丛书的读者对象是中小学生。根据德育需求和现实特点，每一分册确立一个主题。《没有共产党就没有新中国》以图带文，图文并茂，讲述从党的成立到新中国建立的经过（1921—1949），对学生进行热爱中国共产党的教育。《崛起的新中国》讲述建国后新中国从社会主义改造到改革开放的经过（1949—2005），对学生进行热社会主义的教育。丛书的预期目标为，把本套书做成对中小学生进行爱国主义教育的读本。丛书的总体风格为，图文并茂，可读性强。

【序　号：3 】
项目名称：**中共党史普及读物**
作　　者：中央党史研究室、中央文献研究室、军事科学院
出版单位：中共党史出版社
规　　模：300 万字
出版时间：2007 年 5 月
内容简介：本书拟选择中国共产党 85 年历史中最具有代表性的 100 个重大事件、100 个重要人物、100 个生动故事等编撰成图文并茂的小册子，面向广大青少年作为普及党史知识，进行爱国主义教育的生动读物，为推进社会主义精神文明建设，发挥党史的特殊作用。

【序　号：4 】
项目名称：**毛泽东画卷**
作　　者：邵　华　主编
出版单位：中国少年儿童出版社
规　　模：32 万字
出版时间：2006 年 9 月
内容简介：本书用青少年喜闻乐见的连环画形式，通过一个个感人的故事，生动地记述了毛泽东从农民的儿子成为伟大的无产阶级革命家的战斗历程，从不同的侧面再现一代伟人留给历史的闪光足迹。

【序　号：5 】
项目名称：**红军长征史（图文版）**
作　　者：杨　婷、张树军
出版单位：万卷出版公司
规　　模：18 万字
出版时间：2006 年 6 月
内容简介：中国工农红军的万里长征，是中国革命斗争史上的重大历史事件，是世界军事史上的伟大壮举。2006 年是红军长征胜利 70 周年，在

新时期，以新的编辑方式，向广大读者，尤其是青少年学生介绍、宣扬红军长征的经过和卓越功勋，是一件十分必要而有意义的事。1996年《红军长征史》（文字版）出版后，引起各方面的好评，并获得了多项奖励，在权威性、真实性方面堪称扛鼎之作。本选题是该书的图文版，在坚持原书史料价值的同时，侧重文字的可读性，以符合青少年读者的阅读需求；插入大量红军长征的图片，更加直观、具象；引入国际上先进的编辑方法，图文并茂，完整、立体地介绍中国工农红军长征的光辉历史。

【序　号：6 】
项目名称：**不能忘记的长征**
作　　者：中央党史研究室
出版单位：新蕾出版社
规　　模：15万字
出版时间：2006年6月
内容简介：本书旨在于长征胜利70周年之际，生动地再现红军长征的历史过程，为少年儿童讲述伟大长征过程中一个个动人的故事，让小读者重温历史，接受红军战士不屈的革命精神的洗礼。同时本书中插有大量历史图片，还安排了“追寻英雄”一章，让今日幸存的长征战士追忆历史、缅怀先烈，寄语今人，激发未成年人树立远大理想，勇承历史重任。书后还附有针对事件、人物等的问题，可以在一些合适的地区、学校开展“不忘长征”等活动，举办征文，让孩子们充分参与。本书资料翔实、准确；笔法生动、感人，富于感染力，可使青少年读者在长征精神的感召下，汲取中华民族精神的内涵。

【序　号：7 】
项目名称：**十五岁的长征丛书**
作　　者：张品成　著
出版单位：明天出版社
规　　模：25万字
出版时间：2006年6月

内容简介：本丛书包括三部长篇小说。作品全部以15岁的小红军战士为主人公，并选择长征中几个关键时刻的关键事件作为主要故事背景，基本反映出中国工农红军长征的全貌。作品着力于长征的历史真实，着力于对长征中小红军英雄形象的发掘，让当代青少年了解长征，深刻领会其深刻的内涵。作品重视文学手法的新突破，糅合现代观念，倾力表现英雄主义，同时亦侧重人性的深度开掘，更注重成长主题，更注重乐观主义和昂扬向上的民族精神。

【序 号：8 】
项目名称：**全球视角下的中国国情图册（16开本）**
作 者：星球地图出版社
出版单位：星球地图出版社
规 模：8册
出版时间：2008年1月
内容简介：本系列图册将主要面向青少年读者，它在全球化的背景下从人口、资源、环境和经济发展的视角，对中国国情进行系统的对比分析。针对青少年读者的认知特点，丛书以地图展示空间分布为主线，结合图表图像资料，通过各时期的纵向比较和与世界各国的横向比较，展现我国的国情状况，以期帮助青少年读者建立正确的国情观和全球意识。本系列图册拟分为《生存与发展》、《开源与节约》、《城市与乡村》、《机遇与挑战》、《农业与发展》、《就业与发展》、《民族与发展》和《两种资源、两个市场》。

【序 号：9 】
项目名称：**长城丛书**
作 者：中华书局编辑部、上海古籍出版社编辑部
出版单位：中华书局、上海古籍出版社
规 模：180种
出版时间：2007年12月
内容简介：本丛书突破以往作品选读本简单罗列的陈旧框架，采取新型选读本（作品、作者、文化潮流合一的系列读本）与新型知识读本（以现代

人的眼光对中华文明作多角度审视的系列图文本）相结合的形态，采取总分式的系列组合方式，由两大板块、10 系列、180 种图书组成。两大板块："文史新编"从各个层面和角度对祖国优秀的传统文化进行介绍和分析；"经典新读"精选中国文化中的经典名著和名家进行讲解分析，指导阅读。10 个系列，即"文史新编"分为 8 个系列：《中华民族》、《辉煌时代》、《文物探源》、《世界的中国》、《文化简史》、《文化旅游》、《中华意象》、《哲人之思》；"经典新读"分为 2 个系列：《易知录》、《精华录》。本丛书以中学生为主要对象，是为响应中共中央、国务院关于加强未成年人思想道德建设的战略决策，为未成年人量身定制的、高质量、系列化的爱国主义教育读物。

【序　号：10】
项目名称：**中国儿童百科全书（3～6 岁版）**
作　　者：程力华、蒋和平　等
出版单位：中国大百科全书出版社
规　　模：30 万字
出版时间：2009 年 1 月
内容简介：《中国儿童百科全书》（3～6 岁版）是中国大百科全书出版社出版的"儿童百科全书系列"中的第三部。9～15 岁版和 6～9 岁版已分别于 2001 年和 2005 年出版发行。3～6 岁版将继续以图为主，用图展开知识的编纂模式，突出趣味性和寓教于乐。全书分为四卷，包括健康、语言、社会、科学和艺术五个门类。有关语言方面的内容贯穿在其他四部分中。各部分内容互相关联，从不同的角度促进儿童情感、态度、能力、知识、技能等方面的发展。全书用大幅的展开页介绍知识。每个展开页是一个主题，在主题页上还设计有专门给父母看的、指导父母帮助孩子快乐认知的小栏目，以适应亲子共读的需要。

【序　号：11】
项目名称：**教科文丛书**
作　　者：张广义、王进友　等
出版单位：上海科学技术文献出版社

规　　模：30 万字
出版时间：2006 年 5 月
内容简介：本丛书包括以下内容。《成语故事中的科学》采用了极其新鲜的视角，对于人们耳熟能详的成语进行科学技术方面的探讨，在历史文化的发展轨迹中寻找中国科学发展的历程，发掘中国古代人民的智慧结晶。《历史与文化》关注中国历史上的一些片断，以及中国优秀文学作品中所蕴涵的文化知识，将《清十二帝疑案答疑》、《汉代风云人物》、《老子智慧》、《揭秘红楼梦》等内容进行整合，使之更加适合中小学读者的需要，为他们带来既意趣盎然，又有知识享受的作品。《科学发现的趣味》从不同角度揭示大自然的真相、人体的奥秘、动物的天分，满足受众的求知心理，激发人们去理解和热爱科学。《快乐成长的奥秘》从多角度关注孩子的成长，由校园篇、家庭篇、社会篇等组成。《历史深处的记忆》是以爱国主义为中心，展示了抗战时期中华民族英勇抗战的悲壮场景，用真实的故事和质感的细节让人们感受如爱国，如智慧、如忠勇、如坚忍等“抗战精神”；通过对先人的缅怀和感激，促进民族的自信、自尊与和谐。

【序　号：12】
项目名称：**绿色口袋书丛书（第二辑）**
作　　者：绿色口袋书编写组
出版单位：辽宁教育出版社
规　　模：25 万字
出版时间：2006 年 11 月
内容简介：本丛书针对未成年人不同年龄层次和不同需求的特点，围绕爱国情感、道德品质、行为规范、科普知识、历史故事和生活常识等成长必读内容，在形式上采取口袋书的样式，贴近未成年人的接受心理和审美情趣，是广大青少年既爱看又受益的“贴身读物”。

【序　号：13】
项目名称：**祖国——青少年人文读本**
作　　者：中国青年出版社　编著

出版单位：中国青年出版社
规　　模：40 万字
出版时间：2008 年 10 月
内容简介：本书以科学发展观和构建社会主义和谐社会理论为指导，以做一个中国人而感到无比自豪为宗旨，以展示中华文化精华为主线，以介绍中华文明在全世界的地位为着眼点，以阐释中国精神为目标。在具体内容上，除了介绍广大青少年应该了解的各种常识，如锦绣河山、悠久历史、灿烂文化、巨大成就之外，还将把一些最具典型意义的人物和事件收入其中，力求达到一书在手，尽揽中华五千年文明的效率。本书在形式上也力求有新的突破，精美图片将占到全书版面的 1/3。

【序　号：14 】
项目名称：**亲爱中国丛书**
作　　者：张　玞、汪露露　等
出版单位：中国和平出版社
规　　模：800 万字
出版时间：2008 年 1 月
内容简介：本丛书将以华夏五千年的文明史为主线，通过儿童的视角，采用小说、日记、书信、散文等多种体裁，串联中华泱泱史实，并辅以两千余幅丰富精美的图片，描绘和再现重大的历史事件、重要的历史人物、文化传说、极具特色的风土人情和壮丽秀美的祖国山河。儿童的叙事角度将大大增强图书的可读性、趣味性与亲切感，给读者耳目一新的感受。

【序　号：15 】
项目名称：**人类发明五千年**
作　　者：李艳平
出版单位：少年儿童出版社
规　　模：60 万字
出版时间：2008 年 12 月

内容简介：本书通过其独特的视角，将人类的发明活动分为四个不同的阶段，分阶段纵谈古今重大发明，把浩渺的知识融入一个一个的故事。

【序　号：16】
项目名称：**中华经典诵读——中华优秀传统文化课程**
作　　者：蔡恒奇
出版单位：二十一世纪出版社
规　　模：8 万字
出版时间：2006 年 12 月
内容简介：本项目是国家“十五”规划课题“中华传统文化经典诵读及其课程化研究”重大教育科研成果。本着汲取精华，剔除糟粕，融古铸今，再造辉煌的原则，旨在弘扬传统文化，传承中华文明，陶冶人文情怀，铸造民族精神。本套经典邀请了诸多文化大家全面把握经典之于时代的文化价值，并由著名朗诵艺术家丁建华、乔真、方明、雅坤、谢晋等朗诵录音。由中小学著名特级教师实施课程化导读，全面改变过去内容无取舍，诵读无课程的状态。选取的内容为：1. 初级版：《大学》、《中庸》、《老子》、《论语》等；2. 提高版：《孟子》、《诗》、《书》以及中国诗文，中国词曲等。这是一项加强未成年人思想道德建设，提高人文素质的基础工程，是一项培养民族精神，陶冶爱国主义情怀，传承中华文明的基础工程。

【序　号：17】
项目名称：**外婆桥丛书——中华传统文化简明彩图双语读本**
作　　者：杨　辛、叶　朗　等
出版单位：中国和平出版社
规　　模：20 册
出版时间：2008 年 1 月
内容简介：本丛书以北京大学“中华传统文化 100 讲”为蓝本编写，旨在面向海外华人及其子弟、热爱汉学的外国人，以及本国青少年读者，以图文并茂的方式诠释中华传统文化的精髓，中英文对照，配光盘，让读者在音、画、文的互动中感受到中华传统文化的魅力。首批拟推出 20 册，主要内容为：戏曲、武术、建筑、园林、书法、绘画、饮食、乐器、音乐、诗词、小说、节气节日、经史典籍、文房四宝、民间艺术、中医、服饰等，可以说是较为详细地介绍了中国传统文化，具有较强的可读性和收藏价值。

【序　号：18 】
项目名称：**《托起明天的太阳》民族文字版未成年人丛书**
作　　者：民族出版社
出版单位：民族出版社
规　　模：2 500 万字
出版时间：2010 年 12 月
内容简介：本丛书首批入选 149 种图书，拟用五种民族文字出版。丛书以少数民族青少年儿童为对象，包括思想道德教育的哲理格言和通俗易懂的故事，普及和提高科学文化素养的视野百科全书，开启心智的谜语、智力格言，世界童话名著等内容。

【序　号：19 】
项目名称：**放眼世界丛书**
作　　者：徐清军　等
出版单位：广东科技出版社
规　　模：300 万字
出版时间：2008 年 5 月
内容简介：目前我国缺乏一套面向青少年系统地介绍世界各地不同社会、经济、文化的书籍，本丛书将填补这一空白。本丛书以现代的、经济的和人文的眼光来介绍世界，通过与国内情况的对比来介绍各国情况，力求使小读者能有直观的理解和深刻的记忆，并以图、表、旁注、图注等轻松活泼的形式来组织内容，使本丛书具有很好的易读性。该丛书以各个国家为介绍对象，内容包括：地理气候、国家机构、国旗、国徽、语言、文字、最主要的三个城市、民族、民俗、宗教、经济水平和生活水平、特色产业与特色物产、国民性格特征和生活习惯、年轻一代的性格和观念特征等等。计划第一批出版《经典欧洲》、《神秘的南美洲》、《太平洋上的明珠》等。

【序　号：20 】
项目名称：**拉鲁斯少儿百科丛书**
作　　者：方仁杰、王大智　等
出版单位：辽宁少年儿童出版社
规　　模：5 万字
出版时间：2006 年 1 月
内容简介：由我社引进的《拉鲁斯少儿百科》是拉鲁斯出版社最新的一部“少儿分类百科全书”。它的内容和编写方式特别适合于 4～8 岁儿童，也适合家庭和图书馆收藏以备赏阅和查考。它是一本可供阅读、适用现代生活、能迅速查阅各种主要知识领域的精美百科全书。本丛书共 5 册，分别为《历史篇》、《世界篇》、《动物篇》、《探索篇》和《科学篇》。每本有 400 余幅彩色插图。内容包括：世界民族和语言、人体与健康、食品、体育、宇宙与地球、式样、服饰、军装、宗教和神话、世界历史、动物与植物、书法、各国概况、艺术作品与杰作。

【序　号：21 】
项目名称：**写给孩子的哲学启蒙书**
作　　者：［法］碧姬·拉贝、米歇尔·毕奇　著，潘　林、王川娅　译
出版单位：广西师范大学出版社
规　　模：60 万字
出版时间：2010 年 12 月
内容简介：本项目为未成年人教育图书。这套被翻译成 15 国文字的《写给孩子的哲学启蒙书》，旨在为处于“思想发育期”的孩子们提供一些哲学启蒙。就平均水平而言，孩子们对哲学问题的兴趣要远远超过大多数成人。这一方面是因为，从幼儿期到青春期，正是一个人的理性开始觉醒并逐渐走向成熟的时期，好奇心最强烈，求知欲最旺盛；另一方面，展现在他们眼前的是一个全新的世界，在这个阶段内，生命的生长本身就不断带来对人生的新的发现，看世界的新的角度，使他们迷乱和兴奋，也使他们困惑和思考。本系列从对立的哲学命

题出发，通过讲故事的形式来阐述哲学道理，同时辅之以幽默的插图，读来趣味盎然，是每个孩子必备的哲学启蒙书。

【序　号：22】
项目名称：**未成年人安全法制教育图解**
作　　者：佟丽华
出版单位：中国检察出版社
规　　模：100 万字
出版时间：2007 年 10 月
内容简介：本系列丛书拟以一位小主人公的成长经历为线索，将安全法律常识融于他成长过程中遇到的一件件小事中，以讲故事的方式加以讲解，以适合未成年人的阅读水平，同时也有利于家长的阅读和讲解。

【序　号：23】
项目名称：**少年理财启智丛书**
作　　者：彭振武　等
出版单位：中国金融出版社
规　　模：35 万字
出版时间：2006 年 12 月
内容简介：21 世纪是以“知识＋资本”创造财富的时代。崇尚理财、注重投资，已经成为风靡全球的家庭投资理财理念。作者在理论和实践相结合的基础上，编著了这套理财启智丛书。本套丛书分五个阶段，细致地介绍了如何对青少年进行理财教育：学龄前孩子的理财教育、小学期孩子的理财教育、初中期孩子的理财教育、高中期孩子的理财教育和大学生的理财教育。

【序　号：24】
项目名称：**小公民 VS 大道理丛书·自己的事情自己做**
作　　者：何艳荣　等
出版单位：少年儿童出版社
规　　模：1 万字

出版时间：2006 年 12 月

内容简介：本丛书中的《自己的事情自己做》是由著名画家何艳荣创作的，于1959 年首次出版却在短短的时间里畅销 100 多万册。2005 年 8 月，我们以全新面貌推出由何艳荣自编自画的"自己的事情自己做"，一套共四本，分别为《从小养成好习惯》、《瞧瞧我有多能干》、《小小手，真灵巧》和《我爱我的幼儿园》。这套书画面精美，形象生动可爱，文字简洁，读起来朗朗上口，旨在规范幼儿的行为，并养成良好的行为习惯。在"十一五"期间，我们将在何艳荣自编自画的经典读物"自己的事情自己做"的基础上进行立体开发，配合出版相关的故事、歌谣和录音带等，将这一系列完整地呈现在小读者面前。

【序　号：25 】

项目名称：**青涩果丛书·社会转型期未成年人心理**

作　　者：郑日昌、施建农　等

出版单位：中国和平出版社

规　　模：80 万字

出版时间：2007 年 1 月

内容简介：本丛书从社会心理学的角度对现阶段未成年人心理的新特点、新问题进行研究，找出规律性的东西，提出解决问题的办法和带有前瞻性的预警方案。所用材料在大量、广泛的社会调查基础上产生，是真实的案例；强调理论与实际、权威性与可读性、专家视角与可操作性的统一。对于广大教育工作者、教师、家长和青少年读者来说，这套书提供了解决现实生活中未成年人心理问题的良方，有助于青少年的健康成长。

【序　号：26 】

项目名称：**中国原创童书**

作　　者：朱自强、王一梅　等

出版单位：新蕾出版社

规　　模：50 万字

出版时间：2008 年 12 月

内容简介：本系列丛书包括童话、小说、诗歌、绘本等适合儿童阅读欣赏的作品，内容健康向上，图文精美，代表中国当代原创童书的最高水平。计划每年推出一到两本，已于2005年9月推出《木偶的森林》、《月光下的肚肚狼》、《戴小桥和他的哥们儿》（系列）。

【序　号：27】
项目名称：**世界经典童话名家名篇珍藏绘本**
作　　者：张美妮　等
出版单位：中国少年儿童出版社
规　　模：80万字
出版时间：2006年1月
内容简介：“世界经典童话名家名篇珍藏绘本”共分为10册，每册约为8万字。本套丛书汇编了世界各国若干知名作家的童话故事，内容是经过时间考验而流传下来的不朽童话，并配有精美的插图。

【序　号：28】
项目名称：**幼儿经典故事文库**
作　　者：金　波　等
出版单位：接力出版社
规　　模：200万字
出版时间：2010年9月
内容简介：本书收录近现代的优秀的经典儿童文学原创故事，像《小马过河》、《小猫钓鱼》等许多故事都被收录到早期的小学课本，这些故事代代相传，流传多年，已成为中国原创儿童文学的经典。这些故事无论从文学性、趣味性、教育性上都达到完美的融合，对幼儿的身心发展起到重要的作用。儿童可以在故事中享受文字的愉悦，培养阅读的兴趣，启迪心智，懂得做人做事的道理，为幼儿的成长打下良好的基础。

【序　号：29】
项目名称：**世界经典动物故事**
作　　者：曹　剑
出版单位：河北少年儿童出版社

规　　模：75万字

出版时间：2006年8月

内容简介：这套动物故事丛书包括《美丽的乔——一只小狗狗自传》、《野性的呼唤》、《黑骏马》、《拂过杨柳的风》、《火狐狸》、《狼孩莫戈里》等6本，作者均为具有世界影响力的著名作家，所选书目或是他们的代表作品，或是广为流传的儿童文学经典作品，至今为读者所珍爱。

【序　号：30】

项目名称：**花衣裳·小口袋总动员系列丛书**

作　　者：郁雨君、伍美珍　等

出版单位：浙江少年儿童出版社

规　　模：100万字

出版时间：2008年12月

内容简介：本丛书由著名儿童文学作家郁雨君、伍美珍领衔，集合了一批颇具潜质和灵感的优秀青年作家参与创作，是一套专为中小学生全新创作的充满活力的文学口袋书。图书的特点是：好看的口袋故事，丰厚的文学养分，引导孩子健康地成长。丰富多彩的故事用当下青少年喜欢的语言、绘画创作，表现人与人之间、人与自然之间的亲切友爱、平等和谐以及理解和关爱，记录孩子们的成长过程。

【序　号：31】

项目名称：**"爱的教育"系列读物**

作　　者：王　蒙　等

出版单位：浙江少年儿童出版社

规　　模：90万字

出版时间：2006年6月

内容简介：本系列具体分为《爱的教育——中国孩子情感日记》、《爱的教育——中国父母家教手记》、《爱的教育——中国专家教育笔记》、《爱的教育——中国家庭温馨家书》四大部分。

【序　号：32 】
项目名称：**红帆船抒情童话**
作　　者：金　波、赵冰波　等
出版单位：浙江少年儿童出版社
规　　模：25 万字
出版时间：2008 年 12 月
内容简介："红帆船"是一个由浙江少年儿童出版社推出的由著名儿童文学作家创作的优秀少儿读物品牌。先后已经推出了《红帆船诗丛》、《红帆船美文》两大系列的图书。本系列以抒情童话为主题。

【序　号：33 】
项目名称：**张天翼童话全集**
作　　者：张天翼
出版单位：福建少年儿童出版社
规　　模：50 万字
出版时间：2006 年 1 月
内容简介：张天翼是中国儿童文学第一位大师级童话作家，他在作品里，用新奇的想象，跳跃的笔致，浅近的口语和幽默的形式，传达了以儿童的兴趣和理解力为基础的社会现实内容，将现代儿童文学提到一个新的阶段。《全集》共收入他的四部童话作品，包括《大林和小林》、《宝葫芦的秘密》、《秃秃大王》、《金鸭帝国》。2006 年是张天翼诞辰 100 周年，出版《张天翼童话全集》，可以让广大的中国孩子更多地了解这位中国自己的童话大师的优秀作品，唤起社会对中国童话，"中国气派"童话的渴求与向往。

【序　号：34 】
项目名称：**乡村孩子系列**
作　　者：唐　天　等
出版单位：湖南少年儿童出版社
规　　模：24 万字
出版时间：2007 年 12 月

内容简介：本套图书旨在真实地记录和反映贫困乡村孩子的生存状态、梦想和他们为了实现自己的梦想、社会为了改变这些孩子的命运所做的努力。通过乡村失养儿童（父母皆离乡南下打工的儿童）、乡村辍学儿童、乡村中克服贫困带来的阻力而坚持求学的儿童这三个点，选择一些具有典型意义的个案做跟踪拍摄和采访、记录。本套图书有几个方面的价值：第一，这种记录本身具有公益性，它构建了一个通道，能让更多的人了解、关注从而帮助贫困乡村的孩子；第二，这套书着力表现贫困乡村的孩子在艰难的环境中坚持学业、不放弃自己梦想的坚忍精神，是给未成年读者提供的一种没有说教的朴素的励志读本；第三，这套书通过作者的视角和亲身融入乡村孩子生活的经历，让未成年读者在阅读中懂得爱、学会爱，从而吸取一些在成长中心灵必需的养分。《光明日报》湖南记者站将协助我们完成这个项目。

【序　号：35 】
项目名称：**“鬼马少年”系列口袋书**
作　　者：陈　磊
出版单位：四川少年儿童出版社
规　　模：32 万字
出版时间：2008 年 9 月
内容简介：“鬼马少年”系列小说是我社自 2002 年 7 月以来陆续推出的少儿原创文学读物，也是我国首创的卡通酷语小说，迄今已出版 11 本，累计发行量突破 25 万册，此批计划再出版 8 本。小说讲述了一群天真可爱的孩子的故事，用孩子的眼睛来看这个世界，看人与人之间的情感，看同龄人的生活，他们的童真、童趣感染了很多人。故事生动、情节感人，是一本值得孩子与家长一起看的好书。“鬼马少年”系列作品综合体现了儿童文学的经典特质，应对了广大小读者的阅读需求和审美情趣。小说的内容紧贴小读者的现实生活，具有强烈的时代感。书中的人物个个性格鲜明、真实可信、栩栩如生；书中的故事精彩纷呈，曲折有致，感人至深。该系列自面市以来，好评如潮，深受广大少年儿童的喜爱。

【序　号：36】
项目名称：**红石榴**
作　　者：曹文轩　著
出版单位：明天出版社
规　　模：15 万字
出版时间：2006 年 6 月
内容简介：在这部小说中，曹文轩再次将目光投向江南水乡那安静的村落、寂静的麦田，以细腻而优雅的笔触描写了在如清水一般自然流淌的平凡岁月里，一段少年人特殊而感人的情感故事，往昔乡村生活的淳厚风情，少年人心灵成长的美妙与庄严，都在作者诗意流动的叙述中获得了震撼人心的力量。

【序　号：37】
项目名称：**美好的中国人**
作　　者：詹万生、曹文轩
出版单位：开明出版社
规　　模：1 000 万字
出版时间：2010 年 5 月
内容简介：本书系通过真实感人的人物、故事，向广大青少年展示一个全新的，具有新时代特色的优秀人物群像。

【序　号：38】
项目名称：**我在长大系列**
作　　者：梅子涵、肖定丽　等
出版单位：新世纪出版社
规　　模：160 万字
出版时间：2008 年 12 月
内容简介：本系列丛书把目标读者定位为 9～12 岁的小学生。这一阅读群体求知欲强、数量巨大，且图书市场上反映小学生生活的，适合他们阅读的优秀儿童文学作品较少，特别是优秀的国内原创类作品相对缺乏，远远不能满足孩子们的阅读需要。我们计划联合国内一批有实力的优秀儿童文学作家专门为小学生们量身定做这套"我在长大系列",打造我国原创儿童文学的本土品牌。在内容上,这套图书反映的原汁原味的当代小学生生活,主人公就是普普通通的孩子。

【序　号:39 】
项目名称:**梦里人**
作　　者:姚非拉
出版单位:二十一世纪出版社
规　　模:12 万字
出版时间:2007 年 3 月
内容简介:《梦里人》是一个关于少年时代的梦想、成长和友谊的故事。五个少男少女在风景优美的海滨不期而遇,带着各自的梦想和迷惘,一起体验成长的快乐与忧伤。《梦里人》这一长篇漫画是作者的代表作,它从 1995 年《北京卡通》诞生伊始一直连载六年,深受漫画迷钟爱。作品以独特的散文式漫画风格拓展了中国原创新漫画的发展道路。

【序　号:40 】
项目名称:**少林小子**
作　　者:释永信、钱大梁　等
出版单位:海燕出版社
规　　模:80 万字
出版时间:2007 年 10 月
内容简介:《少林小子》选题开发思路:《少林小子》是作为动漫类题材开发的。动漫作为新兴的文化产业,已经发展成为诸多国家的支柱产业。我国政府从发展文化产业、倡导优秀文化的战略高度出发,积极扶持培育民族动漫产业,把"中华牌、产业化、国际性"作为发展我国漫产业的基本策略。所谓动漫产业,又称卡通产业,它以某一具有鲜明特征的卡通形象为核心,形成一个产品群,从图书到报纸杂志,从动画片、音像制品到网络出版和网络游戏,再通过品牌销售,延伸到相关文化生活领域,由此形成一条完整的产业链。国外的动漫业,已经过五六十年的发展历史,成为国家社会经济的重要组成部分。

【序　号：41】
项目名称：**摇着轮椅上北大**
作　　者：李红雷、李　爽
出版单位：河北少年儿童出版社
规　　模：30 万字
出版时间：2006 年 6 月
内容简介：本书讲述北大建校百年来第一个残疾妇女博士生郭晖的故事。郭晖，河北邯郸人，上小学五年级在学校跳远时膝盖意外受伤，因医生误诊误治而致残，最终高位截瘫，从此离开校园。郭晖从小学五年级课本开始自学，到参加自学考试大学毕业；在山东大学外语学院函授获得硕士学位，经过 23 年自学苦读，克服常人无法想象的困难，走过极其艰难的心路历程，于 2003 年秋季考入北京大学，成为北大计划内全日制英语专业博士生。

【序　号：42】
项目名称：**儿童团**
作　　者：彭　红、阎景堂　等
出版单位：河北少年儿童出版社
规　　模：120 万字
出版时间：2007 年 1 月
内容简介：《儿童团》一书计划从 1926 年我党组织"劳动童子军"写起，直到新中国成立以后中国少年先锋队成立为止，共计 20 余年的英勇奋斗史。本书将详尽记述各个时期党领导的儿童组织的基本情况、重大事件和代表人物，并拟收录历史照片 500～700 幅。

【序　号：43】
项目名称：**神笔小子**
作　　者：王晓明
出版单位：少年儿童出版社
规　　模：50 万字
出版时间：2006 年 12 月

内容简介：《神笔马良》已经在中国有了很大的影响，知名度很广。我们沿用“神笔”的品牌效应，创造“神笔小子”的卡通形象，让历史的“神笔”变成现代的“神笔”。“神笔小子”是个虚幻的人物，它可通过王晓明自编自画的非常诙谐的故事、非常幽默的画面，将人生的大道理、小道理融进一个个故事中。这套书的特点在于让历史人物走进现代生活，用小读者喜爱的卡通形象、卡通图书的形式来读解生活中的点点滴滴。

【序　号：44 】

项目名称：**天眼**

作　　者：吴建荣、张　先　等

出版单位：浙江文艺出版社

规　　模：240 万字

出版时间：2007 年 12 月

内容简介：这是一部娱乐性和教育性特色明显的卡通作品，在讲述故事的同时，融儿童的品德教育、性格塑造、能力培养于一体，将 500 种优秀的“精神能源”用一个个小故事展现出来，循循善诱，这对于塑造德智体美全面发展的青少年具有积极的作用。这部动画片自今年 6 月 1 日起已在央视首播，并成为国家广电总局首批推荐的优秀国产动画片之一，还成功地进入了日本和东南亚市场。《天眼》是近年国产动画标志性作品，它勇于探索、追求卓越的精神，将有效推动国产动画走向国际、走向辉煌。

【序　号：45 】

项目名称：**闽南新童谣**

作　　者：陈栋梁

出版单位：鹭江出版社

规　　模：3 万字

出版时间：2008 年 10 月

内容简介：这套《闽南新童谣》收集、精选了适合现代儿童吟唱的具有代表性的传统童谣，并且对传统童谣中现在已经看不到的、不合适的个别字句进行改编，注重了它的适应性；根据现代的教育特征，专门创作了一批知识性、趣味性和通俗性俱佳的闽南新童谣；同时还选取了家喻户晓的唐诗等，翻译为闽南话诗、词并谱成歌曲，供小朋友在学习时念唱，增强记忆。为保证闽南新童谣以厦门方言为标准的读音，还就容易误读的个别字句进行注音和解释。每一首童谣都包含一首词、一幅画、一条猜谜、一条谚（俗）语、一首歌和一个伴唱碟。

【序　号：46 】
项目名称：**三毛动画版系列图书**
作　　者：中央电视台、中国国际电视总公司辉煌动画公司
出版单位：吉林美术出版社
规　　模：50 万字
出版时间：2007 年 6 月
内容简介："三毛动画版系列图书"是一套优秀的中国民族化卡通读物。三毛动画是在张乐平先生漫画《三毛》基础上，由中央电视台、中国国际电视总公司巨资拍摄的一套动画片，不仅保留了张乐平先生原作中三毛正直善良、见义勇为、聪明机智的形象，同时也赋予三毛以崭新的形象，让他的身上融入了更多时尚的元素，从而进一步贴近当代儿童的生活，使他们可以更真切地感受三毛，从而受到更多的教育和影响，学到三毛身上的更多优秀的品质。本系列图书是由这套动画片抓帧完成，是该动画片的独家版权图书。

【序　号：47 】
项目名称：**"火鸟卡通"原创图书系列**
作　　者：鸿鹰世界集团、安高卡通影视公司　等
出版单位：湖南少年儿童出版社
规　　模：480 万字
出版时间：2007 年 12 月
内容简介：本系列包括传统文化、科普、校园文学、幻想探秘几个子系列。传统文化系列包括《象棋王》、《象棋入门》、《天降小子·秘石奇踪》

等；科普系列包括《海洋传奇》、《中国古代科学家丛书》等；幻想探秘系列包括《小魔女蒙娜》、《26个秘密》等；校园文学系列包括《少男少女》等。

【序　号：48】
项目名称：**锛头儿贝贝真人动画系列剧**
作　　者：王　英、马志渊
出版单位：吉林出版集团有限责任公司
规　　模：20万字
出版时间：2006年8月
内容简介："锛头贝贝真人动画"系列剧集合了经典动画角色和新塑造的卡通角色与CCTV著名的主持人、影视明星、体育明星的大型真人与卡通"飙戏"剧。以明星成长为主题。剧中笑料不断，老少皆宜，尤其适合青少年观看；其特点是可以超越文化的边界，将古今中外，真实与虚拟完美结合，并可以加入非常时尚的元素，使节目内容资源变得丰富，具有较强的系列性，例如：体育系列、音乐剧系列等。本剧采用真人、人偶、偶等多种角色形式，同时采用二维和三维技术，节目面对的观众具有广泛性，市场方面具有巨大的包容性。此类节目在概念和产品方面都属于全球首创。

【序　号：49】
项目名称：**淘气包马小跳动漫书系**
作　　者：杨红樱
出版单位：接力出版社
规　　模：200万字
出版时间：2008年10月
内容简介："淘气包马小跳动漫书系"是杨红樱最新创作的儿童小说系列，作品诙谐幽默、好玩有趣，通过描写一群调皮孩子的快乐生活以及他们和家长、老师、同学的好玩的故事，映射当代儿童的生活现实与心理现实，深情呼唤张扬孩子的天性。全剧围绕小学四年级男生马小跳的家庭、学校等的日常生活，汲取其最充满童趣同时又富有话题性的片断，以独特、有趣的视角，挖掘、刻画孩子在成长过程中所遇到的各种匪夷所思的乐趣和烦恼，肯定美好情感的价值，展示每个孩子都拥有的纯净无比、丰富多彩的心灵世界，在孩子与成人世界之间寻求真正的沟通、互相的理解以及积极的教育方式。根据104集动画片改编的20册动漫书系将保存动画片的精华部分，用图文并茂的形式来传递给孩子们开心快乐、风趣幽默的校园故事和家庭故事。

【序　号：50】
项目名称：**快乐星球系列图书**
作　　者：张惠民、胡洪兵　等
出版单位：外语教学与研究出版社
规　　模：250万字
出版时间：2008年12月
内容简介：本系列图书根据央视与郑州电视台联合拍摄大型少儿科幻系列剧《快乐星球》改编。本系列图书挑选电视剧精华剧集改编为影视小说和漫画图书，故事奇妙而有趣，既有着浓厚的科幻气息，又贴近少年儿童的实际生活。尤其是其中的成长主题，可以让小读者在享受故事的同时获益不少。图书内容非常贴近现代小学生的日常生活，且涉及孩子成长的方方面面，被著名文艺理论家李准誉为“一部反映中国儿童成长的百科全书式的作品。”

【序　号：51】
项目名称：**国产原创动漫系列丛书（《宇航鼠》系列）**
作　　者：郑　帅
出版单位：现代教育出版社
规　　模：10册
出版时间：2007年12月
内容简介：2006年，美国和澳大利亚科学家准备联手把一种地球生物——老鼠送上太空，启动火星实验计划。本书以此真实事件为蓝本，大胆幻想和描绘了老鼠们被送入“宇航鼠训练营”，闯过“电动转椅”、“离心飞碟”等一个个宇航员训练的难关，最终飞向太空，完成人类托付的历史使命的神奇故事。作为国内少有的全彩色手绘本漫画书，《宇航鼠》漫画人物造型由美籍华人 Hadnsun 设计。鲜亮的人物和服饰，幽默搞笑的人物对白，使本书科技感更强，场面更震撼，更加吸引读者。静态的漫画书，变成了一部绘声绘色的立体动画片图书。

【序　号：52 】
项目名称：**学生广角·漫画 party 卡通故事会丛书**
作　　者：陈　乐、袁伟江　等
出版单位：云南教育出版社
规　　模：220 万字
出版时间：2010 年 1 月
内容简介：本丛书依托《学生广角·漫画 party》杂志，以未成年人为读者对象，以少年儿童喜闻乐见的国产原创动漫形式打造书刊互动平台。《学生广角·漫画 party》故事会丛书在“十五”期间已进行了一些探索，推出的几册书受到了广大读者的欢迎，取得了良好的社会效益和经济效益，被评为全国优秀畅销书。“十一五”期间，该丛书将总结经验，沿着构建国内少儿原创卡通漫画图书的道路继续探索，以法制普及、陶冶情操和素质培养为重点，力求形成影响力较大的国内原创卡通漫画品牌。

【序　号：53 】
项目名称：**象棋王**
作　　者：鸿鹰卡通制作有限公司
出版单位：二十一世纪出版社
规　　模：250 万字
出版时间：2006 年 6 月
内容简介：《象棋王》描述一个叫“无悔”（“起手无悔”之意，表示一个棋手勇往直前、不后悔的信念）的小学六年级学生，从根本不会下棋到热爱棋艺的历程，以一颗永不言败的心，勤奋向上，勇往直前，不断学习、克服万难，深造棋艺，在各种象棋比赛中战胜对手，为实现自己的“象棋王”的理想勇敢奋斗。该书是世界首部以中国象棋为题材的动画图书，同名电视动画片将于近期在中央电视台播放。

【序　号：54 】
项目名称：**抱抱绘本**
作　　者：张之路　等
出版单位：中国福利会出版社
规　　模：96 幅图
出版时间：2006 年 12 月
内容简介：《抱抱绘本》中的四部作品全部都是精挑细选的、符合儿童阅读趣味、提升儿童文学修养的最新的原创儿童文学经典作品，加上活泼的开本、灵动的设计，让孩子在优美、温暖、充满想象力的童话故事中深入地挖掘出故事的精神内核。

【序　号：55 】
项目名称：**儿童心灵成长图画书书系**
作　　者：乌尔色·舍福勒、乌利瑟斯·文瑟　等
出版单位：湖南少年儿童出版社
规　　模：180 万字
出版时间：2010 年 8 月
内容简介：《儿童心灵成长图画书书系》含《儿童心灵成长图画书书系·引进系列》和《儿童心灵成长图画书书系·原创系列》两大部分。《儿童心灵成长图画书书系·引进系列》中的图画书都要求是经典，都要适合国内儿童阅读。它以每年 1～2 套、每套 4～8 册的速度推出。目前拟引进的品种是：德国 Ravensburger 出版社出版的儿童图画书《小熊的美好故事》（4 册），比利时 Casterman 出版社出版的《熊先生和鼠小姐》（10 册）以及英国 Little Tiger 出版社出版的《爱的故事》（10 册）。《儿童心灵成长图画书书系·原创系列》的内容以“亲情”为主题，是为低龄儿童创作的充满“关爱”与“被关爱”的故事。它既是秉承儿童本位主义的心理教育故事，也是彰显人文关怀的儿童成长教育故事。

【序　　号：56 】

项目名称：**南瓜堡系列**

作　　者：赵冰波（文稿）、沈苑苑（画稿）

出版单位：连环画出版社

规　　模：13万字

出版时间：2006年1月

内容简介：故事讲述的是发生在虚拟世界“南瓜堡”的事情。可爱的小神仙岛岛、眉眉是两有个法力的小仙人。岛岛是个男孩子，聪明、能干，但是因为做事不求甚解，所以总是聪明反被聪明误。眉眉是个小仙女，她集中了女孩的所有优点和缺点。憨厚的大熊、天真调皮的三胞胎是岛岛和眉眉的好伙伴。孤独狼可恨又可怜，他的身上虽然集中了所有孩子的性格弱点，但是又有令人同情的地方。老神仙有着无边的法力，他像一个可爱的家长，关心每一个孩子。此套书是以发生在小仙女眉眉身上的有趣故事为主体创作的。故事中的人物性格鲜明，具有相当的亲和力，同时还展开故事的情景特点，把故事环境固定化、人文化。语言平和、通俗。本套书易于被广大小读者所接受。

【序　　号：57 】

项目名称：**科普百科书系**

作　　者：国内外一流的科普百科名家

出版单位：接力出版社

规　　模：500万字

出版时间：2010年10月

内容简介：以《万物简史》、《彩图袖珍百科》系列、《实用百科图鉴》系列为代表的科普百科书系业已取得十分骄人的市场业绩，赢得了广大读者欢迎和社会各阶层的首肯，被引为中国出版界的典范。特别是《万物简史》不仅在欧美引起极大轰动，在中国也广获好评，成为近年来引进版科普读物中市场表现最出色、最受中国读者欢迎的图书之一。“十一五”期间，拟选取国内外反映科技最前沿知识类读物及代表国内外百科类最高水平读物，强调前沿性、精品性、畅销性，既可以文字为主，也可图文并茂。计划出 50 册，每年 10 册。

【序　号：58】
项目名称：**新世纪孩子最想知道的十万个为什么**
作　　者：刘东生、杨逸畴　等
出版单位：江苏少年儿童出版社
规　　模：220 万字
出版时间：2008 年 9 月
内容简介：本项目属于“少儿百科知识科普丛书”，共 11 册，包括《数学分册》、《物理分册》、《化学分册》、《动物分册》、《植物分册》、《人体科学分册》、《地球科学分册》、《宇宙科学分册》、《环境科学分册》、《信息科学分册》、《工程科学分册》等。丛书文字浅显易懂，知识表述力求精确、权威。每册之间，每个知识点之间，都沟通、关联，从而使全书形成一个密集的知识网。丛书将邀请中科院专家参与编写。

【序　号：59】
项目名称：**“在科学的入口处”系列**
作　　者：李毓佩　等
出版单位：湖北少年儿童出版社
规　　模：100 万字
出版时间：2006 年 12 月
内容简介：本系列内容以学科来划分，丛书共包括数学、物理学、化学、天文学、地学、生命科学等六大传统自然学科和航空航天学、材料学、信息学和能源科学等四大新兴学科，共计 10 个分册，每个学科各选取 20 世纪内最具代表性、对人类历史发展影响最大的 30 个重大专题事件。丛书编写的整体思路可以用 16 个字概括：时间为经、专题为纬、由人入事、由事点题。即按照时间先后选取 30 个重大专题，在每个专题的写作中，从科学家来切入重大事件，寻找重大事件背后的科学人物，介绍科学家锲而不舍的探索精神以及非凡的勇气和毅力，把写作重点放在介绍重大专题事件产生的前因后果、经过和对此后科技、学科发展的重大影响上，着力挖掘其中的故事，对于部分科学专题艰深内容的本身，则可以简要介绍，点到即止。目的在于增加文章的故事性和可读性，不至于让少年读者望而生畏。

【序　号：60 】
项目名称：**新世纪天文系列**
作　　者：卞毓麟
出版单位：江苏教育出版社
规　　模：100 万字
出版时间：2009 年 6 月
内容简介：天文科普图书已成为我国青少年和广大公众最为喜爱的科普图书门类之一，本丛书作者是一位有着 30 年科研经历的天文学家，也是一位作品丰富的科普作家。他通过此书使我们不仅获悉当代天文学中多方面的最新进展，而且能够比较全面地了解经最新研究成果充实后的天文学基础知识。本书以青少年和具有中学文化程度的广大公众为主要读者对象。

【序　号：61 】
项目名称：**科考探险丛书**
作　　者：高登义、陈俊昌　等
出版单位：江苏少年儿童出版社
规　　模：90 万字
出版时间：2006 年 9 月
内容简介：本丛书是图文并茂的科考探险类科普读物。从书主要以地形、地貌为内容划分依据，分为森林探险、沙漠探险、海洋探险、山峰探险、洞穴探险等 5 个分册。这 5 个分册，几乎囊括了国内的所有探险地区。森林探险包括东北林区、横断山脉林区、神农架林区等原始林区的探险等。作者中汇集了国内一流的科学家，所掌握的都是第一手的科考材料，包括由科考专家实地拍摄的大量高质量的图片，从而保证了内容的科学性、信息的权威性和图书的生动性。同时，丛书将由作家进行文字加工和润色，保证图书的趣味性和可读性，使科普作品更加普及。

【序　号：62 】
项目名称：**迈向宇宙的天梯（天文科普丛书）**
作　　者：王绶琯、艾国祥　等
出版单位：科学普及出版社
规　　模：120 万字
出版时间：2009 年 12 月
内容简介：本丛书基本涵盖了天文学和航天科技领域的发展历史和动态，将收录大量珍贵的天文照片和资料，具有较强的科学性、知识性和可读性，可以激发青少年对天文学和探索宇宙的兴趣，增长科学知识，树立科学精神。本丛书初步设计为三个系列：1.《宇宙探秘》系列；2.《美丽星空》系列；3.《走进天文馆》系列。

【序　号：63 】
项目名称：**风车人《十万个怎么办》**
作　　者：张开逊、朱广菁
出版单位：少年儿童出版社
规　　模：250 万字
出版时间：2007 年 12 月
内容简介：《十万个怎么办》作为《十万个为什么》的姊妹篇，采用青少年读者喜闻乐见的提问方式，从技术的角度，讲述人类的技术活动对人类文明的影响。全书约 3 000 多个问题，分十大主题，涵盖了人类在解决生存和发展的实际问题中的 10 个一级本源问题：人类怎样制造工具、人类怎样相互理解、人类怎样获取食物、人类怎样得到安全、人类怎样和疾病抗争、人类怎样到新的地方去、人类怎样增加自己的力量、人类怎样了解世界、人类怎样制造自然界没有的材料、人类怎样与自然相处。在一级本源问题之下，根据技术本身的转折和技术导致的社会转折，划分、选取二级问题和三级问题，依时间顺序排列，展示人类技术活动的历程。本书的宗旨是：诠释文明，激励创新。

【序　号：64 】

项目名称：**走近科学系列大型科普丛书（彩色）**

作　　者：《走近科学》丛书编委会

出版单位：中国科学技术出版社

规　　模：1 200 万字

出版时间：2010 年 9 月

内容简介：《走近科学系列大型科普丛书》由中国科学技术出版社与中央电视台科学教育频道联合制作。本套丛书有以下特点：1. 内容新颖。搜集近年来科学研究、科技进步的新成果，以国内民用科技发展为主要内容。2. 学科全面。包含了生物、医学、能源、环境、考古等各个方面的知识。3. 趣味性强。由科教频道从《走近科学》节目中精选大量图片，配合生动的文字解说，每一章都是一个小故事。4. 立足科学。书中所有内容均经过专家审定，严格保证其真实性和科学性。

【序　号：65 】

项目名称：**潘家铮院士科幻作品集**

作　　者：潘家铮

出版单位：中国少年儿童出版社

规　　模：70 万字

出版时间：2006 年 2 月

内容简介：《潘家铮院士科幻作品集》共分为四卷，每卷约为 17 万字，共约 70 万字。收集潘家铮先生的短篇、中篇科幻作品共 30 篇。其中有近 1/3 是未发表的新作，其余已发表过的作品也由作者作了精选，进行了较大修改订正。四卷的书名分别是《蛇人》、《吸毒犯》、《地球末日记》、《UFO 的辩护律师》。全国政协副主席、中国工程院院长徐匡迪副主席亲自为本书作序。目前，《潘家铮院士科幻作品集》已经获得北京市科普作家协会的“北京科普创作出版专项资金”的资助。

【序　号：66 】

项目名称：**凹凸旅行记口袋本丛书**

作　　者：康利华　等

出版单位：中国少年儿童出版社
规　　模：350 万字
出版时间：2008 年 12 月
内容简介：丛书主人公凸凹为当代中国少年，因一个偶然的机会，中了玉皇大帝的福利彩票，获得奖励乘着时间隧道遨游中国历史的全进程。在历史的长河中，凸凹经历了盘古开天地的巨变，从炎黄二帝一直游历到清朝。在这期间，凸凹拜见了秦皇汉武，与唐太宗畅谈互联网，与诸葛亮大讲木牛流马……现代人的意识与古人的观念在这里碰撞出许多有趣的火花。

【序　号：67 】
项目名称：**青少年文库**
作　　者：宋兆霖　主编
出版单位：国际文化出版公司
规　　模：235 种
出版时间：2007 年 7 月
内容简介：本文库包括适合青少年阅读的中外文学名著 235 个品种。这些图书都是百余年来经过时间检验、影响深远的名家名品，曾陪伴一代代青少年幸福成长。书中新配有精彩情节插图，使青少年能够更全面、具象地理解文学名著的丰富内涵。

6. 古籍出版规划（50 项）

【序　号：1 】
项目名称：**中华版“二十四史”及《清史稿》修订本**
作　　者：中华书局
整理方式：校核、修订、补正
规　　模：5 800 万字
出版单位：中华书局
出版时间：2010 年 12 月
内容简介：中华书局点校本“二十四史”和《清史稿》由于点校整理历时较长，有特殊的时代烙印，而且点校的人员多有变动，故各史均呈现不同程度的先天不足。本项目准备对它们作进一步修订，吸收今天学术研究的成果，补其不足，校正错讹，为学术界和广大读者提供信实可靠的修订本。

【序　号：2 】
项目名称：**二十四史今注本**
作　　者：王玉哲、漆　侠　等
规　　模：13 000 万字
出版单位：巴蜀书社
出版时间：2008 年 12 月
内容简介：“二十四史”是中国古代官修（包括个别私修）纪传体正史的统称。其成书时间自公元前 2 世纪下半叶至 18 世纪中叶，前后相距两千年，总卷帙达 3 296 卷，约 3 700 余万字，采用本纪、列传、表、志等形式，构成了一个完整记述中国古代社会的著作体系。这套“二十四史”，由中华书局出版，采用善本为底本，分段合理，校勘全面，对于对“二十四史”的研究和普及起了巨大的推动作用。随着时代的发展，近30年前出齐的标点本“二十四史”已不能完全满足学术界和社会的需要，特别是除前四史古人有简单的注外，后二十史均无注。今注本“二十四史”即是在前人研究成果的基础上对其全套作注，并对以前的版本加以校勘整理，使之成为一部比以前所有版本更权威、更具实用性的版本。

【序　号：3】
项目名称：**南明史**
编 撰 者：钱海岳
整 理 者：刘德麟、张忱石
整理方式：点校
规　　模：350万字
出版单位：中华书局
出版时间：2006年12月
内容简介：《南明史》共120卷，为纪传体史书，分本纪、志、表、列传四部分，纪事起于崇祯十七年五月，迄于永历三十七年。著者穷30余年之精力，参阅3 400余种图书、资料文献，钩稽耙梳，细为条理，大凡政治、经济、战争、人物、文化等等，事无巨细，皆作编排，是南明史研究中的集大成者。

【序　号：4】
项目名称：**续修四库全书提要**
编 撰 者：傅璇琮　等
整理方式：编撰
规　　模：500万字
出版单位：上海古籍出版社
出版时间：2007年
内容简介：《续修四库全书》是继清乾隆年间编修《四库全书》以来，对于中国古典文献的又一次全国范围内的整理和汇集。总共收书5 200多种，其收录范围既包括对《四库全书》成书前传世图书的补选，也包括《四库全书》成书后著述的续选。补选之书主要是被《四库全书》遗漏、摒弃、禁毁，或列入“存目”而确有学术价值的图书；《四库全书》已收而版本残劣，有善本足可替代的书籍；四库馆臣对戏曲、小说持鄙视态度未予以收入，此次选编根据这些作品的文学价值择优选收。对于乾隆中期以后至辛亥革命以前的图书，尽可能选收各学术门类和流派的代表性著作。此外，新从海外访回而合于选录条件的古籍，以及新出土的整理成编的竹简帛书也酌予选收。本书对《续修》所收5 200多种图书作提要式的论述。简介该书的作者、成书过程和该书的学术价值，及对当世与后代的影响。

【序　号：5 】
项目名称：**四库存目标注**
整 理 者：杜泽逊
整理方式：标注
规　　模：300万字
出版单位：上海古籍出版社
出版时间：2007年
内容简介：本书为清朝乾隆修《四库全书》时列入《四库存目》的书6 791种标注传世版本，对每一部书的传世各本，大体依刻抄先后排列，对已经目验的5 000余种善本，则详记版式、行款、序跋、刻工、牌记、印鉴、题跋等内容，对《四库提要》及各家书目之误，附案订正。

【序　号：6 】
项目名称：**元典章**
整 理 者：陈高华　等
整理方式：点校
规　　模：80万字
出版单位：天津古籍出版社、中华书局
出版时间：2007年
内容简介：《元典章》是一部元代法律文书汇编，因书中有大量吏牍公文，层次很多，不易分辨；书中不少篇目，系用蒙语硬译公牍文体写成，与一般汉语文体不同；书中涉及许多元朝特有的制度，与中原传统的制度有别；此书原由民间书坊编纂刊刻而成，脱漏错讹比比皆是，素称难读，迄今没有一个全部的整理本。点校本以故宫藏元刻本为底本，用元代其他文献（《通制条格》、《经世大典》残本、《宪台通记》等）和《元典章》沈刻本加以校订。点校工作限于文字、标点断句，凡改动元刻文字或以为元刻文字有误、有脱漏者，则出校记说明。

【序　号：7 】
项目名称：**大清一统志**
编 撰 者：清方略馆编，主修：穆彰阿　等
整 理 者：中华书局古籍资源开发部、湖北大学古籍研究所
整理方式：点校、索引
规　　模：1 000 万字
出版单位：中华书局
出版时间：2008 年
内容简介：本书共 560 卷，成书于清道光二十二年。先是康熙二十五年清廷开馆编纂《一统志》，雍正、乾隆朝继续纂修，成 500 卷。嘉庆十六年，方略馆奏请重修，历时 34 年成书。其所辑以嘉庆二十五年版图为据，故又名《嘉庆重修大清一统志》。本书是以全国为记载范围的地理总志。比之前代所修，本书内容、门类更加丰富全面，体例更趋合理，充分运用了图、表体裁，断限准确。本书不仅体现了清王朝盛况，而且基本包罗了我国古代各地的地理数据，是研究古代政治、经济、地理、文化的重要参考书。本书是点校整理本，编有详尽索引。

【序　号：8 】
项目名称：**清代外务部中外关系档案史料丛编**
整 理 者：中国第一历史档案馆、北京大学
整理方式：汇编、影印
规　　模：30～40 卷，100 册
出版单位：中华书局

出版时间：2009 年 12 月
内容简介：中国第一历史档案馆现存清代外务部档案是清政府外交活动及各国驻华机构、人员外交活动的真实记录，是研究清代外交及各国对华政策、在华经济、文化活动的重要参考资料。中国第一历史档案馆与北京大学合作，计划分不同国家整理、出版中外关系档案，编纂《清代外务部中外关系档案史料丛编》一套，现已出版有《中奥关系卷》、《中西关系卷》、《中葡关系卷》。

【序　号：9 】
项目名称：**中华治水典籍备要**
整 理 者：中国水利水电科学研究院水利史研究室
整理方式：编校
规　　模：2 400 万字
出版单位：湖北人民出版社
出版时间：2010 年 12 月
内容简介：本书是“十五”国家重点图书规划项目，因规模较大，作者只能分步交稿，出版社也需投入大量资金和编辑力量。第一卷《再续行水金鉴》（600 万字，16 册）已出书，尚有 3 卷（《续行水金鉴》、《行水金鉴》等）转入“十一五”期间出版。

【序　号：10 】
项目名称：**地方志灾异资料丛刊**
编 撰 者：清代和民国间各地方志原编纂者
整 理 者：国家图书馆地方志家谱文献中心
整理方式：汇编、影印
规　　模：3 000 万字
出版单位：北京图书馆出版社
出版时间：2008 年 12 月
内容简介：地方志中灾异类资料具有独特的文献价值，是古代任何资料无法相比的。“灾”包括风、电、雨、雷、雾、雪、霜、雹、洪水、地震等自然现象和灾害，“异”包括日食、月食、日月同辉等异常的天文现象。每个方志都对上述问题作了最翔实、最全面、最系统的记载。国家图书馆地方志家谱文献中心收藏方志 7 000 余种，涵盖全国 32 个省市自治区，历史记载跨越 3 000 多年。本书主要选辑历代地方志中的灾异资料，汇编成 40 册。将为中国历代灾害史和天文地理史的研究提供系统的第一手原始文献。

【序　号：11 】
项目名称：**清代赋役全书**
编 撰 者：清代官修
整 理 者：国家图书馆善本特藏部
整理方式：汇编、影印
规　　模：5 000 万字
出版单位：北京图书馆出版社
出版时间：2007 年 12 月
内容简介：本书收录范围涉及清代直隶、江南等 15 个地方政府的赋役档案，皆为国家图书馆仅存，共计 59 种线装，2 784 册，是研究清代经济史宝贵的第一手资料。此次影印出版，拟分 320 册。为便于查阅，特请国家图书馆善本部专家编制详目。

【序　号：12 】
项目名称：**清季外交官文牍　清季外交文书图录**
整 理 者：屈春海、唐益年、胡忠良　等
整理方式：汇编（手书彩印原件）、释文，主要官员简介
规　　模：1 000 封手书原件影印；200 幅图，300 页彩色影印；52 万字释文
出版单位：北京古籍出版社
出版时间：2007 年 12 月
内容简介：《清季外交官文牍》收清季自 1840 年以后驻外大臣手书的公函和私函。其中公函为以驻外大臣名义给总理事务衙门外务部的函件；私函为以私人名义给外务部官员的信函，内容以公事为主。包括薛福成、张德彝等多人亲笔信件。另外还有部分驻外大臣的咨呈、奏折等。《清季外交文书图录》收 1840 年以后的清廷的国书、照会、驻

外大臣公函文件，外国皇帝（或国王）致中国皇帝的亲笔书信（附当时外务部作的译文）以及地方官员为外交事务与总理事务衙门外务部的文牍往来。

【序　号：13 】
项目名称：**晚清国际会议档案汇编·国际博览会卷**
整 理 者：李国荣　主编
整理方式：汇编影印
规　　模：3 500 面
出版单位：广陵书社
出版时间：2006 年 6 月
内容简介：本卷汇编了藏于中国第一历史档案馆的有关晚清政府参加的 6 次国际博览会的原始档案。内容涉及晚清政府颁布的有关谕旨诏令，王公大臣进呈的奏折，清政府与各举办国往来的国书、照会、函件、电报，及与会人员名单、参会经费和管理、参会和参展物品等。史料翔实，均未公开发表及出版。主要收录以下 6 次国际博览会的资料：光绪二十六年（1900 年）法国巴黎炫奇博览会；光绪二十九年（1903 年）日本大阪国际劝业博览会；光绪三十年（1904 年）美国圣路易斯博览会；光绪三十一年（1905 年）比利时黎业斯博览会；光绪三十二年（1906 年）意大利米兰博览会；宣统二年（1910 年）比利时布鲁塞尔博览会。

【序　号：14 】
项目名称：**中国家谱总目**
编 撰 者：上海图书馆
整理方式：著录、索引
规　　模：1 000 万字
出版单位：上海古籍出版社
出版时间：2007 年 12 月
内容简介：本书是著录全世界（包括中国、美国、日本、英国等）收藏的中国家谱的联合目录。由各藏馆人员撰写，上海图书馆主编。种数共约

4 万余种（大致囊括 1949 年前全部中国家谱）。本书著录项目为：书名、卷数、纂修者、版本、内容提要、收藏者、附注等（详见《上海图书馆馆藏家谱提要》，上海古籍出版社 2000 年 5 月版）。书末附有索引及古今地名对照表，以便检索。

【序　号：15 】
项目名称：**孔府档案全编**
整 理 者：本书编辑委员会
整理方式：汇编、影印、索引
规　　模：50 万拍
出版单位：齐鲁书社
出版时间：2008 年 12 月
内容简介：孔府档案是孔子及其子孙后裔的家族档案，共 9 025 卷，约 50 万页，记录了孔府从明嘉靖十三年（1534 年）至 1948 年长达 400 余年的政治、经济、思想、文化、宗法关系等方面的情况，涵盖了我国明代以来封建社会方方面面的内容，是我国保存时间最长、最为完整的家族档案。此次整理拟采用分类分卷、用原件拍照的方式影印出版。全书为大 16 开，规模 500～600 册。

【序　号：16 】
项目名称：**治河方略**
编 撰 者：（清）靳　辅
整 理 者：水利部黄河水利委员会新闻宣传出版中心黄河志总编室
整理方式：点校、注释
规　　模：30 万字
出版单位：黄河水利出版社
出版时间：2009 年
内容简介：《治河方略》原书成书于康熙二十八年，后被靳辅重编。书前有黄河图、黄河旧险工图、黄河新险工图、众水归淮图、运河图、淮南图、诸河图、五水济运图等多幅。靳辅是继明代潘季驯之后，又一著名的河道总督，在治河思想上，与潘季驯一脉相承。

【序　号：17】

项目名称：**河防一览**

编 撰 者：（明）潘季驯

整 理 者：水利部黄河水利委员会新闻宣传出版中心黄河志总编室

整理方式：点校、注释

规　　模：50万字

出版单位：黄河水利出版社

出版时间：2009年12月

内容简介：《河防一览》是明代治河名臣潘季驯一生治河实践与经验的总结，是中国古代最重要的河工专著之一。该书成书于万历十八年，共14卷，记录了潘季驯治理黄河的基本思想和主要措施，系统阐述了潘氏"以河治河，以水攻沙"的治河主张，提出了加强堤防修守的一整套制度和措施。

【序　号：18】

项目名称：**国家图书馆藏甲骨文全编**

编 撰 者：国家图书馆特藏部、北京大学文学院古文字研究所、中国社科院语言所、北京师范大学古籍所

整理方式：原件拓片、照相、文字诠释、各类索引、电子光盘

规　　模：100万字

出版单位：岳麓书社

出版时间：2008年9月

内容简介：本书整理了国家图书馆馆藏的所有甲骨文片，共计36 530张。其特点为：数量繁多；分期分类齐全；绝大部分没有对外公开；不只单纯整理甲骨文片上的文字，还注重对其文字、形状、凿痕等全方位研究；吸收以往甲骨文研究的成果，运用最新科技手段，对所藏甲骨文片重新分类、索引。本书将甲骨文按政治、经济、文化、军事、教育、天文历法等分类排列，将甲骨文片、正反照片、拓片、原文、释文有机地结合在一起，书尾附各种主题索引，如人名索引，艺术、军事索引，关联索引，编号索引等。本书着重体现和探究甲骨文的凿痕变化，从中总结出甲骨文片规律性的东西。本

书采用国际大 8 开本，成书约为 8 万页。

【序　号：19 】
项目名称：**湘西里耶秦简**
整 理 者：湖南省文物考古研究所，吴荣曾、李家浩、张春龙
整理方式：图版，分类释文，注释
规　　模：60 万字
出版单位：文物出版社
出版时间：2009 年 12 月
内容简介：2002 年 4 月至 7 月初，湖南省文物考古研究所等组成的考古队在湘西土家族苗族自治州龙山县里耶镇发掘了里耶战国古城中的一号井，出土了包括简牍在内的一大批文物，简牍总数达 36 000 多枚。绝大部分是秦王朝治下的洞庭郡迁陵县署档案。内容涉及政治、军事、经济、法律、田地制度以及民族关系等各个层面。其中很多信息是历史文献中所不曾有的。这批秦简被专家认为有重大意义，是近百年来秦代考古最重要的发现之一。首先，这批秦简主要性质明确，已清洗的秦简从秦王政二十五年到秦二世元年，初步认定属秦代当地官府文书，极大地增添和充实了秦代历史文献的档案资料。其次，这批秦简发现数量多，远超目前国内所出秦简的总和，且内容丰富，对秦史研究有不可估量的意义。本书包含图版 4 000 幅。

【序　号：20 】
项目名称：**长沙走马楼三国吴简（4～12 卷）**
整 理 者：走马楼吴简整理组
整理方式：图版，释文，注释，图表
规　　模：400 万字
出版单位：文物出版社
出版时间：2009 年 12 月
内容简介：本书共 12 卷 33 册，“十五”期间已出版 3 卷。收录长沙走马楼出土的 10 万枚三国东吴简牍。这批吴简数量巨大，基本上是成批埋葬的官方文书，内容集中在赋税、户籍等方面，主要是长沙郡与临湘侯

国的地方文书档案，大致可分为司法文书、嘉禾吏民田家莂、黄簿民籍、名刺、签牌和缴纳各种赋税与出入仓、库的簿籍等，对研究当时的土地、赋税、户籍、官吏和文书等制度以及阶级关系和社会生活，提供了大量前所未见的宝贵资料。这批吴简又是了解早期行书面貌和晚期隶书向楷书演变情况的难得资料。全书含图版10 000幅。

【序　号：21 】
项目名称：**中国古籍善本书目索引**
编 撰 者：南京图书馆历史文献部
整理方式：索引
规　　模：500万字
出版单位：上海古籍出版社
出版时间：2008年12月
内容简介：《中国古籍善本书目》是一部迄今为止最为全面、系统地反映我国传世古籍善本面貌的大型工具书。但《中国古籍善本书目》共分经、史、子、集、丛五部，篇幅巨大，检索颇为不便，本书即是为《中国古籍善本书目》所做的书名及著者索引工具书。本书分书名索引与著者索引两大部分，各部分分别按四角号码排列。本书的出版，将大大便利于《中国古籍善本书目》的使用。

【序　号：22 】
项目名称：**集韵疏证**
编 撰 者：(宋) 丁　度　等
整 理 者：赵振铎
整理方式：校注
规　　模：400万字
出版单位：巴蜀书社
出版时间：2008年12月
内容简介：本书整理者校理《集韵》垂30年，曾以顾氏重修本为工作底本，以南宋明州本、潭州本、金州本及汲古阁、述古堂影集本相校，又参考清人校记多种写出校记。近又在此基础上，遍检前代典籍，多所创获，因仿《广韵疏证》体例，成此一书。本书拟以潭州本为底本。

【序　号：23 】
项目名称：**全宋词韵谱**
整 理 者：鲁国尧
整理方式：汇编
规　　模：100 万字
出版单位：江苏教育出版社
出版时间：2009 年 12 月
内容简介：本书是对唐圭璋先生的《全宋词》、孔凡礼的《全宋词补辑》和王兆鹏、钟振振所补的若干首，共二万余阕词，从音韵学的角度作研究，即将其全部韵字摘出，系联、归纳、探究，并结合唐宋韵书以及宋人文集、笔记中的音韵资料等对宋代通语和方言作全面深刻的研究。

【序　号：24 】
项目名称：**历代词话全编**
整 理 者：朱崇才
整理方式：汇编、点校
规　　模：2 000 万字
出版单位：人民文学出版社
出版时间：2009 年 12 月
内容简介：词话是中国古代文论的一大门类，目前收集这方面著作较为全面的是唐圭璋的《词话丛编》，但由于种种原因，尚有大量的词话著作未被收入，且《词话丛编》在校勘和标点上有遗漏。本书在唐圭璋《词话丛编》的基础上，共收入历代词话 150 多种，考订严密，可成为一部较好的资料总集。

【序　号：25】
项目名称：**先秦两汉魏晋南北朝诗全编**
整 理 者：郑利华、刘文祥
整理方式：汇辑、校点
规　　模：200 万字
出版单位：上海古籍出版社
出版时间：2008 年 12 月
内容简介：先秦两汉魏晋南北朝是中国古代诗歌发展的重要阶段：四言诗、五言古体诗创作在此期趋于成熟；作为唐诗主干部分的律诗绝句亦在南朝逐渐形成。上个世纪逯钦立先生纂辑的《先秦汉魏晋南北朝诗》囊括千余年诗歌篇什，引用数百种子史文集，校勘疏漏、钩稽失察处，难以避免。其所引文献亦仅限于传世典籍，未能广泛利用出土资料。故利用最新研究成果，重新纂修此期的诗歌总集为当务之急。本书由复旦大学古籍研究所牵头、郑利华教授任主编，编纂时全面吸收前人、尤其是清人的汇辑、校勘成果，更新、完善体例，网罗佚诗，后出转精。

【序　号：26】
项目名称：**全粤诗**
整 理 者：陈永正
整理方式：辑录、校勘、标点
规　　模：2 500 万字
出版单位：岭南美术出版社
出版时间：2005 年 12 月
内容简介：本书是历代广东的诗歌总集，收录的范围，上始汉代，下迄于清朝，涉及近 2 000 名作者、30 余万首诗歌。本书所辑录的文献，将系统反映粤诗发生、发展和繁荣的历史进程，这一工作也是广东“文化大省建设”的一项重要工作。

【序　号：27】
项目名称：**乾嘉学人文集丛刊**
编 撰 者：惠　栋、戴　震、钱大昕　等

整 理 者：徐 蜀
整理方式：汇编、影印
规 模：5 000 万字
出版单位：北京图书馆出版社
出版时间：2008 年 12 月
内容简介：清代乾嘉时期是中国学术史上最为辉煌的时代，其成果多藏于国家图书馆中，尤其一些作者从未披露过的稿本、抄本更是妨碍了其利用。本书由清代学术史专家选定目录，利用国家图书馆丰富的藏书，选辑清代乾嘉时期学者的学术文集，涉及经学、史学、文字、哲学、天文、地理等各个学科。在学术和文献版本选择方面有较高水平。

【序 号：28 】
项目名称：**中华大藏经（汉文部分）（下编）**
整 理 者：任继愈
整理方式：编纂整理、疏释
规 模：2 000 万字
出版单位：云南教育出版社
出版时间：2010 年 12 月
内容简介：《中华大藏经》（汉文部分）分正编、续编和下编，正续两编已由中华书局于 1984 年后陆续出版。下编由任继愈先生任主编，由国家有关部门出面在海内外广泛征集正续两编所收除外的佛教经籍、最新发掘的考古资料及国内外佛学专家的最新研究成果编纂、整理而成。如果正续两编是一部迄今为止收录佛教典籍最全的一部百科全书式的佛教资料大典的话，下编则是对正续两编的一部最全的补遗，极富研究价值和版本收藏价值。

【序 号：29 】
项目名称：**天一阁明代科举录选刊·登科录**
整 理 者：宁波天一阁博物馆
整理方式：影印
规 模：5 000 面

出版单位：宁波出版社

出版时间：2007 年 3 月

内容简介：我国历代科举考试的文献，以明代保存得最完整，明以前各代已属寥寥。清代虽比明代晚，开科多，而所存也不及明代的 1/5。我国现存明代科举录的 80％收藏在天一阁里，计 370 种，其中 90％以上是海内孤本。这批科举录不但是研究科举制度的实例物证，而且也是一种最直接的人物传记史料。天一阁现藏有从洪武四年到崇祯十三年登科录计 51 册，平均每册 100 页，合计 5 000 页。这些古文献的出版将在明史研究领域产生重大影响。

【序　号：30 】

项目名称：**中国国家图书馆馆藏丛帖汇编**

整 理 者：国家图书馆金石组

整理方式：影印

规　　模：10 万页

出版单位：中华书局

出版时间：2008 年 12 月

内容简介：据初步统计，现在国内各收藏单位共藏有丛帖 500 余种，藏于国家图书馆善本特藏部金石组者就有 312 种之多。金石组对这批藏品进行整理，预计 2005 年底能全部完成，子目总数将在 30 000 条左右，而丛帖的总开数将在 48 000 开（即 96 000 页）左右。国图所藏丛帖刻石年代涵盖宋、元、明、清及民国各个历史时期，其中有版本价值极为珍贵的宋拓善本《绛贴》，以及元、明、清历代摹刻的珍善拓本，另外还有章钰、梁启超、张伯英等著名碑帖收藏鉴赏家的旧藏丛帖，这些名人藏帖多有其题跋按语。加上其弥足珍贵的书法艺术价值，及大部分资料从未公开的实际情况，使本书具有很高的收藏及使用价值。

【序　号：31 】

项目名称：**中国古籍总目**

编 撰 者：杨牧之、傅璇琮　主编

整理方式：编纂

规　　模：4 000 万字
出版单位：中华书局、上海古籍出版社
出版时间：2007 年
内容简介：《中国古籍总目》是全国古籍整理规划领导小组组织编纂的一项基础性工程，为国家重大文化工程。《中国古籍总目》的编辑，是对全国各主要图书馆所藏古籍善本的全面普查和总检阅。《中国古籍总目》分经、史、子、集、丛五部。

【序　号：32】
项目名称：**元诗全编**
整 理 者：杨　镰、郑永晓、张颐青　等
整理方式：汇编、点校、索引
规　　模：2 000 万字
出版单位：中华书局
出版时间：2009 年 12 月
内容简介：本书课题组对现存元代的典籍作了全面的调查，汇辑出元代诗歌总数约为 134 000 首，并运用计算机技术，对搜集的各篇作品进行“抽重”处理，完全避免了以往诗歌总汇作品和作者重出的问题，从根本上提高了总集的质量。

【序　号：33】
项目名称：**全明杂剧**
整 理 者：黄天骥　主编
整理方式：汇编、校勘、撰写小传及剧目说明
规　　模：400 万字
出版单位：中华书局
出版时间：2006 年 12 月
内容简介：本书收明代杂剧 300 余种。凡《全元戏曲》已收的由元入明作家作品，不再收录；而由明入清、且主要活动在明代的作家，则予以收录。版本上，尽可能访到早期刊本以为底本，其中首次披露的孤本中，明代杂剧有 30 余种。

【序　号：34 】

项目名称：**京剧历史文献全编**

整 理 者：傅　谨

整理方式：汇编、整理

规　　模：1 000 万字

出版单位：凤凰出版社

出版时间：2009 年 12 月

内容简介：本书全面搜集从徽班进京以来与京剧的诞生以及发展相关的所有重要历史资料，下限迄于 1949 年。全书以时间为序，共分 15 卷。本书将是京剧诞生以来两百余年里第一部较完整的历史文献汇编，囊括了清代以来除少数自成一书的专著以外的所有已知和可搜寻到的重要京剧历史文献。

【序　号：35 】

项目名称：**中国古代曲谱大全**

整 理 者：刘崇德

整理方式：影印

规　　模：200 万字

出版单位：辽海出版社

出版时间：2006 年 12 月

内容简介：本书基本上搜罗了自宋元以来流存的所有曲谱，包括词、曲及戏剧。由于搜罗范围较广，本书搜集到各类曲谱著述近百种，单篇著述更多。不仅有元杂剧、南戏、昆曲、京剧等人所熟知的剧种曲谱，许多地方戏如豫剧、秦腔、黄梅戏、粤剧等的曲谱亦在收罗之列。书前有序，对中国古代曲谱各方面的情况作了鸟瞰式的论说。在编排方式上，采用以时代为主线，同一时代以曲谱书籍的种类归属安排的方法。

【序　号：36 】

项目名称：**清代古典戏曲总目**

编 撰 者：吴书荫、江书荣、华　玮

整理方式：编撰
规　　模：160 万字
出版单位：中华书局
出版时间：2009 年 12 月
内容简介：本书由大陆和台湾地区对古代戏曲文献素有研究的学者合作编撰，拟对清代及近现代的古典戏曲作一全面清理。全目拟分三部分：1. 收录剧作家的传世作品；2. 收录已佚失作品的存目；3. 附录，收录 1911 年以后的剧作家以古典戏曲形式写作的作品。编排方式为：以作家时代先后排序，作家名下著录作品。著录体例，拟包括剧名（别名）、作者、版本、收藏地、序跋、图录批点、曲谱、残佚、印章、出目、开场词、必要的考订、演出情况、前人定评、整理情况等，是迄今著录内容最为全面完整的戏曲总目。

【序　　号：37 】
项目名称：**古音汇纂**
整 理 者：宗福邦、陈世铙、于　亭
整理方式：编纂
规　　模：1 300 万字
出版单位：商务印书馆
出版时间：2010 年 12 月
内容简介：本书从我国古代的字书、韵书、音义书及注释著作中全面收集有关的注音材料，包括反切、读若、直音等，并通过例句体现注音字词的语言环境，显示古代汉语语音上古音、中古音的发展变化以及音义之间的关系。本书是一部超大型的语文性汇纂类工具书，与已出版的《故训汇纂》配套。

【序　　号：38 】
项目名称：**新编全上古三代秦汉三国六朝文**
整 理 者：赵逵夫、董治安、刘跃进　等
整理方式：辑佚、修订、补正、点校
规　　模：3 500 万字

出版单位：中华书局
出版时间：2010 年 12 月
内容简介：本书有鉴于清严可均编《全上古三代秦汉三国六朝文》（下简称《全文》）收录不全、体例有误、误收漏收严重、小传差错等等，拟组织全国对《全文》新编已有准备之高校学者联合编撰。按时代顺序，断代新辑重编，分别依据经过考订的传世文献和出土文献，作校勘标点，并参考历代学术研究成果，对作者小传全部新撰。

【序　号：39 】
项目名称：**中国古典文学丛书**
编 撰 者：（晋）陆　机、（唐）陈子昂　等
整 理 者：杨　明、徐　鹏、颜应伯　等
整理方式：点校、笺注等
规　　模：800 万字
出版单位：上海古籍出版社
出版时间：2010 年 12 月
内容简介：本丛书对中国文学史上历代大家名家的作品进行系统性整理与出版，历时数十年，已出版 80 余种图书。现收入 8 种著作：《陆机集校注》、《陈子昂集校注》、《欧阳修诗文笺校》、《王荆文公诗笺注》、《杨万里集校注》、《杨维桢集笺校》、《元好问集校注》、《陈维崧集》。对这些重要作家的作品作了精审的整理，其中或以新注、笺校的方式，或对前人注本加以校点，代表了当代在古典文学文献研究方面的水平。

【序　号：40 】
项目名称：**段玉裁全集**
编 撰 者：（清）段玉裁
整 理 者：许惟贤、赵　航、薛正兴　等
整理方式：辑集、校点
规　　模：400 万字
出版单位：凤凰出版社

出版时间：2008 年 12 月
内容简介：本书辑集段玉裁全部著作。收段玉裁撰《经韵楼丛书》除去非段氏著作之《戴震集》12 卷和《声韵考》4 卷，计 96 卷，另有《诗经小学》4 卷、《论学制备忘记》1 卷、《说文解字注》30 卷、《六书音韵表》5 卷、《明史十二证》1 卷、《经韵楼集补编》2 卷等。总计 15 种书左右，约 150 卷。书后附段氏年谱及有关传记资料。

【序　号：41】
项目名称：**方以智全书**
编 撰 者：（清）方以智
整 理 者：黄德宽　主编，诸伟奇　执行主编
整理方式：辑校
规　　模：500 万字
出版单位：黄山书社
出版时间：2010 年 12 月
内容简介：本书列入“安徽古籍丛书”。将收列目前可以寻觅的方氏全部著作及相关资料，包括《博依集》、《庐墓考》、《膝寓信笔》、《流寓草》等 38 部著作及方氏佚文、年谱、传记、序跋、评介、索引等。全书精心校点，繁体竖排，标专名号。

【序　号：42】
项目名称：**顾炎武全集**
编 撰 者：（清）顾炎武
整 理 者：严佐之、黄　坤、刘永翔
整理方式：点校
规　　模：1 000 万字
出版单位：上海古籍出版社
出版时间：2009 年 12 月
内容简介：顾炎武一生著述宏富，约有三十余种涉及经史子集各个领域的著作存世，却迟迟未能为全集整理出版。2004 年 4 月，上海古籍出版社积十余年之功，终于出版了由谭其骧、王文楚主持点校的《肇域

志》，为本书的出版扫除了最大的障碍。而华东师大古籍所则开始了对顾氏全部著作的版本调查与研究。现在，华东师大整理《顾炎武全集》的计划已得到全国高校古委会批准立项（复旦大学历史地理研究中心葛剑雄、王文楚等承担了其中的《天下郡国利病书》的整理任务）。

【序　号：43】
项目名称：**郭嵩焘全集**
编 撰 者：（清）郭嵩焘
整 理 者：王兴国、周国林、刘泱泱
整理方式：点校、辑佚、新编
规　　模：500万字
出版单位：岳麓书社
出版时间：2008年12月
内容简介：本书广辑郭氏已刊、未刊著述，拟分12册印行。全书以清光绪十八年刊刻本《养知书屋遗集》为主要底本，并遵循求真、求全的辑佚原则，力求真实完备。主要内容包括《礼记质疑》、《周易释例》、《史记札记》等经史著作，以及奏稿、日记、诗集、文集等，并首次整理了未刊稿本《读船山〈周易内传〉札记》、《尚书疑义》、《诗疑义》、《乡党义》等数种和曾经散佚的书信、手札等珍贵资料。是一部资料齐全可靠、体例科学得当、点校严谨审慎的郭氏全集精编精校简体横排整理本。

【序　号：44】
项目名称：**吕祖谦全集**
编 撰 者：（南宋）吕祖谦
整 理 者：黄灵庚　等
整理方式：点校
规　　模：600万字
出版单位：浙江古籍出版社
出版时间：2007年12月

内容简介：本书收录吕祖谦《东莱吕太史文集》、《丽泽论说集录》、《东莱博议》、《历代制度详说》、《皇朝文鉴》等 18 种著作，600 多万字，是首次对吕氏著作进行全面点校整理。对所收各书，均在充分调查现在版本的基础上，考其源流，辨其优劣，精心选择底本和对校本、参校本；并搜集了大量与吕祖谦生平相关的材料，附于全集之末。

【序　号：45 】
项目名称：**茶书全集校注**
编 撰 者：（明）喻　政
整 理 者：华南农业大学农史研究室
整理方式：校注
规　　模：40 万字
出版单位：中国农业出版社
出版时间：2006 年 12 月
内容简介：本书为一部茶书集大成之作。共收集了唐代陆羽《茶经》、宋代蔡襄《茶录》、宋代朱子安《东溪试茶录》、宋代熊蕃《北苑贡茶录》、宋代熊克《北苑别录》等著名古代茶书 27 种之多，有的首见于本书。因此有极大的版本价值。

【序　号：46 】
项目名称：**救荒本草校注**
编 撰 者：（明）朱　棣
整 理 者：华南农业大学农史研究室
整理方式：校注
规　　模：20 万字
出版单位：中国农业出版社
出版时间：2007 年 12 月
内容简介：本书为中国历史上最早的一部以救荒为宗旨的农学、植物学专著。全书共收载植物 414 种，记载了植物的名称、产地、环境等，配以写真的图画。本书为校注本。

【序　号：47 】
项目名称：**宋元本草名著集成**
编 撰 者：（宋）唐慎微、寇宗奭　等
整 理 者：尚志钧、郑金生、张瑞贤
整理方式：校点、注释，附研究性论文
规　　模：300 万～400 万字
出版单位：中医古籍出版社
出版时间：2010 年 12 月
内容简介：本书拟收《证类本草》、《开宝本草》、《嘉祐本草》、《大观本草》、《政和本草》、《绍兴本草》、《本草衍义》、《履巉岩本草》、《宝庆本草折衷》等，选择善本，详加校勘，并酌加注释。对每一部著作，附有一篇万字左右的研究性文章，探讨分析该书内容、特点、学术价值等，对宋元时期的本草著作实际上是一次系统完整科学的总结。

【序　号：48 】
项目名称：**中医古籍孤本大全**
整 理 者：曹洪欣、薛清录
整理方式：选编、影印
规　　模：800 万字
出版单位：中医古籍出版社
出版时间：2010 年 12 月
内容简介：本丛书的选编出版，开始于上世纪 90 年代。所选孤本中，有宋以来历代精刻之善本，名医手稿、名家批校本、精写本、刻书底稿、手绘本草图、经络图等。选编原则是：1. 经考察各家书目，证实已成为孤本者；2. 有较高学术价值与实用价值；3. 在理论和实践上有独特见解和经验，具有参考价值；4. 书品较好，无重大残缺者。预计入选（宋）刘开《方脉举要》等中医孤本医籍 25 种。本丛书广泛整理影印中医古籍的孤本、善本，项目主要负责人具有收编、整理、出版中医古籍孤本的优越条件与学术优势，整理出版此书将为中医药学的整理、拓展开辟新的学术领域。

【序　号：49】
项目名称：**珍本商书丛刊**
整 理 者：张正明　等主编
整理方式：影印
规　　模：80 万字
出版单位：中州古籍出版社
出版时间：2006 年 12 月
内容简介：商书是指明清时期随着商品经济发展而出现的专以商贾为阅读对象的商业文化类文献，内容包括商业经营、商业道德、水陆行程、言语交际、日用常识等。其典藏稀少而分散海内外。《丛刊》初编收选《新安原版士商类要》（（明）程春宇，善本）、《新刻士商要览》（（明）天都憺漪子，善本）、《商商一览醒迷·天下水陆路程》（日本山口大学藏孤本）、《新刻京本华夷风物商程一览》（日本内阁文库藏本）、《新刻天下四民便览治万用正宗·商旅门》（（明）余象斗，日本东京大学藏本）、《生意世事初阶》（（清）王秉元，抄本）、《重订商贾便览》（（清）吴中孚，乾隆刻本）、《贸易须知辑要》（日本藏本）等 10 种，影印出版，书前撰写长篇《明清商书研究》，每种前加“提要”。

【序　号：50】
项目名称：**中华历史地名大辞典**
编 撰 者：邹逸麟、王文楚、钱林书　等
整理方式：编撰（附索引）
规　　模：800 万字
出版单位：中华书局
出版时间：2008 年 12 月
内容简介：本书由复旦大学历史地理研究中心编撰，收录自远古传说时代至 1949 年新中国成立以前的中国历代地名，约 6 万条，包括历代县以上各级政区，县以下各类重要聚邑，山川湖塘、丘岗岛屿等自然地名，长城运河、关隘津梁、堤堰闸坝等人工地物，山东山西、江左江右等地区名，以及地名的别称、总称、合称、简称、俗称、旧称等；词目采自历代文献以及甲骨、金文、简牍、古地图等出土考古资料，除见于历代正史地理志的政区名外，一律注明出处，尽可能列其首见者；根据各类地名的具体情况，说明始置年代、分置由来、沿袭变迁、所指范围、相应今地、历史作用、通用时期等，释文尽可能吸收最新研究成果，包括考古遗址调查成果；后附"书名繁简对照表"、"历代纪年表"等和多种索引。

附　　录

中华人民共和国国民经济和社会发展第十一个五年规划纲要

2006 年 3 月 14 日第十届全国人民代表大会
第四次会议批准

中华人民共和国国民经济和社会发展第十一个五年（2006—2010 年）规划纲要根据《中共中央关于制定国民经济和社会发展第十一个五年规划的建议》编制，主要阐明国家战略意图，明确政府工作重点，引导市场主体行为，是未来五年我国经济社会发展的宏伟蓝图，是全国各族人民共同的行动纲领，是政府履行经济调节、市场监管、社会管理和公共服务职责的重要依据。

第一篇　指导原则和发展目标

第一章　全面建设小康社会的关键时期

“十五”时期是不平凡的五年，我国综合国力明显增强，人民生活明显改善，国际地位明显提高。面对复杂多变的国内外形势，在全国各族人民共同努力下，我们有效抑制经济运行中出现的不稳定不健康因素，成功战胜非典疫情和重大自然灾害的挑战，从容应对加入世界贸易组织后的新变化，国民经济持续较快发展，“十五”计划确定的主要发展目标提前实现。工业化、城镇化、市场化、国际化步伐加快，经济体制改革不断深化，对外贸易迈上新台阶，国家财政收入大幅度增加，价格总水平保持基本稳定，城乡面貌和人民生活进一步改善，民族团结不断巩固，各项社会事业取得新进步，国防和军队建设取得新进展，社会主义民主政治和精神文明建设继续加强。更为重要的是，党中央提出了树立科学发展观和构建社会主义和谐社会的重大战略思想。这些都为“十一五”时期的发展奠定了良好基础。面向未来，我们站在一个新的历史起点上。

专栏1 "十五"计划主要指标实现情况				
指　标	2000年	"十五"计划目标	2005年	"十五"年均增长（%）
国内生产总值年均增长（%）		7		9.5
五年城镇新增就业（万人）		[4 000]		[4 200]
五年转移农业劳动力（万人）		[4 000]		[4 000]
城镇登记失业率（%）	3.1	5	4.2	
价格总水平		基本稳定		1.4
货物进出口总额（亿美元）	4 743	6 800	14 221	24.6
研究与试验发展经费支出占国内生产总值比重（%）	0.9	1.5	1.3	
高等教育毛入学率（%）	11.5	15	21	
高中阶段教育毛入学率（%）	42.8	60	53	
初中毛入学率（%）	88.6	90	95	
全国总人口（万人）	126 743	133 000	130 756	6.3‰
主要污染物排放总量减少（%）		[10]		＜[10]
城镇居民人均可支配收入年均增长（%）		5		9.6
农村居民人均纯收入年均增长（%）		5		5.3
城镇居民人均住宅建筑面积（平方米）	20.3	22	26	5.1

注：研究与试验发展经费支出占国内生产总值比重按经济普查前数据2005年为1.55%；带[]的为五年累计数。

"十一五"时期是全面建设小康社会的关键时期，具有承前启后的历史地位，既面临难得机遇，也存在严峻挑战。

我国具备保持经济平稳较快发展和社会和谐进步的有利条件。城乡居民消费结构加速升级，将带动产业结构加快调整和城镇化加快发展，市场潜力巨大。劳动力资源丰富，国民储蓄率较高，基础设施不断改善，产业配套能力较强，科技教育具有较好基础，社会政治保持长期稳定。改革向纵深推进，社会主义市场经济体制逐步完善，将进一步激发社会活力和发展动力。和平、发展、合作成为当今时代的潮流，世界政治力量对比有利于保持国际环境的总体稳定，经济全球化趋势深入发展，科技进步日新月异，生产要素流动和产业转移加快，我国与世界经济的相互联系和影响日益加深，国内国际两个市场、两种资源相互补充，外部环境总体上对我国发展有利。

在前进道路上还存在不少困难和问题。我国正处于并将长期处于社会主义初级阶段，生产力还不发达，制约发展的一些长期性深层次矛盾依然存在：耕地、淡水、能源和重要矿产资源相对不足，生态环境比较脆弱，经济结构不合理，解决"三农"问题任务相当艰巨，就业压力较大，科技自主创新能力不强，影响发展的体制机制障碍亟待解决。“十五”时期在快速发展中又出现了一些突出问题：投资和消费关系不协调，部分行业盲目扩张、产能过剩，经济增长方式转变缓慢，能源资源消耗过大，环境污染加剧，城乡、区域发展差距和部分社会成员之间收入差距继续扩大，社会事业发展仍然滞后，影响社会稳定的因素还较多。国际环境复杂多变，影响和平与发展的不稳定不确定因素增多，发达国家在经济科技上占优势的压力将长期存在，世界经济发展不平衡状况加剧，围绕资源、市场、技术、人才的竞争更加激烈，贸易保护主义有新的表现，对我国经济社会发展和安全提出了新的挑战。

在战略机遇与矛盾凸显并存的关键时期，要有高度的历史责任感、强烈的忧患意识和宽广的世界眼光，准确把握我国发展的阶段性特征，立足科学发展，着力自主创新，完善体制机制，促进社会和谐，全面提高我国的综合国力、国际竞争力和抗风险能力，开创社会主义经济建设、政治建设、文化建设、社会建设的新局面，为后十年顺利发展打下坚实基础，奋力把中国特色社会主义事业推向前进。

第二章　全面贯彻落实科学发展观

“十一五”时期促进国民经济持续快速协调健康发展和社会全面进步，要以邓小平理论和“三个代表”重要思想为指导，以科学发展观统领经济社会发展全局。坚持发展是硬道理，坚持抓好发展这个党执政兴国的第一要务，坚持以经济建设为中心，坚持用发展和改革的办法解决前进中的问题。发展必须是科学发展，要坚持以人为本，转变发展观念、创新发展模式、提高发展质量，落实“五个统筹”，把经济社会发展切实转入全面协调可持续发展的轨道。要坚持以下原则：

——必须保持经济平稳较快发展。要进一步扩大国内需求，调整投资和消费的关系，合理控制投资规模，增强消费对经济增长的拉动作用。正确把握经济发展趋势的变化，保持社会供求总量基本平衡，避免经济大起大落，实现又快又好发展。

——必须加快转变经济增长方式。要把节约资源作为基本国策，发展循环经济，保护生态环境，加快建设资源节约型、环境友好型社会，促进经济发展与人口、资源、环境相协调。推进国民经济和社会信息化，切实走新型工业化道路，坚持节约发展、清洁发展、安全发展，实现可持续发展。

——必须提高自主创新能力。要深入实施科教兴国战略和人才强国战略，把增强自主创新能力作为科学技术发展的战略基点和调整产业结构、转变增长方式的中心环节，大力提高原始创新能力、集成创新能力和引进消化吸收再创新能力。

——必须促进城乡区域协调发展。要从社会主义现代化建设全局出发，统筹城乡区域发展。坚持把解决好“三农”问题作为重中之重，实行工业反哺农业、城市支持农村，推进社会主义新农村建设，促进城镇化健康发展。落实区域发展总体战略，形成东中西优势互补、良性互动的区域协调发展机制。

——必须加强和谐社会建设。要按照以人为本的要求，从解决关系人民群众切身利益的现实问题入手，更加注重经济社会协调发展，千方百计扩大就业，加快发展社会事业，促进人的全面发展；更加注重社会公平，使全体人民共享改革发展成果；更加注重民主法制建设，正确处理改革发展稳定的关系，保持社会安定团结。

——必须不断深化改革开放。要坚持社会主义市场经济的改革方向，完善现代企业制度和现代产权制度，建立反映市场供求状况和资源稀缺程度的价格形成机制，更大程度地发挥市场在资源配置中的基础性作用，提高资源配置效率，切实转变政府职能，健全国家宏观调控体系。统筹国内发展和对外开放，不断提高对外开放水平，增强在扩大开放条件下促进发展的能力。

根据上述指导思想和原则，针对发展中的突出矛盾和问题，要进一步调整推动发展的思路，转变推动发展的方式，明确推动发展的政策导向。

——立足扩大国内需求推动发展，把扩大国内需求特别是消费需求作为基本立足点，促使经济增长由主要依靠投资和出口拉动向消费与投资、内需与外需协调拉动转变。

——立足优化产业结构推动发展，把调整经济结构作为主线，促使经济增长由主要依靠工业带动和数量扩张带动向三次产业协同带动和结构优化升级带动转变。

——立足节约资源保护环境推动发展，把促进经济增长方式根本转变作为着力点，促使经济增长由主要依靠增加资源投入带动向主要依靠提高资源利用效率带动转变。

——立足增强自主创新能力推动发展，把增强自主创新能力作为国家战略，促使经济增长由主要依靠资金和物质要素投入带动向主要依靠科技进步和人力资本带动转变。

——立足深化改革开放推动发展，把改革开放作为动力，促使经济增长由某些领域相当程度上依靠行政干预推动向在国家宏观调控下更大程度发挥市场配置资源基础性作用转变。

——立足以人为本推动发展，把提高人民生活水平作为根本出发点和落脚点，促使发展由偏重于增加物质财富向更加注重促进人的全面发展和经济社会的协调发展转变。

第三章　经济社会发展的主要目标

根据全面建设小康社会的总体要求，"十一五"时期要努力实现以下经济社会发展的主要目标：

——宏观经济平稳运行。国内生产总值年均增长7.5%，实现人均国内生产总值比

2000年翻一番。城镇新增就业和转移农业劳动力各4 500万人，城镇登记失业率控制在5%。价格总水平基本稳定。国际收支基本平衡。

——产业结构优化升级。产业、产品和企业组织结构更趋合理，服务业增加值占国内生产总值比重和就业人员占全社会就业人员比重分别提高3个和4个百分点。自主创新能力增强，研究与试验发展经费支出占国内生产总值比重增加到2%，形成一批拥有自主知识产权和知名品牌、国际竞争力较强的优势企业。

——资源利用效率显著提高。单位国内生产总值能源消耗降低20%左右，单位工业增加值用水量降低30%，农业灌溉用水有效利用系数提高到0.5，工业固体废物综合利用率提高到60%。

——城乡区域发展趋向协调。社会主义新农村建设取得明显成效，城镇化率提高到47%。各具特色的区域发展格局初步形成，城乡、区域间公共服务、人均收入和生活水平差距扩大的趋势得到遏制。

——基本公共服务明显加强。国民平均受教育年限增加到9年。公共卫生和医疗服务体系比较健全。社会保障覆盖面扩大，城镇基本养老保险覆盖人数达到2.23亿人，新型农村合作医疗覆盖率提高到80%以上。贫困人口继续减少。防灾减灾能力增强，社会治安和安全生产状况进一步好转。

——可持续发展能力增强。全国总人口控制在136 000万人。耕地保有量保持1.2亿公顷，淡水、能源和重要矿产资源保障水平提高。生态环境恶化趋势基本遏制，主要污染物排放总量减少10%，森林覆盖率达到20%，控制温室气体排放取得成效。

——市场经济体制比较完善。行政管理、国有企业、财税、金融、科技、教育、文化、卫生等领域的改革和制度建设取得突破，市场监管能力和社会管理水平明显提高。对外开放与国内发展更加协调，开放型经济达到新水平。

——人民生活水平继续提高。城镇居民人均可支配收入和农村居民人均纯收入分别年均增长5%，城乡居民生活质量普遍提高，居住、交通、教育、文化、卫生和环境等方面的条件有较大改善。

——民主法制建设和精神文明建设取得新进展。法制建设全面推进，形成中国特色社会主义法律体系。思想道德建设进一步加强，构建和谐社会取得新进步。

专栏2　“十一五”时期经济社会发展的主要指标

类别	指标	2005年	2010年	年均增长（%）	属性
经济增长	国内生产总值（万亿元）	18.2	26.1	7.5	预期性
	人均国内生产总值（元）	13 985	19 270	6.6	预期性

类别	指标	2005年	2010年	年均增长（%）	属性
经济结构	服务业增加值比重（%）	40.3	43.3	[3]	预期性
	服务业就业比重（%）	31.3	35.3	[4]	预期性
	研究与试验发展经费支出占国内生产总值比重（%）	1.3	2	[0.7]	预期性
	城镇化率（%）	43	47	[4]	预期性
人口资源环境	全国总人口（万人）	130 756	136 000	<8‰	约束性
	单位国内生产总值能源消耗降低（%）			[20]	约束性
	单位工业增加值用水量降低（%）			[30]	约束性
	农业灌溉用水有效利用系数	0.45	0.5	[0.05]	预期性
	工业固体废物综合利用率（%）	55.8	60	[4.2]	预期性
	耕地保有量（亿公顷）	1.22	1.2	−0.3	约束性
	主要污染物排放总量减少（%）			[10]	约束性
	森林覆盖率（%）	18.2	20	[1.8]	约束性
公共服务人民生活	国民平均受教育年限（年）	8.5	9	[0.5]	预期性
	城镇基本养老保险覆盖人数（亿人）	1.74	2.23	5.1	约束性
	新型农村合作医疗覆盖率（%）	23.5	>80	>[56.5]	约束性
	五年城镇新增就业（万人）			[4 500]	预期性
	五年转移农业劳动力（万人）			[4 500]	预期性
	城镇登记失业率（%）	4.2	5		预期性
	城镇居民人均可支配收入（元）	10 493	13 390	5	预期性
	农村居民人均纯收入（元）	3 255	4 150	5	预期性

注：国内生产总值和城乡居民收入为2005年价格；带［］的为五年累计数；主要污染物指二氧化硫和化学需氧量。

专栏3 规划指标的属性

本规划确定的发展目标体现了人民的根本利益和长远利益，是凝聚人民意愿的国家战略意图，其中的量化指标分为预期性和约束性两类。

预期性指标是国家期望的发展目标，主要依靠市场主体的自主行为实现。政府要创造良好的宏观环境、制度环境和市场环境，并适时调整宏观调控方向和力度，综合运用各种政策引导社会资源配置，努力争取实现。

约束性指标是在预期性基础上进一步明确并强化了政府责任的指标，是中央政府在公共服务和涉及公众利益领域对地方政府和中央政府有关部门提出的工作要求。政府要通过合理配置公共资源和有效运用行政力量，确保实现。

第二篇　建设社会主义新农村

坚持统筹城乡经济社会发展的基本方略，在积极稳妥地推进城镇化的同时，按照生产发展、生活宽裕、乡风文明、村容整洁、管理民主的要求，扎实稳步推进新农村建设。

第四章　发展现代农业

坚持把发展农业生产力作为建设社会主义新农村的首要任务，推进农业结构战略性调整，转变农业增长方式，提高农业综合生产能力和增值能力，巩固和加强农业基础地位。

第一节　提高农业综合生产能力

坚持粮食基本自给，稳定发展粮食生产，确保国家粮食安全，粮食综合生产能力达到5亿吨左右。加强粮食主产区生产能力建设，提高粮食单产、品质和生产效益。建立粮食主产区与主销区间利益协调机制。抓好其他区域粮食生产能力建设。

坚持最严格的耕地保护制度，确保基本农田总量不减少、质量不下降。加强以小型水利设施为重点的农田基本建设，改造大型灌区，加快中低产田改造，提高耕地质量和农业防灾减灾能力。

提高农业科技创新和转化能力。加快建设国家农业科技创新基地和区域性农业科研中心。加快农作物和畜禽水产良种繁育、饲料饲养、疫病防治、资源节约、污染治理等技术的研发和推广。培育和推广超级杂交水稻等优良品种。加强物种资源保护和合理开发利用。

改革传统耕作方式，推行农业标准化，发展节约型农业。科学使用化肥、农药和农膜，推广测土配方施肥、平衡施肥、缓释氮肥、生物防治病虫害等适用技术。推广先进适用农机具，提高农业机械化水平。

第二节　推进农业结构调整

优化农业产业结构。在保证粮棉油稳定增产的同时，提高养殖业比重。加快发展畜牧业和奶业，保护天然草场，建设饲草料基地，改进畜禽饲养方式，提高规模化、集约化和标准化水平。因地制宜发展经济林和花卉产业。发展水产养殖和水产品加工，实施休渔、禁渔制度，控制捕捞强度。

优化农业产品结构。发展高产、优质、高效、生态、安全农产品。重点发展优质专用粮食品种、经济效益高的经济作物、节粮型畜产品和名特优新水产品。

优化农业区域布局。提高黄淮海平原、长江中下游平原和东北平原的粮食综合生产能力。在气候条件适宜区域建设经济作物产业带和名特优新稀热带作物产业带。发展农区、农牧交错区畜牧业，在南方草山草坡和西南岩溶地区发展草地畜牧业，恢复和培育传统牧区可持续发展能力。在缺水地区发展旱作节水农业。

第三节 加强农业服务体系建设

健全农业技术推广、农产品质量安全和标准、动物防疫和植物保护、认证认可等服务体系。整合涉农信息资源，加强农村经济信息应用系统建设。推进农业服务组织和机制创新，鼓励和引导农民发展各类专业合作经济组织，提高农业的组织化程度。

第四节 完善农村流通体系

推进农产品批发市场建设和改造，促进农产品质量等级化、包装规格化。继续实施“万村千乡市场工程”，加快供销合作社经营网络改造和城市商业网点向农村延伸。完善鲜活农产品“绿色通道”网络。发展农资连锁经营，规范农资市场秩序。

第五章 增加农民收入

第一节 挖掘农业增收潜力

积极发展品种优良、特色明显、附加值高的优势农产品。延长农业产业链条，使农民在农业功能拓展中获得更多收益。发展农产品加工、保鲜、储运和其他服务。支持发展农业产业化经营，培育带动力强的龙头企业，健全企业与农户利益共享、风险共担的机制。扩大养殖、园艺等劳动密集型产品和绿色食品生产。鼓励优势农产品出口。发展休闲观光农业。

第二节 增加非农产业收入

推动乡镇企业机制创新和结构调整，引导乡镇企业向有条件的小城镇和县城集中。扶持县域经济发展，注重发展就业容量大的劳动密集型产业和服务业，壮大县域经济。健全就业信息服务体系，引导富余劳动力向非农产业和城镇有序转移，保障进城务工人员合法权益，增加农民务工收入。

第三节 完善增收减负政策

继续实行对农民的直接补贴政策，加大补贴力度，完善补贴方式。促进农产品价格保持在合理水平，稳定农业生产资料价格，建立农业支持保护制度。严格涉农收费管理，禁止向农民乱收费、乱摊派。

第六章 改善农村面貌

统筹规划、分步实施，政府引导、群众自愿，因地制宜、注重实效，改善农民生产生活条件。

第一节 加强农村基础设施建设

着力加强农民最急需的生产生活设施建设。加快实施农村饮水安全工程。加强农村公路建设，基本实现全国所有乡镇通油（水泥）路，东中部地区所有具备条件的建制村通油（水泥）路，西部地区具备条件的建制村通公路，健全农村公路管护体系。积极发展农村沼气、秸秆发电、小水电、太阳能、风能等可再生能源，完善农村电网。建立电信普遍服务基金，加强农村信息网络建设，发展农村邮政和电信，基本实现村村通电话、乡乡能上网。按照节约土地、设施配套、节能环保、突出特色的原则，做好乡村建设规划，引导农民合理建设住宅，保护有特色的农村建筑风貌。

第二节　加强农村环境保护

开展全国土壤污染现状调查，综合治理土壤污染。防治农药、化肥和农膜等面源污染，加强规模化养殖场污染治理。推进农村生活垃圾和污水处理，改善环境卫生和村容村貌。禁止工业固体废物、危险废物、城镇垃圾及其他污染物向农村转移。

第三节　积极发展农村卫生事业

加强以乡镇卫生院为重点的农村卫生基础设施建设，健全农村三级卫生服务和医疗救助体系。培训乡村卫生人员，开展城市医师支援农村活动。建设农村药品供应网和监督网。加强禽流感等人畜共患疾病防治。完善农村计划生育服务体系，实施农村计划生育家庭奖励扶助制度和“少生快富”工程。

第四节　发展农村社会保障

探索建立与农村经济发展水平相适应、与其他保障措施相配套的农村养老保险制度。基本建立新型农村合作医疗制度。有条件的地方要建立农村最低生活保障制度。完善农村“五保户”供养、特困户生活补助、灾民救助等社会救助体系。

第七章　培养新型农民

加快发展农村教育、技能培训和文化事业，培养造就有文化、懂技术、会经营的新型农民。

第一节　加快发展农村义务教育

着力普及和巩固农村九年制义务教育。对农村义务教育阶段学生免收学杂费，对其中的贫困家庭学生免费提供课本和补助寄宿生生活费。按照明确各级责任、中央地方共担、加大财政投入、提高保障水平、分步组织实施的原则，将农村义务教育全面纳入公共财政保障范围，构建农村义务教育经费保障机制。实施农村教师培训计划，使中西部地区50%的农村教师得到一次专业培训。鼓励城市各单位开展智力支农，加大城镇教师支援农村教育的力度。全面实施农村中小学远程教育。

第二节　加强劳动力技能培训

支持新型农民科技培训，提高农民务农技能和科技素质。实施农村劳动力转移培训工程，增强农村劳动力的就业能力。实施农村实用人才培训工程，培养一大批生产能手、能工巧匠、经营能人和科技人员。

第三节 发展农村文化事业

加强农村文化设施建设，扩大广播电视和电影覆盖面。引导文化工作者深入乡村，满足农民群众精神文化需求。扶持农村业余文化队伍，鼓励农民兴办文化产业。推动实施农民体育健身工程。开展“文明村镇”和“文明户”活动，引导农民形成科学文明健康的生活方式。

第八章 增加农业和农村投入

坚持“多予少取放活”的方针，加快建立以工促农、以城带乡的长效机制。调整国民收入分配格局，国家财政支出和预算内固定资产投资，要按照存量适度调整、增量重点倾斜的原则，不断增加对农业和农村的投入。扩大公共财政覆盖农村的范围，确保财政用于“三农”投入的增量高于上年，新增教育、卫生、文化财政支出主要用于农村，中央和地方各级政府基础设施建设投资的重点要放在农业和农村。改革政府支农投资管理方式，整合支农投资，提高资金使用效率。鼓励、支持金融组织增加对农业和农村的投入，积极发展小额信贷，引导社会资金投向农业和农村。

第九章 深化农村改革

稳定并完善以家庭承包经营为基础、统分结合的双层经营体制，有条件的地方可根据自愿、有偿的原则依法流转土地承包经营权，发展多种形式的适度规模经营，搞好土地承包流转中的仲裁服务。巩固农村税费改革成果，全面推进农村综合改革，基本完成乡镇机构、农村义务教育和县乡财政管理体制等改革任务。深化农村金融体制改革，规范发展适合农村特点的金融组织，发挥农村信用社的支农作用，建立健全农村金融体系。稳步推进集体林权改革。加快征地制度改革，健全对被征地农民的合理补偿机制。增强村级集体经济组织的服务功能。

大力推进农村基层组织建设。着重抓好村党组织建设，同步推进村民自治组织和其他村级组织配套建设。积极推进村级组织活动场所建设。加强农村基层干部队伍建设。推进政务公开和民主管理，健全村党组织领导的充满活力的村民自治机制。

专栏 4 新农村建设重点工程

大型粮棉油生产基地和优质粮食产业工程→在粮食主产区集中连片建设高产稳产大型商品粮生产基地，继续建设优质棉基地、优质油料带。在 13 个粮食主产区的 484 个粮食主产县（场），建设万亩连片标准粮田，实施良种繁育、病虫害防控和农机装备推进等项目。

沃土工程→对增产潜力大的中低产田加大耕地质量建设力度，配套建设不同类型的土肥新技术集成转化示范基地，使项目实施区的中低产田耕地基础地力提高一个等级。

植保工程→完善县（市）级基层站点和省级分中心，建设一批生态和生物控灾示范基地、农药安全测试评价中心和生物技术测试区域中心。

大型灌区续建配套改造和中部四省大型排涝泵站改造→大型灌区续建配套和节水改造。更新改造湖南、湖北、江西、安徽四省已有大型排涝泵站。

种养业良种工程→建设农作物种质资源库、农作物改良中心、良种繁育基地，畜禽水产原良种场、水产遗传育种中心、种质资源场及检测中心等。

动物防疫体系→建设和完善动物疫病监测预警、预防控制、检疫监督、兽药质量监察及残留监控、防疫技术支撑、防疫物质保障六大系统。

农产品质量安全检验检测体系→建设国家级农产品质量标准与检测技术研究中心、农产品质检中心、区域性质检中心，省级综合性农产品质检中心和县级农产品检测站。

农村饮水安全→解决1亿农村居民饮用高氟水、高砷水、苦咸水、污染水和血吸虫病区、微生物超标等水质不达标及局部地区严重缺水问题。

农村公路→新建和改造农村公路120万公里，实现所有具备条件的乡镇和行政村通公路。

农村沼气→建设以沼气池、改圈、改厕、改厨为基本内容的农村户用沼气，以及部分规模化畜禽养殖场和养殖小区大中型沼气工程。

送电到村和绿色能源县工程→建成50个绿色能源示范县，利用电网延伸、风力发电、小水电、太阳能光伏发电等，解决350万户无电人口用电问题。

农村医疗卫生服务体系→以中西部地区乡镇卫生院为重点，同步建设县医院、妇幼保健机构、县中医院（民族医院）。

农村计划生育服务体系→以中西部地区县、乡计划生育技术服务站为重点，建设县级服务站、中心乡镇服务站、流动服务车等。

农村劳动力转移就业→加强农村劳动力技能培训、就业服务和维权服务能力建设，为外出务工农民免费提供法律政策咨询、就业信息、就业指导和职业介绍。

第三篇　推进工业结构优化升级

按照走新型工业化道路要求，坚持以市场为导向、企业为主体，把增强自主创新能力作为中心环节，继续发挥劳动密集型产业的竞争优势，调整优化产品结构、企业组织结构和产业布局，提升整体技术水平和综合竞争力，促进工业由大变强。

第十章　加快发展高技术产业

按照产业集聚、规模发展和扩大国际合作的要求，加快促进高技术产业从加工装配为主向自主研发制造延伸，推进自主创新成果产业化，引导形成一批具有核心竞争力的先导产业、一批集聚效应突出的产业基地、一批跨国高技术企业和一批具有自主知识产权的知名品牌。

第一节 提升电子信息制造业

根据数字化、网络化、智能化总体趋势，大力发展集成电路、软件和新型元器件等核心产业，重点培育光电通信、无线通信、高性能计算及网络设备等信息产业群，建设软件、微电子、光电子等产业基地，推动形成光电子产业链。开发信息产业关键技术，增强创新能力和竞争力，延伸产业链。

第二节 培育生物产业

发挥我国特有的生物资源优势和技术优势，面向健康、农业、环保、能源和材料等领域的重大需求，重点发展生物医药、生物农业、生物能源、生物制造。实施生物产业专项工程，努力实现生物产业关键技术和重要产品研制的新突破。健全市场准入制度，保护特有生物资源，保障生物安全。

第三节 推进航空航天产业

坚持远近结合、军民结合、自主开发与国际合作结合，发展新支线飞机、大型飞机、直升机和先进发动机、机载设备，扩大转包生产，推进产业化；推进航天产业由试验应用型向业务服务型转变，发展通信、导航、遥感等卫星及其应用，形成空间、地面与终端产品制造、运营服务的航天产业链。

专栏5 高技术产业工程重大专项

集成电路和软件→建设集成电路研发中心，实现90纳米及以下集成电路工艺技术产业化。发展基础软件、中间件、大型关键应用软件和集成系统。

新一代网络→建设下一代互联网示范工程、覆盖全国的数字电视网和具有自主知识产权的移动通信示范网。实现新一代网络关键技术、关键设备和关键软件产业化，建成新一代信息网络基础设施。实施数字音视频产品产业化专项。

先进计算→突破千万亿次高性能计算机系统技术，建设基于网格的先进计算平台，实现万亿次高性能计算机产业化。

生物医药→建设一批重大疾病防治疫苗和基因工程药物产业化示范工程，完善现代中药体系，提高新药创制能力。

民用飞机→发展干线、支线、通用飞机和直升机。开发先进发动机。

卫星应用→研制新型气象、海洋、资源、通信等卫星，开发无毒无污染大推力运载火箭。建设对地观测和导航定位卫星系统、民用卫星地面系统设施及应用示范工程。

新材料→建设信息、生物、航空航天等行业急需的各类高性能新型材料产业化示范工程。

第四节 发展新材料产业

围绕信息、生物、航空航天、重大装备、新能源等产业发展的需求，重点发展特种功能材料、高性能结构材料、纳米材料、复合材料、环保节能材料等产业群，建立和完善新材料创新体系。

第十一章　振兴装备制造业

第一节　振兴重大技术装备

努力突破核心技术，提高重大技术装备研发设计、核心元器件配套、加工制造和系统集成的整体水平。加强组织协调，强化政策支持，依托重点工程，完善技术标准，在高档数控机床与基础制造装备、高效清洁发电与输变电等领域研制一批对国家经济安全、技术进步、产业升级有重大影响和带动作用的重大技术装备，引导形成一批集研发设计制造于一体、竞争力强的企业。

第二节　提升汽车工业水平

增强汽车工业自主创新能力，加快发展拥有自主知识产权的汽车发动机、汽车电子、关键总成及零部件。发挥骨干企业作用，提高自主品牌乘用车市场占有率。鼓励开发使用节能环保和新型燃料汽车。引导企业在竞争中兼并重组，形成若干产能百万辆的企业。

第三节　壮大船舶工业实力

加强船舶自主设计能力、船用装备配套能力和大型造船设施建设，优化散货船、油船、集装箱船三大主力船型，重点发展高技术、高附加值的新型船舶和海洋工程装备。在环渤海、长江口和珠江口等区域建设造船基地，引导其他地区造船企业合理布局和集聚发展。

专栏6　装备制造业振兴的重点

大型高效清洁发电装备→百万千瓦级核电机组、超超临界火电机组、燃气—蒸汽联合循环机组、整体煤气化燃气—蒸汽联合循环机组、大型循环流化床锅炉、大型水电机组及抽水蓄能机组、大型空冷机组、大功率风力发电机组等。

超高压输变电设备→掌握±500千伏直流和750千伏交流输变电关键设备制造技术，开发1 000千伏特高压交流和±800千伏直流输变电成套设备。

大型乙烯成套设备→推进百万吨级大型乙烯成套设备和对二甲苯、对苯二甲酸成套设备的国产化。

大型煤化工成套设备→煤炭液化和气化、煤制烯烃等设备。

大型冶金设备→大型薄板冷热连轧成套设备及涂镀层加工成套设备等。

煤矿综合采掘设备→大型煤炭井下综合采掘、运输提升和洗选设备以及大型露天矿设备。

大型船舶装备→大型海洋石油工程设备、30万吨矿石和原油运输船、万标箱以上集装箱船、液化天然气运输船等大型、高技术、高附加值船舶及大功率柴油机等配套装备。

轨道交通装备→掌握时速200公里及以上高速铁路列车、新型地铁车辆等装备核心技术，实现产业化。

环保及资源综合利用装备→大气污染治理、城市及工业污水处理、固体废物处理等大型环保设备，海水利用、报废汽车处理等资源综合利用设备。

数控机床→提高大型、精密、高速数控装备和数控系统及功能部件的水平。

第十二章　优化发展能源工业

坚持节约优先、立足国内、煤为基础、多元发展，优化生产和消费结构，构筑稳定、经济、清洁、安全的能源供应体系。

第一节　有序发展煤炭

加强煤炭资源勘探，统筹规划，合理开发，提高回采率，减少煤炭开采对生态环境的影响。建设大型煤炭基地，鼓励煤炭企业联合重组，引导形成若干产能亿吨级的企业。鼓励有优势的煤炭企业实行煤电联营或煤电运一体化经营。调整改造重组中小煤矿，依法关闭不具备安全生产条件、破坏资源和环境的煤矿。

加强煤矿瓦斯综合治理，加快煤层气开发利用。加强煤炭清洁生产和利用，鼓励发展煤炭洗选及低热值煤、煤矸石发电等综合利用，开发推广高效洁净燃烧、烟气脱硫等技术。发展煤化工，开发煤基液体燃料，有序推进煤炭液化示范工程建设，促进煤炭深度加工转化。

第二节　积极发展电力

以大型高效环保机组为重点优化发展火电。建设大型超超临界电站和大型空冷电站。推进洁净煤发电，建设单机 60 万千瓦级循环流化床电站，启动整体煤气化燃气—蒸汽联合循环电站工程。鼓励发展坑口电站，建设大型煤电基地。适度发展天然气发电。加快淘汰落后的小火电机组。

在保护生态基础上有序开发水电。统筹做好移民安置、环境治理、防洪和航运。建设金沙江、雅砻江、澜沧江、黄河上游等水电基地和溪洛渡、向家坝等大型水电站。适当建设抽水蓄能电站。

积极推进核电建设。重点建设百万千瓦级核电站，逐步实现先进压水堆核电站的设计、制造、建设和运营自主化。加强核燃料资源勘查、开采、加工工艺改造以及核电关键技术开发和核电人才培养。

加强电网建设。建设西电东送三大输电通道和跨区域输变电工程，扩大西电东送规模，继续推进西电东送、南北互济、全国联网。加强区域、省级电网建设，同步发展输配电网络，加强城乡电网建设和改造，完善城乡配电网络，扩大供电范围，确保供电安全。

第三节　加快发展石油天然气

加大石油天然气资源勘探力度。加强油气资源调查评价，扩大勘探范围，重点开拓海域、主要油气盆地和陆地油气新区，开展煤层气、油页岩、油砂、天然气水合物等非常规油气资源调查勘探。推进油气勘探开发主体多元化。

实行油气并举，稳定增加原油产量，提高天然气产量。加强老油田稳产改造，延缓老油田产量递减。加快深海海域和塔里木、准噶尔、鄂尔多斯、柴达木、四川盆地等地区的油气资源开发。坚持平等合作、互利共赢，扩大境外油气资源合作开发。在沿海地区适度建设进口液化天然气项目。扩建和新建国家石油储备基地。

加快油气干线管网和配套设施的规划建设，逐步完善全国油气管线网络。建成西油东送、北油南运成品油管道。适时建设第二条西气东输管道及陆路进口油气管道。

第四节　大力发展可再生能源

实行优惠的财税、投资政策和强制性市场份额政策，鼓励生产与消费可再生能源，提高在一次能源消费中的比重。大力开发风能，建成30个10万千瓦级以上的大型风电项目，在内蒙古、河北、江苏、甘肃等地区形成百万千瓦风电基地。加快开发生物质能，支持发展秸秆、垃圾焚烧和垃圾填埋气发电，建设一批秸秆和林木质电站，扩大生物质固体成型燃料、燃料乙醇和生物柴油生产能力。并网风电装机、生物质发电装机分别达到500万千瓦和550万千瓦。积极开发利用太阳能、地热能和海洋能。

第十三章　调整原材料工业结构和布局

按照控制总量、淘汰落后、加快重组、提升水平的原则，加快调整原材料工业结构和布局，降低消耗，减少污染，提高产品档次、技术含量和产业集中度。

第一节　优化发展冶金工业

坚持内需主导，着力解决产能过剩问题，严格控制新增钢铁生产能力，加速淘汰落后工艺、装备和产品，提高钢铁产品档次和质量。推进钢铁工业发展循环经济，发挥钢铁企业产品制造、能源转换和废物消纳处理功能。鼓励企业跨地区集团化重组，形成若干具有国际竞争力的企业。结合首钢等城市钢铁企业搬迁和淘汰落后生产能力，建设曹妃甸等钢铁基地。积极利用低品位铁矿资源。

控制电解铝总量，适度发展氧化铝，鼓励发展铝深加工和新型合金材料，提高铝工业资源综合利用水平。加大铜铅锌锰矿资源勘查力度，增加后备资源，稳定矿山生产。控制铜铅锌冶炼建设规模，发展深加工产品和新型合金材料。加强稀土和钨锡锑资源保护，推动稀土在高技术产业的应用。

第二节　调整化学工业布局

按照基地化、大型化、一体化方向，调整石化工业布局。在油品消费集中区域以扩建为主适度扩大炼油生产能力，在无炼油工业的油品消费集中区域合理布局新项目，在生产能力相对过剩区域控制炼油规模。关停并转小型低效炼油装置。合理布局大型乙烯项目，形成若干炼化一体化基地，防止一哄而上。

调整化肥、农药、农膜工业布局和结构。在能源产地和粮棉主产区建设百万吨级尿素基地，建设云南、贵州、湖北磷复肥基地和青海、新疆钾肥基地。控制农药总量，提高农药质量，发展高效、低毒、低残留农药。发展和推广可降解农膜。

优化发展基础化工原料，积极发展精细化工，淘汰高污染化工企业。

提高药品自主开发能力，巩固传统化学原料药，开发特色原料药。加强中药资源普查、保护、开发和可持续利用，建设中药资源基地，大力发展中药产业。

第三节 促进建材建筑业健康发展

以节约能源资源、保护生态环境和提高产品质量档次为重点，促进建材工业结构调整和产业升级。在有条件的地区发展日产 5 000 吨及以上的新型干法水泥，逐步淘汰立窑等落后生产能力。提高玻璃等建筑材料质量及加工深度。大力发展节能环保的新型建筑材料、保温材料以及绿色装饰装修材料。

推进建筑业技术进步，完善工程建设标准体系和质量安全监管机制，发展建筑标准件，推进施工机械化，提高建筑质量。

第十四章 提升轻纺工业水平

着力打造自主品牌，提高质量，增加品种，满足多样化需求，扩大高端市场份额，巩固和提高轻纺工业竞争力。

第一节 鼓励轻工业提高制造水平

运用信息、生物、环保等新技术改造轻工业。调整造纸工业原料结构，降低水资源消耗和污染物排放，淘汰落后草浆生产线，在有条件的地区实施林纸一体化工程。大力发展食品工业，提高精深加工水平，保障食品安全。鼓励家用电器、塑料制品和皮革及其他轻工行业开发新产品，提高技术含量和质量。

第二节 鼓励纺织工业增加附加值

提高纺织工业技术含量和自主品牌比重。发展高技术、高性能、差别化、绿色环保纤维和再生纤维，扩大产业用纺织品、丝绸和非棉天然纤维开发利用。推进纺织工业梯度转移。

第十五章 积极推进信息化

坚持以信息化带动工业化，以工业化促进信息化，提高经济社会信息化水平。

第一节 加快制造业信息化

以信息化改造制造业，推进生产设备数字化、生产过程智能化和企业管理信息化，促进制造业研发设计、生产制造、物流库存和市场营销变革。提高机电装备信息化水平，实现精准、高效生产。推广集散控制、现场总线控制、敏捷制造等技术，强化生产过程的在线监测、预警和控制。

第二节 深度开发信息资源

加快国家基础信息库建设，促进基础信息共享。优化信息资源结构。加强生产、流通、科技、人口、资源、生态环境等领域的信息采集，加强信息资源深度开发、及时处理、传播共享和有效利用。

第三节　完善信息基础设施

积极推进“三网融合”。建设和完善宽带通信网，加快发展宽带用户接入网，稳步推进新一代移动通信网络建设。建设集有线、地面、卫星传输于一体的数字电视网络。构建下一代互联网，加快商业化应用。制定和完善网络标准，促进互联互通和资源共享。

第四节　强化信息安全保障

积极防御、综合防范，提高信息安全保障能力。强化安全监控、应急响应、密钥管理、网络信任等信息安全基础设施建设。加强基础信息网络和国家重要信息系统的安全防护。推进信息安全产品产业化。发展咨询、测评、灾备等专业化信息安全服务。健全安全等级保护、风险评估和安全准入制度。

第四篇　加快发展服务业

坚持市场化、产业化、社会化方向，拓宽领域、扩大规模、优化结构、增强功能、规范市场，提高服务业的比重和水平。

第十六章　拓展生产性服务业

大力发展主要面向生产者的服务业，细化深化专业化分工，降低社会交易成本，提高资源配置效率。

第一节　优先发展交通运输业

统筹规划、合理布局交通基础设施，做好各种运输方式相互衔接，发挥组合效率和整体优势，建设便捷、通畅、高效、安全的综合运输体系。

加快发展铁路运输。重点建设客运专线、城际轨道交通、煤运通道，初步形成快速客运和煤炭运输网络。扩展西部地区路网，强化中部地区路网，完善东部地区路网。加强集装箱运输系统和主要客货枢纽建设。建设铁路新线 1.7 万公里，其中客运专线 7 000公里。

进一步完善公路网络。重点建设国家高速公路网，基本形成国家高速公路网骨架。继续完善国道、省道干线公路网络，打通省际间通道，发挥路网整体效率。公路总里程达到 230 万公里，其中高速公路 6.5 万公里。

积极发展水路运输。完善沿海沿江港口布局，重点建设集装箱、煤炭、进口油气和铁矿石中转运输系统，扩大港口吞吐能力。改善出海口航道，提高内河通航条件，建设长江黄金水道和长江三角洲、珠江三角洲高等级航道网。推进江海联运。

优化民用机场布局。扩充大型机场，完善中型机场，增加小型机场，提高中西部地区和东北地区机场密度。完善航线网络。建设现代化空中交通管理系统。

专栏7 交通基础设施重点工程

铁路→建设北京至上海、北京至广州至深圳、哈尔滨至大连、郑州至西安、上海至宁波至深圳、南京至武汉至成都等客运专线，北京至天津、上海至南京、上海至杭州、南京至杭州、广州至珠海等城际轨道交通，向塘至湄州湾、兰州至重庆、太原至中卫（银川）铁路和青藏铁路延伸线，大同至秦皇岛、朔州至黄骅铁路扩能改造。

公路→建设北京至上海、北京至福州、北京至香港（澳门）、北京至昆明、北京至哈尔滨、沈阳至海口、包头至茂名、青岛至银川、南京至洛阳、上海至西安、上海至重庆、上海至昆明、福州至银川、广州至昆明等高速公路。

港口→建设大连、唐山、天津、青岛、上海、宁波—舟山、福州、厦门、深圳、广州、湛江及防城等沿海港口的煤炭、进口油气、进口铁矿石中转运输系统和集装箱运输系统。适时建设华东、华南地区煤炭中转储存基地。

水运→建设长江口深水航道治理三期工程、珠江口出海航道工程，长江水系、珠江水系和京杭运河航道整治工程，加快重庆、武汉、南京等内河港口建设。

机场→扩建北京、上海、广州、杭州、成都、深圳、西安、乌鲁木齐、郑州、武汉等机场，迁建昆明、合肥等机场，在中西部地区和东北地区新建支线机场。

优化运输资源配置。强化枢纽衔接和集疏运配套，促进运输一体化。开发应用高速重载、大型专业化运载、新一代航行系统等高新技术，推广集装箱多式联运和快递服务。应用信息技术提升运输管理水平，推广智能交通运输体系。发展货运代理、客货营销等运输中介服务。建设上海、天津、大连等国际航运中心。

第二节 大力发展现代物流业

推广现代物流管理技术，促进企业内部物流社会化，实现企业物资采购、生产组织、产品销售和再生资源回收的系列化运作。培育专业化物流企业，积极发展第三方物流。建立物流标准化体系，加强物流新技术开发利用，推进物流信息化。加强物流基础设施整合，建设大型物流枢纽，发展区域性物流中心。

第三节 有序发展金融服务业

健全金融体系，完善服务功能，创新服务品种，提高服务质量。规范发展多种所有制形式的中小银行以及证券公司、财务公司、融资租赁公司、基金管理公司等非银行金融机构。鼓励金融创新，稳步发展综合类金融服务，支持发展网上金融服务。积极发展面向中小企业的融资和小额信贷。完善支付结算体系，提高支付清算效率。健全金融市场的登记、托管、交易、清算系统。发展境外金融服务和外汇风险管理、综合理财等，为企业跨境经营提供便利服务和外汇避险工具。

拓宽保险服务领域，发展养老、医疗保险，发挥商业保险在健全社会保障体系中的重要作用。发展农业保险、责任保险，建立国家支持的农业和巨灾再保险体系。拓宽保险资金运用渠道。发展网上保险等新的服务方式。

第四节　积极发展信息服务业

改善邮政和电信基础业务，发展增值业务，开发新兴业务，促进普遍服务。调整电信业务结构，发展互联网产业。

积极发展电子商务。建立健全电子商务基础设施、法律环境、信用和安全认证体系，建设安全、便捷的在线支付服务平台。发展企业间电子商务，推广面向中小企业、重点行业和区域的第三方电子商务交易与服务。

推进电子政务。整合网络资源，建设统一的电子政务网络，构建政务信息网络平台、数据交换中心、数字认证中心，推动部门间信息共享和业务协同。开发基础数据资源和办公资源，完善重点业务系统。健全政府与企业、公众互动的门户网站体系，依法开放政务信息，促进办事程序规范。培育公益性信息服务机构，开发利用公益性信息资源。

加强测绘基础设施建设，丰富和开发利用基础地理信息资源，发展地理信息产业。鼓励教育、文化、出版、广播影视等领域的数字内容产业发展，丰富中文数字内容资源，发展动漫产业。

第五节　规范发展商务服务业

拓展和规范律师、公证、法律援助、司法鉴定、经济仲裁等法律服务。发展项目策划、财务顾问、并购重组、上市等投资与资产管理服务。规范发展会计、审计、税务、资产评估、校准、检测、验货等经济鉴证类服务。支持发展市场调查、工程咨询、管理咨询、资信服务等咨询服务。鼓励发展专业化的工业设计。推动广告业发展。合理规划展馆布局，发展会展业。

第十七章　丰富消费性服务业

适应居民消费结构升级趋势，继续发展主要面向消费者的服务业，扩大短缺服务产品供给，满足多样化的服务需求。

第一节　提升商贸服务业

鼓励发展所有制形式和经营业态多样化、诚信便民的零售、餐饮等商贸服务。积极发展连锁经营、特许经营、物流配送等现代流通方式和组织形式。按照优化城市功能、疏解交通的要求，合理调整城市商业网点结构和布局。

第二节　发展房地产业

调整住房供应结构，重点发展普通商品住房和经济适用住房，严格控制大户型高档商品房。按照保障供给、稳定房价的原则，加强对房地产一、二级市场和租赁市场的调控，促进住房梯次消费。完善房地产开发融资方式，加强资本金管理，规范发展住房消费信贷和保险。规范物业管理行为，提高市场化程度。

第三节　大力发展旅游业

全面发展国内旅游，积极发展入境旅游，规范发展出境旅游。合理开发和保护旅游资源，改善基础设施，推进重点旅游区、旅游线路建设，规范旅游市场秩序。继续发展观光旅游，开发休闲度假以及科普、农业、工业、海洋等专题旅游，完善自助游服务体系。继续推进红色旅游。加快旅游企业整合重组。鼓励开发特色旅游商品。

第四节　加强市政公用事业

优先发展公共交通，完善城市路网结构和公共交通场站，有条件的大城市和城市群地区要把轨道交通作为优先领域，超前规划，适时建设。积极发展出租车业。加强城市供排水、中水管网改造和建设，增强安全供水能力，扩大再生水使用范围。合理规划建设和改造城市集中供热、燃气设施。

第五节　加快发展社区服务业

围绕便民服务，重点发展社区卫生、家政服务、社区保安、养老托幼、食品配送、修理服务和废旧物品回收等。理顺社区管理体制，推进社区服务规范化和网络化建设。

第六节　发展体育事业和体育产业

加强城乡基层和各类学校体育设施建设，开展全民健身活动，提高全民特别是青少年的身体素质。保护发展民族民间体育。深化体育改革，鼓励社会力量兴办体育事业和投资体育产业。规范发展体育健身、竞赛表演、体育彩票、体育用品，以及多种形式的体育组织和经营实体。提高竞技运动水平，办好北京奥运会和广州亚运会。

第十八章　促进服务业发展的政策

打破垄断，放宽准入领域，建立公开、平等、规范的行业准入制度。鼓励社会资金投入服务业，提高非公有制经济比重。公共服务以外的领域，要按照营利性与非营利性分开的原则加快产业化改组。营利性事业单位要改制为企业，并尽快建立现代企业制度。继续推进政府机关和事业单位后勤服务社会化改革。采取积极的财税、土地、价格等政策，支持服务业关键领域、薄弱环节、新兴产业和新型业态的发展。健全服务业标准体系，推进服务业标准化。大城市要把发展服务业放在优先位置，有条件的要逐步形成服务经济为主的产业结构。

第五篇　促进区域协调发展

根据资源环境承载能力、发展基础和潜力，按照发挥比较优势、加强薄弱环节、享受均等化基本公共服务的要求，逐步形成主体功能定位清晰，东中西良性互动，公共服务和人民生活水平差距趋向缩小的区域协调发展格局。

第十九章　实施区域发展总体战略

坚持实施推进西部大开发，振兴东北地区等老工业基地，促进中部地区崛起，鼓励东部地区率先发展的区域发展总体战略，健全区域协调互动机制，形成合理的区域发展格局。

第一节　推进西部大开发

西部地区要加快改革开放步伐，通过国家支持、自身努力和区域合作，增强自我发展能力。坚持以线串点，以点带面，依托中心城市和交通干线，实行重点开发。加强基础设施建设，建设出境、跨区铁路和西煤东运新通道，建成“五纵七横”西部路段和八条省际公路，建设电源基地和西电东送工程。巩固和发展退耕还林成果，继续推进退牧还草、天然林保护等生态工程，加强植被保护，加大荒漠化和石漠化治理力度，加强重点区域水污染防治。加强青藏高原生态安全屏障保护和建设。支持资源优势转化为产业优势，大力发展特色产业，加强清洁能源、优势矿产资源开发及加工，支持发展先进制造业、高技术产业及其他有优势的产业。加强和改善公共服务，优先发展义务教育和职业教育，改善农村医疗卫生条件，推进人才开发和科技创新。建设和完善边境口岸设施，加强与毗邻国家的经济技术合作，发展边境贸易。落实和深化西部大开发政策，加大政策扶持和财政转移支付力度，推动建立长期稳定的西部开发资金渠道。

第二节　振兴东北地区等老工业基地

东北地区要加快产业结构调整和国有企业改革改组改造，在改革开放中实现振兴。发展现代农业，强化粮食基地建设，推进农业规模化、标准化、机械化和产业化经营，提高商品率和附加值。建设先进装备、精品钢材、石化、汽车、船舶和农副产品深加工基地，发展高技术产业。建立资源开发补偿机制和衰退产业援助机制，抓好阜新、大庆、伊春和辽源等资源枯竭型城市经济转型试点，搞好棚户区改造和采煤沉陷区治理。加强东北东部铁路通道和跨省区公路运输通道等基础设施建设，加快市场体系建设，促进区域经济一体化。扩大与毗邻国家的经济技术合作。加强黑土地水土流失和东北西部荒漠化综合治理。支持其他地区老工业基地的振兴。

第三节　促进中部地区崛起

中部地区要依托现有基础，提升产业层次，推进工业化和城镇化，在发挥承东启西和产业发展优势中崛起。加强现代农业特别是粮食主产区建设，加大农业基础设施建设投入，增强粮食等大宗农产品生产能力，促进农产品加工转化增值。支持山西、河南、安徽加强大型煤炭基地建设，发展坑口电站和煤电联营。加快钢铁、化工、有色、建材等优势产业的结构调整，形成精品原材料基地。支持发展矿山机械、汽车、农业机械、机车车辆、输变电设备等装备制造业以及软件、光电子、新材料、生物工程等高技术产业。构建综合交通运输体系，重点建设干线铁路和公路、内河港口、区域性机场。加强物流中心等基础设施建设，完善市场体系。

第四节 鼓励东部地区率先发展

东部地区要率先提高自主创新能力，率先实现经济结构优化升级和增长方式转变，率先完善社会主义市场经济体制，在率先发展和改革中带动帮助中西部地区发展。加快形成一批自主知识产权、核心技术和知名品牌，提高产业素质和竞争力。优先发展先进制造业、高技术产业和服务业，着力发展精加工和高端产品。促进加工贸易升级，积极承接高技术产业和现代服务业转移，提高外向型经济水平，增强国际竞争力。加强耕地保护，发展现代农业。提高资源特别是土地、能源利用效率，加强生态环境保护，增强可持续发展能力。继续发挥经济特区、上海浦东新区的作用，推进天津滨海新区开发开放，支持海峡西岸和其他台商投资相对集中地区的经济发展，带动区域经济发展。

第五节 支持革命老区、民族地区和边疆地区发展

加大财政转移支付力度和财政性投资力度，支持革命老区、民族地区和边疆地区加快发展。保护自然生态，改善基础设施条件。发展学前教育，加快普及义务教育，办好中心城市的民族初中班和高中班，加强民族大学建设和民族地区高等教育。建设少数民族民间传统文化社区，扶持少数民族出版事业，建立双语教学示范区。加强少数民族人才队伍建设，稳定民族地区人才队伍。支持发展民族特色产业、民族特需商品、民族医药产业和其他有优势的产业。优先解决特困少数民族贫困问题，扶持人口较少民族的经济社会发展，推进兴边富民行动。继续实行支持西藏、新疆及新疆生产建设兵团发展的政策。

第六节 健全区域协调互动机制

健全市场机制，打破行政区划的局限，促进生产要素在区域间自由流动，引导产业转移。健全合作机制，鼓励和支持各地区开展多种形式的区域经济协作和技术、人才合作，形成以东带西、东中西共同发展的格局。健全互助机制，发达地区要采取对口支援、社会捐助等方式帮扶欠发达地区。健全扶持机制，按照公共服务均等化原则，加大国家对欠发达地区的支持力度。国家继续在经济政策、资金投入和产业发展等方面，加大对中西部地区的支持。

第二十章 推进形成主体功能区

根据资源环境承载能力、现有开发密度和发展潜力，统筹考虑未来我国人口分布、经济布局、国土利用和城镇化格局，将国土空间划分为优化开发、重点开发、限制开发和禁止开发四类主体功能区，按照主体功能定位调整完善区域政策和绩效评价，规范空间开发秩序，形成合理的空间开发结构。

第一节　优化开发区域的发展方向

优化开发区域是指国土开发密度已经较高、资源环境承载能力开始减弱的区域。要改变依靠大量占用土地、大量消耗资源和大量排放污染实现经济较快增长的模式，把提高增长质量和效益放在首位，提升参与全球分工与竞争的层次，继续成为带动全国经济社会发展的龙头和我国参与经济全球化的主体区域。

第二节　重点开发区域的发展方向

重点开发区域是指资源环境承载能力较强、经济和人口集聚条件较好的区域。要充实基础设施，改善投资创业环境，促进产业集群发展，壮大经济规模，加快工业化和城镇化，承接优化开发区域的产业转移，承接限制开发区域和禁止开发区域的人口转移，逐步成为支撑全国经济发展和人口集聚的重要载体。

第三节　限制开发区域的发展方向

限制开发区域是指资源环境承载能力较弱、大规模集聚经济和人口条件不够好并关系到全国或较大区域范围生态安全的区域。要坚持保护优先、适度开发、点状发展，因地制宜发展资源环境可承载的特色产业，加强生态修复和环境保护，引导超载人口逐步有序转移，逐步成为全国或区域性的重要生态功能区。

专栏8　部分限制开发区域功能定位及发展方向

大小兴安岭森林生态功能区→禁止非保护性采伐，植树造林，涵养水源，保护野生动物。

长白山森林生态功能区→禁止林木采伐，植树造林，涵养水源，防止水土流失。

川滇森林生态及生物多样性功能区→在已明确的保护区域保护生物多样性和多种珍稀动物基因库。

秦巴生物多样性功能区→适度开发水能，减少林木采伐，保护野生物种。

藏东南高原边缘森林生态功能区→保护自然生态系统。

新疆阿尔泰山地森林生态功能区→禁止非保护性采伐，合理更新林地。

青海三江源草原草甸湿地生态功能区→封育草地，减少载畜量，扩大湿地，涵养水源，防治草原退化，实行生态移民。

新疆塔里木河荒漠生态功能区→合理利用地表水和地下水，调整农牧业结构，加强药材开发管理。

新疆阿尔金草原荒漠生态功能区→控制放牧和旅游区域范围，防范盗猎，减少人类活动干扰。

藏西北羌塘高原荒漠生态功能区→保护荒漠生态系统，防范盗猎，保护野生动物。

东北三江平原湿地生态功能区→扩大保护范围，降低农业开发和城市建设强度，改善湿地环境。

苏北沿海湿地生态功能区→停止围垦，扩大湿地保护范围，保护鸟类南北迁徙通道。

四川若尔盖高原湿地生态功能区→停止开垦，减少过度开发，保持湿地面积，保护珍稀动物。

甘南黄河重要水源补给生态功能区→加强天然林、湿地和高原野生动植物保护，实行退耕还林还草、牧民定居和生态移民。

川滇干热河谷生态功能区→退耕还林、还灌、还草，综合整治，防止水土流失，降低人口密度。

内蒙古呼伦贝尔草原沙漠化防治区→禁止过度开垦、不适当樵采和超载放牧，退牧还草，防治草场退化沙化。

内蒙古科尔沁沙漠化防治区→根据沙化程度采取针对性强的治理措施。

内蒙古浑善达克沙漠化防治区→采取植物和工程措施，加强综合治理。

毛乌素沙漠化防治区→恢复天然植被，防止沙丘活化和沙漠面积扩大。

黄土高原丘陵沟壑水土流失防治区→控制开发强度，以小流域为单元综合治理水土流失，建设淤地坝。

大别山土壤侵蚀防治区→实行生态移民，降低人口密度，恢复植被。

桂黔滇等喀斯特石漠化防治区→封山育林育草，种草养畜，实行生态移民，改变耕作方式，发展生态产业和优势非农产业。

第四节　禁止开发区域的发展方向

禁止开发区域是指依法设立的各类自然保护区域。要依据法律法规规定和相关规划实行强制性保护，控制人为因素对自然生态的干扰，严禁不符合主体功能定位的开发活动。

专栏 9　禁止开发区域

国家级自然保护区→共 243 个，面积 8 944 万公顷。

世界文化自然遗产→共 31 处。

国家重点风景名胜区→共 187 个，面积 927 万公顷。

国家森林公园→共 565 个，面积 1 100 万公顷。

国家地质公园→共 138 个，面积 48 万公顷。

第五节　实行分类管理的区域政策

财政政策，要增加对限制开发区域、禁止开发区域用于公共服务和生态环境补偿的财政转移支付，逐步使当地居民享有均等化的基本公共服务。投资政策，要重点支持限制开发区域、禁止开发区域公共服务设施建设和生态环境保护，支持重点开发区域基础设施建设。产业政策，要引导优化开发区域转移占地多、消耗高的加工业和劳动密集型产业，提升产业结构层次；引导重点开发区域加强产业配套能力建设；引导限制开发区域发展特色产业，限制不符合主体功能定位的产业扩张。土地政策，要对优化开发区域实行更严格的建设用地增量控制，在保证基本农田不减少的前提下适当扩大重点开发区域建设用地供给，对限制开发区域和禁止开发区域实行严格的土地用途管制，严禁生态用地改变用途。人口管理政策，要鼓励在优化开发区域、重点开发区域有稳定就业和住所的外来人口定居落户，引导限制开发区域和禁止开发区域的人口逐步自愿平稳有序转移。绩效评价和政绩考核，对优化开发区域，要强化经济结构、资源消耗、自主创新等的评价，弱化经济增长的评价；对重点开发区域，要综合评价经济增长、质量效益、工业化和城镇化水平等；对限制开发区域，要突出生态环境保护等的评价，弱化经济增长、工业化和城镇化水平的评价；对禁止开发区域，主要评价生态环境保护。

第二十一章　促进城镇化健康发展

坚持大中小城市和小城镇协调发展，提高城镇综合承载能力，按照循序渐进、节约土地、集约发展、合理布局的原则，积极稳妥地推进城镇化，逐步改变城乡二元结构。

第一节　分类引导人口城镇化

对临时进城务工人员，继续实行亦工亦农、城乡双向流动的政策，在劳动报酬、劳动时间、法定假日和安全保护等方面依法保障其合法权益；对在城市已有稳定职业和住所的进城务工人员，要创造条件使之逐步转为城市居民，依法享有当地居民应有的权利，承担应尽的义务；对因城市建设承包地被征用、完全失去土地的农村人口，要转为城市居民，城市政府要负责提供就业援助、技能培训、失业保险和最低生活保障等。鼓励农村人口进入中小城市和小城镇定居，特大城市要从调整产业结构的源头入手，形成用经济办法等控制人口过快增长的机制。

第二节　形成合理的城镇化空间格局

要把城市群作为推进城镇化的主体形态，逐步形成以沿海及京广京哈线为纵轴，长江及陇海线为横轴，若干城市群为主体，其他城市和小城镇点状分布，永久耕地和生态功能区相间隔，高效协调可持续的城镇化空间格局。

已形成城市群发展格局的京津冀、长江三角洲和珠江三角洲等区域，要继续发挥带动和辐射作用，加强城市群内各城市的分工协作和优势互补，增强城市群的整体竞争力。

具备城市群发展条件的区域，要加强统筹规划，以特大城市和大城市为龙头，发挥中心城市作用，形成若干用地少、就业多、要素集聚能力强、人口分布合理的新城市群。

人口分散、资源条件较差、不具备城市群发展条件的区域，要重点发展现有城市、县城及有条件的建制镇，成为本地区集聚经济、人口和提供公共服务的中心。

第三节　加强城市规划建设管理

规划城市规模与布局，要符合当地水土资源、环境容量、地质构造等自然承载力，并与当地经济发展、就业空间、基础设施和公共服务供给能力相适应。

加强城市水源地保护和供水设施建设。缺水城市要适度控制城市规模，禁止发展高耗水产业和建设高耗水景观。地下水超采城市要控制地下水开采，防止地面沉降。城市道路以及供排水、能源、环保、电信、有线电视等的建设，要破除部门和地方分割，在统一规划基础上协同建设，减少盲目填挖和拆建。加强城市综合防灾减灾和应急管理能力建设。稳步推进城市危旧住房和“城中村”改造，保障拆迁户合法权益。城市规划和建筑设计要延续历史，传承文化，突出特色，保护民族、文化遗产和风景名胜资源。强化城市规划实施的监管，推进城市综合管理，提高城市管理水平。

第四节 健全城镇化发展的体制机制

加快破除城乡分割的体制障碍，建立健全与城镇化健康发展相适应的财税、征地、行政管理和公共服务等制度。完善行政区划设置和管理模式。改革城乡分割的就业管理制度，深化户籍制度改革，逐步建立城乡统一的人口登记制度。

第六篇 建设资源节约型、环境友好型社会

落实节约资源和保护环境基本国策，建设低投入、高产出，低消耗、少排放，能循环、可持续的国民经济体系和资源节约型、环境友好型社会。

第二十二章 发展循环经济

坚持开发节约并重、节约优先，按照减量化、再利用、资源化的原则，在资源开采、生产消耗、废物产生、消费等环节，逐步建立全社会的资源循环利用体系。

第一节 节约能源

强化能源节约和高效利用的政策导向，加大节能力度。通过优化产业结构特别是降低高耗能产业比重，实现结构节能；通过开发推广节能技术，实现技术节能；通过加强能源生产、运输、消费各环节的制度建设和监管，实现管理节能。突出抓好钢铁、有色、煤炭、电力、化工、建材等行业和耗能大户的节能工作。加大汽车燃油经济性标准实施力度，加快淘汰老旧运输设备。制定替代液体燃料标准，积极发展石油替代产品。鼓励生产使用高效节能产品。

专栏 10 节能重点工程

低效燃煤工业锅炉（窑炉）改造→采用循环流化床、粉煤燃烧等技术改造或替代现有中小燃煤锅炉（窑炉）。

区域热电联产→发展采用热电联产和热电冷联产，将分散式供热小锅炉改造为集中供热。

余热余压利用→在钢铁、建材等行业开展余热余压利用。
节约和替代石油→在电力、交通运输等行业实施节油措施，发展煤炭液化、醇醚类燃料等石油替代产品。
电机系统节能→在煤炭等行业进行电动机拖动风机、水泵系统优化改造。
能量系统优化→在石化、钢铁等行业实施系统能量优化，使企业综合能耗达到或接近世界先进水平。
建筑节能→严格执行建筑节能设计标准，推动既有建筑节能改造，推广新型墙体材料和节能产品等。
绿色照明→在公用设施、宾馆、商厦、写字楼以及住宅中推广高效节电照明系统等。
政府机构节能→政府机构建筑按照建筑节能标准进行改造，在政府机构推广使用节能产品等。
节能监测和技术服务体系建设→更新监测设备，加强人员培训等。

第二节　节约用水

发展农业节水，推进雨水集蓄，建设节水灌溉饲草基地，提高水的利用效率，基本实现灌溉用水总量零增长。重点推进火电、冶金等高耗水行业节水技术改造。抓好城市节水工作，强制推广使用节水设备和器具，扩大再生水利用。加强公共建筑和住宅节水设施建设。积极开展海水淡化、海水直接利用和矿井水利用。

第三节　节约土地

落实保护耕地基本国策。管住总量、严控增量、盘活存量，控制农用地转为建设用地的规模。建立健全用地定额标准，推行多层标准厂房。开展农村土地整理，调整居民点布局，控制农村居民点占地，推进废弃土地复垦。控制城市大广场建设，发展节能省地型公共建筑和住宅。到2010年实现所有城市禁用实心粘土砖。

第四节　节约材料

推行产品生态设计，推广节约材料的技术工艺，鼓励采用小型、轻型和再生材料。提高建筑物质量，延长使用寿命，提倡简约实用的建筑装修。推进木材、金属材料、水泥等的节约代用。禁止过度包装。规范并减少一次性用品生产和使用。

第五节　加强资源综合利用

抓好煤炭、黑色和有色金属共伴生矿产资源综合利用。推进粉煤灰、煤矸石、冶金和化工废渣及尾矿等工业废物利用。推进秸秆、农膜、禽畜粪便等循环利用。建立生产者责任延伸制度，推进废纸、废旧金属、废旧轮胎和废弃电子产品等回收利用。加强生活垃圾和污泥资源化利用。

推动钢铁、有色、煤炭、电力、化工、建材、制糖等行业实施循环经济改造，形成一批循环经济示范企业。在重点行业、领域、产业园区和城市开展循环经济试点。发展黄河三角洲、三峡库区等高效生态经济。

专栏 11　循环经济示范试点工程

重点行业→建设济钢、宝钢、鞍本钢、攀钢、中铝、金川公司、江西铜业、鲁北化工等一批循环经济示范企业。

产业园区→建设资源循环利用产业链及园区集中供热和废物处理中心，建设河北曹妃甸、青海柴达木等若干循环经济产业示范区。

再生资源回收利用→建设湖南汨罗等再生资源回收利用市场和加工示范基地。

再生金属利用→建设若干 30 万吨以上的再生铜、再生铝、再生铅示范企业。

废旧家电回收处理→建设若干废旧家电回收利用示范基地。

再制造→建设若干汽车发动机、变速箱、电机和轮胎翻新等再制造示范企业。

第六节　强化促进节约的政策措施

加快循环经济立法。实行单位能耗目标责任和考核制度。完善重点行业能耗和水耗准入标准、主要用能产品和建筑物能效标准、重点行业节能设计规范和取水定额标准。严格执行设计、施工、生产等技术标准和材料消耗核算制度。实行强制淘汰高耗能高耗水落后工艺、技术和设备的制度。推行强制性能效标识制度和节能产品认证制度。加强电力需求侧管理、政府节能采购、合同能源管理。实行有利于资源节约、综合利用和石油替代产品开发的财税、价格、投资政策。增强全社会的资源忧患意识和节约意识。

第二十三章　保护修复自然生态

生态保护和建设的重点要从事后治理向事前保护转变，从人工建设为主向自然恢复为主转变，从源头上扭转生态恶化趋势。

专栏 12　生态保护重点工程

天然林资源保护→对工程区内 9 418 万公顷天然林和其他森林实行全面有效管护，在长江上游、黄河上中游工程区造林 579 万公顷。

退耕还林还草→在长江、黄河流域水土流失以及北方风沙地区等继续实施退耕还林还草。

退牧还草→在内蒙古东部、内蒙古甘肃宁夏西部、青藏高原东部、新疆北部四大片区治理严重退化草地。

京津风沙源治理→退耕还林 34 万公顷，在宜林荒山荒沙地区造林 29 万公顷，人工造林 127 万公顷，飞播造林 145 万公顷，封沙育林育草 95 万公顷，草地治理 291 万公顷。

防护林体系→建设“三北”防护林体系四期工程，长江、珠江防护林和太行山绿化、平原绿化及沿海防护林体系工程。推进三峡库区绿化带建设。

湿地保护与修复→建设 222 个湿地保护区，其中国家级湿地保护区 49 个，通过对水资源的合理调配和管理等措施恢复重要湿地。

青海三江源自然保护区生态保护和建设→退牧还草 644 万公顷，退耕还林还草 0.65 万公顷，封山育林、沙漠化土地防治、湿地保护、黑土滩治理 80 万公顷，鼠害治理 209 万公顷，水土流失治理 5 万公顷。

水土保持工程→新增水土流失治理面积 1 900 万公顷。实施石羊河流域综合治理。

野生动植物保护及自然保护区建设→建设和完善一批自然保护区，继续实施对极度濒危野生动植物物种的拯救工程。

石漠化地区综合治理→通过植被保护、退耕还林、封山育林育草、种草养畜、合理开发利用水资源、土地整治和水土保持、改变耕作制度、建设农村沼气、易地扶贫等措施，加大石漠化地区治理力度。

在天然林保护区、重要水源涵养区等限制开发区域建立重要生态功能区，促进自然生态恢复。健全法制、落实主体、分清责任，加强对自然保护区的监管。有效保护生物多样性，防止外来有害物种对我国生态系统的侵害。按照谁开发谁保护、谁受益谁补偿的原则，建立生态补偿机制。

第二十四章　加大环境保护力度

坚持预防为主、综合治理，强化从源头防治污染，坚决改变先污染后治理、边治理边污染的状况。以解决影响经济社会发展特别是严重危害人民健康的突出问题为重点，有效控制污染物排放，尽快改善重点流域、重点区域和重点城市的环境质量。

第一节　加强水污染防治

加大“三河三湖”等重点流域和区域水污染防治力度。科学划定饮用水源保护区，强化对主要河流和湖泊排污的管制，坚决取缔饮用水源地的直接排污口，严禁向江河湖海排放超标污水。加强城市污水处理设施建设，全面开征污水处理费，到 2010 年城市污水处理率不低于 70%。

第二节　加强大气污染防治

加大重点城市大气污染防治力度。加快现有燃煤电厂脱硫设施建设，新建燃煤电厂必须根据排放标准安装脱硫装置，推进钢铁、有色、化工、建材等行业二氧化硫综合治理。在大中城市及其近郊，严格控制新（扩）建除热电联产外的燃煤电厂，禁止新（扩）建钢铁、冶炼等高耗能企业。加大城市烟尘、粉尘、细颗粒物和汽车尾气治理力度。

第三节　加强固体废物污染防治

加快危险废物处理设施建设，妥善处置危险废物和医疗废物。强化对危险化学品的监管，加强重金属污染治理，推进堆存铬渣无害化处置。加强核设施和放射源安全监管，确保核与辐射环境安全。加强城市垃圾处理设施建设，加大城市垃圾处理费征收力度，到2010年城市生活垃圾无害化处理率不低于60%。

专栏13　环境治理重点工程

重点流域水污染治理→"三河三湖"、三峡库区、长江上游、黄河中上游、松花江、南水北调水源及沿线的水污染治理工程。

燃煤电厂烟气脱硫→增加现有燃煤电厂脱硫能力，使90%的现有电厂达标排放。

医疗废物及危险废物处置→建设医疗废物及危险废物集中处置设施，基本实现医疗废物及危险废物的安全处置。

核与辐射安全工程→加快中低放射性废物处置场建设，解决高放射性废物永久处置问题。

铬渣污染治理→对堆存铬渣及受污染土壤进行综合治理，实现所有堆存铬渣无害化处置。

第四节　实行强有力的环保措施

各地区要切实承担对所辖地区环境质量的责任，实行严格的环保绩效考核、环境执法责任制和责任追究制。各级政府要将环保投入作为本级财政支出的重点并逐年增加。健全环境监管体制，提高监管能力，加大环保执法力度。实施排放总量控制、排放许可和环境影响评价制度。实行清洁生产审核、环境标识和环境认证制度，严格执行强制淘汰和限期治理制度，建立跨省界河流断面水质考核制度。实行环境质量公告和企业环保信息公开制度，鼓励社会公众参与并监督环保。大力发展环保产业，建立社会化多元化环保投融资机制，运用经济手段加快污染治理市场化进程。积极参与全球环境与发展事务，认真履行环境国际公约。

第二十五章　强化资源管理

实行有限开发、有序开发、有偿开发，加强对各种自然资源的保护和管理。

第一节　加强水资源管理

顺应自然规律，调整治水思路，从单纯的洪水控制向洪水管理、雨洪资源科学利用转变，从注重水资源开发利用向水资源节约、保护和优化配置转变。加强水资源统一管理，统筹生活、生产、生态用水，做好上下游、地表地下水调配，控制地下水开采。完善取水许可和水资源有偿使用制度，实行用水总量控制与定额管理相结合的制度，健全流域管理与区域管理相结合的水资源管理体制，建立国家初始水权分配制度和水权转让制度。完成南水北调东线和中线一期工程，合理规划建设其他水资源调配工程。

第二节　加强土地资源管理

实行最严格的土地管理制度。严格执行法定权限审批土地和占用耕地补偿制度，禁止非法压低地价招商。严格土地利用总体规划、城市总体规划、村庄和集镇规划修编的管理。加强土地利用计划管理、用途管制和项目用地预审管理。加强村镇建设用地管理，改革和完善宅基地审批制度。完善耕地保护责任考核体系，实行土地管理责任追究制。加强土地产权登记和土地资产管理。

第三节　加强矿产资源管理

加强矿产资源勘查开发统一规划管理，严格矿产资源开发准入条件，强化资格认证和许可管理，严格按照法律法规和规划开发。完善矿产资源开发管理体制，依法设置探矿权、采矿权，建立矿业权交易制度，健全矿产资源有偿占用制度和矿山环境恢复补偿机制。完善重要资源储备制度，加强国家重要矿产品储备，调整储备结构和布局。实行国家储备与用户储备相结合，对资源消耗大户实行强制性储备。

第二十六章　合理利用海洋和气候资源

第一节　保护和开发海洋资源

强化海洋意识，维护海洋权益，保护海洋生态，开发海洋资源，实施海洋综合管理，促进海洋经济发展。综合治理重点海域环境，遏制渤海、长江口和珠江口等近岸海域生态恶化趋势。恢复近海海洋生态功能，保护红树林、海滨湿地和珊瑚礁等海洋、海岸带生态系统，加强海岛保护和海洋自然保护区管理。完善海洋功能区划，规范海域使用秩序，严格限制开采海砂。有重点地勘探开发专属经济区、大陆架和国际海底资源。

第二节　开发利用气候资源

加强空中水资源、太阳能、风能等的合理开发利用。发展气象事业，加强气象卫星应用、天气雷达等综合监测，建立先进的气象服务业务系统。增强灾害性天气预警预报能力，提高预报准确率和时效性。增强气象为农业等行业服务的能力。加强人工影响天气、大气成分和气候变化监测、预测、评估工作。

第七篇　实施科教兴国战略和人才强国战略

把科技进步和创新作为经济社会发展的重要推动力，把发展教育和培养德才兼备的高素质人才摆在更加突出的战略位置，深化体制改革，加大投入，加快科技教育发展，努力建设创新型国家和人力资本强国。

第二十七章　加快科学技术创新和跨越

实施国家中长期科学和技术发展规划，按照自主创新、重点跨越、支撑发展、引领未来的方针，加快建设国家创新体系，不断增强企业创新能力，加强科技与经济、教育的紧密结合，全面提高科技整体实力和产业技术水平。

第一节 大力推进自主创新

加强基础研究、前沿技术研究和社会公益性技术研究，在信息、生命、空间、海洋、纳米及新材料等领域超前部署，集中优势力量，加大投入力度，力争取得重要突破。适应国家重大战略需求，启动一批重大科技专项，在能源、资源、环境、农业、信息、健康等领域加强关键技术攻关，实现核心技术集成创新与跨越。实施重大产业技术开发专项，促进引进技术消化吸收再创新。

专栏 14 重大科技专项与重大科技基础设施

核心电子器件、高端通用芯片及基础软件→开发高端电子通用器件和高可信网络化基础软件，信息安全所需芯片和器件等关键技术。

极大规模集成电路制造技术及成套工艺→开发 60 纳米至 45 纳米高速、低功耗芯片和新型硅基集成电路的制造工艺技术，核心集成电路装备技术。

新一代宽带无线移动通信→开发新一代宽带无线移动通信网络、终端与应用技术。

高档数控机床与基础制造技术→开发高档数控机床与基础制造成套技术，研究数字化与智能化控制单元。

大型油气田及煤层气开发→开发特殊地质条件下油气资源工业化开采成套技术。

大型先进压水堆及高温气冷堆核电站→开发百万千瓦级大型先进压水堆核电设计技术和 20 万千瓦级模块式高温气冷堆商业化技术。

水体污染控制与治理→研究典型流域水污染控制、湖泊富营养化防治和水环境生态修复等关键技术。

转基因生物新品种培育→开发功能基因克隆与验证、规模化转基因操作等核心技术，建立和完善优异种质创新、新品种培育和规模化制种三大技术平台。

重大新药创制→研制一批具有自主知识产权和市场竞争力的新药，建立具有国际先进水平的研发平台。

艾滋病和病毒性肝炎等重大传染病防治→构建艾滋病、病毒性肝炎等重大传染病的有效防控技术体系，研制高效特异性诊断试剂、疫苗和药物及检测技术。

大型飞机→开发大型飞机设计与制造成套技术。

高分辨率对地观测系统→开发基于卫星、飞机和平流层飞艇的高分辨率先进观测技术，建立对地观测数据中心及重点应用系统。

载人航天与探月工程→突破航天员出舱活动以及空间飞行器交会对接重大技术，建立具有一定应用规模的短期有人照料、长期在轨自主飞行的空间实验室。开发月球探测关键技术，建立月球探测工程系统。

重大科技基础设施→建设散裂中子源、强磁场装置、大型天文望远镜、海洋科学综合考察船、航空遥感系统、结冰风洞、大陆构造环境监测网络、重大工程材料服役安全研究评价设施、蛋白质科学研究设施、子午工程、地下资源与地震预测极低频电磁探测网、农业生物安全研究设施等。

坚持哲学社会科学与自然科学并重，繁荣和发展哲学社会科学。实施马克思主义理论研究和建设工程，构建哲学社会科学创新体系，积极推动理论创新，进一步发挥对经济社会发展的重要促进作用。促进自然科学与哲学社会科学的结合。

第二节　加强自主创新能力建设

建设科技支撑体系，全面提升科技自主创新能力。建设国家重大科技基础设施，实施知识创新工程，整合研究实验体系，建设若干世界一流水平的科研机构和研究型大学，构筑高水平科学研究和人才培养基地。实施重大科学工程，加强国家重点实验室建设，构建国家科技基础条件平台，促进科技资源共享。建设一批产业技术研发试验设施，提高产业技术创新能力。加强科普能力建设，实施全民科学素质行动计划。

第三节　强化企业技术创新主体地位

加快建立以企业为主体、市场为导向、产学研相结合的技术创新体系，形成自主创新的基本体制架构。加强国家工程实验室、国家工程中心和企业技术中心建设，建立企业自主创新的基础支撑平台。发展技术咨询、技术转让等技术创新中介服务，形成社会化服务体系。实行支持自主创新的财税、金融和政府采购政策，引导企业增加研发投入。发挥各类企业特别是中小企业的创新活力，鼓励技术革新和发明创造。

第四节　加大知识产权保护力度

加强公民知识产权意识，健全知识产权保护体系，建立知识产权预警机制，依法严厉打击侵犯知识产权行为。加强计量基础研究，完善国家标准体系，及时淘汰落后标准。优先采用具有自主知识产权的技术标准，积极参与制定国际标准。发展专利、商标、版权转让与代理、无形资产评估等知识产权服务。

第五节　深化科技体制改革

整合科技资源，合理配置基础研究、前沿技术研究和社会公益性研究力量，促进科研机构、大学、企业间科研人员的合理流动与合作，构建科技资源共享机制。深化技术开发类院所企业化转制改革和社会公益类科研机构改革，完善现代科研院所制度，形成开放合作的研究开发体系。完善科技管理体制和运行机制，改革科技评审评估和成果评价奖励等制度。建立多元化、多渠道的科技投入体系，保证科技经费的增长幅度明显高于财政经常性收入的增长幅度，逐步提高国家财政性科技投入占国内生产总值的比例。

第二十八章　优先发展教育

全面实施素质教育，着力完成“普及、发展、提高”三大任务，加快教育结构调整，促进教育全面协调发展，建设学习型社会。

第一节　普及和巩固义务教育

重点加强农村义务教育，努力降低义务教育阶段农村学生特别是女性学生、少数民族学生和贫困家庭学生的辍学率，全国初中三年保留率达到95%。推进城乡、地区间义务教育均衡发展。各地政府要保证进城务工人员子女与当地学生平等接受义务教育。

第二节 大力发展职业教育

重点发展中等职业教育，年招生规模扩大到 800 万人。发展多种形式的职业技能培训。改革职业教育教学方式，更新教学内容，推行工学结合、校企合作的培养模式，建立弹性学习制度。促进职业教育和普通高中教育协调发展，提高办学水平和质量。

第三节 提高高等教育质量

把高等教育发展的重点放在提高质量和优化结构上，加强研究与实践，培养学生的创新精神和实践能力。稳步提高高等教育大众化水平，稳步发展普通本专科和研究生教育，提高高层次人才培养质量。有重点地加强高水平大学和重点学科建设，推动各类高等院校协调发展。继续发展各类成人教育。

第四节 加大教育投入

保证财政性教育经费的增长幅度明显高于财政经常性收入的增长幅度，逐步使财政性教育经费占国内生产总值的比例达到 4%。强化政府对义务教育的保障责任，加大中央和省级政府对财政困难县义务教育经费的转移支付力度。促进教育公平，公共教育资源要向农村、中西部地区、贫困地区、民族地区以及薄弱学校、贫困家庭学生倾斜。各级政府要增加职业教育投入，重点支持面向农村学生的中等职业学校。支持设立资助贫困家庭学生就学的民间慈善基金组织，鼓励社会各界捐资助教。继续实行助学贷款，健全面向各阶段学生的资助制度，完善贫困家庭学生助学体系。扩大彩票公益金收益用于特殊教育的份额。

第五节 深化教育体制改革

明确各级政府提供公共教育职责，制定和完善学校的设置标准，支持民办教育发展，形成公办教育与民办教育共同发展的办学格局。形成多元化的教育投入体制，义务教育由政府负全责，高中阶段教育以政府投入为主，职业教育和高等教育实行政府投入与社会投入相互补充。规范教育收费，建立严格的教育收费公示制度。形成适应素质教育要求的教学体制，改革招生考试制度，推进教学课程改革，减轻中小学生过重的课业负担，健全评价制度。形成权责明确的教育管理体制，在学科、专业和课程设置以及招生规模、人才聘用等方面给学校更多自主权，培育并发挥学校的优势和特色。进一步加强教师队伍建设。

专栏 15 教育发展重点工程

西部地区农村寄宿制学校建设→2004—2007 年国家安排资金 100 亿元，重点支持尚未实现"两基"的西部农村地区，新建和改扩建 7 700 所农村寄宿制学校。

农村中小学现代远程教育→2003—2007 年中央和地方政府共同安排资金 100 亿元，为中西部地区 3.75 万所农村初中建设计算机教室、为 38.4 万所农村小学配备卫星教学接收设备、为 11 万个小学教学点配备教学光盘播放设备和成套教学光盘。

中西部农村初中改造→推动未纳入“两基”攻坚计划实施范围的中西部地区农村初中校舍改造，改善办学条件，提高学生巩固率和寄宿率。

职业教育基础能力建设→支持1 000所县级职教中心、1 000所中等职业学校和100所示范性高等职业学院改善办学条件，形成一批职业教育骨干基地。

高等教育“211”和“985”工程→继续加强高水平大学和重点学科建设，形成一批处于学术前沿的新兴和交叉学科，部分学科接近或达到国际先进水平。

第二十九章　推进人才强国战略

坚持党管人才原则，牢固树立科学人才观，壮大人才队伍，提高人才素质，优化人才结构，完善用人机制，发挥人才作用，促进人口大国向人力资本强国转变。

第一节　建设高素质人才队伍

实施党政人才培养工程，完善培训制度，加强理论教育、专业培训和实践锻炼，提高党政人才思想政治素质和执政能力，建设高素质党政领导人才队伍。实施企业家培养工程，培养造就一批富有创新意识和能力、适应经济全球化要求的企业家，推进企业经营管理人才职业化、市场化。实施专业技术人才知识更新工程和战略高技术人才培养工程，重点培养造就一批科技领军人才、学科带头人和战略科学家。实施高技能人才培养工程，建立一批高技能人才培训基地和公共实训基地，建设高技能人才队伍。加强农村实用人才培养。加强中西部地区和东北地区人才资源开发和人才队伍建设。鼓励和引导海外留学人员回国工作、为国服务。积极吸引海外高层次人才。

第二节　创新人才工作机制

推进市场配置人才资源，消除人才市场发展的体制性障碍，规范人才市场管理，营造人才辈出、人尽其才的社会环境。深化干部人事制度改革，完善机关、企业和事业单位干部人事分类管理体制，健全以品德、能力和业绩为重点的人才评价、选拔任用和激励保障机制。建立符合科学发展观要求的干部综合考核评价体系，注重在实践中锻炼培养人才。深化职称制度改革。贯彻实施公务员法，完善公务员制度。各级政府和企事业单位要加大人才资源开发投入，加强人才资源能力建设，形成多元化投入机制。

第八篇　深化体制改革

以转变政府职能和深化企业、财税、金融等改革为重点，加快完善社会主义市场经济体制，形成有利于转变经济增长方式、促进全面协调可持续发展的机制。

第三十章　着力推进行政管理体制改革

按照精简、统一、效能的原则和决策、执行、监督相协调的要求，建立决策科学、权责对等、分工合理、执行顺畅、监督有力的行政管理体制，加快建设服务政府、责任政府、法治政府。

第一节　推进政府职能转变

按照政企分开、政资分开、政事分开以及政府与市场中介组织分开的原则，合理界定政府职责范围，加强各级政府的社会管理和公共服务职能。进一步推进行政审批制度改革，减少和规范行政审批。深化政府机构改革，优化组织结构，减少行政层级，理顺职责分工，提高行政效率，降低行政成本，实现政府职责、机构和编制的科学化、规范化、法定化。合理划分中央与地方及地方各级政府间在经济调节、市场监管、社会管理和公共服务方面的权责。加快推进事业单位分类改革。

第二节　健全政府决策机制

健全科学民主决策机制，完善重大事项集体决策、专家咨询、社会公示和听证以及决策失误责任追究制度。推行政务公开并逐步实现制度化，完善政府新闻发布制度，提高政府工作透明度，保障公民对政府工作的知情权、参与权、表达权和监督权。全面推进依法行政，行政机关及其工作人员要严格按照法定权限和程序履行职责。实行综合执法，加强对行政执法的监督，建立执法责任追究制。推行政府问责制，完善行政赔偿制度。

第三节　深化投资体制改革

落实企业投资自主权，逐步缩小政府对投资项目的核准范围，健全企业投资项目核准制和备案制。合理界定政府投资范围和中央与地方的投资事权，改进和完善决策规则和程序，提高资金使用效率，建立政府投资项目决策责任追究制。建立和完善投资调控体系。

第三十一章　坚持和完善基本经济制度

坚持公有制为主体、多种所有制经济共同发展的基本经济制度。毫不动摇地巩固和发展公有制经济，毫不动摇地鼓励、支持和引导个体、私营等非公有制经济发展。

第一节　深化国有企业改革

推动国有资本向关系国家安全和国民经济命脉的重要行业和关键领域集中，优化国有经济布局，增强国有经济控制力、影响力和带动力，发挥主导作用。完善国有资本有进有退、合理流动的机制，加快国有大型企业股份制改革，除极少数必须由国家独资经营的企业外，绝大多数国有大型企业改制为多元股东的公司。改善国有企业股本结构，发展混合所有制经济，实现投资主体和产权多元化，建立和完善现代企业制度，形成有效的公司法人治理结构，增强企业活力。发展具有较强竞争力的大公司大企业集团。全心全意依靠职工群众，探索现代企业制度下职工民主管理的有效途径。继续深化集体企业改革，发展多种形式的集体经济。

第二节　健全国有资产监管体制

制定完善经营性国有资产监管体制的法律及配套行政法规，建立健全国有资本经营预算、企业经营业绩考核和企业重大决策失误追究等制度，落实监管责任，实现国有资产保值增值。建立健全国有金融资产、非经营性资产和自然资源资产等监管体制，防止国有资产流失。

第三节　深化垄断行业改革

坚持政企分开、放宽准入、引入竞争、依法监管，推进垄断行业管理体制和产权制度改革。按照形成综合运输体系的要求，推进交通运输业管理体制改革。积极稳妥地推进铁路体制改革，加快铁路投融资体制改革。深化电力体制改革，巩固厂网分开，加快主辅分开，稳步推进输配分开和区域电力市场建设。深化石油、电信、民航、邮政、烟草、盐业和市政公用事业改革，推进国有资产重组，形成竞争性市场格局，建立现代企业制度。

第四节　鼓励非公有制经济发展

大力发展个体、私营等非公有制经济。进一步消除制约非公有制经济发展的体制性障碍和政策性因素，进一步落实鼓励、支持和引导非公有制经济发展的政策措施。允许非公有制经济进入法律法规未禁止的行业和领域，鼓励和支持非公有制经济参与国有企业改革，进入金融服务、公用事业、基础设施等领域。完善金融、税收、信用担保、技术创新等方面的政策，改善行政执法和司法环境，加强和改进对非公有制企业的服务和监管。

第三十二章　推进财政税收体制改革

调整和规范中央与地方、地方各级政府间的收支关系，建立健全与事权相匹配的财税体制。实行有利于促进科技进步、转变增长方式、优化经济结构的财税制度。

第一节　完善财政体制

加快公共财政体系建设，明确界定各级政府的财政支出责任，合理调整政府间财政收入划分。完善中央和省级政府的财政转移支付制度，理顺省级以下财政管理体制，有条件的地方可实行省级直接对县的管理体制，逐步推进基本公共服务均等化。改革预算编制制度，提高预算的规范性和透明度。继续深化部门预算、国库集中收付、政府采购和收支两条线管理制度改革。建立国库现金管理和国债余额管理制度，推进政府会计改革。加强预算执行审计，提高预算执行的严肃性。建立财政预算绩效评价体系，提高财政资金使用效率。加强政府债务管理，防范政府债务风险。完善非税收入管理制度，规范对土地和探矿权、采矿权出让收入的管理。

第二节　完善税收制度

在全国范围内实现增值税由生产型转为消费型。适当调整消费税征收范围，合理调整部分应税品目税负水平和征缴办法。适时开征燃油税。合理调整营业税征税范围和税目。完善出口退税制度。统一各类企业税收制度。实行综合和分类相结合的个人所得税制度。改革房地产税收制度，稳步推行物业税并相应取消有关收费。改革资源税制度。完善城市维护建设税、耕地占用税、印花税。

第三十三章　加快金融体制改革

第一节　深化金融企业改革

积极推进国有商业银行综合改革，通过加快处置不良资产、充实资本金、股份制改造和上市等途径，完善公司治理结构，健全内控机制，建设具有国际竞争力的现代股份制银行。合理确定政策性银行职能定位，健全自我约束机制、风险调控机制和风险补偿机制。加快其他商业银行、邮政储蓄机构等金融机构改革。稳步发展多种所有制金融企业，鼓励社会资金参与中小金融机构的设立、重组与改造。完善金融机构规范运作的基本制度，稳步推进金融业综合经营试点。推进金融资产管理公司改革。完善保险公司治理结构，深化保险资金运用管理体制改革。

第二节　加快发展直接融资

积极发展股票、债券等资本市场，稳步发展期货市场。推进证券发行、交易、并购等基础性制度建设，促进上市公司、证券经营机构规范运作，建立多层次市场体系，完善市场功能，拓宽资金入市渠道，提高直接融资比重。发展创业投资，做好产业投资基金试点工作。

第三节　健全金融调控机制

加强货币政策与其他宏观政策的相互协调配合，完善金融调控体系。建立健全货币市场、资本市场、保险市场有机结合、协调发展的机制，维护金融稳定和金融安全。稳步发展货币市场，理顺货币政策传导机制，推进利率市场化改革。完善有管理的浮动汇率制度，逐步实现人民币资本项目可兑换。

第四节　完善金融监管体制

建立金融风险识别、预警和控制体系，防范和化解系统性金融风险。规范金融机构市场退出机制，建立相应的存款保险、投资者保护和保险保障制度。提高金融监管水平，加强风险监管和资本充足率约束，建立健全银行、证券、保险监管机构间以及同宏观调控部门的协调机制。

第三十四章　完善现代市场体系

第一节　健全全国统一开放市场

进一步打破行政性垄断和地区封锁，完善商品市场，健全资本、土地、技术和劳动力等要素市场。严格界定公益性用地和经营性用地，经营性基础设施用地实行有偿使用，完善经营性用地招标拍卖挂牌出让和非经营性用地公开供地制度。规范发展产权交易市场。积极发展技术市场。逐步建立城乡统一的劳动力市场。

第二节　完善价格形成机制

积极稳妥地推进资源性产品价格改革。合理调整水利工程供水、城市供水和再生水价格。推进电价改革，逐步建立发电、售电价格由市场竞争形成，输电、配电价格由政府定价的机制。适时推进石油价格改革，建立与替代能源价格挂钩的天然气价格形成机制。扩大市场形成土地价格的范围。

第三节　规范市场秩序

打击各种违法经营活动，规范市场主体行为和市场竞争秩序。清理整顿对企业的乱收费、乱罚款和各种摊派。加强价格监管，禁止价格欺诈、价格操纵等行为。以完善信贷、纳税、合同履约、产品质量的信用记录为重点，加快建设社会信用体系，健全失信惩戒制度。

第九篇　实施互利共赢的开放战略

坚持对外开放基本国策，在更大范围、更广领域、更高层次上参与国际经济技术合作和竞争，更好地促进国内发展与改革，切实维护国家经济安全。

第三十五章　加快转变对外贸易增长方式

按照发挥比较优势、弥补资源不足、扩大发展空间、提高附加价值的要求，积极发展对外贸易，促进对外贸易由数量增加为主向质量提高为主转变。到2010年货物贸易、服务贸易进出口总额分别达到2.3万亿美元和4 000亿美元。

第一节　优化出口结构

以自有品牌、自主知识产权和自主营销为重点，引导企业增强综合竞争力。支持自主性高技术产品、机电产品和高附加值劳动密集型产品出口。严格执行劳动、安全、环保标准，规范出口成本构成，控制高耗能、高污染和资源性产品出口。完善加工贸易政策，继续发展加工贸易，着重提高产业层次和加工深度，增强国内配套能力，促进国内产业升级。引导企业构建境外营销网络，增强自主营销能力。积极开拓非传统出口市场，推进市场多元化。加强对出口商品价格、质量、数量的动态监测，构建质量效益导向的外贸促进和调控体系。

第二节　积极扩大进口

实行进出口基本平衡的政策，发挥进口在促进我国经济发展中的作用。完善进口税收政策，扩大先进技术、关键设备及零部件和国内短缺的能源、原材料进口，促进资源进口多元化。

第三节　发展服务贸易

扩大工程承包、设计咨询、技术转让、金融保险、国际运输、教育培训、信息技术、民族文化等服务贸易出口。鼓励外资参与软件开发、跨境外包、物流服务等。建设若干服务业外包基地，有序承接国际服务业转移。积极稳妥扩大服务业开放，建立服务贸易监管体制和促进体系。

第四节　完善公平贸易政策

健全贸易运行监测预警体系和摩擦应对机制，合理运用反倾销、反补贴、保障措施，增强应对贸易争端能力，维护企业合法权益和国家利益。加强国际贸易的多双边对话与合作，实现共同发展。完善贸易法律制度，建立大宗商品进出口协调机制，加强行业自律，规范贸易秩序。有效运用技术性贸易措施，加强进出口检验检疫和疫情监控。

第三十六章　提高利用外资质量

抓住国际产业转移机遇，继续积极有效利用外资，重点通过利用外资引进国外先进技术、管理经验和高素质人才，把利用外资同提升国内产业结构、技术水平结合起来。

第一节　引导外商投资方向

完善法律法规和政策，形成稳定、透明的管理体制和公平、可预见的政策环境。引导外资更多地投向高技术产业、现代服务业、高端制造环节、基础设施和生态环境保护，投向中西部地区和东北地区等老工业基地。鼓励跨国公司在我国设立地区总部、研发中心、采购中心、培训中心。鼓励外资企业技术创新，增强配套能力，延伸产业链。吸引外资能力较强的地区和开发区，要注重提高生产制造层次，并积极向研究开发、现代流通等领域拓展，充分发挥集聚和带动效应。

第二节　促进利用外资方式多样化

引导国内企业同跨国公司开展多种形式的合作，发挥外资的技术溢出效应。在保护国内自主品牌基础上，引导和规范外商参与国内企业改组改造。有效利用境外资本市场，支持国内企业境外上市。完善风险投资退出机制，鼓励外商风险投资公司和风险投资基金来华投资。鼓励具备条件的境外机构参股国内证券公司和基金管理公司。

继续用好国际金融组织和外国政府贷款，重点投向中西部地区和东北地区等老工业基地，用于资源节约、环境保护和基础设施建设。合理、审慎使用国际商业贷款，允许具备条件的金融机构和企业在境外融资。加强对外债的宏观监测和管理，优化债务结构，保持适度的外债规模。

第三十七章　积极开展国际经济合作

完善促进生产要素跨境流动和优化配置的体制和政策，积极发展与周边国家及其他国家的经济技术合作，实现互利共赢、

第一节　实施“走出去”战略

支持有条件的企业对外直接投资和跨国经营。以优势产业为重点，引导企业开展境外加工贸易，促进产品原产地多元化。通过跨国并购、参股、上市、重组联合等方式，培育和发展我国的跨国公司。按照优势互补、平等互利的原则扩大境外资源合作开发。鼓励企业参与境外基础设施建设，提高工程承包水平，稳步发展劳务合作。完善境外投资促进和保障体系，加强对境外投资的统筹协调、风险管理和海外国有资产监管。

第二节　推进国际区域经济合作

统筹规划并稳步推进贸易、投资、交通运输的便利化，积极参与国际区域经济合作机制，加强对话与协商，发展与各国的双边、多边经贸合作。积极参与多边贸易、投资规则制定，推动建立国际经济新秩序。增加我国对其他发展中国家的援助，进一步加强与发展中国家的经济技术合作。

第十篇　推进社会主义和谐社会建设

按照民主法治、公平正义、诚信友爱、充满活力、安定有序、人与自然和谐相处的要求，从解决人民群众最关心、最直接、最现实的切身利益问题入手，扎实推进和谐社会建设。

第三十八章　全面做好人口工作

第一节　稳定人口低生育水平

坚持计划生育基本国策，稳定和完善现行生育政策，落实人口和计划生育工作目标责任制。建立独生子女死亡、伤残家庭扶助制度，完善基本服务项目免费制度。加强计划生育服务管理能力建设。完善以现居住地管理为主的流动人口计划生育服务管理体系。

第二节　改善出生人口素质和结构

普及优生优育知识，实施计划生育生殖健康促进计划，加大出生缺陷干预力度，鼓励婚前和孕前医学检查，预防和控制先天性感染、遗传性因素对出生人口健康的影响。采取综合措施有效治理出生人口性别比升高的问题。

第三节　积极应对人口老龄化

弘扬敬老风尚，营造老有所养、老有所乐、老有所为的社会氛围。积极发展老龄产业，增强全社会的养老服务功能，提高老年人生活质量，保障老年人权益。

实施爱心护理工程，加强养老服务、医疗救助、家庭病床等面向老年人的服务设施建设。

第四节　保障妇女儿童权益

落实男女平等基本国策，实施妇女发展纲要，保障妇女平等获得就学、就业、社会保障、婚姻财产和参与社会事务的权利，加强妇女卫生保健、扶贫减贫、劳动保护、法律援助等工作。坚持儿童优先原则，实施儿童发展纲要，依法保障儿童生存权、发展权、受保护权和参与权。改善儿童成长环境，促进儿童身心健康发展。完善孤残儿童手术康复、家庭寄养经费投入和艾滋孤儿救助机制。

第五节　保障残疾人权益

倡导和鼓励社会各界关心、支持和参与残疾人事业。推进无障碍设施建设，加强残疾人康复、贫困残疾人脱贫、残疾少年儿童义务教育、残疾人就业服务和社会保障等工作，创造残疾人平等参与社会生活的条件。

第三十九章　提高人民生活水平

第一节　千方百计扩大就业

把扩大就业摆在经济社会发展更突出的位置，实行积极的就业政策，统筹城乡就业，努力控制失业规模。继续实施和完善鼓励企业增加就业岗位、加强就业培训的财税、信贷等优惠政策。健全就业服务体系，加快建立政府扶助、社会参与的职业技能培训机制。完善对困难地区、困难行业和困难群体的就业援助制度。积极发展就业容量大的劳动密集型产业、服务业和各类所有制的中小企业。鼓励劳动者自主创业和自谋职业，促进多种形式就业。支持并规范发展就业中介服务。全面实行劳动合同制度，积极推行集体合同制度，健全协调劳动关系三方机制，完善劳动争议处理体制。全面建立用人单位守法诚信制度。完善企业裁员机制，避免把富余人员集中推向社会。国有企业要尽可能通过主辅分离、辅业改制等措施安置富余人员。加强劳动力市场监管、劳动保护和劳动执法监察，规范用工行为，切实维护劳动者合法权益。

第二节　加大收入分配调节力度

完善按劳分配为主体、多种分配方式并存的分配制度，坚持各种生产要素按贡献参与分配。加快推进收入分配制度改革，规范个人收入分配秩序，强化对分配结果的监管，努力缓解行业、地区和社会成员间收入分配差距扩大的趋势。更加注重社会公平，特别要关注就学、就业机会和分配过程的公平。着力提高低收入者收入水平，逐步扩大中等收入者比重，有效调节过高收入。严格执行最低工资制度，逐步提高最低工资标准。建立规范的公务员工资制度，规范职务消费，完善国有企事业单位收入分配规则和监管机制。控制和调节垄断性行业的收入，建立健全个人收入申报制，强化个人所得税征管。坚决取缔各种非法收入。

第三节　健全社会保障体系

增加财政社会保障投入，多渠道筹措社会保障基金，合理确定保障标准和方式，建立健全与经济发展水平相适应的分层次、广覆盖的社会保障体系。

扩大城镇基本养老保险覆盖范围，逐步做实个人账户，逐步提高社会统筹层次，增强统筹调剂的能力。推进机关事业单位养老保险制度改革。建立失业保险与促进就业联动机制，完善失业保险制度。扩大基本医疗保险覆盖范围，健全多层次的医疗保障体系。完善和落实工伤保险政策和标准，推进各类用人单位依法参加工伤保险。鼓励有条件的企业建立补充保险。建立健全生育保险制度。认真解决进城务工人员社会保障问题。规范社会保险基金征缴和监管。加强社会保障服务管理能力建设。

完善城市居民最低生活保障制度，逐步提高保障标准。建立城乡医疗救助制度，将城市居民最低生活保障对象、农村特困户和五保供养对象纳入救助范围。完善城市生活无着流浪乞讨人员特别是流浪未成年人的救助制度。鼓励开展社会慈善、社会捐赠、群众互助等社会扶助活动，支持志愿服务活动并实现制度化。

第四节　加大扶贫工作力度

强化各级政府扶贫职责，加大扶贫投入，完善扶贫开发机制，提高扶贫效率。对具备基本生存条件的贫困地区，继续实行就地扶贫，改善基本生产生活条件，开辟增收途径；对生存条件恶劣的贫困地区，实行易地扶贫。对有劳动能力的贫困人口，实行技能培训、技术扶贫和劳务输出扶贫，增强其增收能力；对不具备劳动能力的贫困人口，实行救济和救助。更加注重对贫困家庭子女的扶助，通过寄宿学习、家庭寄养、社会托养、免费职业教育等，改善其成长环境，防止贫困代际传递。采取社会救助和设立专项贷款等措施，防止因灾因病返贫。加大对集中连片贫困地区扶持力度，因地制宜地实行整村推进的扶贫开发方式。继续开展定点帮扶工作，鼓励社会各界积极参与扶贫工作。

第五节　扩大城乡居民消费

提高城乡居民收入水平，增强居民特别是农村居民和城镇低收入者的消费能力。培育消费热点，推进公众营养改善行动，健全普通商品住房与经济适用住房、廉租住房相结合的城镇住房供应体系，继续提高电话、计算机等的普及率，促进文化、健身、旅游、休闲等服务性消费。引导居民消费预期，扩大即期消费。改善消费环境，规范和发展消费信贷。

第四十章 提高人民健康水平

高度关注人民健康，加大政府投入力度，加快发展医疗卫生事业，认真解决群众看病难看病贵问题。

第一节 完善公共卫生和医疗服务体系

建立健全突发公共卫生事件应急机制，提高疾病预防控制和医疗救治能力。改善医疗卫生机构条件，加强专业队伍建设。大力发展社区卫生，加快构建以社区卫生服务为基础，社区卫生服务机构与医院分工协作、双向转诊的城市医疗服务体系。

第二节 加强疾病防治和预防保健

严格控制艾滋病、结核病、乙型肝炎等重大传染病的传播，有效预防和控制血吸虫病等寄生虫病和地方病，加强新发传染病防治和免疫工作，综合防治心脑血管疾病、恶性肿瘤等慢性病和职业病。加强心理健康教育和保健，重视精神卫生及疾病防治。加强妇幼卫生保健，儿童计划免疫接种率达到90%以上，婴儿死亡率降至17‰，孕产妇死亡率降至40/10万。

第三节 加强中医药和医学科研工作

保护和发展中医药，加强中医临床研究基地和中医医院建设，推进中医药标准化、规范化。整合优势医学科研资源，加强对重大疾病的研究。

第四节 深化医疗卫生体制改革

按照政事分开、管办分开、医药分开、营利性与非营利性分开的方向，坚持政府主导、社会参与、转换机制、加强监管的原则，建立符合国情的医疗卫生体制，为广大群众提供安全方便有效合理的公共卫生和基本医疗服务。按属地化和全行业管理的原则完善分类管理。强化政府在提供公共卫生和基本医疗服务中的责任，建立各级政府间规范的责任分担与资金投入机制，逐步建立投资主体多元化、投资方式多样化的办医体制。完善公立医疗机构运行机制、激励机制和补偿政策。整合医疗卫生资源，大力提高农村、中西部地区和基层公共卫生资源的比重。加强对医疗卫生服务行为、服务质量和药品市场的监管，降低药品虚高价格，控制医疗费用过快上涨。

第四十一章 加强公共安全建设

完成改革和发展的任务，必须保持长期稳定的社会环境。要强化全社会公共安全意识，加强公共安全保障能力建设，提高公共安全保障水平，维护人民生命财产安全，确保社会稳定。

第一节 增强防灾减灾能力

加强防洪减灾薄弱环节建设，重点加强大江大河综合治理、病险水库除险加固、蓄滞洪区建设和城市防洪，增强沿海地区防台风、风暴潮、海啸的能力。加强对滑坡、泥石流和森林、草原火灾的防治。提高防洪减灾预警和指挥能力，建立洪水等灾害风险管理制度和防洪减灾保障制度。加强对三峡库区等重点地区地质灾害的防治。完善大中型水库移民后期扶持政策。加强城市群和大城市地震安全基础工作，加强数字地震台网、震情、灾情信息快速传输系统建设，实行预测、预防、救助综合管理，提高地震综合防御能力。

第二节 提高安全生产水平

坚持安全第一、预防为主、综合治理，落实安全生产责任制，强化企业安全生产主体责任，健全安全生产监管体制，严格执行重大安全生产事故责任追究制度。加强安全生产科研开发、监管监察和支撑体系建设。实施重大危险源普查和监测监控，加大安全设施投入，搞好隐患治理和安全技术改造。严格执行安全生产许可制度，加强煤炭等高危行业和重点领域的安全生产，抓好非煤矿山、特种设备、危险化学品、烟花爆竹、建筑施工、道路交通和人员密集场所消防安全等的专项整治。强化交通、消防基础设施建设和安全监管。培育和规范安全生产中介机构。加强安全生产宣传教育培训。建立安全生产指标考核体系，到2010年单位国内生产总值生产安全事故死亡率下降35%，工矿商贸就业人员生产安全事故死亡率下降25%。

第三节 保障饮食和用药安全

加强食品、药品监管设施建设，完善技术标准体系，创新监管机制，规范监管行为，提升监管能力和水平，依法强化对食品、药品、餐饮卫生等的监管，保障人民群众健康安全。

专栏16 公共服务重点工程

社会救助→建设救助管理设施、流浪未成年人保护中心、“慈善超市”和社会捐助接收点等。

社会福利→建设综合福利中心、社区福利设施、农村敬老院、儿童福利机构、残疾人综合服务设施等。

公共卫生→继续完善疾病预防控制和医疗救治体系，加强中医临床研究基地和重点中医医院建设。

社区服务→新建和改造社区服务中心、社区服务站，加强和完善社区卫生、社会保险服务。

防洪减灾→建设治淮骨干工程，加强大江大河及中小河流治理。实施主要江河蓄滞洪区安全建设工程。

安全生产应急救援→建设国家、省、市三级安全生产应急救援指挥中心和国家、区域、骨干专业应急救援体系。

重大事故隐患治理→治理尾矿库危库、险库和危险性较大的病库，搬迁城区内安全距离不达标的危险化学品生产和储存企业。

国家灾害应急救援→建设四级灾害应急救助指挥体系。

基层政法基础设施→新建和改造基层派出所、司法所、人民法庭。

第四节　维护国家安全和社会稳定

依法严厉打击各种犯罪活动，保障人民群众安居乐业。加强社会治安综合治理，推进社会治安防控体系建设，深入开展平安创建活动。改善司法保障条件，加强基层政法机构、案件侦查、禁毒、缉私、边境检查等的基础设施建设。积极应对传统和非传统安全问题。加强公安政法队伍建设。

第五节　强化应急体系建设

建立健全应急管理体系，加强指挥信息系统、应急物资保障、专业救灾抢险队伍、应急标准体系以及运输、现场通讯保障等重点领域和重点项目的建设，健全重特大自然灾害发生后的社会动员机制，提高处置突发公共事件能力。

第四十二章　完善社会管理体制

健全党委领导、政府负责、社会协同、公众参与的社会管理格局，推进社会管理体制创新。

第一节　加强基层自治组织建设

推进管理有序、治安良好的和谐社区、和谐村镇建设，倡导人与人和睦相处，增强社会和谐基础。探索新时期城乡基层自治组织建设和管理的有效模式，发挥城乡基层自治组织协调利益、排忧解难的作用。

第二节　规范引导民间组织有序发展

培育发展行业协会、学会、公益慈善和基层服务性民间组织，发挥提供服务、反映诉求、规范行为的作用。完善民间组织自律机制，加强改进对民间组织的监管。

第三节　正确处理人民内部矛盾

高度重视并维护人民群众根本利益，妥善协调各方面利益关系，从源头上预防和化解人民内部矛盾。改进和完善信访工作，畅通诉求渠道，综合运用教育、协商、调解、法律等方式，依法及时合理地处理群众反映的问题。健全人民调解制度，完善社会矛盾纠纷调处机制。深入做好新时期的群众工作，引导群众以理性合法的形式表达诉求。建立和完善矛盾排查机制、信息预警机制、应急处置机制和责任追究机制，预防和妥善处置群体性、突发性事件，切实解决群众的合理诉求，依法维护社会稳定。

第十一篇　加强社会主义民主政治建设

坚持政治文明和物质文明全面发展，扩大社会主义民主，健全社会主义法制，为现代化建设提供政治保证。

第四十三章　加强社会主义民主政治建设

第一节　发展社会主义民主

坚持和完善人民代表大会制度、中国共产党领导的多党合作和政治协商制度、民族区域自治制度。积极稳妥地继续推进政治体制改革，巩固和发展民主团结、生动活泼、安定和谐的政治局面。

健全民主制度，丰富民主形式，扩大公民有序的政治参与，保证公民依法实行民主选举、民主决策、民主管理、民主监督。加强基层民主建设，坚持和完善政务公开、厂务公开、村务公开，保证公民依法行使选举权、知情权、参与权、监督权。尊重和保障人权，促进人权事业全面发展。

巩固和壮大最广泛的爱国统一战线，健全重大问题决策前协商的制度。发挥人民政协的作用，支持人民政协履行政治协商、民主监督、参政议政的职能。坚持和完善职工代表大会和其他形式的企事业民主管理制度。发挥工会、共青团、妇联等人民团体的桥梁纽带作用。保证民族自治地方依法行使自治权，巩固和发展平等团结互助的社会主义民族关系，促进各民族共同繁荣进步。全面贯彻宗教信仰自由政策，依法管理宗教事务，坚持独立自主自办的原则，引导宗教与社会主义社会相适应。贯彻落实侨务方针政策，做好侨务工作。

第二节　全面推进法制建设

贯彻依法治国基本方略，推进科学立法、民主立法，形成中国特色社会主义法律体系。完善市场主体、市场交易、市场监管、社会管理、可持续发展等方面的法律法规。推进司法体制和工作机制改革，规范司法行为，加强司法监督，促进司法公正，维护社会正义和司法权威。实施“五五”普法规划，开展法制宣传教育，提高全民法律素质，形成遵法守法、依法办事的社会风气。

第三节　加强廉政建设

坚持标本兼治、综合治理、惩防并举、注重预防的方针，建立健全教育、制度、监督并重的惩治和预防腐败体系。加大从源头上预防和治理腐败的力度。推进反腐倡廉体制、机制和制度创新，加强对权力运行的制约和监督，强化政府专门机构和社会监督，保障公民的检举权、控告权、申诉权。严肃查处违纪违法案件，坚决纠正损害群众利益的不正之风。

第十二篇　加强社会主义文化建设

牢牢把握先进文化的前进方向，坚持为人民服务、为社会主义服务的方向和百花齐放、百家争鸣的方针，繁荣社会主义文化，不断满足人民群众日益增长的精神文化需求。

第四十四章　加强社会主义文化建设

第一节　加强思想道德建设

全面落实邓小平理论和"三个代表"重要思想，深入学习贯彻科学发展观，加强马克思主义理论研究和建设，坚持马克思主义在意识形态领域的指导地位，进一步巩固全国各族人民团结奋斗的共同思想基础。坚持正确的舆论导向。加强理想信念教育和思想政治工作，大力弘扬以爱国主义为核心的民族精神和以改革创新为核心的时代精神，加强社会主义思想道德建设，扎实开展群众性精神文明创建活动，在全社会倡导爱国守法、明礼诚信、团结友善、勤俭自强、敬业奉献的基本道德规范，发扬艰苦奋斗的优良传统，进一步增强中华民族的凝聚力和创造力，使全体人民始终保持昂扬向上的精神状态，为全面建设小康社会提供强大的思想保证和精神动力。

第二节　丰富人民群众精神文化生活

积极发展文化事业和文化产业，创造更多更好适应人民群众需求的优秀文化产品。加大政府对文化事业的投入，逐步形成覆盖全社会的比较完备的公共文化服务体系。推进文化创新，实施精品战略，繁荣艺术创作，提高文化艺术产品质量。加强文化自然遗产和民族民间文化保护。扩大广播影视覆盖范围，发展数字广播影视，确保播出安全。繁荣新闻事业。发展现代出版发行业，积极发展数字出版，重视网络媒体建设。大力推广普通话。扩大国际文化交流，积极开拓国际文化市场，推动中华文化走向世界。办好上海世博会。

专栏 17　公共文化建设重点工程

村村通广播电视→全面实现 20 户以上已通电自然村通广播电视。

农村电影放映→基本实现全国农村一村一月放映一场电影。

乡镇综合文化站建设→基本实现全国乡镇均建有综合文化站。

文化信息资源共享→推进文化资源数字化，以农村为重点促进文化信息资源共享。

重大文化自然遗产保护→加强世界遗产、国家重点文物保护单位、国家重点风景名胜区、国家历史文化名城（镇、村）等保护和利用设施建设，建设抢救性文物保护设施。

"西新工程"→加强西藏、新疆等地区广播电视设施建设，扩大覆盖范围，提高收听收看质量，增强播出传输安全保障能力。

重大文化设施建设→推进国家博物馆、中国美术馆（二期）、国家话剧院等和地方重点文化设施建设。

第三节　深化文化体制改革

建立党委领导、政府管理、行业自律、企事业单位依法运营的文化管理体制和富有活力的文化产品生产经营机制。改进对公共文化单位的扶持方式，促其增强活力、改善服务。推进经营性文化事业单位转制，努力形成一批坚持社会主义先进文化方向，有较强自主创新能力、市场竞争能力的文化企业和企业集团。完善文化产业政策，促进民族文化产业发展，引导和规范非公有制经济进入文化产业，形成以公有制为主体、多种所有制共同发展的文化产业格局和民族文化为主体、吸收外来有益文化的文化市场格局。加强文化市场综合执法和对互联网的管理，坚持扫黄打非，营造扶持健康文化、改造落后文化、抵制腐朽文化的社会环境。积极倡导企业文化建设。

第十三篇　加强国防和军队建设

根据维护国家安全统一和发展利益的要求，加强国防和军队现代化建设，形成国防建设与经济建设协调发展的良好局面。

第四十五章　加强国防和军队建设

第一节　全面加强军队建设

坚持以毛泽东军事思想、邓小平新时期军队建设思想、江泽民国防和军队建设思想为指导，坚持把科学发展观作为加强国防和军队建设的重要指导方针，坚持党对军队的绝对领导，贯彻积极防御的军事战略方针，着眼有效履行新世纪新阶段军队的历史使命，全面加强军队革命化现代化正规化建设，积极推进中国特色军事变革，努力提高部队信息化条件下整体防卫作战能力。始终把思想政治建设摆在各项建设的首位，保持军队建设的正确方向。实施科技强军战略，推进机械化和信息化复合发展。深化体制编制和政策制度调整改革，优化力量结构和部队编成，增强军队建设的活力。创新军事理论，加强部队训练和院校教育，培养新型军事人才，提高官兵素质。发展现代化武器装备，优化体系结构，提高配套水平。推进后勤建设和改革，增强综合保障能力，提高官兵生活水平。加强基层建设，打牢部队建设基础。贯彻依法治军、从严治军方针，强化作风纪律建设，严格部队管理教育，确保部队高度稳定和集中统一。加强武装警察部队建设，着力提高执勤处突反恐的能力。深入开展“双拥”活动，军队要积极参加抢险救灾和支援国家经济建设，国家和社会要做好优抚安置工作，巩固和发展军政军民团结。

第二节　调整优化国防科技工业

坚持军民结合、寓军于民、强化基础、自主创新的方针，加快国防科技工业转型升级，提高科技创新能力，开发军民两用技术和产品。推进数字化军工建设，提高武器装备研发和制造水平，确保武器装备供应。调整优化军品科研生产能力结构，提升总体设计、总装测试和系统集成等核心能力，精干科研生产主体，推进专业化重组和社会化协作。积极稳妥地实施军工科研院所改革。建立面向社会的军品科研生产准入和退出制度，健全军民互动合作的协调机制。以产权制度改革为突破口，分类实施军工企业股份制改造。深化军工投资体制改革，推进投资主体多元化。

第三节　增强国防动员能力

深化国防动员体制和运行机制改革，坚持在经济建设中贯彻国防的要求，逐步建立集中统一、结构合理、反应迅速、权威高效的现代国防动员体系。加强民兵预备役部队质量建设，抓好国民经济动员、人民防空和交通战备等建设，推进国防动员信息化，开展全民国防教育，提高平战转换、快速动员、持续保障和综合防护能力。加强国防基础设施建设，依法保护国防设施。

第十四篇　建立健全规划实施机制

在社会主义市场经济体制初步建立的条件下，实现本规划的目标和任务，主要依靠发挥市场配置资源的基础性作用。同时，政府要正确履行职责，调控引导社会资源，合理配置公共资源，保障规划顺利实施。

第四十六章　建立分类指导的实施机制

本规划提出的农业、工业、服务业等的发展方向，利用外资、对外贸易等的发展重点，是对市场主体的导向，主要依靠市场主体的自主行为实施。各级政府要维护公平竞争，严禁地方分割和部门保护，不得直接干预企业经营活动，不得干预市场机制正常运行。

本规划确定的保持经济平稳较快发展、转变经济增长方式、调整优化经济结构、增强自主创新能力、建设社会主义新农村、促进区域协调发展、促进城镇化健康发展、建设资源节约型和环境友好型社会等重点任务，主要通过完善市场机制和利益导向机制努力实现。政府要通过体制机制创新和完善政策，为激发市场主体的积极性、创造性营造良好的制度和政策环境。国有企事业单位要发挥带头和示范作用。

本规划确定的义务教育、公共卫生、社会保障、社会救助、促进就业、减少贫困、防灾减灾、公共安全、公共文化、基础科学与前沿技术以及社会公益性技术研究、国防等公共服务领域的任务，是政府的承诺，各级政府要切实履行职能，运用公共资源全力完成。

本规划提出的主体功能区划、保护生态环境、资源管理、保护知识产权、调节收入分配、维护市场经济秩序、保障人民合法权益、社会建设和管理等的要求，主要通过健全法律法规、加大执法力度等法律手段，并辅之以经济手段加以落实。

本规划确定的改革任务，是政府的重要职责，必须放在政府工作的重要位置。要加强对改革的总体指导和统筹协调，将改革任务分解落实到有关部门，不失时机地推进，并注重及时把行之有效的改革措施用法律、规章和制度的形式确立下来。

第四十七章　调整和完善经济政策

根据公共财政服从和服务于公共政策的原则，按照公共财政配置的重点要转到为全体人民提供均等化基本公共服务的方向，合理划分政府间事权，合理界定财政支出范围。公共财政预算安排的优先领域是：农村义务教育和公共卫生、农业科技推广、职业教育、农村劳动力培训、促进就业、社会保障、减少贫困、计划生育、防灾减灾、公共安全、公共文化、基础科学与前沿技术以及社会公益性技术研究、能源和重要矿产资源地质勘查、污染防治、生态保护、资源管理和国家安全等。重点支持的区域是：限制开发区域和禁止开发区域，中西部地区特别是革命老区、民族地区、边疆地区、贫困地区，三峡库区，资源枯竭型城市等。

充分发挥税收的调节作用，完善和制定鼓励资源节约型和环境友好型社会建设、促进就业和再就业、促进科技发展和增强自主创新能力、促进文化体制改革，以及振兴装备制造业和其他产业健康发展的税收政策。

按照社会主义集中力量办大事原则，在经济发展和财力增加基础上逐步增加中央政府投资规模。完善政府投资管理体制，整合政府投资，改进投资方式，加强项目监管。

加强和改进产业政策工作，增强对国内产业发展、对外贸易和利用外资的统筹，加强信贷、土地、环保、安全、科技等政策和产业政策的配合，采用经济手段促进产业发展。加强对高技术产业和装备制造业薄弱环节的扶持，重点支持研究开发，培育核心竞争力。按照适度偏紧原则调控高耗能产业规模，控制生产能力盲目扩张。按照引导产业集群发展、减少资源跨区域大规模调动的原则优化产业布局，促进主要使用海路进口资源的产业在沿海地区布局，主要使用国内资源和陆路进口资源的产业在中西部重点开发区域布局。实施品牌战略，支持拥有自主知识产权和知名品牌、竞争力强的大企业发展成为跨国公司。实施中小企业成长工程。依法淘汰落后工艺技术，关闭破坏资源、污染环境和不具备安全生产条件的企业。

专栏18　中央政府投资支持的重点领域

新农村建设→普及和巩固农村义务教育，农村劳动力转移就业，公共卫生和基本医疗服务体系，饮水安全，农村公路，沼气等可再生能源，农村电网，农村公共文化，优质粮食产业工程，沃土工程，植保工程，灌区建设，动物防疫体系及种养业良种工程等。

公共服务→义务教育、中等职业教育和劳动力技能培训，重大疾病防治体系，基层公共卫生、社会福利、公共文化和体育设施，公检法司基础设施，就业服务，社区服务，食品药品安全监管设施，安全生产监管、煤矿安全监察设施及支撑体系，防洪、气象、地震等防灾减灾，采煤沉陷区治理，贫困地区以工代赈和易地扶贫，生态移民，民族地区和边疆地区发展等。

资源环境→能源和重要矿产资源地质勘查，生态环境保护与修复，环境污染治理，节能节水节地，循环经济示范等。

自主创新→知识创新工程，重大科学工程及科技基础设施，高技术产业化，重大技术装备自主研发及国产化，资源节约技术研发和推广等的示范。

基础设施→国家铁路、国家高速公路、重要港口和航道、枢纽机场和重要支线机场、空管设施，南水北调、大江大河治理等重大水利工程，信息化和信息安全基础设施，战略物资储备，可再生能源，城市供水管网、燃气和集中供热设施，城镇污水和垃圾处理设施等。

第四十八章　健全规划管理体制

加强统筹协调。继续做好总需求与总供给的平衡，特别要加强制度协调、规划协调和政策协调。统筹协调政策目标和政策手段，搞好财政政策、货币政策、产业政策、区域政策、社会政策和政绩考核间的配合，防止国家政策部门化。统筹协调长期发展与短期发展，近期措施要有利于解决长期性发展难题，改革体制、制定政策、安排投资、确定发展速度，都要充分考虑可持续性，防止急于求成。

改革规划管理体制，健全科学化、民主化的编制程序，形成以国民经济和社会发展规划为统领，各类规划定位清晰、功能互补、统一衔接的规划体系。做深做实城市规划、土地利用规划、环境保护规划和粮食、能源、交通等专项规划。编制全国主体功能区划规划，明确主体功能区的范围、功能定位、发展方向和区域政策。强化区域规划工作，编制部分主体功能区的区域规划。改革完善地方规划，深化市县规划体制改革。

本规划确定的约束性指标，具有法律效力，要纳入各地区、各部门经济社会发展综合评价和绩效考核。约束性指标要分解落实到有关部门，其中耕地保有量、单位国内生产总值能源消耗降低、主要污染物排放总量减少等指标要分解落实到各省、自治区、直辖市。

国务院有关部门要加强对本规划实施情况的跟踪分析，接受全国人民代表大会及其常务委员会对规划实施情况的监督检查。

在本规划实施的中期阶段，要对规划实施情况进行中期评估。中期评估报告提交全国人民代表大会常务委员会审议。经中期评估需要修订本规划时，报全国人民代表大会常务委员会批准。

保持香港、澳门长期繁荣稳定。坚持“一国两制”、“港人治港”、“澳人治澳”、高度自治的方针，严格按照特别行政区基本法办事，加强和推动内地同港澳在经贸、科教、文化、卫生、体育等领域的交流和合作，继续实施内地与香港、澳门更紧密的经贸关系安排，加强内地和港澳在基础设施建设、产业发展、资源利用、环境保护等方面的合作。支持香港发展金融、物流、旅游、资讯等服务业，保持香港国际金融、贸易、航运等中心的地位。支持澳门发展旅游等服务业，促进澳门经济适度多元发展。

台湾是中华人民共和国不可分割的神圣领土。推进两岸关系发展和祖国统一大业，扩大海峡两岸经济、文化、科技、教育交流与人员往来，维护台湾同胞的正当权益，推动全面、直接、双向“三通”，促进建立稳定的两岸经贸合作机制，促进两岸关系发展，维护台海和平稳定。

“十一五”规划是全面建设小康社会进程中的重要规划。全国各族人民要在中国共产党的领导下，紧密团结在以胡锦涛同志为总书记的党中央周围，高举邓小平理论和“三个代表”重要思想伟大旗帜，全面贯彻落实科学发展观，振奋精神，扎实工作，锐意进取，开拓创新，为实现“十一五”规划和全面建设小康社会的宏伟目标而努力奋斗。

国家“十一五”时期文化发展规划纲要

“十一五”时期是全面建设小康社会、加快推进社会主义现代化建设的关键时期，也是文化发展的重要阶段。根据《中华人民共和国国民经济和社会发展第十一个五年规划纲要》，编制本《纲要》，确定未来五年文化发展的指导思想、方针原则和目标任务，进一步繁荣发展社会主义文化，推动文化与经济、政治、社会的协调发展。

序　言

文化是国家和民族的灵魂，集中体现了国家和民族的品格。文化的力量，深深熔铸在民族的生命力、创造力和凝聚力之中，是团结人民、推动发展的精神支撑。五千年悠久灿烂的中华文化，为人类文明进步作出了巨大贡献，是中华民族生生不息、国脉传承的精神纽带，是中华民族面临严峻挑战以及各种复杂环境屹立不倒、历经劫难而百折不挠的力量源泉。在开创中华民族美好未来的历史进程中，文化既为经济社会全面协调发展提供强大的精神动力，也是经济社会发展的重要内容。繁荣发展社会主义先进文化、树立民族自信、振奋民族精神，必将为实现全面建设小康社会宏伟目标、构建社会主义和谐社会提供思想保证和精神动力。

当今世界，文化与经济、政治相互交融，与科技的结合日益紧密，在综合国力竞争中的地位和作用日益突出，越来越成为衡量一个国家综合实力强弱的重要尺度之一。在复杂的国际环境中，要赢得国际竞争，不仅需要强大的经济实力、科技实力和国防实力，同样需要强大的文化实力。我们必须增强忧患意识，加快发展文化事业和文化产业，激发民族生命力，增强民族凝聚力，提高民族创造力，在国际竞争中占据制高点，掌握主动权。

改革开放以来特别是党的十六大以来，我国文化建设适应社会主义市场经济的要求，遵循精神文明建设的规律，取得了举世瞩目的成就。理论和思想道德建设扎实推进，舆论引导能力显著增强，文学艺术日益繁荣。公共文化投入增加，文化设施和服务网络日趋完善。文化及相关产业蓬勃发展，形成了一些有较大增长空间的产业门类，涌现出一批有较强竞争力的企业集团。明确非公有资本进入文化产业的政策，调动了全社会参与文化建设的积极性，以公有制为主体、多种所有制共同发展的文化产业格局初步形成。传承和弘扬优秀民族文化传统、保护民族文化遗产为全社会所重视。自主创新能力有较大提高，文化创新成果不断涌现。文化“走出去”步伐加快，中华文化在世界上的影响力逐步增强。文化体制改革积极稳妥地开展，推动文化事业和文化产业协调发展。我国文化发展正处于一个新的历史起点上。

同时也要看到，现阶段我国文化发展水平与全面建设小康社会的目标和进程还不相适应，文化体制机制与完善社会主义市场经济体制、进一步扩大对外开放的形势还不相适应，文化产品和服务的数量、质量、品种与人民群众日益增长的精神文化需求还不相适应，文化产品的国际竞争力还不强。面对新的形势，我们要增强紧迫感、责任感和使命感，把握有利于我国文化发展的重要战略机遇，大力推动文化创新，促进中华民族的伟大复兴。

一、指导思想、方针原则和发展目标

（一）指导思想。以马克思列宁主义、毛泽东思想、邓小平理论和“三个代表”重要思想为指导，以科学发展观为统领，牢牢把握社会主义先进文化的前进方向，紧紧围绕实现全面建设小康社会宏伟目标和构建社会主义和谐社会的要求，弘扬以爱国主义为核心的民族精神和以改革创新为核心的时代精神，树立新的文化发展观，解放思想、实事求是、与时俱进、开拓创新，发展面向现代化、面向世界、面向未来的民族的科学的大众的社会主义文化，不断满足人民群众日益增长的精神文化需求，努力培育有理想、有道德、有文化、有纪律的社会主义公民，提高全民族的思想道德和科学文化素质，促进人的全面发展和社会全面进步。

（二）方针原则。“十一五”时期，我国文化发展要坚持以下方针原则：

——坚持为人民服务、为社会主义服务的方向和百花齐放、百家争鸣的方针，坚持贴近实际、贴近生活、贴近群众的原则，弘扬主旋律，提倡多样化。

——坚持以人为本，保障和实现人民群众的基本文化权益，使广大人民群众共享文化发展成果。以科学的理论武装人，以正确的舆论引导人，以高尚的精神塑造人，以优秀的作品鼓舞人，促进人的全面发展。

——坚持树立新的文化发展观，不断深化对文化发展的地位、方向、动力、思路、格局和目的的认识，冲破一切束缚文化发展的思想观念、做法、规定和体制机制性障碍，不断解放和发展文化生产力，促进文化与经济、政治、社会协调发展。

——坚持继承和弘扬优秀民族文化传统，吸收和借鉴世界各国优秀文化成果，始终把文化创新作为文化发展的战略基点和前进动力，积极推进文化与经济、科技融合发展，大力提高我国文化自主创新能力。

——坚持把社会效益放在首位，实现社会效益和经济效益的统一，最大限度地发挥文化引导社会、教育人民、推动发展的功能。

——坚持以发展为主题，以改革为动力，以体制机制创新为重点，深化文化体制改革，一手抓公益性文化事业，一手抓经营性文化产业，不断增强我国文化的实力和竞争力。

——坚持一手抓繁荣、一手抓管理，大力发展先进文化，支持健康有益文化，努力改造落后文化，坚决抵制腐朽文化，维护国家文化安全，推动中国特色社会主义文化健康快速发展。

——坚持城乡、区域文化的协调发展，按照建设社会主义新农村的要求，加大对农村及中西部地区的文化投入，形成城市带动农村和东中西优势互补、良性互动的发展格局。

（三）发展目标。到2010年，文化发展的总体目标是：完成“十一五”时期全面建设小康社会赋予文化建设的任务，文化为人民服务、为社会主义服务的能力显著增强，为经济发展、政治稳定和社会进步提供强有力的思想保证、精神动力和智力支持；文化的创新能力和整体实力明显提高，文化产品更加丰富，更好地保障和满足人民群众的基本文化需求，促进城乡和区域之间文化的共同发展；中华文化在世界上的影响力不断扩大，文化在综合国力竞争中的地位和作用日益突出，文化发展的水平与我国的经济实力、国际地位相适应。

“十一五”时期文化发展的重点是：

——抓好基层文化建设，加大力度改善农村及中西部地区公共文化基础设施条件，完善公共文化服务体系，保障农民和城市低收入群体的基本文化权益。力争到“十一五”期末，城市的文化设施、服务网络和文化产品基本满足居民就近便捷享受文化服务的需求，在农村基本解决农民群众看书难、看戏难、看电影难、收听收看广播电视难的问题。

——抓好塑造国家文化形象的重大项目和工程建设，推出一批体现民族特色、反映时代精神、具有国际一流水准的文化艺术精品，创作生产更多更好适应人民群众需求的优秀文化产品。

——抓好文化产业体系建设，重塑市场主体，优化产业结构，确定重点发展的产业门类，培育文化产品市场和要素市场，发展现代流通组织和流通形式，形成以公有制为主体、多种所有制共同发展的文化产业格局。“十一五”时期，文化及相关产业增加值的年均增长速度明显高于同期经济增长速度，在国内生产总值中的比重有所增加。

——抓好文化创新能力建设，以内容创新为核心，着力培育创新主体，加速科技与文化的融合，提高我国文化自主创新能力，取得一批具有重大影响的文化创新成果。

——抓好文化“走出去”重大工程、项目的实施，充分利用国际国内两个市场、两种资源，主动参与国际合作和竞争，加强对外文化交流，扩大对外文化贸易，拓展文化发展空间，初步改变我国文化产品贸易逆差较大的被动局面，形成以民族文化为主体、吸收外来有益文化、推动中华文化走向世界的文化开放格局。

——抓好人才培养，营造有利于优秀人才脱颖而出的体制机制和社会环境，建设一支规模宏大、素质较高的文化工作者队伍，为文化发展提供坚实的人才保障。

二、理论和思想道德建设

（四）加强马克思主义理论研究和理论创新。坚持马克思主义在意识形态领域的指导地位，加强对马克思主义基本原理和我们党理论创新实践的研究，推出一批理论成果，进一步巩固全国各族人民团结奋斗的共同思想基础。

1. 推动理论武装和理论宣传。始终坚持用马克思列宁主义、毛泽东思想、邓小平理论和“三个代表”重要思想武装全党、教育人民，不断提高全党的马克思主义理论水平。把学习贯彻科学发展观、构建社会主义和谐社会、加强党的执政能力建设和先进性建设等一系列重大战略思想作为理论武装工作的重要任务，用发展着的马克思主义指导新的实践。坚持以县处级以上领导干部为重点，加强和改进各级党委（党组）理论学习中心组学习，扎实推进党员干部的理论学习，推动建设学习型政党和学习型社会。加强对青年学生特别是大学生的理论学习和教育，切实推进马克思主义理论进教材、进课堂、进学生头脑。加强图书、报刊、广播、电视、互联网等媒体对党的基本理论和重大理论创新成果的宣传。继续组织编写干部学习读本和通俗理论读物，回答干部群众关心的热点难点问题。加强党委讲师团建设，形成一支忠诚党的理论武装工作、纪律严明、充满活力的理论队伍。

2. 深入实施马克思主义理论研究和建设工程。加强对马克思列宁主义、毛泽东思想、邓小平理论、“三个代表”重要思想和科学发展观的研究，加强对中国特色社会主义实践经验的理论总结，继续做好马克思主义经典著作编译工作。以重大现实问题为主攻方向，研究并回答进一步深化改革、扩大开放、实现国民经济持续快速协调健康发展的问题，研究并回答推进经济、政治、文化、社会全面进步的问题，研究并回答干部群众普遍关心的深层次思想认识问题。加强马克思主义学科建设，逐步形成以马克思主义理论为一级学科，以马克思主义基本原理、马克思主义发展史、马克思主义中国化研究、国外马克思主义研究、思想政治教育为二级学科，以哲学社会科学等分领域研究为支撑的马克思主义学科体系。加强教材体系建设，组织编写马克思主义哲学、政治经济学、科学社会主义基础理论教材和政治学、社会学、新闻学、史学、法学、文学、哲学社会科学重点学科教材，编写基本覆盖哲学社会科学主干课程的150种左右重点教材，形成全面反映马克思主义中国化最新理论成果的哲学社会科学教材体系。加强和改进高等学校思想政治理论课，组织编写思想政治理论课教材。

（五）繁荣发展哲学社会科学。坚持以马克思主义为指导，加强哲学社会科学传统学科、新兴学科和交叉学科建设，推进哲学社会科学与自然科学之间、哲学社会科学不同学科之间的交叉渗透，发展面向现代化、面向世界、面向未来、具有中国特色的哲学社会科学，发挥哲学社会科学认识世界、传承文明、创新理论、咨政育人、服务社会的重要作用。加强哲学社会科学创新体系建设，积极推进学术观点创新、学科体系创新和科研方法创新。整合研究力量，优化哲学社会科学资源配置，形成合理的分工体系。国家级社会科学研究机构和重点高等学校主要承担重大基础理论、关系党和国家事业发展全局的战略性与前瞻性问题及重大现实问题的研究，并努力形成各自的优势和特色。地方社会科学研究机构和高等学校应主要围绕本地区经济社会发展实际开展应用对策研究，有条件的可开展有地方特色和区域优势的基础理论研究。国家扶持的重要社会科学研究机构和高等学校，要保证完成国家确定的重大科研任务，加强哲学社会科学基础研究和应用对策研究。重点扶持有重大创新意义的研究项目，扶持关系哲学社会科学发展全局的研究项目，扶持对学科创新发展起关键性作用的研究项目，扶持对弘扬民族精神、传承民族文化有重大作用的研究项目，扶持对经济社会发展和国家安全有重要影响的研究项目。

（六）加强社会主义思想道德建设。坚持依法治国与以德治国相结合，着眼于提升人的思想道德素质、促进人的全面发展，以理想信念为核心，大力弘扬民族精神和时代精神，发扬党领导人民在长期革命斗争与建设实践中形成的优良传统，努力建设与社会主义市场经济相适应、与社会主义法律规范相协调、与中华民族传统美德相承接的社会主义思想道德体系。

1. 努力提高公民的道德素质。全面落实《公民道德建设实施纲要》，实施公民道德建设工程，把家庭教育、学校教育、单位教育和社会教育紧密结合起来，以社会公德、职业道德、家庭美德为着力点，大力倡导爱国守法、明礼诚信、团结友善、勤俭自强、敬业奉献的基本道德规范。深入进行党的基本理论、基本路线、基本纲领和基本经验教育，进行爱国主义、集体主义、社会主义教育，改革开放和现代化建设成就教育，引导人们树立正确的世界观、人生观、价值观。发挥基层组织和群众团体的骨干作用、先进典型的带动作用、广大群众的主体作用，深入开展群众性道德实践活动。充分运用大众传媒、文学艺术以及文体活动，努力营造有利于公民道德建设的良好社会氛围。积极探索新形势下道德建设的特点和规律，创新形式、内容、手段，增强工作的针对性、实效性和吸引力、感染力。

2. 深入学习实践社会主义荣辱观。以践行社会主义荣辱观、加强思想道德建设为主题，以促进社会风气不断改善为目标，深入开展学习实践社会主义荣辱观宣传教育活动，推动“八荣八耻”的基本要求进机关、进企事业单位、进社区、进农村、进校园、进家庭。把“八荣八耻”的内容和要求体现到大中小学的思想政治理论课和思想品德课教材中，贯穿到德育课程和相关学科的课堂教学中。充分发挥市民学校、村民学校、民工学校等基层宣传教育阵地的作用，组织开展“八荣八耻”宣讲和巡回报告活动，大力宣传践行社会主义荣辱观的先进典型，使社会主义荣辱观家喻户晓、深入人心。坚持教育与实践相结合，在全社会开展多种形式的实践活动，切实解决公民文明习惯和社会风气中存在的突出问题，推动形成知荣辱、讲正气、树新风、促和谐的文明风尚。

3. 加强和改进青少年思想道德教育。大力加强大中小学思想政治理论课和思想品德课等课程建设，指导和帮助大中小学生认真遵守学生守则和日常行为规范，不断提高思想道德素质。充分调动各方面力量，健全学校、家庭、社会“三结合”的教育网络。在重大节日、纪念日集中开展思想道德教育主题宣传教育活动。加强以爱国主义教育基地为重点的未成年人校外活动场所建设和管理，把未成年人校外活动场所建设纳入当地国民经济和社会发展总体规划。大中城市要因地制宜，重点建设好市级未成年人校外活动场所，有条件的可建设少年儿童主题公园。到“十一五”期末，力争实现县县有综合性、多功能的未成年人校外活动场所。电台、电视台要办好少儿频率、频道或栏目、节目，重点新闻网站和主要教育网站要开设少儿网页、专栏，出版单位要出版一批适合未成年人的优秀文艺作品，并切实做好推介工作，为未成年人健康成长营造良好社会文化环境。

（七）推进精神文明创建活动。广泛开展文明城市、文明村镇、文明行业创建活动，使城乡环境面貌有较大改观、社会服务水平有显著改善、公民文明素质和社会现代文明程度有明显提高。城市要以社区为重点，开展科教文体法律卫生“四进社区”、创建和谐社区等活动，不断提升城市文明水平。村镇要以促进乡风文明、村容整洁为着力点，开展创建文明村、文明户、文明小城镇和文化科技卫生“三下乡”活动，引导广大农民移风易俗、转变观念、提高素质。行业要以服务人民、奉献社会为宗旨，大力加强诚信建设，开展百城万店无假货、共铸诚信、文明风景旅游区、做人民满意公务员等活动，树立行业文明新风。

三、公共文化服务

（八）完善公共文化服务网络。积极推进政府职能转变，实行政企分开、政事分开、政资分开和管办分离，切实把政府的职能由主要办文化转到社会管理和公共服务上来。要从现阶段经济社会发展水平出发，以实现和保障公民基本文化权益、满足广大人民群众基本文化需求为目标，坚持公共服务普遍均等原则，兼顾城乡之间、地区之间的协调发展，统筹规划，合理安排，形成实用、便捷、高效的公共文化服务网络。

1. 完善公共文化设施网络布局。以大型公共文化设施为骨干，以社区和乡镇基层文化设施为基础，优先安排关系人民群众切身文化利益的设施建设，加强图书馆、博物馆、文化馆、美术馆、电台、电视台、广播电视发射转播台（站）、互联网公共信息服务点等公共文化基础设施建设。

——建设一批代表国家文化形象的重点文化设施，大力推进文化信息资源共享工程等重大文化工程建设，加大对重要社科研究机构、体现民族特色和国家水准的艺术院团、承担政治性和公益性出版任务的出版单位的扶持力度。

——完善大中城市公共文化设施，加强图书馆、博物馆和文化馆（中心）建设。

——在巩固县县有图书馆、文化馆的基础上，基本实现乡镇有综合文化站，行政村有文化活动室。

——加强各级广播电视无线发射转播台（站）的维护，更新设备，保障正常运行。

——在中西部及其他老少边穷等地广人稀的地区配备流动文化服务车，建设流动服务网络。

专栏1　国家重大文化设施、重要文化工程项目和重点扶持的社科机构、艺术表演团体、出版单位

重大文化设施建设	国家大剧院工程、国家博物馆改扩建工程、国家图书馆二期暨国家数字图书馆建设工程、中国美术馆二期改扩建工程、国家话剧院建设工程、中央电视台新址建设工程和地方重要文化设施建设。
重要文化工程项目建设	**文化信息资源共享工程**——以农村为重点，建设电子图书、舞台艺术、知识讲座和影视节目等数字资源库，基本完成全国市、县和乡镇分中心建设，推进文化资源数字化，促进文化信息资源共享。 **广播影视数字化工程**——全面推进广播电视由模拟向数字化转换，积极发展多种形式的新兴传播载体，加快电影制作、发行、存储和放映的数字化。 **国家重大出版工程**——出版《马克思恩格斯全集（第二版）》、《马克思恩格斯文集》、《列宁文集》、《中华大典》、《中华古籍全书》、《中国大百科全书》、《大辞海》、《域外汉籍珍本文库》等重点图书、音像、电子、网络出版物。 **国家重大历史题材美术创作工程和二十世纪美术作品收藏工程**——完成100幅（件）表现中国近现代重大历史事件和重要历史人物的大型绘画和雕塑作品，收藏二十世纪具有代表性的重要美术家、具有重要历史意义和学术价值的美术作品以及革命美术作品和相关史料。 **新疆、西藏、内蒙古少数民族语言文字出版工程**——支持少数民族语言文字的各种出版物的出版、印刷、复制和发行。
重点扶持的社科机构	中国社会科学院、中央编译局。
重点扶持的艺术表演团体	中国京剧院、国家话剧院、中国歌剧舞剧院、中国东方歌舞团、中国交响乐团、中国儿童艺术剧院、中央歌剧院、中央芭蕾舞团、中央民族乐团、中国广播艺术团、中国爱乐乐团，以及体现民族特色和国家水准的地方艺术表演团体。
重点扶持的出版单位	人民出版社、盲文和少数民族语言文字出版单位。

2. 创新公共文化服务方式。适应人民群众多方面、多层次、多样化的文化需求，拓宽服务领域，创新服务方式，提高服务质量。

——建立健全公共文化设施服务公示制度，公开服务时间、内容和程序，在窗口接待、场所引导、资料提供以及内容讲解等方面，创造良好的服务环境，增强吸引力。

——完善国有博物馆、美术馆等公共文化设施对未成年人等免费或者优惠开放制度，有条件的爱国主义教育基地的公共文化设施可向社会免费开放。

——实行定点服务与流动服务相结合，鼓励具备条件的城市图书馆采用通借通还等现代服务方式，推动公共文化服务向社区和农村延伸。

——采用政府购买、补贴等方式，向基层、低收入和特殊群体提供免费文化服务。

——促进数字和网络技术在公共文化服务领域的应用，建设数字广播电视信息平台、数字电影放映网络系统、网上图书馆、网上博物馆、网上剧场和群众文化活动远程指导网络。

——支持民办公益性文化机构的发展，鼓励民间开办博物馆、图书馆等，积极引导社会力量提供公共文化服务。

3. 健全公共文化服务组织体制和运行机制。各级政府要发挥主导作用，加强对公共文化机构的指导、监督，并从资金、设施、场地、机构、人员等方面，保障公共文化设施正常运转和功能的充分发挥。公共文化机构要完善功能定位，明确服务目标、任务和责任，建立考核、激励和约束机制，提高使用效益。鼓励和引导社会资金兴办国家允许的各类公共文化设施，开展公共文化服务。编制图书馆、博物馆、文化馆（站）等公共文化设施建设的国家标准，修订电台、电视台和广播电视发射转播台建设标准。完成公共文化服务质量标准体系的制定，建立健全公共文化机构评估系统和绩效考评机制。形成政府主办、社会参与、功能互补、运转协调的公共文化服务组织体制和责任明确、行为规范、富有效率的运行机制。

4. 切实维护低收入和特殊群体的基本文化权益。采取政府采购、补贴等措施，开辟服务渠道，丰富服务内容，保障和实现城市低收入居民、残疾人、老年人和农民工等群体的基本文化生活需求。国有博物馆、美术馆等公共文化设施免费或优惠向残疾人、老年人等群体开放。国有艺术院团、影剧院每年安排一定场次主要面向低收入居民的低价演出或放映。中央和省级电视台开办添加手语的节目或栏目。积极开展为农民工送书、送戏、送电影活动。有线电视数字化整体转换后，保留一定数量的模拟频道，完整转播中央、省和当地的主要节目，对低收入家庭给予优惠的资费政策，保证他们的基本收视需求。

（九）加强农村文化建设。认真落实《中共中央、国务院关于推进社会主义新农村建设的若干意见》和《中共中央办公厅、国务院办公厅关于进一步加强农村文化建设的意见》，增加政府投入，调整资源配置，着力推进农村文化建设重点工程，加大文化资源向农村的倾斜，建立农村文化建设的长效机制。

1. 推进农村文化设施和重点工程建设。加快欠发达地区综合文化站的改扩建和农村危旧公共文化设施的改造，实施农村文化重点工程建设，改善、提升农村公共文化基础设施条件和服务水准，逐步改变城乡之间文化发展不平衡现象。

专栏2　农村文化建设重点工程

广播电视“村村通”工程——推进广播电视进村入户，充分利用无线、卫星、有线、微波等多种手段，为广大农村地区提供套数更多、质量更好的广播电视节目，全面实现20户以上已通电自然村通广播电视。

农村电影放映工程——做好农村电影拷贝配送工作，丰富电影片源，加快推进农村电影数字化放映，加强农村电影院更新改造，增加固定或流动放映点，基本实现全国农村一村一月放映一场电影。

乡镇综合文化站建设——在欠发达地区新建、改扩建2.5万个左右综合文化站，配备必需的设备，完成对农村危旧公共文化设施的改造，基本实现全国乡镇均建有综合文化站。

流动综合文化服务车——对西部及其他老少边穷等地广人稀适宜开展流动服务的地区，为县乡配备流动文化服务车、流动电影放映车，开展集影视放映、文艺演出、图片展览、图书销售和借阅、科技宣传为一体的流动文化服务。

2. 加大文化资源向农村的倾斜。合理配置公共文化资源，逐步增加为农村服务的资源总量。

——中央和省级党报、党刊、电台、电视台要加大农村和农业报道的分量，增加农村节目、栏目和播出时间。农业大省的党报、党刊、电台、电视台要创造条件开办农村版和农村频率、频道。市（地）党报和市（地）县电台、电视台要把面向基层、服务“三农”作为主要任务。

——加大对农村题材重点选题的资助力度，把农村题材纳入舞台艺术生产、电影、广播剧和电视剧制作、各类书刊和音像制品出版计划，保证农村题材文艺作品在出品总量中占一定比例。对重要文化项目和文化产品采取政府补贴，以政府采购的方式直接送到农村。购买适合农村的优秀剧本版权，免费供给基层艺术院团使用、改编并为农民演出。鼓励和组织专业文化工作者到农村辅导群众文化活动。

——加强“三农”读物出版工作，开发出版适合农村经济社会发展，农民买得起、看得懂、用得上的音像制品和图书等各类出版物。实施“送书下乡工程”，重点面向西部地区国家扶贫开发工作重点县的图书馆和乡镇文化站、农村文化室配送图书。

——县（市）图书馆逐步实行分馆制，丰富藏书量，形成统一采购、统一编目的图书配送体系，充分发挥县图书馆对乡镇、村图书室的辐射作用，促进县、乡图书文献共享。按照“政府资助建设，鼓励社会捐助，农民自我管理，市场运作发展”的要求，支持农民群众开办“农家书屋”。

3. 建立农村文化建设的长效机制。农村公共文化建设要纳入各级政府重要议事日程和政府目标管理责任制，纳入创建文化先进县（市）、文化先进乡镇和创建文明村镇等相关评价体系，所需经费纳入政府财政预算。扩大公共财政覆盖农村的范围，保证一定数量的中央财政转移支付资金用于乡镇和村的文化建设，文化领域新增加的财政投入应主要用于农村。政府要保证文化馆（站）开展业务必需的经费、基层公共图书馆购书经费、广播电视发射转播台正常运转必需的经费、广播电视“村村通”运行维护经费和农村电影放映补助经费。建立健全基层文化单位的评价体系，将服务农村、服务农民作为基层文化单位工作的重要考核内容。

（十）普及文化知识。在全社会广泛开展人文社科、文艺欣赏、法制、科技卫生等基础知识的普及工作。加强村镇文化、社区文化、企业文化、校园文化、军营文化、家庭文化建设。实施“国民艺术教育推进工程”，推动文学、戏剧、音乐、舞蹈、曲艺、雕塑、绘画、工艺品、风俗、技艺等到农村、到工厂、到军营。高度重视义务教育阶段的文化普及教育，使广大中小学生掌握基本的文化常识和传统文化技艺。在国民教育中加大人文社会科学知识的比重，加强哲学社会科学知识的普及教育。加强群众文化创作，发挥文化馆（站、中心）等文化机构的组织作用，充分利用传统节日、重大节庆、广场文化活动等载体，开展歌咏、读书、书法、朗诵、科普知识等各种群众性文化活动。组织文艺工作者深入基层演出，鼓励和支持专业艺术院团富余、离退休演艺人员开展群众性文艺辅导或展演活动。国有文化单位每年要安排一定场次的免费演出和艺术讲座，在丰富群众文化生活的同时，提高艺术欣赏水平。

（十一）建立健全文化援助机制。通过援赠设备器材和文化产品、共享文化资源、业务合作、人员培训、工作指导等方式，通过东部地区对西部地区、城市对农村开展“一帮一”对口支援活动，帮助农村和西部地区解决文化产品和服务相对缺乏的问题，支持其文化建设。充分发挥共青团、妇联、文联、作协等人民团体的组织引导作用，广泛开展文化志愿者活动。在“大学生志愿服务西部计划”、“高校毕业生到农村服务计划”和大、中学生志愿服务日行动中增加文化服务的内容。动员离退休文艺工作者、艺术院校学生和其他热心公益事业的各界人士为社区提供志愿文化服务。支持和资助优秀文化专业人才支援西部文化建设。对优秀的文化志愿服务者予以表彰和奖励。

（十二）鼓励社会力量捐助和兴办公益性文化事业。引导和鼓励社会力量捐助和兴办图书馆、博物馆、文化馆等，在用地、税收等方面给予政策优惠。社会力量通过依法成立的非营利公益性组织和国家机关向公益文化事业的捐赠，纳入公益性捐赠范围。动员城市单位、居民以各种方式捐赠电视机、收音机、计算机和农民群众需要的图书杂志、音像电子出版物等。鼓励权利人许可基层文化单位无偿使用其作品或录音录像制品。机关、企业、学校的文化设施要尽可能向社会开放，积极开展文化服务。

四、新闻事业

（十三）推进新闻媒体建设。始终把坚持正确舆论导向放在首位，切实加强各类新闻媒体的建设，巩固和发展积极健康向上的主流舆论。

1. 着力提高引导社会舆论的能力。坚持团结稳定鼓劲、正面宣传为主，坚持贴近实际、贴近生活、贴近群众，推动内容、形式、手段和机制的创新，把正确舆论导向同讲求宣传艺术统一起来，不断增强新闻宣传的吸引力和感染力。努力做好正面宣传，全面宣传党的主张，准确反映群众意愿，扩大正面宣传的影响力。增强群众观念，强化服务意识，更多地宣传基层群众的先进典型。改进会议和领导同志活动新闻报道以及典型宣传，加强重大主题宣传报道，进一步提高突发事件报道的时效，做好舆论监督。重视对社会热点问题的舆论引导，完善新闻发布制度。

2. 切实加强管理制度建设。认真落实新闻采编人员从业管理暂行规定。建立和完善报刊退出机制。加强相关部门配合协调的长效机制建设，增强舆论引导的针对性和实效性。加强行业自律，有效制止有偿新闻、虚假报道、低俗之风和不良广告。

3. 推进体制机制创新。新闻媒体要坚持正确舆论导向，确保党和人民喉舌的性质，按照增加投入、转换机制、增强活力、改善服务的要求，创新体制机制，推进内部人事、收入分配和社会保障制度改革。规范和完善新闻单位采编业务与经营业务“两分开”。积极推进报刊业结构调整，适度控制报刊规模，减少数量，提高质量，注重内涵发展。继续做好报业集团改革工作，扩大党报的市场覆盖率。加强对子报子刊的管理，发挥子报子刊的优势，使之成为党报党刊的补充和主流宣传阵地的延伸。进一步加强和改善对都市类报刊的调控和管理，发挥其贴近生活、可读性强、丰富多彩的特点，提升报刊格调和品位。依托新闻媒体的资源优势，积极发展相关产业和产品，不断提高科技应用水平，壮大综合实力，提高核心竞争力。

（十四）加大对重点新闻媒体的扶持力度。扶持党报、党刊、通讯社、电台、电视台、重点新闻网站和时政类报刊，增强持续发展能力，成为拥有知名品牌和较强社会影响力、竞争力的优势媒体，充分发挥舆论主阵地、主力军作用。

加大对中央和省级主要新闻媒体的扶持力度，加强基础设施建设，加快设备和技术的更新改造，不断改善硬件条件，提高信息化水平和传播能力。人民日报、求是杂志、光明日报、经济日报等要努力增强吸引力和影响力，提高核心竞争力，稳定主报主刊发行量，扩大覆盖面。新华社要发挥国家通讯社和世界性通讯社的作用，加快多媒体数据库和经济信息平台建设，发挥新闻信息资源整合、共享、管理的功能，确保新闻信息产品在国内的市场占有率，努力拓展海外用户。推进中央人民广播电台节目在全国市（地）级以上城市的调频覆盖，加强中央电视台的频道品牌化建设。推进党报、党刊发行业务的改革，促进零售工作，扩大覆盖面。重点支持西部地区党报、党刊和电台、电视台的发展。

（十五）办好新闻网站。按照突出重点、合理布局、整合资源、办出特色的总体要求，做大做强重点新闻网站，努力营造健康向上的舆论氛围。

1. 推进重点新闻网站建设。扩大中央重点新闻网站基础设施规模，拓展即时通信、博客、播客、聚合新闻服务等业务领域，实现多渠道、全方位新闻信息发布的技术调整和业务整合，提升技术应用水平和业务保障能力。完善地方互联网新闻事业发展格局。

2. 加快建设一批综合实力强、在国内外有广泛影响的新闻网站。形成若干个与我国地位相称的、具有较强国际竞争力和影响力的综合型网络媒体集团，争取其中一到两家重点新闻网站进入世界前列。

3. 促进新闻网站健康发展。完善法规，加大执法力度，强化行业自律和公众监督机制。规范网上新闻信息源的转载和非新闻单位网站的信息发布，建立市场化供稿机制。

（十六）发展新兴传播载体。充分发挥国家主流媒体在信息、人才等方面的资源优势，发展手机网站、手机报刊、IP 电视、移动数字电视、网络广播、网络电视等新兴传播载体，丰富内容，创立品牌，不断提高市场占有率。进一步加强对新兴传播载体的规范管理，制定行业自律规范，坚持正确导向，保护知识产权，维护公平竞争的市场环境。

五、文化产业

（十七）发展重点文化产业。确定重点发展的文化产业门类，推动国家数字电影制作基地建设、国产动漫振兴工程、“中华字库”工程等一批具有战略性、引导性和带动性的重大文化产业项目，在重点领域取得跨越式发展。

1. 影视制作业。发展影视内容产业，提升电视剧、非新闻类电视节目和电影、动画片的生产能力，扩大影视制作、发行、播映和后产品开发，增加数量，提高质量，满足多种媒体、多种终端发展对影视数字内容的需求。

2. 出版业。推动产业结构调整和升级，加快从主要依赖传统纸介质出版物向多种介质形态出版物共存的现代出版产业转变，从主要依赖区域性市场向综合开拓国际国内市场转变。培育一批具有较强竞争力和实力的出版企业集团，打造一批社会效益和经济效益显著、具有较强影响力的出版品牌。

3. 发行业。支持出版物发行企业开展跨地区、跨行业、跨所有制经营，重点发展连锁经营、现代物流和网络书店等现代出版物流通系统，形成若干大型发行集团，建设全国统一、开放、竞争、有序的出版物市场。

4. 印刷复制业。发展高新技术印刷、特色印刷和光盘复制业，建成若干各具特色、技术先进的印刷复制基地，使我国成为重要的国际印刷复制中心。

5. 广告业。发挥各类媒体的作用，积极促进广告业的健康发展，努力扩大广告产业规模，提高媒体广告的公信力，广告营业总额有较快增长。

6. 演艺业。推进营业性演出单位资产重组，发展演艺经纪商，加强演出协作网络建设，形成一批大型演艺产业集团。

7. 娱乐业。发展电子娱乐业，开发具有民族特色、地方特色、健康向上和技术先进的新兴娱乐方式，创新娱乐业态。鼓励连锁娱乐企业的发展。运用高新技术改造传统娱乐设施，加强文化娱乐主题园区建设。

8. 文化会展业。发展各类综合及专业文化会展，重点支持覆盖全国并具有国际影响的文化会展，办好2008年北京奥运会、2010年上海世博会的相关文化活动及会展，使文化会展业成为促进我国文化产业发展的重要平台。

专栏3　重点支持的文化会展

1. 中国国际广播影视博览会
2. 中国国际广播电视信息网络展览会
3. 中国国际动漫节
4. 中国国际音像博览会
5. 北京国际图书博览会
6. 全国图书交易博览会
7. 中国（深圳）国际文化产业博览交易会
8. 上海国际电影电视节

9. 数字内容和动漫产业。积极发展以数字化生产、网络化传播为主要特征的数字内容产业。加快发展民族动漫产业，大幅度提高国产动漫产品的数量和质量。积极发展网络文化产业，鼓励扶持民族原创的、健康向上的网络文化产品的创作和研发，拓展民族网络文化发展空间。

专栏 4　重大文化产业推进项目

国家数字电影制作基地建设工程——采用数字电影摄制技术与工艺，推动传统技术与数字技术的融合，形成数字电影规模化生产和制作能力，全面提高我国电影的拍摄和制作水平。

国产动漫振兴工程——建设国家动漫产业基地和教学研究基地，建立动漫技术设备和公共技术平台支撑服务体系共享机制，增强国产动漫的原创制作能力和衍生产品开发能力，培育一批充满活力、专业性强的中小型动漫企业和具有中国风格、国际影响的动漫品牌。

“中华字库”工程——建立全部汉字及少数民族文字的编码和主要字体字符库。重点研发汉字的编码体系、输入、输出、存储、传输以及兼容等关键技术。

国家“知识资源数据库”出版工程——以各种信息资源为基础，采用现代人工神经网络、数据库和计算机信息检索等高新技术，建立新一代综合各类知识信息的数据库，提高我国信息资源深度综合开发利用的能力和水平。

（十八）优化文化产业布局和结构。建设一批文化产业强省、强市和区域性特色文化产业群，形成文化产业协调发展格局。

1. 加强重点文化产业带建设。以建设文化创意产业中心城市为核心，加快产业整合，形成长江三角洲、珠江三角洲和环渤海地区三大文化产业带。积极发展我国西南、西北地区等具有鲜明地域和民族特色的文化产业群。推进科学技术在文化领域的应用，加快文化产业优化升级步伐，促进我国文化产业加入国际文化产业分工体系，不断提高国际化水平。

2. 加快文化产业园区和基地建设。促进各种资源的合理配置和产业分工，加快文化创意产业园区建设，使之成为文化创意产业的孵化器。形成若干出版、印刷复制、影视制作和文化产品批销等产业中心，重点建设一批大型影视制作、动漫、音像电子、印刷复制和演艺等产业示范基地。

3. 促进区域文化产业协调发展。充分发挥产业带、产业园区和产业基地的带动与辐射作用。鼓励东部地区率先发展，中部地区加快文化产业崛起，西部地区结合地方特色和资源优势，着力增强文化产业自我发展能力，努力形成东中西优势互补、良性互动的区域文化产业协调发展新格局。

（十九）转变文化产业增长方式。适应社会主义市场经济的发展要求，转变增长方式，提高效益，扩大规模，促进文化产业持续健康发展。

1. 推动规模化、集约化经营。加快从单纯依赖数量、规模扩张的粗放型增长方式向大力提高质量、效益的集约型发展方式转变，进一步优化产业结构，推动产业集聚，形成规模经济效益，提高集约化经营的能力和水平。围绕增强企业核心竞争力，通过跨地区跨行业的联合、兼并、重组，重点培育和发展一批实力雄厚、具有较强竞争力和影响力的大型文化企业和企业集团。

2. 改造传统文化产业。充分利用先进技术和现代生产方式，改造传统的文化生产和传播模式，推进产业升级，延伸产业链。全面推进广播影视制作、传输、发射、播映、存储、交换以及影视和演艺后产品开发等领域的数字化。推动数字化出版、印刷以及现代物流技术的研发和应用。积极拓展新型文化产品和服务，提升文化产业整体技术水平和竞争实力。

3. 发展“专、精、特、新”中小文化企业。放宽市场准入，简化审批手续，建立完善的进入和退出机制，鼓励、支持和促进中小文化企业向“专、精、特、新”方向发展，形成富有活力的优势企业群体。鼓励公民以知识产权作为出资，依法创办中小文化企业。支持社会力量建立风险投资和担保公司，为中小文化企业发展提供服务。

4. 鼓励发展文化相关产业。推动文化用品、设备及相关文化产品的生产和销售。促进文化产业与教育、科技、信息、体育、旅游、休闲等产业的联动发展，与工业设计、城市建设等经济活动相结合，形成新的经济增长点。积极支持文化企业充分利用自有知识产权和品牌优势，向相关产业延伸发展，开发多种形式的衍生产品。

（二十）培育文化市场主体。着力重塑文化市场主体，提高国有文化企业竞争力，形成以公有制为主体、多种所有制共同发展的文化产业格局。

1. 推进经营性文化事业单位转制。一般艺术院团和除少数承担政治性、公益性出版任务外的出版单位及文化、艺术、生活、科普类等报刊社，新华书店、电影制片厂、影剧院、电视剧制作单位和文化经营中介机构，党政部门、人民团体、行业组织所属事业编制的影视制作和销售单位，新闻媒体中的广告、印刷、复制、发行、传输网络部分及影视剧等节目制作与销售部门，分期分批完成转制为企业的任务。规范国有文化事业单位的转制，加强对文化事业单位剥离企业的监管，合理确定产权归属，明确出资人权利，建立资产经营责任制，努力形成一批坚持社会主义先进文化前进方向、有较强自主创新能力和市场竞争能力的文化企业与企业集团。

2. 加快国有文化企业公司制改造。以创新体制、转换机制、面向市场、壮大实力为重点，按照现代企业制度的要求，加快国有文化企业的公司制改造，完善法人治理结构。推进产权制度改革，实行投资主体多元化，使国有和国有控股的文化企业真正成为自主经营、自我约束、自我发展的市场主体。加快国有文化企业的股份制改造，2010年前国有独资文化企业基本完成规范的公司制改造，推出一批主业突出、核心竞争力强的上市文化公司。

3. 培育文化产业战略投资者。推动国有文化资本向市场前景好、综合实力强、社会效益高的领域集中，充分发挥国有文化资本的控制力、影响力和带动力。运用市场机制，以资本为纽带，重点培育和发展一批实力雄厚的国有或国有控股大型文化企业和企业集团，使之成为文化市场的主导力量和文化产业的战略投资者。鼓励和支持国有文化企业开发市场占有率高的原创性产品，打造具有核心竞争力的知名文化品牌。

4. 鼓励非公有资本进入文化产业。认真落实《国务院关于非公有资本进入文化产业的若干决定》，创造良好的政策环境和平等竞争机会，加强和改进服务，鼓励支持非公有资本进入政策许可的文化产业领域，支持非公有制文化企业的发展。

（二十一）健全各类文化市场。充分发挥市场配置资源的基础性作用，建立健全门类齐全的文化市场，促进文化产品和生产要素合理流动。

1. 发展文化产品市场。鼓励发展城镇中小型特色书店、专业书店、社区书店和网络书店。重点发展农村各种形式的出版物发行网点、代销点和租赁点，鼓励各种资本投入农村出版物发行，拓展农村出版物市场。规范和发展演出市场。在大中城市推广票务连锁服务，形成覆盖全国的票务连锁服务网络。繁荣电影、广播电视节目交易市场，开拓动漫游戏、移动电视、付费电视、网络广播电视等新兴市场。扶持艺术品市场发展，努力使我国成为亚洲主要的艺术品交易中心之一。

2. 完善文化要素市场。充分利用国内外资本市场，拓展文化产业投融资渠道。鼓励文化企业通过发行公司股票、企业债券在资本市场直接融资。完善文化企业间接融资制度，通过创新信贷担保手段和担保办法，为文化企业向金融机构借款提供便利条件。规范文化产权交易，重点发展版权和其他无形文化资产交易市场。建立文化行业人才库、人才评价体系，促进人才合理配置和有序流动。完善文化信息、技术交易市场，提升服务水平。发展文化经纪代理、评估鉴定、技术交易、推介咨询、担保拍卖等中介服务机构，引导其规范运作，向品牌化、专业化方向发展。加强执业培训，推行资格认证制度。制定和完善文化中介机构管理办法，规范中介行为，提高服务质量。

3. 培育农村文化市场。运用市场准入、价格调节、财税优惠等政策，引导各类市场主体在出版发行、电影放映、文艺表演、网络服务等领域，积极开发农村文化市场。制定扶持农村文化经营单位和个体经营者的经济政策，简化对农村个体工商户和民营文化企业的登记审核程序。支持农民群众自筹资金、自己组织、自负盈亏、自我管理，兴办农民书社、电影放映队等，扶持民间剧团的发展。鼓励开发具有民族传统和地域特色的剪纸、绘画、陶瓷、泥塑、雕刻、编织等民间工艺项目，支持农村民间工艺美术产业的发展。

4. 健全文化行业组织。各类文化行业组织要依照法律和章程，认真履行市场协调、行业自律、监督服务与维权等职能，促进行业健康发展。中国文联、中国作协、中国记协等人民团体，要积极发挥行业自律和维权作用。中国广播电视协会、中国出版工作者协会、中国书刊发行业协会、中国版权协会、中国演出协会、中国电影制片人协会、中国电影发行放映协会等，要切实转变职能，加强自身建设，完善服务功能。到2010年，完成文化领域各种行业组织的建设和改造，实现政府部门与行业组织分开。

5. 鼓励和引导文化消费。适应城乡居民消费结构变化的趋势，创新文化产品和服务，培育消费热点，拓展消费领域，引导社会公众的文化消费。文化产品生产单位要面向群众，努力降低成本，提供价格合理、丰富优质的产品和服务。具备条件的地方，可采用政府补贴方式，向社会提供低价文化产品。提高国民的阅读意识和文化消费意识，拓展教育培训、健身、旅游、休闲等与文化相结合的服务性消费。改善文化消费环境，加强文化产品价格监管，建立和完善文化产品消费投诉、受理机制，维护消费者的合法权益。

（二十二）发展现代文化产品流通组织和流通方式。推进连锁经营、物流配送、电子商务，加快文化产品物流中心建设，实行新型代理配送制度，建立以大城市为中心、中小城市相配套、贯通城乡的文化产品流通网络。

1. 培育全国和区域性的大型现代流通组织。加强以跨地区连锁经营、信息化管理和现代物流为特征的大型现代文化流通企业的建设。鼓励具有竞争优势的文化流通企业通过参股、控股、兼并、收购和特许经营等方式，实现规模扩张。重点培育一批主业突出、具有著名品牌、辐射力强的大型国有或国有控股文化流通企业和企业集团，使之成为文化流通领域的主导力量。鼓励资产质量好、经营规范、成长性强的文化流通企业上市。

2. 建设辐射全国的区域文化产品物流中心。加快文化产品流通产业布局及结构调整，支持立足区域、辐射全国的文化产品物流中心建设，鼓励跨越区域、管理规范、技术先进、服务优质的现代文化产品物流企业发展。列入规划的文化产品物流配送中心建设，纳入国家重点技术改造项目，并享受与之相关的优惠政策。

3. 发展现代文化产品连锁经营。鼓励出版物发行、票务、互联网上网服务、电影发行放映等文化企业以资本为纽带，建立母子公司体制的直营连锁网络，或通过品牌、商号、配送、管理技术等联结方式发展特许经营网络，形成一批全国性和区域性文化产品连锁企业，使连锁业态成为文化产品流通业的主要发展方向。鼓励文化产品连锁经营企业跨地区发展，推动有条件的企业跨国连锁经营。继续推进电影院线制改革，建设跨区域规模院线、特色院线和城乡数字电影院线。

4. 积极发展文化电子商务。充分利用现代通信和计算机技术，构建网络文化产品和文化生产要素交易平台，降低交易成本，促进产品流通。按照政府推动与企业主导相结合的原则，发挥企业在电子商务开发应用中的主体作用，推进文化企业信息化建设。建立和完善文化行业信息资源共享和在线交易信用机制，研究制定文化行业电子商务规范，积极发展面向消费者的新型文化电子商务模式。

六、文化创新

（二十三）繁荣发展文学艺术。立足全面建设小康社会的伟大实践，聚焦人民群众创造新生活的精神风貌，充分发掘和利用民族文化的丰厚资源，借鉴世界文明的优秀成果，大力推进文化创新，努力创作具有中国特色、中国风格、中国气派、深受群众喜爱的优秀文学艺术作品，繁荣发展文学艺术。实施文化精品战略，扶持原创性作品，继续支持舞台艺术精品创作。着力打造一批代表国家形象、具有民族特色的文学、戏剧、音乐、美术、书法、摄影、舞蹈、杂技、广播、影视、动漫等文化艺术精品，培育一批体现国家文化水准、具有相当国际影响力的文化名人和名品。重点扶持中国艺术节、中国京剧节和北京国际美术双年展等知名品牌文化活动。实施中国少儿歌曲创作推广计划，推出一批优秀少儿歌曲。加强对群众文化需求和文化市场消费的调查研究，适应现代受众的审美需求和愉悦方式，在内容上进行独特的、富有创意的开掘和提炼，开发深受群众喜爱、市场占有率高的文化产品，满足不同群体、不同地域的文化需求。

专栏5　实施文化精品工程

精神文明建设“五个一”工程——重点推出100部弘扬主旋律、体现多样化的优秀电影、电视剧、广播剧、戏剧、歌曲和文艺类图书。

“创新学术”工程——重点资助出版400部优秀的哲学社会科学、自然科学领域原创性学术著作。

重点文学作品扶持工程——重点扶持和推出100部反映中国革命和现代化建设事业以及当代现实生活的优秀长篇小说、报告文学、长诗等。

重大革命和历史题材影视创作工程及广播影视精品工程——重点扶持重大革命和历史题材、现实题材、农村题材、青少年和少数民族题材的广播影视创作，推出一批有重要影响的电影、电视剧和广播剧。

（二十四）培育文化创意群体和内容提供商。积极营造有利于集体和个人充分发挥创意、技艺、技术的氛围，重点培育广播影视、动漫、音像、传媒、视觉艺术、表演艺术、工艺与设计、广告装潢、服装设计、软件和计算机服务等方面的创意群体。支持经济较为发达的城市以文化创意产业园区的形式，集聚各类文化创意人才。逐步完善有利于文化创意群体创业发展的市场环境和政策环境，为各类创意人才群体提供良好的条件。加快传统文化企业的产品结构、服务结构调整，支持和鼓励中小型文化内容服务企业的发展，建立以市场为导向的内容集成、加工、制作、传播生产机制。积极发挥市场在配置文化资源中的基础性作用，逐步形成一批以提供文化数字信息、影视、演艺、文化资讯等内容为主，实力雄厚的大型内容提供商。

（二十五）推动文化企业成为文化创新主体。充分发挥文化经济政策和科技政策作用，引导文化企业成为文化创新主体，支持掌握核心技术的文化科技人才创办创新型文化企业。

1. 落实培育创新型文化企业的相关政策。改善对创新型文化企业的信贷服务和融资环境，扶持中小创新型文化企业发展。运用政府采购，重点扶持具有核心技术和自主品牌的创新型民族文化企业，支持文化企业参与和承担国家重大文化工程项目。加强对各类中小创新型企业的资金支持，充分发挥风险投资基金在扶持中小型文化创新企业中的作用。支持和鼓励各类文化企业与科研机构、高等学校结成创新型组织。

2. 促进文化创意企业发展。鼓励经济发达、创意人才资源较为丰富的城市，发展文化科技、影视制作、音乐制作、时尚设计、艺术创作、工艺美术、广告创意、动漫游戏等文化类创意企业。创造崇尚创新、追求卓越的产业氛围，扩大文化创意产业在全社会的影响力和带动力。充分发挥文化创意在内容创新和传统企业改造中的积极作用，利用文化创意成果拉动相关服务业和制造业的发展。

3. 高度重视技术中介服务。发展市场化、网络化的技术咨询、技术转让等文化技术中介服务机构，促进技术成果产业化。鼓励高等学校、科研院所、企业和各类社团开展文化技术展示、推介，提供文化技术中介服务。积极利用技术产权交易市场，开展文化技术产权交易活动。

（二十六）加快科技创新。加强数字和网络等核心技术的研发和应用，推动文化与科技的融合，丰富表现形式，拓展传播方式。

1. 加快文化领域核心技术研究。瞄准世界文化科技发展的战略前沿，加强数字技术、数字内容等核心技术的研究，提高装备技术和制造技术的水平。

2. 创新文化传播方式和手段。加快以国家数字图书馆为龙头的大容量数字化文化资源库建设，完成大中城市公共图书馆联网，实现资源共享。推进舞台技术进步，发展新的艺术表现形式。加快广播电视传播和电影放映数字化进程，建立广播电视卫星直播系统。

3. 推动文化业态更新。加快传统出版发行业向现代出版发行业的转换，积极发展电子书、手机报刊、网络出版物等新兴业态。全面推进广播电视数字化，2008 年开播地面数字高清晰度电视，2010 年基本完成东中部地区县以上城市和西部地区大部分县以上城市的有线电视由模拟向数字转换，实现有线电视传输、终端服务业态的全面更新。鼓励具有自主知识产权的网络文化产品的创作和研发，开发文化数据处理、存储和传输服务、移动文化信息服务、网上文化交易、数字互动体验服务、数字远程教育及数字娱乐产品等增值业务。

（二十七）加强知识产权保护。适应新形势的要求，建立健全知识产权保护的法律法规，营造良好的法治环境，落实有关保护措施，加大保护力度，进一步提高文化领域知识产权保护水平。

1. 落实文化领域知识产权保护措施。做好重要文化资源知识产权的挖掘、整理工作，建立国家重点文化知识产权保护目录。政府主管部门、人民团体、行业协会要加强指导协调，引导产、学、研各方面抓紧研究确定模拟电视向数字电视转换、地面数字电视、物流配送系统等技术标准。抓紧落实中国近现代经典乐谱、剧本的整理出版工作。强化文化工作者的知识产权意识，推动文化单位、科研院所、高等学校重视和加强知识产权保护和管理。鼓励发展知识产权代理、推介和交易服务产业，逐步构筑覆盖全国的知识产权服务网络。采取多种形式，及时宣传我国文化领域保护知识产权工作取得的成效，开展“拒绝盗版，从我做起”的全民主题教育活动，增强全社会知识产权意识。

2. 依法严厉打击侵犯知识产权的各种行为。加强统筹协调，形成条块结合、上下联动的工作机制，打破地方保护。坚持以日常监管与专项整治相结合，以大案要案为突破口，开展图书音像市场保护等专项整治行动，坚决取缔盗版光盘生产线，严厉打击侵权盗播广播影视节目、擅自截传广播影视节目信号的行为，重点查处盗版教材教辅、计算机软件和音像制品等非法活动。

七、民族文化保护

（二十八）编纂出版文化典籍。继续实施国家清史纂修工程、中华古籍特藏保护计划等重大项目，启动以中华古籍全书数字化出版、中华大典编纂出版为代表的国家重大出版工程。加强民族古籍和文物抢救工作，搜集、整理少数民族古籍，编纂《中国古籍总目提要》、《中国少数民族古籍总目提要》。做好格萨尔、江格尔、玛纳斯等古典民族史诗的整理出版和优秀少数民族文学作品的翻译出版工作。充分发挥高等学校和学术机构整理、研究和编纂传统文化典籍的作用。

（二十九）发挥重要节庆和习俗的积极作用。适应当代生活，体现时代特点，与精神文明创建活动相结合，坚持不懈地抓好移风易俗，创新形式，丰富内容，改造和发展富有浓郁民族特色的民间传统节庆内容、风俗、礼仪，维护民族文化的基本元素。继续完善中华民族始祖的祭典活动，充分发挥春节、元宵节、清明节、端午节、七夕节、中秋节、重阳节等传统民族节庆的作用，增强中华民族凝聚力，促进和谐社会建设。高度重视国庆节、“五一”国际劳动节和“七一”建党、“八一”建军等重要节日、纪念日，广泛开展热爱党、热爱祖国、热爱人民、热爱社会主义的主题宣传教育活动。

（三十）重视中华优秀传统文化教育和传统经典、技艺的传承。在有条件的小学开设书法、绘画、传统工艺等课程，在中学语文课程中适当增加传统经典范文、诗词的比重，中小学各学科课程都要结合学科特点融入中华优秀传统文化内容。高等学校要创造条件，面向全体大学生开设中国语文课。加强传统文化教学与研究基地建设，推动相关学科发展。在社会教育中，广泛开展吟诵古典诗词、传习传统技艺等优秀传统文化普及活动，努力提高全民族的人文素养，树立良好社会风气。办好世界中华传统文化论坛。

（三十一）规范和保护国家、民族语言文字。严格遵守《国家通用语言文字法》，在全社会大力推广普通话，推行规范汉字。电台、电视台、报刊、出版物和公务用语用字、公共场所用语用字等应当符合国家通用语言文字的规范和标准，除特别需要外，一般不得夹用外国语言文字。严格控制广播电视方言类节目的播出比例。在国内召开的重要国际会议和公共服务等领域，应以普通话为基本用语。做好每年一度的全国推广普通话宣传周活动。推进少数民族语言文字的规范化和标准化。

（三十二）加强重要文化遗产保护。完成全国文化遗产普查。高度重视重要革命历史文物的收集、整理和重点革命历史遗迹的保护。加强世界文化遗产、大遗址、历史文化名城（街区、村镇）和文物保护单位的保护管理。制定并实施不可移动文物保护规划。完善重大建设工程中的文物保护工作，严格项目审批、核准和备案制度。建立非物质文化遗产名录体系，绘制国家非物质文化遗产资源分布图，确立非物质文化遗产传承人谱系，制定传承人资助办法。确定10个国家级民族民间文化生态保护区。完成《中国民族民间文艺集成志书》的出版和相关资料的保护工作，出版《国家非物质文化遗产名录图典》、《非物质文化遗产普查图集（分省图册）》、《昆曲大典》、《中国民间美术分类全集》。继续实施国家重点京剧院团和昆曲院团保护和扶持项目。实施“指南针计划”，深入挖掘和展示我国古代发明的历史价值、科学价值和艺术价值。充分利用“文化遗产日”，组织开展文化遗产保护系列宣传展示活动。

（三十三）抢救濒危文化遗产。采取有效措施，保护濒危的民族文化遗产。继续实施文物保护维修重点工程，排除文物保护单位重大险情。建设抢救性文物保护设施，完善文物保护单位和博物馆安全消防设施设备，做好基本建设中的抢救性考古发掘和文物保护。加强对民间文学、民俗文化、民间音乐舞蹈、少数民族史诗等若干非物质文化遗产项目的抢救。

专栏 6　文物保护重点项目	
世界文化遗产保护	明清帝王陵寝、云冈石窟、武当山古建筑群、敦煌莫高窟、大足石刻、平遥古城、高句丽遗迹等。
大遗址保护	编制完成 100 处重要大遗址总体保护规划纲要。建设汉长安城、大明宫、隋唐洛阳城、殷墟、偃师商城等重点大遗址保护展示园区。启动实施长城保护工程、大运河文物保护工程、丝绸之路（新疆段）文物保护工程。
文物保护单位维修	实施故宫博物院古建整体保护维修工程、恭王府府邸文物保护修缮工程、西藏三大重点文物保护工程和应县木塔、元代以前早期木构建筑、大昭寺、扎什伦布寺、塔尔寺等维修保护工程。每年重点安排 100 项左右险情严重的全国重点文物保护单位整体维修保护工作。
考古工作	做好三峡工程、南水北调工程中的文物抢救保护工作，涉外考古、水下考古、航空考古取得较大进展。
建设抢救性文物保护设施	完成 100 余个市（地）级以上博物馆馆藏文物保存环境标准化建设，新建扩建库房面积 30 万平方米。依托博物馆改扩建 23 个区域性中心文物库房，集中保护珍贵文物。完成 36 所科研院所与大学出土文物整理库的文物保护设备和安防消防设施建设。

八、对外文化交流

（三十四）拓展对外文化交流和传播渠道。充分利用各种资源，创新文化“走出去”的形式和手段，吸收借鉴世界各国优秀文化成果，提升我国文化产品的影响力和竞争力，积极推动中华文化面向世界、走向世界。

1. 积极开展对外文化交流。利用春节、国庆日、建交日等重要节日、纪念日，组织举办高水平文化交流活动，增进世界对中国的了解。重视文化领域的多层次互访，加强友好城市间的文化交流，主动开展对外文化合作。继续做好中外互办文化年、在国外举办中国文化节、文化周、艺术周、电影周、电视周和文物展等工作。发挥我驻外机构宣传推介中国优秀文化产品的重要作用。积极参与相关国际规则的制定，增强我国在国际文化活动中的话语权，维护世界文化多样性。

2. 发挥多元载体的文化传播作用。借助国外著名的电影节、电视节、艺术节、书展、博览会等平台，积极推介中国文化产品和服务。精心选择参与单位及文化产品，认真组织代表国家水平的参展、参演团队，展现我国整体文化实力和国家形象。积极参与或主办国际性书展、节展期间的文化论坛和主宾国活动等，提升我国的文化影响力。适应国外受众需求和接受习惯，不断扩大广播电视节目在境外的有效落地。拓展民间交流合作领域，鼓励人民团体、民间组织、民营企业和个人从事对外文化交流。扩大商业性展演、展映和文化产品销售。加强哲学社会科学领域的国际交流，扩大我国哲学社会科学在世界的影响。建立健全中外学者交流机制，加强与外国有影响的哲学社会科学机构、国外知名汉学家、中国问题专家及研究机构的交流与合作。把文化“走出去”工作与外交、外贸、援外、科技、旅游、体育等工作结合起来，把展演、展映和产品销售结合起来，充分调动各方面力量，形成对外文化交流的合力。

3. 构建国际文化营销网络。重点抓好影视剧、出版物、文艺演出三大国际营销网络建设。对符合条件的文化企业国际市场开拓活动给予支持。

（三十五）培育外向型骨干文化企业。完善对外文化贸易制度，依托已有的国内知名对外文化企业和文化产业品牌，积极培育外向型文化企业，发挥其在文化“走出去”中的主导作用。

1. 做大做强对外文化贸易品牌。重点扶持具有中国民族特色的文化艺术、演出展览、电影、电视剧、动画片、出版物、民族音乐舞蹈和杂技等产品和服务的出口，支持动漫游戏、电子出版物等新兴文化产品进入国际市场。发挥国有文化企业在对外文化贸易方面的主导作用，鼓励投资主体多元化，形成一批具有竞争优势的品牌文化企业和企业集团。

2. 培育对外文化中介机构。积极发展从事演出展览、广播影视、新闻出版等业务的对外文化中介机构。支持国内文化企业与国际知名演艺、展览、电影、出版中介机构或经纪人开展合作，向规模化、品牌化方向发展。

（三十六）实施“走出去”重大工程项目。整合资源，突出重点，实施“走出去”重大工程项目，加快“走出去”步伐，扩大我国文化的覆盖面和国际影响力。

九、人才队伍

（三十七）加强思想政治素质和能力建设。认真总结保持共产党员先进性教育活动和“三项学习教育”活动的成功经验，进一步组织和引导广大文化工作者深入学习马克思列宁主义、毛泽东思想、邓小平理论和“三个代表”重要思想，学习党的基本理论、基本路线、基本纲领、基本经验，牢固树立科学发展观，增强政治敏锐性和政治鉴别力。鼓励广大文化工作者深入实际、深入群众、深入生活，在艰苦环境中和不同的工作岗位经受锻炼、增长才干。注重专业能力的培养，鼓励广大文化工作者刻苦钻研业务，努力把握文化工作的特点和规律，不断提高新形势下做好文化工作的能力和水平。

（三十八）抓好高层次人才培养。坚持为人民服务、为社会主义服务的方向和百花齐放、百家争鸣的方针，充分发扬学术民主和艺术民主，鼓励和支持学术上、艺术上不同形式、不同风格的自由发展和创新。继续实施“四个一批”人才培养计划，着力加强领军人物和各类高层次专门人才的培养。完善公平竞争和分配激励机制，鼓励和支持优秀拔尖人才脱颖而出。积极宣传文化领域领军人物、优秀专业技术人才、经营管理人才及其成果和主要业绩，营造尊重劳动、尊重知识、尊重人才、尊重创造的良好舆论环境。

（三十九）做好培训工作。贯彻落实中央关于人才工作的战略部署，制定实施“十一五”时期全国文化人才培训规划，建立健全在职人员业务培训和继续教育制度，创新培训内容，完善培训机制，整合培训资源，针对不同领域和不同岗位人员的具体情况，分期分批进行专业培训。2010年前，对全国哲学社会科学教学科研骨干进行马克思主义理论和党的方针政策的系统轮训。完成全国文化艺术、文物、新闻出版、广播影视系统内工作人员的普遍轮训。加强农村文化队伍的教育培训，提高整体素质。

（四十）加强高等学校人才培养和学科建设。充分发挥高等学校在建设先进文化、培养文化人才中的重要作用。高等学校要全面推进素质教育，以培养学生的社会责任感、创新精神和实践能力为重点，深化教学改革，加强学科建设，提高教学质量，促进学生的全面发展。高等学校的新闻学院（系）要坚持正确的政治导向，始终把马克思主义新闻观教育放在首位，立足中国国情，积极开展新闻理论研究和学科建设，努力为党的新闻事业培养合格人才。扶持部分高等学校新闻学研究基地，资助一批重点研究课题。鼓励有条件的高等学校整合相关学科资源，集中开展文化事业、文化产业重大理论和现实问题研究，为先进文化建设服务。鼓励文化单位与高等学校合作举办高级研修班、培训班，培养高素质的专业技术人才、经营管理人才。鼓励和支持文化人才参加学术研究和交流，承担重大课题和项目。

（四十一）完善人才选拔机制。坚持党管人才和德才兼备、群众公认的原则，按照公开、平等、竞争、择优的要求，健全以业绩为依据，由品德、知识、能力等要素构成的人才评价、选拔和激励保障机制，营造人才辈出、人尽其才的环境。根据发展要求，逐步规范文化领域各行业的职业分类，编制职业标准，探索建立专业技术人员职业资格证书制度，稳步推进职称制度改革。充分发挥市场在人才资源配置中的基础性作用，建立和完善在相应社会保障条件下的人才流动机制，引导文化人才合理、有序流动，把优秀人才集聚到文化建设中来。利用文化产业与相关产业的联动发展和资本扩张，扩大选拔范围，拓宽选拔渠道，广泛吸引财经、金融等领域的优秀人才和海外高层次人才进入文化行业。

（四十二）建立国家文化艺术领域授予荣誉称号的制度。为了推动社会主义文化的繁荣发展，对在文学艺术领域取得卓越成就的文化工作者授予人民艺术家、人民作家等荣誉称号，并从“十一五”时期开始，设立“国家文化杰出贡献奖”，表彰在文学艺术、人文社科、新闻出版、广播影视等领域作出突出贡献的文化工作者。国务院授予荣誉称号的，由文化主管部门确定并经人事部审核后报国务院批准；国务院有关部门授予荣誉称号的，按照有关规定会同人事部联合授予。

十、保障措施和重要政策

（四十三）加强组织领导。为确保本《纲要》各项任务的落实，需要加强组织领导，制定和完善更加有效的政策与措施，认真组织实施。

1. 加强党对文化工作的领导。始终坚持“两手抓、两手都要硬”的方针，高度重视文化工作，从贯彻落实“三个代表”重要思想和科学发展观的高度，从实现全面建设小康社会宏伟目标和构建社会主义和谐社会的高度，从加强党的执政能力、提高党的领导水平和执政水平的高度，深刻认识加强文化建设的重要性，把文化建设的目标任务纳入经济社会发展的总体规划，与经济社会发展任务一起部署、一起实施。遵循文化自身的特点和发展规律，适应社会主义市场经济发展的要求，坚持谋全局、管大事，加强对文化发展重大问题的研究，科学制定方针政策，始终把握文化建设的正确方向。根据形势发展的需要，建立健全文化工作领导协调机制，统筹协调文化建设。

2. 明确各级党委和政府的职责。各级党委和政府要把文化建设列入重要议事日程，建立工作责任制，把文化建设作为评价地区发展水平、衡量发展质量和领导干部工作实绩的重要内容。党委宣传部门充分发挥协调指导作用，相关部门积极支持、密切配合，文化管理部门切实履行各自职责，形成推动文化发展的合力。加强对文化建设的督促检查，把中央关于文化建设的方针政策落到实处。要因地制宜、分类指导、总结推广成功经验，兼顾各方利益，做好深入细致的思想政治工作，保证文化健康繁荣发展。

3. 动员全社会参与文化建设。推进文化建设，需要社会各方面的共同努力。要全面准确地宣传中央有关文化发展的重大战略部署和方针政策，充分调动广大文化工作者的积极性和创造性，把干部群众的思想和行动统一到中央精神上来，把智慧和力量凝聚到社会主义文化建设上来。充分发挥工会、共青团、妇联、文联、作协、记协等人民团体在联系群众、组织群众、推动文化建设方面的重要作用。紧紧依靠群众，充分发动群众，尊重群众的首创精神，把群众的积极性和创造性引导好、保护好和发挥好，努力营造有利于社会主义文化发展的良好氛围。

（四十四）健全宏观调控。适应新形势的要求，加强对文化发展的方向、总量、结构和质量的宏观调控，增强工作预见性、主动性和实效性，推进文化管理工作的科学化、制度化、规范化。

1. 完善文化领域预报、引导、奖惩、调节、责任、监督、保障、应对机制。健全有利于理论创新的课题规划、成果评介和应用机制。全面开展文化事业和文化产业统计工作，发挥文化统计工作在政府决策和公共服务中的信息、咨询、监督作用。完善全国性文艺新闻出版评奖办法，努力提高评奖的科学性和权威性。

2. 加强文化市场管理。健全市场规则，完善市场准入和退出机制，把好资质、资金、产品等准入关。创新监管方式，建设全国文化市场监控平台和国家出版物信用管理查验系统，构建统一高效、覆盖全国的文化市场管理信息网络。进一步加强“扫黄打非”工作。严厉打击盗窃、走私文物活动。加强信用监督，健全失信惩戒制度，形成依法经营、诚实守信的市场秩序。加强文化市场综合执法队伍建设，加快整合现有文化、文物、广播影视、新闻出版行政执法队伍，组建统一、高效的文化市场综合执法机构。开展文化执法人员培训，建设廉洁公正、作风优良、业务精通、素质过硬的执法队伍。2010 年前，基本完成以城市为主体的文化市场综合执法机构的组建。

(四十五) 深化文化体制改革。深入贯彻落实《中共中央、国务院关于深化文化体制改革的若干意见》，有组织有领导、分阶段分步骤地将改革从试点向面上推开，逐步引向深入。

1. 积极稳妥地推进改革。按照区别对待、分类指导、因地制宜、逐步推开的原则，根据不同地区、不同行业、不同单位的性质和特点，稳步推开改革。区别文化事业和文化产业的不同特点，以增加投入、转换机制、增强活力、改善服务为重点，发展公益性文化事业；以创新体制、转换机制、面向市场、增强活力为重点，发展经营性文化产业。统筹兼顾，使文化体制改革与经济体制、政治体制、行政管理体制等其他领域的改革相互配套、相互衔接。

2. 着力解决改革中的重点难点问题。围绕重塑市场主体、完善市场体系、改善宏观管理、转变政府职能等关键环节，深入开展调查研究，广泛听取意见，科学制定改革实施方案和配套政策，着力解决国有文化资产管理、文化事业单位转企改制、人员分流安置和社会保障等重点难点问题，切实维护职工群众的基本权益，调动广大文化工作者支持改革、参与改革的积极性，推动改革向纵深发展。

3. 坚持以改革促发展。把深化改革与加快发展统一起来，用改革的办法解决发展中的问题，以发展的成果检验改革的成效。通过改革，不断破除制约发展的瓶颈和体制机制性障碍，营造有利于发展的体制环境、政策环境和市场环境。着力增强文化创新能力，以新的机制盘活存量，扩张增量，拓展发展空间，培育新的增长点，加快文化事业和文化产业的发展。

(四十六) 完善文化发展的经济政策。继续执行实践证明行之有效的文化经济政策，制定和完善扶持公益性文化事业、发展文化产业、激励文化创新等方面的政策。

1. 执行和完善支持文化发展的经济政策。认真贯彻落实有关的宣传文化经济政策，并根据文化发展的实际情况，研究制定扶持公益性文化事业、发展文化产业的相关政策。

专栏7 支持文化发展的经济政策

1. 宣传文化发展专项资金
2. 文化事业建设费
3. 国家社会科学基金
4. 国家出版基金
5. 宣传文化单位实行增值税优惠政策
6. 国家电影事业发展专项资金及电影精品专项资金
7. 农村文化建设专项资金
8. 中央补助地方文体广播事业专项资金
9. 优秀剧（节）目创作演出专项资金
10. 鼓励对宣传文化事业捐赠的经济政策
11. 文化产品和服务出口退税及相关优惠政策
12. 文化体制改革单位享受文化体制改革试点中支持文化产业发展和经营性文化事业单位转制为企业的各项政策

2. 设立国家文化发展专项资金和基金。国家设立文化发展专项资金和基金，重点用于扶持国家公益性文化事业发展、支持文化创新和精品生产、扶持具有示范性和导向性文化产业项目的研发；用于国家重要文化遗产的保护和支持地方重大文化工程项目的建设；用于支持国家重大出版项目、少数民族文字和盲文出版物的出版，以及无线广播电视的覆盖。

3. 加大和改进政府对文化事业的投入。加大政府对文化事业投入力度，扩大公共财政覆盖范围，中央和地方财政对文化的投入增幅不低于同级财政经常性收入的增长幅度。加强基层文化设施建设，保证一定数量的中央财政转移支付资金和新增文化经费主要用于农村文化建设。加大对国家社会科学基金的投入，进一步完善管理，提高质量，发挥效益。建立政府对公共文化事业投入的绩效考评机制。推行公共文化活动项目公开招标和政府采购，引入市场竞争机制。制定相应税收政策，吸引和鼓励社会力量兴办公益性文化事业。

（四十七）加强文化立法。立足我国国情，借鉴国外有益经验，加快文化立法步伐，抓紧研究制定非物质文化遗产保护法、图书馆法、广播电视传输保障法、文化产业促进法、电影促进法和长城保护条例。抓紧修订出版管理条例、印刷业管理条例、音像制品管理条例、广播电视管理条例。加强对执法活动的监督，规范执法行为。深入开展文化法制宣传教育，继续做好普法工作，增强法制观念，提高依法行政、守法经营和维护文化权益的自觉性。

（四十八）实施步骤。本《纲要》的实施，对于巩固“十五”时期文化建设的成果，为后十年的更快发展打下坚实基础，稳步推进经济、政治、文化、社会协调发展，顺利实现全面建设小康社会的宏伟目标具有重要作用。本《纲要》与《中华人民共和国国民经济和社会发展第十一个五年规划纲要》相衔接。各地区各部门要根据实际情况，制订实施方案，加强统筹协调，采取切实有效措施，确保各项任务的落实。各有关部门根据《纲要》的要求，制定配套政策，抓紧出台实施。要建立《纲要》实施督促检查机制，在党中央、国务院的领导下，充分发挥各地区各部门的积极性和主动性，共同推动《纲要》的组织实施。文化管理部门、发展改革部门、财政部门等综合管理部门要加强对《纲要》实施情况的跟踪分析和具体指导。

关于制定“十一五”期间（2006—2010 年）国家重点图书出版规划的通知

新出图［2005］624 号

各省、自治区、直辖市新闻出版局，解放军总政宣传部新闻出版局，中央和国家机关各部委、各民主党派、各人民团体出版主管部门，中国出版集团：

为了深入贯彻党的十六大和十六届三中、四中全会精神，树立和落实科学发展观，繁荣和发展中国特色社会主义文化，不断满足人民群众日益增长的精神文化需求，使出版工作更好地为我国改革开放和社会主义现代化建设服务，为社会主义精神文明建设服务，为党和国家的工作大局服务，我署决定组织全国各出版单位，制定“十一五”期间（2006—2010 年）国家重点图书出版规划。现将有关事项通知如下：

一、指导思想

坚持以马克思列宁主义、毛泽东思想、邓小平理论和“三个代表”重要思想为指导，坚持以人为本、全面协调可持续的科学发展观。贯彻百花齐放、百家争鸣的方针，唱响主旋律，提倡多样化，贴近实际、贴近生活、贴近群众，弘扬以爱国主义为核心的民族精神和以改革创新为核心的时代精神，弘扬集体主义、社会主义思想，倡导科学与文明，反对愚昧与迷信。为建设和谐社会服务，促进经济建设、政治建设和文化建设的协调发展，促进社会主义物质文明、政治文明、精神文明的协调发展，促进全民族思想道德素质和科学文化素质的不断提高，为铸造中华文化新的辉煌，为激励人民奋勇前进提供强大的思想保证、精神动力和智力支持。

二、基本原则

（一）坚持正确的政治方向和舆论导向，加强选题审核把关。正确处理社会效益和经济效益的关系，坚持把社会效益放在首位，实现社会效益和经济效益的统一。

（二）坚持贴近实际、贴近生活、贴近群众的原则，正确处理普及与提高的关系。既要注意下功夫抓一批学科建设、基础理论研究方面的重大骨干工程，又要下大气力抓一批结合生产和生活、为广大读者喜闻乐见的通俗读物，尤其是面向工人、农民和青少年的思想道德和科学普及性读物。

（三）优化选题结构，重视大众读物和专业图书的出版，正确处理内容与形式、质量与数量的关系。增强创新意识、精品意识，实施精品工程，多出原创性作品，打造独具特色的高品位、高文化含量的图书品牌，培育和维护好已创立的优良品牌。杜绝粗制滥造和平庸之作，全面提高图书出版的整体质量。

（四）正确处理继承和发展、借鉴与创新的关系。古为今用，洋为中用。既要继承发扬民族优秀文化传统，又要充分体现时代精神，注重开拓创新；既要立足本国，又要吸收世界一切优秀文化成果。

（五）注意发挥本地区和本社的出版优势、资源优势和专业特长，努力在出版实践中形成自己的特色和品牌。

（六）继续实施“走出去”战略。适应我国加入世贸组织和走向世界的需要，鼓励出版单位开拓国际图书市场，通过文化传播提高中华文化的国际影响力。

（七）学术著作出版要正确处理好现实性与前瞻性的关系，既要充分反映当前各个领域已有的研究成果，又要以长远的眼光关注未来中长期的研究成果和发展趋势。

三、制定出版规划的重点

（一）围绕深入学习和贯彻党的十六大精神和十六届三中全会、四中全会精神，配合中央实施马克思主义理论研究和建设工程，认真组织出版一批马列主义经典著作，重点推出一批深入学习研究马克思列宁主义、毛泽东思想、邓小平理论和“三个代表”重要思想的学术理论著作。

（二）重视有关加强党的执政能力建设的图书选题，着力推出一批加强我党科学执政、民主执政、依法执政方面的理论著作和普及读物。

（三）围绕党和国家重要政治活动和事件，组织安排好有关选题：2006 年红军长征胜利 70 周年；2007 年中国人民解放军建军 80 周年；2008 年十一届三中全会召开 30 周年，即改革开放 30 周年；2009 年中华人民共和国成立 60 周年；2009 年“五四运动”90 周年。

（四）全面落实科学发展观，建构社会主义和谐社会。着力组织一批宣传和研究科学发展观和建构和谐社会的理论著作，以及促进经济建设、政治建设和文化建设的协调发展，促进社会主义物质文明、政治文明、精神文明的协调发展，促进社会全面进步和人的全面发展等方面的著作的出版。大力宣传党的为民政策，推出一批为群众排忧解难、劳动就业、下岗再创业、安全生产、法律维权等方面的实用性读物和关注贫困地区、贫困人群及残疾人等弱势群体方面的读物。

（五）认真按照中宣部和我署《关于进一步加强“三农”读物出版发行工作的意见》

要求，认真做好服务“三农”方面图书的出版工作。以“看得懂、买得起、用得上”为原则，关注农业科技研究的最新进展，加快促进农业科技成果转化为生产力方面读物的出版，加大农业实用技术、农村科普和丰富农村文化生活方面读物的出版，同时重视农村少年儿童和进城农民工精神文化需要方面读物的出版。

（六）认真贯彻《中共中央国务院关于进一步加强和改进未成年人思想道德建设的若干意见》，按照中宣部和我署《关于进一步加强和改进未成年人出版物出版工作的意见》要求，认真做好优秀少儿读物的出版工作，特别要针对少年儿童的特点，重点推出一批形式多样的思想道德建设、法制普及、陶冶情操和素质培养的原创性读物。推出一系列少年儿童喜闻乐见的国产原创的动漫图书。

（七）集中组织一批研究社会主义市场经济的重大理论和实际问题，以及围绕改革的重点和难点，探索经济与社会发展问题的著作。要特别重视对国民经济和社会发展具有重大意义的著作的出版。

（八）围绕“以德治国”和弘扬民族精神，重点安排一批宣传加强社会主义思想道德建设、弘扬优秀民族精神，倡导爱国主义、集体主义、社会主义精神的图书，以及宣传、贯彻《公民道德建设实施纲要》方面的读物。

（九）旗帜鲜明地宣传马克思主义唯物论、无神论，反对愚昧迷信和伪科学，推出一批倡导科学精神和科学思想，教育人们树立唯物主义世界观、人生观和历史观的著作和科普知识读物。

（十）围绕我国西部大开发战略和振兴东北战略，组织一批围绕西部地区和东北地区的经济发展、民族团结、社会稳定、地区协调发展的选题，重点组织、推出一批促进少数民族地区经济和社会发展的普及性读物。

（十一）充分重视科技应用和基础理论学术著作出版，与国家科研机构的重大科学研究成果紧密衔接，及时反映科学技术的最新研究成果，特别是做好那些对国民经济建设和社会发展具有重大意义，对促进科学技术尽快转化为生产力具有重要作用，以及具有国际领先地位和填补空白价值的科研成果的图书出版工作。

（十二）安排一批导向正确，主题鲜明，形式多样，贴近生活，贴近广大人民群众，反映时代精神，讴歌改革开放和社会主义现代化建设的原创性文学作品。

（十三）根据我国经济建设和社会发展的实际需要，引进一批高质量、高品位的图书，尤其注意引进国外优秀的科技、科普类图书。

（十四）重视文化的积累，挖掘、整理我国丰富的民族文化遗产，弘扬优秀民族文化，整理一批具有文化传承价值的古籍图书。

（十五）重视新兴边缘交叉学科和跨学科综合研究著作的出版。

四、“十一五”重点图书出版规划的结构

（一）“十一五”国家重点图书出版规划是从各省、自治区、直辖市，解放军，中央和国家机关各部委，各民主党派，各人民团体出版社的重点图书选题中经专家论证后产生。各级出版管理部门和出版单位要根据本地区和本单位的特点和优势，及时与各地有关部门和研究机构的专家沟通，合理规划和组织好重点图书的出版。

（二）规划中除总目外还将包括6个子系统：

1. 马列主义著作出版规划，包括马克思列宁主义、毛泽东思想、邓小平理论、“三个代表”重要思想经典著作和相关的理论研究性著作。

2. 重大工程出版规划。重大工程是指规模宏大，有关部门重点组织、规划，能代表国家水平的权威性出版工程。

3. 未成年人读物出版规划。系指18岁以下，以少年儿童为主要读者对象和有利于对少年儿童进行思想品德教育、智力开发和知识教育的相关读物。

4. “三农”读物出版规划。农村读物系指以农村读者为主要对象的读物，包括农业科学技术普及读物，通俗政治理论社会科学读物，农村文化艺术普及读物等。

5. 古籍出版规划。

6. 中国出版“走出去”重点图书出版规划。

五、申报要求和程序

（一）各省级新闻出版管理部门和出版单位，要配合国家“十一五”重点图书出版规划，制定各自的“十一五”重点图书出版规划。重点图书出版规划，体现一个地区、一个部门的出版能力和出版水平，具有很强的导向性和推动作用。在制定重点图书出版规划时，既要注意本专业出书范围内学科领域的实际情况和发展动态，又要注意读者对象的多层次需要；既要认真研究图书市场的变化，又要加强对读者阅读趣味的正确引导；既要追求项目的学术价值和文化品味，又要考虑各自的地区特点和实际出版能力。真正做到选题优化、结构合理、切实可行、优质高效。

（二）各级出版管理部门和出版社要根据制定国家“十一五”重点图书出版规划的有关要求，在各自的“十一五”重点图书出版规划中严格审议和认真筛选，择优申报。申报数量各出版社要根据自己的实际情况，量力而行，一般不超过10种（多卷本丛书、套书按一个品种计算），有实力的出版社可报20种。已列入国家“十五”重点图书出版规划、时间跨度长、按计划需延至“十一五”期间完成的重大项目须加以说明。对申报国家“十一五”重点图书出版规划的项目必须做到选题论证充分，人员（领导、编辑、作者）资金落实，确保出版时间和出版质量。

（三）各出版社将申报项目按《“十一五”规划项目申报表》（附件1）的内容要求

填写上报。为提高报送工作的准确性和时效性，所报“十一五”规划项目表格亦请同时通过“中国图书出版网”（网址：www. chinabook. gapp. gov. cn），采取网上在线申报(在线申报方法详见附件 2)。在京的中央和国家机关各部委、各民主党派、各人民团体出版单位须报经主管部门审批同意后报我署；各省、自治区、直辖市新闻出版局所属、所辖出版单位（军队出版单位除外）由各省级新闻出版管理部门审核后统一报我署；军队系统出版单位由解放军总政宣传部新闻出版局审核后报我署。各省、自治区、直辖市新闻出版局和中央国家机关各部委所属出版单位主管部门以及解放军总政宣传部新闻出版局，应认真审核所属、所辖出版单位上报的规划项目，并写出综合报告。上述材料请于 2005 年 9 月 5 日前报送我署。10 月中旬我署将对各社申报的重点选题进行认真的论证和遴选，11 月份完成“十一五”国家重点图书出版规划的制定工作。

附件：1. “十一五”规划项目申报表（略）

2. “十一五”规划网上在线申报系统使用说明（略）

中华人民共和国新闻出版总署

二〇〇五年六月二十日

关于实施“十一五”期间（2006年—2010年）国家重点图书出版规划的通知

新出图［2006］358号

各省、自治区、直辖市新闻出版局，新疆生产建设兵团新闻出版局，解放军总政宣传部新闻出版局，中央和国家机关各部委、各民主党派、各人民团体出版主管部门，中国出版集团公司：

为了深入贯彻和落实党的十六大和十六届三中、四中、五中全会精神，根据《中共中央关于制定国民经济和社会发展第十一个五年规划的建议》以及我国经济、文化和社会发展的需要，我署决定组织全国图书出版单位和出版行政管理部门，制定“十一五”期间国家重点图书出版规划。这项工作从2005年5月开始实施，历时近一年，现已全部完成，并颁布实施。

一、规划的制定情况及框架结构

为了做好规划的编制工作，我署通过各种方式和途径征求了出版界和有关部门的意见和建议。中宣部出版局就规划的指导思想、基本原则、基本框架提出了重要的指导意见。在认真吸取各方面意见的基础上，2005年6月20日，我署发出了《关于制定“十一五”期间（2006年—2010年）国家重点图书出版规划的通知》。通知中明确了制定“十一五”国家重点图书出版规划的指导思想和基本原则。

根据制定规划的指导思想和基本原则，2005年11月8日至11日，我署组织各学科专家学者70余人对451家出版社报来的3 259种选题进行了充分的论证，经过广泛的讨论和科学民主评议，评出入选项目1 313种，形成了“规划”的征求意见稿，供2006年全国新闻出版局长会议讨论。会后，我署对各地图书出版单位补报的143种选题再次组织专家进行了论证，并对规划进行了补充和调整，最后确定重点图书选题1 370种，占申报总数的40％。

规划分3大部分：社会科学和人文科学、自然科学和工程技术及子规划。子规划是为适应我国政治文化形势发展的需要，特别是根据党和国家大局的要求而设立的，由6

大板块组成，包括：马克思主义著作出版规划、重大出版工程规划、“三农”读物出版规划、未成年人读物出版规划、“走出去”重点图书出版规划、古籍整理图书出版规划。

二、规划的特点

（一）弘扬时代主旋律，明确提出了图书出版今后 5 年服务党和国家工作大局和我国政治、经济、文化发展需要的任务和方向，特别是 6 个子规划充分体现了图书出版在宣传马克思主义、毛泽东思想、邓小平理论和“三个代表”重要思想，全面落实科学发展观，构建社会主义和谐社会，传承优秀传统文化，传播科学文化知识，建设社会主义新农村，加强未成年人思想道德建设等方面的作用。

（二）为配合“十一五”期间重大历史纪念活动，推出了一大批重点图书选题。“十一五”期间国家重大事件的纪念日较多，这些大事在中国人民的政治生活中具有重要的教育意义。如 2006 年是中国共产党建党 85 周年，又是中国工农红军长征胜利 70 周年；2007 年是中国人民解放军建军 80 周年；2008 年是改革开放 30 周年，还将举办 2008 年北京奥运会；2009 年是中华人民共和国成立 60 周年，同时也是“五四”运动 90 周年。为了做好宣传工作，各出版单位推出了一系列重点图书。这些图书成为“十一五”规划的一大特点。

（三）国家重点科研成果占有相当比重。规划中许多选题是国家级自然科学和社会科学科研成果，许多项目具有国际领先地位和填补空白意义，充分展示了我国近年来科研工作的成就和水平。

（四）规划项目在结构上注重把握通俗与学术，普及与提高的关系，既有一批学术前沿成果及学科建设和基础理论研究方面的骨干工程，又有一批满足广大人民群众生产、生活、文化娱乐的通俗读物，尤其是面向工人、农民的知识读物，努力做到雅俗共赏。

（五）注重图书选题的质量，充分鼓励学术创新，支持原创作品和精品图书，坚决杜绝平庸之作，严格控制重复出版的全集和名家挂名的大型图书。

三、实施规划的要求

《“十一五”期间（2006 年—2010 年）国家重点图书出版规划》是我国出版界认真贯彻党的十六大和十六届三中、四中、五中全会精神，全面落实科学发展观，发展中国特色社会主义先进文化，促进出版工作更好地为我国改革开放和社会主义现代化建设服务，丰富人民群众精神文化生活，繁荣出版事业的国家重点文化出版工程。为了保证《“十一五”期间（2006 年—2010 年）国家重点图书出版规划》的实施和高质量的完成，各省出版管理部门和出版社主管部门要以高度的责任感做好“十一五”规划的组织、督促和协调工作。各出版单位都必须做到人员（领导、责任编辑、作者）、资金、时间三落实。要采取有力措施，切实把好书稿内容、编辑加工、装帧印刷等环节的质量关，确保项目的出版质量。属重大选题的必须履行重大选题备案程序。

《“十一五”期间（2006 年—2010 年）国家重点图书出版规划》是一个动态出版工程，我署将根据形势的发展和需要，每年检查“重点规划”的执行情况，对那些不能按时完成或质量达不到要求的项目予以调整，并适时增补新的项目。

中华人民共和国新闻出版总署

二〇〇六年四月十七日

“十一五”国家重点图书出版规划数据统计表

1. 各地区入选项目数量统计表

省 份	入 选 数 量	省 份	入 选 数 量
安徽	26	辽宁	37
北京	17	内蒙古	12
福建	17	宁夏	1
甘肃	7	青海	4
广东	33	山东	36
广西	28	山西	7
贵州	2	陕西	10
海南	4	上海	144
河北	21	四川	21
河南	29	天津	16
黑龙江	8	西藏	3
湖北	35	新疆	11
湖南	46	云南	13
吉林	12	浙江	22
江苏	47	重庆	17
江西	12	中央	681

2. 各出版社入选数量统计表

序号	单 位 名 称	入选数量	序号	单 位 名 称	入选数量
1	安徽教育出版社	8	2	安徽科学技术出版社	3
3	安徽美术出版社	1	4	安徽人民出版社	3
5	安徽文艺出版社	1	6	巴蜀书社	4
7	百花文艺出版社	1	8	百花洲文艺出版社	3
9	百家出版社	1	10	北京出版社	6
11	北京大学出版社	17	12	北京大学医学出版社	16
13	北京古籍出版社	1	14	北京航空航天大学出版社	6
15	北京理工大学出版社	6	16	北京少年儿童出版社	1
17	北京师范大学出版社	6	18	北京十月文艺出版社	2
19	北京图书馆出版社	5	20	北京燕山出版社	1

续前表

序号	单位名称	入选数量	序号	单位名称	入选数量
21	北京邮电大学出版社	3	22	北京语言大学出版社	8
23	兵器工业出版社	1	24	测绘出版社	1
25	长春出版社	1	26	长江出版社	1
27	长江文艺出版社	1	28	朝华出版社	1
29	晨光出版社	1	30	成都时代出版社	1
31	崇文书局	1	32	春风文艺出版社	1
33	大连海事大学出版社	2	34	大连理工大学出版社	1
35	大象出版社	6	36	当代世界出版社	2
37	当代中国出版社	4	38	德宏民族出版社	1
39	地震出版社	3	40	地质出版社	4
41	第二军医大学出版社	1	42	第四军医大学出版社	2
43	电子工业出版社	7	44	东北财经大学出版社	2
45	东北大学出版社	2	46	东北林业大学出版社	1
47	东北师范大学出版社	1	48	东方出版中心	5
49	东华大学出版社	1	50	东南大学出版社	7
51	二十一世纪出版社	3	52	方志出版社	1
53	凤凰出版社	2	54	福建教育出版社	3
55	福建科学技术出版社	3	56	福建人民出版社	3
57	福建少年儿童出版社	1	58	复旦大学出版社	11
59	甘肃教育出版社	1	60	甘肃科学技术出版社	1
61	甘肃民族出版社	1	62	甘肃人民出版社	2
63	甘肃人民美术出版社	2	64	高等教育出版社	10
65	古吴轩出版社	2	66	光明日报出版社	2
67	广东高等教育出版社	1	68	广东教育出版社	8
69	广东经济出版社	2	70	广东科技出版社	4
71	广东旅游出版社	1	72	广东人民出版社	10
73	广陵书社	2	74	广西教育出版社	1
75	广西科学技术出版社	4	76	广西美术出版社	2
77	广西人民出版社	3	78	广西师范大学出版社	15
79	贵州科技出版社	1	80	贵州人民出版社	1
81	国防工业出版社	5	82	国防科技大学出版社	1
83	国际文化出版公司	1	84	哈尔滨工业大学出版社	1
85	海潮出版社	1	86	海潮摄影艺术出版社	1
87	海南出版社	1	88	海峡文艺出版社	2
89	海燕出版社	1	90	海洋出版社	3
91	汉语大词典出版社	2	92	杭州出版社	2

续前表

序号	单位名称	入选数量	序号	单位名称	入选数量
93	航空工业出版社	3	94	合肥工业大学出版社	1
95	河北教育出版社	7	96	河北科学技术出版社	2
97	河北美术出版社	3	98	河北人民出版社	3
99	河北少年儿童出版社	4	100	河海大学出版社	2
101	河南大学出版社	1	102	河南科学技术出版社	3
103	河南人民出版社	5	104	黑龙江朝鲜民族出版社	2
105	黑龙江教育出版社	4	106	湖北教育出版社	1
107	湖北科学技术出版社	2	108	湖北人民出版社	4
109	湖北少年儿童出版社	1	110	湖南大学出版社	4
111	湖南地图出版社	1	112	湖南教育出版社	1
113	湖南科学技术出版社	7	114	湖南美术出版社	4
115	湖南人民出版社	7	116	湖南少年儿童出版社	3
117	湖南师范大学出版社	1	118	湖南文艺出版社	4
119	花山文艺出版社	2	120	华东理工大学出版社	4
121	华东师范大学出版社	3	122	华龄出版社	2
123	华南理工大学出版社	2	124	华文出版社	1
125	华艺出版社	2	126	华语教学出版社	1
127	华中科技大学出版社	3	128	华中师范大学出版社	3
129	化学工业出版社	16	130	黄河出版社	1
131	黄河水利出版社	7	132	黄山书社	6
133	机械工业出版社	12	134	吉林出版集团有限责任公司	4
135	吉林教育出版社	1	136	吉林科学技术出版社	1
137	吉林美术出版社	2	138	吉林人民出版社	2
139	济南出版社	1	140	江苏教育出版社	6
141	江苏科学技术出版社	6	142	江苏美术出版社	2
143	江苏人民出版社	6	144	江苏少年儿童出版社	2
145	江苏文艺出版社	1	146	江西教育出版社	4
147	江西科学技术出版社	1	148	江西美术出版社	1
149	江西人民出版社	3	150	教育科学出版社	1
151	接力出版社	3	152	解放军出版社	7
153	金城出版社	1	154	金盾出版社	2
155	京华出版社	1	156	经济管理出版社	6
157	经济科学出版社	6	158	九州出版社	2
159	军事科学出版社	1	160	军事医学科学出版社	3
161	喀什维吾尔文出版社	1	162	开明出版社	7
163	科学出版社	20	164	科学技术文献出版社	1

续前表

序号	单位名称	入选数量	序号	单位名称	入选数量
165	科学普及出版社	3	166	立信会计出版社	1
167	连环画出版社	1	168	辽海出版社	4
169	辽宁教育出版社	8	170	辽宁科学技术出版社	3
171	辽宁美术出版社	2	172	辽宁民族出版社	3
173	辽宁人民出版社	5	174	辽宁少年儿童出版社	1
175	岭南美术出版社	1	176	鹭江出版社	2
177	煤炭工业出版社	6	178	民族出版社	9
179	明天出版社	2	180	内蒙古教育出版社	2
181	内蒙古科学技术出版社	3	182	内蒙古人民出版社	4
183	内蒙古文化出版社	1	184	南方出版社	2
185	南海出版公司	1	186	南京大学出版社	2
187	南京师范大学出版社	1	188	南开大学出版社	1
189	宁波出版社	1	190	宁夏人民出版社	1
191	农村读物出版社	1	192	齐鲁书社	3
193	气象出版社	5	194	青岛出版社	3
195	青海民族出版社	4	196	清华大学出版社	14
197	群众出版社	1	198	人民出版社	5
199	人民法院出版社	2	200	人民交通出版社	6
201	人民教育出版社	7	202	人民军医出版社	1
203	人民美术出版社	4	204	人民卫生出版社	13
205	人民文学出版社	8	206	人民音乐出版社	4
207	人民邮电出版社	7	208	荣宝斋出版社	2
209	三秦出版社	1	210	山东大学出版社	2
211	山东画报出版社	1	212	山东教育出版社	6
213	山东科学技术出版社	1	214	山东美术出版社	2
215	山东人民出版社	3	216	山东文艺出版社	1
217	山东友谊出版社	1	218	山西古籍出版社	1
219	山西教育出版社	2	220	山西人民出版社	2
221	陕西科学技术出版社	1	222	陕西人民出版社	1
223	陕西人民美术出版社	1	224	陕西师范大学出版社	2
225	商务印书馆	17	226	上海财经大学出版社	6
227	上海辞书出版社	10	228	上海大学出版社	1
229	上海古籍出版社	9	230	上海画报出版社	1
231	上海交通大学出版社	4	232	上海教育出版社	6
233	上海科技教育出版社	4	234	上海科学技术出版社	16
235	上海科学技术文献出版社	1	236	上海科学普及出版社	3

续前表

序号	单位名称	入选数量	序号	单位名称	入选数量
237	上海人民出版社	15	238	上海人民美术出版社	2
239	上海社会科学院出版社	1	240	上海书店	3
241	上海书画出版社	2	242	上海外语教育出版社	2
243	上海文化出版社	2	244	上海文艺出版社	6
245	上海译文出版社	5	246	上海音乐出版社	2
247	上海远东出版社	1	248	上海中医药大学出版社	2
249	少年儿童出版社	4	250	社会科学文献出版社	4
251	生活·读书·新知三联书店	4	252	石油工业出版社	2
253	世界图书出版公司	3	254	首都经济贸易大学出版社	3
255	四川辞书出版社	3	256	四川教育出版社	1
257	四川科学技术出版社	1	258	四川美术出版社	1
259	四川民族出版社	2	260	四川人民出版社	5
261	四川少年儿童出版社	1	262	泰山出版社	2
263	天津大学出版社	1	264	天津古籍出版社	1
265	天津科技翻译出版公司	1	266	天津科学技术出版社	1
267	天津人民出版社	2	268	天津人民美术出版社	1
269	天津杨柳青画社	1	270	同济大学出版社	5
271	同心出版社	1	272	团结出版社	1
273	外文出版社	7	274	外语教学与研究出版社	15
275	万卷出版公司	3	276	文化艺术出版社	1
277	文汇出版社	1	278	文物出版社	8
279	文心出版社	1	280	武汉出版社	1
281	武汉大学出版社	12	282	武汉理工大学出版社	1
283	西安交通大学出版社	2	284	西北工业大学出版社	2
285	西藏人民出版社	3	286	西南交通大学出版社	2
287	西南师范大学出版社	5	288	希望出版社	2
289	厦门大学出版社	2	290	现代教育出版社	4
291	线装书局	2	292	新华出版社	5
293	新疆科学技术出版社	2	294	新疆美术摄影出版社	1
295	新疆人民出版社	5	296	新疆人民卫生出版社	1
297	新蕾出版社	3	298	新世纪出版社	1
299	新星出版社	2	300	星球地图出版社	7
301	学林出版社	1	302	学苑出版社	2
303	冶金工业出版社	6	304	伊犁人民出版社	1
305	译林出版社	4	306	原子能出版社	1
307	远方出版社	2	308	岳麓书社	5

续前表

序号	单位名称	入选数量	序号	单位名称	入选数量
309	云南大学出版社	3	310	云南教育出版社	4
311	云南民族出版社	2	312	云南人民出版社	2
313	浙江大学出版社	4	314	浙江古籍出版社	1
315	浙江科学技术出版社	3	316	浙江人民出版社	5
317	浙江人民美术出版社	1	318	浙江少年儿童出版社	3
319	浙江文艺出版社	2	320	郑州大学出版社	1
321	知识产权出版社	2	322	中共党史出版社	12
323	中共中央党校出版社	1	324	中国标准出版社	5
325	中国财政经济出版社	6	326	中国藏学出版社	3
327	中国大百科全书出版社	6	328	中国档案出版社	1
329	中国地图出版社	5	330	中国地质大学出版社	4
331	中国电力出版社	11	332	中国对外翻译出版公司	2
333	中国纺织出版社	4	334	中国福利会出版社	1
335	中国工商出版社	2	336	中国海关出版社	2
337	中国海洋大学出版社	3	338	中国和平出版社	4
339	中国画报出版社	2	340	中国环境科学出版社	3
341	中国计量出版社	1	342	中国检察出版社	3
343	中国建筑工业出版社	8	344	中国金融出版社	3
345	中国科学技术出版社	6	346	中国科学技术大学出版社	3
347	中国矿业大学出版社	2	348	中国劳动社会保障出版社	4
349	中国林业出版社	7	350	中国旅游出版社	2
351	中国盲文出版社	6	352	中国民主法制出版社	4
353	中国民族摄影艺术出版社	1	354	中国农业出版社	14
355	中国农业大学出版社	8	356	中国农业科学技术出版社	1
357	中国青年出版社	5	358	中国轻工业出版社	8
359	中国人口出版社	3	360	中国人民大学出版社	16
361	中国人民公安大学出版社	2	362	中国三峡出版社	2
363	中国少年儿童出版社	4	364	中国社会出版社	4
365	中国社会科学出版社	11	366	中国摄影出版社	1
367	中国石化出版社	4	368	中国石油大学出版社	3
369	中国书籍出版社	1	370	中国水利水电出版社	9
371	中国铁道出版社	3	372	中国统计出版社	2
373	中国书店	1	374	中国文联出版社	2
375	中国物资出版社	1	376	中国戏剧出版社	2
377	中国协和医科大学出版社	9	378	中国医药科技出版社	3
379	中国宇航出版社	2	380	中国政法大学出版社	10

续前表

序号	单位名称	入选数量	序号	单位名称	入选数量
381	中国中医药出版社	5	382	中华书局	15
383	中南大学出版社	9	384	中山大学出版社	3
385	中信出版社	1	386	中央编译出版社	2
387	中央民族大学出版社	1	388	中央文献出版社	6
389	中央音乐学院出版社	1	390	中医古籍出版社	4
391	中原农民出版社	1	392	中州古籍出版社	3
393	重庆出版社	10	394	重庆大学出版社	2
395	作家出版社	1	396	紫禁城出版社	2

3. 国家“十一五”重点图书规划分类统计表

分类	子类	申报数量	入选数量	入选比例
社会科学与人文科学	社会科学总论	145	39	26.90%
	哲学	83	22	26.51%
	政治	88	39	44.32%
	法律	59	36	61.02%
	军事	34	16	47.06%
	历史	215	77	35.81%
	经济	132	64	48.48%
	文化	144	94	65.28%
	教育	201	50	24.88%
	地理	28	16	57.14%
	语言	75	29	38.67%
	中国文学	177	46	25.99%
	外国文学	24	13	54.17%
	艺术	240	88	36.67%
	少数民族类	100	47	47.00%
	大型综合性图书	8	6	75.00%
自然科学与工程技术	自然科学总论	59	31	52.54%
	数学	11	5	45.45%
	物理学	20	12	60.00%
	化学	14	7	50.00%
	地球科学	55	29	52.73%
	生物	40	18	45.00%
	医药科技	105	96	91.43%
	农业	47	29	61.70%
	工业技术	12	8	66.67%

续前表

分　类	子　类	申报数量	入选数量	入选比例
自然科学与工程技术	矿业工程	9	5	55.56%
	石油·化工	20	9	45.00%
	冶金	19	9	47.37%
	机械	32	17	53.13%
	电子·信息	30	18	60.00%
	计算机技术	17	9	52.94%
	轻工	20	9	45.00%
	土建	49	24	48.98%
	水利·电力	47	28	59.57%
	铁路·交通	28	11	39.29%
	航天技术	20	11	55.00%
	新材料技术	37	13	35.14%
	环境科学	15	9	60.00%
子规划	马列主义著作出版规划	35	18	51.43%
	重大工程出版规划	100	70	70.00%
	“三农”读物出版规划	35	33	94.29%
	中国出版“走出去”重点图书出版规划	58	52	89.66%
	未成年人读物出版规划	160	67	41.88%
	古籍出版规划	412	50	12.14%
合　计		3 259	1 379	42.31%

索　　引

——“十一五”国家重点图书出版规划细目

一、社会科学与人文科学

1. 社会科学总论（39项）

序号	书　　名	著作责任者	出版者	页码
1	中国可持续发展总纲	路甬祥　总主编	科学出版社	3
2	辉煌的60年	国家统计局	中国统计出版社	3
3	改革开放30年	国家统计局	中国统计出版社	4
4	社会政策与和谐社会	邓伟志	同济大学出版社	4
5	建构学习型社会研究	顾明远、钟启泉　等	北京师范大学出版社	4
6	国际化引领现代化：21世纪中国发展新战略	杨建文	泰山出版社	5
7	科学发展观与广东现代化建设丛书	广东省邓小平理论与“三个代表”重要思想研究中心	广东人民出版社	5
8	科学发展观在浙江的实践丛书	陈敏尔　主编	浙江人民出版社	6
9	中国社会·经济·观念史研究丛书	葛兆光、张国刚　等主编	广东人民出版社	6
10	五百年来中国环境变迁与社会应对丛书	邹逸麟　等	上海人民出版社	7
11	中国古代乡村社会救济与社会保障问题研究	张文、徐难于　等	西南师范大学出版社	7
12	城市贫困群体社会保障政策与措施研究	何平、华迎放	中国劳动社会保障出版社	8
13	社会保障研究新视角	郭爱妹、金一虹	中山大学出版社	8
14	中国公共管理大辞典	夏书章　主编	武汉出版社	9
15	公共行政与公共管理经典译丛	张成福、竺乾威　译	中国人民大学出版社	9
16	节约型社会研究	朱有志	湖南人民出版社	10
17	城市规划新境域丛书	邹德慈、崔功豪　等	东南大学出版社	10
18	北京城市发展史	吴建雍、王岗　等	北京燕山出版社	11
19	社区建设	民政部基层政权和社区建设司	中国社会出版社	11
20	社会工作案例研究丛书	马伊里、吴铎　等	华东理工大学出版社	12

序号	书　　名	著作责任者	出版者	页码
21	社区青少年事务研究	罗国振　等	华东理工大学出版社	12
22	国际老龄事业管窥丛书	本书编委会	华龄出版社	13
23	华北农村调查资料	魏宏运、［日］三谷孝	社会科学文献出版社	13
24	灾害及预防	国家减灾委员会　等	中国社会出版社	14
25	应急管理科普宣教读物	国家减灾委员会　等	中国社会出版社	14
26	全民安全知识普及丛书	罗云、徐德蜀	煤炭工业出版社	15
27	应急管理丛书	国务院应急预案工作小组	新华出版社	15
28	中国民族人口系列专著	田雪原　主编	中国人口出版社	16
29	德政善举——中国农村部分计划生育家庭奖励扶助制度理论与实践	潘贵玉　主编	中国人口出版社	16
30	东亚华人社会：经济与社会资源研究	庄国土	厦门大学出版社	17
31	西学研究文库	北京大学	商务印书馆	17
32	中国社会科学院学者文选	中国社会科学院科研局	中国社会科学出版社	17
33	黄侃文集	黄侃	中华书局	18
34	费孝通全集	费孝通	辽宁教育出版社	18
35	社会学名著译丛	苏国勋　主编	商务印书馆	19
36	新知文库	［美］比尔·海耶斯、劳里·加勒特　等	生活·读书·新知三联书店	19
37	国外人类学名著译丛	［英］玛丽·道格拉斯、［美］米开尔·赫斯费尔德　等	民族出版社	20
38	杜尔克姆全集	［法］埃米尔·杜尔克姆	中国人民大学出版社	20
39	列维-斯特劳斯全集	［法］列维-斯特劳斯	中国人民大学出版社	21

2. 哲学（22项）

序号	书　　名	著作责任者	出版者	页码
1	中国哲学大辞典	张岱年　主编	上海辞书出版社	22
2	东方哲学史	徐远和、李甦生　主编	人民出版社	22
3	中国少数民族哲学思想史	伍雄武　主编	云南人民出版社	23

序号	书　　名	著作责任者	出版者	页码
4	中国各民族原始宗教资料集成（续编）	吕大吉、何耀华　等	中国社会科学出版社	23
5	佛教经典哲学研究	杜继文	江苏人民出版社	24
6	西方哲学通史	俞吾金	辽宁教育出版社	24
7	中国经学通史	庞朴、郑杰文	泰山出版社	25
8	中国藏传佛教大系	张羽新　主编	上海人民出版社、西藏人民出版社	25
9	基督教大辞典	丁光训、金鲁贤　等主编	上海辞书出版社	26
10	金陵大藏经	叶小文、楼宇烈　等	上海辞书出版社	26
11	中国学术思潮史	周山、夏金平　等	上海社会科学院出版社	27
12	中国学术思想编年	张岂之　主编	陕西师范大学出版社	27
13	中国社会思想史	陆学艺　主编	广西人民出版社	28
14	中外心理学比较思想史	车文博　主编	上海教育出版社	29
15	中华民族道德生活史	唐凯麟、张怀承　等	东方出版中心	29
16	早期道学话语的形成与演变	陈来	安徽教育出版社	30
17	意象中的自我	朱建军、叶斌　等	安徽人民出版社	30
18	中国思想家评传丛书	匡亚明　主编	南京大学出版社	31
19	李元阳集	施惟达、施立卓　等主编	云南大学出版社	31
20	柏拉图全集	顾寿观　译	岳麓书社	31
21	康德著作全集	李秋零、张荣　等译	中国人民大学出版社	32
22	克尔凯郭尔文集	汝信　主编	中国社会科学出版社	32

3. 政治（39 项）

序号	书　　名	著作责任者	出版者	页码
1	十六大以来重要文献选编（上、中、下）	陈群、张宁　等	中央文献出版社	34
2	中共中央文件选集（1949 年 10 月—1965 年 5 月）	中央档案馆	中国档案出版社	34
3	中国特色社会主义若干重大问题研究	靳辉明、冷榕　等	安徽人民出版社	35

序号	书　名	著作责任者	出版者	页码
4	建国以来刘少奇文稿	黄峥　等	中央文献出版社	35
5	建国以来周恩来文稿	廖心文　主编	中央文献出版社	36
6	论邓小平实践真理观	王强华　等	重庆出版社	36
7	邓小平传	滕文生、杨胜群　等	中央文献出版社	36
8	李先念传（1949—1992）	王维澄、蒋冠庄　等	中央文献出版社	37
9	杨尚昆年谱	中央党史研究室第一研究部	中共党史出版社	37
10	中国特色社会主义的理论与实践——回顾与展望	赵智奎	青岛出版社	37
11	纪念十一届三中全会召开30周年	新华社摄影部　编	新华出版社	38
12	构建社会主义和谐社会丛书	李连仲　主编	广东经济出版社	38
13	构建社会主义和谐社会理论与实践研究丛书	高新民、王金柱　等	湖南人民出版社	39
14	加强党的执政能力建设研究	张静如	北京出版社	39
15	中国共产党执政体系研究丛书	林尚立、郑长忠　等	天津人民出版社	39
16	中国共产党民主革命时期党的建设规律研究	中央党史研究室第一研究部	中共党史出版社	40
17	中国共产党关于“三农”问题研究	宋士昌　等	黄河出版社	40
18	党和国家保密工作简史	费云东、陈虎阁	金城出版社	40
19	中国特色社会主义政治制度系列丛书	全国人大常委会办公厅研究室　等	中国民主法制出版社	41
20	中华人民共和国政治制度史	浦兴祖、沈士光　等	天津人民出版社	41
21	中国人大制度建设30年	全国人大常委会办公厅	中国民主法制出版社	42
22	中国人民代表大会制度系列丛书	全国人大常委会办公厅研究室	中国民主法制出版社	42
23	中国共青团历史（1922—2002）	团中央青运史研究室	中国青年出版社	43
24	协商民主经典译丛	俞可平　主编	中央编译出版社	43
25	参政党理论与实践	吴先宁　主编	团结出版社	44
26	中国基层政府绩效评估体系研究	吴江、欧书阳　等	西南师范大学出版社	44
27	信用政府的逻辑——转型期地方政府信用缺失的政治经济学分析	何显明	学林出版社	45

序号	书　　名	著作责任者	出版者	页码
28	和谐社会与社会事业	徐新	上海大学出版社	45
29	中国农村调查——选举后的村务管理	徐勇	华中师范大学出版社	45
30	中国政治思想通史	白钢	湖南人民出版社	46
31	中国政治思想史	刘泽华　主编	中国人民大学出版社	46
32	中国古代地方政治研究文库	齐涛、赵世瑜　等	山东大学出版社	46
33	政党政治学	王韶兴　等	山东人民出版社	47
34	上海合作组织研究	邢广程、孙壮志　等	长春出版社	47
35	非政府组织国际交往研究	张志军、郭亚洲　等	当代世界出版社	48
36	孙文全集	孙文	广东人民出版社	48
37	孙中山新传	张磊	广东人民出版社	49
38	宋庆龄年谱长编	盛永华　主编	广东人民出版社	49
39	乔姆斯基文集	乔姆斯基	上海译文出版社	49

4. 法律（36项）

序号	书　　名	著作责任者	出版者	页码
1	中国法制建设30年	全国人大常委会办公厅、国务院法制办、中国社科院　等	中国民主法制出版社	50
2	法律科学文库	曾宪义　主编	中国人民大学出版社	50
3	法与和谐社会的构建	张文显	辽宁人民出版社	51
4	中华人民共和国案典	肖扬　主编	人民法院出版社	51
5	中国法制史	张晋藩	中国政法大学出版社	52
6	影响中国当代法治进程的100个事件	苏力	中国检察出版社	52
7	世纪回眸——法律史研究百年	曾宪义	中国人民大学出版社	52
8	常用司法解释条文释义丛书	刘家琛、唐德华　等	人民法院出版社	53
9	劳动法与社会保障法论丛	叶静漪	北京大学出版社	53
10	中国继承制度史	程维荣	东方出版中心	54
11	21世纪法学系列新形态教材	舒国滢、徐国栋　等	高等教育出版社	54

序号	书　名	著作责任者	出版者	页码
12	人与自然关系中的伦理与法	蔡守秋、高利红　等	湖南大学出版社	54
13	信息资源知识产权制度研究	陈传夫、黄先蓉　等	湖南大学出版社	55
14	边缘法学丛书	朱苏力、徐国栋　等	湖南人民出版社	56
15	中国古代监察法制研究	张晋藩	江苏人民出版社	56
16	法哲学通论	张文显	辽宁人民出版社	57
17	唐律疏义新注	钱大群	南京师范大学出版社	57
18	中国公安60年	公安部有关部门	群众出版社	58
19	公法名著译丛（第1辑）	罗豪才　主编	商务印书馆	58
20	公民权利论丛	夏勇、信春鹰　等主编	社会科学文献出版社	58
21	21世纪中国与国际法丛书	肖永平、韩德培　等	武汉大学出版社	59
22	罪行通论	赵廷光、张正新	武汉大学出版社	59
23	中国财产法体系研究	温世扬	武汉大学出版社	60
24	“公法时代”丛书	胡建淼　等	浙江大学出版社	60
25	知识产权战略丛书	张平、何越峰　等	知识产权出版社	60
26	个体工商户、私营企业经营者法律知识读本	国家工商总局个体监管司、中国个体劳动者协会	中国工商出版社	61
27	依法赔偿双向指导手册	李显东	中国检察出版社	61
28	行政法学	应松年	中国政法大学出版社	62
29	商法学	王卫国	中国政法大学出版社	62
30	物权法教程	王利明	中国政法大学出版社	62
31	刑法学	赵秉志	中国政法大学出版社	63
32	刑事诉讼法学	樊崇义	中国政法大学出版社	63
33	犯罪心理学	罗大华	中国政法大学出版社	63
34	人权法学	徐显明	中国政法大学出版社	64
35	公司法学	方流芳	中国政法大学出版社	64
36	民法学	江平	中国政法大学出版社	64

5. 军事（16 项）

序号	书　名	著作责任者	出版者	页码
1	中国军事百科全书（第二版）	傅全有　主编	中国大百科全书出版社	65
2	中国军事学术史	糜振玉	解放军出版社	65
3	世界军事学百年要览	季德源	解放军出版社	66
4	中国军事科技发展史	金鹏	解放军出版社	66
5	中国特色军事变革丛书	苏志荣　主编	解放军出版社	66
6	中国人民解放军历史图志	军事博物馆、军事科学院	上海人民出版社	67
7	解放战争	庄建平、李学通	上海书店	67
8	国防教育图集	管涛、吴朝全　等	星球地图出版社	68
9	海军新军事变革丛书	马伟明　主编	电子工业出版社	68
10	军事信息技术学术丛书	杨学军、庄钊文　等	国防科技大学出版社	69
11	中国海军史概要	史滇生	海潮出版社	69
12	中国军事新闻史丛书	王林、文武英　等	解放军出版社	70
13	中国人民解放军音乐经典全解	李双江　主编	解放军出版社	70
14	军事心理学系列丛书	王京生、苗丹民　等	解放军出版社	70
15	中华人民共和国军事地理图集、世界军事地理图集	李志光、薛贵江　等	星球地图出版社	71
16	中国战争史地图集	军事博物馆	中国地图出版社	71

6. 历史（77 项）

序号	书　名	著作责任者	出版者	页码
1	中华人民共和国史编年	朱佳木　总编委会主任	当代中国出版社	73
2	中华人民共和国历史图志	国家博物馆、中央党史研究室	上海人民出版社	73
3	共和国日记	金冲及、宋木文　主编	现代教育出版社	74
4	图文共和国年轮	张树军　主编	河北人民出版社	74
5	中国共产党历史大事记（1919—2005）	中央党史研究室	中共党史出版社	75
6	中国共产党新时期历史系列专题研究丛书	中央党史研究室第三研究部　等	中共党史出版社	75
7	中国共产党执政 60 年	陈文彬　等	中共党史出版社	76

序号	书　名	著作责任者	出版者	页码
8	红军长征系列图书	中央党史研究室	中共党史出版社	76
9	红军长征全史	军事科学院军事历史研究所	军事科学出版社	76
10	红军长征记	八路军政治部	广西师范大学出版社	76
11	中国革命史图卷	本书编委会	人民美术出版社	77
12	中国革命历史遗迹遗址大辞典	中国国家博物馆	上海文艺出版社	77
13	中国工人运动史图集	刘明逵	广东人民出版社	78
14	见证历史：共和国大使讲述丛书	王殊、李连庆　等	汉语大词典出版社	78
15	中华民族发展史	尤中	人民出版社	78
16	辛亥革命资料长编	章开沅	湖北人民出版社	79
17	中国通史简明读本	白寿彝	河北人民出版社	79
18	中国历史长廊	葛剑雄　主编	广西师范大学出版社	79
19	中国历史人物大辞典	李学勤、李世愉　等	上海辞书出版社	80
20	中国古代历史理论	瞿林东　主编	安徽人民出版社	80
21	中国古代历史图谱	张政烺　主编	文物出版社	81
22	中国古代疆域史	林荣贵	黑龙江教育出版社	81
23	中国近代边界史	吕一燃　主编	四川人民出版社	81
24	中国近代史大词典	步平、金冲及	四川人民出版社	82
25	中国当代社会史	张静如	湖南人民出版社	82
26	当代中国历史小丛书	程中原　主编	当代中国出版社	83
27	中国抗日战争全史	步平、王建朗　等	中国青年出版社	83
28	中日甲午战争全书	关捷、孙克复	吉林人民出版社	84
29	南京大屠杀史料集	张宪文、张连红　等主编	江苏人民出版社	84
30	抗战时期中国人口伤亡、财产损失调查	中央党史研究室第一研究部	中共党史出版社	85
31	中国史学史	瞿林东、许殿才	上海人民出版社	85
32	中国方志通鉴	秦其明　主编	方志出版社	85
33	西夏社会	史金波	上海人民出版社	86
34	辽宋西夏金代通史	漆侠、王曾瑜	河北人民出版社	86

序号	书　名	著作责任者	出版者	页码
35	南宋史研究丛书	徐规、朱瑞熙　等	杭州出版社	86
36	元代文化史	陈高华、张帆	广东教育出版社	87
37	明代职官年表	张德信	黄山书社	87
38	“康乾盛世”研究丛书	陈桦、郭成康　等	黄山书社	88
39	清代理学史	龚书铎、史革新　等	广东教育出版社	88
40	清史大辞典	戴逸、罗明　等	上海辞书出版社	89
41	乾隆南巡图研究	王宏钧	上海人民出版社	89
42	满文老档	吴元丰、佟永功	辽宁民族出版社	89
43	中国考古学	北京大学考古学系	文物出版社	90
44	三峡考古研究丛书	孙华　等	巴蜀书社	90
45	简帛与古史研究丛书	卜宪群、杨振红　主编	广西师范大学出版社	91
46	敦煌学史	郑炳林	甘肃人民出版社	91
47	甘肃藏敦煌藏文文献整理研究	马德	甘肃人民出版社	91
48	里耶考古报告	湖南省文物考古研究所	岳麓书社	92
49	汉藏文化交流史	王尧	湖北教育出版社	92
50	中国环境变迁史	王玉德　等	华中师范大学出版社	93
51	近五百年来中国环境变迁与社会应对	邹逸麟　主编	齐鲁书社	93
52	中国妇女社会性别史	杜芳琴、高世瑜	河南人民出版社	94
53	民国时期社会调查报告集成	中国第二历史档案馆　等	广西师范大学出版社	94
54	日军焚余档案集成	吉林省档案馆	广西师范大学出版社	94
55	中国民间契约文书集成	安徽大学徽学研究中心	广西师范大学出版社	95
56	生育文化史	杨子慧、姜涛	中国人口出版社	95
57	旧中国海关总税务司署通令选编（下部）	本书编委会	中国海关出版社	95
58	中华民国通史	中国社会科学院近代史研究所	江苏人民出版社	96
59	民国时期民族问题档案资料汇编	张世和　等	中国社会科学出版社	96
60	台湾文献史料出版工程	陈云林　主编	九州出版社	97

序号	书　　名	著作责任者	出版者	页码
61	台湾通史	林仁川　主编	人民出版社	97
62	湖湘文库	蒋建国　主编	岳麓书社	98
63	汪伪政权全史	余子道、张云　等	上海人民出版社	98
64	华侨图史	中国华侨联合会	鹭江出版社	99
65	东南亚华侨史丛书	朱振明、王介南　等	广东高等教育出版社	99
66	吧城华人公馆（吧国公堂）档案丛书	聂德宁、侯真平　等	厦门大学出版社	99
67	李济文集	李济	上海人民出版社	100
68	中外条约与近代中国研究	李育民	湖南人民出版社	100
69	中外旧约章大全（第二卷、第三卷）	陈国培、张耀华　等	中国海关出版社	101
70	中葡关系史（1513—1999）	黄庆华	黄山书社	101
71	15世纪以后的世界史	钱乘旦	江苏人民出版社	102
72	西方史学通史	张广智　主编	复旦大学出版社	102
73	剑桥插图史系列丛书	Greg Woolf　等	山东画报出版社	102
74	欧洲历史大辞典	王觉非	上海辞书出版社	103
75	中苏关系史纲（1917—1991）	杨奎松、沈志华　等	新华出版社	103
76	中苏关系史	薛衔天、栾景河	中共党史出版社	104
77	中亚文明史	联合国教科文组织	中国对外翻译出版公司	104

7. 经济（64项）

序号	书　　名	著作责任者	出版者	页码
1	中华人民共和国经济档案资料选编（1958—1965）	刘国光　等主编	中国财政经济出版社	105
2	中华人民共和国经济思想史纲要	谈敏	首都经济贸易大学出版社	105
3	20世纪中国经济思想史研究	钟祥财	东方出版中心	106
4	中国工商行政管理历史档案	国家工商总局	中国工商出版社	106
5	中国经济史学文苑	杜恂诚、汪敬虞　等	上海财经大学出版社	107
6	中国经济问题丛书	赵晋平、李辉文　等	中国人民大学出版社	107

序号	书　名	著作责任者	出版者	页码
7	回顾与反思：中国经济改革30年	王珏、谢鲁江	济南出版社	108
8	30年来中国经济理论的探索、发展与成就——纪念中共十一届三中全会召开30周年	张卓元、刘树成	中国财政经济出版社	108
9	1949—2005年中国经济发展史	丛树海	上海财经大学出版社	109
10	中国市场通史	李伯重、吴承明　等	杭州出版社	109
11	中国东盟战略与广西发展丛书	巫文强　主编	广西人民出版社	109
12	中国政府规制理论与政策	黄范章、王健	经济科学出版社	110
13	中国近代民营企业发展研究	罗福惠	湖北人民出版社	110
14	中国社会经济制度变迁前沿研究丛书	伍柏麟　主编	立信会计出版社	111
15	中国税收制度史纲	黄天华	华东师范大学出版社	111
16	中国企业家成长问题研究	郑海航	经济管理出版社	111
17	中国经济研究报告	陈传贵	经济管理出版社	112
18	中国经济论丛	李稻葵、白重恩　等	上海远东出版社	112
19	中国民营经济研究丛书	史晋川　等	浙江大学出版社	113
20	中国民营经济发展与政府职能研究丛书	厉以宁、胡德平　等主编	北京大学出版社	113
21	中国的二元结构与城乡差距	陈宗胜　主编	经济科学出版社	113
22	中国改革与发展问题应急研究丛书	成思危　主编	经济科学出版社	114
23	中国东北老工业基地发展报告	卢中原	辽宁人民出版社	114
24	中国南海海洋经济丛书	金庆焕　主编	广东经济出版社	115
25	“发展经济学前沿与中国经济发展”研究丛书	谭崇台、马颖　等主编	复旦大学出版社	115
26	21世纪产业创新与产业整合丛书	芮明杰、郁义鸿　等主编	上海财经大学出版社	116
27	当代经济学系列丛书	陈昕　主编	上海人民出版社	116
28	新政治经济学研究丛书	孟捷、方福前　等	中国人民大学出版社	116
29	国民经济动员研究书系	孔昭君、李韬　等	北京理工大学出版社	117
30	国家经济安全丛书	胡鞍钢、宋洪远　等	中国财政经济出版社	117

序号	书　　名	著作责任者	出版者	页码
31	近代上海金融通史	吴景平　等	复旦大学出版社	118
32	当代台湾经济研究	曹小衡　等	九州出版社	118
33	哈佛商学院经管图书译丛	哈佛商学院	商务印书馆	118
34	全球竞争力报告	[美] 迈克尔·波特　著，杨世伟　译	经济管理出版社	119
35	世界财经管理经典译库（三期工程）	李建发、范秀成　等译	东北财经大学出版社	119
36	供应链管理系列丛书	刘永胜、沈小静　等	中国物资出版社	120
37	发展经济学视野中的发达国家早期经济发展丛书	谭崇台、马颖　等	武汉大学出版社	120
38	中国循环经济理论与实践	齐建国、赵京兴	社会科学文献出版社	121
39	中部崛起模式研究丛书	陈晓红　等	湖南师范大学出版社	121
40	东方管理学派著系	苏东水、王家瑞	复旦大学出版社	122
41	现代经济学、管理学辞典译丛	戴国强　等译	上海财经大学出版社	122
42	迈向小康社会的中国经济发展丛书	简新华　主编	山东人民出版社	123
43	科学发展观与中国经济改革和开放	程恩富、智效和	上海财经大学出版社	123
44	公司治理·内部控制前沿译丛	李维安、方红星　译	东北财经大学出版社	124
45	政治经济学论丛	林岗、张宇	经济科学出版社	124
46	交通能源基础设施与减缓贫困	吴国宝	经济管理出版社	124
47	西部大开发资金渠道问题研究	殷孟波	中国金融出版社	125
48	中国革命根据地货币史丛书	中国钱币学会	中国金融出版社	125
49	以生存方式看待发展——中国西部自我发展能力研究	罗晓梅	重庆出版社	126
50	经济全球化与国际关系丛书	朱瀛泉	南京大学出版社	126
51	文化产业管理与经营丛书	胡惠林、施惟达　等	云南大学出版社	127
52	产业国际竞争力分析——产业结构、技术创新和产业竞争力	杨世伟	经济管理出版社	127
53	循环经济论纲	赵新良、马桂新	辽宁人民出版社	127
54	振兴东北老工业基地研究	吕政、魏后凯　等	经济管理出版社	128
55	建筑业经济新论	关柯　等	重庆大学出版社	128

序号	书　　名	著作责任者	出版者	页码
56	全球视野下的中国经济前沿问题研究	余永定、何帆　等	上海财经大学出版社	129
57	治理译丛	米切尔	经济科学出版社	129
58	走下神坛的 GDP——从经济增长到可持续发展	刘伟、蔡志洲	中信出版社	129
59	循环经济与和谐社会	马凯、解振华　主编	中国财政经济出版社	130
60	循环经济与可持续发展	刘学敏	现代教育出版社	130
61	争端解决机制——反倾销反补贴保障措施	佟家栋、朱榄叶	首都经济贸易大学出版社	131
62	刘国光文集	刘国光	中国社会科学出版社	131
63	名师大讲堂系列	林毅夫、张维迎　等	北京大学出版社	131
64	中华人民共和国经济发展研究丛书	贺耀敏、武力、陈东林	中国人民大学出版社	132

8. 文化（94 项）

序号	书　　名	著作责任者	出版者	页码
1	中国经学文化史	束景南	福建教育出版社	133
2	中国物质文化史	本书编委会	北京大学出版社	133
3	中国新闻思想史	徐新平、李正良　等	湖南大学出版社	134
4	中国海洋文化史	曲金良、修斌　等	中国海洋大学出版社	134
5	中外传播思想史	黄旦、吴予敏　等	复旦大学出版社	134
6	中国陶瓷史	宿白、徐苹芳　主编	文物出版社	135
7	中国出版通史	石宗源、肖东发　等主编	中国书籍出版社	135
8	中国阅读通史	王余光、徐雁　等主编	安徽教育出版社	136
9	中国饮食文化史	赵荣光　主编	中国轻工业出版社	136
10	中国民族服饰全集	邓启耀　主编	广东人民出版社	137
11	中国城市文脉研究丛书	张俊芳、张鸿雁　等	东南大学出版社	137
12	中国民俗志丛书（县卷本）	冯骥才、白庚胜　等	成都时代出版社	137
13	中国文化遗产大辞典	阮仪三、张学敏	上海辞书出版社	138
14	中国世界遗产丛书	冀东山、魏全瑞　等	三秦出版社	138
15	中国饮食文化大辞典	姜春云　主编	中国大百科全书出版社	139

序号	书　　名	著作责任者	出版者	页码
16	中国民间工艺全集	王树村　主编	中国轻工业出版社	139
17	诵读中国	本书编委会	人民文学出版社	139
18	话说中国	何承伟	上海文艺出版社	140
19	感悟中国	张浚生　主编	江西人民出版社	140
20	文字中国	本书编委会	大象出版社	140
21	视觉中国	本书编委会	人民美术出版社	141
22	符号中国	冯骥才	译林出版社	141
23	中国人文精神阅读丛书（青年读本）	中国社会科学院课题组	吉林出版集团有限责任公司	141
24	人文精神	苏叔阳	辽宁人民出版社	142
25	先秦诸子与中国文化精神研究丛书	李学勤　主编	百花洲文艺出版社	142
26	中国研究西文资料丛刊	美国国家档案馆　等	广西师范大学出版社	143
27	中国近代文化转型研究丛书	耿云志　主编	四川人民出版社	143
28	中华民族传统节日丛书	中国民俗学会	学苑出版社	144
29	“影像中国画境之旅”系列丛书	邱华栋、龙迎春　等	广东旅游出版社	144
30	民国档案集成	中国第二历史档案馆、广东省档案馆、内蒙古档案馆　等	广西师范大学出版社	144
31	民国出版史	吴永贵	福建人民出版社	145
32	民国时期社会调查续编	李文海、夏明芳　等	福建教育出版社	145
33	现代旅游大辞典	邵琪伟、孙钢　等	中国旅游出版社	146
34	海外汉学名家学术著述系列	唐德刚　等	广西师范大学出版社	146
35	上海民俗文化图志	尹继佐、仲富兰　等	上海文化出版社	146
36	山东民间文化遗产志	刘铁梁、刘德增　等	山东大学出版社	147
37	北京大辞典	段柄仁　主编	京华出版社	147
38	启功先生遗著	侯刚　等整理	北京师范大学出版社	148
39	赵朴初文集	赵朴初	安徽教育出版社	148
40	顾颉刚全集	顾颉刚	中华书局	148
41	吴晗全集	吴晗	中国人民大学出版社	149

序号	书　名	著作责任者	出版者	页码
42	本雅明全集	本雅明	北京师范大学出版社	149
43	曹聚仁作品系列	曹聚仁	生活·读书·新知三联书店	150
44	王云五文集	王云五	江西教育出版社	150
45	国学名著讲读丛书	胡晓明　等	华东师范大学出版社	150
46	印度—西藏丛书	［意］约瑟夫·图齐　等	北京大学出版社	151
47	媒介经典译丛	刘易斯·芒福德　等	广西师范大学出版社	151
48	东北三江流域文化丛书	张树东　等	黑龙江教育出版社	152
49	河洛文化研究丛书	杨海中、王永宽　等	河南人民出版社	152
50	客家研究文丛	谭元亨	华南理工大学出版社	152
51	洛布古典丛书	刘小枫、彭晓瑜　等	吉林出版集团有限责任公司	153
52	江右族群文献整理系列	段晓华、文师华　等	江西人民出版社	153
53	山西历史文化珍本丛刊	张明旺、刘纬毅　等	山西古籍出版社	154
54	汉字文化丛书	何九盈　主编	山东教育出版社	154
55	广西非物质文化遗产系列丛书	廖明君　主编	广西人民出版社	154
56	哈萨克传统文化丛书	阿布吉列力　等	伊犁人民出版社	155
57	百年奥运史（上、下）	秦德斌	百花洲文艺出版社	155
58	奥运词典	北京奥运新闻中心	新星出版社	155
59	北京奥运“三大理念”系列读本	任海	北京出版社	156
60	漫画奥运百年	杨鹏、韩勇　等	北京少年儿童出版社	156
61	奥运百科	中华体育总会	晨光出版社	157
62	萨马兰奇奥林匹克体育邮票全集	［西班牙］胡安·安东尼奥·萨马兰奇、［瑞士］M. 博格曼	人民邮电出版社	157
63	非物质文化遗产丛书（第二辑）	傅谨、康保成　主编	浙江人民出版社	157
64	广东人精神丛书	范英、刘小敏　主编	广东人民出版社	158
65	当代文化产业书系	金元浦　主编	北京出版社	158
66	岭南文化知识书系	本书编委会	广东人民出版社	159
67	故宫文化珍藏系列丛书（1～15）	向斯、王镜轮　等	华艺出版社	159
68	敦煌讲座丛书	荣新江	甘肃教育出版社	159

序号	书　　名	著作责任者	出版者	页码
69	光明学术文库	本书编委会	光明日报出版社	160
70	新世纪域外出版研究文库	程三国、赖德胜	北京师范大学出版社	160
71	当代中国图书馆学研究文库	吴慰慈、陈源蒸	北京图书馆出版社	161
72	国家博物馆馆藏近现代文物研究丛书	中国国家博物馆	上海人民出版社	161
73	北大名师学术精粹丛书	陈平原、汤一介　等	山东友谊出版社	161
74	都市文化译丛	包亚明　主编	上海书店	162
75	哈佛科学人文译丛	罗杰、牛顿　等	外语教学与研究出版社	162
76	女性研究与教育书系	荒林　等	广西师范大学出版社	163
77	唐翰林学士传论	傅璇琮	辽海出版社	163
78	“孤独星球”旅行指南系列丛书	戴维·埃尔斯　等	生活·读书·新知三联书店	163
79	大家小书丛书	袁行霈、钱满素　等	北京十月文艺出版社	164
80	大象博物文库	河南博物院	大象出版社	164
81	大象考古文库	河南考古研究所	大象出版社	165
82	海豚文库	朱孝远　主编	广西师范大学出版社	165
83	“复旦博学”精华版	吴中杰、陈思和　等	复旦大学出版社	165
84	民族记忆：中国非物质文化遗产知识读本	中山大学非物质文化遗产研究中心	甘肃人民美术出版社	166
85	哈佛燕京学术系列	杜维明　等	江苏教育出版社	166
86	清宫万国博览会档案	李国荣　主编	广陵书社	167
87	中国大湘西	黄永玉、余秋雨	湖南文艺出版社	167
88	河北读本	铁凝　主编	花山文艺出版社	168
89	世界遗产在中国	谭明、张永富　等主编	中国旅游出版社	168
90	申报索引	《申报索引》编辑委员会	上海书店	168
91	美文的写作原理——《文心雕龙》研究	卢永璘	文心出版社	169
92	商代文字汇编	郝文勉	线装书局	169
93	甲骨文摹释合编	陈年福	线装书局	170
94	口承文化总目提要	普学旺	云南教育出版社	170

9. 教育（50项）

序号	书　名	著作责任者	出版者	页码
1	中华人民共和国教育史	何东昌、王明达　等	海南出版社	171
2	台湾教育通史	吴仁华、叶一舵	福建教育出版社	171
3	中国社会教育通史	王炳照、俞启定	人民教育出版社	172
4	中国数学教育研究丛书	张奠宙、史宁中　等主编	广西教育出版社	172
5	中国传统心理学大系	杨鑫辉	山东教育出版社	172
6	当代中国重大教育问题史研究	中央教科所	大象出版社	173
7	汉译世界教育经典丛书	单中惠、杨汉麟　译	人民教育出版社	174
8	西方高等教育思想史	邬大光	辽宁教育出版社	174
9	中国高等教育的公平问题研究	杨东平	辽宁教育出版社	174
10	为了祖国的明天——中国青少年问题现状调查	邢军纪　等	文汇出版社	175
11	中国农村教育报告	河北省作家协会、联合国教科文组织国际农村教育研究与培训中心	河北教育出版社	175
12	比较教育新观察丛书	顾明远　主编	人民教育出版社	175
13	中共中央党校重点教材系列	中央党校	中共中央党校出版社	176
14	农村流动人口背景下的中国义务教育制度改革	雷万鹏、钟宇平	华中科技大学出版社	176
15	国别教育问题研究史丛书	单中惠　等	河南大学出版社	177
16	现代教育辞海	朱小蔓、宋一夫　主编	现代教育出版社	177
17	新疆版大学汉语系列教材	刘珣、鲁新民	北京语言大学出版社	178
18	百年学案典藏书系	夏中义、刘锋杰　等	北京大学出版社	178
19	人格科学研究书系	黄希庭　主编	安徽教育出版社	179
20	北大高等教育文库	张维迎、胡建华　等	北京大学出版社	179
21	北大基础教育文库	曹文轩、刘兵楼　等	北京大学出版社	180
22	日本侵华教育档案史料选编	宋恩荣	人民教育出版社	180
23	中国科举文化	刘海峰	辽宁教育出版社	180
24	创新人才与教育创新的研究	林崇德、申继亮　等	北京师范大学出版社	181
25	信息社会高等教育变革的国际比较	陈学飞	广东教育出版社	181

序号	书　名	著作责任者	出版者	页码
26	母语教材研究	洪宗礼　等	江苏教育出版社	182
27	“银领工程”丛书	李进、杨应崧　等	高等教育出版社	182
28	学前教育新视野丛书	许卓娅、虞永平　等	江苏教育出版社	183
29	学科活动与中国教育发展丛书	朱小蔓　等	开明出版社	183
30	当代心理咨询实用丛书	王登峰　等	开明出版社	183
31	当代心理测量使用丛书	庞丽娟、李晓东　等	开明出版社	184
32	教学论	裴娣娜	教育科学出版社	184
33	文艺学与中小学语文教学	王富仁、郑国民	广东教育出版社	184
34	潘菽全集	潘菽	人民教育出版社	185
35	张伯苓年谱长编	梁吉生	人民教育出版社	185
36	现代西方道德教育研究丛书	戚万学、唐汉卫　等	山东人民出版社	185
37	认知语言学丛书	沈家煊、文旭　等	上海外语教育出版社	186
38	教学心理学丛书	张大均、张向葵　等	人民教育出版社	186
39	教育史学研究新视野丛书	周洪宇　等	山东教育出版社	187
40	跨文化交际丛书	胡文仲、贾玉新　等	上海外语教育出版社	187
41	英语多元智能教学与课程资源库丛书	孟万金、官群　等	山东教育出版社	188
42	中医药学国家规划英译系列教材	王国辰、范吉平　等	中国中医药出版社	188
43	中国社会科学院研究生精品教材系列	刘迎秋、于沛　等	中国社会科学出版社	189
44	国立西南联合大学研究书系	张曼菱、郭建荣　等	云南教育出版社	189
45	视障人士全科技能训练丛书	曹正礼　等主编	中国盲文出版社	190
46	健康大视野系列动漫作品	北京市疾病预防控制中心	中国协和医科大学出版社	190
47	心理生长快车	宋宁、苏华　等	希望出版社	190
48	公民知识读本	胡沙、于光远	希望出版社	191
49	数学教学效率理论与实践研究	单墫、王光明　等	新蕾出版社	191
50	自省·自新·自强——服刑人员教育读本	吕贵品、温玉杰　等	南方出版社	192

10. 地理（16 项）

序号	书　　名	著作责任者	出版者	页码
1	中华人民共和国国家普通地图集	本书编委会	中国地图出版社	193
2	中华人民共和国国家历史地图集	张友渔、谭其骧　等	中国社会科学出版社	193
3	中华人民共和国政区标准地名图集（国际通用版）	民政部地名研究所	星球地图出版社	194
4	世界地图集	本书编委会	中国地图出版社	194
5	世界历史地图集	俞金尧、郭方　等	中国社会科学出版社	195
6	中华人民共和国电子地图集	姚杰、郜薇红　等	星球地图出版社	195
7	中国地图学史	喻沧、廖克	测绘出版社	196
8	中国版图史	葛剑雄	江西教育出版社	196
9	中国古地图辑录	王自强　主编	星球地图出版社	197
10	中国古地图珍藏集	中国地图出版社	中国地图出版社	197
11	中国历史地图集（中华民国时期）	本书编委会	中国地图出版社	197
12	国家图书馆藏中国历代地图集成	张志清	大象出版社	198
13	中华地学通志	王鸿祯　主编	陕西师范大学出版社	198
14	洞庭湖历史变迁地图集	甘明辉、刘卡波　等	湖南地图出版社	199
15	长江三峡历史地图集编绘	黎小龙、承泰　等	西南师范大学出版社	199
16	盲用触觉地图集（盲文版、电子版）	国家测绘局测绘科学研究所	中国盲文出版社	200

11. 语言（29 项）

序号	书　　名	著作责任者	出版者	页码
1	汉语大词典补编	汉语大词典编纂处	汉语大词典出版社	201
2	中国异体字大系	臧克和、刘志基	上海书画出版社	201
3	2009 年版《辞海》（彩图本）	夏征农　主编	上海辞书出版社	202
4	现代汉语常用词典（盲文版、有声版）	中国社会科学院语言研究所词典编辑室	中国盲文出版社	202
5	近代汉语词典	江蓝生、白维国　等	上海教育出版社	203
6	敦煌文献语词大词典	张涌泉、黄征　等	四川辞书出版社	203
7	简牍帛书通假字字典	白于蓝	福建人民出版社	204

序号	书　　名	著作责任者	出版者	页码
8	闽南方言大词典	周长楫	福建人民出版社	204
9	汉语韵书史	宁继福	上海人民出版社	205
10	汉字源	臧克和、刘志基　等	崇文书局	205
11	汉字演变文化源流	傅永和、李玲璞　等	广东教育出版社	205
12	英汉大词典	陆谷孙	上海译文出版社	206
13	汉英词典	陆谷孙	复旦大学出版社	206
14	新时代汉俄大词典	顾柏林　等	商务印书馆	207
15	新世纪汉俄大词典	张后尘、那纯志　等	外语教学与研究出版社	207
16	世界汉语教学与研究丛书	陆俭明、吕必松　等	外语教学与研究出版社	207
17	新世纪德汉大词典	祝彦、殷桐生　等	外语教学与研究出版社	208
18	新世纪汉德大词典	窦学富、王炳钧	外语教学与研究出版社	208
19	现代韩中规范大词典	洪满浩	黑龙江朝鲜民族出版社	209
20	汉英蒙对照社会科学名词术语系列词典	官司其格苏荣、巴干　等	内蒙古教育出版社	209
21	新世纪汉法大词典	黄建华、章宜华　等	外语教学与研究出版社	210
22	双语词典系列	孟尊贤、白碧波　等	云南民族出版社	210
23	上古汉语与周边语言交流研究	郑张尚芳	首都经济贸易大学出版社	211
24	西方最新语言学理论译介丛书	沈家煊　等	上海教育出版社	211
25	汉字构形史丛书	王宁　等	上海教育出版社	211
26	言语听觉科学丛书	王振民、游汝杰　等	上海教育出版社	212
27	黎锦熙文集（上、下卷）	黎锦熙	黑龙江教育出版社	212
28	李方桂全集	李方桂	清华大学出版社	213
29	面向新世纪的立体化网络化英语学科建设丛书	胡壮麟、申丹　等	北京大学出版社	213

12. 中国文学（46 项）

序号	书　　名	著作责任者	出版者	页码
1	邓小平理论与新时期文学	张炯、包明德　等	作家出版社	215
2	中华人民共和国文艺史丛书	仲呈祥　主编	中国文联出版社	215

序号	书　名	著作责任者	出版者	页码
3	中国新文学大系第五辑(1977—2000)	王蒙、王元化　总主编	上海文艺出版社	216
4	中国文学通史	邓绍基、孙望　等	人民文学出版社	216
5	中国文学编年史	陈文新	湖南人民出版社	216
6	中国小说史	石昌渝	辽宁教育出版社	217
7	二十世纪中国文学编年史	卓如、关爱和　等	河北教育出版社	217
8	20世纪中国古代文学研究史	黄霖、陈维昭　等	东方出版中心	218
9	中国现代文学研究史	黄修己　主编	广东人民出版社	218
10	中国新诗史	陆耀东	长江文艺出版社	219
11	中国各体文学理论史	徐中玉　主编	华东师范大学出版社	219
12	中国诗论史	霍松林　等	黄山书社	219
13	中国近代女性文学大系	郭延礼、薛海燕　等	山东文艺出版社	220
14	中国古典文学图志丛书	杨义	生活·读书·新知三联书店	220
15	中国古代小说发展研究丛书	马瑞芳、袁世硕　等	山东教育出版社	221
16	二十世纪中国翻译文学史	杨义、连燕堂　等主编	百花文艺出版社	221
17	二十世纪中国文学理论研究资料类编	程光炜、王兆胜　等	人民文学出版社	222
18	20世纪中国文学史通论	杨义、杨匡汉	当代中国出版社	222
19	中国现代文学版图	吴福辉	百家出版社	223
20	中国词学通论	钟振振、欧明俊	海峡文艺出版社	223
21	中外文学交流史丛书	钱林森、周宁　等	山东教育出版社	224
22	1949—2000中外文学比较史	朱栋霖、吴格非　等	江苏教育出版社	224
23	中国现代文学期刊史论	刘增人	新华出版社	225
24	中国民间故事全书	中国民间文艺家协会	知识产权出版社	225
25	中国当代文学创作与文艺理论调查报告	童庆炳　等	春风文艺出版社	225
26	左联史	姚辛	光明日报出版社	226
27	红学史	冯其庸、李广柏	广东教育出版社	226
28	儒林外史研究史	陈美林	海峡文艺出版社	227
29	全唐五代诗	佟培基	陕西人民出版社	227

序号	书　　名	著作责任者	出版者	页码
30	全唐诗人名汇考	陶敏	辽海出版社	227
31	王安石诗文笺注	易平　整理	江西教育出版社	228
32	江西诗派研究丛书	莫砺锋　主编	百花洲文艺出版社	228
33	“尝试”论丛	陈平原　主编	安徽教育出版社	229
34	鲁迅大辞典	林默涵、王士菁　等	人民文学出版社	229
35	鲁迅译文集	鲁迅	人民文学出版社	229
36	陆侃如冯沅君合集	袁世硕、张可礼　主编	安徽教育出版社	230
37	陆文夫文集	陆文夫	古吴轩出版社	230
38	叶君健全集	叶君健	清华大学出版社	231
39	梅志文集	张晓风　主编	宁夏人民出版社	231
40	大风长篇小说丛书	石钟山、梁晓声　等	湖南文艺出版社	232
41	人生中国丛书	陆步轩、南香红　等	北京十月文艺出版社	232
42	名家名作插图本系列（1～15）	沈从文、郁达夫　等	华艺出版社	233
43	图文本聊斋系列珍本集成	朱其凯、晏本仁　等	齐鲁书社	233
44	中国动漫连环画中国四大古典文学名著	潘修范、周锡山　等	上海画报出版社	233
45	名典书坊	鲁迅、茅盾　等	浙江文艺出版社	234
46	长篇小说系列	余华、铁凝　等	上海文艺出版社	234

13. 外国文学（13 项）

序号	书　　名	著作责任者	出版者	页码
1	世界文学史	俄罗斯科学院高尔基世界文学研究所主持撰写，吴元迈、刘魁立等主持翻译	上海文艺出版社	235
2	西方文学的衍变史	夏仲翼	复旦大学出版社	235
3	英国文学史	索金梅	南开大学出版社	236
4	阿拉伯文学通史	仲跻琨	译林出版社	236
5	爱尔兰文学丛书	詹妮弗·琼斯顿　等	云南人民出版社	237
6	21 世纪外国文学优秀作品大系	本书编委会	译林出版社	237
7	“黄金世纪”的西班牙文学	陈众议	译林出版社	238

序号	书　名	著作责任者	出版者	页码
8	二十一世纪年度最佳外国小说	本书编委会	人民文学出版社	238
9	费·陀思妥耶夫斯基全集	陈燊　主编	河北教育出版社	238
10	安塔拉传奇（全译本）	李唯中	湖南文艺出版社	239
11	厄普代克文集："兔子"四部曲	约翰·厄普代克	上海译文出版社	239
12	索尔·贝娄文集	[美] 索尔·贝娄	上海译文出版社	239
13	托马斯·曼文集	[德] 托马斯·曼	上海译文出版社	240

14. 艺术（88 项）

序号	书　名	著作责任者	出版者	页码
1	二十世纪中国艺术史 1900—2000	邹跃进、尹鸿　等	湖南美术出版社	241
2	中国雕塑史	宿白　主编	吉林出版集团有限责任公司	241
3	中国现代美术史	张晓凌	北京出版社	242
4	中国道教美术史	李松	湖南美术出版社	242
5	中国人民解放军艺术史	陆文虎	当代中国出版社	243
6	中国人民解放军美术史	刘大为　主编	河北美术出版社	243
7	中国美术详史	金维诺、罗世平　等	辽宁美术出版社	243
8	中国工艺美术断代史	尚刚	人民美术出版社	244
9	新中国连环画图史（1949—1995）	姜维朴、刘永胜	上海人民美术出版社	244
10	中国佛教美术文化史	金维诺	山西人民出版社	245
11	现代欧美戏剧史	贾志刚、刘文峰　等	中国戏剧出版社	245
12	中华杂技艺术通史	安作璋　等	南海出版公司	245
13	中国画论辞典	周积寅	东南大学出版社	246
14	中国版画 1200 年	张道一	江苏美术出版社	246
15	中国音乐词典（修订版）	中国艺术研究院音乐研究所	人民音乐出版社	247
16	中国话剧艺术通论	田本相	山西教育出版社	247
17	中国美术分类全集·墓室壁画卷	金维诺　主编	河北教育出版社	248
18	中国二人台艺术通典	邢野、王世一　等	内蒙古人民出版社	248

序号	书　名	著作责任者	出版者	页码
19	中国美术百科全书	刘曦林、谷谿　等	人民美术出版社	249
20	中国民间剪纸集成·蔚县卷	郑一民　主编	河北教育出版社	249
21	中国舞蹈知识百科辞典	陈冲、周元　等	人民音乐出版社	249
22	中国美学史	刘纲纪	武汉大学出版社	250
23	中国美术分类全集·中国敦煌壁画全集	段文杰	天津人民美术出版社	250
24	新中国文艺60年系列丛书	《新中国文艺60年》编辑委员会	中国文联出版社	251
25	中国近代戏曲史	陈世雄　主编	中国戏剧出版社	251
26	中国戏曲通鉴	王永宽	中州古籍出版社	252
27	蒙古族工艺美术史	阿木尔巴图	内蒙古科学技术出版社	252
28	中国书法研究系列丛书	白谦慎、黄惇　等	荣宝斋出版社	253
29	21世纪音乐学文库	明言、郑中	人民音乐出版社	253
30	历代印论类编	黄惇	荣宝斋出版社	254
31	中国民间艺术传承人口述自传	冯骥才　主编	安徽教育出版社	254
32	中国徽州木雕、石雕、砖雕	安徽美术出版社　编	安徽美术出版社	255
33	中国徽班	李泰山　主编	安徽文艺出版社	255
34	中国土楼	曲利明、何葆国	海潮摄影艺术出版社	255
35	中国非物质文化遗产老照片珍藏系列	冯骥才　主编	古吴轩出版社	256
36	中国结丛书	冯骥才　主编	河北少年儿童出版社	256
37	中国磁州窑艺术（上、下卷）	叶泽民、马忠里　等	河北美术出版社	257
38	20世纪中国陶瓷	秦锡麟	江西美术出版社	257
39	中国西藏美术全集	重庆出版集团美术中心	重庆出版社	258
40	中国古代戏曲构成研究	黄天骥、康保成	河南人民出版社	258
41	中国著名作曲家钢琴作品系列	朱践耳、杜鸣心　等	上海音乐出版社	258
42	中国原生态舞蹈	巫允明	上海音乐出版社	259
43	中国艺术辞典系列	王文章	文化艺术出版社	259
44	中国法书全集	《中国法书全集》编辑委员会	文物出版社	260
45	中国京剧流派剧目集成	黄克、常立胜　等	学苑出版社	260

序号	书　名	著作责任者	出版者	页码
46	中国竹木牙角器全集	王世襄、杨伯达　等	文物出版社	261
47	藏传佛教艺术发展史	谢继胜　等	上海书画出版社	261
48	中国天津杨柳青木版年画集成	王树村、刘建超　主编	天津杨柳青画社	262
49	世界摄影史	内奥米·罗森布拉姆	中国摄影出版社	262
50	外国设计史	高丰	广西美术出版社	262
51	世界美术大辞典	法国拉鲁斯出版公司	吉林美术出版社	263
52	20世纪西方音乐学名著译丛（第一辑）	B. Nettle、C. Dahlhaus、H. Eggebrecht、E. A. Lippmann 等	湖南文艺出版社	263
53	加德纳世界艺术全史	[美] 弗雷德·克莱纳　编著	中国青年出版社	264
54	世界馆藏中华瑰宝	徐邦达、耿宝昌　等	湖南美术出版社	264
55	中国民间刺绣	王亚蓉	万卷出版公司	265
56	川剧艺术	四川省川剧艺术研究院	四川美术出版社	265
57	陕西民间美术大系	王国征、陈三桥　等	陕西人民美术出版社	265
58	上海戏曲图志	孙重亮、蔡正仁　等	上海文化出版社	266
59	江西艺术史	江西省艺术研究所	江西教育出版社	266
60	广西民间美术全集	广西博物馆	广西美术出版社	266
61	江西藏瓷全集（英/汉文版）	铁源　主编	朝华出版社	267
62	敦煌丝绸艺术全集	赵丰　主编	东华大学出版社	267
63	敦煌壁画故事全集	梁尉英	甘肃民族出版社	268
64	读者艺术读本	读者杂志社	甘肃人民美术出版社	268
65	艺术导论及资源库	邹跃进	高等教育出版社	269
66	艺术文库	约翰·杜威、亨利·詹姆斯　等	广西师范大学出版社	269
67	吴冠中全集	水天中、汪华　主编	湖南美术出版社	269
68	杨荫浏全集	乔建中、张振涛　等主编	江苏文艺出版社	270
69	陆俨少全集	沈明权、陆亶　主编	河北教育出版社	270
70	齐如山全集	梁燕　主编	河北教育出版社	271
71	鲁迅藏画集	孙郁	同心出版社	271
72	黄宾虹全集	王伯敏　主编	浙江人民美术出版社、山东美术出版社	271

序号	书名	著作责任者	出版者	页码
73	马思聪全集	汪毓和　主编	中央音乐学院出版社	272
74	沙孟海全集	朱关田　主编	浙江人民出版社	272
75	石鲁全集	石果、石丹　主编	河北美术出版社	272
76	影像阅读丛书	瓦尔特·本雅明、约翰·伯格　等	广西师范大学出版社	273
77	内府戏出人物画	黄克　主编	花山文艺出版社	273
78	回宫格书法研究	杨为国	开明出版社	274
79	新哈佛音乐词典	人民音乐出版社辞书编辑室	人民音乐出版社	274
80	画派——中国绘画的传承与群体	单国强、单国霖	山东美术出版社	274
81	世纪之旅——穿越文化边界的中国现代美术	范迪安	山东美术出版社	275
82	敦煌艺术大辞典	樊锦诗	上海辞书出版社	275
83	国家博物馆馆藏文物研究图录丛书	朱凤瀚	上海古籍出版社	276
84	上图珍本碑帖丛刊	上海图书馆	上海古籍出版社	276
85	故宫博物院藏文物珍品大系	故宫博物院	上海科学技术出版社	276
86	沈阳故宫珍宝	本书编委会	万卷出版公司	277
87	三峡民间美术集成	重庆出版集团	重庆出版社	277
88	名家经典——中国书画鉴定与研究系列丛书	徐邦达、方闻　等	紫禁城出版社	277

15. 少数民族类（47 项）

序号	书名	著作责任者	出版者	页码
1	中国少数民族通史丛书	王辅仁　等	民族出版社	279
2	中国民族理论百年发展（1900—1999 年）	金炳镐	辽宁民族出版社	279
3	中国少数民族法制通史	张晋藩、林乾　等	中央民族大学出版社	279
4	中国民族政策史	龚荫	四川人民出版社	280
5	蒙古学百科全书（蒙/汉文版）	本书编委会	内蒙古人民出版社	280
6	维吾尔古典文学大典	阿布来提·依明、帕丽达·伊明　等	新疆人民出版社	281
7	中华大藏经（蒙古文版对勘本）	金峰	内蒙古人民出版社	281

序号	书　名	著作责任者	出版者	页码
8	中国民族古文字文献珍品图典	张公瑾　等	中国社会科学出版社	282
9	第十世班禅额尔德尼·确吉坚赞文集	额尔德尼·确吉坚赞	青海民族出版社	282
10	20世纪美国对中国西藏政策	李晔	东北师范大学出版社	283
11	中国水书	莫善余　等	巴蜀书社	283
12	世界民族	郝时远、朱伦　等	中国社会科学出版社	284
13	蒙古族历史文化词典（蒙文版）	那木云、留金锁　等主编	辽宁民族出版社	284
14	黑水民族传统文化丛书	李兴盛　主编	黑龙江教育出版社	285
15	民族语言辞书系列丛书	丹迥·冉纳班杂　等	民族出版社	285
16	草原文明系列丛书	色音　主编	民族出版社	285
17	西藏编年史	丹玛·江永慈诚　主编	浙江人民出版社	286
18	西藏通鉴	陈奎元、肖怀远　等	中国社会科学出版社	286
19	西藏历史汉文文献丛刊	拉巴平措　主编	中国藏学出版社	287
20	藏医学经典荟萃	宇妥·云丹贡布、第五世达赖洛桑嘉措　等	青海民族出版社	287
21	藏族十明文化传世经典丛书	隆钦巴　等	青海民族出版社	287
22	西藏文明研究丛书	霍巍、石硕　等	四川人民出版社	288
23	新编汉藏对照词典	本书编委会	西藏人民出版社	288
24	西藏宗教艺术（汉文版）	更堆培杰、阿旺亚美　等	西藏人民出版社	289
25	江格尔全集	本书编委会	内蒙古文化出版社	289
26	东北地区朝鲜人抗日历史史料集	金宇钟	黑龙江朝鲜民族出版社	289
27	《拯救活历史》中国少数民族文化遗产发掘抢救工程	力提甫·托合提　等	民族出版社	290
28	海南黎族和台湾高山族民俗比较	邢植朝、詹贤武	南方出版社	290
29	中国人口较少民族	国务院扶贫办公室、国家民委　等	新华出版社	291
30	福乐智慧（全译本）	郝关中　等	新疆科学技术出版社	291
31	哈密阔克麦西来甫	阿不都秀库尔·克热木、韩连赟	新疆美术摄影出版社	292
32	汉维词典	阿布来提·伊明、安尼瓦尔·伊明　等	新疆人民出版社	292
33	汉柯大词典（柯文版和吉尔吉斯文版）	马克来克、沙比尔江　等	新疆人民出版社	292

序号	书　　名	著作责任者	出版者	页码
34	锡伯民间故事集成（中国民间故事集成新疆锡伯文卷）	忠禄	新疆人民出版社	293
35	锡伯族歌谣集成（中国歌谣集成新疆锡伯文卷）	忠禄	新疆人民出版社	293
36	维吾尔医药丛书	穆罕默德·伊明·塔孜胡尼　等	新疆人民卫生出版社	294
37	维吾尔手工艺术（第二卷）	买买提依明·沙毕尔	喀什维吾尔文出版社	294
38	蒙古族风俗史	乌恩	远方出版社	295
39	蒙古族萨满教音乐研究	乌兰杰	远方出版社	295
40	彝族毕摩经典译注	朱琚元、杨凤江　等	云南民族出版社	296
41	彝族克智（彝文版）	嘎哈石者、吉尔体提　等	四川民族出版社	296
42	藏学研究译丛·藏文系列丛书	派克·诺尔雅、陈庆英　等	中国藏学出版社	297
43	历代藏族学者文集系列丛书	布顿仁青珠、达热那他　等	中国藏学出版社	297
44	满语、满文与满族文献述要	佟永功	辽海出版社	298
45	多彩的民族——少数民族地区的发展丛书	各省民委、中国民族博物馆	中国画报出版社	298
46	新疆考古新发现（暂定名）	伊弟利斯·阿布都热苏勒、张玉忠　等	中国民族摄影艺术出版社	298
47	民文版获茅盾文学奖“五个一”工程奖获奖作品译丛	周克芹　等	民族出版社	299

16. 大型综合性图书（6项）

序号	书　　名	著作责任者	出版者	页码
1	共青团工作百科全书	周强、赵勇　主编	中国青年出版社	300
2	中国盲人百科全书	本书编委会	中国盲文出版社	300
3	汉译世界学术名著丛书	本书编委会	商务印书馆	301
4	不列颠百科全书	美国不列颠百科全书公司	中国大百科全书出版社	301
5	百科辞渊	周光召　等	中国大百科全书出版社	301
6	故宫百科全书	郑欣淼、李文儒	紫禁城出版社	302

二、自然科学与工程技术

1. 自然科学总论（31 项）

序号	书　　名	著作责任者	出版者	页码
1	20 世纪中国口述科学史	周光召、樊洪业	湖南教育出版社	307
2	当代中国科技创新成就丛书	刘钝等	中国科学技术大学出版社	307
3	自然科学史丛书（修订版）	杜石然、董光璧　等	吉林教育出版社	308
4	科技史文库	席泽宗、刘钝　等	中国科学技术出版社	308
5	科学发现编年史	席泽宗、陈运泰　等	上海科技教育出版社	309
6	蒙古族科学技术史	孛儿只芹·旺其格	内蒙古人民出版社	309
7	国家英汉科技词库·信息卷	中国科技信息研究所	人民邮电出版社	309
8	中国古代科技名著文库	傅璇琮、王渝生　主编	陕西科学技术出版社	310
9	剑桥科学史	清华、北大、上海交大等一流科学史专家学者　翻译	大象出版社	311
10	科学与科普系列图书	中国科协、中国科学院	商务印书馆	311
11	信息无障碍研究与应用丛书	李伟洪　等	中国盲文出版社	311
12	西气东输工程建设丛书	陈耕　等	石油工业出版社	312
13	青少年科学人文素养丛书	葛剑雄、胡守钧　等	上海科学技术出版社	312
14	科学素养文库·科学元典丛书	叶式辉、范岱年　等	北京大学出版社	313
15	俄罗斯当代优秀科普作品译丛	任光宣、李植　等	科学普及出版社	313
16	标准走进百姓家系列丛书	标准化专家、行业专家	中国标准出版社	313
17	当代科学技术基础理论与前沿问题研究丛书	侯建国、吴奇　等	中国科学技术大学出版社	314
18	哲人石丛书	G. E. R. 劳埃德　等	上海科技教育出版社	314
19	STS 丛书	殷登祥　主编	广东教育出版社	315
20	德汉科技大辞典	万钢、朱建华　等	同济大学出版社	315
21	汉英科技大辞典	吴光华	化学工业出版社	316
22	英汉科学技术词典（修订版）	孙复初	国防工业出版社	316
23	汉英蒙对照科学技术名词术语系列词典	吉日木图、其其格　等	内蒙古教育出版社	316
24	世界科学家大辞典	席泽宗、宣焕灿　等	上海交通大学出版社	317

序号	书　名	著作责任者	出版者	页码
25	陈国达全集	陈国达	中南大学出版社	317
26	竺可桢全集	竺可桢	上海科技教育出版社	318
27	钱学森亲笔书信集	钱学森	国防工业出版社	318
28	发现宇宙（Discoveringthe the Universe）	傅德谦、马兴垣	北京理工大学出版社	319
29	书本科技馆	张承光	科学普及出版社	319
30	四大发明及其西传东渐	潘吉星	贵州科技出版社	320
31	科学前沿进展	闵乃本、李方华　等	上海科学技术出版社	320

2. 数学（5 项）

序号	书　名	著作责任者	出版者	页码
1	数学大辞典	王元　主编	科学出版社	321
2	莫斯科大学精选数学教材	[俄] 阿尔诺德、柯尔莫果洛夫 等	高等教育出版社	321
3	人工边界方法	韩厚德、巫孝南	清华大学出版社	322
4	数学文化小丛书	李大潜、谷超豪　等	高等教育出版社	322
5	数学名家谈数学	李勇、袁洪君　等	高等教育出版社	323

3. 物理学（12 项）

序号	书　名	著作责任者	出版者	页码
1	北京大学物理学丛书	高崇寿、夏建白　等	北京大学出版社	324
2	现代物理基础丛书	杨国桢、马大猷　等	科学出版社	324
3	量子物理新进展丛书	范洪义、郑杭　主编	上海交通大学出版社	325
4	量子系列图书	庄鹏飞	清华大学出版社	325
5	尼耳斯·玻尔全集	尼耳斯·玻尔	辽宁教育出版社	326
6	吴有训文集	吴有训	江西科学技术出版社	326
7	燃烧技术手册	徐旭常、周力行	化学工业出版社	326
8	实用光学技术手册	王之江、顾培森　等	机械工业出版社	327
9	断裂与损伤力学	张行、崔德渝　等	北京航空航天大学出版社	327
10	电磁场理论与微波技术	洪伟、崔铁军　等	东南大学出版社	327
11	连续介质力学中的数学理论和方法及高性能算法	李开泰	西安交通大学出版社	328
12	高温低氧燃烧技术与应用	蒋绍坚、肖泽强　等	中南大学出版社	328

4. 化学（7 项）

序号	书　名	著作责任者	出版者	页码
1	现代化学基础丛书	朱清时、林国强　等	科学出版社	329
2	化学工程与技术丛书	袁权、袁渭康　等	华东理工大学出版社	329
3	化学与应用化学丛书	郑兰荪、姚守拙　等	华东理工大学出版社	330
4	固体推进剂化学与技术	谭惠民、罗运军	北京理工大学出版社	330
5	有机催化导论	肖文精	华中师范大学出版社	331
6	功能元素精细有机化学品结构、性质和合成	张淑芬	化学工业出版社	331
7	多功能镀膜玻璃——原理、方法与应用	赵修建　等	武汉理工大学出版社	331

5. 地球科学（29 项）

序号	书　名	著作责任者	出版者	页码
1	中国气象百科全书	本书编委会	气象出版社	333
2	中国风能资源综合评价	中国气象局	气象出版社	333
3	中国第四纪冰川与环境变化	施雅风　主编	河北科学技术出版社	334
4	中国地学院士文库	许志琴　等	地质出版社	334
5	对地观测信息处理丛书	李德仁、刘经南　等	武汉大学出版社	334
6	地球空间信息学丛书	李德仁　等	武汉大学出版社	335
7	“中国陆地和近海生态系统碳收支研究”研究成果系列专著	陈泮勤　等	科学出版社	335
8	简明中国冰川目录（英文版）	施雅风	上海科学普及出版社	335
9	亚洲中部及邻区地质图系	李廷栋、董树文	地质出版社	336
10	青藏高原地质构造与大陆动力学研究丛书	李廷栋　主编	广东科技出版社	336
11	地震工程学（第二版）	胡聿贤	地震出版社 1	337
12	岩石塑性流变学	钟增球、索书田	中国地质大学出版社	337
13	谢家荣文集	谢家荣	地质出版社	338
14	天文学图集	李元	河南科学技术出版社	338
15	1∶100 万中国地貌图集	李吉均、周成虎　等	科学出版社	338

序号	书　　名	著作责任者	出版者	页码
16	我国近海海洋综合调查与评价专项成果出版工程	“908 专项”办公室	海洋出版社	339
17	中国活动构造图（1∶400 万）和中国活动构造概论	邓起东　等	地震出版社	339
18	中国气候与环境演变（英文版）	秦大河、陈宜瑜　等	科学出版社	340
19	全球与中国气候变化的检测和预测	丁一汇	气象出版社	340
20	生物的起源与辐射——华夏化石记录的启示	戎嘉余　等	科学出版社	341
21	岩石破裂过程灾变机理及其数值试验方法	唐春安	东北大学出版社	341
22	黄土与干旱	刘东生	安徽科学技术出版社	342
23	黄土与地球系统	刘东生、韩家懋　等	科学出版社	342
24	固体地球潮汐	许厚泽、李国营　等	湖北科学技术出版社	343
25	地球节律	周瑶琪	中国石油大学出版社	343
26	油藏精细地质模型	林承焰、董春梅　等	中国石油大学出版社	343
27	中国大陆科学钻探主孔 0～2 000米地球物理测井	潘和平、牛一雄	中国地质大学出版社	344
28	软弱岩体的流变与工程控制	陈沅江、曹平　等	中南大学出版社	344
29	地下岩体工程灾害隐患探测与控制研究	刘敦文、古德生　等	中南大学出版社	345

6. 生物（18 项）

序号	书　　名	著作责任者	出版者	页码
1	中国生命科学研究	金国章、戎嘉余　等	上海科学技术出版社	346
2	中国苔藓植物孢子形态	张玉龙、吴鹏程	青岛出版社	346
3	中国哺乳动物彩色图鉴	王应祥、潘清华　等	中国林业出版社	347
4	中国野生兰	陈心启、罗毅波	中国林业出版社	347
5	湖南植物志	李丙贵、刘克明　等	湖南科学技术出版社	348
6	中华民族基因组多样性	金力、褚嘉祐　等	上海科学技术出版社	348
7	海洋生命科学书系	董双林、杨德渐　等	中国海洋大学出版社	349

序号	书　　名	著作责任者	出版者	页码
8	生命科学实验指南系列	夏家辉、裴雪涛　等	科学出版社	349
9	应用生物技术大系	马清钧、管华诗　等	科学出版社	350
10	蛋白质科学与技术丛书	张友尚　等	化学工业出版社	350
11	英汉生物学大词典	陈宜瑜、宋大祥　等	科学出版社	350
12	植物名实图考研究	陈重明	东南大学出版社	351
13	西藏昆虫分化	王保海	河南科学技术出版社	351
14	空间生物学与空间生物技术导论	薛小平、傅增祥　等	西北工业大学出版社	352
15	生理学技术方法及其进展	朱妙章、吴博威　等	第四军医大学出版社	352
16	实用生物毒素学（修订本）	陈宁庆、孟昭赫	中国科学技术出版社	353
17	微生物生理学（第二版）	李季伦	中国农业大学出版社	353
18	食品生物技术（第二版）	彭志英	中国轻工业出版社	354

7. 医药科技（96 项）

序号	书　　名	著作责任者	出版者	页码
1	中华医学典藏	马继兴、余瀛鳌　等	人民卫生出版社	355
2	中国泌尿外科学史	那彦群、孙则禹　等	第二军医大学出版社	355
3	中国防疫史	邓铁涛　等	广西科学技术出版社	356
4	中国医学画史	程之范	广西科学技术出版社	356
5	剑桥世界人类疾病史	［美］Kenneth F. Kiple，张大庆　主译	上海科技教育出版社	356
6	中华药物志	蔡光先　主编	湖南科学技术出版社	357
7	中国灸法学	吴焕淦、丁光宏　等	上海科学技术出版社	357
8	临床医师诊疗全书（第三版）	北京大学第一医院	北京大学医学出版社	358
9	大型医学辞书系列	中国医科大学、华中科技大学同济医学院、上海第二医科大学	人民卫生出版社	358
10	中国当代著名中医学家医论汇集	曹洪欣、高思华　等	中医古籍出版社	359
11	民国中医名家医学文集丛编	郑金生、伊广谦　等	中医古籍出版社	359
12	中国肿瘤医师临床实践指南丛书	徐光炜　等	北京大学医学出版社	360
13	外科手术精要与并发症系列丛书	王杉　等	北京大学医学出版社	360

序号	书　　名	著作责任者	出版者	页码
14	中国居民膳食结构与营养状况变迁的追踪研究丛书	翟凤英　主编	科学出版社	360
15	野战外科学系列丛书（总论卷）	黄志强	军事医学科学出版社	361
16	中国农民卫生保健丛书	薛元坤等	人民卫生出版社	361
17	现代心理咨询与治疗丛书	许又新、吕秋云　等	北京大学医学出版社	362
18	现代生物医学科研技术丛书	秦川、林星石　等	北京大学医学出版社	362
19	微创医学丛书	郭应禄、张亚卓　等	北京大学医学出版社	363
20	实用老年医学丛书	本书编委会	华龄出版社	363
21	生物医学实验技术丛书	王嘉玺　主编	军事医学科学出版社	364
22	实用药学高级丛书	侯惠民、吴立军　等	人民卫生出版社	364
23	现代药物制剂技术丛书	崔福德、郑俊民　等	人民卫生出版社	364
24	影像鉴别诊断学丛书	刘玉清、陈星荣　等	江苏科学技术出版社	365
25	中医临床丛书	王永炎、王沛　等	人民卫生出版社	365
26	中国现代著名中医临床家丛书	陈可冀、王永炎　等	中国中医药出版社	366
27	外科手术及有创操作——常见问题与对策丛书	周胜华、杨罗艳　等	军事医学科学出版社	366
28	现代难治病诊治学丛书	朱庆生　主编	上海科学技术出版社	367
29	盲人按摩特色疗法丛书	王建军、李志军　等	中国盲文出版社	368
30	北京协和医院营养师营养康复指导丛书	马方　等	重庆出版社	368
31	新编口腔临床医学系列丛书	邱蔚六、刘正　等	世界图书出版公司	368
32	临床护理系列丛书	中国协和医科大学护理学院	中国协和医科大学出版社	369
33	中医系列分化丛书	何裕民　等	中国协和医科大学出版社	369
34	现代手术技巧图谱丛书	吴孟超、邱蔚六　等	世界图书出版公司	369
35	中国食品药品监督管理百科全书	本书编委会	中国医药科技出版社	370
36	中国农民健康手册	北京市疾病预防控制中心	中国协和医科大学出版社	370
37	中国藏医药学大辞典（藏文）	占堆、次仁巴珠　等	西藏人民出版社	371
38	本草纲目大辞典	郭霭春、李志庸	山东科学技术出版社	371
39	蒙医药学注释大辞典	金玉	内蒙古科学技术出版社	371

序号	书　名	著作责任者	出版者	页码
40	中国中医药名家经典实用文库	王永炎、邓铁涛　等	中国中医药出版社	372
41	秦汉魏晋隋中医名著集成	李经纬　等	中国中医药出版社	372
42	温病图书集成	王致谱　主编	福建科学技术出版社	373
43	中国心电信息学图解集成	张开滋、郭继鸿　等主编	湖南科学技术出版社	373
44	中国甲骨医学集成	李良松	中国医药科技出版社	374
45	临床基因诊断学	何蕴韶	中山大学出版社	374
46	儿科急症影像诊断学	吴恩惠	安徽科学技术出版社	375
47	现代血液病诊断治疗学	阮长耿	安徽科学技术出版社	375
48	艾滋病学	王陇德、吴尊友　等	北京出版社	376
49	格氏解剖学(第三十九版)	徐群渊、章静波　等译	北京大学医学出版社	376
50	麻醉学（第六版）	曾因明、邓小明　等译	北京大学医学出版社	377
51	肾活检病理学	邹万忠	北京大学医学出版社	377
52	骨与软组织肿瘤学	范清宇、马保安	第四军医大学出版社	378
53	生殖疾病学	熊承良、刘继红　等	福建科学技术出版社	378
54	现代手外科学	顾玉东、徐建光　等	复旦大学出版社	379
55	现代心脏病学	葛均波	复旦大学出版社	379
56	现代营养学	蔡威、邵玉芬　等	复旦大学出版社	380
57	眼科临床光学相干断层成像学	刘杏　等	广东科技出版社	380
58	肿瘤生物治疗学	姜文奇　等	广东科技出版社	380
59	临床中药学	高学敏、钟赣生	河北科学技术出版社	381
60	皮瓣外科学	侯春林、顾玉东	上海科学技术出版社	381
61	神经元突触传递的细胞和分子生物学	盛祖杭	上海科学技术出版社	382
62	当代世界人兽共患病学	文心田、严延生	四川科学技术出版社	382
63	现代周围神经外科学	朱家恺、陈统一	上海科学技术出版社	383
64	中华皮肤病学	赵辨	江苏科学技术出版社	383
65	肿瘤放射物理学	胡逸民	原子能出版社	383
66	中国人健康保护系列	田本淳、高芳坤　等	中国协和医科大学出版社	384

序号	书　名	著作责任者	出版者	页码
67	中国人群死亡及其影响因素调查	杨功焕　等	中国协和医科大学出版社	384
68	希夫肝脏病学（第九版）	黄志强	化学工业出版社	385
69	彩图中医学	陈可冀、王旭东	江苏科学技术出版社	385
70	常用蒙药本草原色图谱	布和巴特尔	内蒙古科学技术出版社	386
71	中华系列（内科、妇产科、眼科、口腔、影像等）	钟南山、曹泽毅　等	人民卫生出版社	386
72	专科医生合理用药系列（第二版）	王少华、杜冠华　等	人民卫生出版社	387
73	护理学系列	何国平、喻坚　等	人民卫生出版社	387
74	康复医学系列	南登崑、黄晓琳　等主编	人民卫生出版社	387
75	引进翻译图书心脏病系列	陈灏珠、胡大一　等译	人民卫生出版社	388
76	翻译医学名著系列	裘法祖、黄洁夫　等译	人民卫生出版社	388
77	国家卫生服务调查报告系列	卫生部统计信息中心	中国协和医科大学出版社	389
78	协和临床医学精品图书系列	北京协和医院	中国协和医科大学出版社	389
79	陈可冀医案集	陈可冀、张京春　等	北京大学医学出版社	390
80	大黄的现代研究	郑俊华、果德安　主编	北京大学医学出版社	390
81	当代肿瘤内科治疗方案评价（第三版）	储大同	北京大学医学出版社	391
82	傣医傣药验方集	方茂琴、冯国清　等	德宏民族出版社	391
83	民国江南医家著作选粹	张玉萍　主编	福建科学技术出版社	392
84	青蒿素及青蒿素类衍生物	屠呦呦	化学工业出版社	392
85	皮肤病理学——与临床联系	朱学骏、孙建芳　主编	北京大学医学出版社	393
86	中华海洋本草	管华诗	科学出版社	393
87	超声医学（第五版）	周永昌、郭万学	科学技术文献出版社	394
88	清宫医方医案全书	陈可冀、高普　等	辽宁科学技术出版社	394
89	临床技术操作规范	王忠诚、高润霖　等	人民军医出版社	394
90	中药中的天然产物及其活性大全	惠永正　等	上海科学技术出版社	395
91	肿瘤分子靶向药物治疗	钱其军　等	上海科学技术出版社	395
92	器官移植手术图谱	［美］保罗·C·郭、R·杜安妮·戴维斯　著，沈中洋、刘晓程　译	天津科技翻译出版公司	396

序号	书　名	著作责任者	出版者	页码
93	现代老年性黄斑变性临床和基础研究	陈松	天津科学技术出版社	396
94	张金哲小儿腹部外科学	张金哲	浙江科学技术出版社	396
95	药物的不良反应	杨藻宸	郑州大学出版社	397
96	子宫颈病变	郎景	重庆出版社	397

8. 农业（29 项）

序号	书　名	著作责任者	出版者	页码
1	中国农业标准汇编	国家标准化管理委员会	中国标准出版社	398
2	中国木本植物病原总汇	徐梅卿、何平勋	东北林业大学出版社	398
3	中国花生品种及其系谱	禹山林、廖伯寿　等	上海科学技术出版社	399
4	中华人民共和国兽药典（第三版）	陈杖榴、袁宗辉	中国农业出版社	399
5	中国森林昆虫（第三版）	萧刚柔、吴坚	中国林业出版社	400
6	中国超级杂交水稻	袁隆平、青先国　等	湖南科学技术出版社	400
7	中国小麦栽培理论与实践	余松烈、于振文　等	上海科学技术出版社	400
8	中国茶典	宛晓春、龚淑英	中国林业出版社	401
9	世界农学名著译丛	高福、施振声　等	中国农业出版社	401
10	当代农业学术专著系列丛书	翟虎渠　主编	中国农业科学技术出版社	402
11	农业科学与农业产业化丛书	袁隆平、官春云　等	湖南科学技术出版社	402
12	农业生态与生态农业丛书	骆世明、章家恩　等	化学工业出版社	403
13	工厂化高效农业系列丛书	李天来　主编	辽宁科学技术出版社	403
14	无公害农产品标准化生产技术丛书	周云龙、王健　等	中国农业出版社	403
15	农业软科学研究系列	陈晓华、张红宇　等	中国农业出版社	404
16	水产健康养殖新技术系列	苏永全、宋盛宪　等	海洋出版社	405
17	海洋水产科学书系	董双林、王芳　等	中国海洋大学出版社	405
18	重大动物疫病防控书系	黄保续、赵德明　等	中国农业出版社	405
19	水稻节水灌溉理论与技术模式	彭世彰	河海大学出版社	406
20	特用作物栽培学	胡立勇、彭定祥　等	湖北科学技术出版社	406

序号	书　名	著作责任者	出版者	页码
21	鸭病学	黄瑜	中国农业大学出版社	407
22	吉林大豆	孙寰、王彦丰　等	吉林科学技术出版社	407
23	现代中国种植养殖系列专业图书	王连铮、吴常信　等	金盾出版社	408
24	农业立体污染防治理论与实践	章力建	浙江科学技术出版社	408
25	森林经营决策理论与实践	代力民、邵国凡	辽宁科学技术出版社	409
26	超级杂交稻研究	袁隆平　等	上海科学技术出版社	409
27	山羊生殖调控	赵永聚	西南师范大学出版社	410
28	拉汉—汉拉植物病原生物名称	许志刚　主编	中国农业出版社	410
29	农作物重大生物灾害监测与预警技术	程登发　等	重庆出版社	411

9. 工业技术（8 项）

序号	书　名	著作责任者	出版者	页码
1	中国计时仪器通史	陈美东、吉勤之	安徽教育出版社	412
2	21 世纪中国能源科技展望	王大中、过增元　等	清华大学出版社	412
3	半导体科学与技术丛书	夏建白、褚君浩　等	科学出版社	413
4	能源译丛	Vaitheeswaran、Goodstein、Rex Ewing	上海交通大学出版社	413
5	进出口产品检验检疫技术手册	徐本元、薄清如　等	中国标准出版社	414
6	计量测试技术手册	郭洪涛、王莉如　等	中国计量出版社	414
7	工业工程手册（第三版）	［美］Gavriel Salvendy　著，郑力、李从东　等译	清华大学出版社	415
8	微光学与微光机电系统	杨国光、白剑	浙江大学出版社	415

10. 矿业工程（5 项）

序号	书　名	著作责任者	出版者	页码
1	中国煤层气资源开发与利用	张遂安	煤炭工业出版社	416
2	矿山灾害隐患探测与控制丛书	古德生、李夕兵　等	中南大学出版社	416
3	中国洁净煤技术	陈文敏　等	煤炭工业出版社	417
4	中国煤矿瓦斯爆炸机理及其防治技术	林柏泉	中国矿业大学出版社	417
5	煤矿总工程师手册	范维唐　等	煤炭工业出版社	418

11. 石油·化工（9项）

序号	书 名	著作责任者	出版者	页码
1	化工百科全书（第二版）	陈冠荣 编委会主任	化学工业出版社	419
2	绿色化学化工丛书	闵恩泽、朱清时 等	中国石化出版社	419
3	现代煤化工产品深加工技术手册	周正明、雍文祜 等	化学工业出版社	420
4	天然气工程手册	李海平	石油工业出版社	420
5	油气层保护技术手册	罗平亚	中国石化出版社	420
6	甲醇工艺学	房鼎业、谢克昌 等	化学工业出版社	421
7	自振空化射流理论与应用	李根生、沈忠厚	中国石油大学出版社	421
8	催化重整工艺与工程	徐承恩	中国石化出版社	421
9	延迟焦化工艺与工程	瞿国华 等	中国石化出版社	422

12. 冶金（9项）

序号	书 名	著作责任者	出版者	页码
1	中国有色金属史	黄培云 等	中南大学出版社	423
2	微生物冶金学	邱冠周、柳建设 等	中南大学出版社	423
3	冶金熔体和部分有机溶液的计算热力学（中/英文版）	张鉴、成国光 等	冶金工业出版社	424
4	新一代钢铁材料生产工艺、理论与技术	王国栋、刘相华 等	东北大学出版社	424
5	薄板坯连铸连轧工艺及钢的组织性能	康永林、柳得橹 等	冶金工业出版社	425
6	纯净钢与夹杂物（中/英文版）	王新华、张立峰	冶金工业出版社	425
7	金属非晶材料	张涛、马朝利 等	冶金工业出版社	426
8	现代电炉炼钢过程理论及应用	傅杰	冶金工业出版社	426
9	现代高炉长寿技术	张福明、程素森	冶金工业出版社	426

13. 机械（17项）

序号	书 名	著作责任者	出版者	页码
1	先进制造技术丛书	李伯虎、蔡鹤皋 等	电子工业出版社	428
2	机械制造业基础互换性标准应用指导丛书	李学京、李勇 等	中国标准出版社	428

序号	书　　名	著作责任者	出版者	页码
3	现代光机电一体化技术丛书	李科杰、张文栋　等	机械工业出版社	429
4	机械设计禁忌丛书	于惠力、邵俊鹏　等	机械工业出版社	429
5	塑料成型及模具设计丛书	洪慎章　主编	机械工业出版社	430
6	机械设计手册（第五版）	成大先、王德夫　等	化学工业出版社	430
7	机械加工工艺手册（第二版）	王先逵、艾兴	机械工业出版社	430
8	压铸模设计手册	潘宪曾、叶秀拱	机械工业出版社	431
9	结构可靠性设计手册	刘文珽	国防工业出版社	431
10	全断面岩石掘进机施工技术	杜彦良	华中科技大学出版社	432
11	机器人焊接智能化技术	陈善本	机械工业出版社	432
12	数控机床电主轴单元技术	吴玉厚	机械工业出版社	433
13	现代机电系统动态分析和控制的理论方法	熊诗波	机械工业出版社	433
14	数字装备与数字制造	熊有伦	上海科学技术出版社	434
15	测量控制与仪器仪表前沿技术及发展趋势	林玉池、靳世久　等	天津大学出版社	434
16	高等内燃机原理	蒋德明	西安交通大学出版社	435
17	坦克与装甲车辆	闫清东、胡纪滨　等	北京理工大学出版社	435

14. 电子・信息（18 项）

序号	书　　名	著作责任者	出版者	页码
1	中国信息化丛书	蒋正华、唐任伍　等	贵州人民出版社	436
2	光电技术与系统精品丛书	王启明、叶声华　等	电子工业出版社	436
3	雷达技术丛书	王小谟、张光义　等	电子工业出版社	437
4	数字化管理系列丛书	张金隆、鲁耀斌　等	华中科技大学出版社	437
5	信息与计算科学丛书	石钟慈、鄂维南　等	科学出版社	438
6	信息安全学术丛书	沈昌祥、张焕国　等	武汉大学出版社	438
7	防空指挥自动化系统系列丛书	吕辉、张多林　等	西北工业大学出版社	438
8	新一代信息通信技术书系	周炯槃、乐光新　等	北京邮电大学出版社	439

序号	书　　名	著作责任者	出版者	页码
9	信息经济与规制丛书	梁雄健、张彬　等	北京邮电大学出版社	439
10	院士讲坛——信息电子技术知识全书	罗沛霖、陈太一　等	北京理工大学出版社	440
11	数字时代图书馆学情报学研究论丛	彭斐章、马费成　等	武汉大学出版社	440
12	网络对抗理论与技术	陶然、李志勇　等	兵器工业出版社	441
13	场效应晶体管射频微波建模技术	高建军	电子工业出版社	441
14	秘密分享理论、模型及其应用	刘木兰	电子工业出版社	442
15	高速网络环境下典型示范系统及其关键技术	李未	北京航空航天大学出版社	442
16	非接触IC卡技术的原理及应用设计	单承赣	合肥工业大学出版社	443
17	新一代移动通信技术及系统	陶小峰	人民邮电出版社	443
18	盲信号处理——理论和实践	史习智、沈希忠　等	上海交通大学出版社	444

15. 计算机技术（9项）

序号	书　　名	著作责任者	出版者	页码
1	计算机科学丛书	Knuth、Silberschatz　等	机械工业出版社	445
2	计算机科学与技术学科前沿丛书	孙家广、李晓明　等	清华大学出版社	445
3	计算机应用技术丛书	鲍虎军　等	浙江大学出版社	446
4	国际网格计划系列丛书	金海　等	北京邮电大学出版社	446
5	计算机科学与技术学科实践教学体系研究	王志英、汤志忠　等	清华大学出版社	446
6	计算系统的形式语义	陆汝钤	清华大学出版社	447
7	多媒体数据压缩技术及AVS视频编码标准	李锦涛、张勇东　等	人民邮电出版社	447
8	开放巨型智能系统	操龙兵、戴汝为　等	人民邮电出版社	448
9	人脸识别原理及算法——动态人脸识别系统研究	沈理、刘翼光	人民邮电出版社	448

16. 轻工（9 项）

序号	书　　名	著作责任者	出版者	页码
1	中华锦绣	祁庆富、王庆珍　等	中国纺织出版社	450
2	中国少数民族服饰	钟茂兰、范朴	中国纺织出版社	450
3	食品法典	惠鲁生、孙咸泽　等	科学出版社	451
4	食品质量安全检验手册	中国检验检疫科学研究院	中国标准出版社	451
5	食品添加剂手册（第二版）	中国食品添加剂生产应用工业协会	中国轻工业出版社	452
6	现代乳品工业手册	张和平、[美] 郭明若　等	中国轻工业出版社	452
7	施普林格纺织百科全书	谢孔良　译	中国纺织出版社	453
8	英汉纺织大词典	黄故、岑乐衎　等	中国纺织出版社	453
9	中高浓制浆造纸技术理论与实践	陈克复	中国轻工业出版社	454

17. 土建（24 项）

序号	书　　名	著作责任者	出版者	页码
1	中国历代建筑典章制度汇编	刘雨婷	同济大学出版社	455
2	中国桥梁史	潘洪萱、范立础　等	同济大学出版社	455
3	中国园林史	汪菊渊、朱钧珍	中国建筑工业出版社	456
4	中国民居系列丛书	孙大章、陆元鼎　等	中国建筑工业出版社	456
5	中国乡土建筑丛书（第一辑）	陈志华、楼庆西　等	清华大学出版社	457
6	中国古村落集成	中国民间文艺家协会	中州古籍出版社	457
7	世界建筑史	王瑞珠	中国建筑工业出版社	458
8	上海百年建筑史（1840—1949）	伍江	同济大学出版社	458
9	国家重大建筑工程项目实录与分析丛书	董石麟、傅学怡　等	中国建筑工业出版社	458
10	城市设计与城市建筑丛书	齐康、郑时龄　等	东南大学出版社	459
11	21世纪结构工程领域重要著作书系	董石麟、马克俭　等	人民交通出版社	459
12	西方建筑理论经典文库	吴良镛、王贵祥　等	中国建筑工业出版社	460
13	建筑节能技术与实践丛书	江亿　主编	中国建筑工业出版社	460
14	2008——北京奥运建筑系列图书（中/英文版）	中国建筑学会	中国建筑工业出版社	461

序号	书　　名	著作责任者	出版者	页码
15	同济大学现代桥梁技术丛书	陈艾荣、刘玉擎　等	人民交通出版社	461
16	吴良镛选集	吴良镛	清华大学出版社	462
17	刘敦桢全集	刘敦桢、刘叙杰	中国建筑工业出版社	463
18	桥涵设计手册	郑皆连、谢邦珠　等	人民交通出版社	463
19	城市地下工程建设的安全风险及其控制	张顶立	化学工业出版社	463
20	混凝土的开裂与对策	冯乃谦	机械工业出版社	464
21	现代预应力结构新体系及设计方法	吕志涛	江苏科学技术出版社	464
22	诠释中国古建筑设计与施工	中国建筑设计院	辽宁美术出版社	465
23	边坡与滑坡工程治理技术	郑颖人　等主编	人民交通出版社	465
24	非开挖地下管线建设技术	乌效鸣、胡郁乐　等	中国地质大学出版社	466

18. 水利·电力（28 项）

序号	书　　名	著作责任者	出版者	页码
1	中国河湖大典	敬正书	中国水利水电出版社	467
2	中国电气工程大典	陆燕荪	中国电力出版社	467
3	中国三峡工程丛书	陆佑楣、张超然　等	中国电力出版社	467
4	中国堤防志	朱道清	青岛出版社	468
5	中国水资源	索丽生、矫勇　等	中国水利水电出版社	468
6	中国江河冰凌	蔡琳	黄河水利出版社	469
7	中国雨水利用	吴普特、杨凌　等	黄河水利出版社	469
8	中国三峡工程图鉴	卢纯、童崇德　等	中国三峡出版社	470
9	电力可持续发展关键技术丛书	陆延昌　主编	中国电力出版社	471
10	三峡工程设计技术丛书	郑守仁、钮新强　等	长江出版社	471
11	太湖流域水资源保护规划及新技术丛书	朱威、吴浩云　等	河海大学出版社	471
12	治河典籍·河官丛书	丛书编委会	黄河水利出版社	472
13	三峡工程生态与环境保护系列丛书	吴国平、黄真理　等	中国水利水电出版社	473

序号	书　名	著作责任者	出版者	页码
14	电气电子绝缘技术手册	巫松桢、曹晓龙　等	机械工业出版社	473
15	中国城市防洪	国家防汛抗旱总指挥部办公室、中国水利学会减灾专业委员会　等	中国水利水电出版社	474
16	中国水资源质量评价	彭文启、周怀东	中国水利水电出版社	474
17	维持西北内陆河健康生命	李国英	黄河水利出版社	475
18	无功电压优化控制	姜宁	中国电力出版社	475
19	河流水沙输移及调控	李义天　等	武汉大学出版社	475
20	大电网广域测量系统及其应用	韩英铎、谢小荣	中国电力出版社	476
21	特高压输电技术	胡毅　等	中国电力出版社	476
22	火电厂燃烧污染物控制技术	姚强	中国电力出版社	476
23	煤气化联合循环发电及多联产技术	危师让　等	中国电力出版社	477
24	煤清洁燃烧技术	秦裕琨	中国电力出版社	477
25	燃料电池发电系统	许世森、程健	中国电力出版社	478
26	水电开发对生态环境的影响的研究和解决措施	潘家铮　等	中国电力出版社	478
27	城市水资源保护与水污染防治	徐祖信	中国水利水电出版社	479
28	水利与国民经济协调发展研究	王浩　等	中国水利水电出版社	479

19. 铁路·交通（11项）

序号	书　名	著作责任者	出版者	页码
1	西部交通建设科技项目技术丛书	交通部科教司	人民交通出版社	480
2	现代城市交通丛书	陆化普、裴玉龙　等	人民交通出版社	480
3	铁路客运专线（高速）轨道结构关键技术丛书	刘学毅、王平　等	西南交通大学出版社	481
4	应用技术文库·直线电机轮轨交通系列丛书	施仲衡、陈韶章　等	中国科学技术出版社	482
5	青藏铁路建设丛书	铁道部青藏办、铁道部科技司　等	中国铁道出版社	482
6	船舶结构、性能和检验	沈华、Jonsson	大连海事大学出版社	483
7	汽车安全和舒适性系统（第三版）	德国罗伯特博世有限公司	北京理工大学出版社	483

序号	书　名	著作责任者	出版者	页码
8	数字航海	东昉　等	大连海事大学出版社	483
9	机车车辆动态模拟	张卫华	中国铁道出版社	484
10	铁路重载运输技术	铁道科学研究院	中国铁道出版社	484
11	列车多体耦合撞击动力学	田红旗、姚松　等	中南大学出版社	485

20. 航天技术（11 项）

序号	书　名	著作责任者	出版者	页码
1	中国载人航天技术与管理系列丛书	王永志、黄春平　等	中国宇航出版社	486
2	空空导弹设计丛书	荣毅超、樊会涛　等	国防工业出版社	486
3	航天科学与工程丛书	姚郁　等	哈尔滨工业大学出版社	487
4	飞机结构设计用材料力学性能手册	本书编委会	航空工业出版社	487
5	航空发动机设计用材料数据手册	本书编委会	航空工业出版社	488
6	航空热处理标准应用手册	王广生、梁志凯　等	航空工业出版社	489
7	应用技术文库·中国空间技术专家论著系列	谭维炽、叶云裳　等	中国科学技术出版社	489
8	现代航空发动机多变量控制系统	孙建国　等	北京航空航天大学出版社	490
9	复杂流动引论	邓学蓥	北京航空航天大学出版社	490
10	导弹概论	钱学森	中国宇航出版社	490
11	奔向太空	欧阳自远、梁志　等	中国地质大学出版社	491

21. 新材料技术（13 项）

序号	书　名	著作责任者	出版者	页码
1	金属材料理化测试全书	朱静、郭可信　等	化学工业出版社	492
2	材料辞典	石力开、师昌绪　等	化学工业出版社	492
3	生物医用陶瓷材料	王迎军、叶建东　等	华南理工大学出版社	493

序号	书　名	著作责任者	出版者	页码
4	掺镱激光晶体材料	徐军	上海科学普及出版社	493
5	无机化学透明材料	施剑林	上海科学普及出版社	494
6	生物矿化	崔福斋、冯庆玲　等	清华大学出版社	494
7	准脆性材料细观损伤力学	冯西桥、余寿文	清华大学出版社	495
8	膜结构：使用薄膜和织物的创新建筑	克劳斯—迈克尔·科赫　著，刘向峰　等译	大连理工大学出版社	495
9	优质高效能耐火材料研究开发	钟香崇、钟焰　等	河南科学技术出版社	496
10	等离子体材料表面工程	黄楠、冷永祥　等	西南交通大学出版社	496
11	纳米塑料技术	朵英贤、张玉龙	浙江科学技术出版社	497
12	聚合物共混理论与应用	王国全	中国轻工业出版社	497
13	高性能炭/炭复合材料的制备、结构及应用	黄伯云、黄启忠　等	中南大学出版社	498

22. 环境科学（9项）

序号	书　名	著作责任者	出版者	页码
1	中国科学院《生态经济学论丛》	程国栋、徐中民　等	黄河水利出版社	499
2	中国新生代植被与环境	李承森	江苏科学技术出版社	499
3	中国煤矿城市与环境保护	李中和、杨信荣	煤炭工业出版社	500
4	中国西部生态系统综合评估	刘纪远、岳天祥　等	气象出版社	500
5	空气质量控制	王淩、李运泽　等	北京航空航天大学出版社	501
6	环境系统模拟与最优化	曾光明	湖南大学出版社	501
7	名师名家中国环境问题谈	刘鸿亮、唐孝炎　等	化学工业出版社	502
8	入侵生物丛书	张润志　等	中国环境科学出版社	502
9	南中国海湿地研究	陈桂珠	中山大学出版社	503

三、子规划

1. 马列主义著作出版规划（18项）

序号	书　名	著作责任者	出版者	页码
1	毛泽东年谱（1949—1976）	逄先知	中央文献出版社	507
2	毛泽东著作大辞典	中央文献研究室	浙江人民出版社	507
3	20世纪国外社会主义理论、思潮及流派评析	张志军	当代世界出版社	508
4	当代国外马克思主义哲学史	张一兵	江苏人民出版社	508
5	当代中国马克思主义哲学研究	孙正聿、王南湜　等	吉林人民出版社	509
6	马克思主义经典著作基本观点研究丛书	俞可平、李慎明　等	中央编译出版社	509
7	马克思主义经济学的基本原理及其创新问题研究丛书	林岗、高峰　等	中国人民大学出版社	510
8	马克思主义经典作家文本研究丛书	何增科、杨雪冬　等	重庆出版社	510
9	马克思主义中国化的历史进程及其基本规律	龚育之	北京出版社	511
10	马克思主义哲学基础理论研究	袁贵仁、杨耕　等	北京师范大学出版社	511
11	中外马克思主义经济思想史研究	程恩富、李新　等	东方出版中心	512
12	马克思主义国家理论与当代中国	黄亮宜、孙保定　等	河南人民出版社	512
13	中国化的马克思主义宗教观研究	何虎生	华文出版社	513
14	马克思主义基础研究和建设工程	洪银兴、顾海良　等	经济科学出版社	513
15	当代国外马克思主义研究文库	陆象淦	社会科学文献出版社	514
16	八大前后马克思主义中国化研究	中央党史研究室第二研究部	中共党史出版社	514
17	马克思主义基础理论若干重大问题研究	陈先达、林岗　等	中国人民大学出版社	515
18	马克思主义与当代中国的改革开放	李景源	重庆出版社	515

2. 重大工程出版规划（70项）

序号	书　名	著作责任者	出版者	页码
1	中华大典	本书编委会	中华书局	516
2	中国共产党百科全书	中央党史研究室	中共党史出版社	516
3	中国共产党历史（第二、三卷）	中央党史研究室	中共党史出版社	516
4	列宁专题文集	中央编译局	人民出版社	517
5	马克思恩格斯文集	中央编译局	人民出版社	517
6	青少年优秀图书110部	本书编委会	人民文学出版社	517
7	中国财政通史	叶振鹏　主编	中国财政经济出版社	518
8	中国水利史典	郑连第　主编	中国水利水电出版社	518
9	中国气象灾害大典	温克刚　主编	气象出版社	518
10	中国材料工程大典	师昌绪、钟群鹏　等主编	化学工业出版社	519
11	中国药用植物志	艾铁民　主编	北京大学医学出版社	519
12	辞源（修订本）	商务印书馆辞书研究中心	商务印书馆	519
13	大辞海（修订本）	本书编委会	上海辞书出版社	520
14	汉语大字典（修订本）	本书编委会	四川辞书出版社	520
15	汉英词典（第三版）	姚小平　主编	外语教学与研究出版社	520
16	中国文物集成	宿白　主编	北京大学出版社	521
17	中国少数民族古籍经典集成	洛桑伽措　主编	四川民族出版社	521
18	中华医学百科全书	中国医学科学院、中国疾病预防控制中心　等	中国协和医科大学出版社	521
19	台湾历史档案——明清皇宫台湾档案总汇	中国第一历史档案馆、国家文物局	文物出版社	522
20	儒藏	北京大学《儒藏》编纂指导委员会	北京大学出版社	522
21	中国宗教历史文献集成	方广　主编	黄山书社	522
22	中国防震减灾百科全书	本书编委会	地震出版社	523
23	中华人民共和国警察法律全书	周永康　主编	中国人民公安大学出版社	523
24	中国艺术史	杨泓　主编	开明出版社	523
25	新编计算机科学技术百科全书	本书编委会	清华大学出版社	523
26	中国科学技术大辞典	本书编委会	中国科学技术出版社	524
27	中国煤炭科学技术全书	范维唐、陈清如　等	中国矿业大学出版社	524
28	中国农业百科全书（第二版）	本书编委会	中国农业出版社	525

序号	书 名	著作责任者	出版者	页码
29	中国林业百科全书	周生贤 主编	中国林业出版社	525
30	中国美术集成	金维诺	山西教育出版社	525
31	面向21世纪的国家环境科学与技术研究丛书	刘鸿亮 主编	中国环境科学出版社	526
32	中国常见癌症系列丛书	中国抗癌协会	北京大学医学出版社	526
33	中国城市化建设丛书	齐康、钱七虎 等	东南大学出版社	526
34	中国洪水灾害风险图及抗灾对策丛书	徐乾清 主编	中国水利水电出版社	527
35	现代农业种植养殖系列专业丛书	本书编委会	金盾出版社	527
36	当代音乐文化素质教育系列丛书	李岚清 主编	高等教育出版社	527
37	现代电子信息技术丛书	童志鹏 主编	国防工业出版社	528
38	“863”通信高技术丛书	“863”计划通信主题及其相关项目负责人	人民邮电出版社	528
39	数字中国丛书	许智宏 主编	电子工业出版社	528
40	明心工程丛书	中共上海市委宣传部	上海人民出版社	529
41	法律适用丛书	本书编委会	中国人民公安大学出版社	529
42	循环经济研究丛书	朱坦 主编	中国环境科学出版社	529
43	农业科技进村入户丛书	农业部	中国农业出版社	530
44	现代安全科学理论前沿丛书	周世宁、刘铁民 等	中国劳动社会保障出版社	530
45	农业领域首席科学家创新技术项目研究丛书	当今农业领域首席科学家	中国农业大学出版社	530
46	文化中国系列丛书（英文版）	上海市新闻出版局	上海文艺出版社	531
47	中华人民共和国国土资源地图集	李廷栋 主编	地质出版社	531
48	中华人民共和国地名图集	民政部、总参测绘局 等	星球地图出版社	531
49	中国煤炭资源图谱	范维唐 主编	煤炭工业出版社	532
50	中国两栖类、爬行类原色图鉴	赵尔宓 主编	中国林业出版社	532
51	中国高等植物彩色图鉴	武素功 主编	科学出版社	532
52	中国海洋生物	本书编委会	海洋出版社	533
53	爱因斯坦全集	爱因斯坦	湖南科学技术出版社	533
54	中国乡村考察报告系列	刘豪兴 等	上海人民出版社	533
55	中国中医典籍研究与英译工程	罗希文 主编	北京大学医学出版社	534
56	引进核心高新技术外版图书工程	国防科工委专家组	北京航空航天大学出版社	534

序号	书 名	著作责任者	出版者	页码
57	国外高端科技著作翻译工程	丁石孙 主编	北京大学出版社	534
58	当代农业高新技术理论研究及技术推广图书出版工程	石元春 主编	中国农业大学出版社	535
59	千书工程	千书工程编委会	世界图书出版公司	535
60	心育文库	林崇德 主编	开明出版社	535
61	楚简综合整理与研究	陈伟	武汉大学出版社	536
62	中国传统法律文化研究	曾宪义 等	中国人民大学出版社	536
63	敦煌遗书总目录及配套文献	方广锠	中国人民大学出版社	536
64	中医百病古今医案精华	陶广正 主编	中国医药科技出版社	537
65	实用临床医部全录	王永炎 主编	中国中医药出版社	537
66	画说中国——中华优秀传统文化常识	蔡恒奇	中国和平出版社	537
67	二十世纪中国知名科学家学术成就概览	钱伟长 主编	科学出版社	538
68	世纪人文系列丛书	陈昕 丛书编委会主任	上海人民出版社 等	538
69	藏医药经典文献集成	丛书编委会	青海民族出版社	539
70	中华大藏经（汉文部分·续编）	任继愈 主编	北京图书馆出版社 等	539

3. “三农”读物出版规划（33项）

序号	书 名	著作责任者	出版者	页码
1	中国劳动力流动与“三农”问题	朱农	武汉大学出版社	540
2	中国“三农”问题研究丛书	陈锡文、段应碧 等	中国财政经济出版社	540
3	“三农”重大问题研究书系	柯炳生、黄祖辉 等	中国农业出版社	541
4	全面建设小康社会中的“三农”问题研究丛书	程传兴、焦国栋 等	河南人民出版社	541
5	新型农村公共服务体系探索丛书	徐勇 等	湖北人民出版社	541
6	“金阳光”新农村工程丛书	卢良恕、翟虎渠 等	江苏科学技术出版社	542
7	甘肃农村小康建设丛书	甘肃省农科院、甘肃农业大学	甘肃科学技术出版社	542
8	富民兴业丛书	彭克勤、单扬 等	湖南科学技术出版社	543
9	农牧渔业生产技术人员学习指导丛书	束怀瑞、吴常信 等	中国农业大学出版社	543

序号	书　名	著作责任者	出版者	页码
10	民族文字版“三农”丛书	民族出版社蒙文室、维文室　等	民族出版社	544
11	农村两元钱实用知识丛书	李力、冯昌荣　等	西南师范大学出版社	544
12	中国农村教育问题研究	廖其发	四川教育出版社	544
13	测土配方施肥技术系列丛书	高祥照　等	中国农业出版社	545
14	三农经济知识新读本丛书	李秉龙、张正河　等	中国农业大学出版社	545
15	新概念养殖技术系列丛书	刘太宇、张建云　等	中国农业大学出版社	546
16	有机农业生产技术丛书	杜相革、郑建秋　等	中国农业大学出版社	546
17	食品深加工技术丛书	尤新、郑有军　等	中国轻工业出版社	546
18	农民增收科技支撑建设工程——农民增收百项关键技术丛书	卢纯、童崇德　等	中国三峡出版社	547
19	农村青年文库	共青团中央青农部	农村读物出版社	547
20	阳光工程书库	陆江舸　主编	广西科学技术出版社	548
21	小小工具书农村版系列	伍宗文、董小玉　等	四川辞书出版社	548
22	进城农民必读系列	王春光、石磊　等	江西人民出版社	549
23	农家致富口袋书	广西农业厅、广西农科院、广西大学　等	广西科学技术出版社	549
24	中国主要树种苗木培育技术	刘勇、沈永宝	中国林业出版社	550
25	农村发展与增加农民收入——贫困、收入差距与稳定增长	蔡昉	中国劳动社会保障出版社	550
26	服务“三农”	民政部救灾司、低保司	中国社会出版社	551
27	珍奇动物的饲养及其疫病防治	努尔旦·布力斯别克	新疆科学技术出版社	551
28	农村社会保障的国际比较及启示研究	林义	中国劳动社会保障出版社	551
29	农民增收口袋书（图画版）	郑建秋　等	中国农业出版社	552
30	生态家园富民计划科普连环画册系列丛书	张凤桐　等	中国农业出版社	552
31	金阳光工程	张改平、孙志强　等	中原农民出版社	553
32	城镇务工实用技能丛书	谭继清、陈莹珏　等	重庆大学出版社	553
33	新农村文库	翟文明、宿春礼　主编	中国书店	554

4. 中国出版“走出去”重点图书出版规划（52项）

序号	书　名	著作责任者	出版者	页码
1	中华文明史	袁行霈　主编	北京大学出版社	555
2	中华文明史话（英文版）	江流、王正　等	中国大百科全书出版社	555
3	中国基本情况丛书（英文版）	本书编写组	外文出版社	555
4	大中华文库（英汉对照版）	本书编委会	外文出版社	556
5	中国十三亿人的生活革命系列丛书（西/俄/日文版）	本书编写组	外文出版社	556
6	中国古代文明的外传和世界影响丛书	科学史与科技文明国家社科研究基地	中国科学技术大学出版社	557
7	走近中国系列丛书（英文版）	沈以澄、陆士虎　等	上海人民美术出版社	557
8	中国对外汉语教学简史	吕必松、董明　等主编	北京语言大学出版社	558
9	中国国家汉办重点规划教材长城汉语	马箭飞　主编	北京语言大学出版社	558
10	中国汉语水平考试（HSK）研究书系	孙德金、陈宏　等主编	北京语言大学出版社	559
11	中国知识读本（外文版）	国内专家和国外专家合作	商务印书馆	559
12	对外汉语教学专题研究书系	赵金铭　主编	商务印书馆	560
13	世界城市档案系列丛书	丛书编委会	山西人民出版社	560
14	世界汉语教学类图书系列（第一批）	商务印书馆世界汉语教学研究中心	商务印书馆	561
15	（汉英对照）中医经典文库	李照国	上海中医药大学出版社	561
16	全景中国系列丛书（中/英文版）	郜海镭、梅宏　等	外文出版社	562
17	中国文化面面观系列丛书（法/西/德文版）	本书编写组	外文出版社	562
18	感知中国——中国优秀文化基本读本丛书	董晓萍、萧放　等	北京语言大学出版社	563
19	中国民间文化遗产系列丛书（英文版）	本书编写组	外文出版社	563
20	“中华神韵”——百位名家谈中国文化丛书	叶嘉莹　等	外语教学与研究出版社	563
21	中国古都风物丛书	朱士光、邹衡　等	中国画报出版社	564
22	“重述神话”系列丛书	阿特伍德　等	重庆出版社	564
23	汉英一百丛书	张延琛、魏博思　等	中国对外翻译出版公司	564

序号	书　名	著作责任者	出版者	页码
24	汉语分级阅读丛书	崔永华　主编	商务印书馆	565
25	经典译丛（英文版）	鲁迅、曹禺　等	外文出版社	566
26	中医“走出去”图书系列	邓铁涛、高学敏　等	人民卫生出版社	566
27	数学专著系列（英文版）	林群、汤涛　等	科学出版社	566
28	分语种汉语教学	周小兵、张世涛　等	北京大学出版社	567
29	商务汉语系列教材	李晓琪、李海燕　等	北京大学出版社	567
30	海外华文教育师资培训系列教材	贾益民　主编	广东教育出版社	568
31	北美周末学校汉语教材	国内专家和国外专家合作	商务印书馆	568
32	欧美儿童汉语系列教材·美猴王汉语、汉语乐园	刘富华、王巍　等	北京语言大学出版社	568
33	国别基础汉语系列教程	中外专家合作编写	外语教学与研究出版社	569
34	“跟我说汉语”国际汉语口语系列教程	顾闻、李雪梅	外语教学与研究出版社	569
35	泰国小学汉语教材	龚宁珠　主编	云南大学出版社	569
36	对外汉语教学参考语法	张旺熹、陆俭明　等	北京语言大学出版社	570
37	外国人学汉语工具书：王还汉语词典	王还、张维　等	北京语言大学出版社	570
38	大型对外汉语综合图解词典——体验汉语图解词典	刘援、李晓琪　等	高等教育出版社	571
39	计算共形几何（英文版）	丘成桐、顾险峰	高等教育出版社	571
40	体验汉语立体化系列课程建设工程	刘援、刘珣　等	高等教育出版社	571
41	阅读中国文库	许嘉璐　等	民族出版社	572
42	汉语900句（英/韩/泰文版）	国内专家和国外专家合作	商务印书馆	572
43	基础汉语读本（泰文版）	国内专家和国外专家合作	商务印书馆	572
44	怎样教汉语	国内专家和国外专家合作	商务印书馆	573
45	（汉英对照）现代中医诊疗图谱	许家佗、邵水金	上海中医药大学出版社	573
46	中国100话题丛书（汉英双语）	丁启阵、赵斌　等	外语教学与研究出版社	574
47	“我和中国”海外华裔汉语学习项目	贺谦　等	外语教学与研究出版社	574
48	汉语世界	外研社对外汉语与文化室	外语教学与研究出版社	574

序号	书　名	著作责任者	出版者	页码
49	“中国风”汉语分级读物出版项目	国内有阅读课教学经验的教师	外语教学与研究出版社	575
50	生活在中国（中/英文版）	Mike Williams　等	新星出版社	575
51	走近中国	李艾	华语教学出版社	575
52	《走进中国》：中国家庭 DV	张长江　等	中国人民大学出版社	576

5. 未成年人读物出版规划（67 项）

序号	书　名	著作责任者	出版者	页码
1	祖国在我心——未成年人思想道德专题教育书系	桑学成、李继锋　等	江苏美术出版社	577
2	图说新中国丛书	军事博物馆	上海教育出版社	577
3	中共党史普及读物	中央党史研究室、中央文献研究室、军事科学院	中共党史出版社	578
4	毛泽东画卷	邵华　主编	中国少年儿童出版社	578
5	红军长征史（图文版）	杨婷、张树军	万卷出版公司	578
6	不能忘记的长征	中央党史研究室	新蕾出版社	579
7	十五岁的长征丛书	张品成　著	明天出版社	579
8	全球视角下的中国国情图册（16 开本）	星球地图出版社	星球地图出版社	580
9	长城丛书	中华书局编辑部、上海古籍出版社编辑部	中华书局、上海古籍出版社	580
10	中国儿童百科全书（3~6 岁版）	程力华、蒋和平　等	中国大百科全书出版社	581
11	教科文丛书	张广义、王进友　等	上海科学技术文献出版社	581
12	绿色口袋书丛书（第二辑）	绿色口袋书编写组	辽宁教育出版社	582
13	祖国——青少年人文读本	中国青年出版社　编著	中国青年出版社	582
14	亲爱中国丛书	张玞、汪露露　等	中国和平出版社	583
15	人类发明五千年	李艳平	少年儿童出版社	583
16	中华经典诵读——中华优秀传统文化课程	蔡恒奇	二十一世纪出版社	584
17	外婆桥丛书——中华传统文化简明彩图双语读本	杨辛、叶朗　等	中国和平出版社	584
18	《托起明天的太阳》民族文字版未成年人丛书	民族出版社	民族出版社	585

序号	书　　名	著作责任者	出版者	页码
19	放眼世界丛书	徐清军　等	广东科技出版社	585
20	拉鲁斯少儿百科丛书	方仁杰、王大智　等	辽宁少年儿童出版社	586
21	写给孩子的哲学启蒙书	［法］碧姬·拉贝、米歇尔·毕奇　著，潘林、王川娅　译	广西师范大学出版社	586
22	未成年人安全法制教育图解	佟丽华	中国检察出版社	587
23	少年理财启智丛书	彭振武　等	中国金融出版社	587
24	小公民VS大道理丛书·自己的事情自己做	何艳荣　等	少年儿童出版社	587
25	青涩果丛书·社会转型期未成年人心理	郑日昌、施建农　等	中国和平出版社	588
26	中国原创童书	朱自强、王一梅　等	新蕾出版社	588
27	世界经典童话名家名篇珍藏绘本	张美妮　等	中国少年儿童出版社	589
28	幼儿经典故事文库	金波　等	接力出版社	589
29	世界经典动物故事	曹剑	河北少年儿童出版社	589
30	花衣裳·小口袋总动员系列丛书	郁雨君、伍美珍　等	浙江少年儿童出版社	590
31	“爱的教育”系列读物	王蒙　等	浙江少年儿童出版社	590
32	红帆船抒情童话	金波、赵冰波　等	浙江少年儿童出版社	591
33	张天翼童话全集	张天翼	福建少年儿童出版社	591
34	乡村孩子系列	唐天　等	湖南少年儿童出版社	591
35	“鬼马少年”系列口袋书	陈磊	四川少年儿童出版社	592
36	红石榴	曹文轩　著	明天出版社	593
37	美好的中国人	詹万生、曹文轩	开明出版社	593
38	我在长大系列	梅子涵、肖定丽　等	新世纪出版社	593
39	梦里人	姚非拉	二十一世纪出版社	594
40	少林小子	释永信、钱大梁　等	海燕出版社	594
41	摇着轮椅上北大	李红雷、李爽	河北少年儿童出版社	595
42	儿童团	彭红、阎景堂　等	河北少年儿童出版社	595
43	神笔小子	王晓明	少年儿童出版社	595
44	天眼	吴建荣、张先　等	浙江文艺出版社	596

序号	书　名	著作责任者	出版者	页码
45	闽南新童谣	陈栋梁	鹭江出版社	596
46	三毛动画版系列图书	中央电视台、中国国际电视总公司辉煌动画公司	吉林美术出版社	597
47	"火鸟卡通"原创图书系列	鸿鹰世界集团、安高卡通影视公司　等	湖南少年儿童出版社	597
48	锛头儿贝贝真人动画系列剧	王英、马志渊	吉林出版集团有限责任公司	598
49	淘气包马小跳动漫书系	杨红樱	接力出版社	598
50	快乐星球系列图书	张惠民、胡洪兵　等	外语教学与研究出版社	599
51	国产原创动漫系列丛书(《宇航鼠》系列)	郑帅	现代教育出版社	599
52	学生广角·漫画 party 卡通故事会丛书	陈乐、袁伟江　等	云南教育出版社	600
53	象棋王	鸿鹰卡通制作有限公司	二十一世纪出版社	600
54	抱抱绘本	张之路　等	中国福利会出版社	601
55	儿童心灵成长图画书书系	乌尔色·舍福勒、乌利瑟斯·文瑟　等	湖南少年儿童出版社	601
56	南瓜堡系列	赵冰波(文稿),沈苑苑(画稿)	连环画出版社	602
57	科普百科书系	国内外一流的科普百科名家	接力出版社	602
58	新世纪孩子最想知道的十万个为什么	刘东生、杨逸畴　等	江苏少年儿童出版社	603
59	"在科学的入口处"系列	李毓佩　等	湖北少年儿童出版社	603
60	新世纪天文系列	卞毓麟	江苏教育出版社	604
61	科考探险丛书	高登义、陈俊昌　等	江苏少年儿童出版社	604
62	迈向宇宙的天梯(天文科普丛书)	王绶琯、艾国祥　等	科学普及出版社	605
63	风车人《十万个怎么办》	张开逊、朱广菁	少年儿童出版社	605
64	走近科学系列大型科普丛书(彩色)	《走近科学》丛书编委会	中国科学技术出版社	606
65	潘家铮院士科幻作品集	潘家铮	中国少年儿童出版社	606
66	凹凸旅行记口袋本丛书	康利华　等	中国少年儿童出版社	606
67	青少年文库	宋兆霖　主编	国际文化出版公司	607

6. 古籍出版规划（50 项）

序号	书　名	著作责任者	出版者	页码
1	中华版“二十四史”及《清史稿》修订本	中华书局	中华书局	608
2	二十四史今注本	王玉哲、漆侠　等	巴蜀书社	608
3	南明史	刘德麟、张忱石	中华书局	609
4	续修四库全书提要	傅璇琮　等	上海古籍出版社	609
5	四库存目标注	杜泽逊	上海古籍出版社	610
6	元典章	陈高华　等	天津古籍出版社、中华书局	610
7	大清一统志	中华书局古籍资源开发部、湖北大学古籍研究所	中华书局	611
8	清代外务部中外关系档案史料丛编	中国第一历史档案馆、北京大学	中华书局	611
9	中华治水典籍备要	中国水利水电科学研究院水利史研究室	湖北人民出版社	612
10	地方志灾异资料丛刊	国家图书馆地方志家谱文献中心	北京图书馆出版社	612
11	清代赋役全书	国家图书馆善本特藏部	北京图书馆出版社	613
12	清季外交官文牍　清季外交官文书图录	屈春海、唐益年、胡忠良　等	北京古籍出版社	613
13	晚清国际会议档案汇编·国际博览会卷	李国荣　主编	广陵书社	614
14	中国家谱总目	上海图书馆	上海古籍出版社	614
15	孔府档案全编	本书编辑委员会	齐鲁书社	615
16	治河方略	水利部黄河水利委员会新闻宣传出版中心黄河志总编室	黄河水利出版社	615
17	河防一览	水利部黄河水利委员会新闻宣传出版中心黄河志总编室	黄河水利出版社	616
18	国家图书馆藏甲骨文全编	国家图书馆善本特藏部、北京大学文学院古文字研究所、中国社科院语言所、北京师范大学古籍所	岳麓书社	616
19	湘西里耶秦简	湖南省文物考古研究所，吴荣曾、李家浩、张春龙	文物出版社	617
20	长沙走马楼三国吴简（4～12 卷）	走马楼吴简整理组	文物出版社	617
21	中国古籍善本书目索引	南京图书馆历史文献部	上海古籍出版社	618

序号	书　名	著作责任者	出版者	页码
22	集韵疏证	赵振铎	巴蜀书社	618
23	全宋词韵谱	鲁国尧	江苏教育出版社	619
24	历代词话全编	朱崇才	人民文学出版社	619
25	先秦两汉魏晋南北朝诗全编	郑利华、刘文祥	上海古籍出版社	620
26	全粤诗	陈永正	岭南美术出版社	620
27	乾嘉学人文集丛刊	徐蜀	北京图书馆出版社	620
28	中华大藏经（汉文部分）（下编）	任继愈	云南教育出版社	621
29	天一阁明代科举录选刊·登科录	宁波天一阁博物馆	宁波出版社	621
30	中国国家图书馆馆藏丛帖汇编	国家图书馆金石组	中华书局	622
31	中国古籍总目	杨牧之、傅璇琮　主编	中华书局、上海古籍出版社	622
32	元诗全编	杨镰、郑永晓、张颐青　等	中华书局	623
33	全明杂剧	黄天骥　主编	中华书局	623
34	京剧历史文献全编	傅谨	凤凰出版社	624
35	中国古代曲谱大全	刘崇德	辽海出版社	624
36	清代古典戏曲总目	吴书荫、江书荣、华玮	中华书局	624
37	古音汇纂	宗福邦、陈世铙、于亭	商务印书馆	625
38	新编全上古三代秦汉三国六朝文	赵逵夫、董治安、刘跃进　等	中华书局	625
39	中国古典文学丛书	杨明、徐鹏、颜应伯　等	上海古籍出版社	626
40	段玉裁全集	许惟贤、赵航、薛正兴　等	凤凰出版社	626
41	方以智全书	黄德宽　主编，诸伟奇　执行主编	黄山书社	627
42	顾炎武全集	严佐之、黄坤、刘永翔	上海古籍出版社	627
43	郭嵩焘全集	王兴国、周国林、刘泱泱	岳麓书社	628
44	吕祖谦全集	黄灵庚　等	浙江古籍出版社	628
45	茶书全集校注	华南农业大学农史研究室	中国农业出版社	629
46	救荒本草校注	华南农业大学农史研究室	中国农业出版社	629
47	宋元本草名著集成	尚志钧、郑金生、张瑞贤	中医古籍出版社	630
48	中医古籍孤本大全	曹洪欣、薛清录	中医古籍出版社	630
49	珍本商书丛刊	张正明　等主编	中州古籍出版社	631
50	中华历史地名大辞典	邹逸麟、王文楚、钱林书　等	中华书局	631

图书在版编目（CIP）数据

“十一五”国家重点图书出版规划/中华人民共和国新闻出版总署.
北京：中国人民大学出版社，2006
ISBN 7-300-05876-0

Ⅰ. 十…
Ⅱ. 中…
Ⅲ. 图书-出版计划-中国-2006～2010
Ⅳ. G239.21

中国版本图书馆 CIP 数据核字（2006）第 147417 号

“十一五”国家重点图书出版规划
中华人民共和国新闻出版总署

出版发行	中国人民大学出版社		
社　　址	北京中关村大街 31 号	**邮政编码**	100080
电　　话	010－62511242（总编室）		010－62511398（质管部）
	010－82501766（邮购部）		010－62514148（门市部）
	010－62515195（发行公司）		010－62515275（盗版举报）
网　　址	http://www.crup.com.cn		
	http://www.ttrnet.com(人大教研网)		
经　　销	新华书店		
印　　刷	北京华联印刷有限公司		
规　　格	185 mm×260 mm　16 开本	**版　　次**	2006 年 12 月第 1 版
印　　张	50.25　插页 4	**印　　次**	2006 年 12 月第 1 次印刷
字　　数	872 000	**定　　价**	158.00 元